차이와 연대

인문정신의 탐구 4

차이와 연대

현대 세계와 헤겔의 사회·정치철학

나종석 지음

도서출판 길

인문정신의 탐구 4
차이와 연대
현대 세계와 헤겔 사회 · 정치철학

2007년 6월 25일 제1판 제1쇄 발행

2008년 10월 1일 제1판 제2쇄 인쇄
2008년 10월 10일 제1판 제2쇄 발행

지은이 | 나종석
펴낸이 | 박우정

기획 | 이승우
편집 | 이현숙

펴낸곳 | 도서출판 길
주소 | 137-723 서울 서초구 잠원동 50-2 롯데설악복지센터 301호
전화 | 02)595-3153 팩스 | 02)595-3165
등록 | 1997년 6월 17일 제113호

ⓒ 나종석, 2007. Printed in Seoul, Korea

ISBN 978-89-87671-74-1 93100

감사와 사랑의 마음을 담아
장인 황팔룡님과 장모 송향례님께 드립니다.

■책을 펴내면서

 "괴테는 독일 문학을 세계 문학으로 끌어올렸고 헤겔은 독일 철학을 세계 철학으로 발전시켰다. 그들의 의욕이 그들의 능력과 조화되어 있었기 때문에 그들이 산출하는 힘은 완전한 정상성에서 기인한 것이었다. 그 후에 오는 것들은 시야의 넓이와 깊이 파고들어가는 사유의 힘에 있어서 이 두 사람에게 적용된 것과 동일한 척도로 측정될 수 없다. 지나치게 긴장되어 있지 않으면 이완되어 있고, 극단적이거나 범용한 것이고 구체적으로 실현되어 있기보다는 지켜지지 않은 공수표로 남아 있다." 헤겔 철학 이후의 다양한 사상적 흐름과 비교해서 헤겔 철학의 위대성을 평가하는 이 짧은 논평은 카를 뢰비트(Karl Löwith)의 것이다. 그는 19세기 독일 철학에 대한 고전적인 저서인 『헤겔에서 니체로』(*Von Hegel zu Nietzsche*)에서 헤겔 철학의 의미를 바로 문학에서 괴테의 그것과 비교하면서 마르크스와 키르케고르를 통해 헤겔 철학이 어떤 변형을 겪는가를 보여주고자 했다. 헤겔 철학에 대하여 모든 사람들이 뢰비트의 평가에 수긍하지는 않을 것이다. 하지만 헤겔 철학에 호의적이든 그렇지 않든 헤겔 철학을 둘러싼 논쟁은 지금도 계속되고 있다는 점을 부인할 사람은 없을 것이다.

실천철학의 영역에 국한해서 보더라도 헤겔의 사회·정치철학은 여전히 중요한 학문적 논쟁의 지위를 차지하고 있다. 내가 보기에 현재 헤겔의 사회·정치철학은 세 가지 관점에서 진지한 논의의 대상이 되고 있다. 자유주의와 공동체주의의 논쟁, 인정투쟁과 '차이'의 정치, 시민사회 이론 논쟁이 바로 그것이다. 이렇듯 헤겔의 사회·정치철학이 여전히 우리에게 많은 지적 자극과 통찰을 줄 수 있는데도, 우리 철학계를 둘러볼 때 이에 대한 학문적 연구와 논쟁은 제대로 활성화되고 있지 않다.

이 책은 지난 몇 년 동안 여러 학회에 기고한 헤겔의 사회·정치철학에 관한 논문들을 기본으로 하여 만든 것이다. 이 책을 위해서 기존의 논문들을 상당히 보충하거나 일부 반복되는 부분은 생략했으며, 표현을 좀더 명료하게 하려고 시도했다. 그리고 새로운 논문들을 추가했다. 예를 들어 시민사회와 국가의 연결에 대한 헤겔의 이론이 지니는 현재적인 의미나 헤겔의 자유의지 개념에 대한 서술이나 도덕적 행위의 본질에 대한 그의 철학적 성찰들에 관한 장들은 새로 썼다. 이를 포함하여 기존의 글을 보충 및 확대한 분량을 함께 생각하면 이 책의 내용 중 3분의 2 이상이 새로이 작성되었다. 새로 쓴 글과 이미 발표된 여러 논문들을 기초로 해서 한 권의 책으로 만들었다고 해도 이 책이 전적으로 우연한 것이거나 아무런 연관이 없는 논문을 그저 긁어모은 것에 지나지 않는다는 뜻은 아니다. 나는 처음부터 이런 형태의 책을 염두에 두고 모든 논문들을 쓴 것은 아니나, 오래전부터 헤겔의 사회·정치철학적 주제들을 다루는 책을 계획했었다. 그래서 헤겔에 관련된 발표 논문도 되도록이면 헤겔의 『법철학』에서 핵심적으로 다루어지는 주제들을 골라서 작성했던 것이다. 그리고 이 책을 정리하면서 나는 헤겔 『법철학』의 내용에 따라서 글을 배치하였다. 이 책이 난해하기로 유명한 헤겔 『법철학』에 대한 입문서이자 해설서의 역할을 했으면 한다. 그래서 독자들이 이 책을 『법철학』과 함께 읽었으면 한다.

논문을 쓸 때나 이 글을 작성할 때나 나는 특히 세 가지를 염두에 두었다. 첫째로 서양 정치철학의 전통, 특히 독일 관념론 내에서 헤겔의 사회·정치철학의 고유한 위상이 무엇인가를 드러내고자 했다. 둘째로 헤겔의 사회·정치철학의 중요한 내용들을 설득력 있게 재구성하면서도 그 이론이 지니는 문제점들을 되도록 분명하게 하는 것을 소홀히 하지 않으려고 노력했다. 마지막으로 헤겔의 사회·정치철학의 내재적인 이해를 추구하는 것에 그치지 않고, 그의 이론이 현재 상황에서 어떤 실천적인 의미를 지니는가를 밝히려고 일관되게 시도했다. 특히 나는 (서구) 근대의 근본 규정이 무엇인가, 그리고 이 근대라는 시대가 지니는 역사적인 의미와 그 내적인 한계가 무엇인가를 사회·정치철학적 주제들을 매개로 하여 구체적으로 해명하려는 문제의식을 꾸준히 견지하고자 했다. 나는 사회·정치철학적인 주제들을 통해서 근대라는 시대의 본질 규정과 그 내적인 논리 그리고 그것이 지니는 본질적인 한계점이 무엇인가를 해명하고자 노력해왔다. 그런 의미에서 이 책은 헤겔의 사회·정치철학에 대한 비판적 서술이자 현대 사회 문제들에 대한 철학적 반성이 결부된 것이기도 하다.

이 책에서 헤겔 실천철학의 현재적 의미를 제시하면서 내가 특히 주목한 주제는 세 가지이다. 나는 커다란 세 가지 주제들에 대한 극단적 관점을 피할 수 있는 이론적 가능성을 헤겔 철학의 통찰들 속에서 발견할 수 있다고 가정했으며, 바로 그런 가정을 보다 분명히 함으로써 헤겔 실천철학이 현재에도 그 현실성을 잃지 않고 있다는 점을 강조하고자 했다. 내가 주목한 세 가지 주제 중 하나는 서구 근대 사회에서 등장한 자유주의적 이념의 기초인 개인주의에 대한 비판적 성찰이다. 여기에서 나는 이기주의적 개인주의와 극단적 집단주의의 폐단을 극복할 수 있는 상호주관적 공동체 철학의 가능성을 헤겔의 인륜성 이론에서 찾아볼 수 있다는 점을 강조하고자 했다. 간단하게 말하면 헤겔의 사회·정치철학은 고대 그리스·로마 및 르네상스 시대의 공화주의적 사상과 근대의 개인주의적 자유주의 이념을 종합한 이론이라는 것을 드러내고자 노력했다.

이 책을 관통하는 두 번째 주도적 관심은 근대 자본주의 사회에서 형성된 사회적 불평등 문제에 대한 것이다. 나는 이 책에서 헤겔이 근본적으로 시장 근본주의나 중앙 집중적 계획 경제의 양극단으로 치우치지 않는 길을 준비하고 있음을 강조하고자 했다. 냉전질서가 무너진 뒤 세계화를 추동하는 이념인 신자유주의에서 보듯이 시장의 힘과 시장질서를 이상적 사회질서의 모델로 옹호하는 관점은 그 어느 때보다 강하게 세계를 규정하고 있다. 동시에 우리나라뿐 아니라 세계적 차원에서 경제적 불평등 문제가 다시 심각한 이론적·실천적 과제로 등장하고 있다. 이런 상황에서 우리는 사회정의와 경제적 효율성의 결합 가능성을 모색하는 데 헤겔의 지적 통찰에서 많은 것을 배울 수 있을 것이라고 생각한다.

물론 첫 번째와 두 번째 주제는 별개의 것이 아니다. 이것은 헤겔의 사회·정치철학에서도 마찬가지다. 과도한 경제적 불평등은 경제 영역에 국한된 문제가 아니라 심각한 정치적 문제이기도 하다. 심화된 경제적 불평등은 정치적 자치의 이념과 공동체적 삶의 토대를 심각하게 훼손하게 되기 때문이다.

마지막으로 나는 헤겔의 사회·정치철학을 서술하는 과정에서 생태 위기와 연관된 주제들을 다루고자 했다. 생태 위기가 21세기 가장 심각한 문제임은 두말할 나위가 없을 것이다. 그러나 오늘날 생태 위기를 둘러싸고 한편으로 인간의 생명을 지나치게 혐오하는 극단적 생명 중심주의적 태도가 등장하고 있고, 다른 한편으로 일부에서는 여전히 과학 기술에 대한 맹목적 신화와 근대의 배타적 인간 중심주의를 강하게 고수하려는 경향이 존재한다. 헤겔 철학에서 이 두 극단적 주장을 극복할 수 있는 이론적 단초들을 발견할 수 있다는 것이 나의 생각이다. 이 책에서 나는 특히 환경 위기와 연관해서 법적 권리의 본성이나 소유의 성격 및 그 한계 등을 분명히 하고자 노력했다.

이런 세 가지 중요한 주제들은 서구의 근대적 삶의 방식의 세계적 확산과 더불어 진지하게 철학적으로 성찰되어야 할 주제들이다. 그러나 이들 문제와 연관해서 양극단에 치우치지 않는 길을 모색한다는 점에서 나는 포스트모던주의자가 아니다. 우리에게 필요한 것은 성급하게 근대를 넘어서려는 시도가 아니라, 근대에 대한 차분한 성찰이며 근대의 문제점들을 극복하는 과정에서 근대적 원리를 변형하고 확장하려는 노력이다. 이런 노력이 장기적으로 근대의 궁극적 극복으로 나아갈 가능성이 있음을 배제할 수는 없을 것이다.

헤겔 역시 근대라는 시대를 의식적으로 철학의 근본 주제로 삼아서 이 시대에 대한 철학적 이해와 반성을 시도한 최초의 철학자라는 점은 널리 알려져 있다. 하버마스가 정당하게 강조하고 있는 것처럼, 헤겔 철학은 서구 근대 세계의 근본적 원리를 '개념화하고자' 하는 시도이며, 동시에 이 시도는 '근대에 대한 비판과 동근원적이다.' 간단하게 말해 헤겔 철학은 근대 세계를 개념과 사상으로 파악하려는 노력의 산물이자 이 시대의 위기의 근원에 대한 비판과 반성이다. 헤겔은 근대 세계에서 등장하는 삶의 영역들의 분화와 복잡성의 증가 현상과 이 분화된 영역들의 자립화로 인해 초래되는 인간 삶의 파편화 속에 내재하는 인간 소외의 현상을 분명하게 인식하고 이를 근대 세계의 고유한 문제로 설정한다. 헤겔이 보기에 근대 세계의 위기의 근원을 형성하는 또 다른 경향은 근대의 파편화되어가는 인간의 삶에 대한 극단적 반응으로 나타난다는 점에서 첫 번째 현상과 본질적으로 연결되어 있다. 그것은 근대 세계에서 등장하는 인간 소외의 현상을 고민하고 이를 극복하고자 시도한다. 그런 점에서 근대 세계의 문제를 극복하려는 온갖 시도들은 근대의 또 다른 얼굴이다. 그러나 근대를 극복하려는 다양한 경향은 인간의 삶의 분화 현상 자체를 인간 소외의 근원으로 보고 이를 무화하여 가장 이상적인 질서를 급진적 방식으로 형성하고자 하는 완전한 자유를 향한 열정에서 그 고유한 모습을 가장 잘 드러내준다. 이 자유에 대한 근본주의적인 열정은 분명 근대 세계에서 등장하는 소외에 대한 저항의 표현이다. 그것은 근대 세계의 문제점들을 극복하고 인간의 자율성을 회복하여 상실된 삶의 의미를 복원하려는 열망의 분출이다.

그러나 이 열정은 의미 있는 다양성과 개성의 분출을 허용하는 토대 위에서 사회적인 통합과 연대성을 구축하는 데 실패한다. 근·현대 혁명의 역사가 보여주듯이 이 절대적 자유를 향한 열정은 쉽사리 일체의 차이와 개성을 경시할 뿐 아니라, 심지어 이를 파괴하는 전체주의적인 사유와 강한 친화성을 지니고 있기 때문이다. 근대 세계가 양산하는 절망에 가까운 허무주의와 소외 현상을 치유할 수 있다고 자부한 나치의 보수 혁명과 옛 소련의 공산주의 혁명이 모두 다 그들이 극복하고자 한 자본주의 및 자유민주주의 사회가 보여주는 소외보다 더 극단적인 야만성을 보여주는 것으로 끝을 맺었다는 사실은 우리로 하여금 근대의 위기의 근원과 그 극복의 가능성을 다시 성찰할 것을 요구한다. 이와 같이 서구 근대는 무한정한 사회 분화의 경향이 안고 있는 획일화와 규격화를 수반하는 인간의 삶의 파편화 과정과 이로부터 전면적인 해방을 향한 열망이라는 양극단으로 치닫는 힘에 의해서 위협받고 있다.

파시즘 및 나치즘이 제2차 세계대전과 함께 그리고 공산주의가 냉전의 종식으로 그 힘을 결정적으로 상실했음은 분명하다. 그럼에도 21세기 세계는 여전히 인류 역사에서 그 유례를 찾아보기 어려운 무질서와 불확실성의 상황에 놓여 있다. 이 상황은 인류가 안고 있는 문제점들을 해결하기 위해서 제시된 대표적인 대안들이 명백히 실패했다는 사실로 인해 더욱더 복잡해졌다. 옛소련의 실패로 많은 사람들은 자본주의적 시장경제 질서 및 자유민주주의를 인류에게 남은 유일한 대안으로 여기게 되었다. 그럼에도 과거의 공산주의적 이념과 결부된 유토피아적 열망을 대신하는 것처럼 보이는 자본주의 및 자유민주주의가 얼마나 지속적으로 인간들을 사로잡을 수 있을지는 의문이다. 자본주의 및 자유민주주의 역시 심각한 내적인 모순들과 문제점들을 드러내고 있기 때문이다. 그러므로 서구 근대를 괴롭힌 완전한 해방을 향한 열정—전체주의와 강한 친화성을 지니는—이 전적으로 극복되었다고 보는 것은 단견이다. 이런 사실은 전 세계적 차원에서 다양한 형태로 등장하는 근본주의적 흐름들에서 잘 나타난다. 사회주의와 자본주의가 전 지구적 차원에서 벌인 극단적인 투쟁과 대립의 역사는 종식되었지만, 새로운 양극단이 과거의 양극단을 대체하는 것처럼 보인다. 과학 기술에 대한 맹신과 결부된 신자유주의적인 시장 유토피아주의와 이에 극단적으로 대항하는 이슬람 근본주의적인 흐름은 그 한 예일 것이다.

이슬람 근본주의의 급속한 성장은 시장 근본주의의 세계적 확산으로 해체된 사회 속에서 좌절한 수많은 사람들의 분노를 자양분으로 삼고 있음은 부인하기 어렵다. 사회가 급속도로 분화하고 해체의 경향을 보이는데도 새로운 연대의 가능성에 대한 전망이 보이지 않는다면, 인간의 모든 긍정적인 관계 자체를 파괴하는 경향에 대한 저항은 그만큼 강하고 거칠게 나타날 수밖에 없다. 그리고 우리 시대의 위기를 형성하는 이 양극단을 극복하지 못하고 그대로 방치할 때, 양극단의 대립은 전면화되어 인간의 삶을 극도의 혼란과 무질서로 몰아넣어 궁극적으로는 이 지구상에서 인간의 삶의 의미 박탈, 아니 이 지구상에서 인간이라는 존재의 종말이라는 야만성의 완성으로 귀결될 가능성 역시 존재한다. 물론 나는 인류의 미래를 정확히 예측하려는 것이 아니며 그럴 능력도 없다. 이런 우울한 예상은 환상일 뿐이라고 치부할 수 없다는 사실이 나에게는 중요하다. 현대 과학 기술과 함께 거침없이 질주하는 신자유주의적인 세계화 흐름은 결코 무한정 지속될 수 없을 것이다. 생태 위기의 심화, 일국적·국제적 차원에서 불평등의 확산 및 심화로 인한 인간의 사회적 유대의 파괴, 과학 기술 및 경제적 효율성의 명령으로 인간 삶의 전 영역의 조직화 및 통제 경향의 확산에 따른 인간의 자율성 이념의 형해화 등은 현재 자본주의와 자유민주주의적 삶의 방식들이 심각한 위기에 직면하고 있음을 보여주는 징후들이다.

인간의 삶을 전적으로 황폐하게 하는 양극단의 분열과 대립의 경향들을 어떻게 극복할 것인가? 서구 근대의 위기에 대해서 헤겔의 사회·정치철학이 제시하는 치유책은 서로 대립하고 투쟁하는 양극단을 화해시킬 수 있는 구체적인 통합과 연대적 원리에 대한 강조이다. 사람들 사이의 죽음을 건 인정투쟁이 인간의 보편적 자유의식의 심화 과정과 결부되어 있다는 인간의 삶의 복잡성을 예리하게 통찰하는 헤겔은 진정한 통합과 연대는 사회의 건전한 분화 및 다양성의 성립과 양립 불가능한 것이 아니라, 오히려 이들이 서로 함께하는 것으로 이해한다. 그런 점에서 사회의 분화는 참다운 통합과 연대의 조건이라고 그는 생각한다. 다른 한편으로 다양하고 의미 있는 개성적인 삶의 분출은 타자와의 협력과 연대라는 원칙과 결합할 때 존립 가능할 뿐 아니라, 나아가 타자와 더불어 살아가는 공존 속에서 비로소 그 참다운 의미가 실현될 수 있다는 통찰이 필요함을 헤겔은 역설한다. 거꾸로 말하자면 분화와 차이의 긍정 속에서 사회적 통합과 연대를 구성하지 못한다면, 인간의 삶을 야만적인 상황으로 몰고 가는 극단적 분열과 대립이 전면적으로 표출될 것이라는 점이다. 이 책은 분화와 연대의 변증법적 통일이라는 기본적인 통찰에 입각하여 헤겔이 그의 사회·정치철학을 통해서 추구하고자 한 서구 근대의 내적 위기의 근원에 대한 그의 철학적 성찰과 그 극복의 가능성에 대한 대안을 내 나름대로 비판적인 안목으로 재구성한 것이라고 볼 수 있다. 그래서 이 책의 제목을 『**차이와 연대: 현대 세계와 헤겔의 사회·정치철학**』이라고 붙였다.

이 책은 20대를 거쳐 30대 초반까지 헤겔을 마르크스에 이르는 학문적 연습으로 간주하고자 한 철학도가 그 관점을 거꾸로 뒤집어 헤겔을 진정으로 이해하려는 그리고 그의 프리즘을 통해서 서구 근대의 뿌리를 파헤쳐보려는 오랜 지적 여정의 결과물이다. 그래서 이 책에는 헤겔로 귀환하는 과정에서 내가 겪었던 다양한 경험들, 좌절과 고통뿐 아니라 세계에 대한 그의 철학적 통찰을 나름대로 이해할 때 느꼈던 즐거움들이 고스란히 농축되어 있다. 물론 나의 지적 여정이 얼마나 풍요로운 결실을 맺었는지에 대해서는 쉽게 말할 수 없다. 또한 헤겔에 이르려는, 그리고 그의 눈을 통해 서구 근대의 총체적 모습을 이해해보려는 나의 지적 오디세이아가 독자들에게 얼마나 많은 공감을 불러일으킬지 모른다. 오디세우스가 그의 고향으로 귀환하는 과정에서 예기치 않은 사건들을 겪기도 하고 때로는 실수를 범하기도 했던 것처럼, 헤겔을 이해하려는 나의 지적 여정도 많은 실수를 동반했을 것이라고 믿는다. 아마 내가 제대로 기억하고 있다면 장 폴 사르트르는 창조란 오직 독자의 읽기를 통해서만 비로소 완성될 수 있다고 말한 바 있다. 이 책은 동시대인의 한 사람으로서 나에게 근본적인 것으로 여겨지는 것들을 독자들과 함께 공유하고자 하는 대화의 시도이다. 진정한 대화는 치열한 비판을 포함한다고 믿는다. 이 책에 대한 가차 없는 비판과 질정은 저자의 실수를 교정함과 동시에 헤겔과 현시대의 뿌리를 이해하려는 나의 지적 여정을 완성하는 작업의 의미를 지닌다. 이 대화의 시도가 조금이나마 성과를 거둘 수 있기를 바란다.

책을 출판하면서 나를 참으로 기쁘게 하는 것은 직접적으로나 간접적으로 도움을 받은 많은 사람들에게 진심 어린 감사의 마음을 전할 수 있다는 사실이다. 우선 어려운 상황에서도 철학 저서를 기꺼이 출판해주신 도서출판 길의 박우정 대표와 이승우 실장 그리고 이 책이 나오는 데 많은 도움을 주신 분들에게 진심으로 감사를 표한다. 전남대학교 철학과의 김상봉 선생님은 도서출판 길에 나의 원고를 추천해주셨다. 이 자리를 빌려 깊은 감사의 마음을 표한다. 이 책이 나오기까지 내용 면에서 가장 커다란 영향을 준 사람은 바로 나의 박사학위 논문 지도교수인 비토리오 회슬레(Vittorio Hösle)이다. 이 글을 읽는 사람은 내가 그에게서 얼마나 많이 지적으로 도움 받고 있는가를 알게 될 것이다. 회슬레 선생은 독일 유학 시절뿐 아니라 그 후에도 남다른 관심과 애정으로 나를 아낌없이 지원해주었다. 이른바 전통적 가치와 학문에 대한 숭상이 남다르다고 자부하는 우리 사회에서도 찾아보기 힘든 스승의 모습을 현대화된 독일에서 접할 수 있었다는 것은 나의 커다란 행운이 아닐 수 없다. 그다음으로 학부 시절부터 현재에 이르기까지 일일이 열거할 수 없을 정도로 수많은 선배들과 동료들 그리고 후배들과 치열한 논쟁이 없었다면, 이 책은 존재할 수 없었을 것이다. 철학을 하면서 많은 깨우침을 준 선후배 및 동료들에게 진심으로 감사한다. 책을 쓰는 과정에서 필요했던 여러 책들을 빌리는 데 아낌없는 수고를 해준 전만익 후배에게도 심심한 사의를 표한다. 그의 도움이 없었다면 이 책의 완성은 한참 뒤로 미루어졌을 것이다. 그리고 세속의 잣대로 보자면 무능하고 심지어 쓸모없기까지 하면서도 지혜를 사랑하는 사람, 즉 철학자의 삶을 모방하려는 범용한 필부인 나를 언제나 격려해준 아내와, 인생의 신비와 기쁨이 무엇인지를 느끼게 해주는 사랑하는 딸 윤숭이에게 마음을 다해 감사와 사랑을 전한다. 마지막으로 지난 10여 년간 우리 가족에게 관심과 격려를 아끼지 않으신 장인어른 황팔룡님 그리고 장모 송향례님께 감사하며 두 분께 이 책을 바치고자 한다.

2007년 6월
나종석

차례

책을 펴내면서 · 7

제1장 전형적인 헤겔 비판과 헤겔 사회 · 정치철학의 근본 특성 • 19

들어가는 말 19 / Ⅰ. 헤겔과 1820년대의 독일(프로이센) 25 / Ⅱ. 프로이센의 반동적인 철학자이자 도덕적 실증론자로서의 헤겔? 35 / Ⅲ. 헤겔과 독일 민족주의 42 / Ⅳ. 헤겔과 전체주의 50 / 나가는 말 59

제2장 헤겔의 자유의지 개념과 소유이론 • 65

들어가는 말 65 / Ⅰ. 자유의지 개념과 법철학 67 / Ⅱ. 추상법과 인격 84 / Ⅲ. 사적 소유의 필연성 95 / Ⅳ. 헤겔의 소유이론의 몇 가지 문제점 118 / 나가는 말 135

제3장 추상법과 형벌이론 • 139

들어가는 말 139 / Ⅰ. 추상법의 마지막 범주로서의 불법: 계약에서 불법으로의 이행의 변증법적 구조 141 / Ⅱ. 헤겔 형벌이론의 일반적 특성 154 / Ⅲ. 공리주의적 형벌이론 비판: 포이어바흐의 일반예방 이론에 대한 비판을 중심으로 160 / Ⅳ. 헤겔과 사형 제도 169 / 나가는 말 175

제4장 도덕성, 책임 그리고 도덕적 행위의 본질 • 177

들어가는 말 177 / Ⅰ. '도덕성' 장의 필연성과 행위의 일반적 계기들 181 / Ⅱ. 행위와 책임 188 / Ⅲ. 의도와 복지 197 / Ⅳ. 정당화 사유로서의 긴급피난권 203 / 나가는 말 213

제5장 도덕성과 인륜성_칸트 윤리학의 특성과 헤겔의 비판 • 215

들어가는 말 215 / Ⅰ. 칸트 윤리학의 기본 특성 218 / Ⅱ. 칸트 윤리학의 형식주의 문제 230 / Ⅲ. 존재와 당위의 이원론적 구별의 실천철학적 귀결 242 / Ⅳ. 칸트 실천철학의 개인주의적 특성과 상호주관성의 문제 267 / Ⅴ. 도덕 규범들의 갈등 상황에서 칸트 윤리학의 무기력 273 / 나가는 말 283

제6장 근대 세계와 가족 • 285

들어가는 말 285 / Ⅰ. 근대의 원리인 주체성과 인륜성의 필연적 계기인 가족 287 / Ⅱ. 사랑과 혼인 291 / Ⅲ. 가족의 재산과 자녀 교육 299 / Ⅳ. 헤겔 가족이론의 문제점들 306 / 나가는 말 313

제7장 시민사회와 빈곤의 문제 • 315

들어가는 말 315 / I. 헤겔 『법철학』의 기본 구조와 시민사회의 일반적 원리 319 / II. 욕구의 체계로서의 시민사회: 이기주의와 상호의존성의 변증법 325 / III. 노동의 해방적 계기, 욕구의 사회적 성격, 노동의 기계화 그리고 그 소외 333 / IV. 부와 빈곤의 변증법과 시민사회의 내적 한계 357 / 나가는 말 368

제8장 사법 제도, 경찰 행정과 조합 그리고 사회복지국가의 가능성 • 369

들어가는 말 369 / I. 사법(司法) 372 / II. 경찰 행정과 조합 392 / III. 시장경제와 사회정의 417 / 나가는 말 438

제9장 시민사회와 국가의 매개: 대의제와 여론 • 441

들어가는 말 441 / I. 시민사회 개념의 혁신과 그 의의 445 / II. 정치적 국가의 원리: 입헌군주제와 헌법 458 / III. 시민사회와 국가의 매개체로서의 행정 관청, 대의 제도와 여론 486 / IV. 헤겔과 현대 시민사회 이론 521 / 나가는 말 530

제10장 정치적 공동체와 자유: 헤겔 인륜성 철학의 의미 • 533

들어가는 말 533 / I. 근대 자연법 사상과 헤겔 법철학 538 / II. 고전적 정치철학과 근대 자연법 사상의 종합 543 / III. 인륜성 이념과 규범적인 정치이론 549 / IV. 미네르바의 올빼미와 철학의 과제에 대한 비판적 고찰 563 / 나가는 말 574

제11장 국민국가의 다수성, 전쟁 그리고 영구평화의 문제 • 577

들어가는 말 577 / I. 근대 국가의 특성, 국가의 다수성과 전쟁의 필연성 578 / II. 헤겔의 전쟁론 586 / III. 칸트의 영구평화론 비판 603 / IV. 헤겔의 국제관계 및 전쟁론에 대한 비판적 고찰 618 / 나가는 말 623

책을 끝내면서 · 631

참고 문헌 · 637
찾아보기 · 659

제1장

전형적인 헤겔 비판과
헤겔 사회·정치철학의 근본 특성

들어가는 말

1980년대 우리 사회에서 헤겔의 실천철학에 대한 관심은 주로 마르크스주의와의 연관 속에서 이루어졌다고 해도 과언이 아닐 것이다. 그래서 1990년대 초반에 발생한 세계사적인 격변, 즉 옛 소비에트와 동유럽 사회주의 국가의 몰락과 더불어 우리 사회 전반에서 마르크스주의에 대한 관심은 크게 퇴조하였다. 마찬가지로 헤겔의 실천철학에 대한 관심도 줄어들었다. 물론 철학의 실현을 통한 철학의 극복이라는 관점으로 많은 사람들에게 커다란 매력과 현실적인 힘을 발휘하는 것처럼 보인 마르크스주의가 왜 세계사의 법정 앞에서 자신을 관철하지 못하고 좌절할 수밖에 없었는가 하는 문제는 여전히 해명되어야 할 사유의 과제로 남아 있다. 카를 마르크스의 자본주의와 자유주의에 대한 비판이 어떤 점에서 여전히 의미를 지니는가 또한 진지하게 검토되어야 할 문제이다. 그렇지만 냉전의 종식과 마르크스주의의 퇴조 현상은 헤겔 연구자들에게 새로운 기회를 제공하고 있다. 이제 헤겔 연구자들은 헤겔이라는 가면을 쓴 마르크스주의자가 아닌가 하는 의심을 벗어나 자유롭게 헤겔 연구를 할 수 있는 위치에 이르렀기 때문이다. 그럼에도 헤겔 철학, 특히 그의 사회·정치철학 연구는 그리 만만한 작업이 아니다. 헤겔의 사회·정치철학적 연구를 힘들게 하는 요소는 여러 가지이다. 물론 거의 모든 고전적인 철학적 텍스트들의 내용이 쉽지 않으며 독자들에게 많은 노력을 요구한다. 그러나 헤겔의 실천철학을 이해하는 데, 특히 그의 『법철학』을 이해하는 데는 다른 고전적인 철학 텍스트에서는 나타나지 않는 많은 오해와 어려움을 일으키는 몇 가지 문제가 있다.

첫째, 헤겔의 사회·정치철학에 대한 학문적인 이해를 가로막는 것은 그의 사변적인 형이상학적 토대이다. 헤겔의 사회·정치철학은 그의 전체 이론 체계의 일부이다. 달리 말해 사회·정치철학은 역사철학과 함께 헤겔의 철학 체계 내에서는 '객관정신'의 영역에 속한다. 헤겔 철학의 체계에서 이를 구성하는 각 요소들이 서로 연관되어 있기 때문에, 객관정신의 철학을 이해하기 위하여 체계의 다른 영역에 대한 이해가 필요하다는 것은 너무나 자명하다. 그러므로 그의 자연철학은 정신철학과 고립되어 이해될 수 없고, 객관정신 이론은 주관정신 및 절대정신 이론과의 연관 속에서 접근되어야 한다. 그리고 체계에 대한 사전 인식 이외에도 헤겔 철학 전체 체계의 기초를 구성하는 절대적 이성의 원리와 그의 사유의 방법적 원리인 변증법에 대한 사전 이해가 필요하다. 그러나 이는 학문의 초보자뿐 아니라 어지간한 헤겔 연구가들도 충분하게 갖추기 힘든 것이다.

둘째로 헤겔의 사회·정치철학에 접근할 때 그의 철학 체계에 내재하는 어려움 외에도, 헤겔의 사변적 형이상학과 그의 실천철학 사이의 연관성은 또 다른 어려움을 준다. 예를 들어 거의 모든 헤겔의 동시대인들은 『법철학』 서문(Vorrede)에 등장하는 '현실적인 것과 이성적인 것의 동일성' 주장, 즉 "이성적인 것은 현실적인 것이고, 현실적인 것은 이성적인 것이다"[1]에 대해서 불만

---

1) Hegel, *G. W. F. Hegel Werke in zwanzig Bänden*, hg. v. E. Moldenhauer und K. M. Michel, Frankfurt, 1969~71, 7, 24. 헤겔 저작들은 이 전집에 따라서 인용하며 권수와 쪽수를 함께 씀(예를 들어 전집 제7권 20쪽은 7, 20으로 표기함). 이 전집에 의거하지 않은 헤겔 저작들

이 컸다. 당대의 사람들이 보기에 이성과 현실의 동일성에 대한 헤겔의 주장은 부당한 현실을 이성의 이름으로 정당화하는 것에 지나지 않는 것이었다. 이러한 오해받기 쉬운 현실과 이성의 동일성 주장으로 인해 대다수의 동시대인들은 헤겔의 정치철학적인 핵심 주장과 이를 철학적으로 뒷받쳐주는 것으로 보이는 형이상학적 전제들에 적대적인 반응을 보였다.[2] 그리고 헤겔 사후 헤겔 좌파로 불리는 청년 헤겔주의자들을 비롯한 현대 철학의 많은 사상가들도 헤겔 철학의 형이상학적 기초는 더 이상 설득력 있는 관점이 아니라고 보았다. 헤겔 좌파와 헤겔에 비판적인 많은 사람들에 의해 헤겔 형이상학은 오랫동안 그의 정치사상이 이른바 '보수적' 혹은 '반동적' 성격을 띠게 한 사상적 원천이라고 끊임없이 비판받아왔다.

헤겔 철학에 호의적이든 그렇지 않든 많은 사람들은 헤겔 철학의 형이상학적 기초는 시대에 적합한 것이 아니라고 생각하여 그것을 비판의 대상으로 삼았다. 그래서 뢰비트는 제2차 세계대전이 발발하기 직전에 완성된 그의 기념비적인 저서 『헤겔에서 니체로: 19세기 사유에서의 혁명적 단절』 제1판 서문에서 헤겔의 정신 형이상학은 무의미한 것이 되어버렸다고 선언한다. 뢰비트가 보기에 인류 역사 발전의 주체이자 기초를 정신이라고 설정하는 헤겔 식의 형이상학은 기껏해야 하나의 '문제'(Problem)에 지나지 않는다.[3] '인정의 정치'와 '진정성의 윤리' 그리고 공동체주의 등을 통해서 현대의 실천철학을 주도하는 사상가라고 평가받고 있는 찰스 테일러(Charles Taylor)는 헤겔 철학 연

은 따로 명기함.

2) 물론 헤겔은 다른 강의록에서 이성과 현실의 관계에 대해 아주 다른 표현을 사용했다. 예를 들어 1819년과 1820년 겨울 학기의 강의록에는 다음과 같은 정식이 발견된다. "이성적인 것은 현실적으로 된다. 그리고 현실적인 것은 이성적으로 된다"(Was vernünftig ist, wird wirklich, und das Wirkliche wird vernünftig). *Philosophie des Rechts, Die Vorlesung von 1819~20 in einer Nachschrift*, hg. von D. Henrich, Frankfurt, 1983, S. 51. 앞으로 이 책은 Henrich로 약칭한다. 하인리히 하이네(Heinrich Heine)의 기록에 의하면 헤겔은 다음과 같이 말한 바 있다. "이성적인 모든 것은 존재해야만 한다"(Alles, was vernünftig ist, muß sein). *Hegel in Berichten seiner Zeitgenossen*, hg. v. G. Nicolin, Hamburg, 1970, S. 253.

3) K. Löwith, *Von Hegel zu Nietzsche*, Sämtliche Werke, Bd. 4, Stuttgart, 1988, S. 3.

구자로도 널리 알려져 있다. 그는 1975년에 나온 『헤겔』(Hegel)이라는 그의 방대한 저서에서 헤겔 정치철학의 현재적인 의미를 되살리는 작업을 성공적으로 수행했다. 그럼에도 테일러 역시 자연과 인간의 역사를 절대적인 이성의 자기실현의 필연적인 전개 과정의 단계들로 해석하려는 헤겔 철학의 형이상학적 기초는 이제 설득력이 없다고 단언한다.[4]

헤겔 형이상학에 대한 비판은 포이어바흐(Feuerbach)의 종교 비판이 사회 현실에 대한 비판으로 간주되는 것과 마찬가지로 당대의 현실을 비판하는 작업의 일환으로 여겨져왔다. 주체와 객체의 종합 그리고 이성과 현실 사이의 대립의 변증법적 지양과 화해를 추구하는 헤겔의 체계와 이 체계의 기반인 이성 중심주의를 분쇄하려는 것이 청년 마르크스와 포이어바흐, 아르놀트 루게(Arnold Ruge)와 막스 슈티르너(Max Stirner) 등 청년 헤겔주의자들의 주된 작업이었다. 형이상학에 대한 비판이 시대 비판의 표어가 되는 것은 헤겔 철학 이후의 다양한 철학의 흐름들에서 거의 공통적인 현상이다. '신은 죽었다'는 명제로 유명한 니체의 형이상학 비판과 반체계적인 글쓰기는 이런 현상의 하나이다. 그런 점에서 뢰비트는 니체의 형이상학 비판과 청년 헤겔학파의 급진적 헤겔 비판의 친화성을 주장하였다.[5] 현재 커다란 지적 영향력을 발휘하는 자

---

4) 이 『헤겔』이란 책의 축약본을 테일러는 *Hegel and Modern Society*(Cambridge, 1979)로 출판했고, 이 책은 현재 한국어로 번역되어 있다. 한국어 번역판의 제목은 『헤겔 철학과 현대의 위기』(박찬국 옮김, 서광사, 1988)이다. 이 번역본 217쪽 참조. 물론 현대 철학에서 헤겔의 형이상학이 완전히 잊혀진 것이라고 평가하는 것은 섣부른 판단이다. 현대 철학의 '언어적 전회'를 진지하게 검토하면서 헤겔의 주관성의 객관적 관념론과는 다른 상호주관성의 객관적 관념론의 철학적 정초를 시도하는 작업으로서 회슬레의 철학이 있다. 그의 객관적 관념론의 철학적 토대 부여의 이론적 작업에 대해서『객관적 관념론과 그 근거짓기』(이신철 옮김, 2005)를 참조. 이와 아울러 영미의 분석철학적 전통 내부에서 새로이 일고 있는 헤겔의 객관적 관념론적 철학의 현대적 변형과 발전의 시도 역시 주목할 만하다. 브랜덤(R. Brandom)의 저서 *Making It Explicit*(Cambridge, Massachusetts/London, 1994)과 맥도웰(J. McDowell)의 저서 *Mind and World*(Cambridge, Massachusetts/London, 1994)가 바로 이런 새로운 지적 흐름의 귀중한 성과를 대변한다. 헤겔의 사회·정치철학과 형이상학 사이의 연관성에 대한 긍정적인 연구로는 J. Ritter, *Hegel und die französische Revolution*(지금은 *Metaphysik und Politik*, Frankfurt, 1969에 수록)이 있다.
5) K. Löwith, 앞의 책 참조.

크 데리다의 해체이론과 이성 중심주의에 대한 비판은 청년 헤겔파와 니체의 변형 중 하나이다.[6]

  마지막으로 헤겔의 실천철학과 그의 고유한 형이상학적 사유 사이의 연결이라는 어려움을 도외시하더라도, 헤겔 정치철학에 대한 이해를 그 무엇보다도 더 어렵게 하는 것은 아마도 그의 정치철학의 다양하고 복잡한 영향사일 것이다. 사실 헤겔『법철학』만큼 출판되자마자 여러 가지 해석이 난무하며 격렬한 논쟁에 휩싸인 저서도 철학사에서 보기 드물다. 헤겔 사회·정치철학의 결정판이라고 할 수 있는『법철학』(*Grundlinien der Philosophie des Rechts*)은 1820[7]년에 출판되었다. 이 저서는 홉스의『리바이어던』, 플라톤의『국가』와 함께 서양 사회·정치철학사에서 가장 중요하고 영향력 있는 저작으로 간주된다. 예를 들어 20세기 영국의 대표적 정치철학자의 한 사람인 마이클 오크숏의 해석에 따르면 헤겔은 서양의 정치철학사에 등장한 세 가지 중요한 지적 전통의 하나를 정초한 사상가이다. 첫째 전통에서 중심적인 개념은 "이성(Reason)과 자연(Nature)"이다. 이 전통은 서구 지성사에서 지속적으로 영향력을 발휘하여왔고 지금도 그러하다. 이 전통의 대변자는『국가』의 저자인 플라톤이다. 둘째 전통에서 가장 중요한 개념은 "의지(Will)와 인위적인 고안(Artifice)"인데, 이 전통 역시 그 뿌리를 고대 그리스에 두고 있으면서, 이스라엘과 이슬람으로부터 영감을 받았다. 이 전통의 대변자는 바로『리바이어던』의 저자인 홉

---

6) 데리다와 청년 헤겔파 및 니체와의 연관에 대해서는 페터 지마(Peter Zima), 『데리다와 예일학파』(김혜진 옮김, 문학동네, 2001), 30쪽 이하 참조. 포스트모던적 사유를 주도한 또 다른 사상가인 질 들뢰즈(Gilles Deleuze)의 헤겔에 대한 적대감과 대결의식은 유명하다. 그는 헤겔에 대하여 어느 편지에서 다음과 같이 적고 있다. "내가 무엇보다도 혐오하는 것은 헤겔주의와 변증법이었다"(「어느 가혹한 비평가에게 보내는 편지」, 『대담』, 김종호 옮김, 솔, 1994, 29쪽). 들뢰즈의 헤겔 비판을 헤겔의 입장에서 반박하는 글로는 강순전의 논문(「포스트구조주의의 헤겔 변증법 비판에 대한 응답」, 『헤겔연구』 제16호, 한국헤겔학회 엮음, 동과서, 2004)이 있다.
7) 헤겔『법철학』의 표제지에는 1821년으로 되어 있으나, 1820년 가을에 이미 출판된 것으로 간주된다. 이에 대해 H. Ch. Lucas와 U. Rameil의 논문, "Furcht vor der Zensur? Zur Entstehungs- und Drucksgeschichte von Hegels Grundlinien der Philosophie des Rechts," *Hegel-Studien*, Bd. 15, Bonn, 1980, S. 63~93 참조.

스이다. 셋째 전통은 앞의 두 전통보다 나중에 발생한 것으로 이 전통에서 주된 용어는 바로 "이성적인 의지"(the Rational Will)이다. 이 전통의 대변자는 바로 『법철학』의 저자인 헤겔이다.[8] 헤겔 『법철학』이 지니는 위대성과 그 지속적인 영향력으로 인하여 그의 사회·정치철학에 대한 연구 결과가 헤아릴 수 없을 정도로 많다는 것은 우연이 아니다. 헤겔 연구자들은 이런 엄청난 양의 연구 결과에 새로운 것을 제시해야 한다는 요구 앞에 직면해 있는데, 이는 그리 쉽지 않은 요구임이 분명하다. 헤겔 당대에 이미 그의 정치철학이 지니는 다양한 함축을 두고 논쟁이 발생했다. 어떤 사람들은 헤겔 철학이 현실에 대한 보수적인 옹호라고 보았고, 다른 사람들은 헤겔 『법철학』이 당시 프로이센 국가에 대한 사상적인 위협이 된다고 비판했다.[9]

위에서 언급한 어려움 이외에도 헤겔의 사회·정치철학의 학문적 탐구를 가로막는 요인의 하나는 그의 철학에 대한 널리 퍼져 있는 전형적인 비판적 견해들이다. 그것은 헤겔 사회·정치철학이 보수적이고 복고적이며 심지어 전체주의의 주된 지적 기원의 하나라는 뿌리 깊은 편견이다. 헤겔 철학의 복고성 신화에 대한 비판적 고찰과 반성 없이는 그의 실천철학에 대한 제대로 된 학문적인 연구는 이루어질 수 없다.

이 장에서 나는 마지막에 언급된 문제 상황에 대해 비판적 고찰을 하고자 한다. 그래서 본문에서 헤겔 철학에 대한 대표적인 고정관념의 주된 내용들을 서술하고, 이것들이 실제로 참다운 학문적 근거를 갖고 있는가를 해명하기 위해 카를 포퍼(Karl Popper)의 헤겔 비판에 초점을 맞추고자 한다. 포퍼는 헤겔 철학에 대한 기존의 비판을 반복하는 것에 그치지 않고, 헤겔을 독일 나치즘의 인종주의 및 전체주의의 사상적 선구자로 평가함으로써 기존의 편견을 한층 더 강

---

8) M. Oakeshott, "Introduction," *Leviathan or The Matter, Form and Power of A Commonwealth Ecclesiastical and Civil by Thomas Hobbes*, Oxford, 1946, xii 이하 참조.

9) 헤겔이 죽자마자 헤겔 정치철학에 대한 보수적·자유주의적·혁명적인 해석들이 등장했다는 것을 리델은 아주 구체적이고 설득력 있게 제시하고 있다. 헤겔에 대한 이러한 다양한 해석 경향은 오늘날에 이르기까지 계속되고 있다(M. Riedel, "Einleitung," *Materialien zu Hegels Rechtsphilosophie*, Bd. 1, hg. v. M. Riedel, Frankfurt, 1975, S. 11 이하 참조).

화하고 있기 때문이다. 나아가 포퍼의 헤겔 비판은 영미 철학계에서뿐 아니라 일반 대중들의 헤겔에 대한 일반적인 인식에도 여전히 커다란 영향을 미치고 있다. 이것은 우리나라에서도 마찬가지이다. 예를 들어 헤겔을 현대 전체주의 사상의 선구자로 비판한 포퍼의 『열린 사회와 그 적들』은 많이 읽히고 있다. 내가 갖고 있는 번역본은 1995년에 구입한 것인데, 그때 이미 이 번역본은 18쇄였다. 따라서 포퍼의 헤겔 비판을 비판적으로 검토하는 작업은 상당한 의미가 있다. 헤겔 철학에 대한 여러 고정적인 편견과 오해를 학문적으로 탐구하는 작업은 그의 철학에 대한 본격적인 연구가 아니라는 인상을 줄 수도 있다. 그러나 사실상 헤겔 철학에 대한 고정관념들의 비판적 성찰은 그의 실천철학의 본질적 특성에 대한 물음과 연결되어 있다. 그러므로 이 장은 헤겔의 사회·정치철학에 대한 여러 비판들의 정당성 여부를 검토하는 과정에서 간접적으로 그의 실천철학의 고유한 특성이 무엇인가를 입증해 보이는 효과도 지닌다.

I. 헤겔과 1820년대의 독일(프로이센)

1990년대 동유럽 공산주의의 붕괴 이후에 그 영향력이 현저하게 줄어들었지만, 정통 마르크스주의는 헤겔 철학을 유물론적으로 독해해내려고 시도했으며 헤겔 철학의 급진적이고 혁명적인 부분들을 현실적으로 변화시키려고 노력했다. 이러한 마르크스주의적인 전통에서 중요한 것은 헤겔의 시민사회와 국가의 관계를 뒤바꾸어 국가를 자본주의적 생산 사회의 반영으로서 폭로하는 것이었다. 이런 폭로와 비판적 대결 과정에도 불구하고, 마르크스와 마르크스주의의 전통에서 헤겔의 객관적 관념론과 그의 실천철학이 지니는 진보적인 측면과 합리적인 핵심에 대한 긍정적인 태도가 사라진 적은 없었다.

마르크스와 마르크스주의의 헤겔 비판의 전통과는 달리 19세기의 루돌프 하임에서 현대의 포퍼에 이르는 여러 자유주의자들은 헤겔 정치철학에서 자유주의적인 이념과 대립되는 전형적인 반동적 이념을 발견한다고 믿고 있다.

특히 하임의 헤겔 비판은 매우 중요하다. 그의 비판은 상당히 영향력이 있었으며 일정한 흐름을 형성하는 데 성공했다. 그는 1857년 출판된 『헤겔과 그의 시대』(Hegel und seine Zeit)라는 저서에서 헤겔을 비판했다. 하임은 이 저서에서 1830년대 청년 헤겔학파의 헤겔 비판을 이어받고 있다. 뢰비트에 의하면 하임은 포이어바흐, 루게 그리고 마르크스가 급진적인 방식으로 수행한 헤겔 비판의 "동기"를 "학문적인 형태로 변형시켰을 뿐이다."[10] 하임의 저서가 출판된 당시는 1848년 혁명의 패배의 그림자가 아직 가시지 않은 상황이었다. 이런 상황에서 하임은 헤겔 철학을 "프로이센 복고 정신의 숙소"라고 규정하였다. 그리고 하임은 헤겔의 『법철학』, 특히 그 서문에서 "정치적 보수주의, 정적주의 그리고 낙관주의의 절대적 정식"을 발견할 수 있다고 강조하였다.[11] 미하엘 토이니센이 지적하듯이 하임의 비판은 두 가지 전제조건들에 기반하고 있다. 첫째는 헤겔이 『법철학』을 출판한 1820년 초반의 프로이센이 이미 반근대적인 복고적 국가라는 것이고, 다른 전제는 헤겔이 『법철학』에서 이 보수 반동적인 국가를 무제한적으로 긍정하고 이 현실을 옹호하였다는 것이다.[12] 하임의 헤겔 비판은 상당히 성공적인 영향사를 갖고 있다. 하임의 비판 이후 그를 독일 프로이센의 반동적 철학자로 묘사하는 것은 헤겔 비판자들에게 약방의 감초처럼 항상 도마에 오르는 주제이다. 그래서 포퍼의 헤겔 비판의 구체적인 내용을 살펴보기 전에, 헤겔과 그가 생애 말년을 보냈던 프로이센 사이의 연관성을 논할 필요가 있다.[13]

헤겔 철학은 정치적으로 1820년대 프로이센의 질서를 철학적으로 정당화하는 것으로 이해된다. 그리고 이때 프로이센의 정치질서는 프랑스 혁명의 이념을 부정하는 왕정복고 시대이자 정치적으로 반동의 시대를 대변하는 것으

---

10) K. Löwith, 앞의 책, S. 80.
11) R. Haym, *Hegel und seine Zeit*, Darmstadt, 1962, S. 359 이하.
12) M. Theunissen, *Die Verwirklichung der Vernunft. Zur Theorie-Praxis-Diskussion im Anschluß an Hegel*, hg. von H.-G. Gadamer und H. Kuhn, Tübingen, 1970, S. 4 참조.
13) 토이니센에 의하면 포퍼의 헤겔 비판은 하임의 헤겔 비판을 '거칠게 단순화한' 가장 극단적 사례에 지나지 않는다(같은 책, S. 17).

로 이해되기 때문에, 헤겔의 정치철학은 당연히 프로이센의 반동적인 현실을 이성의 이름으로 정당화한 극단적 보수주의라는 평가가 따른다. 이런 평가와 더불어 헤겔 철학은 국가를 신적인 것 혹은 절대적인 것으로 바라봄으로써 개인의 자유를 거부하고 국가를 신성시하는 극단적인 국가주의 이론이라는 관점이 오늘날까지도 남아 있다. 헤겔 철학은 국가 권력을 신격화하는 국가주의적인 이론이며, 헤겔은 프로이센의 반동적 철학자라는 판에 박힌 관점을 이미 1950년에 에릭 베일은 다음과 같이 요약하여 표현한다. "플라톤은 이데아와 플라톤적인 사랑의 창안자로, 아리스토텔레스는 형식 논리학과 생물학의 창시자로, 데카르트는 명석함의 영웅으로 그리고 칸트는 도덕주의자 중에서 가장 엄격한 사람으로 알려져 있는 것처럼, 헤겔은 국가가 모든 것이고, 개인은 아무것도 아니며 도덕성은 정신의 삶의 보다 낮은 형태로 보는―프로이센 국가의 위대한 변호론자 이상도 그 이하도 아닌―철학자로 알려져 있다."[14]

헤겔이 그 당시 프로이센의 중심지인 베를린에서 활동하면서 프로이센의 당대 현실을 옹호하는 지적 대변인 역할을 했다는 것은 사실이 아니다. 더구나 1820년대의 프로이센을 국가주의적인 나라로 치부하면서 프로이센의 의미에 대해서 긍정적인 헤겔의 이론을 반동적이고 국가주의적인 것으로 비판하는 것은 문제가 있는 발상이다. 1820년대의 프로이센은 그 당시의 다른 나라들에 비교해서나 20세기 전반기에 등장한 추악하고 야만적인 파시즘 체제나 전체주의 체제와 비교할 정도로 결코 반동적이거나 억압적이지 않았다. 헤겔이 프로이센의 중심 도시 베를린의 철학 교수로 초빙되어 간 때는 1818년이다. 그 철학 교수 자리는 피히테의 후임이었다. 1818년 베를린에 간 헤겔은 1831년 죽을 때까지 그곳에서 활동했다. 프로이센과 헤겔의 관계는 상당히 복잡하다. 헤겔은 일생 동안 세 번의 커다란 역사적 격변을 경험했다. 그중 하나는 1789년의 프랑스 혁명이었다. 이 혁명은 헤겔의 청년기에 발생하여 일생 동안 그에게 커다란 영향력을 행사했다. 둘째는 그의 장년 시절에 프랑스 혁

---

14) E. Weil, *Hegel and the State*, translated by Mark A. Cohen, Baltimore and London, 1998, p. 1.

명의 여파로 일어난 나폴레옹의 정복전쟁 그리고 마지막은 나폴레옹에 대항한 프로이센의 해방전쟁이었다. 이 세 가지 역사적 경험은 헤겔의 사회·정치 사상에 깊은 흔적을 남겼다.

헤겔과 프로이센의 관계는 항상 동일하지 않았다. 아니 헤겔의 프로이센에 대한 평가는 1800년 초와 베를린 대학 교수로 취임하는 시기에 전혀 다르다. 주지하다시피 1818년 이후의 헤겔은 프로이센의 현실에 대하여 기본적으로 우호적인 평가를 하고 있었다. 그러나 1800년 초반만 해도 그는 프로이센을 매우 부정적으로 이해했다. 헤겔은 『독일 헌법론』(*Die Verfassung Deutschlands*)에서 프로이센에서의 삶을 삭막하고 아무런 생명력과 활력이 없는 것으로, 그리고 학문과 예술의 영역에서는 어떤 창조적인 천재도 존재하지 않는 불모지대로 묘사했다.[15] 그는 당시 독일의 분열상을 극복하여 독일의 정치적 통일과 근대화를 달성할 수 있는 잠정적인 후보로 오스트리아를 거명하였다. 헤겔이 국가의 정치적 구조를 비교한 후에 시대의 역사적 과제를 해결할 담당자로 선택한 나라는 오스트리아였다.[16] 헤겔의 『독일 헌법론』은 많은 헤겔 연구자들의 관심을 불러일으키는 저서이다. 이 초고는 헤겔 생전에 공식 출판되지 않았다. 그러나 이에 대하여 헤겔의 제자이자 전기 작가인 카를 로젠크란츠(Karl Rosenkranz)가 이미 언급한 바 있다. 그리고 이 초고는 1893년 게오르크 몰라트(Georg Mollat)에 의해 출판되었다. 이 저서는 헤겔이 독일의 민족주의를 옹호한 사상가이며 마키아벨리의 뒤를 잇는 권력의 무조건적인 찬양가임을 입증해주는 전거로 이용되었다. 헤겔은 국가의 본질을 법에서 구하는 것이 아니라 권력에서 찾고 있으며 이런 생각은 바로 법치국가가 아니라 권력국가(Machtstaat)를 주창한 것이라는 비판적 견해가 이 초고에서 전개된 이론에 의거해 제시되었다. 뒤에서 보는 것처럼 포퍼는 헤겔 철학 전반을 도덕에 비해서 성공과 권력의 자기 관철을 최상의 것으로 간주하는 이론으로 비판한다.

---

15) 1, 484 이하.
16) 헤겔과 프로이센의 관계에 대한 보다 상세한 정보를 위해서는 아비네리(Shlomo Avineri)의 책 *Hegel's Theory of the Modern State*, Cambridge, 1972, 제3장과 제6장 참조.

그러나 이 저서에서도 헤겔은 언어나 종교나 민족적 유대가 근대 국가의 기초가 아님을 분명히 한다. "우리의 국가에서 습속, 생활 방식, 언어 등등을 염두에 둘 때 느슨한 연관 혹은 어떤 연관도 발생하지 않을 것이다."[17)]

1806년 10월 13일 프랑스 나폴레옹의 군대가 예나로 진격해 올 당시 헤겔은 그의 절친한 친구 프리드리히 이마누엘 니트함머(Friedrich Immanual Niethammer)에게 보낸 편지에서 예나에 있는 모든 사람들이 프랑스 군대의 행운을 바라고 있으며 헤겔이 머무르고 있는 "지역도 곧 이 혼란에서 해방될 것"이라고 적고 있다.[18)] 이와 같이 헤겔은 프랑스 군대에 의한 프로이센의 패배를 환영하고 있다. 심지어 헤겔은 프로이센 군사를 패배시킨 후에 프랑스 군대를 이끌고 예나로 입성하는 나폴레옹에 대한 감동적인 인상을 적고 있는 편지에서 나폴레옹을 "세계혼"(Weltseele)으로 묘사한다. 헤겔은 나폴레옹이 지나가는 모습에서 엄청난 감동을 받았음을 숨기지 않는다. 그에게 말을 타고 예나를 통과하는 나폴레옹은 "비범한 인물"이며, "경탄하지 않을 수 없는" 인물이었다.[19)] 그뿐 아니라 헤겔은 1807년 8월 29일 니트함머에게 보낸 편지에서 나폴레옹을 파리에 있는 "위대한 국법학자"로 규정한다.[20)] 그는 나폴레옹을 프랑스 혁명의 유산을 독일에 전파하는 인물로 생각하고 있었다. 따라서 프로이센에 대하여 거둔 프랑스의 승리에 대하여 그는 1807년 1월의 한 편지에서 다음과 같이 적고 있다. "철학은 외로운 것이다. 그것은 거리에나 시장에 어울리지 않는다. 〔……〕 교양이 야만에게, 정신이 어리석은 지성과 궤변에게 승리한다는 것을 현재의 사건들보다 더 설득력 있게 보여주는 것은 없다."[21)]

위 편지가 보여주듯이 헤겔은 프랑스가 거둔 군사적 승리를 야만에 대한 교양의 승리, 궤변에 대한 정신의 승리로 간주하였다. 헤겔에게 프랑스와 프로이센의 전쟁은 근대적 정치질서와 중세적인 봉건질서 사이의 투쟁이었으며,

---

17) 1, 585.
18) *Briefe von und an Hegel*, Bd. 1, hg. von Johannes Hoffmeister, Hamburg, 1952, S. 121.
19) 같은 책, S. 120.
20) 같은 책, S. 185.
21) 같은 책, S. 137.

프랑스의 승리는 바로 근대적 정치체제의 우월성을 보여주는 상징적 사건과도 같았다. 헤르베르트 마르쿠제(Herbert Marcuse)가 지적하듯이 나폴레옹은 독일에서 봉건적인 제도들을 파괴하는 데 크게 기여했다. 나폴레옹의 혁명전쟁 여파로 독일의 많은 지역에 근대적인 내용을 담은 나폴레옹 법전이 도입되었다. 따라서 시민의 평등, 종교적 자유, 십일조와 봉건적인 여러 권리들의 폐지, 성직자 소유지의 매각 및 중세의 폐쇄적인 직업조합인 길드(guild)의 금지와 같은 조치들이 모두 다 프랑스 지배의 유지와 밀접하게 결합되어 있었던 것들이라고 마르쿠제는 지적한다.[22] 이처럼 프랑스와 프로이센의 전쟁은 새로운 시대의 원리와 구시대의 원리 사이의 투쟁이기도 했다. 그래서 프로이센의 패배는 독일이 프랑스 혁명의 원칙에서 천명된 것처럼 정치체제의 근대화를 이룩하지 못한 것이 그 근본적 원인이라는 것이 헤겔의 입장이었다. 간단하게 말하자면 독일의 불행은 "이성의 모든 지속적인 형성과 프랑스적 자유를 향한 열광의 경험이 충분하지 않다"는 데 기인한다(1, 555). 그래서 1807년 1월 니트함머에게 보낸 편지에서 헤겔은 독일이 프랑스와의 전쟁에서 많은 교훈을 얻을 수 있었다고 말한다. 그렇지만 독일은 여전히 프랑스의 장점을 충분히 배우지 않고 있다고 그는 진단한다.[23] 헤겔은 프랑스에게서 독일이 배워야 할 것에 관해 다음과 같이 말한다. "지금까지 우리는 프랑스적인 것을 모방하는 데에서 항상 겨우 절반의 것만을 수용하고 나머지 절반을 무시하는 것을 보았다. 이 나머지 절반은 가장 숭고한 것, 즉 인민의 자유, 선거와 결정에의 인민의 참여, 혹은 적어도 인민이 이해하도록 정부 조치들의 모든 근거들을 설명하는 것을 포함한다."[24]

헤겔이 프랑스의 승리를 긍정적으로 보았다고 해서, 나폴레옹의 유럽 정복 전쟁 자체까지 긍정적으로 바라본 것은 아니다. 죄르지 루카치(György Lukács)는 독일과 프랑스 사이의 전쟁에 대한 독일인의 태도를 지나치게 단순하게 묘

──────────
22) 마르쿠제, 『이성과 혁명』, 김현일 · 윤길순 옮김, 중원문화, 1984, 190쪽 참조.
23) *Briefe von und an Hegel*, S. 198 참조.
24) 같은 책, S. 197.

사한다. 그에 의하면 낭만주의자들은 독일을 프랑스의 지배에서 해방하려는 프로이센과 오스트리아의 민족해방전쟁을 지지한 사람들이었고, 괴테와 헤겔은 나폴레옹의 추종자였다. 루카치는 독일의 낭만주의자들이 프랑스에 대한 프로이센과 오스트리아의 승리와 나폴레옹 몰락 이후에 점점 반동적이고 복고적인 세력 편에 서게 되었다고 강조하면서, 이와 달리 헤겔은 프랑스에 의해 독일에 도입될 긍정적인 영향, 봉건적 잔재를 없애고 근대적인 제도를 독일에 뿌리내리게 할 결과들을 찬성하는 사람으로 바라본다. 그러나 이런 묘사는 너무나 단순하다. 사실은 좀더 복잡하다.[25]

루카치가 보는 것과 달리 독일의 독립국가 형성에 대한 열망의 긍정과 프랑스 정복전쟁에 대한 헤겔의 거부는 명백한 것이었다. 나폴레옹 전쟁 초기에 많은 독일인은 혁명에 호의적이었고 그리하여 전쟁이 프랑스 혁명의 원칙들이 독일에도 수용되는 계기가 될 것이라는 입장을 보여주었다. 그러나 이런 관점이나 기대가 어긋나는 움직임도 있었다. 예를 들어 1797년 12월에 시작되어 1799년 4월까지 열렸던 라슈타트(Rastatt) 회의는 많은 진보적이고 개혁적인 독일인들에게 커다란 실망을 안겨주었다. 이 회의 과정에서 독일은 많은 영토를 잃었고, 프랑스 역시 프랑스 혁명 이념의 관철과 같은 문제보다는 영토 분할과 같은 문제들에만 커다란 관심을 보여주었기 때문이다. 이런 경험은 독일인들로 하여금 독일 민족주의를 긍정적으로 생각하게 하였다. 이런 분위기 속에서 프랑스 공화국과는 대별되는 독일의 전통을 강조하는 움직임이 형성되었다. 나폴레옹 정복전쟁 초기에 독일인들은 이렇게 양극단으로 분열되는 모습을 보여주었다. 헤겔은 이런 상황에서 프랑스의 정복전쟁에 어떤 환상도 갖지 않았을 뿐 아니라, 무조건적인 독일 통일을 찬양하고 독일의 과거를 이상화하는 입장에도 동조하지 않았다. 독일의 독립국가 형성은 근대적인 정치 구조의 형성과 그에 걸맞은 개혁 조치가 따르지 않는 한 불가능할 뿐 아니라, 바람직하지 않은 것이었다. 그래서 헤겔은 독일의 현실을 근대적인 질서

---

[25] 루카치, 『청년 헤겔 2』, 서유석·임춘길 옮김, 동녘, 1987, 306쪽 참조. 아비네리 역시 헤겔과 나폴레옹 사이에 대해 거의 같은 입장을 취한다(S. Avineri, 앞의 책, 제4장 참조).

로 개혁하려는 움직임이 없이 그저 과거 독일의 소위 위대한 전통을 찬양하는 국수주의적이고 복고 지향적인 독일 민족주의 흐름과는 명백하게 거리를 두고 있었던 것이다.[26]

그러나 헤겔이 베를린으로 가기로 결정한 1818년의 프로이센은 그 이전의 프로이센이 아니었다. 프로이센은 나폴레옹 전쟁 이후 카를 프라이헤르 폰 슈타인(Karl Freiherr von Stein)과 카를 아우구스트 폰 하르덴베르크(Karl August von Hardenberg)에 의해서 개혁되고 변화되었다. 베일은 이런 변화를 가져온 개혁 조치들로서 낡은 중세적 농노제의 폐지, 도시에서의 자치적인 정부 허용, 군대에서 보편적 징병제 도입, 귀족들의 특권의 상당 부분 폐지, 국가 감독으로부터 학문 활동의 해방 등을 열거한다. 물론 이 당시 프로이센의 정치 질서가 현대의 일반적인 자유민주주의 수준에 비해서 현저히 뒤떨어진다는 점은 분명하다. 그럼에도 베일은 개혁된 프로이센을 1832년 개혁 법안이 통과되기 이전의 영국이나 왕정복고 시절의 프랑스나 클레멘스 폰 메테르니히(Klemens von Metternich)의 오스트리아와 비교해 볼 때 "훨씬 더 진보한 국가"라고 규정한다.[27]

헤겔이 베를린에서 활동하던 당시의 프로이센을 긍정적으로 바라보았다는 점은 분명하다. 그러나 그가 왜 그랬는가 하는 이유가 문제이다. 헤겔은 프로이센을 자유와 이성적인 법률에 의해서 통치된다는 근대 국가의 기본적 원리를 거부하는 절대적인 국가 권력이나 왕정복고의 반동적인 국가로 바라보지 않는다. 그는 베를린으로 초빙된 1818년과 마찬가지로 1830년에 프로이센을 "탁월한 근대 국가"(the modern State par excellence)로 이해했고 "자유에 토대를 둔" 국가로 보았던 것이다.[28] 물론 이런 주장이 1820년대의 프로이센 국가가 전적으로 이성적이어서 개혁과 발전이 더 이상 필요 없는 상태라는 뜻을

---

26) D. Losurdo, *Hegel und das deutsche Erbe*, Köln, 1989, S. 192 이하 참조.
27) E. Weil, 앞의 책, p. 10 이하 참조. 베일의 헤겔 해석에 대한 호의적이면서도 비판적인 언급으로는 M. Theunissen, 앞의 책, S. 16 참조.
28) 같은 책, p. 15.

함축하지는 않는다. 실제로 헤겔은 당대의 프로이센이 많은 점에서 변화되고 개혁되어야 한다는 점에 동의했다. 1820년대 프로이센의 현실을 그대로 반영하고 있으며 그런 현실을 철학적으로 정당화하는 작업의 표현에 불과하다는 비난을 받는 헤겔『법철학』의 주된 내용과 현실의 프로이센 사이에는 상당한 차이가 있다. 19세기에 이미 헤겔의 대표적인 제자의 하나인 로젠크란츠는 당시 프로이센이 "결코 입헌주의적 국가"가 아니었다고 강조한다. 그러나 헤겔은 1802년의 저서에서도 입헌주의 국가 이념을 적극적으로 찬성한다. 로젠크란츠에 의하면 1820년대의 프로이센은 "어떤 여론도, 사법의 구두 심리도 지니지 않았고, 어떤 언론 자유도, 법 앞에서의 시민의 평등도, 입법에서의 국민의 어떤 참여도, 입법에 의한 세금의 승인도 없었다."[29] 그러나 헤겔은 바로 이런 것들이 근대의 이성적인 국가가 갖추어야 할 필연적인 요소라는 점을 끝까지 견지했던 것이다.

프로이센의 당대 현실과 헤겔의 정치이론 사이의 차이점을 베일은 다음 세 가지로 요약한다. 첫째로 헤겔 정치이론에서 중심적인 위치를 차지하는 것은 의회(신분제 의회)인데, 프로이센에는 아무런 의회도 없었다. 당시 프로이센에는 지방 의회(diet)가 존재했으나 1847년까지 이 의회는 소집되지 않았다고 베일은 설명한다. 둘째로 의회에서 공개적인 토론은 허용되지 않았으나, 헤겔은 이 공개적인 토론을 정부의 감시와 여론 형성을 위해서 아주 중요한 것으로 간주했다. 셋째로 배심원 제도는 구체제의 프로이센에 없는 제도였으나, 헤겔은 이 제도의 중요성을 강조했다.[30]

여러 가지 한계점에도 불구하고 그는 당대 프로이센 특히 하르덴베르크, 슈타인, 카를 빌헬름 폰 훔볼트(Karl Wilhelm von Humboldt) 그리고 카를 지그문트 폰 알텐슈타인(Karl Sigmund von Altenstein) 등으로 대변되는 이 국가의 개혁 세력이 염두에 두었던 국가의 개혁 프로그램이 기본적으로 이성적인 근대

---

29) K. Rosenkranz, *Hegel als deutscher Nationalphilosoph*, unveränderter Nachdruck der Ausgabe Leipzig 1870, Darmstadt, 1973, S. 152.
30) E. Weil, 앞의 책, p. 3, 주석 3 참조.

국가를 지향하고 있다고 확신했다.[31] 특히 알텐슈타인은 헤겔을 베를린으로 초빙한 사람으로 1817년 이래로 문화와 교육을 담당하는 프로이센의 장관이었다. 그리고 그는 헤겔을 지속적으로 옹호해준 인물이었다. 앨런 우드(Allen Wood)에 의하면 헤겔이 1820년에 출판된 『법철학』에서 묘사하는 이성적 근대국가는 당대의 프로이센을 있는 그대로 반영한 것이 아니라, 슈타인과 하르덴베르크의 개혁이 성공적이었다면 실현될 수 있었던 프로이센이었다. 헤겔은 현실을 추종하는 기회주의자 혹은 타협주의자도 아니었고, 복고 정신의 소유자도 아니었다. 그렇다고 그는 이념을 프랑스 혁명에서 분출되었던 것과 같은 방식으로 실현하는 것을 꿈꾸었던 급진주의자도 아니었다. 다만 그는 슈타인이나 하르덴베르크 그리고 훔볼트처럼 온건 개혁 성향의 정신을 공유했던 사상가였다.[32] 이런 점에서 우리는 1806년 나폴레옹 전쟁 이후 그리고 1815년 이후 개혁된 프로이센과 헤겔이 활동했던 시기의 프로이센을 1848년이나 1914년의 프로이센과 동일시하는 것은 시대착오적인 혼동에 지나지 않는 것이라고 결론지을 수 있다. 헤겔이 국가사회주의에 영향을 주었기 때문에 국가사회주의 내지 전체주의 일반의 사상적 선조라고 비판하는 포퍼의 논증에 대해 월터 카우프만(Walter Kaufmann)은 "시간의 전후 관계를 논리적인 인과 관계로 혼동하는 허위 논법"(post hoc, ergo propter hoc)이라고 지적한다.[33] 그러나 이런 논리적인 오류는 포퍼에게만 해당되는 것이 아니라, 위에서 언급한 대로 헤겔에 대한 전형적인 오해를 주장하는 사람들에게도 해당되는 것이다.

---

31) 알텐슈타인은 1817년 11월 3일 슈타인에 의해 프로이센의 문화부장관에 임명되었고, 헤겔을 베를린 대학 교수로 초빙하는 데 큰 역할을 했다. 알텐슈타인은 헤겔과 마찬가지로 1770년에 태어났고 헤겔의 저서들을 알고 있었을 뿐 아니라 몇몇 공동의 친구들을 지니고 있었다(T. Pinkard, *Hegel : A Biography*, Cambridge, 2000, p. 412 참조).
32) A. Wood, "Editor's Introduction," *G. W. F. Hegel. Elements of the Philosophy of Right*, ed. A. Wood and translated by H. Nisbet, Cambridge, 1991, p. x 참조.
33) W. Kaufmann, "The Hegel Myth and Its Method," *Hegel's Political Philosophy*, ed. W. Kaufmann, New York, 1970, p. 143.

II. 프로이센의 반동적인 철학자이자 도덕적 실증론자로서의 헤겔?

버트런드 러셀은 영미 철학계에서 헤겔에 대한 왜곡된 관점이 얼마나 심한지를 보여주는 한 예이다. 그는 헤겔에 대하여 다음과 같이 말한다. "그[헤겔]의 형이상학으로부터 다음과 같은 점이 당연히 뒤따라 나온다. 참다운 자유란 자의적인 권위에 복종하는 것이고, 언론의 자유는 악이고, 절대 군주제는 선이고, 헤겔이 글을 썼던 시기에 프로이센 국가는 현존하는 최선의 국가이고, 전쟁은 좋고 분규의 평화적 해결을 위한 국제적인 조직은 불행일 것이다. [……] 그가 찬탄했던 것은 [……] 질서, 체계, 규제와 강력한 정부 통제이다."[34]

이미 앞 단락에서 살펴본 것처럼 헤겔 철학에 대한 오해와 편견은 일정한 틀을 갖고 있다. 헤겔은 보수적이고 반동적인 당시 프로이센의 현실을 이성과 철학의 이름으로 옹호하는 반동적 이론의 대변인이라는 것이다. 그러나 포퍼의 헤겔 비판은 이런 고정관념을 단순히 반복하는 데 그치지 않는다. 포퍼는 『열린 사회와 그 적들』에서 헤겔을 플라톤과 아리스토텔레스 그리고 마르크스와 더불어 전체주의의 사상적 선구자로 거명하면서 그의 이론을 비판한다. 포퍼는 우선 헤겔을 헤라클레이토스, 플라톤 그리고 아리스토텔레스의 직접적인 계승자로 간주한다. 그는 헤겔을 '플라톤주의와 현대의 전체주의를 연결해주는 중간항'으로 규정한다.[35] 나아가 포퍼가 주장하고 싶어 하는 것은 헤겔과 전체주의 사이에 존재하는 차이들—다른 사람들에게 그것들은 근본적인 것으로 보일 것이다—을 사소한 것으로 치부하면서 "헤겔의 역사주의가 현대 전체주의 철학과 동일하다는 것"을 입증하는 것이다.[36] 이런 입증을 시도하면서 포퍼는 대담하게도 헤겔을 하이데거와 야스퍼스의 스승으로 평가한다. 포퍼는 헤겔과 하이데거의 유사성을 강조하면서, 그 매개점을 '권력에의

---

34) B. Russell, *Unpopular Essays*, London, 1950, p. 22.
35) 포퍼, 『열린 사회와 그 적들 II』, 이명현 옮김, 민음사, 1995, 제2장 참조. 특히 58쪽, 63쪽.
36) 같은 책, 113쪽.

의지'에서 구하는데, 이런 것으로 보아 포퍼는 니체와 하이데거를 동일시할 뿐 아니라 니체 역시 헤겔의 아류로 보는 것이 틀림없다. 아 위대한 헤겔이여! 니체와 하이데거와 야스퍼스의 스승의 위치를 차지하는 헤겔은 과연 어떤 헤겔인가? 우리는 뒤에서 헤겔과 전체주의 및 인종주의와의 연관성 여부를 좀 더 상세하게 검토할 것이다.

포퍼가 헤겔을 비판하는 내용을 모두 다 상세하게 살펴볼 수는 없다. 포퍼의 헤겔 비판은 너무나 거칠고 일방적이고 학문적인 객관성을 지닌다고 보기 힘들기에 더 진지하게 학문적으로 대결할 의미가 없다고 여겨진다. 카우프만은 포퍼의 헤겔 해석이 어떤 다른 논문보다 더 심각한 오해를 담고 있을 뿐 아니라, 포퍼의 해석 방법은 안타깝게도 "전체주의적 학자들의 방법과 유사"하다고 지적한다. 이런 식의 해석 방법은 그가 항상 "인간다움과 도리에 맞는 것, 평등과 자유를 겨냥하는 문명"을 옹호하는 시도로 책을 썼다는 점뿐 아니라, 『열린 사회와 그 적들』에서 "과학의 비판적이고 합리적인 방법을 열린 사회의 문제"에 "적용"했다는 사실을 강조하고 있음을 염두에 둔다면,[37] 참으로 역설적이고 자기파괴적이 아닐 수 없다고 카우프만은 지적한다. 예를 들어 그는 그가 공격하는 사람들의 동기나 심리를 주로 거론하며 공격하되 비판의 대상이 되는 사상가의 중요한 작품들은 도외시한다. 실제로 포퍼는 마르크스를 제외하고[38] 그가 비판하는 모든 사람들을 가장 사악한 의도를 갖고 있는 사람들이라고 주장한다.[39]

포퍼의 헤겔 비판의 방법론과 연관해서 눈길을 끄는 것은 그가 헤겔의 인간성을 폄하하는 데 그치는 것이 아니라 그의 이론을 비판하는 데 지나치게 감정적인 언어를 구사한다는 점이다. 그래서 그의 비판은 사실상 엄밀한 학문적

---

37) 같은 책, 15쪽.
38) 포퍼는 마르크스가 개인적이며 도덕적인 이유에서 공격받아왔다고 하면서, 자신은 그렇게 하지 않는다고 말한다. 그는 마르크스 이론에 대한 엄밀한 학문적인 비판이 필요함을 인정하면서도, 그 이론이 지닌 "놀라운 도덕적 호소력과 지적 매력에 대해서는 공감"을 표현한다(같은 책, 10쪽).
39) W. Kaufmann, 앞의 글, 앞의 책, p. 140 참조.

인 논증에 기반하는 것이 아니라 일방적인 매도에 지나지 않는다는 인상을 준다. 예를 들어 포퍼는 아르투르 쇼펜하우어(Arthur Schopenhauer)의 술어를 빌려서 "헤겔의 성공"을 "부정직의 시대의 시작"이자 지적·도덕적 "무책임의 시대의 시작"이라고 단언한다.[40] 포퍼는 헤겔의 역사주의를 "병적으로 흥분한"(hysterical) 것이라고 매도한다.[41] 그는 또 헤겔의 사상을 "종족주의의 재생"이라고 단정한다.[42] 포퍼는 철학자로서의 헤겔에 대한 비판적 평가 혹은 일방적인 매도를 다음과 같이 늘어놓는다. "헤겔에 관해서 말하자면 나[포퍼]는 그가 재능 있는 사람이라고 생각하지 않는다. 그는 소화할 수 없는 글을 쓰는 사람이다. [……] 그의 글의 내용에 관해 말하자면, 독창성이 없기로 최상급이다. 헤겔의 저술 가운데 이미 그를 앞서 간 사람들이 말한 것보다 더 잘 말한 것이라곤 아무것도 없다. 그의 변호술 속에는 그의 변호술의 선구자들에게서 빌려오지 않은 것이라곤 하나도 없다. 그러나 그는 이와 같이 남에게서 빌려온 사상들과 방법들을, 비록 탁월성의 흔적은 하나도 없긴 하지만, 하나의 목적에만 바쳤다. 열린 사회에 대항해서 투쟁하는 것, 그리하여 그의 고용주인 프리드리히 빌헬름 프로이센 왕에게 봉사하는 것, 바로 그것이다."[43] 어떤 학자에게 반감을 노골적으로 드러내는 것이 학문적인 논쟁에서 합리적인 논거를 대신할 수 없음은 자명하다.

포퍼가 자신의 위대한 철학적 업적을 이룩한 과학철학이나 인식론의 분야에서도 헤겔 철학을 비판하는 방식으로 글을 썼다면, 포퍼의 학문적 인생은 참담한 실패로 끝났을 것이다. 여기에서 나는 간단하게 포퍼의 헤겔 비판을 서술하면서 그 부당성을 보여주고자 한다.

포퍼의 헤겔 비판의 주된 내용을 요약하면 다음과 같다. 첫째로 포퍼는 헤겔의 정치철학을 현존하는 프로이센의 이데올로기적 방어로 독해한다.[44] 둘

---

40) 포퍼, 앞의 책, 59쪽.
41) 같은 책, 93쪽.
42) 같은 책, 63쪽.
43) 같은 책, 64쪽.

째로 포퍼는 헤겔이 "힘이 정의"라는 도덕적 실증주의자라고 규정한다.[45] 셋째로 포퍼에 의하면 헤겔은 민족주의의 새로운 이론, 즉 "민족에 대한 새로운 이론"의 창시자이다. 이 이론의 핵심은 포퍼에 의하면 다음과 같이 요약된다. "헤겔은 민족주의에 있어서 자유주의적 요소를 국가에 대한 플라톤적, 프로이센 국가주의적 숭배와 역사와 역사적 성공에 대한 숭배로 대치하고 있음을 우리는 여기서 본다. […] 헤겔은 민족에 대한 역사적 이론을 도입해놓았다."[46] 넷째로 헤겔은 현대의 종족주의와 전체주의의 사상적 선구자이다.

첫째와 셋째 비판은 널리 퍼져 있는 헤겔에 대한 편견들을 다루는 과정에서 언급한 내용과 일정 부분 겹친다. 첫째 비판에서 포퍼는 다른 헤겔 비판자들과 마찬가지로 입증되지 않은 전제에서 출발한다. 헤겔이 활동했던 프로이센은 반동적이고 억압적이어서 이런 국가의 대표적인 철학자인 헤겔은 반동적인 철학자에 지나지 않는다는 가정이 바로 그것이다. 포퍼는 1815년 이후의 프로이센 국가를 프랑스 혁명에 대한 반동 세력에게 장악된 국가로 규정하면서, 이런 반동적 현실을 철학적으로 정당화해줄 이론가가 절실히 필요했다고 강조한다. 그가 보기에 헤겔이 베를린 교수로 초빙된 이유도 바로 이것이었으며, 헤겔은 이런 요구를 충실히 수행하여 "자유와 이성에 대한 항구적인 반역"의 이론가인 플라톤과 더불어 열린 사회의 적들인 헤라클레이토스와 아리스토텔레스를 부활시키는 데 성공했다.[47]

이 비판은 물론 새로운 것은 아니다. 베일이 강조하고 있듯이 19세기 후반기 헤겔에 대한 연구 저서들을 살펴보면 헤겔은 반동적인 철학자라는 비판이 거의 대부분이었다. 이에 대한 유일한 예외는 아마도 마르크스가 엥겔스에게 보낸 편지일 것이다.[48] 그리고 이런 비판은 사실상 그 이론적 전제, 즉 헤겔이 베를린 교수로 초빙된 1818년경의 프로이센은 반동적 국가였다는 전제가 참

---
44) 같은 책, 62쪽 참조.
45) 같은 책, 74쪽.
46) 같은 책, 92쪽.
47) 같은 책, 62쪽.
48) E. Weil, 앞의 책, p. 5 이하 참조.

인가에 달려 있다. 그러나 우리는 이미 이런 전제가 후대 프로이센의 모습을 헤겔이 활동하던 시기의 프로이센에 시대착오적인 방식으로 투영한 결과에 지나지 않는다는 점을 살펴보았다. 요하임 리터는 헤겔을 "프로이센의 반동"과 결부시키는 것은 현실의 실제적인 진행 과정과 아무런 연관이 없다고 주장한다. 그리하여 그는 베일의 연구 업적을 높이 산다. 그는 베일의 연구는 1830~40년대의 반동적인 프로이센을 1818년의 프로이센과 동일시하는 것이 얼마나 부당한가를 상세하게 입증하고 있다는 점에서 탁월한 연구라고 평가한다.[49]

이 단락에서 나는 주로 헤겔 철학이 도덕적 실증주의라는 포퍼의 비판점에 주목하고자 한다. 포퍼가 보기에 헤겔은 국가의 이념, 즉 그 본질에 대한 학문적인 인식을 오로지 국가의 현실적인 역사로부터만 얻을 수 있다는 역사주의를 주장한 사상가이다. 헤겔은 국가나 민족의 역사적인 발전 과정을 변증법적인 전개 과정으로 신비화한다는 것이다. 달리 말해 헤겔은 역사 발전의 변증법적인 도식에서 모순을 과학적인 발전에서 결정적이고 피할 수 없는 것이며 심지어 "소망스러운 것"이라는 결론을 내림으로써, 이제 그는 모든 참다운 인식과 학문적인 논의 그리고 인간의 참다운 진보를 파괴하는 학설을 형성한다는 것이다. 포퍼는 헤겔 철학의 "두 기둥"을 변증법적인 사유와 주관과 객관의 동일성 철학(philosophy of identity)으로 규정하면서, 후자를 전자를 응용한 경우로 평가한다. 간단하게 말해 헤겔의 동일성 철학은 현존하는 "질서를 정당화하는 데 봉사"하며, "존재하는 것이 선한 것이라는 윤리적·법률적 실증주의"에 지나지 않는다.[50] 이 학설은 바로 "힘이 곧 옳은 것"이라는 이론이기

---

49) J. Ritter, 앞의 책, S. 238 이하 참조.
50) 황설중은 포퍼의 헤겔 변증법 비판에 대항하여 헤겔의 변증법적이고 형이상학적인 세계 해석의 가능성과 정당성을 옹호하는 논문을 발표하였다(「보편적인 세계 해석으로서의 형이상학의 정당성: 포퍼의 변증법 비판에 대한 헤겔 사변철학의 응답을 중심으로」, 『철학연구』 제41집, 1997년 가을, 69~93쪽). 그러나 그는 포퍼의 헤겔 비판의 형이상학적인 측면에 주목하는 데 반해, 나는 실천철학적인 논제들을 주로 다루고 있다. 헤겔이 모순을 인정하고 합리적인 의사소통과 학문 활동의 전제를 파괴하고 있다는 비난을 한 사람은 포퍼만이 아니다. 물

에, 헤겔 철학은 강자의 이익을 철학적으로 정당화하는 것으로 드러난다. 이것이 포퍼가 헤겔 철학이 도덕적 실증주의라고 규정하는 논거이다.[51]

과연 헤겔은 "힘이 정의"라고 주장하는 권력 지상주의자인가? 이런 주장은 헤겔 철학 전체가 이성이라는 하나의 원리로 이루어졌다는 사실을 상기시키는 것만으로도 쉽게 비판할 수 있을 것이다. 그러나 철학을 조금이라도 맛본 사람은 헤겔의 이성이 권력이 아닌지, 또 그가 이성의 이름으로 권력자와 승리자를 축복하는 사상가가 아니라는 점을 어떻게 입증할 것인지 즉시 반문할 것이다. 헤겔의 실천철학과 이성의 연관성, 그의 체계에서 이성의 의미가 무엇인가를 해명하는 작업은 보다 많은 지면을 요구하므로 이에 대하여 간단하게 원칙적인 차원에서 논의하는 데 만족하고자 한다.

주지하다시피 헤겔은 철저한 이성주의자이다. 그는 자연과 인간 세계의 원리를 절대적 이성에 의해서 규정된 것으로 이해한다. 그런 점에서 그는 인간의 사유 작용과 객관적인 이성의 구별을 강조한다. 그러므로 그의 철학은 주관적 관념론이 아니고 소위 객관적 관념론으로 분류된다. 이런 관점에서 헤겔은 현존하는 질서를 평가할 때, 그것이 단순히 현존하기 때문에 정당하다고 말하지 않는다. 근대의 사회계약론을 비판할 때, 그는 사회계약론의 인간관이 설득력이 없다는 점을 분명히 한다. 근대 사회계약론의 이론적 전제들 중의 하나는 바로 원자론적 개인주의이다. 사회계약론에서 계약의 주체인 인간은 우선 서로 독립적이고 고립되어 있고 합리적으로 행위하는 능력이 있는 존재로 설정된다. 헤겔은 이런 관점을 비판하면서 인간 존재의 사회성과 근대적 주체성의 형성에서 타자와 전통이 본질적인 역할을 한다는 것을 강조한다. 헤

론 헤겔이 모순을 어떻게 이해하고 있는지 그리고 그의 주장이 과연 사유의 제일 원칙이라고 간주되어온 모순율을 완전히 부인하는지에 대해서는 심도 깊은 논의가 필요하다. 그러나 여기서 나는 모순을 인정하는 헤겔이 결코 모순율 자체를 완전히 거부하지 않는다는 점만을 지적하고자 한다. 헤겔이 모순의 본질을 어떻게 이해하고 있는지 그리고 그가 과연 모순율을 완전히 거부하는지에 대해서는 이광모, 『헤겔 철학과 학문의 본질』, 용의숲, 2006, 제4장을 참조.

51) 포퍼, 앞의 책, 74쪽 이하.

겔이 전통의 유의미성을 강조할 때, 그는 결코 그것이 단순히 전통이기 때문에 정당하다거나 존중되어야 한다고 주장하지 않는다. 헤겔에게서도 기존의 질서나 전통이 아니라, 이성과 자유만이 정치질서의 정당성의 유일한 원천이다. 예를 들어 헤겔은 "폭력과 전제"(Gewalt und Tyrannei)가 실정법(positives Recht)의 요소일 수는 있으나, 그것은 "법의 본성"과 관계없다고 분명하게 말한다(7, 34 이하). 그는 "양도 불가능한" 권리를 강조하는데, 그런 것으로 헤겔은 사람의 "인격성", "보편적인 의지의 자유" 그리고 "도덕과 종교"를 구체적으로 거명한다(7, 141). 헤겔이 결코 현실의 이름으로 그 어떤 사태를 정당화하지 않는다는 또 다른 예는 헤겔 당시의 복고주의적인 사상가들에 대한 그의 비판적 대결이다. 그는 당대의 복고주의적인 사상을 대변하는 카를 루트비히 폰 할러(Karl Ludwig von Haller)를 비판할 때, 국가의 정당성의 근거를 이성에서가 아니라 기존의 질서나 현존이라는 사실 자체에서 구해서는 안 된다고 강조한다. 할러는 국가의 정당성을 있는 그대로의 현존이나 전통에서 구하는 오류를 범하고 있다고 헤겔은 비판한다. 그런데 이런 할러의 입장은 힘이 정의라는 것, 즉 법과 정의는 강자의 이익에 불과하다는 것을 천명하는 것이라고 헤겔은 비판하고 있다(7, 399 이하).

'힘이 정의'라는 입장과는 반대로, 국가나 정치질서는 이성적임을 증명하고 그 구성원들의 주관적인 목적과 양립 가능함을 보임으로써 자신의 정당성을 획득할 수 있다는 것이 헤겔의 일관된 입장이었다. 그리하여 이미 헤겔의 제자이자 헤겔이 죽은 후에 헤겔 전집을 편찬하는 데 큰 역할을 한 에두아르트 간스의 생각은 아직도 유효하다. 그는 1833년 출판된 헤겔 『법철학』 서문에서 자유와 헤겔 체계의 연관성을 강조한다. 그에 의하면 "자유"는 헤겔 『법철학』의 "단지 근본 요소로서가 아니라 유일한 대상"으로 간주되어야 한다.[52]

....
52) E. Gans, "Vorwort zu seiner Ausgabe der Rechtsphilosophie Hegels," 현재 G. W. F. Hegel. Vorlesungen über Rechtsphilosophie 1818~1831, hg. von K. H. Ilting, Stuttgart Cannstatt, 1973, 제1권에 수록, S. 595. 앞으로 일팅이 편집한 헤겔의 『법철학 강의』는 Ilting I, Ilting II로 본문에 표기하고 쪽수를 적는다.

마르쿠제 역시 『이성과 혁명』에서 "단지 우연적인 것에 불과한 개인의 자연적·사회적 지위에 관계없이 모든 개인들의 권익을 보호하는 보편적이며 합리적인 법에 입각하여 국가를 세운다는 견해만큼 파시즘의 이데올로기와 양립할 수 없는 견해도 없을 것"이라고 강조한다.[53]

III. 헤겔과 독일 민족주의

셋째로 다루어질 문제는 헤겔이 과연 악성 민족주의의 이론가인가 하는 점이다. 포퍼는 "모든 국가의 영토는 하나의 민족이 거주하는 영토와 일치되어야 한다"는 주장을 "민족국가의 원리"로 이해한다. 그리고 이 민족국가의 원리는 현실에 적용될 수 없기 때문에 "하나의 신화"이자 "비합리적이며 낭만적이며 유토피아적 꿈"이며 "자연주의와 종족적 집단주의의 꿈"에 지나지 않는다고 그는 설명한다.[54] 그럼에도 포퍼는 민족주의가 혁명적이며 자유주의적인 신조였던 시기가 있었다고 주장한다. 그러나 포퍼는 즉시 헤겔로 인하여 이 민족주의는 전체주의의 진영 속에 도입되었다고 덧붙인다.[55] 달리 말하면 헤겔은 한때 민족주의와 결합되어 있던 자유주의적 요소를 폐기 처분하고 민족주의를 국가 숭배로 변화시킨 이론가라는 것이다. 그러므로 포퍼는 헤겔이 민족주의의 역사에서 새로운 장을 개척했을 뿐 아니라, 민족주의와 국가주의의 결합 이외에도 역사 속에서 자신을 성공적으로 관철하는 민족이나 국가가 세계의 지배자라는 역사적 성공 신화로 민족주의에 새로운 이론을 공급해준 장본인이라고 말한다.[56]

헤겔과 민족주의 사이의 연관성이 헤겔 비판자들 사이에서 일치되지 않는

───────────
53) 마르쿠제, 앞의 책, 200쪽.
54) 포퍼, 앞의 책, 85쪽.
55) 같은 책, 85쪽 이하 참조.
56) 같은 책, 92쪽.

다는 것은 흥미롭다. 예를 들어 시드니 후크는 헤겔을 "보수적, 민족적 사상가"이지만 "인종주의자"도 "전체주의자"도 아니었다고 주장한다.[57] 포퍼의 헤겔 비판을 "심한 매도"(diatribe), "거칠고 부당한 판단"으로 이해하면서도, 후크는 헤겔이 민족주의자임을 확신한다. 후크에 의하면 헤겔은 "그의 경력의 시작부터 독일의 애국자이자 민족주의자"였다.[58] 나아가 헤겔이 프로이센의 대변인 역할을 했다는 비난이 시대와 상황에 따라 어떻게 극과 극을 달리하는가를 발견하고서 우리는 헤겔에 대한 오해와 편견이 사실상 아무런 객관적 근거가 없는 것임을 알게 된다. 우리는 헤겔과 민족주의의 연관성에 대한 서로 정반대되는 비판을 통해서 이런 사실을 아주 잘 인식하게 된다. 슬로모 아비네리(Shlomo Avineri)가 적절하게 지적하고 있듯이 하임은 1857년에 출판된 그의 아주 영향력 있는 저서 『헤겔과 그의 시대』에서 프로이센을 "반동, 보수주의 그리고 반민족주의(anti-nationalism)"의 아성으로 보고, 그런 프로이센을 이데올로기적으로 정당화했다고 헤겔을 비판하였다. 하임은 자유주의적인 사상가이면서 민족주의자였기 때문이다. 그러나 20세기 영국의 많은 헤겔 비판자들은 '프로이센주의'(Prussianism)를 "민족주의와 군국주의(militarism)"와 동일시하면서 헤겔을 민족주의와 국가주의 그리고 심지어 나치즘에 책임이 있는 사상가로 이해하기에 이르렀다. 헤겔에 대한 이런 정반대의 비난은 바로 프로이센이 담당한 역할이 변화한 것과 관계가 있다. 즉 프로이센과 긴밀하게 연결된 헤겔은 시대와 상황에 따라 시시각각으로 바뀌어 때로는 반민족주의자로 때로는 민족주의의 전형으로 이해되는 것이다.[59] 설령 헤겔이 프로이센의 이데올로기적 대변인이었던 것이 사실이라고 하더라도, 그 의미는 그들의 적대자들이 생각하는 것과는 정반대라고 말할 수 있다. 그렇다면 이데올로기적인 편견에 사로잡힌 것은 헤겔이 아니라 오히려 헤겔에게 전체주의의 사상적 선구자라는 근거 없는 편견과 비난을 퍼부어대는 사람들이 아닌가?

---

57) S. Hook, "Hegel and His Apologists," *Hegel's Political Philosophy*, p. 87.
58) S. Hook, "Hegel Rehabilitated?" 같은 책, p. 56 이하.
59) S. Avineri, 앞의 책, p. 115 이하 참조.

헤겔과 민족주의의 연관성에 대한 포퍼의 설명으로 돌아가보자. 포퍼 역시 인정했듯이 헤겔은 민족주의를 공개적으로 비판했다. 그는 민족주의에 대한 헤겔의 반감의 예를 인용한다. 그가 인용하는 부분은 다음과 같다. "가장 많이 제기된 문제는, 사적 개인이 국사에 참여하는 것을 어떤 의미에서 이해해야 하는가의 문제이다. [……] 즉 사적 개인들의 집합은 흔히 인민 혹은 민족(Volk)으로 불린다. 그러나 그러한 집합으로서의 인민은 대중(vulgus)이긴 하지만 국민(populus)은 아니다. [……] 이런 상태에서 인민은, 단지 격렬한 원초적 바다의 폭력처럼, 무질서하고 난폭하고 맹목적인 폭력으로서만 존재할 것이다"(10, 341). 민족주의에 대한 헤겔의 비판을 해석하는 포퍼의 입장은 간단하다. 포퍼에 의하면 이런 비판은 진정성이 없고 표면적이라는 것이다. 헤겔이 민족주의를 비판한 이유는 단지 정부의 환심을 사기 위함이었다는 것이다.

헤겔은 낭만주의적인 독일 민족의 이상화에 대해서 줄곧 비판적이었다. 민족주의에 대한 그의 비판은 일시적이거나 자신의 영달을 위한 타협의 산물이 아니었다. 독일 근현대사 연구에서 주목할 만한 업적을 보인 위르겐 코카(Jürgen Kocka)가 적절하게 지적하듯이 유럽 각국에서 민족국가의 역사는 비동시적으로 진행되었고 서로 영향을 주고받는 과정의 연속이었다. 그는 1789년 프랑스 혁명에서 1815년 사이를 유럽의 민족국가 역사의 첫 국면으로 이해한다. 코카의 분석에 의하면 이 국면에서 민족주의는 진보의 동력이었다.[60] 독일에 국한해서 볼 때 독일의 민족주의는 팽창적인 프랑스 민족주의에 대한 대응 속에서, 즉 독일에 진주한 나폴레옹의 군대와 대결하는 과정에서 발생했다. 그래서 독일의 민족주의는 "초기부터 반프랑스적이고 반서구적인 것"이었다고 코카는 주장한다. 그리고 독일의 민족운동의 특성은 프랑스와 영국에서의 그것과는 다르다. 프랑스와 영국에서 민족은 "이미 존재하는 중앙 집권적인 틀 속에서 형성"되었기 때문에, 프랑스와 영국에서의 민족국가 형성에서

---

[60] 코카, 『독일의 통일과 위기』, 김학이 옮김, 아르케, 1997, 200쪽 이하 참조. 코카 역시 초기 국면에 나타나는 민족주의의 부정적 측면을 무시하지 않는다. 그래서 그는 "초기 국면에서도 민족주의는 외부를 지향하여, 이민족을 전쟁으로 끌어들였다"고 주장한다(같은 책, 201쪽).

민족 개념은 "모든 국민"(Staatsbürger)과 일치되는 것이었다. 그래서 이들 국가에서 민족 개념에서 "공통적인 언어와 문화와 혈연"은 중요한 요소가 아니었다. 프랑스·영국과는 달리 이탈리아와 독일은 19세기 초에 중앙 집권적인 국가가 결여되어 있었기 때문에 민족국가의 형성과 민족 개념에 대한 이해는 다를 수밖에 없었다. 독일과 이탈리아에서 민족주의는 "이미 이전부터 존재하는 통일된 국가의 틀 속에서 전개된 것이 아니라, 숱한 개별 국가들에 반하는 통일운동으로 전개되었다." 그래서 민족은 프랑스에서와는 달리 국가에 앞서는 "문화와 역사와 언어와 혈연의 공통성에 의해 규정"되었다.[61]

하인리히 하이네(Heinrich Heine)는 프랑스 나폴레옹의 독일 침공과 이에 대항하여 형성된 독일의 민족의식과 민족해방운동과 연관된 낭만주의의 반동적인 성격에 주목한다. 낭만주의는 나폴레옹과의 전쟁을 통한 독일의 소위 해방 전쟁을 겪으면서 독일의 복고체제를 이데올로기적으로 정당화하는 데 크게 기여했다.[62] 나폴레옹과 전쟁을 치르면서 독일인들 사이의 협동정신을 일깨우는 작업이 중요하게 대두되었다. 하이네가 적절하게 지적하고 있듯이 이런 상황에서 "가장 지위가 높은 사람들조차 이제 독일의 민족성, 하나의 조국으로서의 독일, 기독교적인 게르만 종족들의 통합, 독일의 통일 등을 말했다." 이런 과정에서 애국심에 대한 강조는 자연스럽게 등장했다. 그러나 이 애국심은 프랑스의 애국심과는 다른 것이라고 하이네는 말한다. "프랑스인의 애국심은 그의 가슴이 뜨거워지고 이 열기를 통해 확장되고 넓어져서 가장 가까운 친척들뿐 아니라 프랑스 전체, 문명국가 전체를 자신의 사랑으로 감싸는 데 있지만", "독일인의 애국심은 가슴이 좁아지고 마치 추운 날의 가죽처럼 오그라들어 외국의 것을 증오하고 세계시민, 유럽인이 아니라 단지 편협한 독일인이 되려 하는 데 있다." 낭만주의는 독일의 반나폴레옹 전쟁 과정에서 형성된 이런 시류의 변화에 적극 편승하여 독일의 애국심과 "독일 민족적인 것은 무

---
61) 같은 책, 201쪽 이하.
62) 물론 낭만주의에 대한 이런 언급으로 낭만주의가 항상 정치적으로 보수적이며 반동적이고 복고적인 성향을 띠고 있다는 주장을 하려는 것은 아니다.

엇이나 찬양하는" 일에 몰두하게 되었다. 이 결과를 하이네는 독일의 "위대한 정신의 소유자인 레싱, 헤르더, 실러, 괴테, 장 파울을 비롯해 모든 독일의 교양인이 신봉했던 보편적인 인간 우애와 사해동포주의에 대한 조야하고 천박하고 지저분한 반대운동이 시작되었던 것"이라고 묘사한다.[63]

상황이 이렇다면, 과연 헤겔이 그 당시의 민족주의적 이념에서 핵심적인 요소들, 즉 언어·문화·역사·혈연의 동일성을 긍정적으로 받아들이고 이를 적극적으로 전파하려고 했는가 하는 것이 중요하다. 이 문제에 대한 부정적인 답이 나온다면, 헤겔에 대한 포퍼의 주장의 토대는 무너지는 것이다. 우리는 이미 위에서 헤겔이 근대 국가에서 언어·문화·인종의 동일성은 중요한 요소가 아니라고 주장했음을 언급했다. 그래서 이제부터는 헤겔이 당대의 낭만주의 운동과 결부되어 독일에서 등장했던 독일 민족의 이상화 시도에 대하여 어떤 태도를 견지했는가를 살펴보기로 하겠다.

헤겔은 당대의 낭만주의자들이 시도한 옛날 독일 민족의 원형과 종교의 복원에 대하여 비판적인 태도를 보인다. "고대 문학에 대한 취미와 훌륭한 예술에 대한 취미가 확산됨으로써 우리 민족의 많은 계몽된 자들이 그리스인들의 신화를 상상력의 소재로 채택하게 되었다. 그들이 그리스 신화에 그토록 민감한 반응을 보인다는 사실은 그것을 자유롭게 향유하는 데 방해가 될 수밖에 없었던 지성으로부터 그들의 자립성과 독립성을 증명해주는 것과 다름없다. 또 다른 부류의 계몽된 자들은 독일인에게 자기 고향 땅에서 자라난 고유한 환상을 다시 심어주고 싶어 했는데, 그들은 다음과 같이 소리쳤다. '도대체 아카이아가 투이스코네스의 조국이란 말인가?' 그러나 과거 투이스코네스의 심상은 오늘날 게르만 민족의 그것이 아니다. 이미 잃어버린 환상을 민족에게 부활시키려는 계획은 항상 실패하기 마련이며, 그런 시도는 황제 율리아누스가 그의 조상들의 신화에 당대의 사람들에게 그 이전의 환상이 지녔던 힘과 보편성을 다시 부여하려 했던 시도보다 더 성공을 거둘 수가 없다. 〔……〕 저

---

63) 하이네, 『낭만파』, 정용환 옮김, 한길사, 2004, 49쪽 이하.

옛 독일의 환상을 우리 시대에는 발견할 수 없으며, 그래서 과거의 심상과 오늘의 심상을 연결하여 그것에 적응할 수 없는 것이 우리의 현실이다. 그것은 우리들의 관념, 의견 그리고 신념들의 모든 범위와 단절되어 있어서 우리들에게 오세아니아나 인도의 전통만큼이나 낯선 것이다. 그리고 저 시인(클롭슈토크)이 그리스 신화에 대해 자기 민족에게 말한 것을 우리는 유태인의 신화에 대해서도 그와 그의 민족에게 똑같이 말할 수 있다. '도대체 유태가 투이스코네스의 조국이란 말인가?'"[64]

이 인용문은 독일의 낭만주의적인 민족주의 운동에 대한 청년 헤겔의 태도를 잘 보여주고 있다. 낭만주의적인 민족주의 운동에 대한 부정적인 태도는 헤겔이 자신의 사상을 체계적으로 발전시킨 후기에서도 그대로 유지된다.[65] 헤겔은 베를린 대학에서 행한 미학 강연에서 클롭슈토크에 대하여 다음과 같이 말한다. "예를 들어 『니벨룽겐의 노래』를 보면 우리 독일인들은 거기에 나오는 지명에는 익숙하다. 그러나 부르군트 왕국 사람들이나 아틸라 왕 등은 현재 우리의 문화 상태나 조국에 대한 우리의 관심사와는 단절되어 있다. 그러므로 우리는 아는 것이 없더라도 차라리 호메로스의 서사시에 훨씬 더 친근함을 느낀다. 작가 클롭슈토크의 경우를 보더라도 그는 조국애의 충동으로 그리스 신화 대신에 스칸디나비아의 신들을 자기 작품 속의 소재로 삼았지만, 오딘, 발할라, 프레이야 같은 신들은 단지 그 이름만 남아 있을 뿐, 우리의 상상에는 제우스 신이나 올림포스 같은 이름보다 더 생소하며 우리의 마음을 끌지 못한다"(13, 353).

위에서 살펴본 것처럼 헤겔을 독일 민족주의의 중요한 주창자, 그것도 타민

---

64) 헤겔, 『청년 헤겔의 신학론집』, 정대성 옮김, 인간사랑, 2005, 360쪽 이하(1, 199 이하).
65) 헤겔과 독일 낭만주의의 관계는 항상 부정적이지만은 않았다. 헤겔은 예나에서 활동한 낭만파에 반발을 느꼈지만 하이델베르크 시절에 이곳에서 활동한 낭만주의자들과는 서로 호의적인 관계를 맺었다(H.-G. Gadamer, "Hegel und die Heidelberger Romantik," Hans-Georg Gadamer *Gesammelte Werke*, Bd. 4, Tübingen, 1987, S. 395 이하 참조). 그리고 테일러에 의하면 헤겔은 "가장 완전한 이성적인 자율과 최대의 표현적 통일을 결합하려는 열망을" 동시대의 낭만주의자들과 공유했다(테일러, 앞의 책, 34쪽).

족에 대하여 강한 거부감을 갖고 있고 대외적으로 공격적인 민족주의의 선구자이자 제2차 세계대전이라는 20세기 현대사의 거대한 파국의 중요한 원인인 독일 나치즘의 선구자로 묘사하는 것은 그리 설득력이 없다. 그래서 펠진스키 및 아비네리와의 학문적 논쟁 속에서도 헤겔이 보수적이고 민족주의적인 사상가라는 자신의 입장을 끝까지 고수한 후크 역시 헤겔은 "국수주의적이고 팽창주의적인 의미에서의 민족주의자는 아니었다"고 인정할 수밖에 없었다.[66] 헤겔은 철학과 시대정신의 연관성을 그 어느 철학자보다도 강조했고 이에 대한 중요한 지적 통찰들을 제공했음에도, 민족주의의 중요성에 관해서는 이상하리만큼 무지했다는 것이 아비네리의 주장이다. 아비네리에 의하면 헤겔 철학의 결점 중의 하나는 바로 헤겔이 민족주의가 19세기와 20세기의 역사에서 중요한 흐름으로 등장할 것이라는 사실을 인식하지 못한 데 있다.[67] 사실 헤겔은 1814년 빈 회의(Vienna Congress)에서 결정된 사항, 즉 통일된 독일을 세우지 않기로 한 결정을 환영했다.[68]

그뿐 아니라 1806년부터 1813년까지 프랑스를 지지하면서 독일 민족주의 운동과 함께 피히테가 지도한 반프랑스 폭동을 반대했던 사람이 헤겔이었다. 지금까지 살펴본 것처럼 헤겔은 혈통이나 인종적인 전통을 강조하는 낭만주의적인 민족주의자도 아니고, 또 팽창주의적이거나 다른 나라 문화에 대하여 배타적인 국수주의적 민족주의자도 아니었다. 헤겔의 사회·정치철학의 중요한 관심사의 하나는 독일의 근대적인 정치적 통일체를 형성하는 것이었다. 우리는 이런 정치적 통일체의 형성에 대한 헤겔의 강한 열망을 『독일 헌법론』에서도 읽어낼 수 있다. 그는 그곳에서 18세기 말과 19세기 초 독일의 상황을 다음과 같이 요약한다. "독일은 더 이상 국가가 아니다"(Deutschland ist kein Staat mehr).[69] 그래서 헤겔은 독일에 근대적인 의미의 정치질서를 형성할

---

66) 같은 책, 99쪽.
67) S. Avineri, 앞의 책, p. 240 이하 참조. 펠진스키도 헤겔의 근대 국가 이해에 대해 가장 진지한 비판은 그가 "근대 세계에서 민족주의의 중요성을 무시했다"는 점이라고 강조한다(Z. A. Pelczynski, "Hegel Again," *Hegel's Political Philosophy*, p. 83).
68) 같은 책, 35쪽.

능력이 있는 세력이나 영웅을 갈망하게 되었던 것이다. 따라서 헤겔의 근대적 국가 형성에 대한 열망은 일종의 민족주의 내지 국가주의로 표현해도 무방할 것이다. 그러나 이때 우리는 내셔널리즘(nationalism)을 민족주의로 단정하지 말아야 한다. 이 내셔널리즘은 국가주의와 민족주의라는 양의성을 띤다. 물론 민족주의는 국가와 민족이 일치해야 한다는 원칙을 표명하는 것이기 때문에, 국가주의와 민족주의는 동일한 의미를 지니기도 한다. 그러나 우리는 위에서 헤겔이 근대 국가의 원리를 인종이나 역사나 문화의 동일성으로 바라보지 않았음을 살펴보았다. 그러므로 내가 보기에 헤겔의 사회·정치철학은 일종의 근대적인 의미의 국가주의이지만, 그것을 대내적으로는 다양한 삶의 방식이나 소수자를 억압하고 폐쇄적이며 대외적으로는 팽창주의적이고 공격적인 악성 민족주의와 동일한 것으로 독해해서는 안 된다. 이런 점에서 헤겔의 국가주의는 자유민주주의(현대적인 관점에서는 대단히 미흡하지만)와 법치주의에 대립하지 않으며, 기본적인 방향에서는 이와 일치한다는 결론이 보다 합당하다는 것이 내가 주장하고자 하는 논제이다.

이렇게 본다면 헤겔이 독일 민족주의를 프로이센의 국가 숭배로 대치하는 방법으로 교묘하게 "독일 민족주의를 보존"하였다는 포퍼의 주장은 겉으로만 그럴듯할 뿐이다.[70] 지금까지 살펴본 것처럼 헤겔이 이상적으로 생각한 이성적인 국가는 기본적으로 프랑스 혁명의 이념과 동일하다는 점에서 근대적인 것이었기 때문이다. 이와 유사하게 헤닝 오트만 역시 헤겔의 학설, 특히 헤겔 『법철학』의 마지막 부분에서 등장하는 다수의 국가들에 대한 그의 고수를 "어떤 형태의 민족주의와 동일시하고자 하는" 시도는 무의미하다고 강조한다. 그러면서 그는 헤겔의 학설이 민족주의 개념에 대해서 낯설다는 점을 지적한다. 그에 의하면 헤겔의 정치철학은 "특수한 개별 국가에 대한 학설이 아니라 근대적인 국가 일반에 대한 학설"이다.[71] 달리 말하면 근대 국가의 본질이 자유

---

69) 1, 461.
70) 포퍼, 앞의 책, 92쪽 이하.
71) H. Ottmann, "Die Weltgeschichte," G. W. F. Hegel, *Grundlinien der Philosophie des*

의 보편적 이념에 기초한 국민국가인 한에서, 이 국민국가의 본질에 대한 이해를 도모하는 학설이 바로 헤겔 정치철학이라는 것이다.

IV. 헤겔과 전체주의

20세기에 등장한 중요한 전체주의 사상은 이탈리아의 파시즘과 독일의 국가사회주의 그리고 공산주의이다. 포퍼는 마르크스주의나 독일 국가사회주의와 같은 모든 파시즘의 공리를 "헤겔 + 소량의 19세기 유물론" 혹은 "헤겔 + 헤겔"이라고 정의한다. 이것이 바로 "현대 인종주의의 공식"이다.[72] 이렇게 포퍼는 헤겔을 인종주의 이론의 선구자로 그리고 "종족주의"의 이론가로 평가한다. 포퍼는 소위 새로운 종족주의로서의 현대 전체주의가 헤겔의 사상에 전적으로 의존하고 있다는 점을 밝히고자 한다. 그러는 과정에서 포퍼는 현대 전체주의 사상과 헤겔 사상의 차이점을 언급한다. 예를 들어 포퍼는 전체주의의 교설과 국가 사이의 관계에 대하여 다음과 같이 말한다. "현대 전체주의의 교설에 의하면, 국가 그 자체는 궁극의 목적이 아니다. 그것은 피와 백성과 종족이다. 고차적인 민족은 국가를 형성할 힘을 가지고 있다. 인종 혹은 민족의 최고 목적은 그것을 보존할 도구로서 봉사할 수 있는 강력한 국가를 형성하는 것이다." 이렇게 포퍼는 현대 전체주의, 특히 독일의 국가사회주의가 피와 민족과 종족을 국가보다 우선적인 것으로 놓는다는 점을 인정한다. 그리고 마르크스주의는 헤겔의 정신을 물질로 대치했으며 그로 인해 인류 역사 발전의 기본 동력을 경제적인 이해관계의 갈등과 투쟁으로 대치했다고 포퍼는 서술한다. 이렇게 현대 전체주의 사상은 헤겔의 국가 중심주의와 관념론 사상을 변형하고 있다.

그러면서도 포퍼는 또다시 이런 전체주의 사상과 헤겔의 연관성을 강조하

Rechts, hg. von L. Siep, Berlin, 1997, S. 270.
72) 포퍼, 앞의 책, 96쪽.

는데, 그에 의하면 전체주의적인 학설은 "정신 대신에 피를 대치한 것을 제외하고는 헤겔에 의거한 것"이라고 못 박는다. 그래서 포퍼는 헤겔의 국가를 "전체주의적"이라고 단정한다. 헤겔적인 국가의 힘은 "모든 면에서 백성의 삶에 침투해야 하며 그것을 통제해야 하기" 때문이다. 즉 포퍼에 따르면 헤겔의 국가는 예술, 법률, 도덕, 종교 그리고 학문과 같은 활동뿐 아니라 가족이나 직업 생활과 같은 모든 삶의 영역을 철저하게 통제하는 기구에 지나지 않는다.[73] 이런 의미의 전체주의는 이탈리아의 파시즘이나 독일의 나치즘 그리고 옛 소련과 동유럽 공산주의 국가에서 등장하는 공통적인 요소라는 점에서 언급할 가치가 있다. 물론 이들 세 가지 전체주의의 이론적 토대가 서로 다르기 때문에, 포퍼처럼 이것들을 단순하게 처리하지 않아야 한다는 점을 도외시하더라도 말이다.

포퍼는 플라톤의 전체주의와 종족주의를 제외하고 헤겔 사상과 전체주의 사이의 연관성을 드러내줄 구체적인 부분으로 다음 여섯 가지를 열거한다. "① 국가는 국가를 창조하는 민족(지금은 인종)의 정신(지금은 피)의 화신이라는 역사주의 사상의 형태를 띤 민족주의, 즉 하나의 선택된 민족(지금은 선택된 인종)은 세계 지배를 위해 운명지어져 있다. ② 한 국가는 다른 국가들의 천적인 바 전쟁에서 자신의 존재를 주장해야 한다. ③ 국가는 어떤 종류의 도덕적 의무에서든 면제된다. 역사, 즉 역사적 성공이 유일한 심판관이다. 집단적 유용성이 개인적 행위의 유일한 원리이다. 선전꾼의 거짓말이나 진리의 왜곡이 용납된다. ④ 특히 오래된 국가에 대한 신생 국가의 전쟁(전면전)은 '윤리적'이라는 생각: 전쟁 그리고 운명과 영화는 가장 소망스러운 것들이다. ⑤ 위대한 인간, 세계 역사적 인물, 박학과 위대한 정열을 소유한 사람, 이런 사람들의 창조적 행위(지금은 지도력의 원리). ⑥ 소시민과 그의 천박한 범용의 삶에 반대되는 영웅적 인간과 영웅의 삶의 이상('위험스럽게 살아라')."[74]

과연 헤겔에 대한 포퍼의 이런 반론은 정당한 것인가? 포퍼는 헤겔이 인종

---

73) 같은 책, 98쪽.
74) 같은 책, 97쪽.

주의자였다는 주장을 할 뿐, 그에 대한 어떤 확실한 증거를 제시하지 않는다. 위에서 지적했듯이 포퍼는 헤겔 사상과 현대 전체주의 사상 사이의 차이점에 대해서도 언급한다. 이에 대한 그의 언급은 다음과 같다. "위에서 우리가 살펴보았지만, 마르크스는 헤겔의 정신을 물질과, 물질적이며 경제적인 이해로 대치했다. 이와 마찬가지로 인종주의는 헤겔의 정신 대신에 피 혹은 종족이라는 준생물학적 개념을 대치해놓았다. 그리하여 이제는 정신 대신에 피가 자기 발전적인 본질로 파악된다. 정신 대신에 피가 세계의 주권이며 역사의 무대 위에서 자기 자신을 전개한다. 민족의 정신 대신에 민족의 피가 그 민족의 본질적 운명을 결정한다. 〔……〕 현대 전체주의와 헤겔 사상의 차이점에 대해서는 이만 해두기로 하자. 대중적 관점에서는 그 차이가 큰 의의를 가지고 있지만, 그 주된 정치적 경향에 관한 한 그 차이는 별로 중요하지 않다. 그러나 그 유사점에 눈을 돌리게 되면 우리는 그 다른 모습을 보게 된다. 현대 전체주의의 상당히 중요한 사상의 거의 대부분은 헤겔로부터 직접 물려받은 유산"이다.[75] 이와 같이 포퍼는 헤겔과 전체주의 사상 사이의 소위 사소한(?) 차이를 무시하고 "헤겔의 역사주의"가 "현대 전체주의의 철학과 동일하다"는 결론을 내린다.[76] 나는 왜 포퍼가 정신을 물질로 혹은 종족과 피로 대신하는 차이점에 대하여 그렇게 관대한지 이해할 수 없다. 이런 차이점을 사소한 차이점이라고 간주하면서 이에 대한 이성적인 근거를 더 제시하지 않는 태도 역시 전혀 납득할 수 없다.

우리는 앞에서 다양한 차원에서 헤겔 철학이 갖고 있는 자유주의적인 그리고 근대적인 측면을 강조했고 그에 대한 논거를 제시하고자 노력했다. 그러므로 여기에서 더 이상 이런 점을 언급할 필요는 없을 것이다. 다만 여기에서 예로 들고자 하는 것은 헤겔 사회·정치철학의 핵심 중의 하나인 국가 내에서의 다양성과 분화의 필연성에 대한 강조 그리고 헤겔 철학 체계의 원리를 담당하는 주체의 성격 규정이다. 헤겔이 국가의 중앙 집권적인 조직화에 반대하여

---

75) 같은 책, 96쪽 이하.
76) 같은 책, 113쪽.

국가와 개인의 매개를 담당하는 중개 집단의 역할과 기능을 강조하는 것도, 그의 사회·정치철학이 전체주의의 사상적 선구라는 비난이 옳지 못하다는 것을 입증하는 여러 사례들의 하나일 것이다. 달리 말하면 전체주의 국가는 근대에서 전면적으로 등장한 인간의 삶의 다양화와 분화를 거부하고 사회를 국가 권력과 전 사회적 통제를 통해 전면적으로 획일적인 것으로 만들려는 것을 목적으로 삼지만, 헤겔은 차이와 다양성과 분화가 없는 동일성의 원리를 죽은 것으로 치부했다. 그가 자신의 철학의 근본 전제인 절대적 주체성의 철학을 전개하면서 절대자의 근본적인 모습을 추상적인 동일성에서가 아니라 타자와의 연관 속에서의 구체적인 보편자로 이해하고 있다는 것은 너무나 널리 알려져 있다. 『피히테와 셸링 철학 체계의 차이』에서 헤겔은 절대자를 "동일과 비동일성의 동일"로 규정한다(2, 96). 또 『정신현상학』에서 헤겔은 다음과 같이 말한다. "그러나 생동하는 실체는 단지 실체가 자기 자신을 정립하는 운동 혹은 자신의 타자화를 자기 자신과 매개하는 한에서만 참으로 주체 혹은 동일한 말이지만, 참으로 현실적인 존재이다"(3, 23).

물론 헤겔은 무차별적인 다양성과 변화를 찬성하지는 않는다. 그는 근대 사회의 분화와 다양성이 인간의 삶을 얼마나 깊게 분열시키고 소외시키고 파괴할 수 있는가를 정확하게 인식하고 있다. 대표적 예로서 근대 시민사회에서 빈부 격차의 확대로 인해 인륜적 삶이 상실될 수 있다는 것을 지적함으로써 근대 산업사회 내지 자본주의적 시장사회의 내적인 분열을 처음으로 파악한 철학자였다는 것을 지적하는 것만으로도 충분하다. 그렇지만 인간의 사회적·정치적 삶에서 다양성과 분화와 차이를 모두 제거하고 사회를 획일적으로 만드는 것은 인간의 삶을 절대적으로 파편화된 것으로 만드는 무조건적인 분절화 내지 분화의 환영 못지않게 위험하다. 이런 획일화는 결국 자유의 종말로 귀결될 것이기 때문이다. 따라서 헤겔은 사회의 적절한 분화와 차이를 자유의 전제조건으로 이해하고 있다. 그는 이성적인 국가의 필연적인 조건으로 사회의 적절한 분화와 차이들의 확산을 다음과 같이 강조한다. "국가에 관한 보편적 관심의 업무는 필연적으로 구별되어 있지만, 그러한 업무는 또한 상호 분리되어 조직되어 있다는 것, 이러한 구분은 자유의 깊이와 현실성을 드러내는 하나의 절대적 계기이다. 자유는 오로지, 그것이 자신의 구별로 발전해 있고 이 구별의 실존에 도달해 있는 그만큼의 깊이를 가지고 있기 때문이다"(10, 337). 우리는 여기에서 국가의 다원성과 분화의 필연성에 대한 긍정이 헤겔에게 철저한 철학적 토대를 지니고 있음을 발견한다. 이런 이유 때문에 에른스트 카시러(Ernst Cassirer)는 헤겔의 국가이론과 현대 전체주의 사이의 근본적인 차이점을 다음과 같이 요약하여 말한다. "헤겔은 국가를 찬양하고 찬미할 수 있었으며, 심지어 신성화할 수도 있었다. 그러나 그의 국가 권력의 이상화와 현대의 전체주의 체계 사이에는 분명하고 틀림없는 차이가 있다."[77]

위에서 서술한 근거들에 입각하여 우리는 헤겔과 독일 국가사회주의, 즉 나치즘 사이에 이론적인 연관성이 없다는 결론을 도출할 수 있다. 이런 헤겔 철학의 내적 근거에 의거한 논증 이외에도, 국가사회주의의 대표적인 이론가들과 아돌프 히틀러(Adolf Hitler) 자신이 이런 연관성을 부인하고 헤겔의 철학을 국가사회주의와 양립할 수 없다고 주장했다는 사실을 지적할 필요가 있을 것이다. 예를 들어 독일 국가사회주의자의 대표적인 이론가인 알프레트 로젠베르크는 그의 저서 『20세기의 신화』에서 헤겔이 "혈통과 무관한 새로운 권력이론"을 형성했고, 이는 마르크스에 의해서 수용되었다고 주장한다. 그리고 그는 국가를 인간의 사회적 삶의 최고 형태로 인정하는 헤겔과는 달리 국가를 "단지 민족을 보호하기 위한 수단"으로 규정하면서, 이 사실을 부정하는 사람은 모두 다 "민족의 적"이라고 선포한다.[78] 국가사회주의의 또 다른 대표적인 이론가인 카를 슈미트(Carl Schmitt)는 국가에 대한 헤겔의 태도를 국가사회주의와 양립 불가능한 것이라고 비판한다. 물론 그는 1933년 나치당에 입당하여 독일 나치즘의 주도적인 이론가로 변신하기 전에는 가톨릭 중도당을 대표하는 보수주의 사상가였다. 슈미트가 헤겔과 독일 나치의 연관성을 거부하는 이유는 다음과 같다. 국가사회주의는 시민사회와 국가의 이분법에 기초를 두는

---

77) 카시러, 『국가의 신화』, 최명관 옮김, 서광사, 1988, 334쪽.
78) A. Rosenberg, *Der Mythus des 20. Jahrhunderts*, München, 1933, S. 525 이하.

헤겔과는 달리 국가·운동·민족이라는 삼원성을 강조한다는 것이다. 슈미트에 의하면 현대 국가는 "국가·운동·민족"의 세 가지를 결합한 것이다. 이 새로운 통일체는 기존의 자유민주주의 국가 도식과는 근본적으로 구별된다. 국가는 "운동"과 이 운동의 지도에 의해서 대체되기 때문이다. 그러므로 1933년 1월 30일 대통령이 국가사회주의 운동 지도자 히틀러를 독일 제국의 수상으로 임명한 날에 "헤겔은 죽었다"고 슈미트는 말한다.[79] 이렇게 국가사회주의를 대변하는 대표적인 이론가들인 로젠베르크와 슈미트는 헤겔과 독일 국가사회주의와의 연관성을 부정한다.

국가사회주의 주도자인 히틀러 역시 『나의 투쟁』(*Mein Kampf*)에서 국가는 목적이 아니라 수단이라고 강조한다. "이에 반하여 민족주의적 세계관은 인류의 의의를 인종적 근원 요소에서 인식한다. 그것은 원칙적으로 국가를 단지 목적을 위한 수단으로 보고, 국가의 목적을 인간의 인종으로서의 존재를 유지시키는 것으로 생각한다. 그러므로 민족주의적 세계관은 결코 인종의 평등을 믿지 않을 뿐 아니라 오히려 인종의 가치에 우열의 차이가 있는 것을 인정하고, 그러한 인식에서 이 우주를 지배하고 있는 영원한 의지를 따라 우자(優者) 또는 강자의 승리를 추진하고 열자(劣者)나 약자의 종속을 요구하는 것이 의무라고 느낀다. 〔……〕 그것〔민족주의적 세계관〕은 단지 인종 사이에 있는 여러 가치의 차이를 인식할 뿐 아니라 개개인의 가치에도 차이가 있는 것을 인식한다."[80] 히틀러에 의하면 민족성은 사실상 "인종"에 지나지 않으며 그 인종이란 것도 "언어 속에 있는 것이 아니라 핏속에 있는" 것이다.[81]

히틀러는 국가 자체를 목적으로 간주하는 사람들을 비판한다. 그러면서 이 국가관에 대한 그릇된 관점을 극단적으로 몰고 간 것이 "유태인 마르크스"였다고 말한다. 이렇게 본다면 국가 자체를 목적으로 본 관점을 대표하는 사람들로 아마 그는 헤겔이나 헤겔에게 영향을 받은 이론가들을 염두에 두고 있는 것

---

79) C. Schmitt, *Staat, Bewegung, Volk*, Hamburg, 1933, S. 12 이하.
80) 히틀러, 『나의 투쟁 하』, 서석연 옮김, 범우사, 1989, 29쪽.
81) 같은 책, 38쪽.

처럼 보인다. 히틀러에 의하면 국가 자체를 목적으로 보는 관점은 "모두 문화 형성력과 가치 형성력은 본질적으로 인종적 요소에 기인하며, 이리하여 국가는 그런 의미에서 인종의 유지와 향상 및 모든 인류 문화 발전의 이 근본 조건을 최고의 과제로 삼아야 한다는 인식에 그 가장 깊은 뿌리를 내리고 있지 않다."[82] 국가의 본질 및 목적에 대한, 인간 문화의 창조적 원천에 대한 그리고 민족주의에 대한 소위 잘못된 관점을 비판한 후에 히틀러는 나치, 즉 국가사회주의 세계관을 다음과 같이 요약한다. "국가는 목적을 위한 수단이다. 국가의 목적은 동종의 인간 공동 사회를 육체적 및 정신적으로 유지하고 조성하는 데 있다. 이러한 유지 자체는 첫째로 인종적 존립을 포함하고 있고, 인종 속에 잠자고 있는 온갖 힘을 자유롭게 발전시키는 것을 허용하는 것이다. 〔……〕 이 목적에 봉사하지 않는 국가는 덜떨어진 존재고 실로 기형아이다."[83]

인간의 도덕적 자유와 인격적 자유의 보편성을 긍정하고 그에 기초하면서도 정치적 공동체의 자유의 의미를 강조하는 헤겔의 정치사상과 달리 독일 나치에서 결정적인 것은 '피와 토양', 혈통의 순수성과 같은 비이성적인 종족주의와 결합된 독일 민족주의였다.

이미 살펴본 것처럼 포퍼의 주장과는 달리 헤겔과 독일 국가사회주의의 연관성은 없다. 마르쿠제가 지적하고 있듯이 독일의 국가사회주의는 "그 계획과 원리에서 반(反)헤겔적이었다."[84] 포퍼의 헤겔 비판에서 특히 흥미로운 사실은 그가 헤겔을 무책임하고 무능하고 악의에 찬 사람으로 묘사하면서도 쇼펜하우어와 야코프 프리스(Jakob F. Fries)를 항상 호의적으로 평가한다는 점이다. 포퍼에 의하면 이 두 사람은 대단히 진지하며 진리를 위해 투쟁한 사람이다. 그는 반복해서 헤겔의 지적 불성실성과 쇼펜하우어의 지적 성실성을 극적으로 대비하고 있다. 더구나 포퍼는 쇼펜하우어[85]가 공동의 대의를 위해서 투

---

82) 같은 책, 40쪽 이하.
83) 같은 책, 44쪽.
84) 마르쿠제, 앞의 책, 426쪽.
85) 포퍼는 쇼펜하우어가 "진리를 무엇보다 아끼는 지고의 순수성을 지닌 사람"이었으며 "철학적 문제에서 당시에 발견할 수 있는 최고의 심판관"임을 확신한다(앞의 책, 65쪽).

쟁하는 것처럼 설명하면서 헤겔은 국가사회주의의 인종주의에 책임이 있다고 비난한다. 그러나 이런 대조만큼 사실상 역설적인 현상은 드물 것이다. 포퍼가 호의적으로 인용하는 쇼펜하우어의 경우 국가사회주의의 지도적 이론가들조차 자신들의 사상과 쇼펜하우어의 그것 사이의 커다란 유사성을 인정하기 때문이다. 실제로 헤겔과는 달리 쇼펜하우어와 프리스는 국가사회주의 이데올로기의 핵심을 이루는 인종주의에 기반한 강력한 반유대주의자였다.[86]

지금까지 살펴본 것처럼 헤겔의 사회·정치 이론은 "종족주의의 재생"도 아니고 혈통이나 인종과 순수한 피라는 가공된 신화에 불과한 민족이라는 이름으로 기존 질서를 이상화하거나 분화된 사회를 전적으로 부인하여 중앙 집권적인 권력과 사회공학적인 계획으로 인간의 사회적 삶의 전체 영역을 동질화하고 통제하려는 전체주의와 어떤 내적인 연관성이나 친화성도 존재하지 않는다. 오히려 헤겔 철학은 전체주의 사상과는 대립적인 이론이다. 그러나 혹자는 헤겔과 현대 전체주의의 연관성을 입증하기 위해 포퍼가 제시한 논거들이 불충분하다는 점을 인정하면서도, 헤겔 철학이 과학적 공산주의의 창시자인 마르크스와 이탈리아 파시즘 이론가인 조반니 젠틸레(Giovanni Gentile)에게 큰 영향을 끼쳤던 것을 근거로 헤겔 철학과 현대 전체주의 사이의 유사성 내지 친화성이 있지 않은가 반문할 수도 있을 것이다.

독일 국가사회주의의 이론적인 대변자들이 헤겔의 이론을 거부하고 비판했던 것과는 달리 이탈리아 파시즘이 자신의 이론적 정당화를 수행하는 과정에서 헤겔의 술어들을 이용했음은 부인할 수 없는 사실이다. 그러나 그것이 바

---

[86] 프리스는 헤겔의 베를린 대학의 동료 교수였다. 주지하다시피 헤겔은 1820년 출판된 『법철학』 서문에서 그를 강하게 비판했다. 프리스의 반유대주의적 성향에 대해서는 W. Kaufmann, 앞의 글, 앞의 책, p. 146 이하와 마르쿠제, 앞의 책, 198쪽 이하 참조. 마르쿠제는 여기에서 프리스와 1820년대 독일의 학생운동을 비롯한 독일 통일운동에 대한 강조에서 나타나는 반유대주의와 함께 독일 파시즘의 "민족 공동체(Volksgemeinschaft)라는 이데올로기를 발견하기 어렵지 않다"고 지적한다. 마르쿠제에 의하면 "민족주의와 반합리주의를 제창했던 학생동맹(Burschenschaften)의 역사적 역할과 국가사회주의의 관계는 헤겔의 입장과 후자 사이의 관계보다 훨씬 밀접하다"(같은 책, 199쪽).

로 헤겔 철학의 전체주의적인 성격을 단정할 어떤 합리적인 근거가 될 수는 없다. 어떤 이론이 그 후대에 끼치는 영향을 평가할 때, 이론적인 연관성이 얼마나 밀접한지를 가지고 평가하는 것이 원칙이다. 그렇지 않고 후대에 어떤 사람이나 집단의 편의에 따라 악용된 사실을 근거로 하여 어떤 이론이 이런 사실에 대해서도 책임이 있다는 식으로 비판하거나 이것을 이유로 그 이론의 타당성을 거부하는 입장은 참으로 위험하다. 이 세상의 모든 것은 정치적으로 오·남용의 가능성에서 벗어날 수 없다. 위대한 종교나 숭고한 도덕적 신념과 같은 것들도 예외는 아니다. 그러므로 우리는 저자의 저서에 있는 진리 내용과 이 저서나 이론의 영향을 구별해야 한다.

우리는 다양한 해석의 가능성을 부인하지 않는다. 그럼에도 다양한 해석이 학문적 활동의 마지막 준거점이 될 수 없다는 것은 너무나 당연해 보인다. 만약에 인간의 사유가 치열하게 고투하는 과정의 마지막이 해석의 다양성이라면 진지한 학문적 대화와 토론이나 비판은 기대할 수 없을 것이다. 마찬가지로 포퍼의 헤겔 비판은 아무런 의미도 없게 될 것이다. 그것은 당신의 해석일 뿐이라고 대답하면 될 것이기 때문이다. 그러나 중요한 것은 어느 해석이 다른 해석보다 더 옳은가이다. 달리 말해 여기에서 중요한 물음은 포퍼의 헤겔 비판이 과연 타당한가이지, 그것이 헤겔에 대한 하나의 해석과 입장을 서술하거나 대변하고 있다는 사실이 아니다. 그러므로 우리는 해석의 작업과 진리에 대한 물음을 서로 구별하고 이 물음이 지니는 고유성을 고수해야 할 것이다. 포퍼를 제외하더라도 헤겔에 비판적인 영미 철학자들 역시 헤겔 정치철학의 영향사와 헤겔 철학 자체를 혼동한다. 오트만이 지적하는 것처럼 영미권의 헤겔 비판은 헤겔 정치철학을 항상 비스마르크 시대와 결합시켰다.[87] 그럼에도 우리는 어떤 철학자의 사상을 그 영향사와 구별해서 평가해야만 한다. 더구나 헤겔의 영향사는 한 흐름만이 있는 것이 아니라 다양하다는 점을 염두에 둔다면 헤겔 정치철학에 대한 어떤 특정한 해석 경향을 마치 헤겔 정치철학 자체

---

87) H. Ottmann, 앞의 글, 앞의 책, S. 269 이하 참조.

인 것으로 혼동하는 것은 올바르게 학문하는 태도가 아니다. 그런 점에서 카우프만이 포퍼의 헤겔 비판이 지니는 오류의 하나를 지적하면서 자크 마리탱(Jacques Maritain)의 경구를 인용하는 것은 아주 적절하다. 그 경구의 내용은 다음과 같다. "만약 책들을 사람들이 오용한 것으로 판단하자면, 성경보다 더 악용되어온 책이 있는가?"[88]

나가는 말

지금까지 우리는 헤겔 철학이 과연 반동적이고 국가를 신격화하는 사상인지 또 그의 철학이 권위주의적이거나 심지어 전체주의적인 국가의 발생에 책임이 있다는 비판이 얼마나 타당한 것인지를 살펴보았다. 헤겔 철학을 권위주의적인 혹은 전체주의적인 국가이론의 선구자로 해석하려는 시도가 사실상 그의 실천철학에 대한 심각한 오해와 편견의 표현에 지나지 않는다는 점이 확인되었다. 포퍼와 같은 등급의 위대한 20세기 철학자가 헤겔에 대해서 지니는 편견과 오해가 그토록 크다는 것은 제2차 세계대전과 냉전의 어두운 역사를 염두에 둔다고 해도 쉽게 납득되지 않는다. 테리 핀커드는 헤겔을 다루는 포퍼의 방식을 "스캔들"(a scandal)이라는 한마디로 압축해서 표현한다.[89]

포퍼와 러셀 같은 탁월한 철학자들이 보여주는 헤겔에 대한 편견은 위대한 철학자들도 자신들의 시대를 넘어서기가 얼마나 어려운 것인가를 보여주는 예라고 할 수 있다. 그런 점에서 이들은 역설적으로 철학은 시대정신의 표현이라는 헤겔의 철학적 통찰이 심오함을 입증한다고 볼 수도 있을 것이다. 포퍼는 헤겔 철학이 지니고 있는 위험성에 대해서 쇼펜하우어가 내리는 비판으로 헤겔에 대한 비판을 끝맺었다. 그 구절은 다음과 같다. "그(헤겔)는 비단 철

---
88) W. Kaufmann, 앞의 글, 앞의 책, S. 150에서 재인용.
89) T. Pinkard, 앞의 책, p. xiii.

학에 대해서뿐 아니라, 모든 형태의 독일 문헌에 대해서 가장 파괴적인, 아주 기묘하게도 사람들을 우매하게 만드는, 전염병과 같은 악영향을 끼쳤다. 이것에 대항하여 항상 강력하게 투쟁하는 것은 스스로 사회를 제대로 판단할 줄 아는 모든 사람의 의무다. 우리가 침묵을 지키면, 과연 누가 말을 할 것인가 말이다."[90]

헤겔 철학을 인간의 생명을 위험에 빠트리는 전염병과 같은 것으로 묘사하고, 이 전염병에 맞서 싸우는 것을 건전한 상식을 갖고 있는 사람들의 도덕적 의무로 간주하였던 쇼펜하우어의 태도는 은유법을 잘못 사용한 대표적 사례로 보아 무방하다. 미국의 문화평론가 수전 손태그(Susan Sontag)의 『은유로서의 질병』(Illness as Metaphor)에 따르면 우리의 일상 언어생활에서 은유로 가장 많이 사용된 병은 결핵이나 암과 같은 병이었다. 18세기와 19세기에 매독이나 결핵 그리고 암과 같은 병은 악을 지칭하는 은유로 가장 흔하게 사용되었다. 그뿐 아니라 손태그는 현대 전체주의 운동이 병과 관련된 이미지를 많이 사용하고 있음을 보여주었다. 예를 들어 매독은 반유대주의 논쟁에서 흔히 쓰이는 비유가 되었을 뿐 아니라, 나치의 반유대주의의 주요한 원천 중의 하나는 매독에 대한 불합리한 두려움이었다고 한다. 이와 같이 잘못 사용된 은유는 위

---

90) 포퍼, 앞의 책, 115쪽. 포퍼는 헤겔을 비판하는 과정에서 쇼펜하우어의 헤겔 비판을 여러 번에 걸쳐 긍정적으로 인용하였다. 포퍼와 같은 위대한 철학자가 쇼펜하우어의 헤겔 비판이 적어도 개인적인 증오와 시기심으로 인해 분별력을 상실하고 있다는 점을 인식하지 못할 정도로 전체주의의 비판에 넋을 잃어버렸다고 말하는 것이 보다 균형 잡힌 시각일지 모른다. 전체주의의 도전에 직면하여 이를 극복하려는 진지한 마음에서 헤겔 철학에 대하여 그가 지나치게 흥분하였다고 말할 수 있겠다. 그런 점에서 나는 그의 전체주의 비판의 진정성을 긍정하고 헤겔 철학에 대한 그의 지나친 비판—비록 학술적인 측면에서 볼 때 어떤 객관적인 근거나 타당성이 있지 않다고 할지라도—이 어느 정도 정상을 참작할 측면이 있음을 인정한다. 나아가 나는 포퍼가 주장하는 마르크스주의의 유토피아적 사상에 내재된 '유토피아 공학'(utopian engineering) 측면의 위험성 비판에 공감하고 있다. 그런데 포퍼가 그렇게도 비판하고 극복하고자 했던 '유토피아 공학'적 사고방식의 위험성과 파괴성은 헤겔이 프랑스 혁명의 자코뱅주의에 가했던 비판과 상당히 유사하다. 쇼펜하우어가 헤겔에게 한 험담과 비방 그것이 그의 극도의 피해망상에서 비롯된 것이라는 점에 대하여는 빌헬름 바이셰델(Wilhlem Weischedel)의 『철학의 에스프레소』(안인희 옮김, 아이콘 C, 2004), 361쪽 이하 참조.

험하게도 현실에 대한 정확한 이해를 가로막고 가상 세계를 참다운 현실로 받아들이도록 하는 마력을 지니고 있다.[91] 그래서 우리는 우리의 일상적 언어생활에 깊이 뿌리내리고 있는 은유가 대단히 위험한 언어폭력일 수 있다는 사실을 언제나 명심해야 한다.

이런 위험하고 잘못된 은유를 쇼펜하우어 역시 헤겔을 향해 사용하였는데, 포퍼와 같이 전체주의를 증오하는 사상가가 그런 위험한 수사법을 아무런 비판적 성찰도 없이 다른 철학자를 비판하기 위해 호의적으로 인용한다는 것은 참으로 안타까운 일이다. 그뿐 아니라 포퍼는 쇼펜하우어가 얼마나 정치적으로 보수적이었는지에 대해서도 아무런 관심을 표하지 않는다. 사실 쇼펜하우어는 1848년에 발생한 민중 봉기의 과정에서 그의 정치적 태도가 얼마나 기괴하고 비합리적인가를 잘 보여주었다. 그는 프로이센의 한 장교가 봉기에 참여하는 민중을 향해 더 정확히 조준 사격을 할 수 있도록 그 장교에게 자신의 오페라 관람용 쌍안경을 건네준 적이 있었다.[92] 그러나 다행스럽게도 헤겔 철학을 치명적인 질병으로 매도한 쇼펜하우어의 수사적 표현을 호의적으로 인용하면서 헤겔 철학의 허구성을 폭로하고 그 이론을 영원히 잠재우려는 포퍼의 시도는 사실상 실패로 돌아갔다. 그의 이런 서글픈 운명은 쇼펜하우어의 헤겔에 대한 저주와 증오에 찬 독설과 비판이 시대의 힘과 이성의 힘을 견뎌내지 못하고 망각의 늪으로 빠져버리고 만 운명과 닮았다.

헤겔에 대한 판에 박힌 고정관념들이 이제 영미 철학에서도 파괴되었다는 것은 결코 우연한 일이 아니다. 20세기 후반기를 대표하는 정치철학자인 존 롤스는 헤겔을 권위주의자가 아니라 자유주의자로 본다. 그에 의하면 헤겔은 "온건한 진보적인 개혁 성향의 자유주의자"(a moderately progressive reform-minded liberal)이다.[93] 로버트 애링턴(Robert Arrington)은 "헤겔의 공동체주의

---
91) 수전 손태그, 『은유로서의 질병』, 이재원 옮김, 도서출판 이후, 2002, 9쪽 이하 참조.
92) 루카치, 『이성의 파괴 1』, 변상출 옮김, 백의, 1996, 234쪽 참조.
93) J. Rawls, *Lectures on the History of Moral Philosophy*, ed. B. Herman, Cambridge, Massachusetts, 2003, p. 330. 헤겔의 정치철학이 자유주의적이라는 의미는 일단 그의 사상이 권위주의적이거나 심지어 전체주의적이지 않다는 것을 드러낸다는 장점이 있다. 그러나 오늘날

는 어떤 독재 정부나 전체주의적 정부 또는 무비판적 전통의 찬미도 옹호하지 않는다"고 강조한다. 그리하여 그는 현대의 분석적인 영미 철학에서 그 어느 사조보다도 헤겔의 이론이 철저하게 무시되고 있는 상황을 유감스럽게 생각하며 다음과 같이 결론짓는다. "한편으로 우리는 헤겔 윤리학의 범위에서 깊은 감명을 받아야만 한다. 헤겔의 이론은 계약의 이론에서 성적인 욕망, 배우자 사이의 사랑, 노동의 분화, 관료 정치, 형벌의 이론, 정체성의 추구, 구체적이고 소외되지 않는 자유, 그 밖에도 이전에는 철학적 반성의 대상이 되지 않았던 인간의 삶의 많은 요소들을 포괄하는 이론이다. 〔……〕 헤겔은 우리에게 수많은 중요한 통찰을 제공한다."[94] 이렇게 헤겔에 대한 기존의 고정관념들은 영미 철학에서 활동하는 사람들에게서도 무너지게 되었다. 그리하여 1991년 새롭게 나온 헤겔 『법철학』의 영역판 편집자인 우드는 편집자 서문에서 다음과 같은 주장을 펼 수 있었다. "식견 있는 학자들 사이에 반동적인 프로이센 철학자이자 현대 전체주의의 선구자와 같은 이전의 헤겔의 이미지는 단지 잘못일 뿐이라는 사실상의 합의가 존재한다."[95]

미국 철학계에서 헤겔 철학에 대한 전반적인 승인은 사실 미국의 고유한 철학이라고 할 수 있는 프래그머티즘(pragmatism)과 헤겔 철학 사이의 연관성을 되돌아볼 때 어느 정도는 역설적으로 보이기도 한다. 예를 들어 미국 프래그머티즘의 대표적 철학자의 한 사람인 찰스 퍼스(Charles S. Peirce)는 헤겔의 찬

'자유주의'(liberalism)라는 용어가 상당히 애매하고 광범위한 의미를 함축하기 때문에 혼란을 야기할 측면도 없지 않다. 현재의 지적 논쟁, 특히 미국적인 맥락에서 자유주의는 평등주의적 자유주의로 경제적 불평등을 완화하기 위한 국가의 적극적인 조치들을 찬성하는 사회복지국가에 호의적인 사상으로서 받아들여지고 있다. 이와는 달리 근대 초기에 자유주의가 발생하던 맥락에서 보면, 자유주의자들은 사적 영역이나 상업 및 무역에 대한 정부나 국가의 개입을 반대하고, 국가 권력의 남용 가능성을 우려하고 개인의 사적 권리를 옹호하기 위해 국가 권력이 되도록 제한되어야 한다고 믿는 사람들이었다. 헤겔은 사회복지국가적인 의미의 자유주의적 사상에 상당히 가까이 있는 사람이었고, 그의 정치철학은 현대의 문맥에서 보면 사회복지주의적인 사상이나 자유주의적인 공동체주의 이론을 예비하고 있는 것으로 이해해도 큰 무리가 없을 것이다.

94) 로버트 L. 애링턴, 『서양 윤리학사』, 김성호 옮김, 서광사, 2003, 490쪽.
95) A. Wood, "Editor's Introduction," 앞의 책, p. ix.

미자는 아니었지만, 헤겔주의와 그의 프래그머티즘 사이의 기본적인 유사성을 인정하는 데 결코 인색하지 않았다. 미국 프래그머티즘의 또 다른 대표자인 존 듀이(John Dewey)는 헤겔에게 강한 영향을 받았을 뿐 아니라, 그의 핵심적인 철학적 통찰들은 헤겔의 지적 유산에 큰 빚을 지고 있다.[96] 최근 영미 철학계에서는 헤겔 철학에 대한 인정을 넘어서 헤겔 르네상스라고 할 만큼 헤겔 철학에 대한 관심이 증폭되고 있다. 이런 상황은 아마도 프래그머티즘이 발생한 이후 냉전 기간 동안 지체된 헤겔 철학과 영미 철학의 진지하면서도 창조적인 대화를 만회하려는 움직임으로 평가될 수도 있을 것이다. 특히 헤겔의 객관적 관념론과 영미 분석철학의 지체된 만남을 회복하는 과정에서 로버트 브랜덤과 존 맥도웰(John McDowell)의 지적 성과는 아주 주목할 만한 것이다. 이 둘은 현재 영미 분석철학계에서 헤겔 철학을 수용하여 창조적으로 변형하는 지적 흐름을 대변한다. 예컨대 브랜덤은 헤겔의 객관적 관념론을 실용주의적인 관점으로 재해석하고자 한다. 그는 헤겔을 "실용주의자"(pragmatist)로 이해하면서 자신의 고유한 이론 체계를 전개하고 있으며, 그의 추론주의(Inferentialism)는 많은 철학자들의 논쟁의 대상이 되고 있다.[97]

---

[96] R. Bernstein, *Praxis and Action*, Philadelphia, 1971, p. 165 이하 참조. 번스타인에 의하면 미국의 프래그머티즘의 대표적 사상가들 중에서 제임스(James)만이 독일 관념론 철학 및 헤겔 철학에 대한 강한 반감을 갖고 있었다(같은 책, p. 166 참조).

[97] R. Brandom, *Tales of the Mighty Dead*, Cambridge, 2002, p. 215. 브랜덤 및 맥도웰 등이 주도하는 현재의 영미 분석철학 내에서의 새로운 연구가 보여주는 객관적 관념론, 특히 헤겔의 그것과의 유사성과 차이점에 대해서는 회슬레의 논문들을 참조할 것. 브랜덤, 맥도웰 그리고 데이비드슨의 철학과 헤겔 철학 사이의 연관성과 차이점을 상세하게 다룬 여러 논문들을 포함하여 객관적 관념론의 입장에서 신다원주의와 비판적으로 대결하는 회슬레의 최근의 글들은 다음 책에 실려 있다. 『비토리오 회슬레, 21세기의 객관적 관념론』, 나종석 옮김, 에코리브르, 2007.

제2장

헤겔의 자유의지 개념과 소유이론

들어가는 말

헤겔의 사회·정치철학은 서구 근대의 반영이자 그에 대한 철저한 철학적 성찰의 결과이다. 헤겔 실천철학의 성격을 둘러싸고 오랫동안 진행되어온 논쟁들은 물론 완전히 해결될 수 없을 것이다. 헤겔의 실천철학은 분명 그의 이론철학과 마찬가지로 인간의 정치사회에 대한 다양한 이론적 흐름들을 종합한 결과이다. 헤겔 철학의 복잡성과 종합적 성격이 바로 그에 대한 다양한 해석의 원천의 하나라고 보아도 무방할 것이다. 그래서 헤겔이 죽자마자 그의 철학의 본질에 대한 다양한 해석이 등장하고 소위 헤겔 우파와 헤겔 좌파로 헤겔주의자들이 분열된 것은 그리 놀라운 사실이 아니다.

헤겔 사회·정치철학의 근본적 성격이 무엇인가를 다루는 과정에서 우리는 이미 헤겔에 대하여 판에 박힌 비판들, 그의 철학은 권위주의적이고 심지어 전체주의적이라는 비판이 얼마나 왜곡된 것인가를 살펴보았다. 이 장에서 주로 다루고자 하는 주제는 헤겔 『법철학』의 기본 개념인 자유의지의 특성들과 더불어 그의 사적 소유에 대한 철학적 정당화 논변이다. 자유의지의 개념을 서술하는 과정에서 자연스럽게 헤겔의 정치철학이 근대 계몽주의의 자연법적 이론과 칸트의 자유 이념의 정당한 상속자라는 측면이 입증될 것이다. 물론 이것은 헤겔 정치이론이 근대의 주도적인 정치이론인 계약론 및 개인주의의 결론들을 모두 다 수용한다는 것을 의미하지는 않는다. 주지하듯 헤겔의 사회 · 정치철학은 근대의 사회계약론과 개인주의에 대한 강한 비판을 포함하고 있다. 그의 이론철학이 고대의 형이상학과 근대의 주체 중심의 철학을 종합하려는 시도인 것처럼 헤겔 실천철학은 고전적인 실천철학과 근대 정치이론을 변증법적으로 종합하려는 시도이다. 예를 들어 헤겔은 플라톤 및 아리스토텔레스의 정치철학을 수용하면서도 근대에서 고유하게 등장한 정치경제학 및 실천이성의 자유 이념을 포기하려고 하지 않는다. 이렇게 본다면 하이네가 칸트의 코페르니쿠스적 전회에서 시작하여 피히테와 셸링을 거쳐 헤겔에서 완성되는 독일의 관념론적 철학운동[1]을 프랑스 혁명과 상응하는 철학혁명으로 규정[2]한 것은 일면 타당하면서도 헤겔 실천철학의 복잡성과 다차원성을 모두 다 드러내지는 못한다고 할 수 있겠다.

　헤겔 철학과 프랑스 혁명의 상응에 대한 하이네의 주장이 지닌 일면성에도 불구하고, 그의 주장은 헤겔 정치철학을 이해하는 데 중요한 단초를 제공한다. 프랑스 혁명은 청년 헤겔을 열광시켰을 뿐 아니라, 그는 프랑스 혁명의 시발점인 바스티유 감옥이 시민들에게 함락된 날을 평생 동안 기념했다. 나아가 헤겔은 프랑스 혁명에 의해서 구체적으로 실현되는 자유의 이념에 의거해서 인류의 역사를 해석하였다. 그는 세계사를 자유의 이념이 실현되는 과정으로

---

[1] 발터 슐츠와 같은 학자는 셸링의 후기 철학을 독일 관념론의 완성으로 이해할 수 있다고 주장한다(W. Schultz, *Die Vollendung des Deutschen Idealismus in der Spätphilosophie Schellings*, Pfullingen, 1975).

[2] H. Heine, *Zur Geschichte der Religion und Philosophie in Deutschland*, in Werke in fünf Bänden, Bd. 3, Köln, 1961, S. 312 참조. 빈델반트는 18세기 말과 19세기 초에 이르는 독일 철학의 융성기를 유럽 정신사에서 소크라테스와 플라톤 그리고 아리스토텔레스에 이르는 고전 그리스 철학의 위대한 성과에 비견할 수 있다고 생각한다(W. Windelband, *Lehrbuch der Geschichte der Philosophie*, Tübingen, 1980, S. 454 이하 참조).

이해하고 그것을 철학적 사유의 고유한 주제로 삼은 최초의 철학자이다. 헤겔이 보기에 인류의 역사는 절대자로 이해되는 신이 역사 속에서 실현되는 과정에 다름 아니었다. 그래서 역사는 자유가 증대되는 과정이었다. 그와 더불어 인간의 역사적·사회적 규정성에 대한 강조는 본격적으로 시작되었다.

절대적 이념의 근본 규정인 자유를 역사적 현실과의 매개 속에서 이해하려고 한 점에서 사실상 헤겔의 철학에서 형이상학과 사회·정치철학은 분리될 수 없는 것이다. 헤겔은 자신의 철학적 체계 속에 인간의 역사적·사회적 삶의 본성에 대한 풍부한 반성을 통합하고 있다. 사실상 헤겔은 18세기 말과 19세기 초의 유럽 및 당대의 독일 현실에 대한 날카로운 역사의식을 갖고서 영국의 산업혁명과 프랑스의 혁명들로 형성된 근대 유럽이 안고 있는 문제들을 자신의 정치이론 속에 용해시켰다. 그의 정치이론의 최종적인 결과가 바로 1820년의 『법철학』이다.

I. 자유의지 개념과 법철학

1) 헤겔 철학 체계에서의 『논리학』과 『법철학』

헤겔의 『법철학』은 『논리학』의 방법, 즉 개념들 사이의 필연적인 연관성과 운동에 대한 이론에 입각하고 있다. 그래서 그는 법의 근본 개념들을 자유롭고 일반적인 의지 개념의 필연적인 계기들의 분화와 전개로 서술한다. 그는 자신의 『법철학』이 바로 『논리학』에서 서술된 학문적 인식의 방법을 전제하고 있으며 그리하여 이 학문적 방법의 타당성에 입각해서 『법철학』이 평가되고 이해되기를 바란다고 강조한다(7, 12 이하 참조). 그러면 그가 전제하는 학문적 방법이란 무엇인가? 그는 학문적 인식의 방법을 "사변적인 인식 방식"(die spekulative Erkenntnisweise ; 7, 12)이라고 부르고 있다. 헤겔은 이 사변적인 인식 방식을 세계를 학문적으로 이해하는 데 가장 적절한 방법, 가장 참된 인식 방법으로 간주한다.

사변적인 인식 방법은 흔히 변증법적 방법이라고 이야기된다. 이 사변적인 인식 방법으로서의 변증법적 방법은 다양한 철학의 분과들을 구성하는 상이한 개념들을 발생시키기 위하여 헤겔이 사용하는 방법이다. 물론 헤겔은 좁은 의미의 변증법(Dialektik)과 광범위한 의미에서의 그것을 구별하지 않고 사용한다. 그래서 변증법이라는 개념은 이중적인 의미를 지닌다. 때로 헤겔은 변증법적인 것이라는 용어를 "대립된 것을 그 통일성 속에서 파악하는 것 혹은 부정적인 것 속에서 긍정적인 것을 파악"하는 것을 포함하는 것으로 이해한다(5, 52). 다른 한편으로 변증법적인 것은 헤겔에 의하면 논리적인 것(das Logische)의 세 가지 계기들 중의 한 가지를 의미한다. 이런 사용 방법에 의하면 변증법적인 것은 부정성 속에서 긍정성을 포착하는 사변적인 것과 구별되는 것으로 "부정적-이성적인" 측면에만 관계한다. 이 부정적인 측면으로서의 변증법적인 계기는 모든 추상적인 대립 규정들을 넘어서서 나아가는 운동의 측면을 나타낸다(8, 168 그리고 172 이하 참조).

그러나 여기에서는 일단 변증법을 광범위한 의미에서 이해하고 이를 헤겔적 학문 방법의 고유한 성격을 지칭하는 것으로 간주한다. 그럼 변증법적 방법이 헤겔에게서 무엇인가를 좀더 살펴보기로 하자. 우리는 이미 앞에서 헤겔의 변증법은 여러 개념들의 발생과 연결된 방법임을 강조하였다. 개념의 발생이란 무엇을 의미하는가? 예를 들어서 설명하면 다음과 같다. 이를테면 『논리학』의 첫 부분에서 헤겔은 '존재'와 '무' 그리고 '생성'이라는 여러 개념들의 필연적인 연관성을 해명하여 존재에서 무 그리고 생성이라는 개념들의 운동을 해명하고자 한다. 달리 말하면 존재에서 무 그리고 생성으로 개념들이 이행하고 후속하는 개념들은 이전의 개념들보다 더 풍부한 것으로 드러난다. 후속하는 개념은 앞선 개념에 함축되어 있는 것을 분석하여 그것을 명시적으로 드러내주는 역할을 하기 때문이다.

이를 법철학적 용어들의 예를 통해서 살펴보자. 뒤에서 좀더 상세하게 서술되는 것처럼 헤겔은 법의 개념의 토대를 자유로 이해한다. 그런데 이 자유 개념은 일단은 추상적 수준에 머물러 있다. 이 자유 개념 속에 함축되어 있는 여러 계기들이나 규정들을 그 논리적인 필연성 속에서 서술하는 것이 바로 헤겔 『법철학』의 과제이기도 하다. 자유 개념을 보다 구체적으로 규정하기 위해서는 우선 외부 대상들의 자유로운 처분이라는 것, 즉 소유 개념으로 진전되어야만 한다. 개별적인 물건, 토지나 주택 등을 자신의 것이라고 설정하는 소유의 개념은 자유라는 개념의 좀더 구체적 내용을 드러내주는 것이다. 소유의 자유를 긍정하지 않고는 자유 개념은 아무런 실질적인 의미를 지닐 수 없다는 것이다. 그러나 이 소유의 자유는 자유 개념의 여러 규정들을 남김없이 드러내주는 개념이 아니다. 소유의 긍정은 다수의 자유로운 의지를 지니는 사람들 사이의 인정이 보장되지 않는 한에서 불완전하다. 그것이 자신에게 속하는 사유물이라는 것이 타인에게 인정되지 않는다면 내가 어떤 물건을 자기 소유라고 주장하는 것은 자의적 성격을 넘어서지 않는 것이다. 따라서 소유 개념은 계약 개념과 승인 개념을 요구하는 것이며 그렇기 때문에 계약의 자유라는 개념은 자유 개념을 소유 개념보다 고차적으로 해명해주는 것이다.

그러나 계약이라는 개념은 계약 당사자들의 진정성, 즉 계약 이행의 준비가 없다면 공허한 것이다. 계약을 기만적인 방식으로 하는 경우는 허다하다. 합의된 계약을 이행하지 않는 경우 그리고 계약을 허위와 기만으로 체결하는 경우 이를 조절할 수 있는 강제력이 요구된다. 그래서 불법과 형벌의 개념은 계약 개념 속에 함축되어 있는 여러 규정들이다. 즉 계약의 불이행과 이행의 개념 그리고 이와 연관된 불법과 형벌의 개념은 바로 계약 개념의 내적인 분석 과정에서 도출되는 개념들이다. 불법과 형벌을 넘어서 자유 개념은 인간의 내면적인 양심의 자유로 이행하고 그로 인해서 자유 개념은 좀더 고차적이고 구체적인 형식을 띠게 된다. 외면적인 물건과 자유로운 의지 사이의 관계에서 이제 양심의 개념으로 인해 자유는 인간의 내면적인 영역으로 확장되는 것이다. 계약의 불이행을 강제력의 부과, 즉 형벌로써 완전하게 해결할 수는 없는 노릇이다. 이제 계약 행위 자체에 대한 인간의 내면적인 수긍의 문제 그리고 내면적인 법정에서 자신의 갖가지 우연적인 욕구에서 해방되어 자신의 의지를 보편적인 형식에 의해서 규정하고 이해하려는 도덕의 문제가 계약 및 불법 그리고 형벌의 진리로서 간주되어야만 한다. 여기에서는 더 상세하게 헤겔 『법철학』의 여러 규정들을 설명할 수 없다. 잠깐 살펴본 것처럼 헤겔은 자유 개념에서 출발하여 그 속에 필연적으로 함축되어 있는 여러 규정들 혹은 개념들, 즉 사적 소유, 계약 그리고 불법과 형벌 등의 개념들을 이끌어내는 것이다. 이것이 바로 개념의 내재적·변증법적 운동에 대한 하나의 예이다.

이렇게 변증법적 사유에서 결정적인 의미를 갖는 것은 어떤 한 개념 속에 함축되어 있는 것을 명시적으로 드러내는 것이다. 그래서 이런 개념들의 발생과 그들의 상호연관성의 체계적 필연성을 해명하는 변증법적 사유는 제3의 계기가 첫째와 둘째의 특성들을 결합하는 특성을 갖고 있는 것으로 간주한다. 즉 헤겔은 변증법적 사유에서 삼원성(triad)을 형성하기 위해 분류될 수 있는 개념들 사이의 관계에 관심이 있었다. 그래서 변증법적 방법은 대립되는 관점들의 매개를 제공함으로써 일면적인 인식이나 추상적인 인식을 극복할 수 있는 사유의 방법이라고 간주되었다. 이런 점에서 헤겔은 『법철학』에서도 "변증법"을 "개념의 운동하는 원리"라고 규정하면서 "방법"에서 문제가 되는 것은 "개념이 자기 자신으로부터 스스로를 전개시키는 그리고 단지 개념의 규정들의 **내재적인** 전진과 산출"뿐이라는 점을 분명하게 강조한다(7, 84).

헤겔은 변증법적이고 사변적인 인식 방법을 통해서만 법철학적 개념들, 추상법, 도덕성 그리고 인륜성의 내재적인 필연성의 근거가 해명되기에 그의 『법철학』의 학문성은 변증법적 방법의 타당성에 의해서만 평가되어야만 한다고 본다. 그러나 헤겔의 『법철학』과 『논리학』의 관계에서 주목해야만 하는 것은 이런 개념들의 운동의 필연성에 대한 학문적 인식의 보장이라는 측면에 국한되지 않는다. 우리는 헤겔의 변증법적 방법이 단순하게 개념들의 관계에 그치는 것이 아니라 대상 자체의 내적인 운동에 관계한다는 그의 입장을 이해해야 한다. 이 주장은 헤겔 『논리학』의 형이상학적인 혹은 존재론적인 차원에 대한 고찰과 연관되어 있다.

『논리학』에서 헤겔이 대상으로 삼는 개념들의 발생과 운동 그리고 개념들 상호의 내적 연관성에 대한 해명 작업은 절대적 이념(die absolute Idee)에서 그 대단원의 막을 내린다. 주지하듯이 이 절대적 이념은 주관성과 객관성의 통일이자 헤겔 학문 체계의 기본 원리이다. 절대적 이념이 그에 선행하는 여러 개념들의 운동의 결과이자 이들의 참다운 진리로 등장하고 있다는 점에서 그것은 수학적인 공리(Axiom)같이 일단 참다운 것으로 전제되어 있는 것은 아니다. 헤겔 학문의 프로그램은 이 절대적 이념 내지 절대적 주체성의 필연성을 학문적으로 정당화하는 것에 달려 있다고 해도 과언은 아니다. 헤겔이 이 절대적 이념의 필연성을 다른 개념들과의 매개를 통해서 입증하고 있다는 점에서 절대적 이념은 반성적인 구조를 지닌다. 이렇게 절대적 이념 내지 절대자는 오로지 그의 부정을 매개로 해서만 자신의 절대성을 입증하는 반성적 구조를 갖고 있는 것이다. 이런 부정성의 부정에 의해서만, 달리 말하자면 절대적 이념의 불가능성에 대한 사유 역시 절대적 이념의 가능성을 전제함으로써만 가능하다는 점에서 절대적 이념은 타당하다는 것이 입증된다. 헤겔에 의하면 절대적 이념 혹은 절대자는 본질적으로 변증법적 본성을 갖는 것으로서 자신의 부정을 다시 부정하는 것, 즉 부정의 부정이다. 절대적 이념은 자체 내에 부정성을 자신의 필연적인 계기로 갖는다. 이 반성적인 논리적 구조의 절대성을 입증하는 것은 바로 『논리학』의 기본 목적이기도 하다. 간단하게 말해 반성적인 구조로 등장하는 절대적 이념은 존재 개념에서 시작하여 항상 좀더 구체적인 개념들로 진행하는 개념들의 운동의 결과 내지 정점이다. 그래서 헤겔은 절대적인 이념을 "자기 자신을 사유하는 이념"(sich selbst denkende Idee)으로 이해한다(8, 388). 절대적 이념의 근본 성격이 이렇게 절대적 반성적 구조로 이해되는 한 헤겔 철학에서 이성은 도구적 혹은 기술적인 합리성이 아니라는 것은 분명하다. 헤겔에 의하면 "논리적인 것은 진리의 절대적 형식"이며 "순수한 진리 자체"이기에, "그것은 단순히 **유용한 것**과는 다른 어떤 것"이면서 "가장 탁월한 것, 가장 자유로운 것 그리고 가장 자립적인 것이다"(8, 68).

『논리학』의 최종적인 개념인 절대적 이념과 이에 이르는 여러 개념들의 체계로 이루어진 논리적인 세계는 자연적 존재나 인간의 의식 활동과는 독립적인 영역에 속하는 것이다. 절대적 이념을 그 근본 원리로 하는 논리적인 것의 영역은 자연이나 인간의 정신 활동 내지 심리적인 의식 상태로 환원되지 않는 고유한 것이다. 더 나아가 이 논리적인 세계를 구성하는 개념은 사람들이 흔히 생각하는 개념과는 근본적으로 구별된다. 사변적인 철학에서 절대적 이념의 계기들인 개념들의 체계는 자연적 존재나 인간의 주관적 인식 활동으로 환원되지 않는 고유한 논리적인 것의 영역에 속할 뿐 아니라 존재론적 위상을 지닌다. 즉 절대적 이념의 계기들인 순수한 개념들의 체계는 자연과 유한한 인간 정신세계의 구성 원리라는 의미를 지닌다. 헤겔은 다음과 같이 말한다. "그러므로 **논리학**은 **형이상학**, 즉 **사물의 진리**를 표현하는 것으로 간주되었던 **사상** 속에서 파악된 **사물**의 학과 일치한다"(8, 81). 마찬가지로 헤겔에 의하면 "순수한 이성의 체계"로 이해되는 논리학은 "**자연과 유한한 정신의 창조 이전의 영원한 본질 속에 존재하고 있는 것과 같은 신의 서술이다**"(5, 44).

이렇게 자연이나 인간의 의식 활동과 전적으로 구별되는 것으로 실재하는 절대적 이념의 체계를 인정하는 철학이기에 헤겔 철학은 소위 객관적 관념론의 철학으로 불리게 된다. 그래서 존재 개념에서 시작하여 절대적 이념으로 종결되는 논리적이고 이념적인 영역의 근본 구조는 자연적 존재와 인간의 의식 그리고 인간의 역사적·사회적 세계의 근본 원리이기도 한 것이다. 절대적 이념이 현실 존재의 근본 원리로서 이해되는 한에서, 자연과 인간 세계로 이루어진 현실 세계는 이 절대적 이념의 근본 구조가 실현되는 장소로 이해되어야 한다는 것이 헤겔의 입장이다. 헤겔의 객관적 관념론의 입장에서 보면 자연과 인간 세계는 절대적 이념의 구체적인 표현의 영역이고, 이런 구체화의 과정은 절대적인 이념의 최종적인 진리가 주체성인 것처럼 이성적인 자기의식의 실현을 목적으로 삼고 있다. 세계가 논리적인 것의 근본 구조와 상응할 때 이 세계의 목적은 완성되는 것이며 이때 비로소 절대적 이념은 이 구체적인 세계 속에서 절대적인 이념이라는 자기인식에 도달하는 것이다. 그렇게 보자면 절대적 이념의 자연과 인간 세계로의 자기 외화 과정은 자기 자신의 구체적인 발현임과 동시에 자기 자신으로의 복귀 내지 귀환 과정에 다름 아닌 것으로 드러나게 된다. 달리 말하면 자연과 인간의 의식적 활동 그리고 인간의 사회적 삶의 다양한 형식들은 절대정신의 자기실현의 매체로 이해되는 것이다. 그래서 세계는 정신이 자기의식을 획득해나가는 고유한 지평이라는 차원에서 의미를 지닌 것으로 이해된다.

여기에서 우리는 세계가 절대적 이념의 실현 조건 혹은 매체라는 주장을 단순히 절대적 이념의 실현을 위한 수단이라는 의미로 간주해서는 안 된다. 세계는 하이데거의 용어로 표현하자면 인간의 욕구 실현을 위해 자의적으로 사용해도 되는 에너지 저장원에 불과한 것은 아니다. 세계를 어떤 주관적인 목적을 이루기 위해 조달 가능한 재원이라고 보는 것은 물론 데카르트의 사유와 연장의 이원론에 기초하여 형성된 서구 근대 세계의 전형적인 관점이다. 그러나 이 관점은 헤겔에 의하면 일면적이며 위험한 것이다. 예를 들면 헤겔은 데카르트와 계몽주의 사상에서 드러나는 것처럼 인간과 자연의 이원론적 구별이라는 관점에서 자연을 파악하지 않는다. 자연과 인간의 이원론이 자연을 과학 기술의 지배와 통제의 대상으로 삼을 뿐 아니라 인간 자체도 도구적 처리와 조종의 대상으로 전락시키는 정신적 배경이 되고 있다는 것은 이제 누구에게나 명백한 사실로 드러났다. 이는 인간의 자율성과 주체성에 대한 과도하고 잘못된 이해의 산물이다. 여기에서 상세하게 언급할 수는 없지만 헤겔은 데카르트와 근대 계몽주의에 의해서 형성된 자연과 인간의 이원론이 안고 있는 문제점들을 분명히 인식하고 있었으며, 이를 토대로 근대성을 철학적으로 깊이 반성, 고찰한 최초의 철학자라고 평가된다. 근대성을 반성, 비판할 수 있는 철학적 토대는 바로 주체와 객체의 통일성 혹은 세계와 절대적 이념의 통일성이라는 그의 독특한 주체성의 원리에 대한 변증법적 이해임은 분명하다. 물론 많은 한계를 갖고 있지만 헤겔의 자연과 이성 그리고 역사적 현실과 이성 사이의 화해 시도는 바로 근대성의 원리에 대한 그의 비판적 대결과 밀접하게 결합되어 있는 것이다.

이념의 실현과 구체화는 절대적 이념의 내재적인 원리의 표현이라는 것이 헤겔의 입장이기 때문에 절대적 이념의 자기실현의 필연적인 계기인 세계는 결코 이리저리 사용될 수 있는 반죽과 같은 것이 아니다. 즉 절대적 이성의 타자인 자연이나 인간의 사회적·역사적 세계 그리고 그것과 연관해서 형성되는 예술, 종교 그리고 철학 등은 절대적 이성 자체와 비견해서 열등하거나 외면적인 존재가 아니다. 타자를 주체나 이성보다 열등한 외면적인 타자로 그리하여 단순히 수단적인 의미만을 지니는 대상으로 전락시키는 것은 사실상 주체 자체의 자기 소외에 다름 아니다. 헤겔에 의하면 주체의 자기실현은 대상과 타자의 매개를 통해서만 가능한 것이기에 타자를 도구적 조작의 대상으로 삼는다는 것은 결국 자신의 온전한 실현의 길을 차단하고 파괴하는 것에 지나지 않기 때문이다. 근대 세계를 형성하는 원리로서 작동해온 주체와 객체의 이원론과 이와 공속하는 대상 세계에 대한 과학 기술적인 조작이라는 관점의 관철은 자연적 대상에만 국한되는 것이 아니라 인간과 인간의 관계로 확장되어 인간 및 학문적 활동을 포함한 모든 것을 아무런 내재적인 가치나 의미가 없는 사물로 전락시키는, 간단하게 말해 우주 전체를 유용성의 명령에 복속시키는 총체적인 소외로 몰고 간다는 것을 현대의 과학기술사회는 잘 보여준다. 그래서 주체와 객체의 근원적 통일 내지 동일성에 대한 헤겔의 변증법적 통찰은 여전히 현대 사회를 지배하는 과학 기술과 유용성의 강철 같은 명령을 극복하는 데 귀중한 지적 배경이 된다. 아마도 주체와 객체의 근원적 통일이라는 헤겔의 고유한 사변적 인식의 지평이 없었다면 근대의 시민사회가 안고 있는 고유한 문제, 즉 부와 빈곤의 절대적인 대립의 문제 그리고 인간과 인간의 관계가 단순한 계약 관계로 환원될 수 없다는 사회계약론에 대한 그의 비판 등은 불가능했을 것이다.

헤겔은 주체와 객체의 근원적 통일이라는 통찰을 서구 기독교의 신 개념과 연관해서 다음과 같이 표현한다. "세계 없는 신은 신이 아니다"(Ohne Welt ist Gott nicht Gott ; 16, 192).[3] 아마도 현대 사회가 아무리 소외되어 있고 과학 기술과 유용성의 논리를 신적인 것으로 떠받들고 있는 사회라 할지라도 신이란 권력의 획득이나 상업적인 성공을 위한 수단에 지나지 않는 것이라고 명시적

---

3) 물론 이런 헤겔의 사변적인 신관념이 과연 서구 기독교의 신관념을 적절하게 이해한 것인가 하는 문제는 별도로 해명되어야 할 주제이다.

으로 주장할 사람은 거의 없을 것이다. 흔히들 헤겔은 범신론자라고 비판받고 그를 반대한 많은 신학자들이 그를 범신론자로 규정했음에도 불구하고 이런 비판은 적절하지 않다. 우리가 이미 살펴본 것처럼 헤겔은 자연과 인간의 의식과 구별되는 이념의 영역을 설정하고 있기 때문이다. 마찬가지로 헤겔은 결코 스피노자주의자가 아니다. 그는 신 혹은 절대자를 자연과 동일시하지 않는다. 헤겔은 오히려 자연을 절대적 이념에 의해 규정되고 산출된 존재로 본다.

이렇게 본다면 헤겔 철학에서 의미 있는 것은 형이상학이 아니라 오로지 정치적 및 사회적 이론 내지 역사적 삶의 방식을 철학적으로 이해한 부분이라는 생각은 다시 재고되어야만 할 것이다. 예를 들어 리처드 로티(Richard Rorty)는 헤겔을 플라톤에서 칸트에 이르는 전통을 파괴하고 그것의 "종언"을 알리는 새로운 패러다임의 창시자로 본다. 그래서 로티는 헤겔을 플라톤 그리고 칸트적인 전통과의 연결 속에서 바라보지 않고 "니체, 하이데거, 데리다로 이어지는 아이러니스트 철학의 전통을 시작"한 사람이라고 주장한다.[4] 또 헤겔의 정치철학을 현재적 상황에서 재구성하여 헤겔 정치철학의 현재적 유의미성을 발전시키는 데 크게 공헌한 학자인 테일러 역시 헤겔의 정치철학을 그의 형이상학과 구별하여 이해하고자 한다. 그리하여 그는 헤겔 철학의 가장 중요한 토대가 더 이상 설득력이 없는데도 그의 철학이 오늘날에도 여전히 큰 의미가 있는가 하는 물음에 답하려고 시도한다.[5] 물론 이런 해석 경향은 상당히 오래된 것이다. 헤겔 철학의 형이상학적 토대를 거부하면서도 그의 철학의 긍정적인 핵심을 재구성하고 발전시키려는 노력이 청년 마르크스 이후 마르크스주의 전통 안에서 끝없이 진행되었다는 것은 널리 알려져 있다. 마르크스주의자들 외에 카시러도 "헤겔주의는 논리적 혹은 형이상학적 사상의 분야가 아니라 정치사상의 분야에서 부활하게 되었다"고 주장한다. 그에 의하면 헤겔 철학 체계의 "가장 공고한 보루"로 여겨진 "논리학과 형이상학"은 수많은 공격에 노출되어버리고 그의 정치사상만이 부흥되었다는 것이다. 그래서 카시러는

---
4) 로티, 『우연성 아이러니 연대성』, 김동식·이유선 옮김, 민음사, 1996, 154쪽 이하.
5) Ch. Taylor, *Hegel*, übersetzt von G. Fehn, Frankfurt, 1997, S. 706.

"현대의 모든 정치적 이데올로기는 헤겔의 법철학과 역사철학에서 처음으로 제창되고 옹호된 원리들의 힘과 지속성과 영속성을 우리에게 보여준다"고 강조한다.[6] 헤겔 정치철학과 그의 형이상학 혹은 논리학 사이의 연관을 부정하려는 경향도 있지만, 이 둘 사이의 연관성에 대한 논쟁은 아직도 적절하게 해명되고 있는 것 같지는 않다. 간단하게 말해 만약 우리가 이런 해석 경향들에 대한 책임을 헤겔에게 묻는다면, 이는 사실상 헤겔에게는 부당한 일이다.

앞에서 살펴본 것처럼 헤겔에 의하면 개념들의 운동 원리들을 탐구하는 변증법적 방법은 대상이나 존재와 무관하게 성립된 인간의 주관적인 의식적 활동의 법칙이나 형식에 대한 탐구를 의미하지는 않는다. 헤겔이 학문의 고유한 방법이라고 제기하는 변증법적 사유에서 형식과 내용은 일치한다. 즉 변증법은 "내용의 고유한 혼"(die eigene Seele des Inhalts)과 같은 것이다(7, 84). 내용과 형식을 통일하는 것은 대상 자체가 본질적으로 "이성적인 것"임을 의미한다. 달리 말하자면 개념의 규정들은 그 개념의 "**현존재의 방식**"(die Weise des Daseins)과 "동일한 것이다"(7, 85). 이것은 헤겔의 고유한 객관적 관념론과 연관된다. 학문적인 인식이 지향하는 것은 바로 이 대상의 고유한 이성적 성격을 분명하게 드러내는 것이다. 그래서 헤겔은 학문을 다음과 같이 정의한다. "학문은 단지 사태(Sache)의 이성적인 고유한 노동을 의식적으로 만드는 작업일 뿐이다"(7, 85).

2) 자유의지의 개념과 그 여러 계기들

헤겔 법철학은 무엇을 대상으로 하는가? 이에 대해 헤겔은 다음과 같이 말한다. "**철학적 법학**(die philosophische Rechtswissenschaft)은 **법의 이념**(die Idee des Rechts), 즉 법의 개념과 그 실현을 대상으로 삼는다"(7, 29). 또 헤겔은 다음과 같이 말한다. "법의 토대는 전반적으로 **정신적인 것**이고 그의 좀더 엄밀한 위치와 출발점은 **자유로운 의지**여서 자유는 법의 실체 및 규정을 형성하며 법

---
6) 카시러, 『국가의 신화』, 304쪽.

의 체계는 실현된 자유의 왕국이자 제2의 자연(eine zweite Natur)으로서 정신 자체에서 산출된 세계이다"(7, 46). 인용문이 보여주는 것처럼 헤겔은 자유로운 의지를 법의 토대로 간주한다. 헤겔이 근대의 사회계약론이 안고 있는 원자론적 개인주의, 그리고 국가를 개인들의 상호 이해관계의 실현을 보장하기 위한 계약에 의해서 산출된 것으로 바라보는 도구주의적 관점을 비판하고 있다는 사실은 너무나 잘 알려져 있다. 그리하여 헤겔의 정치철학을 근대 자연법 사상의 비판이자 반대로 바라보기 쉽다. 그러나 법과 국가의 토대를 이성적인 자유의지로 설정하고 있다는 점에서 그의 정치철학이 근대의 자연법과 사회계약론적 전통을 이어받고 있음은 분명해진다.

헤겔이 법철학의 대상을 "법의 이념", 달리 말하자면 "법의 개념과 그 실현"이라고 규정한다는 것은 중요한 의미를 지닌다. 우선 자유 개념은 바로 법과 국가의 원리이다. 자유는 모든 사회 제도의 원리이며 따라서 자유는 사회 제도의 정당성의 원천이다. 달리 말하자면 자유를 기반으로 하지 않는 모든 사회 제도들은 그 정당성을 확보할 수 없다는 것이다. 그러나 헤겔은 『법철학』에서 인간의 법 및 정치질서 일반의 타당성의 기준이 무엇인가를 이론적으로 해명하려는 작업에 만족하지 않는다. 그가 보기에 참다운 정치철학은 자유의 개념과 그것의 현존 방식을 함께 생각해야 하는 것이다. 따라서 자유 개념의 구체적인 실현을 가능하게 하는 여러 가지 제도들에 관심을 갖는 것이 헤겔 정치철학의 특수성이기도 하다. 물론 자유를 실현하는 여러 가지 제도들은 자유 개념의 내적인 규정들과 연관되어 있다.

헤겔은 『법철학』의 대상을 법의 개념과 그 실현의 필수적인 조건들로 설정하고 자유로운 의지가 법의 토대임을 지적하고 나서 의지 개념의 여러 계기들과 여러 가지 형태들에 대해서 설명한다. 우선 그는 자유로운 의지 개념을 세 가지 계기로 나누어 설명한다. 이 세 가지 계기란 "순수한 무규정성" 혹은 "보편성"으로서의 의지, 특수성의 계기 내지 부정성의 계기 그리고 마지막으로 "개별성"의 계기로서 앞의 계기인 보편성과 특수성의 통일로서의 계기이다(7, 49 이하).

자유의지 개념의 첫째 계기인 보편성은 우선 철저하게 내용이 없는 것으로 등장한다. 이 단계에서 의지는 우선 모든 구체적인 내용을 부정하고 오로지 **"절대적 추상**이나 **보편성**의 무제한적인 무한성"으로 존립한다. 이 내용이 없는 무규정적인 보편성으로 이해되는 의지의 첫째 계기는 "자기 자신의 순수 **사유**"라고도 불린다(7, 49). 이 단계에서 의지는 이 의지를 제한하는 것은 무엇이든지 부정하는 것이다. 의지를 제한하는 것은 욕구나 욕망 혹은 충동과 같은 자연적인 성질로 인한 것일 수도 있고 그 외에 그냥 직접적으로 주어진 것, 이를테면 어떤 사람이 우연히 습득하게 되는 사회적 규범이나 종교적인 견해나 전통적인 관습일 수도 있다. 자연적이든 문화적·사회적이든 의지를 제한하는 모든 내용들로부터 벗어나 있는 의지가 바로 첫째 의지의 계기다. 이 계기는 사실상 자유로운 의지의 중요한 한 측면을 보여준다. 우리는 원칙적으로 모든 주어진 것의 구속력을 의심하고 회의할 수 있다. 그리고 이런 모든 것들을 부정하는 가능성이 존재하지 않는다면 우리는 진정한 의미에서 자유로운 존재라고 말할 수 없을 것이다. 사회적 규칙이나 관습에 맹목적으로 따르지 않고 자신의 입장에 따라서 행위하고, 자신에게 합당하고 바람직해 보이는 삶의 방식을 선택하는 가능성이 전적으로 배제된 상태에서 인간의 자유를 언급할 수는 없다.

그러나 이 첫째 계기로서의 자유의지는 현실 속에서 그 구체적인 내용을 확보하기가 원칙적으로 차단되어 있다는 점에서 공허하고 일면적이다. 이 단계의 자유의지가 안고 있는 문제점을 언급하기 전에 우선적으로 논할 사항은 사유와 의지의 관계이다. 바로 앞에서 인용했던 것처럼 헤겔은 의지의 첫째 계기를 "순수 사유"로 규정한다. 그가 보기에 의지를 사유와 별개의 것으로 치부하는 관점, 혹은 사유를 "선한 의지에 해롭다"고 생각하는 견해는 "의지의 본성"에 대하여 전적으로 무지한 것에 지나지 않는다(7, 49 이하). 칸트가 정확하게 언급하고 있듯이 실천이성과 의지는 동일한 것이고 이 실천이성은 이론이성과 별개의 것이 아니다. 이런 칸트적 관점, 즉 이성과 자유의지의 공속성은 헤겔에게도 마찬가지다. 의지는 사유 내지 지성과 별개의 것이 아니며, 의지가 자기를 규정한다는 것은 사유를 통해서만 가능한 것이다. 그렇지 않다면 의지는 자기규정이 아니라 어떤 다른 것에 의해서 규정당하는 것이기에, 자유가 아니라 타율에 지나지 않는 것이다. 그래서 헤겔은 "이론적인 것은 본질적으로 실천적인 것 속에 포함되어 있다"고 강조한다. 마찬가지로 헤겔이 보기에 동물의 행동은 본능에 의해 규정당하고 자신의 욕구가 무엇인가를 스스로 생각할 수 없기에 "아무런 의지를 갖고 있지 않다"(7, 47). 의지와 사유의 구별 및 이들의 연관성에 대해서 헤겔은 다음과 같이 말한다. "사유와 의지 사이의 구별은 단지 이론적·실천적 태도 사이의 구별일 뿐이지만, 이것은 두 개의 능력이 아니며, 의지는 사유의 특수한 방식이다"(7, 46 이하).

보편성으로 이해되는 의지의 첫째 계기는 자체 내에 고유한 한계를 안고 있다. 의지를 제한하는 자연적인 욕구나 종교나 법 그리고 국가 질서 등 모든 규정들이나 내용들로부터의 해방을 절대적인 것으로 고수하는 것은 자기 자신의 자유의 절대적 확립인 것처럼 보일지 모르나 그것은 자유에 대한 정확한 이해가 아니다. 모든 규정들과 내용들을 의지를 제한하는 것으로 보고 이로부터 해방되려는 자유의 계기를 헤겔은 "**부정적** 자유 혹은 지성의 자유"(die negative oder die Freiheit des Verstandes)라고 부른다. 모든 특수성과 규정을 자유의지를 제한하는 것으로 파악하고 거부하는 부정적 자유는 일면적이지만 자유의지의 필연적인 구성 요소이기도 하다. 그래서 이 측면을 전적으로 부인해서는 안 된다. 그러나 이런 일면적인 자유를 전체적인 것으로 고수하고 자유의 최고 규정으로 파악하는 것은 잘못이다. 그런데 이런 자유는 구체적인 인간 현실 속에서 자주 모습을 드러내기도 한다. 즉 이 자유는 "공허함의 자유"(die Freiheit der Leere)로서 인간의 현실 속에서 "인도적인 순수 명상의 광신"과 같은 종교적인 형태나 "모든 현존하는 질서의 파괴라는 광신"과 같은 정치적 형태로 등장한다(7, 50). 정치적 광신주의의 구체적인 형태로 헤겔이 거론하는 것은 바로 프랑스 혁명 과정 중에 나타난 자코뱅의 공포정치이다(7, 52 참조). 간단하게 말해 이 부정적 자유의 한계는 모든 구별과 차이를 자유에 위배되는 것으로 파괴하고 거부하려는 데 있기에, 이 자유는 지속성을 지닐 수 없으며 결국 모든 현존하는 질서의 파괴 속에서만 자신이 자유로움을 만끽하게 된다.

자유의지의 둘째 계기는 부정성 혹은 특수성의 계기이다. 이 단계에서 자유의지는 특수한 내용이나 대상을 규정하는 규정성의 차원으로 이행한다. 물론 이 특수성의 규정은 첫째 계기 속에 포함되어 있는 것의 적극적인 표현 내지 전개이다. 첫째 계기가 모든 규정과 내용을 부정하는 보편적인 것인 한에서 이미 이 보편성에도 부정성이라는 측면이 함축되어 있는 것이다. 아무런 규정을 갖고 있지 않다는 첫째 보편성의 규정은 사실 자체 내에 규정성을 갖고 있다. 아무런 규정성을 갖고 있지 않은 것 자체가 그 자신의 고유한 규정성을 이루고 있기 때문이다. 그런데 이런 규정성과 구별의 차원은 첫째 계기 속에 함축되어 있을 뿐 전적으로 드러나지 않는데, 이렇게 함축되어 있는 것을 정립하는 것이 바로 둘째 계기인 특수성이다. "특수한 것이 일반적으로 보편적인 것 속에 포함되어 있는 것처럼, 그렇기 때문에 이 둘째 계기는 첫째 계기 속에 이미 포함되어 있고 첫째 계기가 이미 **즉자적으로**(an sich) 존재하는 것의 **정립**(setzen)일 뿐이다"(7, 52).

이 둘째 계기에서 의지는 어떤 구체적인 것을 의지한다. 사실 아무것도 의지하지 않는 의지라는 것은 아무런 의미가 없다. 그러나 어떤 특정한 것을 의지한다는 것은 의지가 자기 자신에게 일정한 제한을 설정한다는 것이다. 사유가 사유이기 위해서는 항상 어떤 것을 구체적으로 사유해야 하듯이, 우리는 어떤 물건에 대하여, 예컨대 주택이나 자동차를 소유하기를 자유롭게 원할 수 있다. 그리고 그럴 경우에만 자유의지는 구체적인 내용을 획득할 수 있는 것이다. 그러나 이 둘째 계기 역시 자유의지 개념의 모든 측면을 보여주기에는 일면적이다. 우선 이 둘째 계기는 보편적인 것에 대한 대립적 태도를 고수하기 때문이다. 달리 말하면 어떤 구체적인 것, 이를테면 돈이나 주택을 소유하고자 자신의 의지를 구체적으로 규정하고 제한하는 과정에서 자유의지의 보편성의 측면이 없어진다. 우리는 어떤 구체적인 것을 원할 때 다른 것들을 버리고 어떤 특정한 것을 선택하게 된다는 점에서, 이 둘째 계기는 제한성의 틀을 벗어날 수 없다. 이렇게 보편성에 대립되는 특수성은 특수성에 대립되는 보편성 못지않게 일면적이고 추상적이다. 그래서 자유의지 개념은 마지막 셋째 계기로 이행한다.

헤겔은 자유의지 개념의 셋째 계기에 대하여 다음과 같이 말한다. "의지는 이 두 계기의 통일이다. **자체 내로** 반성된, 그리고 그렇게 함으로써 **보편성으로** 복귀된 **특수성**이다. 그것은 **개별성**이다. 자신을 자기 자신에 대해 부정적인 것으로, 즉 **규정되고 제한된 것**으로 정립하는 그리고 동시에 자기 자신으로, 즉 **자기와의 동일성**과 보편성 속에서 머무르는 것 그리고 이런 규정성 속에서 자신을 단지 자신과 결합하는 자아의 **자기규정**이다"(7, 54).

이 셋째 단계에서 자유의지는 보편성과 특수성의 계기를 동시에 안고 있는 것이다. 이 개별성으로서의 자유의지는 아무 내용이 없는 것도 아니고 특수한 내용을 원한다고 해서 자신의 제한에 빠지지도 않는다. 제한 자체는 자유의지에 전적으로 외적인 것도 아니고 타자인 것도 아니다. 이 셋째 계기는 자신을 제한하면서도 항상 보편자이기를 그치지 않는 것이다. 그래서 헤겔은 이 셋째 계기를 "자유의 구체적 개념"으로 이해한다. 그는 이런 구체적인 자유의 형태를 언급하면서 "우정과 사랑"이라는 감정에 주목한다. 사랑이나 우정 속에서 사람들은 사랑하는 대상을 결코 자신과 낯선 존재로 느끼지 않는다. 사랑하는 사람을 자신을 억압하는 존재로 느끼지 않고 그 사람과 함께하는 과정에서 비로소 사랑하는 사람은 사랑을 만끽하고 자신의 사랑이라는 감정을 실현하게 되는 것이다. 달리 말하자면 셋째 계기의 자유는 타인에게만 이롭고 자신은 일방적으로 손해를 보는 관계도 아니고 그렇다고 자신에게 이롭지만 타인에게 해로운 것도 아니다. 사랑이나 우정의 관계가 보여주듯이 이런 관계 속에서 관계 당사자들 사이에는 일방적인 이타성이나 이기성이 문제가 되지 않는다. 물론 예외적으로 사랑하는 사람을 위한 헌신적 행위가 발생하기도 하지만, 이 경우에도 그 헌신은 사랑하는 관계가 주는 내재적인 가치를 위해서 자발적으로 이루어지는 것이다.

보편성과 특수성의 통일로 이해되는 개별성에 대한 언급에서도 우리는 부정성과 제한성이 긍정적인 것을 산출한다는 헤겔 특유의 변증법적 논리가 작동하고 있음을 알 수 있다. 특수한 내용과 연관해서 이 특수성이 보편성에 대립하는 것이 아니라, 이런 특수성 속에서 비로소 자유의지가 자신을 형성하는 필연적인 계기를 인식하기 때문이다. 사랑이나 우정이라는 감정의 형태란 사례를 통해서 설명된 자유의지의 마지막 단계를 좀더 개념적인 방식으로 표현하면 다음과 같다. 이 셋째 단계에서 비로소 자유의지는 의지가 원하는 대상이나 내용과 의지 자체가 동일하게 된다. 헤겔은 진리를 개념과 실재의 통일로 이해한다. 혹은 헤겔에 의하면 진리는 "개념이 실재에 상응하는"(7, 73) 것이다. 물건에 대한 소유 역시 자유에 현존재를 부여하는 필연적 요소의 하나이다. 이에 대한 헤겔의 논리는 뒤에서 상세하게 서술될 것이다. 그런데 소유라는 법적 형태는 참다운 자유의 실현이 아니다. 헤겔적인 용어로 표현한다면 소유는 자유의 개념에 완전하게 상응하는 실재가 아니다. 즉 소유는 "자유에 적절하지 않다"(der Freiheit nicht angemessen ; 7, 91). 마찬가지로 자유의지 개념의 진리는 이 자유의지 개념이 실재에 상응할 때 달성된다. 그런데 개념과 실재가 상응하려면 실재가 바로 개념이어야만 한다. 그래서 헤겔은 "**자유로운 의지를 의지하는 자유로운 의지**"(der freie Wille, der den freien Willen will)만을 참다운 자유라고 언급한다(7, 79). 헤겔에 의하면 이 참다운 의미의 자유가 바로 자유로운 의지의 이념, 즉 자유로운 의지의 개념과 그 실재의 일치인 것이다. 이렇게 이 단계는 자유의지 개념의 최종적인 모습을 보여준다.

이제 자유의지 개념과 법의 연관성을 살펴보자. 앞에서 인용했던 것처럼 헤겔은 자유로운 의지 개념을 "법의 실체"로 이해하고 여러 법적 규범들의 체계를 이 자유로운 의지가 실현된 영역, 즉 자유의 왕국으로 이해한다(7, 46). 법은 자유로운 의지 개념의 구체적인 실현을 보장하는 것이다. 그러므로 법이란 "**자유로운 의지의 현존재**"(Dasein des freien Willens)로 이해되어야만 한다(7, 80). 이렇게 헤겔에게서 법의 개념은 자유를 실현하기 위한 필연적 조건들의 총체이다. 자유의지의 현존재인 법 일반은 바로 법의 기반인 정신적인 것, 즉 자유의 개념에 생동적인 현실성을 띠도록 한다. 달리 말해 헤겔에게 법은 자유 이념을 단순한 요청으로서가 아니라, 구체적인 세계 속에서 현실적으로 존재하게 하는 근본 규정들의 총체를 의미하는 것이다. 그러므로 법이 존재하지 않는다면 인간의 자유는 그 어떤 현실성을 보장받을 수 없는 공허한 신기루에 지나지 않는 것이다. 이렇게 법을 자유의 실현을 가능하게 하는 가장 중요한 규정 혹은 계기로 이해한다면, 헤겔이 법을 "나의 자유나 자의가 각자의 자의와 보편적인 법칙에 따라서 함께 존립할 수 있는 제한" 설정으로 이해하는 칸트의 입장을 법의 본질에 대한 오해 내지 피상적인 견해에 지나지 않는다고 비판하는 것이 그리 놀라운 일은 아니다(7, 80 이하 참조).

헤겔의 법 개념을 이해할 때 주의해야 할 점이 있다. 그것은 헤겔에게서 법 개념은 대단히 포괄적이라는 점이다. 자유의지를 실현해주는, 혹은 자유의지에 현존재를 부여해주는 법적인 형태들은 다양하다. 법이란 자유의지에 실재성과 현존재를 부여하는 것의 일반이다. 그렇기에 법은 법학에서 다루어지는 실증법과 같이 제한적인 의미의 법이 아니다(10, 304). 그리고 법이란 이렇게 자유의지를 구체적으로 실현하는 것이기에 "어떤 **신성한 것**"(etwas Heiliges)으로 간주된다(7, 83). 그러나 법이 다양하다고 해서 무턱대고 그런 것은 아니다. 법적 형태의 다양성은 자유의지 개념의 현존재와 연관되어 있기에, 자유의지 개념의 필연적인 계기에 상응하는 것이다. 그래서 헤겔은 다음과 같이 말한다. "개념의 전개에서 **규정들**은 한편으로는 그 자체 개념들이고 다른 한편으로 개념은 본질적으로 이념으로서 존재하기 때문에 현존재의 형식으로 존재한다"(7, 85). 헤겔 『법철학』이 다루는 법의 체계는 자유의지 개념의 필연적 계기들의 논리적인 발전 과정에 의거하여 서술된다. 이를 그는 『철학강요』에서 다음과 같이 서술한다. "자유로운 의지는 A. 우선 그 자신 **직접적**이고, 따라서 **개별적인** 의지로서 존재하며—곧 **인격**이다. 인격이 자신의 자유에 부여하는 현존재는 **소유**이다. **법** 자체는 **형식적**이고 **추상적인** 법이다. B. 자유로운 의지는 자신 안으로 반성한다. 그래서 자유로운 의지는 자신의 현존재를 자기 내부에 가지고 있고 그렇게 함으로써 동시에 **특수한** 의지로서 규정되어 있으며, **주관적** 의지의 법—곧 **도덕성**(Moralität)이다. C. 자유로운 의지는 주체 안에서의 자신의 개념에 합당한 현실성으로서 그리고 필연성의 총체성으로서

실체적 의지이며—가족, 시민사회, 국가에서의 **인륜성**(*Sittlichkeit*)이다"(10, 306).[7]

이렇게 법은 자유의지 개념의 여러 계기들에 상응하여 등장하는 상이한 형태들의 체계로 등장한다. 위의 인용문이 보여주는 것처럼 법적 형태에는 크게 보아 추상법, 도덕성 그리고 인륜성이 있다. 그리고 인륜성은 가족과 시민사회 그리고 국가로 세분된다. 추상법, 도덕성, 가족, 시민사회 그리고 국가는 자유의 개념을 실현하는 것들이며 동시에 자유 개념의 내재적인 발전 단계의 순서에 따라서 서술되는 것으로서 앞의 것보다 뒤의 것이 보다 구체적이며 풍부한 것이다. 그런 의미에서 다양한 법적 형태들은 병렬적이고 등가적인 것이 아니라 위계질서 속에 편입되어 있는 것이다. 그리고 이 위계질서의 정당성의 근거는 무엇이 바로 위에서 설명된 자유 개념에 가장 적합한 실재성을 부여하는 계기인가에 달려 있다. 그래서 국가는 그 이전의 여러 단계보다 더 고차적인 것이고 자유의 개념에 가장 합당한 법적 형태이다(7, 87 이하 참조).

추상법, 도덕성 그리고 인륜성의 다양한 형태와 그 구체적인 내용과 의미는 여기에서 더 다룰 수 없다. 그 과제는 헤겔 『법철학』의 내용에 대한 서술과 함께 이루어져야 하기 때문이다.

II. 추상법과 인격

1) 사적 소유의 철학적 정당화 문제

사유재산을 둘러싼 논쟁만큼 서양의 사회·정치철학 전통에서 쟁점이 된 주제도 드물 것이다. 부와 재산을 둘러싼 인간들 사이의 갈등과 투쟁은 우리들에게 너무나 익숙한 현상이라는 점을 생각하면 이는 하등 이상한 일이 아니다. 더 나아가 사적 소유 내지 재산권에 대한 이해는 한 사회의 기본 질서를

---
[7] 헤겔은 『법철학』의 구분과 자유로운 의지 개념의 전개와의 연관을 『법철학』에서 약간 더 상세하게 서술한다(7, 87 이하 참조).

형성하는 데 핵심적인 사항의 하나에 속한다. 일례로 개인의 사적 소유의 권리를 긍정하고 개인의 자유로운 이익 추구를 긍정적으로 평가하는 경제질서를 지닌 사회와 사적 소유를 폐지하고 경제를 중앙에서 계획하는 사회는 그 근본적인 성격에서 상이하다는 것은 의심할 여지가 없다. 그런 점에서 인간의 사회적 삶의 본질을 이해하고 그 바람직한 모습을 추구하는 데 관심이 있는 사회·정치철학이 이 문제를 도외시하는 것은 커다란 지적 불성실과 태만이 아닐 수 없다.

사적 소유가 존재해야만 하는가에 대한 물음에 관련해서 이를 부인하는 입장과 이를 긍정하는 입장이 존재한다. 일례로 플라톤은 수호자 계층과 전사 계층에 속하는 사람들의 사적 소유를 부인하였다. 그가 보기에 사적 소유는 이기주의에 기반하는 것이고, 이기주의는 도덕적으로 비난받아야 할 사항이었다.[8] 이와는 달리 아리스토텔레스는 이기주의 자체를 도덕적으로 비난해야 할 사항으로 보는 견해를 비판한다. 그에 의하면 비난을 받아야 하는 것은 이기심 자체가 아니라 지나친 이기심이다. 그러므로 아리스토텔레스는 국가가 지나치게 개입하여 재산의 공유를 시도하는 것은 결코 바람직하지 않다고 지적하면서 플라톤의 공산주의적 공동 소유 이념을 비판한다.[9]

많은 사람들은 사적 소유권을 사람들 사이의 평등을 저해하는 중요한 장애물의 하나로 간주하여 이를 제거하려는 노력을 해왔다. 이는 평등주의적 이념의 실현을 위해 노력하는 일련의 전통적인 좌파 정당과 운동들의 기본 원리를 형성하였다. 장 자크 루소는 인간 불평등의 기원을 사적 소유에서 구하고 모든 형태의 사적 소유에 철저하게 반대하는 사상과 운동에 커다란 영향과 영감을 제공하였다는 사실은 널리 알려져 있다. 루소에 의하면 자기 땅에 울타리를 둘러치고 '여기는 내 땅'이라고 외치는 최초의 인간의 행위야말로 인류가 겪어야 했던 그 수많은 범죄와 전쟁, 참상과 공포의 출발점이나 다름없었다.[10]

---

8) Platon, 『국가』(*Politeia*), III, 416c 이하; V, 462c 이하 참조.
9) Aristoteles, *Politik*, II 5, 1263a 이하 참조.
10) 루소, 『인간 불평등 기원론』, 주경복·고복만 옮김, 책세상, 2005, 95쪽 참조. 물론 루소는 사

러시아의 위대한 문학가 레오 톨스토이 역시 "재물은 모든 악과 모든 고통의 뿌리"라고 말하면서 인간의 갈등과 분규의 원인을 "재물을 과다하게 가진 자들과 무산자들 사이"에서 구한다.[11] 이렇게 불평등 내지 인간의 모든 고통의 근본 원인이라고 여겨지는 사적 소유제와 이로부터 생겨나는 경제적 불평등 및 그 외의 모든 불평등을 제거하려는 평등주의적 이상의 실현 과정이 여러 가지 전도된 현상들과 부정적인 측면들을 양산하여 유토피아적 이상의 철저한 변질로 귀결되어버리고 만 참담한 역사적 경험 역시 잘 알려져 있다. 그러므로 앤서니 기든스가 적절하게 지적하고 있듯이, 소비에트 연방의 해체 이후로 구좌파의 평등주의 이념이 우파 비평가들에게 비판을 받고 있고, "사회민주주의는 이념적 혼란에 빠져 있는" 것처럼 보인다.[12] 이런 상황은 물론 사회민주주의를 포함한 좌파가 추구해온 평등과 연대와 같은 기본적 가치의 중요성이 사라졌다는 것을 의미하지 않는다. 문제의 핵심은 사회가 계속해서 변화하고 새로운 정치 문제가 등장하는 21세기의 상황에서 우리가 다시금 자유와 평등 사이의 관계가 어떠해야 하는가를 재고해야 한다는 사실이다.

역사적으로 볼 때 민주주의적 평등주의는 법 앞에서의 평등뿐 아니라 기회의 평등이 마련되어야 한다는 입장을 취해왔다. 자유주의와 사회주의의 논쟁에서 핵심적 역할을 구성한 것은 바로 사유재산에 대한 강력한 옹호를 전제로 하는 경제적 자유를 어떻게 평가할 것인가 하는 문제였다. 그러므로 현재 상황에서도 사적 소유의 문제는 여전히 중요한 정치철학 및 법철학의 주제가 되고 있다. 왜 사적 소유는 존재해야만 하는가? 그리고 재산은 어떻게 분배되어야만 하는가? 이러한 물음들은 고전적인 정치철학의 주제였을 뿐 아니라, 현

적 소유의 문제에 대해서 일관되지 못한 모습도 보여주었다. 일례로 그는 "소유권이 모든 시민권들 중에서 가장 신성한 것이고 어떤 관계에서는 자유 자체보다도 훨씬 더 중요하다"고 주장한다(J.-J. Rousseau, *Politische Schriften*, übersetzt von L. Schmidts, Paderborn/München/Wien/Zürich, 1995, S. 38).

11) 슈테판 츠바이크, 『톨스토이와 도스토예프스키』, 원당희·장영은 옮김, 자연사랑, 2001, 89쪽에서 재인용.

12) 기든스, 『제3의 길』, 한상진·박찬욱 옮김, 생각의 나무, 1998, 48쪽 참조.

재 상황에서도 진지한 논쟁의 주제이다. 우리는 일례로 존 로크에게서 유래하는 고전적인 자유주의 주장을 새로운 논변으로 변호하는 로버트 노직(Robert Nozick)의 이론을 들 수 있다. 그는 로크의 자연상태론과 자연권론을 자신의 철학적 사유의 출발점으로 삼아 최소국가(minimal state)론, 즉 국가의 권한을 되도록 최소한도로 제한하여 각 개인들의 권리를 최대한 보장하려는 입장을 고수하면서 사회 정의 실현을 국가의 목적으로 설정하는 복지국가 이론을 비판하고 있다.[13]

그리고 현재 세계화의 흐름에서 가장 영향력 있는 사조의 하나인 신자유주의 이론 역시 시장경제 논리의 우월성과 효율성을 강조하면서 경제적 자유와 개인적 자유의 불가분한 상관성을 집요하게 주장한다. 그러므로 신자유주의적 이념을 옹호하는 사람들은 복지국가에 대단히 비판적인 태도를 취하며, 시장이 거의 혹은 전혀 구속받지 않고 작동할 때 가장 효율적으로 움직인다는 생각을 지지하고, 나아가 순수한 시장 논리에 방해가 되는 모든 정치적·사회적 구조들을 비판한다. 따라서 그들은 대체로 불평등에 무관심하거나 이것을 적극적으로 수용하는 태도를 보인다. 이런 신자유주의적 시장 근본주의가 어떤 내적인 논리적 한계를 지니고 있는가를 서술하는 것은 이 글의 주제가 아니다. 그러나 불평등의 문제에 대한 신자유주의적인 태도에 대해서 다음과 같이 간단하게 언급할 수 있다. 신자유주의는 자유주의와 민주주의 혹은 자유와 평등 사이의 대립과 갈등 그리고 상호 협력의 관계를 둘러싼 논쟁에 새로운 해결책을 제시하고 있지 않다. 그 이론의 의미는 아마 자유주의와 민주주의 사이의 관계를 둘러싼 여러 문제점들을 첨예하게 다시 제기하는 데 있을 것이다.

이런 이론적 논쟁 상황을 도외시하더라도 세계화가 급속하게 진행되는 현대 세계에서 경제적 불평등과 빈곤의 문제는 매우 심각한 문제가 되고 있다. 자주 인용되는 수치에 의하면 60억 이상의 세계 인구 중 약 5억 명은 여유 있는 삶을 누리는 반면에 세계 인구 중 5분의 1에 해당하는 약 12억 명은 하루에

---

13) 노직, 『아나키에서 유토피아로: 자유주의 국가의 철학적 기초』, 남경희 옮김, 문학과지성사, 1994 참조.

1달러 미만으로 살아가고 있으며, 세계 인구의 거의 절반인 28억 명이 하루에 2달러 미만의 돈으로 살고 있다. 또 현재 매년 3천만 명이 굶어 죽고, 약 8억 명이 기아로 허덕이고 있다고 한다. 어린이들의 사망률 역시 선진국과 후진국 사이에 급격한 차이를 보인다. 잘사는 선진국에서 5세 이전에 사망하는 비율은 100명당 1명 미만이지만, 못사는 나라에서는 5명당 1명꼴이다.[14] 이런 자료들은 세계적 차원에서의 불평등이 얼마나 심각한 상황인가를 보여준다. 우리나라에서도 IMF 경제 위기를 극복하는 과정에서 새로운 빈곤층이 등장하고 있으며 경제적 불평등의 문제는 점차 심화되어가고 있는 실정이다. 그리고 한국의 경제 구조를 개혁하는 과정에서 사적 소유의 문제는 다시금 초미의 관심사로 등장하고 있다. 이런 점에서 우리는 사적 소유와 분배 정의의 문제가 여전히 이론적 차원에서뿐 아니라, 실천적인 인간의 삶의 영역에서도 아주 중요한 문제라는 사실을 알 수 있다.

이런 문제 이외에도 현대 사회에서 소유이론이 다시 중요한 철학적 주제로 많은 관심을 끌게 된 이유는 환경 위기의 심화이다. 환경 위기의 시대에 소유권에 대한 기존의 입장들을 반성적으로 성찰해보는 것은 이제 더 지체할 수 없는 절박한 이론적·실천적 과제이다. 일례로 소유권을 긍정한다는 것이 소유 대상을 완전히 폐기 처분하는 가능성까지도 긍정하는 무제한적인 권리를 포함하는 것으로 이해되어야 하는지 그리고 소유에 대한 일정한 제한이 존재해야만 한다면 소유 개념에 대한 보다 이성적인 논증은 어떤 형태를 취해야만 하는지 등의 물음들은 철학적 과제로 다시 등장한다.

2) 사적 소유의 철학적 정당화 논변의 전제: 추상법과 인격

헤겔은 사적 소유의 문제를 그의 『법철학』에서도 특히 '추상법'(das abstrakte Recht) 부분에서 본격적으로 다룬다. 그는 추상법을 도덕성(Moralität) 그리고 인륜성(Sittlichkeit)과 같은 법철학의 다른 부분과 마찬가지로 세 영역으로 나눈

---

14) 이냐시오 라모네 외 지음, 『프리바토피아를 넘어서』, 최연구 옮김, 백의, 2001, 12쪽 이하 참조. 그리고 피터 싱어, 『세계화의 윤리』, 김희정 옮김, 아카넷, 2003, 115쪽 이하 참조.

다. 그것은 바로 소유, 계약 그리고 불법이다.[15]

추상법에서 주제는 자유의지 개념의 전개 과정에서 최초 단계로 설정되는 직접적인 자유의지 개념이다. 혹은 추상법에서 다루어지는 소유나 계약이나 불법과 같은 것들은 자유의지 개념의 직접성 단계에 상응하는 것들이다. 우리는 이미 헤겔이 사용하는 법 혹은 권리(Recht) 개념의 포괄적인 성격을 언급한 바 있다.

헤겔의 법 개념이 포괄적인 성격을 띤다는 사실을 고려해야 추상법과 다른 법적 계기들, 즉 도덕성 그리고 인륜적 공동체들 사이의 차이를 정확하게 이해할 수 있다. 간단하게 말하자면, 헤겔의 법 개념은 좁은 의미의 법과 광범위한 의미의 법으로 구분된다. 광범위한 법은 자유 개념에 현실성을 부여하는 계기들 전반, 보다 구체적으로 헤겔의 용어들로 표현하자면, 추상법, 도덕성 그리고 인륜성 등 전체를 포괄한다. 이와는 달리 사적 소유를 다루는 영역인 추상법은 바로 자유의지 개념이 자신을 전개하고 실현하는 과정에서 최초의 단계 내지 계기를 구성하는 것으로 좁고 제한된 의미의 법 개념이라고 볼 수 있다. 헤겔은 자유 이념의 발전 단계와 그것의 필연적인 계기들을 서술하면서 좁은 의미의 법과 광범위한 의미의 법을 다음과 같이 설명한다. "자유 이념이 발전하는 여러 단계는 저마다 독자적인 법을 지니는바, 왜냐하면 그러한 단계는 곧 자유가 저마다 고유한 규정 속에 담겨 있는 바로 그것이 구현된 상태를 나타내기 때문이다. 따라서 도덕이나 인륜이 법에 대립될 경우에는 다만 추상적 인격에 대한 단초적이며 형식적인 법으로 이해될 수 있을 뿐이다"(7, 83).

추상법에서 모든 개인이 자신을 자유로운 정신적 존재로서 확인받을 수 있는 계기를 형성하는 것은 바로 외면적인 사물에 대한 권한 행사이다. 달리 말하자면 이 추상법의 단계에서 인간은 외적인 자연 사물을 자유롭게 소유·사용하거나 양도·처분하는 행위에서 그의 자유의지의 실재성 내지 현실성을

---

[15] 추상법을 이렇게 구분하는 방법에 대하여 많은 반론들이 있다. 헤겔에게 호의적인 학자들 역시 헤겔의 추상법의 구별에 대해 비판적이다. 이에 대해서는 V. Hösle, *Hegels System*, Hamburg, 1988, S. 492 참조.

부여받는다. 추상법의 근본 개념은 인격(Person)이다.[16] 헤겔은 인격 개념을 다음과 같이 규정한다. "이 대자적으로 자유로운 의지의 **보편성**은 형식적이고 자기의식적인 보편성이다. 그것은 게다가 그 개별성 속에서 내용 없는 **단순한** 자기에 대한 관계이다. 그런 한에서 주체는 **인격**이다"(7, 93). 이 인격 개념에서 주목할 만한 사실은 두 가지이다. 첫째로 헤겔은 인격 개념에서 자기의식의 측면을 강조한다. 인격의 본질 규정의 하나로 자기의식의 측면을 강조한다는 점에서 헤겔의 인격 개념은 분명 로크의 인격 개념과 맞닿아 있다.[17] 둘째로 헤겔은 이 개념에서 모든 특수성을 제외한다는 점이다. 추상법에서 다루어지는 인격은 개인들이 지닐 수 있는 상이한 욕구나 취향이나 능력의 차이를 도외시한다. 마찬가지로 헤겔의 인격 개념은 사람들의 연령 차이나 출생의 차이 등 모든 자연적이고 사회·문화적인 특수한 배경을 추상한다. "인격에서의 특수성은 아직도 자유로서 현존하지 않는다. 그래서 특수성에 관련된 모든 것은 **중요하지 않은 것**(ein *Gleichgültiges*)이다"(7, 96).

그러나 이런 추상성으로 생겨나는 새로운 사실을 망각해서는 안 된다. 즉 이런 추상성으로 인해 인간 평등의 차원이 새롭게 등장한다. 헤겔이 인격 개념을 기본적 토대로 삼는 추상법의 단계에서 인격이 지니는 추상성과 보편적 평등성의 원리를 통해 인간의 권리 능력의 보편성을 긍정하고 있다는 사실에서 그의 철학이 바로 근대의 자연법적 전통의 핵심을 이어받고 있음을 알 수 있다. 인격의 추상성은 인격의 보편적인 권리 부여에서 없어서는 안 되는 요소이다. 인간이 보편적으로 자유롭고 이성적인 인격체라는 인식은 저절로 형성된 것이 아니다. 인간이 자유로운 존재로 인정되는 과정은 처절한 투쟁의 과정이기도 하다. 헤겔에 의하면 인간은 자신의 자연적 직접성을 벗어나지 않

---

16) 인격 개념이 추상법의 핵심 용어라고 해서 그 개념이 헤겔 『법철학』의 다른 영역에서 아무런 역할을 하지 않는다는 것을 의미하지는 않는다. 인격 개념은 '추상법'의 영역에 한정되어 있지 않다. 예컨대 인격 개념은 시민사회에서도 그리고 군주의 역할과 연관해서도 중요한 의미를 지닌다. 이에 대해서는 L. Siep, *Praktische Philosophie im Deutschen Idealismus*, Frankfurt, 1992, S. 99 이하 참조.
17) 같은 책, S. 98 참조.

는다면 자유로운 의식을 획득할 수 없다. 달리 말하면 인간은 자신의 생명을 걸고 자신이 자유로운 존재임을 입증해야만 한다는 것이다. 그러므로 자유는 생명을 건 인정투쟁의 결과이다. 헤겔은 다음과 같이 말한다. "따라서 자유는 자기의식적 주체가 자기 자신의 자연성을 계속 존립하도록 하지도 않고, 다른 사람의 자연성을 용납하지도 않으며, 오히려 현존재에 대해서 무관심한 채 개별적이고 직접적인 행위에서 자유를 얻기 위하여 자신의 생명과 타인의 생명을 내걸 것을 요구한다. 따라서 자유는 오직 **투쟁**을 통해서만 획득될 수 있다. 자유롭다는 선언은 자유를 획득하기에 충분하지 않다. 인간은 이 입장에서 다른 사람과 마찬가지로 자기 스스로를 **죽음의 위험** 속으로 몰아넣음으로써만, 자유에 대한 자신의 능력을 입증한다"(10, 220).

인간이 인간으로서 자유롭다는 생각은 헤겔에 의하면 아프리카와 동양의 전 대륙에는 알려지지 않았던 이념이다. 그리스와 로마, 플라톤과 아리스토텔레스 그리고 스토아학파 역시 정신의 본질을 구성하는 자유의 이념과 그 보편적 성격을 분명하게 인식하지 못했다. 아테네 시민이 누렸던 자유는 아테네 시민이라는 자연적인 출생의 조건에서 자유롭지 못했다. 따라서 그리스인들은 아직 "인간 그 자체", 달리 말하자면 "이성적 자기의식으로서의 인간이 자유를 가질 권리가 있다는 것을 인식하지 못했다"(10, 224). 마찬가지로 헤겔은 로마법에서의 인격에 대한 규정을 비판적으로 바라본다. 로마법에서 인격은 노예에 대비되는 "**신분, 상태**"였다고 그는 지적한다. 그래서 로마법에서 어린아이도 포함된 노예에 대한 권리라든가 돈에 의해서 노예로 팔리는 경우에서처럼 자유로운 인격의 권리를 누리는 신분 상태의 변동이나 상실로 인해 권리를 박탈당하는 경우가 있음을 언급한다(7, 99). 이렇게 로마법의 체계에서 인간과 인격은 별개의 개념이었음이 드러난다. 헤겔이 자유로운 의식을 획득하기 위한 인류의 기나긴 인정투쟁의 역사를 언급하면서 특히 노예의 해방투쟁과 관련지은 것은 아주 의미 있다. 그는 로마 공화국에서 일어난 노예들의 해방투쟁을 그들의 "영원한 인권의 인정"을 획득하기 위한 피비린내 나는 투쟁으로 묘사한다(10, 224). 우드는 노예 제도에 대한 헤겔의 언급을 논하면서 헤겔을 "도덕

성에 대한 문화적 상대주의자"로 규정하는 것이 오해라고 말한다.[18]

인간과 인격이 동일하다는 인식, 달리 말해 모든 인간은 인격체로서 보편적인 권리의 주체이자 담지자로 간주되어야 한다는 인식은 새로운 근대적 현상이다. 이런 인식은 갑자기 근대에서 아무런 역사적인 전제 없이 무로부터 발생한 것이 아니다. 그것은 기나긴 세월을 거친 인정투쟁을 통한 인간 의식의 형성 내지 도야 과정을 전제한다. "**모든 사람들이** 동일하다는 의미에서 **보편적인** 인격으로서 자아가 파악되는 것은 도야(Bildung), 즉 보편성의 형식 속에서 개별적인 것을 의식하는 것으로서의 **사유**에 속한다"(7, 360). 그런데 모든 인간이 보편적으로 인격체라는 인식의 획득 과정에서 헤겔은 기독교에 결정적인 의미를 부여한다. 기독교를 매개로 해서 인간의 보편적인 자유의식이 비로소 그 현실성을 획득하기 위한 결정적인 진보가 형성되었다는 것이 헤겔의 입장이다. 달리 말하면 기독교를 통해서 개인 그 자체가 "무한한 가치"를 지닌다는 생각이 발생했다. 기독교에서 "개인은 신의 사랑의 대상이고, 목적이며 정신으로서의 신에 대해 절대적인 관계, 즉 이 정신을 자체 내에 거주하도록 해야 할 것으로 규정되어 있기"(10, 302) 때문이다.[19] 기독교와 서구 근대의 공속성에 대한 헤겔의 인식은 프로테스탄트(개신교) 윤리를 서유럽에서 최초로 근대적 자본주의가 발생한 이유를 설명할 수 있는 중요한 역사적 전제조건의 하나로 이해하는 막스 베버의 입장과 매우 비슷하다.

인간의 보편적 자유에 대한 인식의 확보와 이의 구체적인 실현은 바로 세계사의 과정이기도 하다. 이 세계사의 과정에서 프랑스 혁명은 기독교 못지않은 중대한 의미를 지닌다. 프랑스 혁명은 인간이 인간으로서 지니는 자유의 인식을 모든 국가 및 사회 그리고 법적 규범의 근본 원리로 고양시켰기 때문이다. 달리 말하면 프랑스 혁명에 의해서 인간이 "유대교도, 가톨릭교도, 신교도, 독일인, 이탈리아인 등이기 때문이 아니라" "인간이기" 때문에 고귀한 인격적

---

18) A. Wood, *Hegel's Ethical Thought*, Cambridge, 1990, pp. 98, 200 참조.
19) 헤겔의 서구 중심주의는 분명하다. 이를 어떻게 극복할 것인가 하는 문제는 여기에서 다룰 수 없다.

주체라는 생각이 모든 인간의 사회생활의 기본 원리로 천명된 것이다(7, 360). 그것을 증명하는 것이 바로 프랑스 혁명 당시의 인권선언이다. 그래서 프랑스 혁명의 이전 상태로 되돌아가는 것은 역사의 후퇴이다. 자유의식의 진보 과정을 헤겔은 기독교와 프랑스 혁명을 염두에 두면서 다음과 같이 말한다. "**인격의 자유**가 기독교를 통하여 만발하기 시작하고 게다가 인류의 일부분에서 보편적인 원리가 된 것은 대략 1500년이 지났다. 그러나 **소유의 자유**가 여기저기에서 원리로 인정된 것은 어제 이후라고 사람들은 말할 수 있을 것이다"(7, 133).

이렇게 헤겔은 자유를 획득하기 위한 투쟁의 역사는 근대에서 일정 정도 그 정점에 도달한 것으로 간주한다. 그래서 그는 근대의 시민사회와 국가에서 "인정투쟁의 결과"인 인간 상호의 인격체로서의 인정이 "이미 현존한다"고 주장한다(10, 221). 지금까지 살펴본 것처럼 인간의 인격성을 긍정하고 이에 기초하여 인간이 인간으로서 가지는 자유의 권리를 모든 인간에게 귀속시키는 것은 대단히 중요한 역사적 진보이다. 추상법의 영역에서 인간은 인격성을 갖춘 인격으로 등장한다. 그리고 이 인격의 의지의 자유가 지니는 권리 내지 법을 다루는 것이 바로 추상법의 내용이다. "인격성(die Persönlichkeit)은 일반적으로 법(권리)의 능력을 포함하며 추상법과 **형식적인** 법의 개념을 형성하고 그 자신 추상적이고 형식적인 법의 추상적인 기초를 이룬다. 그리하여 법의 명령은 다음과 같다. 인격이어라, 그리고 타인을 인격으로서 존중하라"(7, 95).

추상법의 기초를 이루는 인격성은 모든 특수성이 제외된 상태이기에 자유로운 인격체로서 모든 사람과 평등하게 갖고 있는 법적 권리의 원칙은 자신이나 타인의 인격성을 존중하라는 형식으로 나타난다. 그러나 이 법적 명령은 사실 인격성에서 비롯되는 권리가 훼손되어서는 안 된다는 부정적인 금지와 동일한 것이다. 여기에서 문제가 되는 것은 다만 인격성을 "훼손하지 말라"는 것이다(7, 97). 그러므로 추상법의 영역에서 나타나는 인격성의 원칙은 가난한 이웃을 돕는다거나 자식에게 교육을 시킨다거나 하는 구체성과는 관계가 없다. 그래서 이 추상법의 명령은 공동체의 구성원들이 서로 신뢰나 연대의식을 지녀야 한다는 것을 권하는 것과는 무관하다. 그러나 뒤에서 살펴보는 것처럼 인격성이 실재로 구현되기 위해서는 여러 다른 조건들이 충족되어야 함은 분명하다. 추상법의 단계에서는 그런 것들이 아직 주제로 등장하고 있지 않을 뿐이다.

인격성이 그 기초를 형성하고 있는 추상법은 헤겔에 의하면 세 가지 형식으로 나타난다. 첫째로 추상법은 "**소유**인 점유(Besitz)"의 형식으로 나타난다. 여기에서 자유의지는 소유물과의 관련 속에서 등장한다. 자유의지는 어떤 물건에 대해 그것을 자신의 것이라고 간주한다. 이때 인간들의 상호 관계는 도외시된다. 추상법의 둘째 형식은 "**계약**"(Vertrag)이다. 이 단계에서 자유의지는 사물에 대한 소유뿐 아니라 이를 둘러싸고 이루어지는 다른 사람들과의 관계 속에서도 드러난다. 소유물을 자신의 것으로 다른 사람들에게 승인받을 뿐 아니라 다른 사람들과 계약을 통해 매매하기도 하고 양도하기도 한다. 사적 소유에 대한 상호 승인은 이런 계약의 단계에서 비로소 구체적으로 현상한다. 물론 이 단계에서 사람들 사이의 관계 역시 소유물을 매개로 해서 등장한다는 점을 망각해서는 안 된다. 추상법의 셋째 형식은 "**불법**(*Unrecht*)과 **범죄**(*Verbrechen*)"이다(7, 98 참조). 불법과 범죄의 형식으로 드러나는 의지의 자유는 보편적인 의지에 대한 개인의 특수한 의지를 고수하는 것이다. 계약에서 형성되는 여러 인격체들 사이의 공통 의지는 기본적으로 계약 당사자들의 이해관계의 일치를 전제한다. 그런데 이해관계의 일치를 전제로 하는 공통 의지는 참다운 보편적 의지와 반드시 일치하지는 않는다. 공통 의지 속에는 우연적인 요소가 개입되기 때문이다. 예를 들어 계약은 여러 가지 이유로 인해 이행되지 않을 수 있다. 그 이유는 동일한 물건을 서로 다른 계약 당사자가 자기 것이라고 주장하는 충돌 상황에 기인할 수도 있다. 아니면 계약 대상이 되는 물건의 가치를 속여서 이루어진 계약이 발각됨으로써 계약의 이행이 중단될 수도 있다. 이렇게 계약이 단지 겉보기의 방식으로 행해질 수 있기에 계약에 의해서 형성된 공통 의지는 불완전할 뿐 아니라 자체 속에 불법으로 이행될 가능성이 존재한다. 혹은 강제를 통한 불법적 행위에서처럼 타인의 권리 일반을 부정할 가능성도 존재한다. 이렇게 소유물을 둘러싸고 이루어지는 추상법 수준에서의 공통 의지는 참다운 보편적인 의지와 일치하지 않을 수 있는 것이다. 추상법의 마지막 단계는 헤겔 『법철학』의 둘째 부분인 '도덕성'으로의 이행을 예비한다.

III. 사적 소유의 필연성

1) 사적 소유에 관한 두 가지 대표적인 이론

서구의 소유이론의 역사를 일별할 때 가장 강력한 영향력을 행사한 것은 아리스토텔레스의 소유이론이었다. 물론 그것이 강력한 영향력을 행사할 수 있었던 것은 토마스 아퀴나스 덕이라 해도 과언이 아니다. 그는 아리스토텔레스의 소유이론을 받아들여 더욱더 정교하게 발전시켰기 때문이다. 토마스 아퀴나스는 재산의 사적 소유를 긍정하면서도 이에 대해서 일정한 제한을 설정한다. 예를 들어 그에 의하면 "사물에 대한 사유재산권이 다른 사람들을 철저히 소외시키는 것일 때, 그 사물의 사용만큼은 정당하지 못하다." 또 그는 사유재산권이 인간의 권리로부터 나온다고 해도 이 사유재산권은 "인간적 필요성을 보조하는 것을 방해할 수는 없다"고 분명하게 말한다. "풍부하게 남아돌아가는 물건은 자연법에 의거하여 궁핍한 사람들에게 돌아가야 하며 자유로이 분배되어야 한다."[20] 토마스 아퀴나스가 변형한 아리스토텔레스의 소유이론은 현재의 가톨릭 교회에도 결정적인 영향을 미치고 있다.

근대에 사적 소유에 대한 일정한 제한 설정을 거부하고 새롭게 사적 소유의 정당성의 근거를 해명하는 작업이 등장하였다. 근대에서 사적 소유를 정당화하는 대표적인 이론은 대략 두 가지이다. 하나는 점유(Okkupation)이론이다. 이 점유이론을 발전시킨 대표적인 사상가는 후고 그로티우스(Hugo Grotius)와

---

20) 토마스 아퀴나스, 『신학대전 요약』, G. 달 사쏘/R. 꼬지 편판, 이재룡 · 이동익 · 조규만 옮김, 가톨릭대학교 출판부, 1993, 278쪽 이하.

사무엘 푸펜도르프(Samuel Pufendorf)이다. 점유이론은 사실상 계약을 통해서 사적 소유의 정당성을 해명하려는 시도라는 점에서 계약론적 관점이라고도 할 수 있다. 예를 들어 그로티우스의 이론적 출발점은 토지와 토지에서 나는 산물들에 대한 만인의 근원적인 소유 상태였다. 이런 상태에서 출발하여 그로티우스는 개인적 소유의 정당성을 해명하려고 시도한다. 그는 공동 소유물을 계약에 따라 양도한다는 의미에서의 근원적 획득을 통해서 개인적 소유가 발생한다고 설명한다.[21] 이렇게 그로티우스와 푸펜도르프가 아무 주인이 없는 대상의 점유를 소유의 정당성의 근거로 제시한다고 해도 이들은 이런 점유라는 단순한 사실을 사적 소유의 정당성의 근거로 보는 것은 아니다. 그들은 점유라는 사실보다는 그 점유에 대한 권리 주장을 인정하는 계약을 전제한다. 점유이론의 대표자로 인정되는 그로티우스와 푸펜도르프에게 근원적인 소유 획득의 정당성은 "단순히 최초의 점유 취득에 있는 것이 아니라, 명시적 또는 (대개는) 암묵적인 계약"에 기초하고 있다. 바로 이 계약으로 인해 비로소 저 점유 취득 행위가 법적 권리 주장으로서 인정되기 때문이다.[22]

그로티우스와 푸펜도르프의 이론은 재화들에 대한 타고난 권리와 취득된 권리를 나눈다. 이 구별은 원래 각자에게 본성적으로 귀속되는 것과 각자에게 합의를 통해서 속하게 되는 것 사이의 구별과 맞닿아 있다. 타고난 권리는 자연적으로 각 개인에 속하는 권리들이다. 그로티우스나 푸펜도르프가 타고난 권리들로 열거하는 것은 생명, 신체 및 신체의 부분들, 자유 그리고 명예와 같은 것들이다. 획득된 권리는 다시 두 가지, 즉 근원적 획득과 승계된 또는 도출된 획득(abgeleitem Erwerb)으로 구별된다. 근원적 획득에서 가장 중요한 것은 근원적인 의미에서 토지의 획득(취득)을 어떻게 볼 것인가 하는 문제이다. 승계된 혹은 도출된 획득(취득)과 연관된 문제는 전통적으로 볼 때 교환적 정의(iustitia commutativa)의 문제이다.[23]

---

21) O. Höffe, *Immanuel Kant*, München, 1996, S. 223 참조.
22) R. Dreier, "Eigentum in rechtsphilosophischer Sicht," *Recht-Staat-Vernunft, Studien zur Rechtstheorie 2*, Frankfurt, 1991, S. 172 참조.

점유이론 혹은 계약론과 다르게 근대에 새롭게 등장한 사적 소유의 정당성의 근거를 해명하는 이론은 노동이론이다. 이 이론을 전개한 사람은 바로 로크이다. 로크는 소유권에 대한 근대적 이해의 틀을 만든 사상가이다. 그 역시 홉스와 마찬가지로 자연 상태(state of nature)에 대한 분석을 그의 정치철학과 소유이론의 출발점으로 삼는다. 로크는 그의 사유재산에 대한 이론을 『통치론』 제5장에서 전개한다. 그에 의하면 자연 상태에서 땅은 누구에게도 소유되지 않았다. 이 땅이 특정한 개인의 소유가 되기 위해서는 소유되지 않은 땅에 '자신의 노동을 결합시켜'(mixes his labor)야만 한다. 로크의 소유이론의 중요한 논변을 요약하면 다음과 같다. 우선 인간은 자신의 신체와 노동에 대해서 독점적인 권리, 즉 소유권을 갖는다. 둘째로 자연 상태에서 땅은 그 누구에게도 소유되어 있지 않다. 달리 말해 자연 상태에서 어느 누구도 땅의 독점적인 사용권을 주장할 권리가 없다. 셋째로 이런 소유되지 않은 땅에 누군가의 노동이 결합되면, 그 사람의 자기 노동에 대한 소유권은 땅에 전파되어 그 땅은 이제 그 사람의 소유물로 된다는 것이다. 로크는 자신의 소유이론의 핵심을 다음과 같이 요약한다. "대지와 모든 열등한 피조물은 만인의 공유물이지만, 모든 사람은 자신의 인신(person)에 대해서는 소유권이 있다. 이것에 관해서는 그 사람 자신을 제외한 어느 누구도 권리가 없다. 그의 신체의 노동과 손의 작업은 당연히 그의 것이라고 말할 수 있다. 그렇다면 자연이 제공하고 그 안에 놓아둔 것을 그 상태에서 꺼내어 거기에 자신의 노동을 섞고 무언가 그 자신의 것을 보태면, 그럼으로써 그것은 그의 소유가 된다. 그것은 그에 의해서 자연이 놓아둔 공유의 상태에서 벗어나, 그의 노동이 부가한 무언가를 가지게 되며, 그 부가된 것으로 인해 그것에 대한 타인의 공통된 권리가 배제된다. 왜냐하면 그 노동은 노동을 한 자의 소유물임이 분명하므로, 타인이 아닌 오직 그만이, 적어도 그것 이외에는 다른 사람들의 공유물들이 충분히 남아 있는 한, 노동이 첨가된 것에 대한 권리를 가질 수 있기 때문이다."[24]

---

23) 같은 책, S. 171 이하 참조.

물론 로크는 재산 획득에 대한 노동이론을 전개하면서 자기가 사용할 만큼만 갖고 나머지는 다른 사람들을 위하여 남겨둘 것을 요구한다.[25] 지금까지 간단하게 언급한 사실에서 우리는 로크의 소유이론이 계약의 계기를 거부하고 있다는 것을 알 수 있다. 그로티우스와 푸펜도르프 등에 의해서 전개된 사적 소유의 점유이론 내지 계약이론에 의하면 법적 관계란 인간과 사물 사이의 직접적 관계에서는 불가능하며 오로지 상호주관적인 관계 속에서만 가능하다.[26] 그러나 로크는 사적 소유의 정당성의 근거를 계약이론적 관점에서 해명하려는 시도를 불가능한 것으로 본다. 어떤 대상에 대한 사적 소유의 근거를 그 대상에게 가한 노동이 아니라 사람들의 계약이나 합의에서 구하려는 시도가 헛된 것임을 다음과 같이 묘사한다. "그런데 어느 누가 그렇게 수취한 도토리나 사과에 대해서, 그는 그것들을 자신의 것으로 만들기 위해서 필요한 모든 인류의 동의를 받지 않았기 때문에 아무런 권리가 없다고 말할 것인가? 모든 사람에게 공통으로 속하는 것을 자신이 그렇게 차지하는 것은 강탈인가? 만약 그런 동의가 필요했다면, 인간은 신이 모든 것을 충분히 주었음에도 이미 굶어 죽었을 것이다."[27]

사적 소유의 정당성을 노동에 의거해서 제시한 후에 로크는 정치질서의 존

---

24) 로크, 『통치론』, 강정인·문지영 옮김, 까치, 1996, 34쪽 이하.
25) 같은 책, 41쪽 참조.
26) W. Kersting, *Wohlgeordnete Freiheit*, Frankfurt, 1993, S. 227. 칸트의 소유이론이 어떤 것인가에 대해서는 여기에서 논할 수 없다. 칸트의 소유이론은 커스팅의 책과 이충진의 논문(「재산권」, 『이성과 권리: 칸트 법철학 연구』, 철학과현실사, 2000)을 참조할 것. 커스팅과 이충진에 의하면 칸트의 소유이론은 로크의 노동이론과 그로티우스 및 푸펜도르프가 내세우는 경험론적 사회계약론적 관점을 넘어서는 새로운 입장을 제시하는 것으로 해석될 수 있다. 이때의 칸트는 후기의 칸트 이론임을 지적해야 할 것이다. 칸트는 1784~85년 겨울 학기에 자연법 강연을 한 적이 있는데, 이때의 강연 기록에 의하면 칸트는 자신을 로크적인 노동 소유이론의 지지자로 간주했다고 한다(W. Kersting, S. 287 참조). 일팅에 의하면 칸트는 홉스 및 피히테와 함께 "단어의 완전한 의미에서 소유는 오로지 국가 내에서만 존재한다"는 이론을 주장한 이론가이다(K.-H. Ilting, "Rechtsphilosophie als Phänomenologie des Bewußtseins der Freiheit," *Hegels Philosophie des Rechts. Die Theorie der Rechtsformen und ihre Logik*, hg. v. D. Henrich und R.-P. Horstmann, Stuttgart, 1982, S. 233 주석 41).
27) 로크, 앞의 책, 35쪽 이하.

재 이유, 즉 시민사회와 정부의 근거를 시민의 '생명, 사유재산'을 보호하는 데에서 구한다. 달리 말해 그는 정치 제도나 질서를 '생명, 사유재산'과 같은 자연권의 보호를 위한 기구 내지 수단으로 인식하고 있다. 로크는 다음과 같이 말한다. "그러므로 인간이 공동체를 결성하고 스스로 정부의 지배하에 있으려는 가장 크고 주된 목적은 그들의 재산을 보호하기 위함이다. 그러나 자연 상태에는 이를 위한 많은 것들이 결여되어 있다."[28]

크로퍼드 맥퍼슨(Crawford B. Macpherson)은 로크의 소유 및 정치이론을 소유 개인주의의 기본 가정들에서 도출된 사회·정치이론으로 해석한다. 그에 의하면 소유 개인주의의 기본 가정은 "인간은 신체에 대한 유일한 소유권을 가짐으로써 자유로우며 또한 인간적일 수 있고, 인간 사회는 본질적으로 일련의 시장 관계라는 가정"에 다름 아니다.[29] 맥퍼슨은 로크의 재산권 이론을 17세기 영국에서 대두하던 부르주아 계급의 이익을 반영하고 이를 의식적으로 옹호하고자 한 시도로 바라보고자 한다. 그러나 이런 맥퍼슨의 입장이 옳은 것인가 하는 문제는 여전히 남아 있다. 맥퍼슨의 로크 해석에 반대하여 로크의 재산권 이론이 발생하게 된 당대의 정치적 맥락을 중요시하는 새로운 입장이 제시되었다. 이런 새로운 로크 해석에 의하면 로크는 자신의 재산권 이론을 통해서 무제한적 재산 축적을 정당화하려고 한 것이 아니라, 당대의 왕권신수설에 기초하여 모든 재산을 군주에 속하는 것으로 간주하려는 절대주의자 또는 왕당파의 입장을 반박하고자 했다. 그런데 왕당파의 입장을 반박하기 위해서는 우선 로버트 필머(Robert Filmer)가 제시한 그로티우스의 재산권 이론의 취약성을 보완하는 것이 필요했다. 필머는 사유재산의 발생을 인간들의 동의나 합의에 의해서 해명하려는 그로티우스의 입장에 상당히 설득력 있는 반론—적어도 로크가 보기에는—을 제시했기 때문에 로크는 사적 소유의 이론을 정당화하고 모든 재산이 군주에 속한다고 보는 절대주의자들의 주장을 반박하기 위해서는 그로티우스의 재산권 이론의 취약성을 극복할 필요가 있

---
28) 같은 책, 120쪽.
29) 맥퍼슨, 『소유적 개인주의의 정치이론』, 이유동 옮김, 인간사랑, 1991, 362쪽.

없다는 것이다.[30] 이런 이론은 로크에 대한 수정주의적 해석이라고 불린다.

수정주의적인 해석 이론을 제시한 사람들 중의 하나인 존 던(John Dunn)에 의하면 필머는 17세기의 가장 영향력 있는 소유권 이론을 제시한 그로티우스를 비판한다. 필머는 그로티우스의 사적 소유 이론에는 서로 모순되는 두 가지 입장이 있다고 보았다는 것이다. 한편으로 그로티우스는 인간을 제외한 모든 자연(non-human nature)이 모든 인간들의 공통의 소유물이라고 주장한다. 다른 한편으로 그는 인간들의 합의나 동의에 의해 특정한 사람들이 모든 인간에게 공통으로 속하는 것의 일부를 사적으로 소유할 수 있게끔 해준다고 주장한다. 필머는 이런 그로티우스의 재산권 이론에 대해 아주 중요한 두 가지 반론을 제시한다. 첫째로 전체 인류 혹은 특정 장소에서 인류의 일정 부분이 그들이 공동으로 소유하는 것을 만장일치를 통해서 분할하기로 동의했다는 것이 역사적으로 입증 가능한 사실인지 의문을 제기했다. 둘째로 특정 시기의 모든 사람들이 만장일치로 공동의 재산을 분할하는 데 동의했다고 할지라도, 그런 동의가 그 합의의 당사자가 아닌 후대 사람들에게 어떤 이유로 구속력을 행사할 수 있다고 가정해야 하는지 의문을 표했다. 물론 필머는 이런 의문을 후대 사람들에게만 적용하지 않았다. 동일한 논리로 동의한 당사자들조차도 후에 심경의 변화를 일으켜 사적 소유의 도입을 거부하게 된 일부 사람들에게 어떻게 동의가 계속해서 구속력을 행사할 수 있는가 하는 의문을 제시했던 것이다. 결국 필머에 의하면 인간의 합의나 동의에 근거해서 사적 소유를 정당화하는 것은 결국은 재산을 사람들의 자의에 맡기는 것이나 다름없다는 것이다. 던은 이런 필머의 비판에 대해서 로크가 공감했다고 주장한다. 그래서 로크는 재산권의 정당성의 근거를 새롭게 추구해서 필머의 비판을 극복하고자 시도했다는 것이다. 그리고 그런 노력의 결과는 우리가 알고 있는 로크의 소유의 노동 이론이다.[31]

──────────
30) 강정인은 맥퍼슨의 로크 해석과 새로운 로크 해석을 보다 상세히 분석하고 있다. 나는 로크의 수정주의인 해석에 대해서는 강정인의 글에 크게 빚지고 있다(『서구 중심주의를 넘어서』, 아카넷, 2004, 177쪽 이하 참조).

2) 사적 소유의 필연성에 대한 헤겔의 입장

사적 소유의 필연성에 대한 헤겔의 논증의 기초를 형성하는 것은 법의 개념, 인격 그리고 물건이다. 우리는 앞에서 헤겔 『법철학』에서 법의 개념 그리고 보다 구체적으로는 추상법 개념의 의미와 더불어 인격이 무엇을 의미하는가를 살펴보았다. 이제 사적 소유에 대한 헤겔의 철학적인 정당화 논변을 자세히 살펴볼 차례다. 헤겔은 다음과 같이 말한다. "인격이 이념으로 존재하기 위해서는 인격은 자신에게 **자유의 외면적 영역**을 부여해야만 한다"(7, 102). 소유의 정당성은 소유물이 인간의 욕구를 만족시킨다는 데에 있지 않다. 소유의 정당성의 근거는 바로 외적 사물에 대한 소유를 통해 인간이 비로소 법적 주체로 등장할 뿐 아니라, 자유의 최초의 현존재를 구성한다는 데 있다. 바로 이것이 소유가 갖고 있는 "이성적 측면"(das Vernünftige)이다(7, 102).

소유는 추상법의 최초의 규정이다. 소유는 바로 자유로운 의지가 자신을 실현하는 최초의 매체라는 것이다. 그런데 자유로운 의지는 자신의 자유로움을 물건(Sache)에서 처음으로 확인한다. 그것이 바로 인격이 "자유의 외면적 영역"을 확보하는 통로이다. 그래서 헤겔은 소유를 인격과 물건 사이의 관계로 한정한다. 말하자면 "**인격성**만이 **물건**에 대한 권리 내지 법(Recht)을 부여하며 그러므로 인격의 권리는 본질적으로 **물권**(Sachenrecht)이다"(7, 99). 여기에서 분명하게 드러나는 것처럼 헤겔의 소유이론은 물건과 자유로운 의지의 이원성에 기초하고 있다. 헤겔은 의지만이 "무한한 것"이고 "다른 모든 것에 대한 **절대자**"이고 의지 이외의 모든 것은 "**상대적인**" 의미만을 지닐 뿐이라고 말한다(7, 107). 이와 같이 헤겔에 의하면 인간만이 의지를 갖고 있고 그 외의 모든 자연적인 존재는 의지를 갖고 있지 않다. 그래서 자연은 인격과 연관해서 볼 때 자유롭지도 못하고 아무런 의지를 갖고 있지 않은 물건으로 이해된다. 그래서 헤겔은 "동물들은 그들의 생명에 대한 권리를 갖고 있지 않다"고 말한다(7, 111).

---

31) 어네스트 바커 외, 『로크의 이해』, 강정인·문지영 편역, 문학과지성사, 1995, 110쪽 이하 참조.

인격과 자연의 이원적 구별에서 우리는 헤겔 법철학의 기초가 자연이 아니라 자유로운 정신임을 새삼 확인할 수 있다. 그래서 헤겔에 의하면 자연은 어떤 정당성의 기초를 제공해주지 못한다. 헤겔은 자연과 정신의 구별에 입각하여 노예 제도의 부당성을 주장하며 자신의 법철학의 시초를 이루는 "자유의 지의 관점"은 노예 제도를 긍정하는 식의 "참되지 못한 관점"을 넘어서 있다고 강조한다(7, 123 이하). 지금까지 살펴본 것으로부터 우리는 헤겔에게서 인간의 보편적 자유에 대한 긍정과 자연으로부터의 모든 권리의 박탈은 동전의 양면을 이루고 있다는 것을 알게 된다. 이런 점에서 "인격의 자유와 자연의 사물화(Versachlichung)는 불가결하게 공속한다"는 리터의 지적은 매우 타당하다.[32] 그렇지만 인격의 자유가 과연 필연적으로 자연 자체를 모두 물건으로 격하해야만 하는가는 여전히 심각하게 고민해봐야 할 주제이다. 이와 관련된 주제들은 헤겔 소유이론의 문제점들을 다룰 때 자세히 언급될 것이다.

인격과 물건의 이원성은 분명 칸트의 유산이다. 인격과 물건의 이분법은 근대 초기에 인간 중심주의적인 사고방식의 기본적인 틀을 형성한 데카르트의 사유(res cogitans)와 연장(res extensa)의 이원론의 영향사 속에 놓여 있다는 점은 분명하다. 그러나 칸트 이전에는 이런 구분이 명확하지 않았다. 예컨대 홉스는 인간 역시 상품이고 가치를 지니는 물건이라는 관점을 옹호한 바 있다. 홉스는 다음과 같이 주장한다. "인간의 가치나 값어치는 다른 모든 물건과 마찬가지로 그의 가격(price)이다."[33] 마찬가지로 그에 의하면 "인간의 노동도 어떤 다른 [……] 물건과 마찬가지로 이익을 위해서 교환될 수 있는 물건이다."[34] 주지하듯이 인격체로서 인간 존엄성의 불가침성에 입각하여 인간의 절대적

---

32) J. Ritter, "Person und Eigentum. Zu Hegels *Grundlinien der Philosophie des Rechts* (§§34~81)"(1961), *Metaphysik und Politik. Studien zu Aristoteles und Hegel*, Frankfurt, 1988, S. 271.
33) T. Hobbes, *Leviathan, The Matter, Form, And Power of A Commonwealth Ecclesiastical and Civil, The Collected Works of Thomas Hobbes*, vol. 3, Collected and Edited by Sir W. Molesworth, London, 1992, ch. 10.
34) 같은 책, ch. 24.

가치를 긍정하면서 이성적인 존재로서의 인격 이외의 모든 존재를 상대적인 가치를 지니는 물건으로 간주하는 관점은 칸트에 의해서 비로소 처음으로 명확하게 철학적인 정식화가 이루어졌다. 근대의 가장 위대한 윤리학으로 간주되는 칸트의 윤리이론은 사실 데카르트의 정신과 물체라는 이원론의 토대 위에서 사유하고 있다. 칸트에게서 등장하는 존재와 당위의 구별은 데카르트의 정신과 물체라는 이원론의 한 변형에 지나지 않는다. 그런 점에서 칸트가 이 세계에서 유일한 이성적 존재자인 인간 존재에게만 도덕적 지위와 존엄성을 부여하고, 인간 이외의 모든 존재를 사물로 바라보고 모든 도덕적 지위를 박탈하는 것은 우연한 일이 아닐 것이다. 칸트는 다음과 같이 말한다. "인간은, 그리고 일반적으로 모든 이성적 존재자는, 목적 그 자체로 **실존하며, 한낱** 이런저런 의지의 임의적 사용을 위한 **수단으로서 실존하는 것이 아니다**. 인간은, 그리고 일반적으로 모든 이성적 존재자는 그의 모든, 자기 자신을 향한 행위에 있어서 그리고 다른 이성적 존재자를 향한 행위에 있어서 항상 **동시에 목적으로서** 보아야 한다. 〔……〕 그것들의 현존이 비록 우리의 의지에 의거해 있지 않고, 자연에 의거해 있는 존재자들이라 하더라도, 만약 그것들이 이성이 없는 존재자들이라면, 단지 수단으로서, 상대적 가치만을 가지며, 그래서 물건들이라고 일컫는다. 그에 반해 이성적 존재자들은 **인격들**이라 불린다" (AA IV, 428).[35]

이미 살펴본 것처럼 헤겔에 따르면 권리의 담지자는 인격이고 이 인격의 권리는 오로지 물건에 대한 권리라는 의미를 지닌다. 그래서 인격권은 간단히 말해 물권, 즉 물건에 대한 권리로 정의된다(7, 99). 그리고 인격에 기초를 두는 추상법의 영역은 소유와 계약 그리고 불법 및 범죄라는 세 영역으로 구분된다. 이렇게 소유는 인격성의 자유를 보장하는 최초의 계기인데, 소유의 필

---

35) 칸트의 저작은 *Kant's gesammelte Schriften*, hg. v. der Königlich Preußischen Akademie der Wissenschaften, Berlin und Leipzig, 1902에 따라서 인용한다. 인용 방법은 전집 권수를 로마자(가령 AA V)로 쓰고 그 뒤에 쪽수를 쓴다. 한국어 번역본을 인용할 경우에도 인용 방법은 같다. 번역본의 쪽수는 예외적인 경우를 제외하고는 쓰지 않는다.

연성을 논증하는 과정에서 헤겔이 인격과 물건의 대립 구조를 설정하고 있다는 것은 이미 살펴본 바와 같다. 다시 말하자면 소유는 자유로운 의지를 지니는 인간이 물건에 자신의 의지를 각인시켜 그것을 자신의 것으로 만들지 않으면 불가능하다. 그러므로 헤겔은 소유에서 인간 정신이 자연보다 우월하다는 것이 입증된다고 본다. 물건으로서의 자연 세계에 대한 정신의 우위를 주장하는 것은 '의지의 관념론'이다. "직접적인 개별적인 사물들이나 비인격적인 것에 자립성과 참다운 대자 존재 및 자기내적 존재(Insichsein)라는 의미에서의 실재성을 귀속시키는 이른바 철학, 마찬가지로 정신은 진리를 인식할 수 없고 물 **자체**가 무엇인가를 알 수 없다고 확신하는 철학은 이 사물들에 대한 자유로운 의지의 행동에 의해서 반박된다. 이른바 **외적 사물**이 의식에 대해서, 직관과 표상에 대해서 자립성의 가상을 갖는다면, 그와 반대로 자유로운 의지는 관념론, 즉 그런 현실성의 진리이다"(7, 106).

위 인용문이 보여주는 것처럼 인격의 의지가 개입되지 않은 상태의 자연물은 이론적 대상이라고 할지라도 아직은 법적인 물건이 아니다. 자연물이 법적인 의미에서 물건이 되기 위해서는 그 물건에 대한 인격의 의지가 어떤 방식으로든 표현되어 있어야 한다. 그리고 인격이 절대적이고 무한한 데 반하여 물건은 상대적이고 자기목적적인 존재가 아니므로, 인격의 권리의 대상은 모든 물건으로 확장된다. 즉 모든 사물은 인간의 소유가 될 수 있다. 헤겔은 다음과 같이 주장한다. "인격은 모든 물건 속에 그 의지를 놓는 권리를 지닌다. 그리하여 그 물건은 **나의 것**(die meinige)이 되며 그리고 물건은 자체 내에 그런 실질적인 목적을 갖지 못하기 때문에 그것은 나의 의지를 물건의 실질적인 목적, 그 규정과 영혼으로 받아들인다—모든 물건에 대한 인간의 **절대적인 취득권**(Zueignungsrecht)"(7, 106).

인격의 의지가 표현되는 한 자연적 존재가 모두 인격의 소유물로 전화될 수 있다고 해서, 헤겔이 소유의 대상으로 외적인 자연적 사물만을 생각하는 것은 아니다. 그에 의하면 개인들의 업적이나 재능 그리고 학문 및 예술과 같은 정신적 활동도 계약의 대상으로 간주되기에 역시 소유의 대상에 속한다(7, 104).

헤겔은 이런 행동들 역시 계약의 대상으로 일종의 물건(Sache)과 동일시하는 것은 언뜻 보면 이상할 수도 있다는 점을 인정한다. 헤겔이 지적하듯이 추상법의 영역에서 정신적 활동의 소산만이 법적으로 점유될 수 있을 뿐이다(7, 105). 정신적 활동의 산물 역시 직접적인 현존재의 형식을 지닐 수 있다는 것이다. 우리는 정신적 활동의 소산인 학문적인 저서나 예술 작품을 떠올릴 수 있다(7, 145 이하). 학문적인 글이나 예술 작품이 물건으로서 매매되는 현상은 우리의 일상생활에 속한다. 정신적 활동의 소산 역시 나의 것이 될 수 있기 때문에 일정한 법적 절차에 따라 양도되고 매매되거나 교환될 수는 있다. 그렇지만 예술 작품이나 학문적 연구의 결과물이나 새로운 기술들은 다른 사람들에 의해 쉽게 모방되거나 재생산될 수 있다. 우리는 저서의 무단 복제나 표절 등과 같은 것을 생각할 수 있다. 그러므로 정신적 활동의 소산에 대해서는 저작권이나 특허권의 형태로 그것들을 만들어낸 저술가나 발명가의 권리가 보장되어야 한다. 헤겔이 주장하듯이 이런 권리의 보장이 없이는 예술이나 상공업이나 학문의 발전은 요원하다고 할 것이다(7, 147 이하).

헤겔이 예술 작품과 같은 정신 활동의 산물을 계약의 대상으로 간주한다고 해서, 예술이나 학문 활동을 전적으로 물건과 같은 것으로 간주하는 것은 아니다. 경제적인 이익과 효율성 그리고 물질적인 풍요로움을 찬양하는 풍토가 사회 곳곳에 넓게 확산되어 있는 현대 사회에서 상업성의 논리가 철학 및 예술을 포함하여 인문학 전체를 뒤덮고 있다. 이런 상황에서 철학이나 예술과 같은 인문학적 활동은 위축되고 있으며 상품의 논리에 입각하여 대중성과 상업성을 띠는 것만이 살아남고 있다. 그러나 헤겔은 철학이나 예술 및 종교와 같은 정신 활동의 산물은 결코 상업성의 논리 내지 상업적 가치로 환원될 수 없는 고유하면서 소중한 가치를 지닌다는 점을 인정한다. 그가 정신 활동의 결과물들을 계약의 대상으로 간주하는 것은 그로 인해 인간 정신의 자유로운 활동을 보호할 최소한의 전제조건이 충족될 수 있다고 보기 때문이다. 그렇지만 헤겔에게 정신 활동은 인간의 인간다움을 궁극적으로 가능하게 하는 의미를 지닌다. 그런 점에서 헤겔의 철학 체계가 예술, 종교 그리고 철학이라는 절대정신의 영역에서 그 절정에 이른다는 것은 우연이 아니다.

예술 작품이나 기술 발명과 같은 정신 활동의 소산 이외에도 헤겔은 생명과 육체도 계약의 대상으로서의 물건으로 바라본다. "인격으로서 나는 그것이 **나의 의지인 한에서**(혹은 내가 그렇게 하기를 원하는 한에서) 다른 물건들처럼 **나의 생명과 육체**를 가진다"(7, 110). 생명과 육체가 인격체에 귀속되기에 나는 나의 생명과 육체를 나의 것으로 갖는다. 그런 점에서 인격체는 자신의 생명과 육체를 자신의 의지에 따라서 물건으로 삼아 매매하거나 교환할 수 있는 권리가 있다. 우리는 육체노동을 지불하고 그에 대한 대가로 일정한 봉급을 받는 계약을 생각할 수 있다. 이때 우리는 육체를 계약의 대상으로, 즉 물건으로 간주하는 것이다. "**나의 특수한, 육체적이고 정신적인 솜씨**와 활동의 능력 중에서 나는 **개별적인** 산물들을 타인에게 양도하여 그런 것들을 **제한된 시간** 동안 사용할 것을 그에게 허용할 수 있다"(7, 144).[36] 그리고 우리가 육체와 생명의 소유자인 한에서 자유롭게 이동할 수 있고 자유롭게 직업 선택을 하여 다른 곳으로 이동할 수 있는 권리가 있다. 그런 점에서 근대의 노동자는 원칙적으로 고대의 노예나 중세의 농노와는 다른 존재이며, 또 그런 한에서 인간으로서의 기본적인 권리가 있는 존엄한 존재인 것이다.

헤겔이 육체와 생명을 물건으로서 계약의 대상으로 삼는다고 해서 인격성 전체를 양도할 수 있다고 생각하는 것은 아니다. 헤겔은 양도할 수 없는 것들로서 다음과 같은 것들을 열거한다. "그러므로 나의 인격성 일반, 나의 보편적인 의지의 자유, 인륜성 그리고 종교와 같은 나의 가장 고유한 인격과 자기의식의 보편적 본질을 형성하는 귀중한 것들, 아니 오히려 실질적인 규정들은 **양도 불가능**하며 마찬가지로 이것들에 대한 권리도 **시효가 없는** 것이다"(7, 141).[37] 이 인용문이 명확하게 보여주는 것처럼 인간의 육체적·정신적 능력

---

36) 본문을 뜻에 맞게 약간 의역하였다.
37) 칸트는 헤겔과 유사하게 인간의 자유의지를 실현하는 필연적 계기라는 점에서 소유권의 정당성을 구한다. 그럼에도 헤겔과는 달리 소유권을 해명하는 과정에서 신체나 생명을 소유권의 영역에서 배제한다. 회페에 의하면 칸트는 신체와 생명이 갖고 있는 근본적인 자유 의미

의 양도, 즉 이 능력들을 물건으로 삼아 계약을 맺는 행위는 일정한 제한이 설정되어야 한다. 인격성 전체를 양도하는 계약, 예컨대 노예 계약은 원칙상 인정할 수 없는 것이다. 타인에게 자신의 인격성 전체를 양도하는 것은 그 인격체를 타인의 소유물로 전락시킬 것이기 때문이다. 인격성 전체가 물건으로 취급되어서는 안 되는 것처럼 예술 작품이나 철학적 활동의 산물을 문화 상품으로 변형해버리는 것은 정신을 상품으로 물화하는 것에 불과하다. 그리고 이러한 정신의 상품으로의 전락은 본말이 전도된 것으로 계약의 자유에 기초하고 있는 근대 산업사회의 정신적 토대를 말살하는 것에 지나지 않는다. 또 양심의 의무나 종교의 자유는 인격체의 고유하고도 양도 불가능한 권리이기에, 양심의 의무나 종교의 자유에 대하여 타인은 결코 절대적인 권한이나 권리를 행사할 수 없다. 즉 나 자신의 도덕적 의무나 종교 문제에 대해 전권을 갖고 좌지우지할 수 있는 권한이 있는 타자는 없다는 것이다. 그것은 부모나 국가도 마찬가지이다. 그래서 헤겔은 자신의 고해신부인 사제에게 신앙을 위탁하는 것을 비판하면서 인간의 내면성 문제는 오직 자기 스스로 결정해야만 하는 문제라고 강조한다(7, 144).

헤겔은 신앙 문제 외에도 생명에 대한 권리는 양도 불가능하다고 주장한다. 마찬가지로 그에 따르면 강도나 살인 청부는 용납될 수 없으며 이런 일들에 대한 동의나 계약은 아무런 법적 효력이 없다. 생명은 양도할 수 없는 것이라는 전제에서 헤겔은 자살의 권리를 거부한다(7, 151 이하). 자살 문제를 도덕적으로뿐만 아니라 법적인 차원에서도 금지되어야 할 것으로 보는 헤겔의 입장은 주목할 만하다.[38] 이런 문맥에서 헤겔은 죄수들이 원하지 않음에도 강제로 급식을 투여하는 것을 허용하고 있다(7, 182). 그럼에도 치명적인 질병으로 고

를 분명하게 강조하지 않기 때문에, 놀라움을 자아낼 뿐 아니라 그의 소유권 이론이 "소유 개인주의적 편견"을 지닌다는 인상을 준다(O. Höffe, 앞의 책, S. 220).

38) 자살 문제에 대해 피히테는 헤겔과 다른 견해를 갖고 있다, 피히테에 따르면 자살 문제는 국가가 개입할 문제가 아니다. 즉 국가는 "자살에 반대하는 어떤 법률도 제정할 수 없다"(J. G. Fichte, *Zur Recht- und Sittenlehre I*, Fichtes Werke, Bd. 3, hg. v. I. H. Fichte, Berlin, 1845~46, S. 331). 이하에서 이 책은 Fichte 3으로 인용하고 그 뒤에 인용 쪽수를 기입한다.

통받고 있으면서 현재의 과학 기술로는 도저히 치유될 가망이 없는 환자의 경우 자살이 허용될 수 있는가 하는 물음에 대해 헤겔은 구체적인 입장을 표명하지 않는다.

지금까지 우리는 헤겔의 소유이론이 자유 이념의 실현이라는 맥락 속에 위치하고 있음을 살펴보았다. 이렇게 자유의 이념과 소유를 결합한다는 점에서 그의 소유이론은 칸트의 소유이론과 유사하다. 칸트 역시 사적 소유권을 이성의 필연적인 제도로 간주하기 때문이다. 즉 사적 소유권은 "선험적으로 타당한 자유 질서로서의 모든 법질서에 없어서는 안 될 구성 요소"이다.[39] 자유라는 원리와 사적 소유권의 상호공속성에 대한 주장은 예컨대 점유이론적인 재산권 이론 및 노동이론적 재산권 이론과 원칙적으로 구별될 뿐 아니라 공리주의적 사적 소유의 정당화 논변과도 구별된다. 그렇지만 헤겔이 사적 소유의 정당성을 옹호할 때 노동이론적 측면과 점유이론적 측면뿐 아니라 공리주의적인 차원을 완전히 배제한 것은 아니다. 이것은 후에 살펴볼 것이다.

점유와 소유의 차이에 대한 설명에서 우리는 헤겔의 소유이론의 또 다른 독특함을 발견한다. 헤겔에 의하면 점유(Besitz)는 "내가 어떤 것을 나 자신의 외적인 힘으로 갖는다"는 것을 의미한다. 쉽게 말하면 점유란 물건을 사실상 지배하는 것이다. 물론 물건에 대한 사실상의 지배인 점유의 방식은 다양하다. 예컨대 특정인이 어떤 물건을 점유하는 경우를 생각할 때, 그 사람이 이 물건을 원래 소유하고 있었기 때문에 가지고 있을 수도 있고 다른 사람에게 빌려서 가지고 있을 수도 있을 뿐 아니라, 훔쳐서 가지고 있을 수도 있는 것이다. 헤겔에 의하면 점유에서는 특정인이 어떤 것을 자연적 욕구나 충동에 의해서 자신의 것으로 만든다는 측면이 주된 것이다. 이와는 달리 소유(Eigentum)는 "자유로운 의지로서의 내가 점유 속에서 자신에게 대상적으로 존재하고 이렇게 함으로써 또한 비로소 현실적인 의지로 존재한다"는 점과 연관된다. 바로 이렇게 점유 속에서 자유로운 의지가 스스로에게 대상적으로 되어

---
39) O. Höffe, 앞의 책, S. 219.

현실적인 의지일 수 있다는 측면이 "점유의 참다운 것이자 법적인 것"이며 "**소유**의 규정"이다(7, 107). 여기에서 우리는 분명하게 자유로운 의지의 대상화가 소유의 근거로 이해되고 있음을 알 수 있다. 그런데 이 자유로운 의지의 대상화는 다른 인격체에 대한 연관이 없이 발생하는 것으로 서술되어 있다. 다른 인격체의 승인이 없이 이루어지는 소유의 근본 규정에 대한 헤겔의 설명은 많은 논란을 불러일으키는 부분이다. 여하튼 헤겔은 소유에서 계약으로 이행하는 과정에서도 소유는 오로지 "물건과 나의 주관적인 의지를 매개로 해서" 가능하다는 점을 분명히 한다. 물론 계약에서 상호주관적인 승인이 소유와 연관해서 전면적으로 등장한다. 그래서 인격체 상호의 승인 관계와 연관해서 헤겔은 소유를 "단지 물건과 나의 주관적인 의지를 매개로 해서만이 아니라 다른 의지를 매개로 해서 따라서 하나의 공통된 의지 속에서 지닌다"고 말한다(7, 152).

여기에서 우리는 헤겔의 소유이론과 상호주관적인 승인 사이의 연관 문제를 다룰 수 없다. 다만 다음과 같은 사실을 주목해야만 한다. 헤겔이 소유를 상호주관적인 승인과 무관하게 정당화하면서도 동시에 소유에서 계약으로의 이행에서 계약을 소유의 진리라고 주장한다는 것이 결코 서로 모순되는 주장이 아니라는 점이다. 루트비히 지프가 적절하게 지적하는 것처럼 소유라는 제도는 결코 단순히 계약 관계에서 그 합리적인 근거를 갖고 있지 않다. 그렇지 않다면 헤겔이 보기에 자의적이고 우연적인 성격을 떨치지 못한 계약에 소유를 의존케 하는 데 지나지 않을 것이다. 그래서 계약이 소유의 진리라는 주장은 계약만이 소유의 객관적인 근거를 제시한다는 것으로 이해되어서는 안 된다. 계약이 소유의 진리라는 주장은 계약에서 비로소 소유 속에 이미 함축된 것이 명시적으로 드러난다는 점을 표현하는 말로 이해해야만 한다. 그러는 한에서 물건과 인격 사이의 관계는 여전히 "소유 관계의 필연적인 계기로 남는다."[40]

---

40) Ludwig Siep, "Intersubjektivität, Recht und Staat in Hegels *Grundlinien der Philosophie des Rechts*," *Hegels Philosophie des Rechts*, S. 266.

인격들 사이의 상호주관적인 인정 관계가 계약에서 비로소 명시적으로 등장한다고 할지라도, 이 인정 관계는 소유의 담지자로 인정되는 인격 개념 속에 이미 전제되어 있다고 보아야만 한다. 헤겔『법철학』의 첫 부분인 '추상법'의 기본 개념인 인격은 그의 철학 체계에서 볼 때 주관정신에서의 상호 인정 투쟁을 전제하고 있기 때문이다. 주관정신의 영역에서 인격적 존재들의 보편적 평등의 이념은 인정투쟁을 통해서 획득되어 있다(10, 219 이하 참조). 이렇게 객관정신 철학으로서 헤겔의『법철학』은 주관정신을 전제하고 있는 것이다. 더 나아가서 헤겔은 계약이란 범주는 계약 당사자들을 "인격과 소유주"로서 **"인정한다"**는 사실을 "전제하고 있다"고 분명히 강조한다(7, 153). 그러므로 카를하인츠 일팅이 주장하는 것처럼 헤겔의 인격 개념에 상호주관적인 계기가 결여된 것은 아니다. 마찬가지로 헤겔이 1820년의『법철학』에서 하이델베르크 시기의『철학강요』에도 아직 존재하고 있었던 소유와 상호 승인 사이의 연관성을 완전히 배제하고 있다는 그의 주장 역시 그릇된 것이라고 할 수 있다.[41] 이런 점에서 헤겔『법철학』에서 계약은 "인정 관계를 실현하고, 구체화하고 그리고 대상화하는 것"이라는 지프의 주장이 보다 적절하다고 할 것이다.[42]

다시 헤겔의 소유이론으로 되돌아가자. "소유를 갖는다는 것은 욕구가 최초의 것으로 되는 한에서 욕구와 관련해서 수단으로 나타난다. 그러나 참다운 입장은 자유의 관점에서 볼 때 소유가 자유의 최초의 **현존재**로서 그 자체 본질적인 목적이라는 것이다"(7, 107). 이렇게 헤겔은 소유의 이성적인 측면을 소유물이 인간에게 부여하는 욕구 충족에서가 아니라 자유의지 현실화의 맥락에서 구한다. 어느 특정한 소유물의 참다운 의미는 그것을 소유자가 욕구의 만족을 위해서 사용한다는 데 있지 않다. 소유 대상을 마음대로 처분한다는 것이 중요한 것은 그런 행위가 바로 소유자가 자유로운 존재임을 입증하기 때문이다. 그런데 이제 소유가 자유로운 의지의 최초의 현존재인 한에서, 사적

---

41) K.-H. Ilting, 앞의 글, 앞의 책, S. 231 주석 35 그리고 S. 246 이하 참조.
42) L. Siep, 앞의 글, 앞의 책, S. 266.

소유의 필연성이 도출된다. 개별적인 인격체가 특정한 것을 자신의 것으로 삼으면서 이를 자신의 의지의 표현물로 삼을 수 없다면, 그는 결코 자유로운 존재로 간주될 수 없다. 그러므로 자유가 의미 있기 위해서는 특정한 물건에 대한 개별적인 의지의 배타성이 전제되어야 한다. 이렇게 헤겔은 개별적인 인격체의 배타성과 사적 소유의 필연성에 대한 도출을 결합한다. 헤겔은 다음과 같이 말한다. "소유 속에서 나의 의지는 인격적인 의지로서, 그러므로 개별자의 의지로서 나에게 객관화되기 때문에, 소유는 **사적 소유**의 성격을 띠는 것이다"(7, 107 이하). 또 헤겔은 사적 소유의 필연성을 다음과 같이 요약한다. "소유 속에서 나의 의지는 인격적이지만, 인격은 어떤 특별한 존재이다(ein Dieses). 그러므로 소유는 이 의지의 인격적인 것이다. 나는 나의 의지에 소유를 통해서 현존재를 부여하기 때문에, 소유는 또한 이것 혹은 나의 것이라는 규정이어야만 한다. 이것이 **사적 소유의 필연성**의 중요한 가르침이다"(7, 110).

이렇게 개별적인 의지의 배타성에서 사적 소유의 필연성을 도출해내는 헤겔은 공동체는 인격체와 같은 소유권을 가질 수 없다고 주장한다. 그러면서 수도원의 폐쇄가 정당했다고 말한다(7, 110). 즉 개별적인 인격체에게만 소유권을 인정하는 헤겔의 태도는 현재 대부분의 국가에서 시행되고 있는 법인(法人)이라는 제도와는 상충된다. 모든 자연인에게 평등하게 권리 능력이 인정될 뿐 아니라 일정한 자격 요건을 갖춘 회사 등 각종 단체에 법인격이 주어지는 것은 현대 사회에서 일반화되어 있는 현실이다. 그리고 이런 법인들이 사회적으로 커다란 역할을 담당하고 있다는 사실 또한 부인할 수 없다. 이런 문제 이외에도 헤겔이 사적 소유를 소유의 참다운 형태로 규정하는 것 역시 논쟁의 여지가 있다. 비토리오 회슬레에 의하면 헤겔은 사적 소유를 "소유의 최고 형태"로 간주하는데, 그것은 그의 "주관성 철학"의 필연적인 결과이다. 우리가 헤겔의 소유이론을 극복하기 위해서는 우선 주관성 철학이 과연 견지될 수 있는 것인가 하는 물음을 던져야 한다는 것이다.[43]

---

43) V. Hösle, 앞의 책, S. 495 이하 참조.

물론 헤겔은 사적 소유의 예외적 상황을 긍정한다. 헤겔은 신분제적 의회 제도를 언급하는 과정에서 토지 귀족에게는 장자 상속권을 허용할 것을 주장한다(7, 475). 그리하여 헤겔은 토지 귀족에 한해서 장남에게만 재산을 물려줄 것을 주장하면서 재산 소유자가 자신의 재산을 마음대로 처분하거나 양도할 수 있는 권한이 있다는 관점에 예외를 둔다. 토지 귀족에 한해서 허용되는 장자 상속 이외에도 헤겔은 국가만이 사적 소유에 대해 개입하거나 제한을 가할 수 있다고 본다. 사적 소유에 대한 예외는 사적인 자의라든가 사적인 이익이 아니라 "이성적인 유기체"로서의 국가만이 그 정당성을 획득할 수 있다는 것이다(7, 108). 그렇다고 헤겔이 국가가 사적 소유를 폐지할 수도 있는 권한이 있다고 본 것은 아니다. 그는 사적 소유의 추방과 재산 공유의 원칙을 수용한 플라톤의 이상국가론에 비판적이다. 헤겔에 의하면 "플라톤의 국가 이념은 사적 소유의 능력이 없다는 인격에 대한 불법을 보편적인 원리로서 포함한다"(7, 108). 이런 태도는 사실상 정신의 자유 및 법의 본성에 대한 오해의 표현에 지나지 않는다. 더 나아가서 추상법의 영역에서 다루어지는 인격체의 권한들은 도덕성, 가족, 시민사회 그리고 국가의 권리에 비해서 추상적이고 위계질서의 측면에서 보다 하위에 속하는 것은 분명하지만, 이런 견해가 위계질서에서 하위에 속하는 것이 상위의 것에 의해 전적으로 흡수 가능하거나 해체될 수 있다는 것을 함축하지도 않는다. 그래서 국가는 적어도 한편으로는 소유권을 기초로 하여 성립되는 개인의 자유로운 계약 활동을 보장할 뿐 아니라 필요한 경우에 개입하거나 조절하여 개인의 자유로운 계약 활동으로 파생된 부작용들을 해결하는 역할을 담당한다. 이런 문제들에 대해서는 시민사회를 다루는 부분에서 보다 상세하게 언급될 것이다. 다만 여기에서 우리는 다음과 같은 사실을 지적하지 않을 수 없다. 사적 소유에 대한 제한 설정이나 예외 규정의 가능성을 언급하고는 있으나 헤겔이 사적 소유의 형태 이외의 형식들을 진지하게 고민하지 않고 있다는 것은 분명하다. 그래서 회슬레는 사적 소유의 필연성을 주장하면서 그것을 소유의 최고 형태로 간주하는 부분과 가족의 영역에서 공동 소유를 긍정적으로 검토하는 헤겔이 모순적이라고 지적한다. 그러면서 그는 만약에 헤겔이 가족의 영역에서 공동 소유의 긍정적인 측면을 인정한다면, 시민사회나 국가의 영역에서 공동 소유나 조합적인 소유의 형태들이 존재해서는 안 되는 이유가 없지 않은가 하고 반문한다.[44]

점유 취득(Besitznahme)이라는 항목에서 헤겔은 그의 사적 소유 이론의 점유이론적 측면과 노동이론적 측면을 분명하게 드러낸다. 그에 의하면 인격이 자유로운 의지로서 존립하기 위해서는 물건에 그 의지를 넣는 것이 필연적이다. 그런데 최초로 물건을 점유하여 취득하는 사람이 그 물건의 소유자가 된다고 헤겔은 말한다. 즉 시간적으로 우연히 최초로 물건을 점유한 사람에게 그 물건이 속한다는 것은 "직접적으로 자명하고 쓸데없는 규정이다. 왜냐하면 이미 어떤 사람이 소유하고 있는 것을 다른 사람이 점유 취득할 수 없기 때문이다"(7, 114). 이 구절을 두고 헤겔이 마치 근대의 사적 소유의 점유 또는 계약 이론을 전적으로 찬성하는 것으로 생각하는 것은 잘못이다. 일팅은 이 구절과 연관해서 "최초의 점유(prima occupatio)의 권리"를 논한다. 일팅에 의하면 헤겔은 여기에서 점유와 소유를 혼동하고 있다는 것이다. 그는 소유란 철저하게 사회적인 합의를 통해서만 가능하다는 관점에서 출발한다. 그래서 이런 입장에서 볼 때 "근원적인 소유가 주인 없는 물건의 점유 취득을 통해서 획득될 수 있다"는 헤겔의 생각은 "합리적인 자연법의 구성 요소"가 아니다.[45] 뒤에서 다루겠지만 헤겔이 소유의 정당성을 자유로운 의지와 물건 사이의 관계에서 구하고 있다는 측면에서 상호주관적인 승인의 차원을 소홀히 하고 있음은 사실이다. 그런 점에서 일팅의 헤겔 비판은 수긍할 만한 점이 있다. 그러나 이런 일팅의 지적은 일면적이다.

현재 논의되고 있는 헤겔『법철학』의 제50절에서 표현된 외적 사물에 대한 자유로운 의지의 점유라는 행위, 즉 외적인 사물과 의지 사이의 관계는 헤겔 소유이론의 전체가 아니라 한 부분이라는 점이 지적되어야만 한다. 지프가 적절하게 지적하고 있듯이, 그리고 우리가 앞에서 의지의 관념론과 연관해서 살

---
44) 같은 책, S. 496 참조.
45) K. -H. Ilting, 앞의 글, 앞의 책, S. 233 이하.

펴본 것처럼, 헤겔은 자유로운 의지를 통해서 자연 사물을 자신의 것으로 삼는 행위 자체에 합리성이 존재함을 인정한다. 이런 행위는 바로 정신이 자연의 진리라는 것을 입증해주는 것이기 때문이다. 달리 말하자면 자연적 존재는 정신적 존재, 특히 자유로운 의지로서의 정신적인 존재에 대해서 원칙적으로 아무런 독자성이나 자립성을 지닐 수 없다는 것이다. 물론 정신과 자연 사이의 관계는 법철학 내에서 해명될 성질의 것이 아니며, 헤겔 철학 체계 내에서 보면 객관정신의 학설인 법철학은 이런 사실들을 이미 전제하고 있는 것이다. 그래서 지프는 "이런 모든 전제들 없이는 사용과 가공이 아니라 점유 취득의 의미에서 전유가 '외적 사물들'에 의지를 표현하는 최초의 형식이라는 것은 의미가 없을 것"이라고 말한다.[46]

앞에서 살펴본 것처럼 헤겔은 일정 정도 점유이론적인 측면을 자신의 소유이론 속에 받아들인다. 물론 여기에서 우리가 명심해야 할 것은 이런 측면이 철저하게 자유의지의 자기실현이라는 이론적인 토대 위에서 재구성되고 있다는 사실이다. 헤겔이 근대의 점유이론과 다른 소유이론을 전개하고 있다는 사실은 로크의 노동이론의 수용에서도 분명하게 드러난다. 헤겔은 사적 소유의 이론을 전개하는 과정에서 로크의 노동이론을 수용하여 그로티우스와 푸펜도르프의 점유이론과 일정한 거리를 취한다. 이에 대해서 살펴보려면 우선 헤겔이 제시하는 소유에 대한 보다 상세한 규정들을 이해해야만 한다. 헤겔은 물건에 대한 의지의 관계를 통해서 소유의 규정들을 좀더 상세하게 해명한다. 소유는 물건에 대한 의지와 연관해서 세 가지의 상세한 규정들을 지닌다. 그것은 "직접적인 점유 취득"(Besitznahme), "사용"(Gebrauch) 그리고 "양도 혹은 포기"(Entäußerung; Veräußerung)이다(7, 117 이하). 헤겔에 의하면 점유 취득의 방법은 다양하다. 즉 "점유 취득은 직접적인 **육체적 취득**이기도 하고, 형성 작용(Formierung)이기도 하며, 단순한 **표지**(*Bezeichnung*)이기도 하다"(7, 119).

직접적인 육체적 취득은 점유의 방식 중에서 가장 완벽한 방법이기는 하다.

---
46) L. Siep, 앞의 글, 앞의 책. S. 264 이하.

직접적인 육체적 취득은 특정인이 물건을 직접 손으로 잡고 있는 상태를 말하는 것으로 이런 한에서 그 특정인이 그 점유물을 점유하고자 하는 의지가 있다는 것은 누구에게나 명백하게 각인될 수 있다. 그러나 직접적인 육체적 취득 방법은 점유할 수 있는 대상의 범위가 대단히 한정되어 있을 뿐 아니라, 모든 사람이 직접적으로 점유할 수 있는 대상은 다른 것으로 변형되거나 자연적으로 소실될 수 있다는 한계가 있다. 예를 들어 내가 수중에 갖고 있는 사과는 그냥 갖고 있기만 할 경우 시간이 지나면 썩어서 쓸모없는 것으로 변한다. 그래서 직접적인 육체적 취득은 "단지 주관적, 일시적"인 성격을 띤다(7, 119).

이와는 달리 형성 작용에서는 물건을 점유하고 있는 특정인이 특정 시간이나 특정 공간에 항상 존재할 필요가 없다. 형성 작용을 통한 점유 취득은 특정 물건에다 형성 작용을 가함으로써 그것이 특정인의 것이 된다는 것을 의미한다. 형성 작용이란 물건에 일정한 형식을 부여하는 방식으로 그 물건에 자신의 의지를 각인하여 자신의 것으로 만들려는 행위 전반을 의미한다. 헤겔이 지적하는 것처럼 형성 작용은 경험적으로 다양한 형태로 등장할 수 있다. 예를 들어 형성 작용은 농경지와 같은 토지 경작, 식물 재배, 동물의 순치 및 사육 등을 포함할 뿐 아니라, 공기를 이용하기 위한 풍차의 제작 등을 포함한다(7, 121 이하). 이 외에도 자연적인 존재로서의 인간이 자신의 육체적·정신적 능력을 도야하고 길러내는 것도 역시 형성 작용에 속한다. 이런 도야 과정이 없이 인간이 자유로운 존재로 스스로를 자각하기란 불가능하다. 헤겔에 의하면 노예제를 찬성하는 사람들은 인간을 그 본질인 자유로운 정신적 존재로서가 아니라 단순한 자연적인 존재로 바라보는 것이다(7, 122 이하).

헤겔에 의하면 형성 작용으로 인해 사람들은 직접적인 방식으로 물건을 점유하는 상태를 벗어난다. 형성 작용을 통해 물건에다가 노동을 가하여 자신의 의지를 표현하는 한, 이제 사람이 그런 물건들을 직접 손으로 잡고 있을 필요가 없다. 물건을 손에 쥐고 직접 존재하지 않고서도 그 물건은 이제 가공의 노동력을 부여한 사람에게 속한다는 사실이 분명해지는 것이다. 그러므로 헤겔은 형성 작용을 통한 점유 취득을 바로 "이념에 가장 적합한 점유 취득"이라고 본다(7, 121). 이 부분과 연관해서 볼프강 커스팅은 초기의 피히테와 쇼펜하우어와 함께 헤겔을 로크의 노동이론의 "신봉자"로 분류한다.[47] 분명 헤겔의 소유이론은 노동이론의 측면을 지니고 있지만, 이런 분류법은 헤겔 소유이론의 여러 측면을 종합적으로 고려하지 않은 단순 논법에 지나지 않는다. 나아가 커스팅은 로크와 헤겔이 바라보는 노동의 목적에서 관점의 차이를 소홀히 한다. 로크는 노동의 목적을 욕망의 충족으로 보았으며, 지속적인 재산 축적의 목적을 주로 당사자의 어려움을 피하고 빈곤 상태로의 전락을 막는 것에서 구했다. 로크와는 달리 헤겔은 노동을 자연의 제약으로부터의 해방이라는 관점에서 바라보았으며 자연적 욕구나 사회에 의해서 끝없이 창출되는 욕망의 충족을 노동의 진정한 의미로 간주하지 않았다. 즉 헤겔에게 "노동은 자유의 표현이다."[48]

점유 취득의 마지막 방법은 물건에 새겨지는 표지에 의한 것이다. 이 방법은 점유 취득의 방법 중에서 "가장 완전한 것"이다(7, 127 이하). 헤겔은 점유 취득의 여러 방법을 서술한 후에 '물건의 사용'으로 이행한다. 특정인이 특정 물건의 소유자라는 사실에는 이 소유물을 사용할 수 있다는 점이 포함되어 있다. 즉 소유주가 소유권 행사로서의 물건의 사용을 인정해야 한다는 것이다. 물건은 교환가치로서든 사용가치로서든 소유주의 욕구를 만족시키기 위해서 존재하는 것이다. 소유주가 전혀 사용할 수 없는 물건이란 형용모순에 지나지 않는다. 물론 여기에서도 중요한 것은 물건을 자신의 것으로 만드는 소유주의 의지이다. 소유이론의 맥락에서 물건의 사용 부분에서 우리의 주의를 끄는 것은 물건의 소유 범위 문제이다. 헤겔에 의하면 내가 특정 물건의 소유주가 된다는 것은 그 물건을 사용할 때 전면적으로 사용할 수 있다는 것을 의미한다. 내가 소유하는 물건을 그 전 범위에서 사용할 수 없다는 것은 내가 그 물건의 소유주가 아니라는 의미에 지나지 않는다(7, 130). 간단하게 말해 소유는 "본질적으로 **자유로운, 완전한** 소유"이다(7, 132).

---

47) W. Kersting, 앞의 책, S. 287 이하 참조.
48) F. 후쿠야마, 『역사의 종말』, 이상훈 옮김, 한마음사, 1997, 297쪽.

소유의 완전성에 대한 긍정은 심각한 문제를 제기할 수도 있다. 특히 환경 문제와 연관해서 그것은 재고되어야 할 측면이 있다. 예를 들어 서울 한복판에 거대한 토지를 소유한 사람이 그곳에 공장을 설립하여 과도하게 유해 물질을 배출한다고 생각해보자. 우리는 이런 경우 그 공장 설립자에게 토지를 사용하는 완전한 권리를 인정하여 그런 공장의 설립과 운영에 정당성을 부여하기는 힘들 것이다. 소유권이 완전한 소유를 의미한다는 것을 일관되게 고수한다면 오존층 파괴 등을 유발하는 프레온 가스로 냉장고를 만들어내는 행위를 어떻게 금지할 수 있는가? 물론 완전한 소유의 긍정이 근대의 자율성 이념과 그에 기초한 자기 책임에 의한 재산 형성의 권한을 촉진한다는 사실은 부인할 수 없다. 그럼에도 소유권에는 일정한 한계가 존재한다는 생각은 이미 로크에게서도 나타난다. 로크는 신에 의해 모든 사람들의 공유로 주어진 자연자원의 소유권 획득은 다른 사람들에게도 충분할 정도로 남아 있다는 한도 안에서만 정당하다고 생각한다. 그래서 그는 소유권에 일정한 유보 조항들을 두고 있다.[49] 이런 점에 대해서는 헤겔 소유이론의 문제점들을 언급하는 단락에서 더 자세하게 언급될 것이다.

헤겔은 자유이론적 관점과 노동이론 이외에도 공리주의적인 관점에서 사적 소유의 필요성을 긍정한다. 이런 입장은 물론 추상법의 영역에서 다루어지지는 않는다. 그렇지만 헤겔은 시민사회 분석을 진행하면서 "욕구의 체계"라고 불리는 근대의 시장경제의 효율성을 받아들인다. 이런 사실에 대해 주목한 사람은 랄프 드라이어다.[50] 그러나 시민사회, 더 나아가 사적 소유가 지니는 합리성 내지 이성적 성격은 그것이 사회 전체 구성원의 부를 향상시키고 만족시키는 효율적인 기제라는 것만은 아니다. 시민사회가 안고 있는 고유한 문제점, 즉 부와 빈곤의 대립에도 불구하고 헤겔은 그것이 지니는 해방적 성격 그리고 자유로운 국가의 필수적인 구성 요소라는 관점을 고수한다. 그런 점에서

---

49) 로크, 앞의 책, 35쪽 참조. 주지하듯이 자연 상태에서 인간의 노동을 통해 발생하는 재산권에 대한 일정한 유보 조항은 화폐의 사용과 더불어 폐지된다.
50) R. Dreier, 앞의 글, 앞의 책, S. 187 참조.

시민사회의 효율성에 대한 언급에서 사적 소유의 정당성을 바라보는 드라이어의 입장은 일면적이다.

IV. 헤겔의 소유이론의 몇 가지 문제점

앞에서 헤겔의 자유의지 개념과 소유이론이 지니는 의미를 살펴보았다. 그러나 그의 소유이론은 현대적인 맥락에서 볼 때 몇 가지 문제점을 안고 있다. 나는 헤겔의 소유이론의 문제점을 대략 다섯 가지로 지적하는 데 만족하고자 한다. 첫째는 장자 상속과 연관된 이론적인 불일치이다. 둘째는 경제적 불평등의 문제다. 셋째는 사적 소유의 정당성을 인정한다고 했을 때 그 범위 설정에 관한 문제이다. 즉 헤겔이 주장하듯이 사적 소유물에 대한 무제한적 사용 권한을 긍정해야만 하는가 하는 물음이다. 이 문제는 다음에 지적되는 문제와 더불어 인격과 물건의 이원론과 밀접하게 연결되어 있다. 넷째로 지적되어야 할 것은 헤겔의 소유이론이 전제하고 있는 인격과 물건의 이원론이다. 이 이원론에서 헤겔은 동물의 권리를 전적으로 분리할 뿐 아니라 자연은 아무런 법적 권리를 지닐 수 없는 존재라는 입장을 도출한다. 마지막으로 다섯째는 사적 소유와 상호주관적인 승인 사이의 문제이다.

1) 사적 소유의 보편적 긍정과 장자 상속 사이의 이론적 불일치 문제

첫째로 헤겔의 사적 소유 이론의 토대와 장자 상속 제도의 긍정 사이의 이론적 불일치 문제이다. 헤겔은 토지 귀족에 한해서 장자 상속 제도를 허용해야 한다고 주장했다. 우리는 헤겔의 신분제 및 대의제 이론과 연관해서 이 문제를 다시 다룰 것이다. 그리하여 여기서는 헤겔이 장자 상속 제도의 도입을 통해서 토지 귀족의 경제적 독립을 유지하고자 했으며, 이를 토대로 토지 귀족의 정치적 의미, 즉 토지 귀족의 공적 활동의 공평성을 보장해주고자 했다는 것만을 강조하고자 한다. 여하튼 헤겔은 장자 상속제를 긍정함으로써 그의 사적 소유 이론의 토대가 되는 개별 인격체의 자유의지와 배치되는 관점을 피력한 셈이 된다. 소유의 긍정적 의미는 바로 소유주가 자신이 자유롭고 인격적인 존재임을 인정받을 수 있는 필연적 존재 방식의 하나라는 것이 헤겔의 입장이었다. 그러나 토지 귀족의 자녀들 중에서 장남이 아닌 사람들은 유산을 조금도 물려받지 못한다는 점에서 평등한 인격체로 인정받지 못하고 있다. 이보다 더 중요한 것은 장자 상속 제도가 소유자의 의지에 의거하여 사적 소유물을 마음대로 처분하거나 양도할 수 있는 권한을 긍정하는 입장과 배치된다는 사실이다. 달리 말하자면 소유자가 자신의 소유물을 자신의 의지에 따라서 처분할 수 있다는 것은 소유의 본질에 속하는데도, 장자 상속 제도는 소유의 양도 가능성 자체를 거부함으로써 인간의 인격성을 박탈하기 때문이다.

마르크스는 이미 1841/42년 『헤겔 국가철학 비판』(*Kritik der Hegelschen Staatsphilosophie*)에서 장자 상속 제도에 대한 헤겔의 이론을 비판하였다. 마르크스가 볼 때 헤겔은 장자 상속 제도의 긍정을 통해 주체로서의 인간과 그에 의해 형성된 객관 사이의 관계를 뒤집는다. 장자 상속 제도는 인간이 처분할 수 없는 것이라는 점에서 절대적인 주체로 등장하고 인간은 이 재산의 유지를 받들어야 하는 객체로 전락한다는 것이다. 마르크스는 이런 현상을 주어와 술어 관계의 전도로 파악하면서 다음과 같이 말한다. "토지 소유의 '양도 불가능성'을 통해 사적 소유의 사회적 신경망이 어떻게 절단되는지를 우리는 이미 강조하였다. 사적 소유(토지 소유)는 그 자의의 영역이 보편적인 인간적 자의에서 사적 소유의 **특수한 자의**로 전환됨으로써, 즉 사적 소유가 의지의 **주체**가 됨으로써 소유자 **자신의 자의**에 대항하여 확립되어 있다. 오히려 의지는 단순히 사적 소유의 **술어**가 되었다. 사적 소유는 이제 자의의 **특정한** 대상이 아니며, 자의가 사적 소유의 **특정한** 술어이다."[51] 위 인용문이 보여주듯이 헤겔의 장자 상속 제도에서 장자는 물려받은 재산을 처분할 권한을 갖지 못한다. 그가 해야만 하는 일은 유산으로 물려받은 재산을 보존하여 자손에게 물려주는

---
51) K. Marx, *Die Frühschriften*, hg. v. S. Landshut, Stuttgart, 1953, S. 119.

일이다. 그러므로 장자는 재산의 주체가 아니라 객체이다. 진정한 주체는 재산 자체이고, 이 재산은 장자를 매개로 해서 자신을 계속하여 관철한다. 아비네리에 의하면 마르크스는 헤겔의 장자 상속 제도 이론을 비판함으로써 소외된 노동과 사유재산 제도 비판 그리고 상품 물신성에 대한 논의의 단초를 발견했다.[52]

2) 사적 소유와 경제적 불평등의 문제

둘째로 근대 사회의 경제적 불평등 문제와 연관해서 헤겔의 소유이론의 문제점을 살펴보기로 하자. 사적 소유의 필연성의 긍정과 연관해서 언급되어야만 할 중요한 사항은 헤겔이 추상법의 영역에서 재산의 불평등 문제를 전적으로 도외시한다는 사실이다. 앞에서 살펴보았듯이 헤겔에 의하면 특정한 인격적 존재가 사물에 지배력을 행사하고 이를 자신의 것으로 삼는 것은 필연적이다. 물건의 소유자가 된다는 것은 바로 인격적인 존재로서 자유를 행사한다는 것이기 때문이다. 물건을 배타적으로 지배하는 권리, 즉 자신에게 속하는 소유물을 타인이나 국가의 간섭 없이 자유로이 처분하거나 사용할 수 있는 권리가 없이는 개별적인 인격체는 결코 자유로운 존재라고 볼 수 없다는 것이다. 추상법의 영역에서 주제가 되는 소유 문제에서 결정적인 것은 모든 인격체가 물건의 소유자가 될 수 있는 권한을 보편적으로 지니고 있다는 사실이다. 그래서 소유하는 데 필요한 능력 및 외적인 상황이나 조건 등은 추상법의 영역에서는 철저하게 배제된다. 물론 개인마다 자연적인 능력이나 사회적 배경이 다르다는 것은 분명하다. 그리고 능력이나 상황에 따라서 사람들이 소유할 수 있는 양이 천차만별임은 말할 필요도 없다. 그럼에도 이런 특수한 것들은 추상적인 인격의 영역에서 고려 대상이 되지 않는다. 그래서 "내가 **무엇을** 그리고 **얼마나** 점유하는가는 법적인 우연성"이라고 헤겔은 말한다(7, 112). 이렇게 헤겔은 사적 소유를 전면 긍정한 결과 발생하는 경제적 불평등 문제나

---
[52] 아비네리, 『칼 마르크스의 사회사상과 정치사상』, 이홍구 옮김, 까치, 1983, 48쪽 이하 참조.

이와 연관된 다양한 사회 문제들을 추상법의 영역에서는 "법적인 우연성"에 속하는 문제로 치부한다. 그러면서 재산이나 소유에서의 평등과 분배를 주장하는 입장을 비판한다(7, 113 이하). 추상법의 영역에서 다루어지는 평등은 철저하게 모든 사람은 누구나 다 소유나 재산을 자유롭게 가질 수 있는 권한이 있다는 의미에서의 평등일 뿐이다. 주지하듯이 모든 개인을 국적이나 신분이나 성별 등을 불문하고 법률상 평등한 권리 주체로 인정하는 것은 전근대적인 신분 차별과 구속으로부터의 해방이라는 의미를 지닌다. 추상법의 단계에서는 결국 모든 인간이 인격체로서 갖는 권리의 보편성을 인정하는 데 그치고 있는 것이다. 그래서 헤겔은 경제적 불평등 문제에 대해 다음과 같이 언급하는 데 만족한다. 헤겔은 모든 사람이 그들의 필요에 따라서 생계를 스스로의 힘으로 해결해야만 한다는 것을 "도덕적 소망"으로 간주하면서도 동시에 생계는 "점유와는 다른 것이고 다른 영역, 즉 시민사회에 속하는" 문제라고 지적한다(7, 113).

추상법의 영역에서 볼 때 모든 사람들이 소유자가 되어야 한다는 권리는 강제적인 의무 조항이 아니다. 인간은 모두 사적 소유의 주체가 될 수 있는 권리 능력이 있다는 점에서 기회가 균등하지만, 이런 주장은 반드시 모든 인간이 사적 소유의 주체가 되어야만 한다거나 그런 존재로서 그 권리 능력을 실제로 향유할 수 있어야만 한다는 사실까지도 내포하고 있는 것은 아니다. 그래서 추상법의 테두리 안에서는 사적 소유를 실질적으로 가능하게 할 여러 가지 조건들, 예컨대 사람들의 지적 능력이나 직업 상태나 소유 정도 등과 같은 문제들이 다루어지지 않는다. 엄격히 말하자면 이 단계에서 인격의 자유 내지 사적 소유의 자유는 단순히 가능성으로만 머무르고 있다. 모든 사람들이 소유자가 될 수 있다는 점에서 평등하기에 누가 무엇을 소유할지 그리고 얼마나 소유할지의 문제를 도외시한다는 것은 상당히 위험한 것이다. 간단하게 말해 인간이 소유자가 됨으로써 자신의 자유를 실현할 수 있는 기초를 형성할 수 있다면, 모든 인간이 자유로이 소유자가 될 수 있다는 점만을 긍정하는 것으로는 불충분하다. 사적 소유의 보편성에 기초하여 인간의 자유로운 활동을 무제한적으로 승인하는 것은 역설적으로 항상 무수히 많은 빈곤층을 양산하여 이들을 사실상 자유 상실의 상태로 몰고 간다는 것이 근대 사회가 안고 있는 딜레마의 하나이다.

물론 헤겔이 사회 경제적 불평등을 전적으로 무시하는 것은 아니다. 봉건적인 신분제적 질곡과 억압에서 인간을 보편적인 권리를 갖는 인격체로 해방하는 자유의 원리 속에 엄청난 문제, 즉 부와 빈곤의 대립 문제로 인한 사회적 통합의 상실과 사회 구성원의 도덕적 타락이라는 심각한 문제가 포함되어 있다는 것은 자명하다. 더구나 이런 사실을 헤겔보다 더 명확하게 인식한 철학자는 드물다고 할 것이다(7, 390 이하). 사실 헤겔은 서구적 근대의 이중적-역설적 성격, 즉 '해방'과 '새로운 소외'의 복합적 상호작용 과정을 예리하게 인식하고 있었다. 따라서 그의 철학 특히 그의 사회·정치철학에는 근대에 대한 적극적인 긍정과 함께 근대가 안고 있는 파국적 발전 가능성에 대한 염려와 불안감이 혼재되어 있다. 그리고 헤겔이 사적 소유권의 전면적인 보장과 그로 인해 파생되는 사회적 통합력의 상실이라는 양극단을 넘어서는 방법을 모색하는 데 여러 가지 풍부한 단초들을 제공하는 것도 사실이다.

그럼에도 빈곤 문제와 연관된 다양한 문제들에 적절한 대안을 제시하는 데 헤겔은 그리 성공적이지 못하다. 달리 말하자면 헤겔의 사회·정치철학은 근대적 시장경제 체제 자체를 해체하지 않으면서도 국가가 시민사회에서 발생하는 부와 빈곤의 양극화 현상을 조절하고 개입할 가능성을 고찰하는 데 중요한 단초를 이루고 있다. 그래서 헤겔의 시민사회 이론 및 국가이론은 한편으로 자유 지상주의적인 최소국가 내지 자유방임적 국가의 한계와 다른 한편으로 경제체제에 획일적·중앙 집중적인 통제국가의 한계를 넘어설 수 있는 사회국가 내지 사회복지국가의 이론적 정당화를 위한 중요한 통찰들을 포함한다. 그렇지만 헤겔은 이런 사회국가 내지 사회복지국가의 이념을 명시적으로 표현하고 이를 구체적으로 발전시키지 못했다는 한계를 지적해야 할 것이다. 특히 소유이론에 관해서 말하자면, 헤겔은 추상법의 영역에서뿐 아니라 시민사회나 국가에 관련된 부분에서도 결코 사적 소유의 형태 이외에 사회적 소유나 그 밖의

소유 형태에 대한 명시적인 이론적 정당화를 전개하지 못했다.[53]

3) 소유의 무제한적 긍정성과 소유의 범위 설정 문제

셋째로 지적할 문제는 소유의 범위와 관련된 문제이다. 위에서 간단하게 언급했듯이 헤겔의 소유 개념은 완전한 소유를 함축한다. "소유는 그러므로 본질적으로 자유로운, 완전한 소유이다"(7, 132). 물건의 사용은 "소유의 **실재적인** 측면이면서 그 현실성"이다(7, 128). 이 말은 물건을 사용하지 못하는 소유는 사실상 존재하지 않는다는 것을 의미한다. 그래서 헤겔은 물건의 소유와 물건을 부분적 내지 일시적으로 사용하거나 점유하는 것을 구별한다(7, 131). 사용의 전 범위에 대한 긍정만이 인격의 자유 이념에 상응하는 것으로 헤겔은 생각한다. 사용의 전 범위에 대한 권리를 긍정하면서 헤겔이 봉건 제도에 비판을 가하는 것도 바로 이 때문이다. 헤겔은 지주(영주)와 소작인의 관계를 한 사람의 거짓된 주인과 한 사람의 소유자 사이의 모순적 관계로 본다(7, 133).

이렇게 헤겔의 완전한 소유 관념은 봉건적인 소유에서 근대적인 사적 소유로 이행되는 과정을 전제하며 후자의 해방적 성격을 적극적으로 평가한다. 이런 문맥에서 소유의 무제한성을 긍정하는 헤겔은 피히테 이론을 비판한다. 무제한적 소유권을 옹호하는 헤겔과 달리 피히테는 소유 개념을 다르게 이해하기 때문이다. 예를 들어 피히테에 의하면 땅(Erde)은 "가옥 건축을 위해서 사용될 수 있지만, [……] 땅은 실체(Substanz)로서 사용되는 것이 아니라 단지 실체의 우연적인 것으로서만 사용될 뿐이다." 그러므로 피히테는 농민이 소유하는 토지에 대한 권리는 "오로지 거기에서 수확물을 거둘 권리"에 제한되어 있다고 본다. 이런 관점에 의하면 타인이 나의 농지에서 수확물을 거두는 데 방해가 되는 방식으로 그 농지를 사용하는 것을 배제할 권리가 있지만, 그렇다고 타인이 나의 경작 방식과는 다른 방식으로 그 농지를 이용하는 것을 방해

---

53) 물론 뒤에서도 언급되겠지만 가족에서의 사적 소유 제한 주장은 예외적 경우이다. 그리고 가족에서의 공적 소유의 긍정이 추상법의 영역에서 주장된 공적 소유의 부당성에 대한 주장과 어떻게 양립 가능한지가 해명되지 않고 있다.

할 권리는 없다. 피히테가 들었던 보다 구체적인 예는 다음과 같다. 어떤 농부가 자신의 토지를 경작하여 수확한 후에 자신이 가축을 기르지 않을 거라면, 다른 사람이 그 농지에서 가축에게 풀을 먹이는 행위를 금지할 권리가 없다는 것이다.[54] 이런 피히테의 생각은 헤겔이 보기에 특정인이 질료(Materie)에 형식(Form)을 부여할 경우에 과연 그 질료도 그 특정인에게 속하는 것인가 하고 묻는 것이다. 그런데 이런 방식의 질료와 형식의 구별은 생각으로는 분리할 수 있을지 몰라도, 사실상 그런 구별은 "공허한 궤변"에 지나지 않는다고 헤겔은 비판한다(7, 117). 그래서 헤겔은 앞의 예를 갖고 그를 이렇게 비판한다. "그러므로 농지를 사용하는 사람은 전체의 소유자이다. 그리고 대상 자체에서의 또 다른 소유를 인정한다는 것은 공허한 추상이다"(7, 130).

헤겔의 피히테 비판은 그리 설득력이 없다. 헤겔이 예를 들고 있는 것처럼 사람들은 동물들을 먹어치우기 위해 그것을 소유할 수도 있다(7, 131). 사실 돼지고기 몇 근을 산 사람이 이를 먹고 소비하는 것은 그 물건에 대한 소유자의 전적인 권한 사항이라는 것은 분명하다. 그렇다고 이런 상황이 무조건적으로 확장되어 적용될 수 있는 것은 아니다. 우리가 식용을 위하여 고래를 잡아먹을 수 있는 권한이 있다는 것을 긍정하는 것과 모든 고래를 다 잡아서 해치울 수 있는 권한까지도 갖고 있다고 생각하는 것은 아주 다른 문제이다. 마찬가지로 김홍도의 그림과 같은 예술 작품을 소유한 사람에게 그것을 완전히 폐기할 권리도 있다고 긍정하기는 어려울 것이다. 달리 말해 김홍도의 그림을 소장한 사람이 자신의 소유물이라고 해서 그것을 방치하거나 심지어 불쏘시개로 사용하여 처분할 권리까지도 그에게 부여하는 것이 이성적이라고 볼 수는 없을 것이다. 그런 점에서 우리는 사적 소유권, 특히 그 배타적 사용권에 대한 일정한 제한 설정이 아무런 근거가 없는 것이 아님을 알게 된다.

물론 헤겔은 사적 소유에 대한 일정한 제한을 전적으로 부인하지는 않는다. 예를 들어 가장에게 법인으로서 가족을 대표하는 자격을 부여하지만, 가족의

---
54) Fichte 3, 217 이하 참조.

재산은 가족 구성원의 공동 소유이다. 그러므로 각각의 가족 구성원은 가족 재산에 대한 각자의 권리를 갖는다고 헤겔은 이해한다(7, 324). 둘째로 헤겔은 시민사회의 분석 과정에서 그것이 필연적으로 산출하는 부와 빈곤의 대립과 연관해서 국가에 사회적 문제들을 해결할 과제를 부여한다. 이것은 근본적으로 국가가 각 인격체의 사적 소유를 제한할 수 있다는 것으로 독해될 수 있다 (7, 388). 마지막으로 전쟁과 같은 극단적인 상황에서 국가는 국가의 주권과 독립을 유지하기 위해 구성원들의 생명과 소유의 희생을 요구할 수 있을 뿐 아니라 시민들은 재산과 생명의 위험을 무릅쓰고 국가를 위해 헌신할 의무가 있다고 헤겔은 주장한다(7, 110; 7, 491 이하 참조).

이와 같이 사적 소유의 제한성 문제와 연관해서 전쟁과 같은 유사시에 국가가 개인의 사적 소유에 개입할 수 있다는 헤겔의 주장은 주목할 필요가 있다. 그러나 헤겔은 사적 소유를 사회적 차원에서 구속할 수 있는 가능성을 배제하고 있다. 그는 사적 소유만을 가장 완전한 의미에서의 소유로 인정하기 때문이다(7, 132 참조). 우리는 사적 소유에 대한 사회적 구속력의 긍정이나 다른 공적 소유의 형태에 대한 긍정과 국가가 비상시에 개인들의 사적 소유에 개입하여 이를 몰수(Enteignung)하는 행위를 혼동해서는 안 된다. 이는 분명하게 구별되는 사안이기 때문이다.[55]

사적 소유 형태 이외의 다양한 소유 형태에 대한 이론적 검토가 부재하다는 문제점 외에도(7, 491) 위에서 언급한 소유의 완전성 및 사적 소유권의 무제한적 허용에 대한 그의 긍정적인 태도는 문제가 있다. 소유권을 제한이 가해지지 않은 소유권으로 이해하게 한 것은 인격과 물건의 이원론이다. 인격체로서의 인간과 사물로서의 자연 내지 소유물의 이분법에 기초하여 생각할 때 소유권의 긍정은 소유 대상을 완전히 소유하는 것으로 이해되었다. 달리 말해 어떤 물건의 소유는 그 물건을 배타적으로 사용, 처분 그리고 향유할 권리를 의미하였다. 헤겔의 소유권 이론도 어떤 사물에 대한 소유를 인정한다는 것이

---

55) V. Hösle, 앞의 책, S. 496 참조.

이 소유물을 전적으로 폐기할 권리를 포함하고 있음을 긍정한다. 그러나 인간이 자연 내지 소유물을 무제한 소유할 권리가 있다는 것은 환경 위기의 시대에 새롭게 사유되어야만 한다. 예컨대 우리는 마음대로 집 뒤뜰에 유독 폐기물을 버릴 권리가 없다. 또 헤겔이 소유물의 전체적 사용과 연관해서 동물들뿐 아니라 강이나 공기를 예로 들고 있으나 그가 살았던 시대와 우리가 살고 있는 시대는 상당히 다르다. 지구 온난화와 인구 급증 등으로 이제는 물이 심각한 국제 분쟁의 원인이 되는 실정이다. 세계의 대표적인 분쟁 지역의 하나인 팔레스타인과 이스라엘 사이의 분쟁 역시 물 문제와 깊이 결부되어 있다는 사실은 널리 알려져 있다. 그뿐 아니라 아프리카의 수단 남부 다르푸르 지역에서 벌어지는 대량 학살의 가장 중요한 원인으로 물 부족과 농지 부족이 거론되고 있다. 그러므로 인간의 생존에 필수적인 자원을 소유한 사람에게 그것을 폐기할 권리를 부여해서는 안 되고, 소유에 일정한 제한 설정이 가해져야 한다. 이런 점에서 소유권은 일정하게 사회적으로 제한되고 있다. 그러므로 이제 소유권을 모든 것을 다 할 수 있는 권리로 해석하는 소유이론은 환경 위기의 시대에 적합성과 설득력을 잃고 있다.

현대 국가에서 사적 소유에 대한 사회적 제한은 일반적 현상이라고 해야 할 것이다. 1948년 12월 10일 UN총회에서 채택된 세계인권선언은 '정치적·시민적' 권리와 함께 '사회적·경제적 권리', 달리 말하자면 '일할 권리'나 '사회 보장에 관한 권리' 등을 보장하고 있다. 세계인권선언 제22조, 제23조 그리고 제25조의 내용은 다음과 같다. "제22조: ① 모든 사람은 사회의 일원으로서 사회 보장을 받을 권리가 있다. 국가적 노력과 국제적 협력을 통하여 그리고 각국의 조직과 자원에 따라 자신의 존엄성과 인격의 자유로운 발전에 꼭 필요한 경제적·사회적·문화적 권리를 실현할 수 있는 권리가 있다. 제23조: ① 모든 사람은 근로의 권리, 자유로운 직업 선택권, 공정하고 유리한 근로 조건에 관한 권리 및 실직했을 때 보호받을 권리가 있다. ② 모든 사람은 어떠한 차별도 받지 않고 동등한 노동에 대하여 동등한 보수를 받을 권리가 있다. ③ 모든 노동자는 자신과 가족에게 인간적 존엄에 합당한 생활을 보장하여주며,

필요할 경우 다른 사회적 보호 수단에 의하여 보완되는, 정당하고 유리한 보수를 받을 권리가 있다. ④ 모든 사람은 자신의 이익을 보호하기 위하여 노동조합을 결성하고 가입할 권리가 있다. 제25조: ① 모든 사람은 식량·의복·주택·의료, 필수적인 사회 역무를 포함하여 자신과 가족의 건강과 안녕에 적합한 생활수준을 누릴 권리가 있으며, 실업·질병·불구, 배우자와 사별하거나, 나이가 들었을 때, 그 밖에 자신이 통제할 수 없는 상황에서 달리 살아갈 방도가 없을 때 사회 보장을 누릴 권리가 있다. ② 모자는 특별한 보살핌과 도움을 받을 권리가 있다. 모든 어린이는 부모의 혼인 여부와 관계 없이 동등한 사회적 보호를 향유한다."[56]

사회적·경제적 권리를 둘러싼 논쟁을 여기서 다룰 수는 없다. 특히 이 권리들이 과연 실천 가능성이 있는 것인지, 그리고 일할 권리나 사회 보장의 권리는 과연 모든 사람에게 의무를 부과하는 것인지 아니면 그런 권리를 주장하는 사람이 속한 특정 정부에 대한 권리에 지나지 않기 때문에 보편적 권리라는 특성을 가지기 힘든 것인지 등은 진지하게 검토되어야 할 사항이다. 그러나 여기에서 중요한 것은 국가의 근본 목적이 재산이나 생명을 보호하는 데 있다고 주장하는 고전적인 자유주의 이론을 넘어서 사유재산에 대한 사회적 구속력을 인정하는 것은 이미 인류의 상식으로 자리 잡고 있다는 점이다. 나아가 '사회적·경제적 권리'는 단순한 선언에 그치지 않고 여러 나라의 헌법에 명문 규정으로 채택되고 있다. 예를 들어 독일의 기본법, 즉 헌법은 독일연방공화국이 사회국가임을 공식 천명하고 있다. 독일 헌법 제20조 제1항에 의하면 "독일연방공화국은 민주적·사회적 연방국가이다." 또 독일 헌법 제14조 제1항은 재산권과 상속권을 보장하면서도 "그 내용과 한계는 법률로 정한다"고 되어 있으며, 제2항에 의하면 "재산권은 의무를 수반"할 뿐 아니라 "그 행사는 동시에 공공 복리에 봉사하여야 한다." 나아가 독일 헌법은 사적 소유와는 다른 형태의 소유를 천명한다. 제15조에 따르면 "토지, 천연자원 및 생산

---

56) 정인섭 편역, 『국제인권조약집』, 사람생각, 2000, 16쪽 이하.

수단은 사회화를 목적으로 보상의 종류와 범위를 정한 법률에 의하여 공유 재산 또는 다른 형태의 공동 관리 경제로 옮겨질 수 있다."[57]

독일 헌법과 거의 유사하게 우리나라 헌법도 사적 소유 제한을 명문화하고 있다. 우리나라 헌법 제23조 제1항과 2항은 다음과 같다. "① 모든 국민의 재산권은 보장된다. 그 내용과 한계는 법률로 정한다. ② 재산권의 행사는 공공복리에 적합하도록 하여야 한다." 사적 소유의 원칙을 긍정하는 것과 이 원칙을 제한하는 원리 사이에 긴장이 발생할 수도 있다. 사적 소유의 원칙 자체를 무의미할 정도로 제한하는 경우가 있을 수 있기 때문이다. 그러나 우리가 보다 진지하게 생각해야 할 것은 두 원리 사이의 양자택일이 아니라, 이들의 조화 가능성일 것이다.

4) 환경 위기와 인격과 사물의 이원론 문제

넷째로 지적되어야 할 사항은 환경 위기의 시대와 연관해서 볼 때 이제는 법의 세계를 개인과 사물로 나누는 이분법이 유지될 수 없다는 점이다. 우리는 자연 세계에 가하는 폭력은 결국 자기 자신에 대한 폭력에 지나지 않음을 알고 있다. 위에서 살펴본 바와 같이 헤겔의 소유이론 역시 소유자로서의 개인과 사물이라는 근대의 이분법에 기초하고 있다. 개인과 사물의 이원론에서 헤겔의 법철학적 귀결은 여러 가지이다. 환경 위기와 연관해서 지적되어야 할 결론은 앞에서 말한 소유의 무제한성 외에도 인간 이외의 생명체에게 법적 권리를 부여하는 문제이다.[58] 인격과 사물의 이원론에서 인격 이외의 모든 존재에게 권리를 부여하기 어렵다는 것은 자명하다. 위에서 이미 살펴본 것처럼 헤겔은 인격체 이외의 모든 존재를 소유의 대상으로 인정한다. 그러므로 그는

---

57) 부록 독일연방공화국 기본법, 콘라트 헤세, 『통일독일헌법원론』, 계희열 옮김, 박영사, 2001, 505쪽 이하.
58) 지프는 환경 및 동물 보호와 연관해서 근대의 인격과 사물의 이원론은 재고되어야만 한다고 주장하면서, 이와 더불어 인격 개념 자체도 변화되어야 한다고 지적한다. 특히 근대의 인격 개념은 의지와 의식을 인격 개념의 본질 규정으로 강조하는데 이는 변화된 상황에서 충분하지 않다는 것이다(L. Siep, 앞의 책, S. 114).

자연은 어떤 권리도 없다고 주장하면서, 동물 역시 아무런 권리가 없는 존재로 본다. 심지어 그는 동물은 생명의 권리를 갖고 있지 않다고 단정한다. 그래서 헤겔이 동물 학대에 대하여 아무런 말이 없다는 것은 그리 놀라운 일이 아니다.

이런 사실은 독일 관념론의 또 다른 철학자인 피히테를 염두에 둘 때 더욱더 두드러진다. 피히테는 동물 학대의 금지가 법적 규제의 대상인지 질문하고 있기 때문이다. 그가 보기에 사람들이 어떤 동물을 도살할 권리를 갖고 있다고 말할 수 없는 것과 마찬가지로 그럴 권리가 없다고 말할 수도 없다는 것이다. 동물 학대에 대한 물음은 법과 연관된 문제가 아니라는 것이 피히테의 입장이다. 피히테의 법 이론에 의하면 권리란 오로지 이성적인 존재자 사이, 그것도 그들 사이의 외적인 행위에 관계되는 것이기 때문이다. 자연, 가령 동물이나 토지의 권리를 언급하는 것은 아무런 의미도 없는 것이다. 자연에 대해서 인간은 권리가 아니라 물리적 폭력만을 갖고 있을 뿐이다. 그러므로 피히테에 의하면 동물 학대나 자신이 소유한 동물을 죽이는 행위는 국가가 처벌할 사항이 아니다.[59]

동물 학대는 헤겔의 제자들에게도 문제가 되었다. 예컨대 헤겔의 직계 제자 중의 하나인 카를 미헬레트는 공개적인 동물 학대만이 법적으로 금지되어야 한다는 입장을 제시한 바 있다. 그는 공개적인 동물 학대를 법적으로 금지해야 하는 근거를 그런 행위가 동물들 자체가 지닐지도 모르는 권리에 대한 위반이라는 점에서 구하고 있지 않다. 그 역시 동물들이 그런 권리를 지니는 행위 주체라고 생각하지 않았다. 다만 그는 공개적인 동물 학대가 행위자 자신이나 그를 바라보는 타인들이 느낄 수 있는 도덕적 감정에 위배된다고 보았기 때문이다.[60] 동물 학대를 부분적으로나마(공개적인 경우에 한정한다는 의미에서)

---

59) Fichte 3, 55 ; 3, 279 참조. 동물 학대 행위가 법적인 문제가 아니라고 본다고 해서 피히테가 그런 행위를 도덕적으로 바람직하다고 간주하지는 않는다. 그런 행위는 도덕적으로 경멸을 받아 마땅한 행위라고 그는 주장한다(Fichte 3, 279 참조).
60) K. L. Michelet, *Naturrecht oder Rechts-Philosophie als die praktische Philosophie*, Bd. 2,

법적으로 금지해야만 한다는 미헬레트의 주장을 도외시한다면, 그의 입장은 기본적으로 칸트의 그것과 동일하다.

사물과 인격의 철저한 구별에 기초하고 있는 칸트에 의하면 동물은 어떤 도덕적 고려의 대상이 될 수 없다. 동물을 도덕적 고려의 대상으로 삼는 것은, 도덕적 반성 개념의 혼동에 지나지 않는다는 것이다. 그는 다음과 같이 주장한다. "오직 이성만으로 판단하는 한, 인간은 오직 인간에 대해서만 (자기 자신 또는 다른 사람에 대해서) 의무를 지닌다. 왜냐하면 어떤 주체에 대한 의무는 그 주체의 의지에 의해서 생겨나는 도덕적 강제이기 때문이다. 따라서 이러한 강제를 부과하는(의무를 부과하는) 주체는 첫째로 인격체이어야만 하며, 둘째로 이 인격체는 경험의 대상으로서 주어져 있어야만 한다. 〔……〕 그런데 우리의 모든 경험에 비추어 볼 때 우리는 (적극적인 의무이건 소극적인 의무이건 간에) 의무 부과의 대상이 될 수 있는 것으로 인간 이외의 다른 어떤 존재도 알지 못한다. 따라서 인간은 오직 인간에 대한 의무 이외에 다른 어떤 존재에 대해서도 의무가 없다. 그럼에도 만일 인간이 다른 어떤 존재에 대해서도 의무가 있다고 생각한다면, 이는 도덕적 반성 개념의 혼동에서 생겨난 것이다."[61]

그러나 칸트 역시 동물에 대한 의무를 다 부인하는 것은 아니다. 칸트는 자연에 대한 직접적인 의무를 부정하지만, 간접적인 의무까지 부정한 것은 아니다. 동물에 대한 인간의 직접적인 도덕적 의무를 부인하는 칸트는 동물에 대한 도덕적 고려를 전적으로 배제하지 않는다. 그는 동물에 대한 잔인한 행동들을 거부하고 비판한다. 동물이 어떤 도덕적 의미나 지위가 있어서가 아니라, 이런 행동이 인간에게 끼칠 부정적인 영향 때문이다. 동물을 학대하는 것은 인간에게 잔인한 행동을 하도록 부추길 수 있을 뿐 아니라, 인간의 품위를 손상시키는 행위이기에 우리는 그런 행동을 가해서는 안 되는 것이다. 이런 의미에서 칸트는 동물에 대한 인간의 직접적인 도덕적 의무를 부정하면서도 간접적인 방식으로 동물에 대한 인간의 의무를 긍정한다.

Berlin, 1866, S. 4.
61) AA VI, 442.

동물에 대한 이런 간접적인 의무에 대하여 칸트는 다음과 같이 적고 있다. "생명을 지니고 있지만 이성적 부분을 소유하지 않은 피조물과 관련해 볼 때, 동물들을 거칠고 잔인하게 다루는 것은 인간의 자기 자신에 대한 의무에 완전히 상반되는 것이며 인간은 그렇게 하지 말아야 할 의무가 있다. 왜냐하면 동물을 잔인하게 다루는 것은 우리로 하여금 그들의 고통을 함께 느끼게 하는 감정을 무디게 하고 따라서 우리가 다른 사람과 관련을 맺을 경우에 매우 큰 도움을 주는 자연적인 본성을 약화시키고 결국 점차 사라지게 하기 때문이다. 동물을 죽여야 할 때는 되도록 빨리 (고통이 없이) 죽여야 하며 동물에게 일을 시킬 경우 그 동물의 능력을 넘어서는 일을 강제하지 말아야 한다. 단지 사변을 위해서 실행되는, 동물에게 커다란 고통을 주는 물리적 실험은, 특히 실험을 하지 않고도 그 결과를 얻을 수 있는 것이라면, 마땅히 혐오의 대상이 되어야 한다. 하지만 늙은 말이나 개가 오랫동안 일한 것에 대하여 감사하는 것조차도(마치 그들을 가정의 한 구성원인 듯이 생각하여) 그러한 동물들과 **관련된** 인간의 **간접적인** 의무에 속한다. 직접적인 의무는 항상 오직 인간 자신에 대한 인간의 의무이다."[62]

미헬레트나 칸트보다 진일보한 문제의식은 1841년에 출판된 헤르만 울리치의 주장에서 찾아볼 수 있다. 그는 "자연을 **단순한** 물건으로, 즉 **완전하게** 법률상 아무런 권리가 없는 것으로 바라보는" 태도를 비판한다. 이런 태도는 사실상 "정신 나간 견해"(geistlose Ansicht)에 지나지 않는다는 것이다. 그러면서 그는 동물 학대는 이제까지 모든 문명화된 나라들에서 "부당한 것"으로 여겨왔다고 주장한다.[63]

환경 위기의 시대에 환경 보호의 정당성의 근거를 합리적으로 토의하고 이에 대해 사회적 합의를 이루어내는 것은 시급한 실천적 과제이다. 다만 환경 보호의 정당성이 미래 세대의 보존이라는 관점에서 적절하게 해명될 수 있는가 하는 물음이 여기서는 깊이 있게 논의될 수 없다. 이미 언급된 것처럼 칸트

---
62) 같은 책, 443.
63) H. Ulrici, *Ueber Princip und Methode der Hegelschen Philosophie*, Halle, 1841, S. 156.

윤리학은 단지 이성적인 존재로서의 인격체들에게만 내재적인 가치를 부여한다. 따라서 자연 풍경이나 다양한 식물 및 동물 종들, 개별적인 식물들과 동물들이 그 자체로 내재적인 가치를 지닌 존재라는 생각은 칸트에게 완전히 낯선 것이다. 그리고 인격과 물건의 이원성을 따르는 헤겔에게도 마찬가지다. 그렇지만 우리는 이미 일상적으로 자연의 희귀종들을 보호하는 법률을 제정하여 시행하고 있다. 그런 점에서 볼 때 우리는 현재 인류의 보존이나 미래 세대의 보존이라는 관심을 벗어나 생명체가 그 자체로서 보존되어야 한다는 것을 인정하고 있는 셈이다. 이런 관행에 내재한 합리적인 논거를 좀더 명료하게 한다면 자연에 대한 우리의 태도가 어떠해야만 하는가 보다 분명한 입장을 정리할 수 있을 것이다.

우리는 헤겔이 활동하고 사유했던 시기와는 다른 상황 속에서 살면서 그가 보지 못했거나 예측할 수 없었던 여러 가지 새로운 문제들에 직면하고 있다. 예를 들어 헤겔의 정치철학은 근대의 주권적 국민국가를 국제 정치질서의 가장 기본적 행위자로 설정하고 있다. 그러나 오늘날 우리가 직면한 인류 공동의 문제는 근대의 주권적 국가 중심의 국제질서로서는 해결 불가능하다. 환경 문제, 인권 유린, 기아와 난민 문제, 국제 테러와 국제 범죄의 문제 들은 어느 한 국가의 노력으로 해결될 성질의 것이 아니다. 마찬가지로 지금까지 살펴본 것처럼 환경 위기의 시대에서 인간의 활동, 특히 경제 활동을 규제하고 생태계를 보존하려는 각종 법률이 제정되고 시행되는 것이 일반적인 추세를 감안하더라도 동물과 자연에 관한 헤겔의 법철학적 결론들은 재고되어야만 한다.

5) 사적 소유와 상호주관적 인정 문제: 소유의 사회적 성격

마지막으로 사적 소유와 상호주관적 승인 사이의 연관성의 문제이다. 헤겔의 소유이론에서 상호주관적인 측면이 부족하거나 적어도 적극적인 의미를 갖고 있지 않다는 비판은 새롭지 않다. 예를 들어 마르쿠제는 헤겔이 사유재산 제도를 "철저하게 고립된 개인의 본성으로부터 전개하고" 있다고 언급한다.[64] 또 다른 헤겔 연구자인 일팅은 헤겔이 소유의 정당성을 이론적으로 해명하는 과정에서 상호주관적 계기를 무시하고 있다고 비판한다. 그가 보기에 헤겔은 소유에서 타자의 승인의 계기를 전적으로 무시한다. 특히 점유와 소유를 구별하는 부분에서 그리고 소유에서 계약으로 이행하는 데에서 이런 점이 두드러지게 나타난다는 것이다. 일팅에 의하면 헤겔은 "고립된 개인이 대자적으로(홀로) 소유자일 수 있는 것처럼" 주장한다.[65] 페터 란다우 역시 헤겔의 『법철학』은 그 "출발점에서 개인주의적"이라고 지적하였다.[66] 헤겔 사후에 중요한 청년 헤겔주의자의 하나인 포이어바흐는 「헤겔 철학의 비판에 대하여」(Zur Kritik der Hegelschen Philosophie)라는 1839년 논문에서 헤겔을 포함하여 자신 이전의 모든 철학자들이 전달이라는 상호주관적인 측면을 무시하고 있다고 주장하였다.[67] 포이어바흐의 관점에 의하면 헤겔의 소유이론뿐 아니라 그의 철학 전반에서 상호주관적인 것이 소홀히 다루어지고 있다는 것이다. 그에 의하면 "참다운 변증법은 결코 고독한 사상가의 자기 자신과의 독백이 아니라 나와 너 사이의 대화이다."[68]

일팅의 주장에 대해 지프는 다음과 같이 반론을 제기한다. 그는 한편으로 일팅의 주장의 타당성을 인정한다. 헤겔이 공식적으로 출판된 법철학 저서에서 "소유권의 상호주관적 전제들, 법적 주체들로서의 개인들의 상호 승인"을 "가능한 데까지 제거하였다"는 사실은 인정할 수밖에 없다는 것이다. 그럼에도 그에 의하면 헤겔은 사실상 그의 법철학 저서에서 "모든 법적 권리 주체들의 원칙적인 평등"을 설명할 필요가 없었다. 왜냐하면 "자신을 인식하는 의지의 보편성 속에 처음부터 상호 인정 관계가 함축되어 있기" 때문이다.[69] 그의

---

64) 마르쿠제, 『이성과 혁명』, 211쪽 이하.
65) K. -H. Ilting, 앞의 글, 앞의 책, S. 233과 234 참조.
66) P. Landau, "Hegels Begründung des Vertragsrechts," *Materialien zu Hegels Rechtsphilosophie*, Bd. 2, hg. von M. Riedel, Frankfurt, 1975, S. 178.
67) L. Feuerbach, *Werke in sechs Bänden*, Bd. 3, hg. v. E. Thiers, Frankfurt, 1975, S. 19 이하 참조.
68) 같은 책, S. 321.
69) L. Siep, 앞의 글, 앞의 책, S. 255 이하 그리고 259. 마르쿠제는 헤겔이 『예나 시대의 체계』나 『정신현상학』에서는 소유를 인간들 사이의 관계로서 취급했으나, 『법철학』에서는 그것을 주

지적은 전적으로 타당하다. 헤겔에 의하면 인정투쟁은 자연 상태에서 발생하는 것이어서 시민사회나 국가는 이미 그런 인정투쟁의 결과를 전제하고 있는 것이다.[70] 국가와 시민사회에서는 인간이 이성적이고 자유로운 존재로 그리고 인격으로서 인정되기 때문이다(10, 221 이하). 헤겔은 국가의 이성적인 근거와 이성적 국가를 역사적으로 출현시키는 인정투쟁을 구별한다. 그는 다음과 같이 말한다. "인정투쟁과 주인에 대한 복종은 **현상**이다. 이로부터 **국가들의** 시초로서 인간의 공동생활이 출현한다. 그러므로 폭력은 욕구와 개별성에 몰입해 있는 자기의식의 **상태**가 보편적인 자기의식의 상태로 이행하는 데 **필연적**이고 **정당한** 계기이지만, 이러한 현상에서의 근거인 **폭력**(Gewalt)은 법의 **근거**가 아니다. 그것은 국가의 외면적인 혹은 **현상하는** 시초이지 그 **실질적인 원칙**은 아니다"(10, 223).

회슬레 역시 헤겔 소유이론에 대한 일팅의 이의 제기가 중요하다고 말한다. 그렇지만 회슬레에 의하면 일팅의 반론은 심각한 난점을 안고 있다. 일팅은 사적 소유 제도를 포함하여 모든 인간 사회의 제도들을 "**사실적인 인정**"에 의해서 정당화하려고 시도하기 때문이다. 회슬레가 보기에 이런 입장은 불가피하게 널리 알려진 "계약주의의 난문"에 빠진다. 그는 이런 난문을 두 가지로 정리한다. 첫째로 계약 자체의 타당성이 어떻게 될 것인가 하는 문제는 순환이 없이는 해결될 수 없다. 둘째로 일팅의 관점은 결국 모든 것을 계약의 대상

체와 대상 사이의 관계로서 취급하고 있다고 말한다(마르쿠제, 앞의 책, 211쪽 주석 40 참조).
70) 헤겔이 자연 상태와 생사를 건 인정투쟁을 결합하고 있다는 사실에서 우리는 그의 인정투쟁 및 주인과 노예의 변증법이 홉스의 영향하에 있다는 것을 알 수 있다. 스트라우스(L. Strauss)는 이미 1936년에 출판된 『홉스의 정치철학』(The Political Philosophy of Hobbes)에서 이런 사실을 언급한 바 있다(Chicago, 1963, p. 57 이하 참조). 헤겔의 인정투쟁 이론은 현재 실천철학의 새로운 원리로서 재해석되고 있다. 이에 대해서는 L. Siep, 『실천철학의 원리로서 인정』(Anerkennung als Prinzip der praktischen Philosophie), Freiburg/München, 1979; 호네트(A. Honneth), 『인정투쟁』(Kampf um Anerkennung), 문성훈·이현재 옮김, 동녘, 1996 참조. 미국에서도 헤겔의 인정이론에 대한 관심은 증대되고 있다. 미국에서 헤겔의 인정이론에 대한 연구 업적으로는 R. Williams의 책(Hegel's Ethics of Recognition, Berkeley/Los Angeles/London, 1997)이 있다. 그리고 인정투쟁은 한국에서도 논의되고 있다. 박구용의 『우리 안의 타자: 인권과 인정의 철학적 담론』, 철학과현실사, 2003 참조.

으로 만드는 것으로 귀결된다. 그런데 이런 결론은 결코 합리적이지 않다. 회슬레는 헤겔 역시 이런 결론에 대해서 이의를 제기한다고 덧붙인다.[71] 왜 계약의 자유에는 일정한 한계가 있어야 하는지 그리고 헤겔이 그것을 어떻게 정당화하는지를 우리는 이미 위에서 살펴보았다.

결론적으로 말하면 헤겔 소유이론은 인격과 물건의 관계가 전면에 등장하고 인간들의 상호 관계는 소홀히 취급된다. 계약에서 비로소 소유 속에 이미 함축되어 있는 인간들의 상호 관계가 전면적으로 등장하기는 하지만, 추상법의 단계에서 인간 관계는 단지 물건을 매개로 해서만 등장한다는 점은 분명하다. 그리고 이런 일면성은 문제가 있다. 그런데 이런 문제는 소유를 상호 승인의 관계로 해소한다고 해서 해결될 성질의 것이 아니다. 적어도 헤겔에게서 소유는 정신과 자연의 관계 그리고 의지의 관념론과 결합되어 있다. 그리고 그런 관점은 일정 정도 이성적인 타당성을 확보하고 있다. 그래서 계약에 앞서 소유를 다루는 것은 정당하지만, 헤겔 소유이론과 같이 소유에서의 주관-객관의 관계를 상호주관적인 관계의 맥락 안으로 재구성하는 노력이 필요하다고 회슬레는 강조한다.[72] 이런 해결책은 결국 사적 소유를 어떻게 상호주관적으로, 즉 사회적 차원에서 합당한 방식으로 제한할 것인가 하는 문제로 되돌아간다. 그 문제는 이미 위에서 다룬 바 있으므로 이 문제는 여기에서 더 논하지 않겠다.

나가는 말

지금까지 살펴본 것처럼 헤겔은 추상법의 영역에서 인간을 권리의 담지자인 인격으로 보고 있다. 그는 인간을 사적 소유의 권리를 지니는 존재로 파악한다. 헤겔의 추상법 이론은 사적 소유자가 될 가능성과 권한은 모든 인간에

---
71) V. Hösle, 앞의 책, S. 495.
72) 같은 곳 참조.

게 보장되어 있다는 점에서 인간을 보편적이고 평등한 권리의 주체로 간주하는 근대의 인간관을 전제한다. 그는 사적 소유의 필연성이 경험적인 방식으로 수행되는 사람들 사이의 동의에 있다고 보지 않는다. 그는 사적 소유의 필연성을 자유이론의 관점에서 해명하고자 한다. 헤겔에 의하면 사적 소유의 정당성은 소유를 통해 소유주가 자유로운 인격적 존재임을 확인할 수 있다는 사실과 결합되어 있다. 이 점에서 헤겔은 사적 소유이론에서도 칸트의 후예이다. 그러나 그는 사적 소유 이론에서 로크의 노동이론적 관점과 공리주의적인 효율성 이론을 받아들여 칸트의 소유이론을 한층 발전시킨다. 헤겔의 소유이론에서 특히 주목할 것은 노동과 사적 소유의 연관성에 대한 그의 입장이다. 헤겔이 노동을 통한 자연물의 가공과 그 산물의 소유를 인간이 자연을 자신의 것으로 만들어나가는 과정으로 이해한다는 점은 이미 언급되었다. 이 노동의 과정은 인간이 자연적인 존재에서 정신적인 존재로 도야되는 과정이라는 의미를 지닌다. 노동과 사적 소유는 헤겔에게 인간의 자유 실현에 필연적 조건들 중의 하나인 셈이다.[73] 사적 소유, 인간의 자유 그리고 노동 등은 헤겔의 사적 소유 이론의 핵심적인 개념들이지만, 이들 사이의 연관성을 어떻게 이해할 것인지는 논쟁의 여지가 있다. 이미 헤겔 사후 1840년대 초반에 마르크스가 헤겔과는 달리 사유재산 제도를 인간 소외의 근본 원인의 하나로 간주하고 사유재산 제도의 폐지를 인간에 대한 인간의 지배를 종식시키기 위한 결정적인 전제조건으로 주장했음을 우리는 잘 알고 있다. 마르크스는 이미 1844년에 헤겔 법철학을 비판하는 글에서 프롤레타리아트가 "사적 소유의 부정"을 요구하고 있다고 강조한다.[74] 마르크스는 사유재산의 폐지를 공산주의와 동일한 것으로 바라보며, 사적 소유의 폐지를 통해 진정한 인간 공동체가 창조될 수 있다고 생각한다. "공산주의자들은 자신들의 이론을 단 하나의 표현으로 집약할 수 있는"데, 그것은 바로 "사적 소유의 철폐"이다.[75]

---

73) 우리는 나중에(시민사회를 다루는 부분에서) 노동의 문제를 좀더 상세하게 다룰 것이다.
74) 마르크스, 『칼 마르크스 프리드리히 엥겔스 저작선집 1』, 최인호 외 옮김, 박종철출판사, 2005, 15쪽.

옛 소련과 동유럽 공산주의 블록의 붕괴로 인해 이제 사유재산 제도와 이에 기초한 시장경제 질서가 갖고 있는 합리성과 효율성을 전적으로 부인하는 태도는 설득력을 갖기 힘들게 되었다. 시장경제 질서와 사유재산 제도의 긍정은 인간의 자유를 위해서 필수적이라는 생각이 보편적으로 인정되기에 이르렀다고 볼 수 있다. 그러나 이런 언급이 사적 소유 제도와 시장경제 질서 자체에 대한 무한한 긍정을 함축하지는 않는다. 헤겔의 사적 소유 이론이 갖고 있는 합리성을 부정할 수 없지만, 그런 긍정이 헤겔의 소유이론에 아무런 문제점도 없다는 의미는 아니다. 헤겔의 소유이론이 안고 있는 문제점들도 적지 않다. 현대 사회는 헤겔이 미처 생각지도 못한 여러 문제들에 직면해 있다. 이런 시대적 상황의 변화는 헤겔의 사적 소유 이론에도 역시 일정 정도 변화를 요구하고 있다.

우리는 이미 상호주관성과 소유의 연관성, 인격과 사물의 이원성, 사적 소유의 범위 설정 문제 그리고 경제적 불평등 문제 등과 연관해서 헤겔 소유이론이 안고 있는 문제점들을 지적하였다. 우리에게 남은 문제는 헤겔 소유이론의 합리적인 핵심을 훼손하지 않고 그것을 변형하여 현대 상황에 어울리는 재산권 이론을 발전시키는 것이다. 나는 헤겔의 사적 소유 이론이 어떤 방향으로 재구성되고 보완되어야 하는가를 간단하게나마 언급했다. 이런 과제들을 더 체계적으로 발전시키는 노력이 필요하다고 본다. 그러나 이런 작업은 여기에서 더 다루지 않고 후속 연구 과제로 남겨두고자 한다. 그리고 사적 소유가 근대 시민사회에서 비로소 그 현실적인 의미를 지닌다는 점을 고려할 때, 근대 자본주의적 시장경제 질서의 내적인 법칙과 연관해서 사적 소유의 문제가 거론되어야만 한다는 것은 분명하다. 근대에 등장한 시장사회의 자립화는 근대에 고유한 사적 생활과 공적 생활의 분리를 가져왔다는 점에서 이 둘 사이의 관계 해명 역시 사적 소유의 문제를 종합적으로 이해하는 데 필요한 탐구 영역이다. 이렇게 볼 때 사적 소유 문제는 근대의 문제이기도 한 것이다. 서구

---
75) 같은 책, 413쪽.

근대는 사적 생활과 공적 생활의 분리 혹은 사적 개인과 공적 시민(인간과 공민) 사이의 분열이라는 고유한 문제를 안고 있다. 헤겔의 사회·정치철학 역시 근대에서 등장한 시장을 중심으로 형성되는 사적인 개인 생활과 정치적 생활 사이의 이원성을 근대적인 입헌국가 내에서 통일하려는 시도이다. 사적 소유와 시장경제 질서의 무제한적 긍정이 가져올 사회적 불평등 및 사회 해체의 경향성 등의 문제를 헤겔이 어떻게 이해하고 있는지, 이런 문제들을 극복하려는 그의 노력이 얼마나 성공적인지는 시민사회 그리고 시민사회와 국가 사이의 관계를 다루면서 다시 말할 기회가 있을 것이다.

제3장

추상법과 형벌이론

들어가는 말

　형벌의 근거는 무엇이며, 국가가 형벌을 가하는 범위의 한계는 어디까지인가? 형벌이란 정당한 것인가? 이런 물음에 긍정적으로 답하는 경우에, 그렇다면 정당한 형벌이란 무엇인가 하는 물음이 제기된다는 것을 우리는 알고 있다. 이런 문제들은 법학과 윤리학이나 정치철학의 한 분야로 다루어지는 법철학에서 예나 지금이나 아주 중요한 문제이다. 특히 가장 극단적인 국가 형벌인 사형에서 이러한 문제는 더욱 심각하게 대두된다. 우리나라에서도 사형 제도가 정당한가를 놓고 논쟁이 벌어지고 있다.
　철학사에서 헤겔만큼 평가가 상이하게 대립하는 사상가도 드물 것이다. 특히 헤겔의 정치이론을 둘러싼 논쟁과 그의 정치철학적 학설이 후대에 남긴 영향사의 다양함과 극단적일 정도로 상반된 평가는 실로 철학사에서 보기 드문 현상이다. 헤겔의 형벌이론도 예외는 아니다. 울리히 클루크는 1968년에 쓴 논문 제목이 보여주듯이 칸트, 헤겔과 작별을 선언한다. 그에 의하면 "칸트와 헤겔의 형벌이론으로부터 [······] 그들의 모든 인식이론적, 논리적 그리고 도덕적 모호함에 결정적으로 이별을 고할" 시대가 도래한 것이다.[1] 또 어떤 사람들에게 헤겔의 형벌이론은 모호하고, 엄밀한 사유의 산물이라기보다는 차라리 일종의 시 혹은 신비적인 색조를 띤 표현들로 구성된 것으로 여겨진다.[2] 이와 같이 많은 사람들은 이제 헤겔의 형벌이론을 시대에 뒤지고 이해하기 힘든 모호한 이론으로 격하한다. 나아가 헤겔이 자신의 철학을 서술하는 자유나 역사, 절대이성과 같은 기본적인 개념들이 그 자명함과 설득력을 잃었다는 것은 사회적으로 분명한 사실이다. 이제 극단적인 이성 비판은 시대의 표어가 되고 있다. 마찬가지로 클루크는 칸트와 헤겔의 형벌이론의 형이상학적 전제들을 비판하면서 칸트에게 "정의로운 형벌이 무엇인지를 누가 정확히 아는가?" 하고 반문한다. 이러한 질문은 형벌의 정당성에 대한 보편타당한 기준을 추구하는 것이 무익하고 불가능하다는 주장을 함축하고 있는 것은 아닌가? 그러나 이성을 회의하고 의심한다 해도, 옳고 그름의 보편타당한 기준을 찾는 노력을 거부하는 것은 파멸적인 결과를 야기할 것이다. 우리가 선택의 보편적인 원리들을 정당화할 가능성마저 부인한다면, 우리들은 결국 자의적이고 맹목적인 선호 이외에 어떤 기준도 지니지 못할 것이기 때문이다.

이 장에서 나는 소위 절대적 형벌이론적 전통에 속해 있는 것으로 간주되는 헤겔의 형벌이론이 과연 시대착오적인 것인지를 비판적으로 검토하고자 한다. 현재의 형벌에 대한 법학적이며 철학적인 토론에 대해 헤겔의 형벌이론을 아무런 긍정적인 대답을 주지 못하는 한물 지나간 이론으로 폄하하는 해석 경향이 어느 정도 타당한 것인지를 살펴볼 것이다. 이와 더불어 나는 어떤 의미에서 헤겔의 형벌이론이 단순히 철학사적인 대상으로 머무는 것이 아니라, 현재의 법철학적인 물음과 연관해서도 여전히 주목해야만 하는 의미 있는 이론인지 밝혀보고자 한다.[3]

----

1) U. Klug, "Abschied von Kant und Hegel," *Skeptische Rechtsphilosophie und humanes Strafrecht*, Bd. 2, Berlin, 1981, S. 154.
2) 헤겔의 형벌론에 대한 널리 유포된 오해에 대해서는 M. Tunick, *Hegel's Political Philosophy. Interpreting the Practice of Legal Punishment*, Princeton, New Jersey, 1992, ix 이하 참조.

I. 추상법의 마지막 범주로서의 불법: 계약에서 불법으로의 이행의 변증법적 구조

1) 추상법의 기본 개념으로서의 인격과 소유

헤겔은 자신의 형벌이론을 『법철학』 제1부인 "추상법"(das abstrakte Recht)에서 상세히 전개한다.[4] 뒤에서 자세히 살펴보겠지만, 그는 칸트와 마찬가지로 형벌을 다른 목적을 달성하기 위한 수단으로 간주하는 당대의 형벌에 대한 합목적적 고찰 방식을 비판하면서 형벌의 정당성의 근거를 범죄자의 행위 자체에서 이성적으로 입증하려고 시도한다. 이러한 헤겔 형벌이론이 그의 『법철학』 체계에서 제1부인 "추상법"의 일부를 구성하는 한, 법철학의 기본적인 이념과 추상법의 다양한 주제들에 이론적인 기초를 제공하는 몇 가지 기본적인 개념들에 대한 설명은 그의 형벌이론을 이해하는 데 필수적이다.

그렇다면 헤겔이 이해하는 법 개념과 추상법은 무엇인가? 소크라테스의 제자인 알키비아데스는 고대 아테네의 대표적인 민주주의 정치가인 페리클레스에게 법이 무엇인지 모르는 사람은 정말로 칭찬받을 만한 사람이 못 된다고 주장했다고 한다.[5] 법이 무엇인지에 대한 옳은 인식이 과연 옳고 선한 시민들

---

3) 이 글에서 나는 주로 형벌의 정당성 문제에 주목하고 형벌의 대상과 그 한계에 연관된 질문은 사형 제도의 물음에 한정한다. 헤겔의 형벌론의 현실성을 강조하는 이론적 작업 역시 꾸준히 계속되고 있다. 이에 대한 몇 가지 중요한 연구로서 다음을 들 수 있다. V. Hösle, "Das abstrakte Recht," *Anspruch und Leistung von Hegels Rechtsphilosophie*, Stuttgart, 1987, S. 55~99; G. Mohr, "Unrecht und Strafe," *G. W. F. Hegel, Grundlinien der Philosophie des Rechts*, hg. von L. Siep, Berlin, 1997, S. 95~124; K. Seelmann, *Anerkennungsverlust und Selbstsubsumtion*, Freiburg/München, 1995. 영어권의 논문으로는 주석 2에 인용된 투닉(M. Tunick)의 상세한 책을 추천할 만하다.
4) 물론 이것은 헤겔 법철학의 다른 부분, 즉 도덕성과 인륜성의 부분에서 다루는 주제들이 형벌론과 전혀 관계가 없다는 것은 아니다. 특히 도덕성 부분은 헤겔의 형벌론과 연관된 주요한 주제들을 다루고 있다.
5) Xenophon, *Memorabilia*, Loeb Classical Library. *Xenophon IV. Memorabilia · Oeconomicus · Symposium · Apology*, translated by E. C. Marchant and O. J. Todd, Cambridge/Massachusetts/London, 1997, I, ii. 41 이하.

이 갖추어야 할 기본적인 덕목인지는 논외로 하더라도 이 물음은 분명히 중요한 철학적인 질문이다. 사실상 법철학에서 가장 중요한 문제는 말할 것도 없이 법 개념의 본질이다. 법이란 무엇인가, 즉 법의 본질에 대한 물음은 법철학의 핵심 문제이다. 특히 법 개념의 본질을 이해하는 작업에서 가장 중요한 문제는 법과 도덕 사이에 필연적인 연관성이 존재하는가 그렇지 않은가를 둘러싼 논쟁이다.

법이란 무엇인가 하는 문제는 오랜 역사를 갖고 있으며, 다양한 철학자들이 다양한 대답들을 제시해왔다. 플라톤의 초기 대화 편의 하나인 『크리톤』은 소크라테스와 연관해서 법의 본질에 대한 물음과 긴밀하게 연결되어 있는 문제, 즉 법을 준수해야만 하는 이유는 무엇인가를 다룬다. 『크리톤』의 배경은 소크라테스가 사형 선고를 받고 죽음을 기다리는 상황이다. 소크라테스는 아테네 시민들에 의하여 아테네가 숭배하는 신을 믿지 않고 모독했으며 젊은이들을 타락시킨 죄를 저질렀다는 혐의로 기소되었다. 그 재판에서 그는 사형 선고를 받았다. 그는 사형 선고가 다가올 무렵에 그의 친구이자 제자인 크리톤과 대화를 하게 된다. 이 자리에서 크리톤은 소크라테스에게 탈옥할 것을 권한다. 그러나 소크라테스는 크리톤에게 탈옥을 하는 것이 옳은 일인가 하고 묻는다. 이런 물음을 둘러싸고 진행되는 소크라테스와 크리톤의 대화는 우리에게 형벌을 피하는 것이 옳은가, 달리 말하자면 법을 준수할 의무는 어디에 있는가 하는 물음에 대한 진지한 철학적 성찰의 한 예를 제시한다.[6]

앞에서 지적한 것처럼 법 개념의 본질을 탐구하는 작업에서 법과 도덕의 연관성에 대한 물음은 그 핵심에 해당하는 문제이다. 법과 도덕의 연관성에 대한 의문은 알키비아데스가 페리클레스에게 한 질문에서도 이미 등장한다. 크세노폰의 기록에 의하면 알키비아데스는 페리클레스에게 "만약에 최고의 권력을 갖고 있는 폭군(tyrannos)이 시민들이 무엇을 해야만 하는지를 규정한다면, 그의 명령들은 법인가?" 하고 물었다고 한다.[7] 법과 도덕의 분리를 주

---

6) 플라톤, 『크리톤』, 44b 이하. 『플라톤의 네 대화 편. 에우티프론, 소크라테스의 변론, 크리톤, 파이돈』, 박종현 역주, 서광사, 2003, 211쪽 이하.

장하고 법과 도덕의 필연적인 연관성을 부인하는 학설은 법철학 역사에서 흔히 법실증주의라고 알려져 있다. 이와는 달리 자연법적인 전통에서는 법과 도덕의 필연적인 연관을 긍정하고 있다. 헤겔은 『법철학』에서 법 개념을 자유 이념과 연결한다. 자유 개념은 사실상 정신적인 존재로서의 인간 본성과 연관된 것이다. 자유와 연관이 없는 법은 법으로서의 존재 이유를 인정받을 수 없는 것이다. 이런 점에서 헤겔은 법과 도덕의 연결을 필연적인 것으로 보고 있다. 그의 법철학은 "법의 이념"으로 이해되는 자유 개념을 체계적이고 논리적인 전개의 필연성 속에서 서술한다(7, 30). 이때 헤겔은 자유와 이 자유의 실현을 서로 분리된 것으로 보지 않는다. 그러므로 『법철학』에서 헤겔은 법(das Recht)을 "자유의지의 현존재"(7, 80)로서 고찰한다. 헤겔에게서 법이란 자기 의식적 자유의 "현존재"(7, 83)로서 자유의 실현에 필연적인 규정들의 총체이다. 그러므로 법의 체계는 자유의 왕국인 것이다. "자유의지의 현존재로서 이 실재성 일반이 **법**이다. 이 법은 단지 제한적이고 법학적인 법으로서만이 아니라, 자유의 모든 규정들의 현존재로서 포괄적으로 이해되어야만 한다"(10, 304).

이렇게 법철학이 자유 개념과 이 개념을 구체적으로 가능하게 하는 여러 관계들의 총체를 대상으로 한다는 점에서 그는 『법철학』의 대상을 "**법의 이념**, 즉 법의 개념과 이것의 실현"(7, 29)으로 이해한다.[8] 그러므로 헤겔 법철학의 세 가지 주요 구성 부분인 "추상법"(das abstrakte Recht), "도덕성"

---

7) Xenophon, 앞의 책, I. ii, 43.
8) 이때 개념 및 이념의 의미 그리고 현존재와 현실성 사이의 관계를 적절하게 이해하기 위해서 우리는 헤겔의 논리학을 이해해야만 한다. 헤겔 역시 법철학이 논리학을 전제하고 있음을 강조하고 있다(7, 32). 그러나 이 장에서 법철학과 논리학의 내적인 연관성을 다룰 수는 없다. 헤겔 『논리학』과 『법철학』의 논리적 구조를 이해하려면 K.-H. Ilting, "Die Struktur der Hegelschen Rechtsphilosophie," *Materialien zu Hegels Rechtsphilosophie*, Bd. 2, hg. von M. Riedel, Frankfurt, 1975, S. 52 이하 참조. 또한 H. Ottmann, "Hegelsche Logik und Rechtsphilosophie," *Hegels Philosophie des Rechts*, S. 382 이하 참조. 그리고 헤겔의 논리학과 실재철학 사이의 내적인 논리 구조의 상응 관계를 비판적으로 고찰하려면 회슬레의 탁월한 책 *Hegels System*을 추천할 수 있을 것이다.

(Moralität), 그리고 "인륜성"(Sittlichkeit)은 자유의지의 현존재의 가장 중요한 방식들이다.

"추상법"은 자유의지의 실현을 위한 최초의 단계 혹은 자유의지의 최초의 현존 방식을 의미한다. 추상법의 기본 개념은 인격(Person)이다.[9] 헤겔은 인격성(Persönlichkeit)을 "권리 능력"을 포함하는 것으로서 "추상적인 그리고 그러므로 **형식적인** 법의 〔……〕 추상적인 기초"로 규정한다(7, 95). 이와 같이 추상법에서 인간은 일단 인격으로 이해된다. 이 단계에서 인격이란 개념은 단지 형식적인 권리의 담당자로서의 인격을 의미할 뿐이므로, 연령 · 출생 · 능력, 재산의 유무 등 개인으로서 지니는 모든 특수성은 이 인격 개념에서 전적으로 추상된다. 즉 인격에 관련된 모든 특수성은 여기에서 **"중요하지 않은 것"**이다(7, 96).[10]

헤겔은 이러한 추상법의 영역을 소유, 계약 그리고 불법으로 구분한다. 추상법에서 인격은 물건과의 관계에서 자신의 자유의 현존재를 최초로 확인한다. 우리는 인격과 물건과의 관계를 앞 장에서 상세하게 다루었다. 그래서 여기에서는 간단하게 그 내용을 언급하는 데 그친다. 헤겔은 인격을 자신을 어떤 방식으로 자유롭다고 인식하고 자유로운 존재이기를 의지하는 모든 자유로운 개인으로서 이해한다. 자유의지의 **직접적인** 현존재로서 인격성은 자신에게 어울리는 내용을 지니지 않은 어떤 주관적인 것이다. 이 주관적인 인격은 자신의 자유의지의 현존재를 단지 외적인 물건에서 지닌다. 즉 자신의 의지로 자유로이 처분할 물건을 소유할 때 비로소 인격은 자신의 자유의지를 확인하는 것이다. 그러므로 재산, 즉 사적 소유는 헤겔에게서 단순히 수단의 의미가 아니라 자유의지가 자신의 실재성을 획득하기 위한 필연적인 조건 내지

---

9) 크반테에 의하면 헤겔의 인격 및 인격성 개념은 "헤겔 법철학 전반의 보편 원리"의 의미와 "부분 원리"로서 법철학의 제1부인 추상법의 원리라는 두 가지 의미를 지닌다. M. Quante, "Die Persönlichkeit des Willens," *G. W. F. Hegel, Grundlinien der Philosophie des Rechts*, S. 74 이하.

10) 일팅에 의하면 헤겔이 추상법에서 다루는 대상은 칸트가 『도덕 형이상학』 제1부의 법론의 사법(Privatrecht)으로서 서술하는 것과 일치한다. K.-H. Ilting, 앞의 글, S. 53.

계기이다. "소유의 이성적 측면은 욕구의 충족에 있는 것이 아니라, 인격의 단순한 주체성이 지양된다는 데에 있다. 소유에서 비로소 인격은 이성으로서 존재한다"(7, 102).

앞 장에서 상세하게 설명됐던 것처럼 헤겔은 사적 소유의 필연성을 인격이 "이념으로 존재하기 위해 스스로에게 외면성의 영역에 현존재를 부여해야만 한다"(7, 102)는 사실 속에서 정당화한다. 이와 같이 소유는 인간이 자유 실현의 과정에서 최초로 획득하는 자유의 실재성이다.

2) 계약에서 불법으로의 이행과 불법의 세 가지 종류

계약은 인간과 사이의 관계, 즉 소유에 지속성을 부여하기 위해 없어서는 안 된다. 이렇게 볼 때 소유와 계약이 서로 밀접하게 연결되어 있다는 사실은 분명해 보인다. 그러나 문제는 이런 관계에 대한 성격을 어떻게 이해할 것인가이다. 헤겔은 다른 곳에서처럼 개념의 논리적인 필연성 속에서 소유에서 계약으로의 이행에 이론적인 정당성을 부여하고자 시도한다. 소유에는 이미 계약이라는 계기가 함축되어 있는데, 이 계약이라는 것의 전개가 바로 소유 개념 발전의 참모습이라는 것이다. 이미 언급한 대로 헤겔에 의하면 소유라는 것은 자유의지의 현존재(Dasein)이다. 그런데 현존재는 헤겔의 『논리학』에 의하면 **"타자에 대한 존재"**(*Sein-für-Anderes*)이기도 하다(5, 127). 이 현존재의 규정을 그는 『법철학』에도 적용한다. 현존재가 본질적으로 타자에 대한 존재인 한, 의지의 현존재 역시 타자에 대한 존재임은 틀림없다. 그런데 의지의 현존재와 연관된 타자란 우선 외적인 물건이라는 측면과 동시에 "다른 인격의 **의지**"라는 측면을 갖고 있다(7, 152).

소유에서는 인격체가 외적인 사물을 자신의 것으로 간주하는 관계, 즉 인격과 사물 사이의 관계가 기본적이었다. 그런데 이 단계에서 소유는 특정한 인격체가 자신의 자유를 실현하는 데 필연적이라는 점에서 보편적이지만 다른 면에서 볼 때 일정한 한계가 있다. 우선 소유는 특정한 인격체의 자의에 의존한다. 인간은 논리적으로 볼 때 모든 물건을 소유할 수 있지만, 자신에게 필요한 것을 일차적으로 소유하고자 한다. 배고플 때 음식물을 갖고자 하는 것처럼 소유는 각 인격체의 취향이나 욕구나 그 외의 갖가지 우연적인 상황에 의존한다. 그리고 소유의 대상이 외면적인 물건의 형식을 보유하는 현존재이기 때문에 어떤 특정한 인격체만이 어떤 물건을 독점적으로 소유하지 못할 수 있다. 다른 사람 역시 같은 물건을 소유하기를 원할 수 있는 것이다. 이런 상황에서 갈등이 따르는 것은 불가피하다. 특정 물건이 자신의 것이라고 하는 주관적인 의지의 표명은 이런 상황을 해결하기에 충분하지 않다. 이런 갈등은 물론 강제로 물건을 탈취한다는 극단적인 상황이 될 수 있는 것이다.

모든 인격체는 자신의 자유의 현존재인 소유물에 대한 지속적인 권한을 행사해야만 한다. 그렇지 않다면 인격의 의지의 자유는 공허한 것에 지나지 않을 것이기 때문이다. 물건에 대한 지속적이고 안정적인 소유는 단순히 인간의 욕구 만족이라는 측면에서만 중요한 것은 아니다. 소유의 관계가 지속성과 안정성을 유지하기 위해서는 타인과의 관계를 통해서 소유물에 대한 상호 승인이 이루어져야만 한다. 그런데 소유가 그 의미를 유지하기 위해서 이미 잠재적으로 전제하고 있는 인격체끼리의 관계 맺음이 전면화하지 않고는 상호 승인이라는 것은 불가능하다. 소유물에 대한 인정 관계를 구체화하는 것이 바로 계약이다. 이렇기 때문에 소유에서 계약으로의 이행은 자유의지의 실현을 위한 필연적인 조건으로 드러난다. 인간들이 서로 계약 관계를 맺어야만 한다는 계약의 이성적인 필연성은 바로 여기에 있다. 그래서 헤겔 역시 계약 관계를 인간이 소유를 점유하는 것 못지않게 "필연적"이라고 강조한다(7, 153). 이제 계약과 더불어 의지는 물건과의 관계에서 다른 자유의지와의 관계로 이행하게 된다. "소유를 물건과 나의 주관적인 의지를 매개로 해서만 갖는 것이 아니라 마찬가지로 다른 의지를 매개로 해서 그러므로 공통의 의지 속에서 지니는 것이 **계약**의 영역을 형성한다"(7, 152).

그러므로 소유와는 달리 계약에서는 서로를 소유자로서 인정하는 인격 사이의 관계가 전면적으로 등장한다. 이 계약의 장에서 문제가 되는 것은 서로를 소유자로서 인정하는 인격 사이에 성립하는 공통의 의지이다. 이러한 계약 관계, 혹은 "의지에 대한 의지의 관계"에서 비로소 자유의 현존재의 "고유하고도 참다운 기반"이 형성된다(7, 153). 간단히 말하면 계약이 소유의 진리라는 것이다. 이러한 주장에서 우리는 헤겔은 상호주관적인 승인을 소유의 참다운 기반으로 이해하고 있음을 알 수 있다. 헤겔 역시 계약 속에 이미 "상호 인정이라는 계기가 포함되어 있고 전제되어 있다"는 사실을 강조한다(7, 153). 여기에서 우리는 동시에 헤겔이 소유와 연관해서 상호주관성의 측면을 소홀히 한다는 비판이 일면적임을 알 수 있다.[11]

헤겔은 계약의 개념을 보다 분명하게 해명하기 위해서 계약을 구성하는 세 가지 측면을 열거한다. 첫째로 계약의 출발점을 이루는 것은 계약 당사자의 "자의"이다. 둘째는 계약에 의해서 형성된 의지의 성격에 관한 것이다. 계약에 의해서 이루어지는 의지는 "공통 의지"일 뿐 참다운 의지는 아니라는 것이 헤겔의 입장이다. 마지막 계약의 측면은 그것의 대상에 연관된 것이다. 헤겔에 의하면 계약의 대상은 양도 가능한 "개별적이고 외적인 물건"이다(7, 157). 이 세 가지 차원에서 계약의 성격을 규정하면서 헤겔은 혼인이나 국가를 계약 관계로 바라보는 것을 비판한다. 그에 의하면 가족이나 국가와 같은 윤리적인 삶의 형태들은 물건을 사고팔거나 아니면 어떤 소유물을 타인에게 양도하기 위해 맺는 계약에서 발견되는 자의성과 우연성에서 벗어나 있다. 가족이나 국가와 같은 인륜적인 관계를 가능하게 하는 의지 역시 헤겔이 보기에는 계약관계에서 통용되는 공통 의지와는 다른 것이다(7, 157 이하 참조). 이를 좀더 분명하게 설명하기 위해 계약과 연관된 자의 및 공통 의지가 무엇인지 해명이 필요하다.

자의는 의지의 현상 형태이긴 하지만 보편적이고 참다운 의지는 아니다(7, 66 참조). 자의는 간단하게 말해 선택의 의지이다. 우리는 모든 것을 하고자

---

11) 소유 문제 그리고 헤겔의 소유이론과 상호주관성의 관계에 대한 문제는 앞 장에서 다룬 바 있다.

원할 수 있으나 사실상 특정한 것을 선택하여 행동할 수밖에 없다. 이 선택의 필연성을 인정하지 않고는 현실적인 의지에 대해 논할 수 없다. 헤겔에 의하면 결심 혹은 결정하는 의지를 통해서만 의지는 "현실적인 의지"이다(7, 63). 이 자의로서의 의지는 내용과 형식의 긴장을 극복하지 못한다는 점에서 한계가 있다. 간단하게 말해 선택하는 의지는 모든 충동들에서 해방되어 있고 모든 욕구와 충동을 괄호에 넣고 이를 이성적인 판단으로 선택한다는 점에서 보편적이다. 그러나 선택의 자유는 의지의 선택 대상이 인간의 자연적인 욕구나 외적인 사회 환경 등에 의해서 이미 주어져 있다는 점에서 한계를 보인다. 즉 미리 주어진 내용이나 재료에 의존한다는 것은 자의로서의 의지의 한 측면이다(7, 65 이하 참조). 그래서 이 자의에 기초한 계약 관계 역시 우연적인 성질을 벗어날 수 없다. 이해관계가 일치하지 않으면 계약 관계는 성립하지 않는다. 그리고 계약 관계의 대상들 역시 당사자들의 자의적인 선택에 의존하기 때문에 상황이 변하면 체결된 계약은 해제되거나 취소되거나 소멸된다.

 여기에서 우리는 계약의 둘째 측면, 즉 계약으로 형성된 공통 의지의 성격을 인식하게 된다. 계약으로 형성된 계약 당사자들의 공통 의지는 이해관계의 일치에 따른 합의에 기초하고 있다는 것이다. 그래서 이 기초가 상실되면 계약 관계를 더 지속하는 것은 아무런 의미도 없는 것이다. 그뿐 아니라 계약에서 이루어지는 행위, 즉 계약의 자유와 소유의 자유 그리고 이와 관련된 이행의 의무 등은 국가의 질서를 전제로 해서 비로소 보호받고 유지되는 것이다. 국가는 "개인들을 인격으로서 유지하고 그러므로 법[추상법]을 필연적인 현실성으로 만든다"(10, 330). 국가가 인격의 자유와 그 고유 권한들을 보호하는 장치이자 질서라는 점에서 계약은 국가를 전제로 해서 비로소 그 구체성을 띠고 존립할 수 있다. 이렇게 볼 때 국가는 논리적으로 계약 관계보다 앞선 것이기에 국가를 계약의 관점에서 보는 것은 잘못이다. 이렇게 계약 관계의 본질을 구성하는 의지는 사물을 대상으로 하여 자의적인 판단을 행하는 자유의 성격을 띠기 때문에 국가를 해명하는 적절한 철학적 토대가 될 수 없다는 것이 헤겔의 주장이다.

헤겔은 계약을 크게 두 가지, 증여 계약(Schenkungsvertrag)과 교환 계약(Tauschvertrag)으로 나눈다. 증여 계약은 "형식적"(formell) 계약으로 교환 계약은 "실질적"(reell) 계약으로 불리기도 한다. 전자에서 계약 당사자의 한쪽은 어떤 물건을 양도하여 그 물건의 소유를 포기하고 다른 쪽은 그 물건을 소유하게 된다. 그와는 달리 후자, 즉 실질적 계약인 교환 계약에서 계약 당사자 쌍방은 모두 소유자가 되면서 물건을 넘겨주고 넘겨받는다(7, 159). 헤겔의 계약 이론에서 주목할 만한 사항은 계약의 대상이 지니는 가치에 대한 고려이다. 헤겔은 "심각한 손해"(laesio enormis) 때문에 계약이 무효화될 수 있다는 관점을 지지한다. 계약으로 물건을 교환할 때 계약 당사자 중 하나가 물건의 가치에는 어울리지 않게 지나친 손해를 입는다면, 그 당사자는 그런 사실을 인식하였을 때 계약이 부과한 의무를 이행하지 않아도 된다(7, 161). 계약이라는 행위 이외에도 물건의 가치를 함께 고려하는 헤겔의 입장은 물건의 가치를 "계약의 내용을 위한 실질적인 기준"으로 삼는다는 것을 의미한다. 계약이 유효하기 위해서는 대상들의 가치가 동등해야 한다는 것이다.[12]

헤겔의 가치 개념에서 가치는 개별적으로 쓰이는 여러 물건들을 "비교 가능하게" 만드는 것이다(7, 135 이하). 사람들이 어떤 물건을 사용하려는 것은 특정한 욕구를 만족시키기 위해서다. 서로 다른 물건들을 비교할 때 필요한 것은 비교의 척도인데, 바로 가치가 이런 역할을 한다. 물건의 가치는 그것이 얼마나 인간의 욕구를 충족시킬 수 있는가에 달려 있고, 물건의 가치는 욕구(혹은 필요)에 의거해 측정될 수 있으며 그런 한에서 모든 욕구들은 서로 비교될 수 있다고 헤겔은 생각한다. 욕구는 사람들이 흔히 생각하듯이 순수하게 주관적인 것이 아니며, 모든 개별적인 욕구는 구체적인 비교 가능성을 통해 객관적으로 규정될 수 있다는 것이다. 그런 의미에서 헤겔은 "욕구(혹은 필요)

---

12) P. Landau, "Hegels Begründung des Vertragsrechts," *Materialien zu Hegels Rechtsphilosophie*, S. 182. '심각한 손해'와 연관된 헤겔의 생각은 그로티우스나 푸펜도르프와 같은 근대 초기 자연법 학자들의 생각과 동일하다(같은 책, S. 186 참조).

일반"이라는 개념을 사용한다(7, 135). 서로 다른 물건들이 같은 정도로 욕구를 만족시키는 경우 그것들의 가치는 같다고 볼 수 있다. 욕구에 의해서 가치를 측정하는 것이 과연 합당한 것인가 하는 문제는 여전히 남아 있다. 그러나 이미 말했듯이 물건들을 서로 비교할 수 있게 해주는 객관적인 척도는 가치다. 이 가치는 현실적으로 화폐(das Geld)로 표현된다. 즉 화폐는 가치의 표현 형태이다(7, 137).

란다우가 지적하는 것처럼 가치를 욕구에 의거해 측정한다는 점에서 헤겔은 애덤 스미스(Adam Smith)나 데이비드 리카도(David Ricardo)와 다른 입장이다. 스미스나 리카도의 가치이론은 흔히 노동가치설(the theory of labor value)이라고 불린다. 이 이론에 따르면 상품의 교환가치는 그 상품을 생산하는 데 투입된 노동의 양에 따라서 결정된다. 노동은 상품의 가치를 측정하고 비교할 수 있는 참다운 척도라는 것이다. 물론 헤겔 역시 노동이 가치를 창출하는 능력이 있음을 완전히 부인하지는 않는다. 예컨대 사물들이 어떤 특정한 개인에게 귀속되는 소유물이 되기 위해서 그 개인이 그 물건에 행한 노동이 전제되어 있다는 점을 강조한다. 그렇지만 그는 물건의 가치를 그것을 산출하는 데 투여된 노동시간으로 측정하려고 시도하지 않는다. 란다우에 의하면 헤겔의 가치이론은 아리스토텔레스의 그것에 기초하고 있다. 나아가 그의 가치이론은 당대의 국민경제학과 구별된다. 스미스나 리카도와 같은 당대의 국민경제학에서 가치 개념은 사용가치(Gebrauchswert)와 교환가치(Tauschwert)를 구별하지만, 헤겔은 이러한 구분을 받아들이지 않기 때문이다.[13]

지금까지 우리는 소유에서 계약으로의 이행의 필연성, 계약의 종류 그리고 계약의 여러 계기들을 간단하게 다루어보았다. 그러나 형벌이론과의 연관에서 중요한 것은 계약에서 형성되는 "의지와 의지의 관계"가 완전하지 않다는 점이다. 다시 말해 계약에서 여러 인격체들 사이에 형성되는 의지는 여전히 불충분하다. 그렇다면 계약의 내재적인 한계는 무엇인가? 헤겔에 의하면 계

---
13) 같은 책, S. 182 참조.

약 속에서 형성된 계약 당사자들 사이의 일치 내지 합의는 항상 그들의 특수한 이해관계에 의존하기 때문에 계약에서 형성된 여러 인격체들의 의지는 그 우연적인 성격을 완전히 극복할 수 없다. 그러므로 계약의 개념 속에 내재한 우연성으로부터 계약은 불법(Unrecht)으로 이행한다. 더 자세히 말하면, 추상법은 여러 인격체들 사이의 합의로 이루어진 계약과 이 계약의 구체적인 실현, 즉 계약의 이행 사이의 불일치의 가능성을 안고 있으며 이러한 성사된 계약과 계약의 실행 사이의 불일치를 원칙적으로 극복할 수 없다. 계약과 계약의 실행 사이에 존재하는 불일치의 가능성은 바로 추상법의 형식적 특성에 기인한다.

추상법의 형식적 특성을 우리는 다음 세 가지로 요약해 볼 수 있다. 첫째로 계약의 출발점을 이루는 것은 자의(Willkür)이다. 둘째로 계약으로 형성되는 계약 당사자들의 "동일적 의지"는 단지 "정립된, 그러므로 단지 공통적인, 즉 자 대자적이지 못한 일반적" 의지이다. 그러므로 셋째로 "계약의 대상은 개별적인 외적 물건"에 제한되어 있다(7, 157). 단순한 자의에 종속되는 대상은 바로 외적인 물건에 제한되어야 한다고 헤겔은 생각한다. 그러므로 그는 사람의 고유한 인격과 자신의 자기의식의 일반적인 본질을 구성하는 것들, 예를 들어 의지의 자유, 종교와 같이 인간의 양심에 해당되는 사항들은 양도 불가능한 것들이라고 생각한다(7, 141). 소유에서 자유의지의 현존재는 계약 당사자의 하나가 다른 인격체의 권리 승인을 자의적으로 거부하는 가능성을 배제할 수 없기 때문에 항상 훼손될 상태에 있다. 헤겔은 공통 의지와 즉자 대자적 의지를 엄격하게 구별함으로써 계약의 구속성에 대한 물음을 계약이론 자체로 완전히 해명할 수 없다는 것을 지적하고자 한다. 헤겔은 이러한 통찰을 가지고 계약이론에 의거해서 국가를 정당화하려는 모든 시도에 철저하게 비판적인 태도를 취한다. 따라서 헤겔은 결혼과 국가를 계약의 대상으로 간주하지 않고 사법적인 관계에 해당되는 것을 국가나 가족관계에 적용하는 것을 어리석다고 본다(7, 157).

위에서 살펴본 바와 같이 인격체의 자유의 현존재로서 이해되는 사적 소유는 다른 인격체의 인정을 통해서 비로소 소유의 현실성을 지속적으로 확보할 수 있다. 그리고 물건에 대한 다른 인격체들과의 관계를 구성하는 것이 바로 계약이다. 그러나 추상법에서는 계약을 통해서 형성된 공통 의지가 기본적으로 계약 당사자들의 이해관계에 의거하고 있기 때문에, 이 공통 의지가 실현되는 것은 우연에 맡겨져 있다. 계약과 그 실행의 내재적인 연관을 불가능하게 만드는 계약 당사자의 특수한 이해관계와 연관된 자의의 우연성에서 헤겔은 계약에서 불법으로 이행하는 논리적인 필연성을 본다. 물론 소유와 계약 그리고 불법이라는 세 영역으로 이루어진 추상법에서 과연 '불법'이 소유와 계약의 종합적인 규정으로서 역할을 담당할 수 있는가에 대해서는 비판적인 견해가 존재한다. 헤겔이 소유에서 계약으로 그리고 불법으로의 이행이 개념의 변증법적인 운동에 의해서 진행된다고 주장하고는 있지만 이런 변증법적인 방법이 헤겔의 정치철학의 영역에서는 아무런 이로움도 제공해주지 못한다는 것이다. 특히 추상법의 마지막 부분, 즉 '불법'의 영역이나 '도덕성' 전 영역은 변증법적 전개 도식에 상응하지 않는다는 것이다.[14]

헤겔에 의하면 "불법"(das Unrecht)에서 계약은 법의 현상(Erscheinung)으로 그리고 이 법의 현상은 불법에서 가상(Schein)으로 된다. 헤겔은 가상을 스스로를 지양하는 "비진리"로서 규정한다. 즉 가상으로서의 불법의 진리는 바로 가상이 "타당하지 않다"(nichtig)는 데 있다(7, 172). 따라서 즉자적으로 존재하는 권리 혹은 법(das Recht an sich)에 대해 자신의 특수한 권리를 주장하는 불법은 법의 부정으로서 나타난다. 그리고 이러한 법의 부정으로서의 불법을 다시 부정함으로써 훼손된 법은 자신의 현실성을 확보한다. 헤겔은 불법을 ① 범죄의 의도가 없는 불법(unbefangenes Unrecht), ② 사기(詐欺, Betrug) 그리고 ③ 강제와 범죄(Zwang und Verbrechen)로 세분한다(7, 174).

범죄의 의도가 없는, 즉 민사법상의 불법은 어떤 사람이 법의 타당성을 인정하지만, 불법을 자신의 권리로 간주할 때 생긴다. 범죄의 의도가 없는 불법

---

14) K.-H. Ilting, 앞의 글, 앞의 책, S. 77 주석 40 참조.

을 분명하게 이해하려면 우리는 다음과 같은 사실을 염두에 두어야 한다. 동일한 소유물을 둘러싼 사람들 사이에서 발생하는 권리의 충돌을 예로 든다면, 이러한 충돌은 이해 당사자들이 모두 다 권리의 근거(Rechtsgründe)에 호소하여 자신의 권리를 정당화하려고 시도할 때 생기는 것이지, 단지 어떤 한 사람이 의도적으로 불법을 자신의 권리로 간주하려는 것은 아니다(7, 174 이하). 그러나 이러한 권리의 충돌에서도 충돌 당사자 중의 하나는 정당하다고 인정되고, 다른 한쪽은 불법으로 배제될 수밖에 없다. 이 분쟁의 대상인 물건은 두 당사자 중의 하나에게 귀속되고, 물건을 자신의 권리에 속하는 것으로 주장했던 다른 한 당사자는 결과적으로 권리가 없는 물건에 권리를 주장했다는 불법을 범하게 된다.

둘째의 불법은 사기(Betrug)이다. 민사법상의 불법과는 달리, 사기를 치는 사람은 자신이 불법을 저지르고 있다는 것을 알면서도 다른 사람에게 정당한 것이 행해지고 있다는 외관을, 즉 법의 가상을 내세운다. 그러므로 민사법상의 불법에서는 훼손되지 않았고 모든 당사자들이 존중했던 보편적인 권리(das allgemeine Recht)가 속이는 자의 측면에서는 의식적으로 부정되고 특수한 의지만이 고려된다. 사기에서 특수한 의지가 고려된다는 것은 단지 사기를 치는 사람의 의지에만 해당되는 것은 아니며, 사기를 당한 측에서도 자신의 특수한 의지는 침해되지 않는다는 것을 동시에 의미한다. 외적으로나마 사기를 당한 사람에게 정의가 행해지는 것으로 나타나기 때문이다(7, 177). 범죄의 의도가 없는 불법과는 달리 사기는 형벌의 대상에 해당한다(7, 178). 그러나 헤겔은 강제와 범죄를 본래적인 "형법의 영역"으로 이해한다. 헤겔에 의하면 강제와 범죄의 영역에서는, 형벌의 강제적인 특성을 정당화하는 근거를 제시하는 데 결정적인 의미를 지니는 범죄의 강제성이 사기의 경우와는 달리 분명히 나타나기 때문이다.

II. 헤겔 형벌이론의 일반적 특성

한스 켈젠(Hans Kelsen)과 더불어 20세기의 위대한 법이론가의 하나로 평가받는 허버트 하트(Herbert L. A. Hart)는 형벌의 정당화 문제에서 중요한 세 가지 측면을 거론한다. 첫째로 도대체 왜 우리는 형벌을 가해야 하는가? 형벌을 정당화하는 형벌의 목적은 무엇인가? 둘째로 누구에게 형벌을 가할 때 정당화되는가? 셋째로 어떤 방법으로 정당하게 형벌을 가할 수 있으며, 그 정도는 얼마인가?[15] 형벌 문제를 논의하는 이론들 중에서 어느 이론은 첫째 질문에 어떤 이론은 둘째 질문에 몰두하는 경향이 있다. 아래에서는 헤겔이 어떻게 형벌의 목적과 근거를 구별하고, 형벌의 정당화 문제에 대하여 독자적인 해답을 제시하고 있는가를 구체적으로 살펴볼 것이다.

헤겔은 범죄를 "본래적인 불법"(7, 178)으로 규정한다. 범죄는 법 그 자체나 주관적인 의지를 모두 침해하기 때문이다. 이러한 점에서 범죄는 개인의 특수한 의지만이 부정되고 법 그 자체는 존중되는 민사법상의 불법과 다르며, 개인의 주관적인 권리 감정이 침해되지 않고 법 그 자체가 사기를 행하는 자에 의해서 의식적으로 부인되는 사기와도 다르다. 강제와 범죄라는 불법의 마지막 단계에서 범죄는 피해자에게 강제(Zwang)로서 나타난다. 물론 인간의 자유의지는 강제로 침해될 수 없다. 그러나 육체, 생명 그리고 재산처럼 자유의지에 현실성을 부여하는 그러므로 자유의지의 외적인 표현이 "강제나 폭력"에 의해 부정될 경우에 이러한 폭력이나 강제는 바로 인간의 자유의지의 현존을 의미하는 법을 부정하는 것으로서 범죄이다. "**구체적인** 의미에서 자유의 현존재, 즉 법으로서의 법을 침해하는 자유로운 존재가 행한 폭력으로서의 일차적 강제는 **범죄**이다"(7, 181). 이와 같이 강제는 어떤 자유로운 존재의 "의지의 표현이나 현존재를 지양하는 의지의 표현"으로 규정된다(7, 179). 자유의 현존재에 대한 강제 내지 폭력은 또 다른 강제에 의해서 부정된다. 이 제2의 강제가

---

15) H. L. A, Hart, "Prolegomenon to the Principles of Punishment," *Punishment and Responsibility*, Oxford, 1968, pp. 1~27 참조.

바로 형벌이다. 헤겔은 이러한 강제에 대한 강제, 즉 형벌을 "단지 제한된 의미에서 법적일 뿐 아니라 필연적"(nicht nur bedingt rechtlich, sondern notwendig)인 것으로 주장한다(7, 179). 그렇다면 헤겔은 이러한 제2의 강제로서 형벌의 필연성을 어떻게 정당화하는가?

위에서 살펴본 바와 같이 형벌은 자유의 현존재의 부정으로서의 범죄인 강제 내지 폭력을 강제로 부정한다는 점에서 "부정의 부정"이며, 범죄자가 침해한 권리의 재회복이다(7, 186). 헤겔에 따르면 형벌의 정당성과 필연성은 범죄를 저지르는 사람의 의지에 자기모순이 있고 따라서 그는 필연적으로 자기지양에 이르게 된다는 사실로써 해명될 수 있다. 어떤 점에서 범죄자의 의지는 자기모순을 범하고 있으며, 그러므로 자신의 부정을 자체 내에 지니고 있는가? 이성적인 존재로서 범죄자는 자신의 행동을 통해서 자신의 행동의 준칙을 일반적으로 타당한 것으로 간주한다. 그러므로 범죄자의 행위는 그 행위의 법칙에 자신의 행위 역시 포섭한다.

"범죄자에게 가해지는 침해〔형벌〕는 **그 자체로서**(an sich) 정당할 뿐만 아니라 ― 동시에 정당한 것으로서 이 침해는 범죄자의 **즉자적으로** 존재하는 의지(sein *an sich* seiender Wille)이며 그의 자유의 현존재이고 **그의** 권리이다 ―, 또한 이 침해는 범죄자 자신에게 **고유한 권리이다. 다시 말해 이 침해는 범죄자의 현존하는 의지 속에, 그의 행위 속에 정립된 것**이다. 왜냐하면 **이성적인 존재**로서 범죄자의 행위 속에 이 행위가 어떤 보편적인 것이라는 것, 즉 이 행동을 통해서 법칙이 수립되었다는 것이 포함되어 있기 때문이다. 그리고 이 법칙은 범죄자가 그의 행위에서 스스로 인정한 것이며, 그러므로 그는 또한 **그의** 권리에 속하는 것으로서 이 법칙에 포섭되어 마땅하다는 것이 포함되어 있기 때문이다"(7, 190).

인용문에서 헤겔은 형벌을 범죄자의 범죄 행동에 내적으로 포함되어 있는 타당성 주장과 연관해서 정당화하려고 한다. 헤겔에 의하면 범죄자가 어떤 범행을 하는 한, 그는 이러한 행동을 통해서 이미 자신의 행동을 일반적으로 타당한 행위의 준칙으로 설정하는 것을 의미한다. 따라서, 형벌이란 범죄자 자신이 설정한 행위의 규칙을 자신에게 적용한 것에 지나지 않는다. 그러므로 범죄는 이렇게 스스로가 설정한 규칙을 자기 자신에게 적용함으로써 지양된다.

이와 같이 범법 행위자가 자신의 범죄 행위를 필연적으로 이 행위 자체가 일반화될 수 있다고 주장함으로써 정당화하는 한, 형벌의 정당성은 바로 범죄자의 행위 자체에 내재해 있는 것이다. 그러므로 이러한 형벌의 정당화와 함께 범죄자의 행위에 외면적인 영역, 예를 들면 사회질서의 유지나 특수한 목적과의 연관 속에서 혹은 계약론적인 동의에서 형벌의 정당성을 구하려는 모든 형벌론은 비판된다. 만약에 범죄자가 형벌을 부인한다면, 헤겔에 따르면 그는 자기모순을 범하는 것이 된다. 자신의 범죄 행위가 이미 논리적으로 전제하고 있는 것, 즉 자신의 행위 준칙이 보편적으로 타당하다는 주장을 스스로 부인하는 것이기 때문이다. 범죄자는 자기에게 가해지는 형벌을 부인하면서 동시에 자신의 범행이 정당화될 수 없는 혹은 일반화될 수 없는 행동임을, 즉 부당한 것임을 스스로 고백하는 꼴이 된다. 이와 같이 헤겔은 범죄자가 저지르는 자기모순성의 논변으로써 형벌의 정당성의 근거를 해명한다. 그리고 범죄는 이렇게 자체 내에 모순을 포함하고 있으므로 이미 자기부정 내지 자기파괴의 필연성을 지니고 있다. 그러므로 형벌은 제2의 강제로서 범죄 혹은 폭력의 자기파괴의 내적 표현인 것이다. 이러한 문맥에서 우리는 헤겔이 왜 권리를 침해하는 범죄 행위를 "자체 내에서 타당하지 않은"(in sich nichtig) 것으로 파악하는가를 분명히 알 수 있다(7, 185). 이러한 주장은 범죄 행위가 자유로운 인격체의 고유한 권리를 침해했기 때문에 불법이고 이런 불법의 지양 내지 부정을 통해서 권리는 다시금 자신의 현실성을 획득하게 된다는 것으로 이해할 수 있다.[16]

이러한 행위자의 자기모순적 태도라는 논변으로 형벌을 정당화하려는 시도는 헤겔의 형벌이론에 고유한 것은 아니라는 반론을 제기할 수 있을 것이다.

---

[16] "자체 내에서 타당하지 않다"는 구절은 '불가능하다'와 '자기모순적'이라는 두 가지 의미로 해석될 수 있다. 이에 대해서는 젤만의 탁월한 논문에서 시도된 헤겔의 형벌론 설명 참조. K. Seelmann, 앞의 책, S. 20 이하.

쿠르트 젤만이 적절하게 지적하고 있듯이 실제로 이러한 전략은 18세기 다양한 형태로 등장하는 계약론에서 이미 널리 퍼져 있었다.[17] 그러나 헤겔의 형벌론은 형벌의 정당성을 범죄자의 동의에서 구하려는 계약론적인 논변과 구별된다.[18] 한편으로 헤겔은 계약이론으로 형벌의 정당성을 입증하려는 시도를 포기하고, 계약에 의한 동의는 결코 형벌의 정당성을 적절하게 이성적으로 논증할 수 없다고 비판한다. 이러한 비판은 계약에 의해서는 국가나 가족의 질서의 본성을 적절하게 이해할 수 없다는 헤겔의 주장과 연관되어 있다. 다시 말해 헤겔은 일관되게 계약은 행동의 보편타당한 구속력을 결코 해명할 수 없다고 생각한다. 다른 한편으로 헤겔은 계약이론을 비판하면서도 자기모순성의 논변을 버리지 않고 새로운 차원에서 발전시키고 있다. 헤겔의 논변에서 형벌의 필연성의 내적 근거로서 이해되는 범죄 행위의 자기모순은 범죄 행위자가 형벌에 반대하는 논변을 행할 경우에 발생할 앞선 진술과 지금의 형벌에 대한 진술 사이의 불일치에서 생기는 모순과 근본적으로 다르다. 모순을 이러한 의미에서 이해하는 것은 18세기에 여러 형태의 변형으로 전개된 계약이론적인 형벌이론에서 생각하는 자기모순이다. 이렇게 이해된 모순 개념에 입각해서 형벌의 정당성의 근거를 해명하기는 대단히 어렵다. 만약에 자기모순을 계약이론에서처럼 이전의 진술과 지금의 진술 사이의 불일치로 이해한다면, 범죄 행위자가 형벌에 직면해서 자신의 견해가 이제는 바뀌었기 때문에 이전에 주장했던 사항이 자신에게 어떤 구속력을 행사할 근거가 없으며 따라서 그것이 자신의 행위에 적용될 수 없다고 응수할 때, 계약이론적으로 이해된 행위자의 자기모순으로 형벌의 필연성을 해명하려는 시도는 어려움에 빠질 것이다.

이와는 달리 헤겔이 생각하는 범죄 행위의 자기모순은 범죄자가 형벌을 거절할 때 거절하는 진술과 범죄 행위가 부인할 수 없게 전제하는 보편타당성

---

17) 같은 책, S. 82.
18) 앞으로 서술되는 헤겔에서의 자기모순에 대한 재구성은 젤만과 회슬레의 연구에 크게 의존하고 있다. K. Seelmann, 같은 책, S. 82 이하; V. Hösle, 앞의 책, S. 504 이하 참조.

주장 사이에서 발생하는 것이다. 논증이나 어떤 진술이 내용적으로 주장하는 것과 이러한 것이 자신의 가능성을 위해서, 즉 논증 수행을 위해서 이미 전제하고 있는 것 사이에서 발생하는 모순은 오늘날 카를-오토 아펠(Karl-Otto Apel)이 최후 근거를 해명하려는 시도에서 전개한 수행적(화용론적) 모순과 매우 비슷하다. 수행적 모순 개념은 아펠이 발전시킨 선험 화용론의 핵심 개념 중 하나이다. 아펠은 선험 화용론에 의거하여 논증을 가능하게 하는 전제조건들을 찾아내려고 시도한다. 그에 따르면 합리적인 논증을 가능하게 하는 전제조건들에 의해서 논증의 의미와 타당성이 보장되며, 마찬가지로 의사소통 행위를 통해서 이루어지는 상호주관적인 진리 도출을 정당화할 수 있다. 합리적인 논증을 가능하게 하려면 토론에 참여하는 사람들은 수행적 모순을 범해서는 안 된다. 즉 이 수행적 모순은 피해야만 하는 원칙이다. 그러므로 이 수행적 모순을 피해야만 한다는 원칙은 의미 있는 논증을 가능하게 하는 전제조건들 중의 하나이다.[19]

앞에서 지적했듯이 범죄자가 범하는 자기모순에 대한 헤겔의 서술은 상당히 독특할 뿐 아니라 아펠의 수행적 모순과 일맥상통한다. 그런 점에서 회슬레는 헤겔의 변증법적인 모순에 대한 논증 구조와 아펠의 선험 화용론적인 최후 정초의 시도가 대단히 유사하다고 강조한다.[20] 이와 같이 헤겔은 계몽주의 시대에 널리 퍼져 있었던 자기모순의 논변을 받아들이면서도 모순에 대한 매우 새로운 통찰을 기초로 하여 형벌의 정당성을 해명하려고 시도하고 있다. 우리는 헤겔의 자기모순에 의거한 논변을 "탈계약주의적인 모순논변"으로 명

----

19) 권용혁, 『철학과 현실: 실천철학 II』, 울산대학교 출판부, 2004, 22쪽 이하 참조.
20) 물론 아펠 식의 최후 정초의 논증 구조는 플라톤 이래로 잘 알려진 것이긴 하다. 그러나 이러한 논증을 방법론적으로 보다 명료하게 발전시키고 있다는 점에 아펠의 선험 화용론의 중요한 업적이 있다는 것은 분명하다. V. Hösle, "Begründungsfragen des objektiven Idealismus," *Philosophie und Begründung*, hg, von Forum für Philosophie Bad Homburg, Frankfurt, 1987, S. 234 이하 참조. 그리고 회슬레는 특히 아펠이 반성적인 논증을 윤리학의 정초를 위해서 응용하고 있다는 점에서 그의 독창성을 인정하고 있다. V. Hösle, *Die Krise der Gegenwart und die Verantwortung der Philosophie*, München, 1994, S. 125.

명할 수 있을 것이다.[21]

젤만은 헤겔의 형벌이론의 정당화 논변에서 두 가지 상이한 논변이 발견된다고 보고 있다. 헤겔 『법철학』의 100절에서 발견되는 "법칙논변"(Gesetzesargument)과 97절 및 헤겔의 초기 저작들에 암시되는 "인정논변"(Anerkennungsargument)이 바로 그것이다. 법칙논변의 구조는 다음과 같다. 범죄 행위자는 이성적인 존재로서 자신의 행위와 함께 자신의 행위의 준칙을 일반화가 가능한 원칙으로 주장하는 것으로 이해되어야 한다. 그러므로 범죄 행위자가 형벌을 부인한다는 것은 자기모순을 범하지 않고는 불가능하다. 인정논변의 논리적 핵심은 범죄 행위자가 범죄 행위를 통해서 타자의 인격뿐 아니라, 자기 자신의 법적 권리의 주체로서의 인격 존재(Personsein)를 가능하게 해주는 선험적 조건인 타자와의 인정 관계 자체를 훼손한다는 것이다. 그러므로 범죄 행위자는 범죄 행위를 통해서 자기 자신에게서 인정을 박탈하기 때문에, 그는 자기 인격의 존엄성의 기반 자체를 파괴하는 것이다. 젤만은 법칙논변보다 인정논변이 형벌의 필연성을 더 잘 해명할 수 있는 기초를 제공한다고 믿는다. 젤만에 따르면 법칙논변은 18세기에 널리 유행했던 계약논변과 마찬가지로 "지금의 진술과 이전의 진술" 사이에 존재하는 단순한 자기모순에 의거하고 있다. 이에 반해 인정논변만이 요즈음의 수행적 자기모순과 같은 새로운 유형의 자기모순에 의거한 논변을 전개하고 있다고 젤만은 주장한다.[22]

그러나 나는 이러한 젤만의 구별이 정말로 설득력이 있는지에 대해서 약간은 회의적이다. 법칙논변과 인정논변에서 결정적인 역할을 하는 것은 동일하게 수행적인 자기모순이기 때문이다. 법칙논변에서 문제가 되는 모순은 위에서 살펴본 것처럼 단순한 자기모순이 아니라, 오히려 젤만이 인정논변과 연관해서 주장하는 수행적 자기모순인 것으로 여겨진다. 젤만 역시 스스로 반문하고 있듯이, 계약 위반은 그것이 일반적인 행위 준칙이 된다면 어느 누구도 계약을 이루려고 하지 않을 것이라는 점에서 인정논변에서 주요하게 전제된 것

---

21) K. Seelmann, 앞의 책, S. 98.
22) 같은 책, S. 88 이하 참조.

과 유사한 유형의 수행적 자기모순이 전제되어 있기 때문이다.

III. 공리주의적 형벌이론 비판: 포이어바흐의 일반예방 이론에 대한 비판을 중심으로

위에서 살펴본 바와 같이 헤겔은 형벌의 정당성의 근거를 범죄 행위자의 행위 자체 내에 존재하는 자기모순에서 구한다. 이렇게 형벌의 필연성은 범죄 행위에 내재한 것이기에, 범죄 행위 외부에 있는 어떤 것에 호소해도 형벌의 근거는 정당화될 수 없다. 그러는 한 형벌에서 나타나는 것은 "범죄 속에 이미 놓여 있는 것"에 지나지 않는다.[23] 이러한 입장에서만 우리는 형벌이 범죄자의 자유를 인정하는 것으로 고찰되어야만 한다는 헤겔의 주장을 이해할 수 있다. 그는 다음과 같이 말한다. "더 나아가 국가가 관철해야만 하는 것은 단지 범죄의 **개념**, 즉 개인의 동의 **유무와 상관없이 즉자 대자적**인 범죄 개념의 이성적인 것만이 아니라 형식적인 이성성, 즉 **개인의 의욕** 역시 범죄자의 **행동** 속에 놓여 있다는 것이다. 이러한 점과 관련하여 형벌은 **범죄자** 자신의 **권리**를 포함하는 것으로 간주된다는 점에서 범죄자는 이성적인 존재로서 **존중된다**"(7, 191).

이와 같이 형벌의 근거를 범죄자의 행위 속에서 구한다는 점에서, 헤겔의 형벌이론은 형벌을 자기 목적으로 간주하는 절대적 형벌이론(absolute Straftheorie)에 속한다. 칸트 역시 절대적 형벌이론을 주창한 사상가이다. 칸트는 형벌의 근거를 형벌이 추구하는 목적과 철저하게 분리할 것을 주장한다. 우리는 절대적인 형벌이론에 대한 급진적인 정식화를 칸트의 다음과 같은 주장에서 발견한다. "악덕이 자신을 스스로 벌하기 때문에 그리고 입법자가 아무런 고려를 하지 않는 **자연적 형벌**(poena naturalis)과 구별되는 **재판상의 형벌**(poena

---

23) Ilting IV, 28.

forensis)은 범죄자 자신이나 시민사회를 위해서 단순히 어떤 다른 선을 조장하기 위한 수단으로서가 아니라, 범죄자가 **범죄를 범했기** 때문에 항상 그에게 부과되어야만 한다. 인간은 결코 다른 사람의 의도를 위한 수단으로서 취급될 수 없고 물권의 대상에 섞일 수 없기 때문이다. 비록 범죄자가 시민적 인격성을 잃는 판결을 받을지라도 그의 타고난 인격성은 단순한 수단으로 취급되거나 물권의 대상으로 전락하지 않도록 그를 보호한다. 범죄자는 이런 형벌로부터 그 자신이나 동료 시민들을 위해서 상당한 유용성을 끌어내는 것을 생각하기 전에 유죄 상태에 있어야만 한다. 형법은 정언명법이다. 그리고 행복론이 뱀처럼 기어들어와 형벌이 약속하는 어떤 이로움을 통해 범죄자를 형벌에서 벗어나게 하거나 '전체 민족이 멸망하는 것보다는 한 사람이 죽는 것이 더 낫다'는 바리새인의 표어에 따라서 형벌의 정도만이라도 완화할 어떤 것을 찾아내려는 사람에게 저주가 있을지어다! 정의가 몰락한다면 인간은 이 땅에서 더 살 가치가 없기 때문이다"(AA VI, 331).[24]

위 인용문이 보여주는 것처럼 칸트는 형벌을 정언명법으로 이해하고 형벌의 존재 이유를 그 유용성에서 이해하려는 모든 시도를 비판한다. 그에 의하면 유용성에 대한 모든 고려와 무관한 정의만이 형벌을 정당화할 수 있다. 즉 "모든 형벌 자체에는 필경 첫째로 정의가 내재하는 것이고, 이것이 이 개념의 본질을 이룬다"(AA V, 37). 그래서 범죄자는 그가 범죄 행위를 했기 때문에 반드시 처벌받아야만 한다. 달리 말하자면 어떤 사람이 유죄 상태에 있지 않은 한 그에게 부과되는 형벌은 정의롭지 못하기 때문에, 그 어떤 공공의 목적을 위해서도 무고한 사람의 처벌은 허용될 수 없다. 무고한 사람을 처벌하는 것은 부당한 것이다. 그뿐 아니라 도덕에서 정언명법이 그 어떤 예외적 상황을 허용하지 않고 보편적이고 객관적으로, 즉 무제한적으로 관철되어야 한다는 것이 칸트의 주장이다. 마찬가지로 형벌은 그것이 정언명법인 한 이성과 의지를 갖

---

24) 칸트의 저서 중 『실천이성 비판』은 백종현 옮김, 아카넷, 2002를 참조하였다. 그리고 『윤리형이상학 정초』, 백종현 옮김, 아카넷, 2005을 주로 참조했다. 제1비판은 *Kritik der reinen Vernunft*, hg. v. J. Timmermann, Hamburg, 1998에 따라 A, B 쪽수를 기입한다.

고 있는 사람에게 평등하게 타당해야만 하며[25] 엄격하게 준수되어야 한다. 칸트는 형벌의 엄격한 준수를 다음과 같은 극단적인 방식으로 표현하고 있다. "비록 시민사회가 모든 구성원들의 만장일치로 해산한다고 할지라도(예를 들어 민족이 서로 뿔뿔이 헤어져 전 세계로 흩어질 것을 결의한다고 할지라도), 각자가 그의 행동이 지니는 가치에 어울리는 것을 당하도록, 그리고 살인죄가 이런 처형을 끈질기게 주장하지 않은 민족에게 달라붙지 않도록 감옥에 있는 마지막 살인범은 미리 사형되어야 한다. 민족은 이런 정의의 훼손에 참여하는 자로서 간주될 수 있기 때문이다"(AA VI, 333).[26]

절대적 형벌이론과는 달리 발생한 행위가 아니라 미래와 연관된 특정한 목적을 고려하여 형벌을 정당화하려고 시도하는 형벌이론들이 있는데 이는 상대적 형벌이론(relative Straftheorie)이라고 한다.[27] 이 상대적 형벌이론에는 두 가지 변형, 즉 일반예방 이론과 특별예방 이론(die generalpräventiven und spezialpräventiven Theorien)이 있다.[28] 전자에 의하면 형벌의 기능이나 목적은 잠재적인 범죄 행위자를 위협하여 범죄의 발생을 전반적으로 억제하고 예방하는 것이다. 그러므로 이러한 일반예방 이론에서 중요한 것은 국가 혹은 공동체에 대해 형벌이 이바지하는 합목적적인 유효성이다. 특별예방 이론은 형벌의 목적을 범죄 행위자 자신의 재범 가능성을 최소화하고 그를 다시 사회화

---

25) 물론 여기에서 칸트는 예외를 인정한다. "국가의 최고 우두머리"(Staatsoberhaupt)는 처벌될 수 없다고 주장한다(AA VIII, 291).
26) 칸트는 절대적 형벌론 혹은 응보론을 주창하면서 응보를 "형식적인 원리"로서가 아니라 "실질적인 원리"로서 이해하는 경우가 있다. 응보를 글자 그대로 이해하는 칸트는 성범죄자를 거세형으로 살인자를 사형으로 처벌하라는 요구를 하기도 한다. 물론 이런 칸트의 결론은 비합리적이고 그의 법 및 형벌의 기본적 원리와도 상치되는 것으로 비판받아야만 할 것이다. 이에 대해서는 O. Höffe, *Immanuel Kant*, S. 236 이하 참조.
27) 형벌이론의 분류 방법에 대해서는 V. Hösle, *Moral und Politik*, München, 1997, S. 837 이하 참조.
28) 칸트와 헤겔과는 달리 피히테는 형벌은 "절대적인 목적이 아니"라고 주장한다. 피히테는 형벌을 "국가의 궁극 목적, 즉 공적 안전을 위한 수단"이라고 주장한다. 특히 피히테는 형벌의 범죄 예방 기능에 주목한다. 그뿐 아니라 그는 범죄자의 개선을 강조한다(Fichte 3, 262; 276 참조).

하는 데서 구하려고 한다. 이 특별예방 이론은 범죄자를 개선해야 하고 이런 개선을 바로 형벌의 존재 이유로 보는 이론이라고 이해할 수도 있다.

헤겔은 예방설(Verhütungstheorie), 위협설(Abschreckungstheorie), 교정설(Besserungstheorie)[29] 등 여러 가지 형벌이론을 옳지 못한 이론이라고 배격한다(7, 187). 헤겔은 이러한 여러 가지 형벌이론이 "범죄에 대한 최초이자 실체적인 관점"(der erste und substantielle Gesichtspunkt bei dem Verbrechen)에서 가장 중요하게 여겨야 할 "정의의 객관적인 고찰"(die objektive Betrachtung der Gerechtigkeit)을 무시하고 있다고 반박한다(7, 187 이하). 다시 말하면 헤겔이 보기에 이러한 이론들은 어디에 형벌의 정의로움의 근거가 있는가 하는 결정적인 철학적 물음을 미해결로 남겨두고 단지 "형벌이 즉자 대자적으로 정당하다"는 것을 전제하고 있다(7, 188). 이렇게 그는 일반예방 이론 및 특별예방 이론은 형벌의 근거를 적절하게 해명할 수 없다고 비판한다. 예방이론에 대한 헤겔의 반론을 우리는 파울 요한 안젤름 포이어바흐(Paul Johann Anselm von Feuerbach)가 전개한 위협설에 대한 다음과 같은 그의 비판에서 가장 분명하게 인식할 수 있다.

"**포이어바흐 식**의 형벌론은 형벌의 근거를 협박에서 구한다. 그리고 만약 누군가가 위협에도 불구하고 범죄를 저지른다면, 범죄자가 형벌이 가해질 것을 미리 알고 있었을 것이기 때문에, 당연히 형벌이 부과되어야만 한다고 여긴다. 그러나 여기서 위협의 합법성은 어떠한가? 인간은 위협에서 자유롭지 않은 존재로서 전제되어 있으며, 이 위협은 해악의 표상을 통해서 인간을 강제하려는 것이다. 그러나 법과 정의는 그 근원을 자유와 의지 속에 지녀야만 하는 것이지 위협이 내적으로 호소하고 있는 부자유 속에 지녀서는 안 된다"(7, 190).

포이어바흐는 사회계약설과 공리주의적인 관점에서 형벌의 정당성을 해명한다. 우선 그는 범죄 행위자가 범행 이전에 이에 대한 형벌이 가해질 것을 알고 있었기에 범행을 통해 결과적으로 형벌에 동의했다는 데서 형벌의 정당성

---
[29] 헤겔은 포이어바흐와 마찬가지로 교정을 특별예방의 의미에서가 아니라, 범죄자의 도덕적 개선으로 이해하고 있다. G. Mohr, 앞의 글, 앞의 책, S. 111 각주 11 참조.

을 구한다. 즉 그는 형벌에 대한 선행 인식을 형벌 부과의 전제로서 간주한다. 따라서 범죄자에게 형벌은 체결된 계약의 이행을 요청할 권리가 있듯이 권리로 부과될 수 있는 것이다.[30] 이와 함께 포이어바흐는 범죄 예방에서의 효용성으로써 형벌을 정당화한다. 그는 형벌은 위협을 통해서 사람들에게 심리적인 강제 효과를 유발할 수 있다고 이해한다. 이러한 심리적인 강제 효과 때문에 형벌은 일반인들에게 범행을 단념케 하는 결과를 가져온다고 그는 생각한다. 형벌이 범죄나 그 밖의 비행을 억제하는 데 긍정적인 효과가 있다는 생각은 매우 오래된 것이다. 우리는 형벌이 범죄를 억제한다는 억제설의 명제를 플라톤에게서도 발견한다. 그는 그의 후기 작품인 『노모이』(법률)에서 다음과 같이 말한다. "형벌이란 과거에 대한 응보가 아니다. 이미 행해진 것은 아직 행해지지 않은 것이 될 수 없기 때문이다. 형벌이란 장래를 위해 부과되는 것이며, 형벌을 받는 사람과 형벌 받는 것을 보는 사람 모두가 범죄를 아주 싫어하게 만들거나, 그렇지 않더라도 어쨌든 그들이 과거에 한 일들을 행하지 않도록 보장하기 위해서 부과되는 것이다."[31]

형벌의 정당성을 범죄 억제 효과에서 구하려는 시도는 공리주의에서 상당한 호응을 얻는다. 형벌의 정당성을 공리주의적인 관점에서 해명하려는 포이어바흐의 이론으로 되돌아가자. 물론 형벌의 정당성을 해명하려는 시도에서 공리주의적 관점을 처음 사용한 사람이 포이어바흐는 아니다. 포이어바흐에 앞서 이미 계몽주의 시대의 가장 영향력 있는 법이론가이자 사형 제도 폐지의 주창자인 체사레 베카리아(Cesare Beccaria)가 공리주의적 형벌이론을 전개하였다. 그는 주된 저서인 『범죄와 형벌』에서 다음과 같이 주장한다. "사회의 법을 어기고 원래의 혼란 상태로 돌아가려는 전제주의적인 심성을 제어하기 위해서는 어떤 유형적인 계기가 요청되는 것이다. 이 유형적인 계기는 바로 법 위반자에 대해 설정된 형벌이다. 〔……〕 이러한 계기를 마음속에 반복하여 연상시키는 것만이 공공의 이익에 반하는 인간의 욕망과 감정의 강력한 인상에

---

30) 라드브루흐, 『법철학』, 최종고 옮김, 삼영사, 1997, 218쪽 참조.
31) 플라톤, 『노모이』(법률), 제9권, 934.

균형을 잡아주는 것이다. 어떤 웅변이나 선언, 심지어 지고의 진리조차 눈앞의 대상이 주는 생생한 인상으로 자극된 욕망을 한동안 억제하기는 쉽지 않다." 그는 또한 형벌의 목적을 "오직 범죄자가 시민들에게 새로운 피해를 입히는 것을 예방하고, 타인들이 유사한 행위를 하지 못하도록 억제하는 데 있을 뿐"이라고 주장한다.[32]

칸트가 헤겔과 함께 독일 관념론에서 절대적 형벌이론을 옹호하고 발전시킨 사상가이기는 하지만, 포이어바흐의 형벌이론이 칸트적인 합법성과 도덕성의 강한 분리를 전제하고 있다는 점은 매우 흥미롭다. 합법성과 도덕성의 분리는 법적인 관계에서 인간 행동의 내적 동기를 고려하지 않는 법적 원리와의 단순한 외적 일치가 문제가 된다는 점을 의미한다. 그러므로 만약에 우리가 이러한 분리를 강하게 고수한다면, 왜 행위자의 내적인 규정 근거가 형벌이론에서 고려되어만 하는지를 설명하기가 매우 어려워진다. 이것이 바로 포이어바흐가 인격적 존재로서의 범죄 행위자에게 영향을 행사하여 개선하는 권한을 국가에서 전적으로 박탈하는 이유가 된다. 그에게서 "범죄자의 도덕적 영역 그리고 이와 함께 그의 인격성의 핵심 영역"은 국가와는 관계가 없는 것이다.[33] 그러므로 포이어바흐의 위협설이 일반인을 위협하여 범죄 행위를 단념케 만드는 효과로 형벌을 정당화하려고 시도한 것은 우연이 아니다.

범법자가 범죄 행위를 통해 결과적으로 형벌에 동의한다는 계약이론적 가정에 대해 푸펜도르프는 자신의 행위가 발각되지 않기를 희망할 것이라고 반박했다.[34] 우리는 이미 어떤 점에서 계약이론이 도덕적·법적인 규범의 정당

---

32) 베카리아, 『범죄와 형벌』, 이수성·한인섭 옮김, 지산출판사, 1995, 35쪽 이하 그리고 83쪽 참조. 형벌의 목적 기능에서 형벌의 존재 이유를 해명하려는 포이어바흐의 시도는 홉스의 사상과 매우 비슷하다. 그의 형벌론은 사실 홉스의 형벌론을 거의 그대로 반복하고 있다고 한다. 그리고 포이어바흐의 형벌론은 19세기 말 프란츠 폰 리스트(Franz von Liszt)에 의해서 집대성되고 현대 형법에 커다란 영향을 끼쳤다. 폰 리스트의 사상의 영향으로 형벌의 재사회화 목적이 강조되기에 이르렀다. 이에 대해 베르너 마이호퍼(Werner Maihofer), 『법치국가와 인간의 존엄』, 심재우 옮김, 삼영사, 1996, 163쪽 이하 참조.
33) M. Maiwald, "Moderne Entwicklungen der Auffassung vom Zweck der Strafe," *Rechtswissenschaft und Rechtsentwicklung*, hg. von U. Immenga, Göttingen, 1980, S. 291.

성의 기초를 해명할 때 어려움을 겪게 되는가를 살펴보았다. 그러나 위 인용문이 보여주는 바와 같이, 헤겔 역시 형벌 제도는 범죄 예방을 위한 위협 수단이라는 관점에서 정당화될 수 없다고 비판한다. 포이어바흐 식의 사회계약론 및 공리주의적 관점에서 형벌을 정당화하는 것은 헤겔의 견해에 의하면 인간 행위의 정당성의 근거를 타율에서 구하려는 것과 같다. 다시 말해 법과 정의의 기초는 위협이나 협박에 있는 것이 아니라 자유에 있는 것이다. 이러한 문맥에서 우리는 다시금 각 개인들이 자기 자신과 다른 구성원들을 수단으로만 볼 것이 아니라 "목적 그 자체"로 대하여야 한다는 칸트의 실천이성의 자율성 이념에서 도출되는 윤리적 통찰의 핵심을 상기해야 한다. 앞에서 그의 절대적 형벌이론의 기본 입장을 설명하면서 인용한 구절에서도 칸트는 "재판상의 형벌"(poena forensis)이 범죄자 자신을 위해서나 시민사회를 위한 유용한 것을 "촉진하는 수단"으로 여겨져서는 안 된다고 강조한다. 즉 어떤 한 사람이 재판을 통해 벌을 받으려면 반드시 그가 죄를 범해야만 하는 것이다. 그렇지 않고 다른 목적을 달성하기 위해 사람을 처벌하는 것은 사람을 단순한 물건으로 취급하는 것에 지나지 않는다고 칸트는 강조한다.[35]

칸트의 자율성의 이념을 자신의 법철학 전반 그리고 특수하게는 형벌이론의 기초로서 받아들이고 있는 헤겔의 견지에서 볼 때, 우리가 형벌이 두려워서 어떤 불법적인 행동을 하지 않는다는 것은 이 행동이 정당한지 그렇지 않은지에 대한 물음과 전혀 상관이 없는 것이다. 그러므로 사회와 국가의 질서

---

34) K. Seelmann, 앞의 책, S. 83.
35) AA VI, 331. 과연 헤겔의 형벌론이 칸트의 형벌론과 하등의 차이도 없는지에 대해서는 견해가 분분하다. 예를 들어 쿠퍼는 헤겔의 형벌론에 등장하는 논변은 새롭지 않다고 주장한다. D. E. Cooper, "Hegel's Theory of Punishment," *Hegel's Political Philosophy*, ed. Z. A. Pelczynski, Cambridge, 1971, p. 154. 그러나 나는 헤겔의 형벌론이 칸트와 함께 절대적 형벌론으로 분류되지만 헤겔의 논변이 더 세련되고 발전된 것이라고 생각한다. 그리고 더 나아가 헤겔은 칸트와는 달리 형벌의 종류 및 형량의 역사적 제약성을 분명하게 통찰하고 있다고 젤만은 주장한다. K. Seelmann, 앞의 책, S. 27. G. Mohr나 M. Tunick 등도 칸트의 형벌론에 비해 헤겔의 형벌론의 우월성을 인정한다. G. Mohr, 앞의 글, 앞의 책; S. 121. M. Tunick, 앞의 책, pp. x; 32.

유지를 위해서 형벌을 범죄 예방의 수단으로 간주하고 형벌의 정당성을 심리적인 강제에서 찾는 행위는 헤겔이 보기에 "우리가 마치 개에게 지팡이를 휘두르는 것과도 같은 것"이어서, 여기에서 "인간은 그의 명예와 자유에 따라서 다루어지는 것이 아니라, 개와 같이 다루어지는 것"이나 다름없다(7, 190). 즉 범죄자들은 범죄 예방설, 특히 일반적인 예방설에서는 단지 도구로 이용되고 있을 뿐이다. 그러므로 헤겔에 의하면 "심리학적인 강제는 단지 범죄의 질적 내지 양적 구별에만 관여할 뿐 범죄 자체의 본성과는 관계가 없다. 그리고 이러한 까닭에 가령 이러한 학설에서 생겨난 법전은 본래의 기초를 결여한 것이다"(7, 190).

이러한 형벌의 정당성의 근거에 대한 물음 이외에도, 포이어바흐의 형벌이론은 형벌의 효과적인 측면에 비추어 볼 때도 불충분하다는 것을 알 수 있다. 형벌이 범죄를 억제하는 효과가 있다는 가정 자체가 불확실하다는 반론은 억제설에 대한 전형적인 반론이다. 형벌이 사람들에게 범죄 행위를 저지르지 못하게 하는 기능을 한다는 점을 완전히 부정할 수는 없을 것이지만, 형벌이 갖고 있다고 여겨지는 위하력 내지 위협이 많은 경우 커다란 효력을 발휘하지 못한다는 반론은 상당한 근거가 있다. 한번 범행을 저지르고 감옥 생활을 한 사람이 다시 범죄를 저지르는 비율이 높다는 사실 그리고 사형에 관한 연구를 보더라도 사형 제도의 존속이 살인이라는 범죄 행위를 줄이는 데 유용하다는 점을 입증하기 어렵다는 사실 등은 형벌이 갖고 있는 억제력의 효율성에 대해 의문을 갖게 만든다. 우리는 위에서 말한 푸펜도르프의 반론을 염두에 두고 다음과 같은 상황을 가정해볼 수 있을 것이다. 포이어바흐 식의 위협설이 효과가 있으려면 형벌이 실제로 범죄자에게 반드시 가해져야 한다는 점이 전제되어야 한다. 그러나 우리는 자신의 범죄가 영원히 발각되지 않을 것이라고 확신하여 완전 범죄를 꾀하는 사람을 상정해볼 수 있다. 그리고 경험적인 사례는 이러한 가정이 항상 발생할 것이라는 점을 보여준다. 따라서 이러한 사람에게는 포이어바흐가 생각하는 형벌의 위협으로 범죄 충동을 억제한다는 목적은 결코 달성될 수 없다.

나아가 포이어바흐 식의 공리주의적인 입장에 입각한 일반예방 이론은 경우에 따라서는 무고한 사람도 위협을 위해서 수단이 되고 악용될 가능성을 배제할 수 없다는 커다란 이론적 한계가 있다. 사회의 보편적인 선, 즉 사회에서 범죄를 줄이기 위해서 범죄자를 처벌해야 한다는 것은 상당히 위험한 논리이다. 만약에 형벌의 정당성이 오로지 형벌을 가함으로써 얻어지는 사회적인 선에 있다면, 우리는 형벌을 범죄자에게만 제한해야 할 어떤 합리적인 근거를 발견할 수 없게 된다. 범죄자에게 형벌을 가하는 목적 그리고 형벌의 존재 이유가 단지 사회의 다른 구성원들에게 범죄를 하지 못하게 위협하는 데 있다면, 이 입장에서 가장 중요한 것은 어떤 사람이 범죄를 저질렀다는 사실이 아니라, 그가 그러했으리라는 일반 사람들의 믿음 그리고 그에게 부과된 형벌로 인해 얻어지는 일반 대중들의 범죄 억제력일 것이다. 그렇다면 우리는 공리주의적인 억제론에서 출발하여 범죄의 억제와 예방이라는 명분으로 무고한 사람들을 처벌하는 것을 인정해야 할 것이다. 즉 형벌의 목적이 본래 잠재적인 범죄인을 위협하여 범죄를 하지 못하도록 하는 것이라면, 우리는 왜 실제로 범죄를 저지르는 사람만을 처벌해야 하는가 하는 물음이 발생한다. 예를 들어 형벌이 오로지 범죄의 억제라고 한다면, 범행을 저지른 사람에게 자식이 있는 경우에 그들을 처벌하는 것이 아니라 그 자식들에게 대신 형벌을 부과한다면 범죄를 예방하는 데 상당한 효과가 있을 것이라고 믿을 만한 설득력 있는 근거가 존재한다.[36]

위에서 언급된 것처럼 형벌의 존재 이유를 범죄의 예방이나 사회의 전체적 이익에서 구하는 관점은 그것이 사람을 한낱 수단으로 전락시킨다는 문제점이 있다. 그리고 이런 관점에서 상대주의적인 형벌이론, 즉 예방이론(특히 일반

---

36) 마틴 골딩(Martin Golding), 『법철학』, 장영민 옮김, 세창출판사, 2004, 147쪽 참조. 회슬레는 형벌이 단지 위협의 수단으로 이용된다면 연좌법도 이러한 이론적 기초 위에서는 어렵지 않게 정당화될 수 있다고 지적한다. V. Hösle, *Hegels System*, S. 506. 그리고 마이발트도 단지 일반예방적 목적만을 염두에 둔다면 사소한 경우에서도 가혹한 형벌이 가능하고 심지어 형벌이 나치 치하에서처럼 "순수한 테러의 수단"이 될 수 있음을 지적한다. M. Maiwald, 앞의 글, 앞의 책, S. 292.

적 예방이론의 경우)이 안고 있는 치명적 결함은 부당한 형벌을 정당화하는 이데올로기로 작용할 수 있다는 점이다. 예를 들어 형벌의 참다운 목적이 범죄의 예방이라면, 범행에 대해서 범죄자가 갖고 있는 책임에 비례해서 형벌을 가할 필요가 없어진다. 우리는 주차 위반이나 거리에 껌을 뱉는 행위 등을 억제하기 위해 그런 행위를 한 사람들에게 차를 몰 가능성을 평생 박탈한다거나 혀를 잘라내는 형벌을 가하는 것을 결코 정당한 것이라고 보지 않을 것이다. 그러나 예방이론은 가벼운 범죄에 중형을 내리는 가능성을 허용할 뿐 아니라 그런 제도가 왜 부당한 것인가를 설득력 있게 반론할 수 있는 논거들을 제공하는 데 무기력할 것이다. 이런 점들을 고려할 때 형벌의 존재 이유로서의 형벌의 근거를 그것이 갖고 있는 사회적인 유용한 결과 내지 효과와 구별하여 형벌의 정당성을 범죄 행위 자체에서 구하려는 헤겔의 시도는 여전히 의미가 있다.

IV. 헤겔과 사형 제도

포이어바흐에 대한 비판과 함께 언급해야 할 것은 사형 제도에 대한 헤겔의 입장이다. 헤겔은 살인에는 필연적으로 사형이 부과되어야만 한다고 주장한다(7, 196). 이것은 형벌은 범죄에 상응해 부과되어야 한다는 책임 상쇄의 원칙을 강조하는 헤겔의 절대적 형벌이론에서 자연스럽게 나올 수 있는 결론인 것처럼 보인다. 그러나 문제는 보기와는 다르게 복잡하다. 이미 살펴본 대로 절대적 형벌이론은 형벌을 상대적으로 주어진 어떤 특정한 목적과의 연관 속에서 정당화하는 것이 아니라, 범행의 절대적 부당함으로부터 정당화한다. 헤겔은 이러한 절대적 형벌이론의 입장에서 형벌과 범죄의 필연적인 연관을 해명하고자 하는 것이다. 절대적 형벌이론의 입장에서 보자면, 형벌은 결국 범행에 내재한 범죄자 자신의 의지의 표현, 즉 범행 속에서 일반적 타당성을 지니는 것으로 전제되어 있고 인정된 행위 규칙을 자기 자신에게 적용하는 것이다. 그러므로 형벌은 권리의 침해로서의 절대적 불법의 부정 및 이를 통한 법의 현실성의 재확인을 의미한다. 이와 같이 헤겔은 형벌을 범죄의 지양으로서, 즉 "침해의 침해"(Verletzung der Verletzung)로 규정하는 것이다. 이러한 의미에서 그는 형벌을 "보복"(Wiedervergeltung)으로 규정한다(7, 192).

형벌을 보복으로 규정한다고 해서, 헤겔의 이론이 "눈에는 눈, 이에는 이"라는, 범죄에 대해 같은 정도의 해악을 가해야 한다는 탈리온 원칙(Talionsprinzip)에 입각한 단순한 보복이론은 아니다. 헤겔은 보복에서 단순한 실재적 동등성이 아니라, 가치의 동등성 원리를 염두에 둔다. 즉 범죄와 형벌 사이의 동등성은 "침해의 특수한 성질에서의 **동등성**이 아니라, **즉자적으로** 존재하는 침해의 성질—침해의 **가치**에 따른 동등성이다"(7, 192). 이와 같이 헤겔은 단순한 보복설을 주장하지 않으면서도 여기에 하나의 예외를 인정하는데 바로 그것이 살인죄이다. 헤겔은 사형의 정당성을 오직 딱 한 번 분명하게 아래와 같이 주장한다.

"생명이란 현존재의 전 범위에 걸치는 것이므로, 살인에 대한 형벌은 살해된 생명을 대신할 수 없는 어떤 **가치**에 있는 것이 아니라, 다시금 단지 생명의 박탈에만 존립하기 때문이다"(7, 196).[37]

헤겔이 보기에 생명은 그 어떤 것으로도 대체될 수 없는 고귀한 것이다. 그러므로 살인자는 그가 훼손한 가치에 상응하는 벌, 즉 자신의 생명을 박탈하는 것을 받아들여야 한다는 것이다. 이렇게 헤겔은 국가의 사형의 권리가 범죄자의 행위 속에 있다고 주장한다. 범죄자는 범행을 함으로써 처형되어야 한다는 것을 인정했기 때문이다.

주지하다시피 베카리아는 계몽주의 시대에 사형 제도의 폐지를 주장한 대표적인 이론가이다. 그는 『범죄와 형벌』에서 사형은 유용하지도 않고 정당하

----

[37] 사형 제도에 대한 헤겔의 태도와 이 구절을 둘러싼 해석은 다양하다. 프리모라츠(Primoratz)나 플레히트하임(Flechtheim)은 헤겔의 사형 제도에 대한 긍정을 탈리온 원칙에 입각한 것으로 해석한다. 이와는 반대로 레이번(H. Reyburn)은 헤겔이 사형 제도에 대한 긍정적인 태도를 보인 구절 자체를 중요시하지 않는다. 이에 대해서 M. Tunick, 앞의 책, S. 136 참조.

지도 않다고 주장한다. 이 점을 입증하기 위해 그는 인간이 그의 이웃을 죽일 권리가 있는가 하는 물음을 제기한다. 베카리아에 의하면 국가는 사형을 할 어떤 권리도 없다. 심지어 그는 사형을 국가가 국민에게 하는 선전포고라고 본다. 사회계약의 견지에서 볼 때 어느 누구도 자신의 생명을 빼앗을 권리를 타인에게 양도하는 데 동의하지 않을 것이기 때문이다.[38] 이런 이유 외에도 베카리아는 사형 제도가 필요하지 않고 유용하지 않다는 입장을 제시한다. 적어도 그가 보기에 사형제도는 그 제도를 시행하는 사회에서 범죄를 예방하는 효과가 없다. 비록 사람들이 범죄를 저지른 사람이 그 대가로 사형에 처해지는 것을 본다고 할지라도 이 효과는 지속적이지 못하다는 것이다. 그런데 인간에게 보다 효과적인 것은 "형벌의 강도가 아니라 그 지속도이다." 사람들은 강한 인상도 망각하는 자연스러운 경향이 있고 또 그렇기 때문에 사형의 효과는 지속성이 없다. 그래서 사형 제도는 범죄를 억제하는 효과를 지니지 못한다는 것이 베카리아의 입장이다.[39] 베카리아는 사형이 아니라 "종신 노역형만으로도" 범죄 의사가 있는 사람들의 마음을 억제하기에 충분하다고 본다.

베카리아가 사형 제도를 반대하는 또 다른 이유는 그것의 야만적 성격 때문이다. 그는 사형 제도는 사람들에게 야만성의 실례를 보여주기 때문에 해로운 것이라고 주장한다. 사형 제도의 야만성을 설명하는 과정에서 베카리아는 사형 집행인에 대한 일반인들의 이중적인 감정에 주목한다. 사형 집행인은 선량한 시민으로서 사회를 위하여 사형을 집행하는 사람이다. 그런 점에서 사형 집행인은 전쟁에서 국가의 안전을 위하여 싸우는 병사와 같은 존재이다. 그런데도 사람들이 사형 집행인을 대할 때 적개심과 경멸감을 표출하는 것은 어찌된 일인가 반문하면서, 베카리아는 사형 제도의 폐지를 주장하는 사람들에게 제기될 반론의 하나로서 일정한 범죄에 대해서 어느 시대나 대부분의 국가에서 사형을 규정하지 않았느냐는 반박을 거론한다. 그에 의하면 이 반론은 진리의 문제와 아무런 연관이 없다. 즉 사형 제도의 폐지가 정당한가 그렇지 않

---

38) 베카리아, 앞의 책, 89쪽.
39) 같은 책, 89쪽 이하.

은가의 문제에 대해서 역사적인 관행이나 사실을 들어 반론하는 것은 아무런 타당성도 없다는 것이다. 그러면서 그는 사람을 희생 제물로 삼았던 것이 한 때 대부분의 나라의 관행이라고 해서 그것을 옹호할 수 있겠는가 하고 반문한다. 위에서 열거한 이유 이외에도 베카리아는 오스트리아 정부를 위한 비망록에서 오판의 여지가 있다는 논거를 들어 사형 폐지의 정당성을 옹호한다.[40]

헤겔 역시 베카리아의 긍정적인 영향력을 인정한다. 그는 사형을 폐지하려는 베카리아의 노력 덕분에 사형이 더욱 줄어들게 되었다고 주장한다(7, 192). 이러한 인정에도 불구하고 사회계약론적 견지에서 사형 제도 및 형벌 일반의 정당성의 유무를 가리려는 베카리아의 노력에 대해서는 헤겔은 철저하게 불합리한 것으로 간주한다. 베카리아의 입장은 헤겔이 보기에 형벌과 국가의 정당성의 근거에 대한 오해에 기초하고 있다. 우리는 왜 사회계약론적인 논거에 의해서 형벌이나 국가 질서의 정당성의 근거를 찾을 수 없다고 헤겔이 생각하는지 살펴보았다. 그러므로 여기에서 이에 대한 헤겔의 상세한 반론은 생략하기로 한다. 그러나 사회계약론적인 논거에 대한 헤겔의 비판이 정당하다고 해서 사형 제도에 대한 그의 긍정이 이성적이라고 논증된 것은 아니다.

헤겔의 사형 제도의 승인에 대해 그것이 단순히 비합리적이고 비인간적이라는 이유로 비판하는 것은 충분하지 않다.[41] 진정한 비판이란 단순히 헤겔의 철학적 전제와는 다른 입장에서 외적인 비판을 하는 것에 머물러서는 안 되기 때문이다. 따라서 사형 제도에 대한 긍정이 헤겔 법철학의 기본적인 전제와 일치하는 것인가가 중요하다. 헤겔은 탈리온 원칙을 가치 동등의 원리로 변형하면서도 살인죄에 대해서만 이 원칙을 적용한다. 이러한 헤겔의 논리적 추론에 대해서 회슬레는 두 가지 오류를 지적한다.[42] 첫째로 헤겔은 추상의 오류를 범한다고 본다. 헤겔은 형벌의 근거와 목적을 사형 제도와 연관해서 충분

---

40) 같은 책, 99쪽 역자 주 11 참조.
41) 칸트와 헤겔과는 달리 피히테는 사형 제도를 필요 없는 것으로 만드는 것이 "국가의 과제"라고 주장한다(Fichte 3, 282).
42) V. Hösle, 앞의 책, S. 507 이하.

하게 고려하고 있지 않다. 회슬레는 범행은 형벌의 근거를 형성하지만 형벌의 목적을 형성하지는 않는다고 강조한다. 즉 형벌을 국가와 사회질서의 유지라는 목적과 철저하게 분리해서 고찰하는 것은 가능하지도 않거니와 헤겔 역시 형벌의 목적을 사회의 안정성이라는 문맥에서 고찰하고 있다. 둘째로 범죄자가 자유로이 범죄를 자행했으므로 범죄자를 처벌하는 것이 그를 이성적인 존재자로 취급하는 것이라는 헤겔의 주장은 칸트나 셸링과 달리 "악을 향한 자유"를 인정하지 않으며 따라서 참다운 자유를 이성적으로 행동하는 것으로 이해하는 헤겔 자신의 주장과 정면으로 충돌한다고 지적한다.

이러한 헤겔 형벌이론의 내적인 긴장은 어떻게 해결할 수 있는 것인가? 우리는 결코 일반예방 이론으로 되돌아갈 수 없다. 그러므로 남는 문제는 위협이나 교정은 결코 형벌의 내적인 본성을 해명할 수 없다는, 예방이론에 대한 헤겔의 주요 반론을 포기하지 않고 예방이론에서 중요시하는 형벌의 목적을 헤겔의 형벌이론과 결합하는 것이다.[43] 우리가 일단 생각할 수 있는 가능성은 두 가지이다. 절대적 형벌이론과 일반예방 이론을 결합하는 가능성이 그 하나요, 절대적 형벌이론과 특별예방 이론을 결합하는 것이 또 하나의 가능성이다. 물론 이러한 결합에서 응보에 우위를 둘 것인가 아니면 예방에 우위를 둘 것인가 하는 관점 역시 매우 중요하다. 우선 절대적 형벌이론과 일반예방 이론의 결합 가능성을 생각해보자. 이러한 결합은 사형 제도와 연관해서 볼 때 헤겔의 형벌론에서 서술된 것과 크게 다르지 않을 것으로 여겨진다. 응보설을 우위에 두든 아니면 예방을 우위에 놓든 이러한 이론에서는 범죄자를, 특히 살인자를 극형에 처하는 것은 자연스럽게 나올 수 있는 결론이기 때문이다. 둘째로 절대적 형벌이론과 특별예방 이론의 결합은 위에서 제기한 헤겔 형벌이론의 내적인 긴장을 해결할 수 있는 것처럼 보인다. 여기에서 보복을 우위

───────────

43) G. Mohr는 헤겔의 형벌론을 추상법뿐 아니라 헤겔 법철학에서 발견되는 형벌에 연관된 사항을 전체적으로 조망한다면, 헤겔의 형벌론은 "세련된 현대적인 통일론(Vereinigungstheorie)의 모습"으로 독해할 수 있다고 강조한다. 자세히 말하자면, "단지 **응보**이론적으로만 정당화될 수 있는 **제도로서의 형벌**과 **예방**이론적으로 상론될 수 있는 **형량**을 구별하는" 통일이론으로 헤겔의 형벌론을 해석할 수 있다. G. Mohr, 앞의 글, 앞의 책, S. 119 참조.

에 둔다면, 아마도 사형 제도를 폐지하지는 않더라도 적어도 사형과 같은 극형에 해당되는 범죄의 범위를 최소화하는 쪽으로 나아갈 것이다. 이에 반하여 범죄자 자신을 교화, 개선하여 사회에 재통합하려는 목적으로 형벌을 이해하는 특별예방 이론을 우위에 두는 통합론은 아마도 특정 범죄인에게서 이러한 개선 가능성의 여지를 전적으로 배제하는 사형 제도의 전반적인 폐지를 주장하게 될 것이다.

실제로 바로 위에서 말한 특별예방을 형벌의 목적으로 삼고 형벌의 근거를 절대적 형벌이론에서 구하는 통합론은 **적절하게 이해된** 헤겔의 형벌이론과 큰 차이가 없는 것처럼 보인다. 그리고 이러한 관점은 강제권으로서의 형벌권을 자유의지를 실현하는 과정에서 최초의 단계로 설정하고 있고 따라서 이러한 강제권은 자유의 최고 실현을 정치적 공동체의 구성원으로서의 삶에 종속시키고 있는 헤겔 법철학의 전체 구조나 이념에 부합한다고 본다. 즉 국가의 일원이 되는 것이 개인의 최고 권리이자 의무라면, 우리는 적어도 개인들에게 이러한 가능성을 열어두어야 할 것이다. 그리고 만약에 자유롭고 정의로운 사회의 질서를 유지하기 위해서 중범죄인에게서 생명을 박탈할 수 있다고 가정하는 사람이 있다면, 그는 아마도 사회나 정치 질서를 이들 구성원과는 독립된 어떤 실체로서 보게 될 위험성을 피하기 위해서 힘겨운 싸움을 해나가야 할 것이다. 실제 헤겔은 형벌의 목적으로서의 위협이나 교화의 의미를 전적으로 부인하지는 않는다. 그는 단지 형벌의 근거와 목적을 혼동하지 않을 뿐이다.[44] 헤겔은 특히 형량의 확정과 연관해서 형벌의 목적을 고려한다(7, 188 그리고 7, 371 이하).

특별예방 이론과 절대적 형벌이론의 통합 가능성을 예시하는 1824/25년의 법철학 강의에서 발견되는 한 구절은 매우 흥미롭다. "그러므로 사회의 관계에서 교정의 목적이 형벌에서 생긴다. 이 목적이 발생한다는 것은 중요하며 심지어 꼭 있어야 할 것이다. 그러나 바로 그렇기 때문에 형벌은 생략되어서

---

44) Ilting IV, 286 참조.

는 안 된다. 〔……〕 양자는 형벌이 형벌의 감각적인 측면에 따라서 교환될 수 있다는 규정에 의하여 통일될 수 있다. 그러므로 가치는 존속하지만 특별한 형태는 대체될 수 있다. 그래서 사형조차도 자유형으로 변경될 수 있다. 형벌의 이러한 교체 가능성은 범죄자의 교정이 의도될 수 있다는 가능성을 내포한다. 교화와 위협의 모든 이러한 관점들 〔……〕은 중요하다. 그러나 형벌은 항상 무엇보다도 정의의 특질을 유지해야만 한다. 즉 형벌은 형벌로서 생략되어서는 안 된다. 다만 형벌의 종류의 변화로 인해 악이 의지 자체의 내면에서 근절되도록 하는 목적이 달성될 수 있도록, 형벌의 종류만이 변형될 수 있을 것이다."[45]

위 인용문에서 헤겔은 범죄 행위에 대해 형벌 자체가 가해지지 않는다는 것은 부당하다고 말하면서도 상황에 따라서 형벌의 양을 조정할 가능성을 인정한다. 특히 사형에 관해서도 단순한 보복의 관점을 넘어서는 단초를 제공한다. 더구나 사형을 자유형으로 대체할 때 그가 주목하는 것은 범죄자의 교정 가능성이다. 개전의 정이 전혀 없는 극악한 범죄자가 아니면 되도록 사형을 자제하고 나아가서는 사형 제도가 소멸되는 것을 헤겔 역시 인정할 것이다.

나가는 말

지금까지 살펴본 것처럼 헤겔의 형벌이론은 형벌 제도를 정당화하는 두 가지 중요한 입장, 즉 응보이론적 정당화와 공리주의적 정당화를 종합하고 있다. 물론 헤겔의 형벌이론은 기본적으로 절대주의적 형벌이론, 즉 응보이론적 전통에 입각하고 있다. 현대의 많은 철학자들이나 형법학자들이 생각하는 것과는 달리 범죄를 저지른 사람은 그 행위에 대한 응분의 대가를 지불해야만 한다는 생각은 결코 비합리적이지도 않을 뿐 아니라, 단순하고 거친 복수심의

---
45) 같은 책, S. 554.

표출에 그치는 것이 아니다. 범죄자는 처벌을 받아 마땅하다는 생각에는 정당한 도덕적 의분이 함축되어 있다. 그뿐 아니라 그 생각에는 형벌의 존재 이유를 이해하려는 모든 지적 시도가 무시해서는 안 되는 상당한 합리적 핵심이 들어 있다. 그렇다고 형벌의 다양한 차원을 고려하지 않는 태도가 바람직한 것만은 아니다. 그런 점에서 응보이론적인 전통에 서 있으면서도 형벌이라는 사회적 제도의 공리주의적인 기능, 예컨대 범죄 예방 효과의 측면을 완전히 배제하지 않고, 이를 자신의 형벌이론 속에 흡수하려는 헤겔의 시도는 아주 적절하다. 즉 헤겔은 형벌 제도가 갖고 있는 목적으로서 범죄인의 교정과 그의 사회적 재통합이라는 차원을 고려한다.

그렇지만 헤겔은 형벌 제도의 정당성의 물음이 결코 공리주의적인 관점이나 소위 상대주의적 형벌이론에서 중요시되는 예방 기능을 강조함으로써 합리적으로 대답할 수 있는 것이 아니라는 점을 끝까지 견지한다. 간단하게 말해 형벌 제도의 정당성의 합리적 해명과 그것의 유용성에 대한 인식은 별개라는 것이 헤겔의 입장이다. 이런 구별을 통해서만 우리는 형벌 제도를 사회의 공공 이익의 증진을 위한 수단으로 이용하려는 공리주의적 관점에서 생길 수 있는 도덕적 딜레마를 극복할 수 있다. 즉 본문에서 논한 것처럼 이런 구별을 하지 않고 형벌의 근거와 목적을 혼동하여 형벌의 존재 이유를 그것의 유용성이나 목적에서 구하려는 입장은 상당히 위험한 결과를 가져올 수 있다. 일반 예방적 공리주의 형벌이론은 아무런 죄를 범하지 않은 사람들조차도 그런 사람들에게 죄를 뒤집어씌워서 형벌을 가하는 것이 사회적으로 유용할 수 있다는 비도덕적 관점을 정당화할 수 있기 때문이다.

헤겔의 종합적인 형벌이론은 개인의 권리를 존중하는 권리 중심적 사고방식과 사회 공동체의 보편적인 선의 추구를 중요시하는 관점을 매개할 수 있는 이론적 단초들을 풍부하게 안고 있다. 형벌의 근거와 그것의 목적이라는 두 가지 차원을 구별하면서도 이 둘을 결합하려는 헤겔의 이론은 많은 사람들이 생각하듯이 시대에 뒤떨어진 이론이 아니라, 형벌에 대한 체계적이고 종합적인 시각을 보여준다는 점에서 독창적이고도 의미 있는 통찰을 제공하고 있다.

제4장

도덕성, 책임 그리고 도덕적 행위의 본질

들어가는 말

　헤겔이 그의 『법철학』에서 '추상법'과 '도덕성'을 구별하여 그 책의 제1부와 제2부로 삼은 것은 분명 칸트의 영향이다. 추상법과 도덕성은 칸트의 도덕성과 합법성의 구별 그리고 그의 『도덕 형이상학』의 법론과 덕론의 구별에 대응한다. 그렇지만 칸트가 덕론과 법론에서 다루는 내용과 헤겔의 추상법과 도덕성의 내용은 서로 전적으로 상응하지는 않는다. 특히 도덕성의 영역은 헤겔의 도덕이론 내지 의무론이 구체적으로 제시되는 영역이 아니라는 점을 알아야 한다. 헤겔에 의하면 본래 의무론은 '도덕성' 장의 주제가 아니라, 가족, 시민사회 그리고 국가로 이루어지는 인륜성의 영역에 해당되는 주제이다(7, 296 이하). 헤겔 『법철학』에서 도덕성은 인간이 무엇을 해야만 할 것인가에 대한 탐구와는 무관하게 주관적인 의지의 권리에 대해서 다루는 곳이다. 동시에 이 주관적인 권리의 한계 및 문제점들을 비판적으로 다루는 곳이기도 하다. 특히 이 '도덕성'의 영역에서 비판되는 것은 칸트 및 피히테의 도덕이론만이 아니다. 이들에게 영향을 받은 변형된 칸트적 윤리학 및 낭만주의적인 세계관 등

도 근대적 주관성의 왜곡된 형태로 비판된다.[1]

'도덕성' 장에서 근대의 주관주의적인 도덕관에 대단히 비판적이지만, 그렇다고 헤겔이 '도덕성' 장에서 서술되는 도덕적 관점 자체를 전적으로 거부하는 것은 아니다. 헤겔에 의하면 도덕성의 영역에서 등장하는 의지의 자유는 추상법의 영역에서 등장하는 인격의 의지보다 더 고차적인 것이다. '도덕성' 장에서 다루어지는 것은 의지의 내면성 내지 의도 및 동기의 본질에 대한 것이다. 인간은 어떤 행위를 할 때 그 행위에 대하여 일정한 태도를 갖는다. 행위에 대한 인간의 내적인 태도가 어떤가에 따라 그 행위의 도덕적 가치가 달라진다는 것을 헤겔은 긍정한다. 어려운 사람을 돕는 행위는 바람직하지만, 그런 행위를 하는 내적 동기는 사람들마다 다를 수 있다. 객관적으로 바람직한 행위를 주관적인 이익을 추구하기 위해서 행하는 것보다는 순수한 마음에서 수행하는 것이 도덕적으로 가치 있다는 것은 헤겔에게서도 마찬가지다. 의지의 자기규정, 즉 어떤 다른 것을 얻기 위해서가 아니라 의지가 스스로 자신의 행위를 규정하는 것은 '도덕적 의지'(der moralische Wille)이다. 이 도덕적 의지는 타인이 침범할 수 없는 것일 뿐 아니라 "인간의 가치"를 평가하는 척도이기도 하다. 그래서 헤겔은 도덕적 관점을 "대자적으로 존재하는 자유"라고 이해한다(7, 205). 달리 말하면 도덕적 관점은 자유로운 의지가 구체적으로 존재하는 데 없어서는 안 될 필수적인 구성 요소의 하나이다. 그래서 헤겔에 의하면 도덕적 주체에서 인간은 비로소 자유를 실현할 수 있다는 점에서 도덕적 주체성은 자유의 실현을 위한 "참다운 소재"이다(7, 206).

도덕적 의지의 긍정성에도 불구하고 헤겔이 보기에 도덕적 관점은 추상적이고 형식적이라는 한계가 있다(7, 206). 여기에서 우리는 그가 도덕적 관점을 칸트 윤리학과 동일하게 취급하고 있음을 알게 된다. 뒤에서 좀더 자세히 언급되겠지만 헤겔은 칸트 윤리학을 공허하고 형식적인 도덕적 관점으로 비판하기 때문이다. 간단하게 말해 도덕성은 도덕에 대한 참다운 이해가 아니다.

---

[1] F. Menegoni, "Elemente zu einer Handlungstheorie," *G. W. F. Hegel. Grundlinien der Philosophie des Rechts*, S. 126 이하 참조.

도덕에 대한 참다운 인식은 인륜적 관점에서 비로소 해명될 수 있다는 것이 헤겔의 입장이다. 도덕적 관점의 한계와 이를 인륜적 관점과 구별해야 할 필요에 대해서 헤겔은 다음과 같이 말한다. "이 책에서 인륜성의 관점과 구별되고 있는 것처럼, 도덕적 관점에서 오직 형식적 양심만이 문제가 된다. 앞에서 진실한 양심을 말한 것은 그 구별을 지적하기 위해서이며, 그리고 형식적 양심으로밖에 고찰되지 않는 이곳에서 마치 진실한 양심이 논의되고 있는 듯한 오해를 피하기 위해서일 뿐이다. 진실한 양심은 '도덕성' 장 다음에서 비로소 나타나는 인륜적 심정 안에 포함되어 있다"(7, 256).

헤겔 『법철학』에서 '도덕성' 장은 헤겔에게 비판적인 연구자들뿐 아니라 그에게 호의적인 학자들도 많은 부분에서 한계가 있는 영역으로 여겨왔다. 회슬레는 이 '도덕성' 장을 헤겔 『법철학』에서 "가장 허약한 부분", 그리고 "헤겔 전 저작에서 가장 불만족스러운 장"이라고 말한다.[2] 또 존 핀들레이에 의하면 '도덕성' 장은 "가장 만족스럽지 못한 것 중의 하나"이다. 특히 핀들레이는 '도덕성' 장의 마지막 부분에서 다루어지는 양심의 악으로의 전락에 관한 헤겔의 설명을 "수치스러운"(scandalous) 것이라고 비판한다.[3]

회슬레가 '도덕성' 장을 불만족스럽게 여기는 이유는 두 가지이다. 하나는 구체적인 도덕적인 규범들에 관련된 것이고 다른 하나는 체계적인 것이다. '도덕성' 장이 비판되는 이유는 헤겔이 이 영역에서 아무런 구체적인 규범적 내용들을 다루지 않는다는 데 기인한다. 회슬레가 보기에 특정한 규범들은 인간의 내적인 심정과 연관된 것이기에 법적인 수단으로 제재를 가할 수 없긴 하지만 어떤 긍정적인 의미를 지니는 규범들이 존재한다. 이런 규범들이 없다면 사실 제도들 역시 궁극적으로 존립할 수 없다. 회슬레는 이런 규범들로 용기, 호의, 자제, 시기하지 않음, 관대함 그리고 우정과 신뢰의 능력 등을 열거한다. '도덕성' 장이 불만족스러운 또 다른 이유는 체계적인 것이다. 헤겔은 도덕성 영역에서 어떤 긍정적인 내용들을 다루지 않고, 주로 도덕성의 부정적

---

2) V. Hösle, *Hegels System*, S. 510.
3) J. N. Findlay, *Hegel: A Re-Examination*, London, 1958, p. 318.

인 것을 부각하고 이를 비판하는 데 치중한다. 그렇기 때문에 도대체 도덕성의 영역에서 다루어지는 것들 중 무엇이 소위 변증법적으로 헤겔 『법철학』의 종결 부분인 인륜성의 영역으로 지양되어 보존되고 있는지가 불분명하다는 것이다.[4] 이렇게 헤겔은 도덕성에 대해 부정 일변도의 태도를 취하기 때문에, 그 결과 인륜성이 도덕성에 대해 부정적인 태도 속에서만 규정되고 이해되는 결과가 초래된다는 것이다.[5] 따라서 인륜성은 추상법과 도덕성의 종합이라는 헤겔이 공식적·체계적인 관점에서 의당 내세우는 주장과는 커다란 괴리가 발생한다는 것이다.[6]

'도덕성' 장은 여러 문제점을 안고 있으나 상당히 중요한 통찰들 또한 제시한다. 특히 인간 행동의 본질 및 책임에 대한 헤겔의 서술은 현재에도 그 중요성을 잃지 않고 있다. 그뿐 아니라 대단히 논쟁적이고 그리하여 논의의 여지가 많기는 하지만, '도덕성' 장에서 헤겔이 보여주는 칸트적 윤리학의 문제점에 관한 비판은 윤리의 본질 탐구에서 회피해서는 안 되는 중요한 측면들을 건드리고 있다.

---

[4] 도덕성 영역의 비판적이고 부정적인 성격 때문에 체자는 이 부분이 존재하는 것은 "단지 비판되기 위해서"인 것처럼 보인다고 말한다(C. Cesa, "Hegel und die Kantische Moralität," *Das Recht der Vernunft. Kant und Hegel über Denken, Erkennen und Handeln*, hg. v. C. Fricke u. a., Stuttgart-Bad Cannstatt, 1995, S. 302).

[5] 핀들레이 역시 회슬레와 유사한 문제의식을 공유한다. 그는 도덕성의 왜곡 가능성, 특히 양심의 왜곡 가능성을 지적한 헤겔의 동기에 대해서 긍정적인 태도를 취하면서도 다음과 같이 쓰고 있다. "그러나 어떻게 단순한 양심과 권리의 규칙의 공허함이 깊이 있게 반성적이고 상호 응대하는 모든 인격들의 집단적인 양심에 호소하기보다는 주로 무반성적인 도덕적·정치적 제도들에 호소함으로써 치유될 수 있는가를 헤겔은 설명하고 있지 않다. 그리고 깊이 있게 반성적이고 상호 응대하는 모든 인격들의 집단적인 양심에 호소하는 것은 정신의 관념에 훨씬 더 잘 상응했을 것이다"(같은 쪽).

[6] V. Hösle, 앞의 책, S. 510 이하 참조.

I. '도덕성' 장의 필연성과 행위의 일반적 계기들

도덕적 관점을 구성하는 기본적인 규정들은 '도덕성' 장의 105~108절에서 다루어진다. 도덕적 관점에서 인간은 인격으로서가 아니라 주체로 이해된다 (7, 203). 인격에서 주체로 이행하는 필연성은 추상법의 마지막 부분인 불법의 한계와 연결되어 있다. 불법의 한계는 추상법의 영역이 왜 필연적으로 도덕성의 영역으로 이행해야 하는가를 보여준다. 계약을 체결하는 당사자들 중의 하나가 사기를 위해 계약을 악용하는 경우 이 불법의 자의적인 성격은 보편적인 의지와 대립하는 상태에 빠져 형벌을 받게 된다. 형벌은 이 자의적 의지를 강제적인 방식으로 제한하는 것에 그치긴 하지만, 개별적인 범죄자의 의지로 하여금 그 자신의 자의를 보편적인 것과 일치시키라고 요구하는 것이다. 형벌은 범죄를 저지른 사람에게 그의 행동이 승인되지 못한다는 것을 선언하는 것이기 때문이다. 즉 범죄자에게 가해진 형벌은 불법의 한계를 넘어서 인간들의 공통 의지를 회복하고자 한다. 그러나 형벌은 사람들이 스스로 내면적으로도 공통 의지를 원하고 수긍하려는 태도를 갖추지 않는 한 외적인 제재 수단에 그치고 만다. 그뿐 아니라 형벌은 예방적 성격을 띠긴 하지만 이미 범인에 의해 침해된 권리를 다시 복원하려는 시도이다. 그러나 폭력적인 강제력은 그것이 공적인 폭력이라고 하더라도 인간들의 자유로운 공존을 지속적으로 가능하게 하는 데 근본적인 한계를 안고 있는 것이다. 그래서 인간의 자유로운 의지가 보다 지속적으로 존립하기 위해서는 자신의 내면성을 자의나 충동에 지배당하는 것에서 벗어나 보편적인 것을 지향할 필요가 있다. 그래야 인간들 사이의 신뢰와 믿음이 형성되고 그들 사이의 법적 관계를 불가능하게 하는 상호 불신이 어느 정도 제거될 것이기 때문이다. 간단하게 말해 의지는 이제 그 스스로 선 자체를 의지하는 것이다. 이렇게 의지는 도덕성의 영역으로 이행하게 된다.

'추상법'에서 인격(Person)이 '도덕성'의 주체(Subjekt)로 이행하는 데 결정적인 것은 자유의지가 즉자적인 상태에서 대자적인 상태로 변화한다는 점이다. 헤겔은 "**도덕적 행동**"과 관련해서 추상법은 단지 "**가능성**"일 따름이라고 말한다(7, 97). 추상법의 영역에서는 인간 행동의 내적인 동기나 의지를 규정하는 근거는 전면적으로 등장하지 않는다는 것이다. 타인의 재산을 훼손하지 않는 것은 법적 인격체의 권리(추상적)를 인정하는 행위이지만, 추상법은 사람들이 이 권리를 어떤 마음으로 승인하는지 혹은 체결된 계약을 왜 이행하는지는 문제 삼지 않는다. 달리 말하면 이제 도덕성의 영역에서 자유의지는 자체 내로 반성하게 되어 외적인 물건에서 자신이 자유로운 존재임을 확인하는 법적 인격의 단계를 넘어서 자신의 내적인 차원에서도 자유로움을 확인하는 존재로 된다. 자신의 행동을 규정하는 것은 실천적인 이성, 즉 의지 자체가 되는 것이다. 이렇게 자신의 행동을 규정하는 근거가 순수한 의지 자체라는 점에서 도덕성의 단계에서 자유의지는 추상법 영역에서보다도 자유를 위한 "보다 높은 지반"이다(7, 204). 의지가 주체적이 된다는 점에서 자유는 보다 높은 현실성을 띠게 되는 것이다.

자유가 주체를 통해서 비로소 그 현실성을 획득하게 된다는 것은 무엇을 의미하는가? 의지가 자신을 스스로 규정할 수 있을 때 비로소 그 자유는 참다운 의미에서 자유롭다. 그래서 주체로서의 의지, 혹은 도덕적 의지의 단계에서 자유는 항상 보편적인 것을 욕망하는 한에서 자유로움을 자각하는 의지이기도 한 것이다. 헤겔은 이런 "**주체적 혹은 도덕적 자유**"를 "유럽적인 의미에서의 자유"라고 규정한다(10, 312). 이제 그 어떤 행위의 규칙이나 규범도 주체 자신의 동의 내지 내적인 승인이 없이는 아무런 권위를 지니지 못하게 된다. 그래서 이런 주체적 혹은 도덕적 자유의 권리는 "자기 목적"이자 "본질적인 계기"로 간주되어야 마땅하다(10, 313). 헤겔은 도덕적 자유의 승인을 요구하는 관점을 "도덕적 관점"이라고 부르면서 도덕적 의지의 권리가 승인되어야 함을 다음과 같이 말한다. "의지의 **자기규정**은 동시에 그 개념의 계기이며, 주관성은 단순히 의지의 현존재의 측면일 뿐 아니라 그 자신의 고유한 규정이다. 우선 개념으로서 주관적으로 규정된 대자적으로 자유로운 의지는 **이념**으로 존재하기 위해 그 자신 현존재를 지닌다. 그러므로 도덕의 관점은 그 형태에서 **주관적 의지의 법(권리)**이다. 이 법에 따라서 의지는 어떤 것을 **인정하고** 그것이 자신의 것인 한에서 그리고 거기에서 자신이 주관적인 것으로 존재하는 한에서 그 어떤 것으로 **존재한다**"(7, 205).

이 주관적인 의지의 자유가 적극적으로 긍정되어야 한다는 점을 진지하게 고찰하면, 선한 지배자들이 지배자들에게 객관적으로 선하고 옳다고 여겨지는 것들을 무지한 피지배자들에게 비이성적인 방식으로 강제해도 좋다고 생각한 플라톤의 견해가 왜 틀린가를 잘 알 수 있다. 예컨대 플라톤은 다음과 같이 주장한다. "수공업이나 수공예가 왜 멸시를 당한다고 자네는 생각하는가? 어떤 사람이 자신에게 최선의 종류의 것인 부분을 선천적으로 약한 상태로 갖고 있게 되어서, 자신 속의 짐승들을 다스릴 수가 없고, 다만 그것들을 떠받들고 그것들에 대한 아첨만을 배울 수 있기 때문이라는 것 이외의 딴 이유 때문이라고 우리가 말할 것인가? 〔……〕 따라서 그런 사람도 최선의 인간을 지배하는 것과 닮은 것에게 지배받도록 하기 위해서는, 그가 저 최선의 인간이며 자신 속에 신적인 지배자를 가진 인간의 노예가 되어야만 한다고 말하지 않는가? 그가 지배를 받아야만 한다고 우리는 말하지 않는가? 그가 지배를 받아야만 한다고 우리가 말하는 것은, 트리시마코스가 피지배자들을 생각하듯, 그 노예가 손해 보도록 할 생각으로 하는 것이 아니라, 신적이며 분별 있는 것에게 지배받는 것이 모두를 위해서 낫기 때문일세. 이런 것을 자신 속에 자신의 것으로 지니고 있는 자의 경우에는 특히 그렇겠지만, 만일에 그렇지 못할 경우에는, 외부에서 떠맡게 되더라도 그렇게 되는 것이 더 좋은데, 이는 되도록 모두가 동일한 것에 의해서 인도받음으로써 닮게 되고 친구가 되도록 하기 위해서이네."[7]

위 인용문에서 플라톤은 지혜롭고 현명한 사람이 참다운 통찰력을 갖고서 일반 대중들을 위해서 그들에게 무엇이 옳고 그른가를 결정할 때 그들이 스스로 결정을 하는 것보다 더 바람직한 결과가 발생할 것이라고 주장한다. 이런

---

7) 플라톤, 『국가』, 590c 이하, 604쪽 이하. 플라톤은 통치자들이 피지배자들의 이익을 위해서 많은 거짓말과 속임수를 사용해도 된다고 주장한다(459c~d, 337쪽 이하).

관점에서 그는 일반 대중들이 스스로 통치한다는 고대 그리스의 자치 이념, 즉 민주주의 이념을 비판하고 지혜로운 자(철학자)가 통치자가 되어야 한다는 철인정치의 생각을 옹호하고자 한다. 또한 위 인용문이 보여주듯이 플라톤의 철인정치는 일반 대중들이 스스로 통치하기에는 부족하다는 사실을 그들이 "자신 속의 짐승", 즉 동물적인 욕구나 지나친 열정 등에 의해서 지배되고 있다는 점에 입각하여 정당화한다. 달리 말해 그는 대다수의 사람들이 아니라 많은 교육을 받은 소수만이 선과 정의 자체에 대한 참다운 인식을 획득할 가능성이 있으므로 그런 소수가 국가를 지배해야 하고 일반 대중은 수동적으로 복종해야만 한다고 생각한다. 플라톤이 주장하듯이 지혜로운 소수가 내리는 결정이 일반 시민들이 내린 결정보다 그들 자신에게뿐 아니라 국가와 공동체에 더 현명하고 유용한 결과를 가져오는 경우도 있을 것이다. 그러나 도덕적 관점을 다루는 문맥에서 플라톤의 주장이 보여주는 것은 그가 인간의 도덕적 책임의 중요성을 간과하고 있다는 점이다. 자신이 스스로의 생각을 통해서 선택하지 않는 삶은 그것이 신에 의해서 주어진 것이든 아니면 부모에 의해서 권고된 것이든 아니면 여러 세대에 걸쳐서 전승되어 내려오는 삶의 방식이든 간에 모두가 타자에 의해서 결정된 것이기에 아무런 의미를 지닐 수 없다는 것은 칸트의 자율성의 윤리학이 잘 보여준다. 간단하게 말해 그런 삶, 즉 각 개인의 진지한 고민과 성찰을 통해서 선택되지 않은 삶은 결국 타인이 정해준 대로 살아가는 것으로 노예적인 삶에 지나지 않는다. 우리는 자신이 스스로 결정한 삶에 대해서만 참다운 의미에서 책임을 지는 도덕적으로 자율적인 주체로서 살아갈 수 있다.

이처럼 플라톤은 인간의 주관적인 자유의 고유한 가치를 진지하게 고려하지 않는다.[8] 우리는 시민들을 무지한 존재로 설정하는 전제 자체를 다시 생각

---

[8] 플라톤의 입장은 아우구스티누스와 토마스 아퀴나스에게로 이어졌다. 예를 들어 아우구스티누스는 처음에는 신앙에 대해서 어떤 강요도 비난하면서 오로지 설교만을 전도의 무기로 허용했다. 그러나 나중에 그는 입장을 바꾸어 '정의로의 강요'를 옹호하면서 누군가가 강요당하는지 그렇지 않은지가 중요한 것이 아니라, 그가 무엇을 위해서 강요당하는가 하는 것이 중요하

할 필요가 있다. 그뿐 아니라 피지배자들은 무엇이 자신들에게 참으로 이롭고 무엇이 해로운가를 인식할 수 없어서 옳고 그름과 이로움과 해로움의 판단을 다른 사람들에게 맡기는 데 만족해야 한다는 주장 역시 수긍하기 힘들다. 플라톤의 생각은 시민들이 스스로를 통치한다는 민주주의의 이념이 하나의 인류적 통념으로 자리 잡고 있는 21세기 상황과는 잘 어울리지 않는다. 현시대에서 우리의 양심에 어긋나게 행동하라는 강요를 인정한다는 것은 상상할 수 없다. 양심에 반하여 행동하도록 강요받는 사람은 인간의 존엄성을 훼손당하는 것이다. 로베르트 슈페만(Robert Spaemann)이 적절하게 지적하듯이 "모든 시대의 순교의 역사가 입증하는 바와 같이, 죽음에 대한 위협조차도 어떤 사람이 자신의 양심에 반해서 행동하도록 그를 강요하지 못한다." 그럼에도 고문은 인간을 양심에 어긋나게 행동하도록 강요할 수 있는 수단이다. "고문은 양심의 신성함을 직접적으로 파괴한다." 따라서 고문은 "'항상 그리고 모든 상황에서' 나쁜 몇 안 되는 행위에 속한다"고 슈페만은 강조한다.[9]

사실 주관적인 자유를 유럽적인 의미의 자유로 규정한 것도 이 주관적 자유의 긍정이 역사적 성숙 과정의 결과임을 강조하는 것이다. 이런 점에서 헤겔은 **주관적 자유의 권리**"의 긍정 여부가 "**고대**와 **근대**의 구별에서 전환점이자 중심점"이라고 말한다(7, 233). 물론 근대성의 가장 기본적 원리인 주관성과 내

다고 주장한다. 토마스 아퀴나스 역시 윤리의 주관적 원리의 발전에 커다란 공헌을 했지만 이단 및 노예 문제에 대한 그의 입장은 심각한 문제점이 있다. 그는 이단자와 배교자에 대해 그들이 신앙을 받아들일 때 약속했던 것을 이행하도록 강요해도 좋다는 입장을 갖고 있었다. 그에 따르면 그들이 불신앙을 고수한다면 참다운 신앙이 오염되는 것을 보호하기 위해 세속의 법정에서 사형에 처해도 된다. 이렇게 절대적으로 선한 것과 진리에 대한 주장을 기초로 해서 개인의 자유와 주관적인 도덕성을 무시할 수 있다는 생각은 역사적으로 이단자 박해를 정당화하는 데 기여했다. 이에 대해서는 H. Welzel, *Naturrecht und materiale Gerechtigkeit*, Göttingen, 1962, S. 65 참조. 막스 베버에 의하면 죄악에 대한 그리고 영혼을 위협하는 이단자들에 대한 징계 수단으로서의 폭력을 윤리에 편입시키는 것을 비교적 용이하게 한 것은 이 세상은 원죄로 타락해 있다는 교리였다("Politik als Beruf," *Gesammelte Politische Schriften*, Tübingen, 1988, S. 555 참조).
9) 슈페만, 『도덕과 윤리에 관한 철학적 사유』, 박찬구·유치환 옮김, 철학과현실사, 2001, 128쪽.

면성의 원리는 우선 소크라테스로부터 발생하기 시작했다. 그러나 소크라테스로 대변되는 이 주관성과 내면성의 원리는 고대 아테네 정치적 공동체의 파멸의 원리였다고 헤겔은 말한다(7, 260 ; 18, 514 참조). 이 주관성과 내면성의 원리가 인간 자유의 본질의 구성 요소로서 그리고 인간의 인격성의 본래적인 가치를 구성하는 것으로 받아들여지기까지는 많은 시간이 걸렸다. 그래서 헤겔은 다음과 같이 말한다. "소크라테스의 도덕성, 내면성의 원리는 그 시대에 필연적으로 산출되었으나, 그것이 보편적인 자기의식이 되기에는 시간이 필요했다"(7, 440).

도덕적 자유의 권리를 긍정적으로 평가하고 이를 자유 실현의 본질적인 계기로 설정한다는 점에서 그의 관점이 칸트의 실천이성에 기초를 둔 자유관을 받아들이고 있다는 사실이 분명해진다. 그래서 헤겔과 칸트를 상호 적대적인 철학으로 간주하는 관점은 잘못된 것이다. 우드는 칸트적 철학과 헤겔적 철학을 "상호 적대적인" 것으로 바라보는 관점은 "헤겔의 입장에 대한 심각한 왜곡"이라고 지적한다. 그에 의하면 칸트 철학과 헤겔 철학은 "자유로운 사회에 대해 각자 독특한 방식으로 근대적, 계몽주의적 견해를 지지하는 이성적인 자율성의 윤리학의 두 형태"이다.[10]

헤겔은 도덕적 의지의 권리를 긍정하면서도 도덕적 의지의 한계를 지적한다. 그에 의하면 도덕적 의지는 즉자 대자적인 의지가 아니다. 그것은 "추상적이고 제한되어 있고 형식적(formell)"이다. 도덕적 관점은 "당위"와 "요청"(Forderung)의 단계로서 우리가 무엇을 해야만 하는가에 대한 구체적이고 내용 있는 대답을 제시하지 못한다는 것이 헤겔의 입장이다(7, 206). 도덕적 의지의 추상성과 형식성에 대한 설명은 칸트 윤리학에 대한 헤겔의 비판의 주제이기도 하다. 그러므로 이에 대한 상세한 설명은 뒤로 미룬다.

이렇게 도덕적 관점과 도덕적 의지의 권리의 긍정성뿐 아니라 그 한계와 일면성을 설명한 후에 헤겔은 도덕적 행위의 구조를 설명한다. 그에 의하면 도

---

10) A. Wood, "Hegel's Critique of Morality," *G. W. F. Hegel. Grundlinien der Philosophie des Rechts*, S. 147 이하.

덕적 행위는 세 가지 계기로 구성되어 있다. 첫째는 의지가 구체적인 내용을 부여하는 계기이다. 둘째는 이렇게 의지가 스스로에게 부여한 특수한 내용을 객관화하려는, 즉 실현하려는 활동의 측면이다. 그런데 이 계획을 실행에 옮기는 것이 항상 성공할 수는 없기 때문에 일단 당위적인 성격을 지닌다. 즉 계획과 그것의 실행 사이에는 일정한 긴장이 존재한다. 셋째는 "의지의 자기 자신과의 단순한 **동일성**"으로서 앞의 두 계기 속에서 동일하게 머무르는 "**목적**"(Zweck)이다(7, 207 이하). 이 마지막 계기에서 나타내고자 하는 것은 주체적인 의지가 행동을 통해서 실현하고자 하는 내용은 개별적인 행위 주체와 독립적으로 존립하는 계기라는 사실이다. 그 내용이 주체적인 의지의 자기규정의 산물이긴 하지만 그것은 주체적인 의도와 그것을 구체화하려는 행위라는 두 계기를 종합하는 것이기도 하기 때문이다. 그래서 이 의지의 자기동일성이라는 계기는 행위를 계획하는 측면과 이를 실행에 옮기는 차원을 넘어서 이를 종합하는 것이다.

헤겔은 이 세 가지 계기들을 다음과 같이 설명한다. 이제 내용은 주체적인 의지에 의해서 규정된 것으로서 그리하여 자신의 것으로 승인된 것으로 나타난다. 그래서 도덕적 행위 주체는 이렇게 스스로가 내면적으로 기도한 것에 대해서만 책임을 지게 되는 것이다. 즉 나의 행위는 그것이 "내 기도(mein Vorsatz),[11] 나의 의도(meine Absicht)"인 한에서만 타당성을 갖는 것이다(7, 209). 주체적인 의지는 자신이 부여하는 내용을 단순히 특수한 것으로 정립하는 것이 아니라 보편적인 것으로 간주한다. 마지막으로 의지는 "타인의 의지"에 대한 "긍정적인 관계"를 갖는다. 달리 말하면 주체적인 의지는 "타인의 복지"에도 관심을 갖는 것이다(7, 211). 헤겔은 113절에서 행위의 세 계기들을 종합적으로 요약하면서 행위의 본질이 무엇인가를 규정한다. "**주관적 혹은 도덕적인** 것으로서의 의지의 외화가 **행위**(Handlung)이다. 행위는 위에서 밝혀진 여러 규정들을 포함한다. ① 행위는 그 외면성 속에서 나에 의해 나의 행위로

---

11) 이 기도(Vorsatz)는 우리나라의 법률 용어상으로는 고의(故意)로 번역된다.

서 의식된다는 것, ② 당위로서 개념에 대한 본질적인 관계라는 것 그리고 ③ 다른 사람의 의지에 본질적으로 관련한다는 것 등이다"(7, 211).

위 인용문에서 나타나듯이 헤겔은 행위를 도덕적 의지의 외화로 규정한다. 어떤 행위가 도덕적이기 위해서는 그 행위 주체의 의지가 표현되어야만 한다. 그렇지 않은 행동은 도덕적이라고 할 수 없다. 이 도덕적 의지의 표현으로서의 행동의 세 측면에 따라서 '도덕성'은 세 부분으로 나뉜다. 그것은 바로 '기도(企圖)와 책임'(Der Vorsatz und die Schuld), '의도(意圖)와 복지'(Die Absicht und das Wohl) 그리고 '선과 양심'(Das Gute und das Gewissen)이다. 첫째 부분은 도덕적 의지의 권리 중 "행위의 **추상적** 혹은 **형식적** 권리"에 해당된다. 이 측면에서 중요한 것은 행위의 내용이 나의 것이라는 것이다. 그래서 이 단계에서 행위는 "주관적 의지의 기도(Vorsatz)"로서 이해된다. 둘째 부분에서 나타나는 행위의 계기는 행위의 "의도"(Absicht)이다. 이 의도에서 중요한 것은 행위가 행위 주체에 대해서 지니는 가치이다. 물론 이 가치는 아직은 상대적인 가치로서 나 자신의 행동의 목적으로서 "복지"(Wohl)이다. 도덕적 행위의 셋째 계기는 의지의 절대적인 목적으로서 선(das Gute)인 행위의 "보편적인 가치"이다(7, 213 이하).

II. 행위와 책임

헤겔은 어떤 것에 책임이 있다는 것(schuld an etwas)과 그 일에 대해 책임을 묻는 것을 구별한다(7, 216). 사람은 자신의 행동이 가져온 모든 결과에 책임을 질 수는 없다. 어떤 결과를 야기하는 행동 내지 소행(Tat)에 대해서 나는 책임이 있지만(daran schuld), 그로부터 그런 소행의 결과들에 대해서 모든 책임이 나에게 귀속되는 것은 아니다. 어떤 행동에 의해서 단순히 야기된 결과와 행위자가 져야 할 책임의 영역은 구별되어야 한다는 것이다. 예를 들어 우리는 아주 어린 아이가 가게에서 귀중품을 훔친 결과에 대해서 책임을 묻지 않는다. 즉 그에게 가게 주인이 입은 손해나 불이익을 직접적으로 보상할 책임을 묻지 않는다. 법률적 용어로 설명하자면 가해 행위와 손해 사실의 사실적 인과 관계와 가해자가 손해배상 책임을 부담해야 하는 배상 범위의 확정을 위한 법률적 인과 관계는 구별되는 것이다.[12] 그래서 헤겔은 "나의 기도에 들어 있었던 것에 대해서 나에게 책임이 돌아가게 될 수 있다"고 말한다(7, 216). 이런 문맥에서 헤겔은 소행(Tat)과 행위(Handlung)를 구별하고 책임이 귀속되는 경우를 다음과 같이 규정한다. "그러나 의지의 법(권리)은 자신의 **소행**(Tat) 가운데서 오직 위에서와 같이 자신의 생각 안에 포함되어 있는 것만을 자신의 **행위**(Handlung)로 인정하는 것이다. 그리고 의지의 법은 그가 자신의 소행의 전제들 중 그 목적 가운데서 알고 있는 것, 즉 자신의 **기도**(Vorsatz) 가운데 있었던 것에만 **책임**을 지는 것이다. 소행은 단지 **의지의 책임으로서만 귀책되는** 것이다. 즉 **지식의 법(권리)**"(7, 217).[13]

　헤겔은 책임을 인간의 자유로운 의지와의 연관 속에서 다루고 있다. 여기에서 그의 이론은 철저히 근대적이다. 주지하듯이 어떤 사람도 자기 책임이 없는 것에 대해서까지 책임을 질 의무는 없다. 그뿐 아니라 어떤 사람도 단순히 일어난 결과에 따라서 처벌받지 않는다. 행위자의 책임이 아닌 결과에 대해 법적 제재, 즉 형벌을 받지 않는다는 것은 인간의 인격적 존엄성에 대한 근대적 통찰을 전제로 한다. 이로 인해 18세기 말까지도 행해지던 형벌 연대 책임이나 결과 책임에 의한 형사 제재 등은 인간의 자유를 부당하게 침해하는 것으로 거부된다. 행위의 결과가 동일하다고 해서 그에 대해 동일한 책임을 묻는다는 것은 근대 세계에서는 승인되지 않는다. 일례를 들어 고의적으로 다른 사람의 집에 불을 질러 태워버리는 것과 그런 의도가 없이 그저 부주의하게 담배꽁초를 버린 결과 집이 불타 없어진 것은 가옥이 불에 타 없어졌다는 결

---

12) 김형배, 『민법학 강의』, 신조사, 2006, 1377쪽 참조.
13) 귀책 가능한 행위만이 도덕적인 비난이나 칭찬, 즉 도덕적 평가의 대상이 될 수 있다는 것을 분명하게 정식화한 사람은 아리스토텔레스였다고 한다. 이에 대해서는 H. Welzel, 앞의 책, S. 35 이하 참조.

과만 보면 동일하다. 그렇지만 각각의 경우에 이를 야기한 당사자의 행동은 근대에서 상당히 다르게 이해된다. 헤겔은 이런 점을 염두에 두고 다음과 같이 말한다. "우리의〔헤겔 당시의 독일〕 입법에서 주관적 의지의 권리는 존중되고 있고 이것은 커다란 진보이다."[14)]

사람의 행동은 의도를 동반하지만 그 행동이 야기하는 모든 결과에 대해서 책임을 질 수는 없다. 마찬가지로 인간의 행동은 항상 구체적인 상황 속에서 이루어지는 것이기 때문에 행동이 야기하는 모든 상황 변화를 예측할 수 없을 뿐 아니라, 그 모든 것을 의식적으로 통제하거나 조정할 수도 없다. 그러므로 헤겔은 아버지인 줄 모르고 라이오스를 죽인 오이디푸스는 존속 살인으로 고발되어서는 안 된다고 말한다(7, 217). 헤겔은 오이디푸스 이야기를 『미학강의』(*Vorlesungen über die Ästhetik*)에서도 다룬다. 그 책에서 헤겔은 소위 근대적인 의미의 법치국가가 성립되지 않은 시기, 즉 영웅시대(Heroenzeit)의 상황에서 영웅적인 개인의 삶의 모습을 도덕적 주관성에 입각한 근대적인 주체적 삶의 양식과 비교한다.

주지하듯이 오이디푸스는 테베의 라이오스 왕의 아들이었다. 그런데 원래 라이오스 왕은 소생이 없이 죽어야 왕국을 살릴 수 있을 뿐 아니라 아들한테 살해되지 않을 것이라는 델포이의 신탁을 세 번씩이나 받은 바 있었다. 그래서 그는 액운을 피하기 위해 오이디푸스를 키타이론 산에 버리게 한다. 그렇지만 버려진 오이디푸스는 코린토스 왕가로 입양되어 그곳에서 왕자로 성장하였다. 그러던 중에 어느 날 술에 취한 친구가 그를 왕의 친자가 아니라고 말하는 것을 듣고는 그 진위 여부를 알고 싶어 델포이로 찾아간다. 그러나 신탁소의 무녀는 오이디푸스의 질문도 듣지 않고 그를 신전 밖으로 내쫓으며 그가 아버지를 죽이고 어머니와 혼인할 것이라고 말한다. 이에 큰 충격을 받은 오이디푸스는 그런 부도덕한 일을 피하기 위해 코린토스로 돌아가지 않고 유랑 길에 오른다. 테베로 가던 길에 한 남자를 만나 시비가 붙어 결투를 벌이다가

----
14) Ilting III, 359.

그를 살해한다. 그런데 그는 바로 오이디푸스의 생부였다. 그 후 오이디푸스는 테베의 왕비와 결혼하는데 그녀는 바로 그의 생모였다. 이렇게 오이디푸스는 의도와는 상관없이 부친을 살해하고 어머니와 결혼하여 근친상간의 죄를 범하게 되었던 것이다.

근대의 시각에서 볼 때 오이디푸스의 행위는 아무런 범죄 행위도 아니거니와 그런 행동에 책임을 질 하등의 이유가 없는 것이다. 부친 살해와 근친상간은 그가 전혀 의도하지도 않았고 그들이 부모라는 사실을 전혀 모르는 상태에서 일어난 사건이었기 때문이다. 그럼에도 오이디푸스는 알지도 못했고 바라지도 않았던 행동의 결과에 대해 전적으로 책임을 인정하고 자신을 벌한다. 이런 오이디푸스의 행동 방식은 영웅적인 개인들의 행동 방식의 전형을 보여주는 것이다. 자신의 의도에 따른 도덕적인 의미에서의 행위와 단순히 그의 소행(Tat)으로 일어난 객관적인 상황의 변화 전체를 구별하지 않고 그 자신의 "소행의 전체"에 책임을 지려고 하는 것이다(13, 246 이하). 달리 말하면 오이디푸스 비극에서처럼 "**영웅적인** 자기의식은 순수성으로 인해 아직도 **소행**(Tat)과 **행위**(Handlung), 외적인 사건과 기도 및 상황에 대한 지식의 구별이라는 반성이나 결과의 분석에는 이르지 못하고 소행의 전체 범위에서 책임을 짊어진다"(7, 219). 소행의 전체 범위에 책임을 지려는 고대 그리스의 영웅적인 개인들의 행동 방식과는 달리 근대의 개인들은 자신의 의도나 고의에 따라서 행한 것에만 책임을 지려고 함으로써 개인의 주관적인 자립성이 확보되었다고 헤겔은 말한다(13, 248). 고대의 법률은 근대와는 달리 주관적인 것이나 책임의 귀속에 그리 큰 가치를 두지 않았다(7, 217).[15]

---

15) 오이디푸스나 기타 그리스 비극의 영웅들의 행위를 어떻게 이해하는 것이 보다 적절한 것인가 그리고 과연 고대 그리스 비극의 주인공들에 대한 헤겔의 해석이 정확한 것인가에 대해서는 여전히 논란이 있다. 이상인은 오이디푸스의 비극적 결말은 친부모에 대한 그의 무지의 결과가 아니라 조급하고 폭군적인 성격상의 결함, 즉 감정적 무지에 의해서 조장되었다고 해석한다(「연민과 비극의 도덕: 아리스토텔레스 『시학』 13장의 '비극적 죄'를 중심으로」, 『철학』 제64집, 2000년 가을, 83~111쪽). 호메로스의 영웅시대의 덕에 대한 생각과 근대의 주관적 내지 선택의 자유를 소중하게 생각하는 관점 사이의 대립에서 영웅적 덕들의 세계를 좀더 호

헤겔은 책임의 귀속 문제를 다루면서 행위의 결과에 대한 지식이나 의도에 초점을 맞추기 때문에 과실(Fahrläßigkeit) 행동의 책임 문제는 다루지 않는다는 인상을 준다. 이미 1927년에 카를 라렌츠는 이런 의구심을 제기했다.[16] 일팅 역시 유사한 문제점을 제시한다. 그가 보기에 헤겔의 책임이론은 행동의 예견 가능한 결과와 예견 불가능한 결과를 구별할 수 있는 여지를 허용하지 않으며, 이로 인해 그것은 과실에 기인하는 책임의 문제를 다룰 수 없다. 우드에 의하면 일팅의 논제가 문제의 핵심을 논하고 있다는 점은 의문의 여지가 없다. 헤겔의 이론은 이런 과실이 있는 행동과 고의적인 행동을 명백하게 구별하지 않기 때문이다. 그럼에도 일팅의 논제는 헤겔 행위이론의 전체를 고려할 때 완전히 적절한 것은 아니다. 일팅의 논제는 행위자의 의도와 지식의 중요성을 강조하는 헤겔의 입장에만 지나치게 일방적으로 주목함으로써 나타난 편향적인 견해다.[17]

헤겔은 소행과 행위의 구별에 기초해서 상당히 새로운 책임이론의 단초를 마련한다. 그것은 헤겔 『법철학』의 116절에 나타나 있다. 라렌츠에 의하면 이 절은 "가장 주목할 만한" 것이지만 "아직까지도 별로 주목받지 않은 절"이다. 라렌츠가 적절하게 지적하듯이 헤겔은 116절에서 소위 위험책임(Gefährdungshaftung)의 문제를 다루는데 이 위험책임의 문제는 19세기 말 이후에 오토 기

의적으로 바라보는 입장이 존재한다. 예를 들어 매킨타이어에 의하면 현대 사회가 자랑하는 가치 선택의 자유는 영웅시대의 관점에서 보면 인간들의 자유라기보다는 오히려 "유령들의 자유"로 보일 것이다(매킨타이어, 『덕의 상실』, 이진우 옮김, 문예출판사, 1997, 191쪽 참조).

16) K. Larenz, *Hegels Zurechnungslehre und der Begriff der objektiven Zurechnung*, Leipzig, 1927, S. 52.

17) A. Wood, *Hegel's Ethical Thought*, p. 143 이하. 헤겔의 이론적 단초에서 과실 행동의 처벌 가능성에 대한 이론적 정당화가 가능하다는 주장에 대해서는 M. Köhler, *Die bewuße Fahrlässigkeit*, Heidelberg 1982 참조. 헤겔과는 달리 피히테는 과실 행동 역시 처벌 가능하다는 입장을 피력한다. 즉 피히테에 의하면 분별없는 상태에서 한 행동 역시 고의적으로 저지른 행동과 마찬가지로 사람들 사이의 법적 관계의 안정성을 해치기 때문이다(Fichte 3, 143). 칸트 역시 고의에 의한 불법 행위와 과실에 의한 위법 행위를 구별한다. 고의가 없는 (unvorsätzlich) "위반은 단순한 과실"(bloße Verschuldung)이라고 칸트는 말한다(AA VI, 224).

르케(Otto F. v. Gierke)와 아돌프 메르켈(Adolf Merkel)과 같은 독일의 법학자들이 도입하기 시작하고 그 후 일반적으로 받아들여진 이론이기 때문이다.[18] 헤겔은 다음과 같이 말한다. "내가 그 소유자이고 외적인 대상들로서 다양한 연관 속에 존재하면서 작용하는 사물들이 다른 사람들에게 손해를 끼친다면, (그것은 기계적인 물체나 살아 있는 것으로서 나 자신에게도 또한 있을 수 있는 일이지만) 그것은 나 자신의 소행이 아니다. 그렇지만 손해는 **다소간** 나의 부담이 된다. 이러한 사물들은 결국 나의 것이고, 또한 그 사물들의 본성상 나의 지배를 받는 것이거나, 나의 주의가 필요한 것이기 때문이다"(7, 217).

고의나 과실의 의미에서 책임이 없는 것에 대해서 책임을 져야 하는 경우는 언뜻 보면 과실책임의 원칙이라는 근대 법치국가의 기본 원칙에 위배되는 것처럼 보인다. 과실책임의 원칙이란 과실이 없이는 책임을 부담하지 않는다는 것을 의미하는 것으로 근대법의 기본 원칙의 하나이다. 그렇지만 위험책임의 문제는 결코 과실책임의 원칙을 파괴하지는 않는다. 그것은 다만 과실책임의 원칙에 대한 수정을 시도하는 것으로 이해되어야 할 것이다. 사실상 과학 기술의 발전과 기업 활동의 확대 등 변화된 상황에서 예견하기 어려운 위험이 발생하면서 이런 원칙에 대한 수정이 불가피해지고 있다. 현대는 '위험사회'이다. 기든스에 의하면 위험(risk)이라는 개념은 우리가 현재 살고 있는 세계의 가장 기본적인 특징의 일부를 드러낸다.[19] 근대 이전의 위험은 주로 전염병이나 홍수나 지진이나 기근과 같은 자연 재해가 주종을 이루었다. 물론 현대 사회에서도 이렇게 자연에서 오는 위험이 존재한다. 그러나 현대 사회가 직면하고 있는 위험의 종류는 과거의 그것과는 다르다. 그리고 이런 새로운 종류의 위험은 자연에서 오기보다는 인간이 스스로 조장한, 인위적으로 형성된 것이다. 산업 및 과학 기술의 발전이 자연에 미치는 영향이 바로 인위적으로 형성된 위험의 원인인 것이다. 지구 온난화 현상이나 각종 생태계 파괴 등이 그런 위험의 사례들이다. 과학 기술과 산업의 급속한 발전은 인간의 자연에 대한

---

18) K. Larenz, 앞의 책, S. 55 이하.
19) 기든스, 『질주하는 세계』, 박찬욱 옮김, 생각의 나무, 2000, 62쪽.

개입만을 극대화하여 새로운 위험의 요인을 산출하는 데 그치는 것은 아니다. 이제 과학 기술의 발전은 인간이 인간 자신에게 개입하는 것을 가능하게 만든다. 또 그것은 인간의 삶에 커다란 해를 끼치게 된다. 의료 기술의 발전으로 발생하는 의료 사고나 유전자 변형 식품과 연관된 논쟁들은 그런 사례에 속한다. 그뿐 아니라 산업 및 과학 기술의 급속한 발전으로 사람들은 새로운 위험 상황에 처하게 되는데, 교통·통신 수단의 발달로 인한 교통사고의 급증이나 엄청난 피해를 초래할 수 있는 원자력 발전소와 같은 위험 산업 시설 등은 그 대표적인 예이다.

이런 변화된 상황에서 과실책임의 원칙에 대한 수정이 요구된다. 김형배에 의하면 "공해, 제조물, 기타 위험 시설로 인한 불법 행위 사고에서 보는 것처럼 피해자 구제를 위하여 종래의 법이론은 수정되어가고 있다." 특히 과책주의 원칙 혹은 과실책임의 원칙에 의해서 모든 가해 행위 사례가 만족스럽게 해결될 수 없다는 것이 오늘날의 일반적인 인식이라고 한다. 그래서 과실책임주의에 의해서는 피해자 구제가 불충분하거나 부적절한 경우에 "과실 여부에 상관없이 일어난 손해를 배상하도록 하는 입법"이 형성되고 있다. 이는 일반적인 학설에서 무과실 책임이라고 불리지만 정확한 것은 아니다. 그래서 김형배는 이를 "과실책임주의와 무관한 별개의 책임 체계로서 이해해야만 한다"고 주장한다.[20] 달리 말하자면 위험책임은 자동차, 철도, 비행기, 원자력 발전소와 같은 공해 및 위험 시설이나 기계뿐 아니라, 가스나 화학 물질과 같은 위험 물질 등과 같은 "일정한 위험원을 지배하는 자에게 장차 발생할 손해의 부담 위험을 전적으로 귀속시키는 책임 체계"로 이해해야 한다. 위험책임에서는 고의나 과실은 원래부터 책임 요건으로 문제 되지 않는다. 그래서 김형배는 위험책임과 무과실 책임을 구별할 필요가 있음을 역설한다. 무과실 책임은 자신의 과실을 문제 삼지 않는다는 과실책임의 원칙의 예외로서 이해할 수 있지만, 위험책임에서 책임의 근거는 위험원의 지배에 있기 때문이다. 즉 "위험책

---

20) 김형배, 앞의 책, 1361쪽 이하.

임은 타인의 법익(法益, Rechtgut)을 현저하게 위태롭게 할 위험원에서 발생하는 손해를 그 위험원의 지배자 내지 보유자에게 손해배상 책임을 부담하게 하는 책임 체계이므로 과실책임의 예외로서가 아니라, 처음부터 과실이 요건이 되지 않는 별개의 책임 체계"라는 것이다.[21]

위험책임에 대한 논의 이외에도 헤겔의 행동이론에서 주목할 만한 것은 심정주의적 윤리관과 결과주의적인 윤리관에 대한 그의 비판이다. 그는 118절에서 심정주의적 윤리관과 책임 윤리 혹은 결과주의적 윤리관의 일면성에 대해 비판한다. 이런 비판 역시 행동의 여러 측면을 종합적으로 고찰하는 헤겔 특유의 업적이다. 위에서 살펴본 것처럼 도덕적 주체의 행동은 의도나 동기와 같은 내적인 차원만 갖고 있는 것은 아니다. 도덕적 의지는 의도에서 선한 것, 즉 객관적으로 선한 것을 행위의 목적으로 설정하고 이를 실현하고자 한다. 그래서 행위는 주관성에서 객관성으로 이행하는 계기 또한 갖고 있는 것이다. 그러나 인간의 행위가 벌어지는 장소는 진공 상태가 아니다. 즉 인간의 행위는 항상 일정한 상황이나 조건 속에서 발생하는 것이다. 그렇기 때문에 인간의 행위는 비록 그것이 보편적인 선을 의도한다고 할지라도 그것의 객관화, 즉 실현이 항상 담보되어 있지 않다. 인간은 이런 주관과 객관의 분열 상황 속에서 여러 가지 어려움과 곤란함을 겪는 존재이다. 따라서 도덕적으로 행동하는 인간은 도저히 예측할 수 없는 결과에 대해서 무한 책임을 지닐 수도 없고, 행동의 결과가 자신의 도덕적 의지의 표현인 한 무책임한 태도를 취하면서 주관적인 의도 내지 내면성의 순수함으로 도피할 수도 없는 것이다. 그래서 헤겔은 '행위에서 결과를 무시하라는 원칙'이나 '행위를 결과들로부터 판단하고 이 결과들을 무엇이 옳고 무엇이 선한지 척도로 삼는 원칙'이 일면적이라 비판한다. "행위의 고유한 **내재적인** 형태로 이해되어야 할 결과들은 단지 행위의 본성만을 표현해주는 것이고 행위 자체에 다름 아니다. 그러므로 행위는 결과들을 부인할 수도 무시할 수도 없다"(7, 218).

---

21) 같은 책, 1466쪽.

헤겔의 행위와 책임 이론에서 마지막으로 언급할 만한 것은 책임 능력이 없는 사람들에 대한 그의 입장이다. 어린아이들, 미친 사람, 백치 등과 같은 선천적인 지능 장애가 있는 정신박약자들은 책임 능력이 없는 사람들이다. 이들에게는 책임 자체가 처음부터 성립되지 않는다. 어린아이나 백치 같은 결정적인 상황만이 "사유와 의지 자유의 성격"을 박탈하고 이런 행위자를 "사유하는 사람 그리고 의지를 지닌 존재"로 간주하지 않아도 좋다(7, 226). 그러나 헤겔은 순간적인 현혹이나 격정적인 흥분 그리고 만취한 상태에서 법을 어긴 사람들에게 책임을 배제하거나 경감하는 것을 허용하지 않는다. 이런 상황을 이유로 해서 범죄자들에게 책임이 없다고 보는 것은 범죄자를 "인간의 권리와 명예에 따라서 취급하지 않는 것"이나 다름없다. 인간의 본성에는 사유하는 존재로서 보편적인 것을 인식할 수 있는 능력이 속한다. 그래서 범죄자가 만취한 상태나 격한 흥분 상태에서 자신의 행동이 위법인지 아닌지를 정확하게 인식하지 못했다는 이유로 그에게 범죄의 책임을 묻지 않아야 한다는 주장은 인간의 본성에 내재하는 "지적 본성"을 인정하지 않는 것이라고 헤겔은 생각한다. 다만 헤겔은 이런 상황이 형벌의 양을 감면하는 이유가 될 수 있다는 것을 전적으로 부인하지는 않는다. 다만 법(권리)의 영역에서는 그런 것이 불가능하다는 것뿐이다. 헤겔에 의하면 앞에서 언급한 상황에서 범죄자에게 형벌을 덜어주는 가능성은 단지 **"사면"**(Gnade)의 영역에 속한다(7, 247). 이렇게 헤겔이 인간의 인지 능력과 행위의 귀책 사이의 밀접한 연관성을 강조하는 것을 들어 크리스토프 예어만은 그가 형벌 배제 사유(Strafausschließungsgrund)나 오늘날 금지착오(Verbotsirritum)라고 표현되는 형벌 감면 근거(Strafmilderungsgrund)를 인정하지 않는다고 지적한다.[22]

---

22) Ch. Jermann, "Die Moralität," *Anspruch und Leistung von Hegels Rechtsphilosophie*, S. 113 주석 12 참조.

Ⅲ. 의도와 복지

　기도(Vorsatz)에서 의도(Absicht)로의 이행은 행위의 특수한 성격과 보편적 성격의 구별과 연결되어 있다. 개별적인 행위들과 결부된 것이 기도라면, 의도는 이들 다양한 개별적인 행위들의 연관성 속에서 필연적으로 발생하는 결과를 포함한 전체와 결부되어 있다. 달리 말하면 의도에서 문제가 되는 것은 개별적인 행위들과 관련되어 있는 "보편자"(das Allgemeine)이다. 이 보편자는 바로 "나에 의해서 의욕된 것(das von mir Gewollte), 즉 **의도**"이다(7, 223). 그래서 헤겔은 기도에서 의도로의 이행과 관련해서 "개별적인 것의 진리는 보편자"라고 말한다(7, 223). 이렇게 의도가 행위에서의 보편자와 연관되어 있는 한, 그것은 여러 개별적인 행위들의 연관 속에 포함되어 있는 "**보편적인 내용**"이다. 그러므로 헤겔에 의하면 "**사유하는 자**로부터 출발하는 것으로서 기도는 단순히 개별성만을 포함하는 것이 아니라 본질적으로 저 **보편적인 측면-의도를 포함한다**"(7, 223).

　헤겔은 의도를 그 어원에 입각하여 표현한다. 의도라는 말은 어원적으로 "**보편성의 형식**"이자 "**추상**"(Abstraktion)을 내포하는 것으로 "구체적인 사물의 특수한 측면"을 추출한다는 의미를 지닌다(7, 223). 사람은 행동할 때 어떤 특정한 목적 달성을 의도한다. 예를 들어 어떤 사람이 등산을 하려고 마음먹는다면, 등산을 하려는 목적을 달성하기 위해서는 여러 가지 개별적인 행동이 필요하다. 등산화와 등산복을 준비하고 목적지인 산에 버스를 타고 갈 것인지 아니면 다른 교통수단을 이용할 것인지 하는 개별적인 행동들이 모여서 등산이라는 행동의 목적이 달성되는 것이다. 보편자라는 것은 이런 의미에서 이해되어야 한다. 그러므로 의도는 자신이 실현하려는 목적을 달성하기 위해 필요한 다양한 개별적인 행동들의 상호연관을 염두에 두고 있을 뿐 아니라, 예기치 않은 상황에 대비해서도 목적을 실현하기 위한 전체적인 조망과 계획을 설계하는 것과 결부되어 있다. 그런데 이런 전체적인 조망이나 다양한 행위들의 연관에 대한 인식은 인간이 사유하는 존재인 한에서만 가능한 것이다. 즉 인간은 사유하는 자이기에 보편적인 것을 인식할 수 있는 것이다.

　헤겔은 방화나 살인의 예를 들어서 의도를 설명한다. 개별적인 행위를 생각한다면 처음 방화 순간에는 단순히 나무 조각의 일부에 불을 붙이는 것에 지나지 않는다. 그러나 이 개별적인 행위는 독립된 채로 존립하는 것이 아니라 그 확대, 즉 모든 집을 태우는 보편적인 성질을 내포하고 있다. 마찬가지로 칼로 살인하는 경우, 칼로 타인을 찌르는 개별적인 행위는 그 자체만을 관찰할 때 신체의 일부분에 대한 상처에 지나지 않을 것이다. 그러나 인간이 생명체인 한 일정 부분에 대한 상처가 곧바로 그 사람의 생명을 위험에 빠뜨린다는 것은 자명하다. 물론 헤겔이 지적하듯이 행위는 예기치 않은 여러 사정이 함께 결부되어 있기 때문에 방화를 했는데도 화재가 나지 않거나 방화범이 생각했던 것 이상으로 불이 번져나가는 경우도 있을 것이다. 그러나 그런 행위를 한 사람은 결코 그런 우연한 요행이나 불운에 기대어 자신을 변명할 수 없다. 우연한 요행은 바로 인간 소행의 유한성의 성격과 인간이 처한 우연적인 상황의 결과일 뿐이다. 특히 개별적인 행위가 보편적인 것과 결부되어 상황이 전개된 경우에 그런 행위를 한 사람은 결코 그 결과에 대한 책임에서 자유로울 수 없다.

　헤겔은 개별과 보편의 연관성에 대한 인식을 결여하고 있는 것을 "주관적 반성"이라고 부른다. 여기서 '주관적'이라는 것은 개별과 보편의 구별이란 아무런 객관적인 근거가 없다는 것을 의미한다. 그것은 그렇게 생각하는 사람에게만 타당할 뿐이다. 그래서 이런 인식을 하지 못하는 사람은 결과와 개별적인 행위를 분리하지만 그런 행위는 부질없는 짓이다. 그래서 헤겔은 앞에서 예로 든 상황을 해결하기 위한 범주로 간접고의(dolus indirectus)를 언급한다(7, 223 이하). 이 간접고의는 현재의 형법 체계에서는 사용되지 않는 용어이다. 그러나 이 용어는 현재 미필적 고의(dolus eventualis)에 해당하는 것으로 이해해야 할 것이다.[23] 미필적 고의는 현대 형법에서 "결과 발생을 목표 삼고 이를

---

23) V. Hösle, 앞의 책, S. 514 참조.

의도적으로 추구한 것이 아니라 단지 그것을 감수하는 의사만을 내포하고 있다."[24] 아침 일찍 좁은 골목길에서 급히 차를 몰고 출근하는 사람이 길에서 놀고 있는 아이들이 차에 치여 다칠지도 모른다고 생각하면서도 급한 마음에 어린이가 치이더라도 어쩔 수 없는 일이라고 생각하면서 사고를 낸 경우가 바로 미필적 고의에 해당된다. 미필적 고의에 의해서 행동하는 사람은 그 행위의 결과에 대해서 당연히 책임을 져야 한다.

헤겔은 의도에서 복지(Wohl)로의 이행을 도덕적 행위 주체의 특수성에서 구한다. 달리 말하면 행위의 보편적 성질을 자각하고 인식하는 것이 의미가 있기 위해서는 그렇게 생각하고 행동하는 구체적인 도덕적 행위 주체가 존재해야만 한다. 이런 의미에서 헤겔은 "행위자의 **특수성**의 계기가 행위 속에 포함되어 있다"고 말한다. 이 도덕적 주체의 자유가 의미하는 것은 그 자신의 행위에서 자기의 "**만족**"을 누리는 "**주관의 권리(법)**"와 다름없다(7, 229). 헤겔은 개인의 만족을 주관의 권리로 긍정함으로써 개인의 행복이나 복지의 추구를 행위의 목적으로 인정한다. 여기에서 행복을 쾌락으로 생각하면 안 된다. 마찬가지로 헤겔이 말하는 행복은 각각의 특수한 욕구의 만족 내지 충족만을 의미하지 않는다. 행복은 각 도덕적 주체가 도덕적 의도로 자신에게 가장 가치 있는 일이라고 여겨지는 것을 실현할 때 일어나는 충족감을 의미한다. 그리고 도덕적 의도는 그렇게 생각하고 바라면서 실수할 수는 있지만 도덕적 주체가 실현하고자 하는 가치 있는 일은 원칙상 모든 사람들에게 의미 있는 일이다. 그래서 "**즉자 대자적으로 타당한** 목적의 수행" 속에 "개인의 **주관적 만족**" 역시 포함되어 있다고 헤겔은 말한다(7, 232).

행위 속에서 만족을 발견하려는 주체의 권리를 인정함으로써, 헤겔은 칸트 윤리학이 소홀히 다루는 것에 주의를 기울인다. 칸트에게 도덕적 관심은 이성의 관심이며 실천적인 법칙에 대한 존경과 일치하지만, 헤겔은 행위가 욕구나 경향이나 열정 등에 의해서 추동된다는 필연성을 강조한다.[25] 그래서 마치 도

---

24) 김일수·서보학, 『형법총론』, 박영사, 2006, 191쪽.

덕이 자신의 "만족에 대한 적대적인 투쟁"으로서만 존재할 수 있다고 생각하는 것은 "의무가 명하는 것을 혐오하면서 행하라는 요구"에 지나지 않는다고 그는 생각한다(7, 233). 나아가 이런 도덕적 견해는 결국 모든 위대한 행위나 위대한 개인들을 왜소화하고 과소평가하는 관점을 낳는다. 모든 위대한 업적에는 개인들의 명예 및 권력에 대한 야망이나 열망이나 욕구가 존재하는데 도덕을 온갖 형태의 만족과 구별하여 이해하려는 관점은 그런 욕구와 결부된 위대한 결과까지도 가치 없는 것으로 깎아내릴 것이기 때문이다. 이런 관점은 인간 세상에서 모든 행위는 그런 특수성의 계기가 없이는 전혀 발생하지 않는다는 사실을 무시한다. 이런 견해는 "심리적인 종복들의 견해"에 지나지 않는다. 그래서 헤겔은 다음과 같이 말한다. "종복들에게는 어떤 영웅도 존재하지 않는다. 그 이유는 영웅이 존재하지 않기 때문이 아니라 종복이 오직 종복이기 때문이다"(7, 233 이하).[26] 헤겔이 보기에 "위대한 일에서 의지한 것만으로도 충분하다"(In magnis voluisse sat est)는 말은 사람이 모름지기 위대한 일을 꿈꾸어야 한다는 점에서는 옳지만, 보다 중요한 것은 그런 위대한 일을 실현하는 것이다. 그렇지 않다면 위대한 일에 대한 단순한 의욕은 공허할 뿐이다. "단순한 의욕의 월계수는 결코 푸르러본 적이 없는 메마른 나뭇잎과 같다"(7, 236).

행복의 추구를 도덕적 주체의 권리에 속하는 것으로 바라보는 헤겔의 입장은 그의 사회·정치철학의 근대적 특성을 보여주는 또 하나의 사례이다. 어떤 삶이 행복한 것인지를 판단하는 궁극적인 주체는 각각의 도덕적 행위자라는 점을 헤겔 역시 인정한다. 그리고 시민사회를 다루는 곳에서 상세하게 다루어지는 것처럼 그는 물질적인 자기 이익 추구와 직업 선택의 자유를 긍정함으로써 되도록 국가나 타인이 개인의 행복의 문제에 개입하지 말아야 한다는 점을

---

25) F. Menegoni, 앞의 글, 앞의 책, S. 41.
26) 헤겔은 『역사철학 강의』에서도 영웅과 종복의 관계 그리고 역사적 사건에 대한 심리적 고찰의 문제점을 지적한다(12, 45 이하). 『철학강요』에서도 역사적 사건과 영웅적 인물들에 대한 심리적 고찰 방식에 대한 비판이 등장한다(8, 278 참조).

근대적인 주관적 권리의 필수적 요소로 받아들인다. 근대의 대표적 자유주의자들이 국가의 역할에 제한을 설정하여 개인에게 되도록 많은 자유를 허용하려고 노력하는 것은 잘 알려져 있다. 그래서 많은 자유주의자들은 개인의 권리를 존중할 것을 요구하며 국가를 목적 그 자체로 보는 것이 아니라 국가의 존재 이유를 이른바 개인의 신성한 권리를 보호하는 수단으로 바라보는 것 역시 주관적 자유의 권리가 갖고 있는 중요성에 대한 근대적 통찰과 긴밀하게 연결되어 있다. 물론 헤겔은 행복의 추구가 도덕적 행위의 주체에 속하는 권리라는 점을 받아들이면서도 국가의 존재 이유를 단순히 수단적인 것으로 바라보지 않는다. 이런 점에서 헤겔은 근대의 자유주의적인 국가이론을 전면적으로 수용하지는 않는다. 이런 점들에 대해서는 뒤에서 보다 상세하게 언급할 기회가 있을 것이다.

도덕적 주체가 지니는 행복의 권리는 자신의 지속적인 보존 내지 유지라는 것도 포함한다. 이성적인 존재자가 자유로운 존재로서 자신의 삶을 규정하기 위해서는 반드시 생존이 전제되어야 한다. 그렇지 않다면 자유의 이념은 아무런 의미도 없을 것이기 때문이다. 그뿐 아니라 특수한 주체성으로 인해 행위의 내용이 구체성을 띤다. 이제 행위의 내용은 나 자신의 고유한 관심사가 된다. 즉 특수한 주체의 토대 위에서 이제 행위는 "주관적인 가치" 즉 "나 자신을 위한 관심사"가 된다(7, 229). 특수한 주체는 항상 자신의 활동에서 자신의 실현에 관심을 갖는다. 모든 행위의 목적은 결국 자신의 실현과 연관될 때에만 가치를 지닌다. 그러므로 도덕적 주체는 여러 가지 행동들을 자기실현의 수단으로 사용한다. 헤겔에 의하면 인간의 다양한 행위들이 의미 있는 것은 도덕적 주체 자신의 실현에서 오는 만족과 연관해서다. 인간의 행위가 지향하는 목적은 "**복지 내지 행복**"이라는 것이다(7, 230).[27] 그러므로 헤겔에게 복지

---

[27] 헤겔은 여기에서 복지와 행복을 동일한 것으로 사용한다. 그렇지만 1830년의 『철학강요』에서는 복지와 행복의 개념을 구별한다. "행복은 오로지 직접적 현존재 일반으로서, 그러나 복지는 도덕성과의 연관성 속에서 정당화된 것으로 생각된다는 사실에 의해서만 행복은 복지와 구별될 뿐이다"(10, 314).

와 소유나 인격의 자유와 같은 형식적인 권리의 평등에 대한 주장은 서로 배타적인 것이 아니다. "복지는 권리 없이는 선이 아니다. 마찬가지로 권리는 복지 없이는 선이 아니다"(7, 243). 뒤에서 긴급피난권과 함께 더 상세하게 살펴보겠지만 인간의 생존은 모든 형식적 권리와 자유로운 생활의 전제조건이다. 인간이 생명체라는 것, 즉 "살아 있는 존재"라는 것은 "우연적인 것이 아니라 이성에 합당한 것"이다. 그러므로 인간은 "그 욕구를 자신의 목적으로 삼을 권리"가 있다(7, 232). 지프에 의하면 "복지"나 "행복"에 도덕적 가치를 부여함으로써 헤겔은 칸트에 대한 비판을 염두에 두고 있다. 즉 "그 복지를 의식적인 목적으로 만드는 것은 본능적-충동적인 욕구 만족과는 달리 이미 도덕적 자유의 계기"라는 것이다.[28]

헤겔은 복지 내지 행복의 추구를 특수성의 권리로 인정하면서 그 속에는 자신의 복지뿐 아니라 타인의 복지 및 "**모든 사람**의 복지"가 포함되어 있다고 말한다(7, 236). 도덕적 행위의 주체는 항상 보편적인 것 혹은 일반적인 것을 지향하고 의도하는 구체적 개별적 존재이다. 지금까지 살펴본 것처럼 헤겔은 도덕적 주체가 실현하고자 하는 행복 내지 복지의 권리를 긍정한다. 그러나 이런 권리는 일정한 한계가 있다. 주체들의 행복 추구는 타인의 권리를 해치지 않는다는 조건에서만 가능하다. 이미 소유론 및 형벌론에서 살펴본 것처럼 타인의 신체나 소유물의 훼손은 형벌의 제재가 필요한 사항이다. 그래서 헤겔은 도덕적 의도가 불법을 정당화해주지는 않는다고 강조한다. 그뿐 아니라 도덕적 주체의 행복 내지 복지의 추구는 "내가 **자유로운 존재**인 한에서" 가능하다. 달리 말하자면 도덕적 주체의 행복의 권리는 자신의 "실체적 토대와 모순" 속에서 자기주장을 할 수 없다(7, 236). 헤겔은 나 자신 및 타인의 복지에 대한 의도를 "**도덕적 의도**"라고 부르면서, 나 자신의 복지나 타인의 복지를 의도하는 것이 "**불법 행위**"를 정당화할 수 없다고 강조한다(7, 237). 이런 입장은 헤겔이 '도덕성'의 마지막 영역에서 심정이나 영감에 의해 객관적으

---

28) L. Siep, *Praktische Philosophie im Deutschen Idealismus*, S. 221.

로 틀린 행위를 정당화하는 잘못된 관점을 비판하는 것과 연관된다. 어떤 점에서 도덕적 주체성이 악과 연결될 수 있다고 헤겔이 생각하는지 여기서는 다루지 않고 다음 장의 주제로 남겨둔다.

바로 뒤에서 살펴보겠지만 긴급피난권의 긍정이나 타인의 복지를 위한 자선 행위는 일시적이고 우연적이다. 사람들은 타인의 어려움을 도와주어야 할 도덕적 의무가 있지만, 항상 그렇게 행동하는 것은 아니다. 그뿐 아니라 어떤 특정한 사람이나 단체가 가난한 이웃을 돕는 행위는 제한적일 수밖에 없다. 인원이나 재정적인 문제가 따르기 때문이다. 그래서 복지는 국가에 의해서 보편적으로 보장되지 않으면 안 된다. 이렇게 보면 법과 복지의 충돌은 형식적 권리뿐 아니라 도덕적 주체의 한계를 보여주는 것이기도 하다. 헤겔은 주관적 도덕적 행위 주체가 바라는 복지와 형식적 권리의 한계와 국가에서 실현된 참다운 의미의 선을 다음과 같이 비교한다. "게다가 권리와 복지가 여기에서 고찰되는 입장, 즉 형식적 권리와 개인의 특수한 복지로서 고찰되는 입장을 우리는 염두에 두어야만 한다. 이른바 국가의 **보편적인 최선**(*allgemeine Beste*) 혹은 **국가의 복지**, 즉 현실적이고 구체적인 정신의 권리는 전적으로 다른 영역이다. 이 영역에서 형식적인 권리는 개인의 특수한 복지와 행복과 마찬가지로 종속적인 계기이다"(7, 237). 국가는 사회 정책이나 다양한 조치를 통해서 그 구성원들에게 형식적 권리와 도덕적 주체의 활동을 가능하게 하는 건강과 생존을 책임져야 할 의무가 있는 것이다. 헤겔의 국가론에 내재된 사회국가적인 차원에 대해서는 시민사회를 다룰 때 좀더 상세하게 다룰 것이다.

IV. 정당화 사유로서의 긴급피난권

헤겔은 복지와 권리의 충돌 상황을 긴급권의 문맥에서 새로운 관점으로 다룬다. 복지의 추구는 타인의 권리를 침해할 수 없다는 것이 기본적인 전제조건이라는 것은 이미 말했다. 그러나 여기에는 예외적인 상황이 존재한다. 이 예외적인 상황에서 헤겔은 긴급피난(Notstand)의 문제를 다룬다. 헤겔의 긴급피난권 이론을 다루기 전에 현재 여러 나라에서 시행되는 긴급피난권의 이론과 헤겔 이전의 칸트, 피히테의 긴급피난권에 대한 언급이 필요하다. 그것은 헤겔 이론의 독창성과 그 현재적 의의를 드러내는 데 기여할 것이다.

카르네아데스(Karneades)가 제시하는 널빤지의 예와 1884년 영국 선박 미뇨네트(mignonette) 호와 연관된 사건은 긴급피난에 해당되는 전형적인 사례로 널리 다루어진다. 전자의 예는 키케로(Cicero) 이래로 널리 알려져온 것이다.[29] 바다에서 배가 난파했을 때 난파당한 사람들이 두 명 있는데 한 명만이 탈 수 있는 널빤지를 붙잡았으나 둘 중의 한 사람이 다른 사람을 바다 속으로 떠밀어 익사시킨다. 이때 자신의 목숨을 구하기 위해 다른 사람을 죽이는 행동이 정당화될 수 있는가 하는 물음이 제기된다. 후자의 사례는 다음과 같다. 미뇨네트 호는 1884년 5월 오스트레일리아로 가던 중 희망봉에서 약 1천 킬로미터 떨어진 해상에서 난파당했다. 그 당시 선장 더들리(Dodley) 외 선원 3명이 보트에 타서 처음 12일간은 소량의 식량으로 생명을 유지할 수 있었으나, 18일째 되던 날에는 식량은 물론 5일간 물도 한 방울 먹지 못했다. 처음에는 제비를 뽑아 한 사람을 희생시키자는 제안이 있었으나 합의를 보지 못했다고 한다. 그 후 조난자 중에 열일곱 살가량의 소년은 바닷물을 너무 마셔 누워 있었다. 8일 동안 전혀 먹지 못한 이들은 결국 그 소년을 살해하여 그 살을 먹고, 4일간을 연명한 끝에 지나가던 독일 선박에 구조되었다. 선장과 선원 한 명은 사형 선고를 받았으나, 소년의 살해를 끝까지 반대하였다가 결국 식육한 선원 북스(Books)는 6개월의 금고로 감형되었다.[30]

우선 현재의 형법이론에서 긴급피난의 문제가 어떻게 처리되고 있는가를 살펴보기로 하자. 긴급피난권은 정당방위와 구별된다. 긴급피난은 자신이나 타인의 법익을 보호하기 위해 긴급한 상황에서 취한 행위라는 점에서는 정당

---

29) W. Schild, "Hegels Lehre vom Notrecht," *Die Rechtsphilosophie des Deutschen Idealismus*, hg. V. Hösle, Hamburg, 1989, S. 148 참조.
30) 송명섭, 『긴급피난』, 고시계사, 2003, 59쪽 이하.

방위와 일치한다. 그러나 정당방위는 위법한 침해에 대한 반응이라는 점에서 '부정(不正) 대(對) 정(正)'의 관계로 표현될 수 있지만, 긴급피난은 긴급한 위험 상황의 원인이 부당한지 그렇지 않은지에 관계없이 위급한 상황을 벗어나기 위해 타인의 법익을 침해하는 피난 행위이다. 그뿐 아니라 정당방위는 정당화 사유에 해당된다는 데 의견이 일치되고 있으나, 긴급피난은 그것이 정당화 사유 내지 위법성 조각 사유인가 아니면 책임 조각, 즉 면책 사유인가에 대해 격렬한 논쟁이 존재한다.[31]

현재 긴급피난권을 인정하는 사유는 두 가지로 나뉜다. 하나는 정당화 사유로서의 긴급피난권이고 다른 하나는 책임 조각으로서의 긴급피난권이다. 우리나라 형법 제22조 1항은 긴급피난을 "자기 또는 타인의 법익에 대한 현재의 위난을 피하기 위한" 상당한 이유가 있는 행위로 규정한다. 현재 우리나라 형법학자들은 이 조항이 정당화 사유로서의 긴급피난만을 인정한 단일설(單一說, Einheitstheorie)의 입장을 채택하고 있는가에 대해 상이한 의견을 제시한다.[32] 우리나라의 형법 규정과는 달리 독일 형법에서 긴급피난에 대한 규정은 정당화 사유뿐 아니라 면책 사유로서의 긴급피난의 성격을 명문화하는 이분설(二分說, Differenzierungstheorie)을 채택하고 있다. 이분설은 골드슈미트 (Goldschmitt)가 주장한 이후 독일의 통설이 되었고 우리나라와 일본에서도 유력설로 부상하고 있다고 한다.[33] 독일 형법 제34조는 정당화 사유로서의 긴급피난권을 인정한다. "생명·신체·자유·명예·소유권 기타의 법익에 대한 현재의 달리 회피할 수 없는 위험에 직면하여 자기 또는 타인의 위험을 피하기 위하여 행동한 자는 충돌하는 이익, 즉 관련 법익과 긴박한 위험의 정도를 교량(較量)하여 보호하는 이익이 침해된 이익보다 본질적으로 우월한 때에는 위법하게 행위한 것이 아니다. 다만 그 행위는 위험을 피하기 위한 적합한 수단이 아니면 안 된다."

----
31) 같은 책, 21쪽 이하 참조.
32) 김일수·서보학, 앞의 책, 308쪽 참조.
33) 송명섭, 앞의 책, 46쪽.

면책 사유로서의 긴급피난을 인정하는 독일 형법 제35조의 내용은 다음과 같다. "생명, 신체 또는 자유에 대한 달리 피할 수 없는 현재의 위난 속에서 자기, 친족, 또는 기타 이와 밀접한 관계에 있는 자의 위난을 피하기 위하여 위법 행위를 한 자는 그 행동에 책임이 없다. 정황에 비추어, 특히 스스로 위난을 초래하였거나 특별한 법률 관계로 인하여, 그 위난을 감수할 것을 기대할 수 있었던 때에는 그러하지 아니하다. 다만 행위자가 특별한 법률 관계를 고려하더라도 위난을 감수할 수 없었을 때에는 제49조 제1항에 따라서 형을 경감할 수 있다."[34]

우리나라 형법 제22조 2항이 명시하고 있듯이 위난을 피할 수 없는 책임 있는 자에게는 긴급피난이 허용되지 않는다. 즉 특정한 위치에 있는 사람들에게 부여되는 긴급피난의 제한 규정이 존재한다. 군인, 경찰, 소방관 등과 같은 특별한 의무 지위가 있는 이들은 그 직무를 수행할 때 일반인보다 높은 위난 감수 의무가 주어져 있기 때문이다.[35]

정당화 사유로서의 긴급피난권과 면책 사유 혹은 책임 조각으로서의 긴급피난권이라는 두 개념의 구별은 칸트 시대에는 알려져 있지 않은 것이었다. 칸트는 『도덕 형이상학』에서 법을 "엄밀한 의미에서"(in enger Bedeutung)의 법(ius strictum)과 "보다 넓은 의미에서"(im weiteren Sinne)의 법(ius latum)으로 나눈다. 전자는 "강제권"과 결합되어 있으나 후자는 그렇지 않다. 그리고 칸트는 이 광의의 법을 "형평"(Billigkeit)과 "긴급권"(Notrecht)으로 세분한다. 칸트는 카르네아데스의 널빤지 사례를 언급하면서 긴급권의 문제를 다룬다(AA VI, 233 이하). 그는 카르네아데스의 널빤지 사례에서 "법론의 자기 자신과의 모순"을 본다. 이 사례에서 미리 선수를 쳐서 타인의 생명을 희생시킴으로써 자신의 생명을 보존할 수밖에 없는 "부당한 공격자"가 다루어지는 것이 아니기

---

34) 김일수·서보학, 앞의 책, 307쪽 이하에서 재인용. 김일수·서보학에 의하면 한 로프에 몸을 감고 바위를 타던 두 산악인 중 한 사람이 추락하자 나머지 한 사람이 함께 추락하는 것을 면하기 위해 줄을 끊어 한 사람을 희생시킴으로써 안전할 수 있었던 경우에는, 피난 행위의 위법성이 조각될 수 없다. 다만 이 경우 면책의 가능성이 있을 뿐이라고 한다(313쪽).
35) 같은 책, 316쪽 참조.

때문이다. 칸트는 이런 상황에서 자신이 생존하기 위하여 부득이하게 타인의 생명을 빼앗은 사람에게 사형을 승인할 수 있는 어떤 형법도 불가능하다고 본다. 칸트에 의하면 카르네아데스의 널빤지 사례처럼 타인의 생명을 희생시키고 자신의 생명을 보존한 사람의 행위는 단지 "처벌할 수 없는"(unstrafbar) 것이다. 카르네아데스의 사례 속에서 등장하는 사람은 자신에게 가해질 형벌의 악보다는 이 죽음에 대한 공포에서 오는 악이 훨씬 더 중대하기 때문이다.

달리 말하자면 이런 상황을 처벌하는 법이 있다손 치더라도 그것은 당사자에게 아무런 영향을 미칠 수 없다는 것이다. 이렇게 칸트는 긴급 상황에서의 행동을 처벌 불가능한 것으로 간주한다. 그러나 이 처벌 불가능은 어떤 객관적인 의미, 즉 그것이 정당화될 수 있다는 의미에서의 처벌 불가능성이 아니라는 점이 강조되어야 한다. 칸트에 의하면 카르네아데스의 널빤지 사례에서처럼 긴급한 상황에서의 행동은 법에 저촉되는 것이다. 그러므로 그는 처벌 불능이라는 것이 객관적인 것이 아니라, "단순히 주관적인" 것이라고 말한다. 그래서 긴급피난의 상황은 두 가지의 서로 상반되는 격언을 만든다. 하나는 "긴급 상황은 아무런 규정도 갖지 않는다"(necessitas non habet legem)는 것이다. 다른 하나는 "그럼에도 불구하고 부당한 것을 합법적으로 만들 긴급 상황은 없다"는 것이다. 이런 상충되는 상황은 결코 해결될 수 없다는 것이 칸트의 입장이다. 이런 입장에서 볼 때 칸트의 이론이 긴급피난 행위를 정당화 사유로서 간주하는 것을 거부하지만, 그것을 면책 사유로서는 인정한다는 견해는 잘못된 것이다. 그런 주장은 우선 형법이 정언명법이라는 칸트의 기본적 주장에 어긋난다(AA VI, 336). 그뿐 아니라 칸트는 긴급피난 행위가 면책되는 행위가 아니라(inculpabilis)고 분명하게 말하고 있다(AA VI, 236). 그래서 파울 보켈만은 "처벌할 수 없는"(unstrafbar; impunibile)이라는 용어를 면책 사유로서가 아니라 "형벌 배제 사유"(Strafausschließungsgrund)로 이해해야 한다고 강조한다.[36]

---

36) P. Bockelmann, *Hegels Notstandslehre*, Leipzig, 1935, S. 5 참조.

피히테도 카르네아데스의 사례와 연관해서 소위 긴급권의 문제를 다룬다.[37] 피히테가 보기에 카르네아데스의 사례는 법적인 문제가 아니다. 사람들이 이 문제를 법의 문제로 해결하려는 많은 노력을 기울이면서 여러 상이한 대답을 제시했는데, 이는 "모든 법적 판단의 원칙을 아주 분명하게 생각하지 않았기" 때문에 생긴 것이다. 피히테에 의하면 법적인 문제는 오로지 다수의 자유로운 존재들이 더불어 살 수 있는 방법과 그 원칙에 대한 문제다. 즉 법의 원칙에 대한 물음은 다수의 사람들이 공존할 가능성을 전제하는 것이다. 피히테는 법 개념을 도덕 개념과 엄밀하게 구분하여 이해한다. 법 규칙은 가언적인 성격만을 지니지만, 도덕법칙은 정언적이다. 법 규칙이 가언적이라는 것은 사람들이 서로 공존하기로 결정한 것을 전제한 상태에서만 비로소 법 규칙의 타당성이 제기될 수 있다는 것을 의미한다.[38] 그러므로 이런 가능성 자체가 사라진다면 공존의 가능성, 즉 법에 대한 물음 역시 필연적으로 사라진다는 것이다. 피히테의 입장에서 보면 카르네아데스의 예는 바로 다수의 공존 가능성에 대한 물음이 제기될 상황이 아니다. 그러므로 자신의 생명을 보존하기 위해 다른 사람의 생명을 희생시키는 어떤 실정법도 존재하지 않는다는 것이 피히테의 입장이다. 카르네아데스의 널빤지 사례는 결코 법에 대한 물음과는 상관이 없다고 피히테는 생각한다. 긴급피난권에 대한 피히테의 근본적인 생각은 다음과 같은 그의 주장 속에 분명하게 요약되어 있다. "그러므로 사람들은 긴급권을 모든 법 제정에서 면제된 권리로서 설명할 수 있다."

지금까지 살펴본 것처럼 칸트와 피히테는 긴급피난의 사태를 다루고 있지만 이들에게 긴급피난의 문제는 법적인 영역에서는 다루어질 수 없는 문제이다. 그런 의미에서 칸트와 피히테의 긴급피난 이론은 소위 치외 법권의 이론(Exemtionstheorie)라고 불린다.[39] 칸트나 피히테는 요즈음 긴급피난의 문제로 보는 상황을 법이 미치지 못하는 영역이라고 보는 것이다. 그러나 이 이론의

---

37) Fichte 3, 252 이하.
38) 같은 책, 9쪽 이하 참조.
39) P. Bockelmann, 앞의 책, S. 10 참조.

문제는 그것이 바로 긴급피난의 문제를 법적으로 조정하거나 해결할 수 있는 성질의 것이 아니라고 간주한다는 데 있다. 그러므로 칸트와 피히테는 사실상 긴급피난의 문제를 법적으로 해결하기를 포기한 것으로 간주되며, 그런 한에서 그들의 이론은 불만족스럽다.[40]

헤겔 역시 칸트와 피히테가 다루는 카르네아데스의 널빤지 사례를 긴급권과 연관해서 언급한다. 물론 1820년에 공식 출판된 『법철학』에서 헤겔은 이 사례를 공식적으로 언급하지 않는다. 그 이유는 이 사례가 긴급권의 문제에 해당되지 않는다고 보았기 때문이다. 헤겔은 카르네아데스의 사례를 "무법적 상황"(der Zustand der Rechtslosigkeit)으로 보고 있다. 그래서 이런 상황에서 불법 내지 합법을 언급하는 것은 무의미하다고 헤겔은 보고 있다.[41] 카르네아데스의 널빤지 사례에 대한 헤겔의 입장은 칸트나 피히테의 그것과 아주 유사하다. 그렇지만 헤겔은 칸트와 피히테와는 다르게 긴급피난권의 문제에 매우 새로운 접근 방식을 제공한다.

헤겔은 성(聖) 크리스피누스(Crispinus)가 가난한 사람들의 신발을 만들기 위해 가죽을 훔치는 행위를 도덕적이기는 하나 불법적이라고 말한다(7, 239). 즉 크리스피누스의 행위는 형식적 권리가 보편성을 침해할 수 없음과 인간의 행복 추구 사이의 갈등을 보여주는 사례이다. 이 행동에 대해서 헤겔은 일단 불법적이라고 평가하면서도 인간의 생존 자체가 문제가 되는 상황과 연관해서는 이와는 아주 다른 관점을 전개한다. 『법철학』 127절에서 헤겔은 긴급피난권의 문제를 다루면서 다음과 같이 말한다. "자연적 의지의 여러 가지 관심이, 그 단순한 **총체성**으로 총괄된 **특수성**이 **생명**으로서의 인격적 현존재이다. **극단적 위기** 속에서 그리고 어떤 타인의 정당한(법적) 소유와 충돌하는 경우에, 이 생명은 **긴급권**(형평으로서가 아니라 권리로서)을 요구하지 않으면 안 된

---
40) 김일수·서보학, 앞의 책, 306쪽 이하 참조. Ch. Jermann, 앞의 글, 앞의 책, S. 112 참조.
41) G. W. F. Hegel, *Vorlesungen. Ausgewählte Nachschriften und Manuskripte*. Bd. 1, hg. v. C. Becker, W. Bonsiepen, A. Gethmann-Siefert, F. Hogemann, W. Jaeschke, Ch. Jamme, H.-Ch, Lucas, K. R. Meist, H. Schneider, mit einer Einleitung von O. Pöggeler, Hamburg, 1983, S. 74.

다. 왜냐하면 한편으로 현존재의 무한한 침해와, 따라서 전면적인 권리 상실이, 다른 한편으로 오직 자유에 대한 어떤 개별적이고 제한된 현존재의 침해가 존재하는 상황이기 때문이다. 그런데 이 경우에 권리 그 자체와 오직 **이런** 소유에서만 침해된 사람의 권리 능력이 동시에 인정되고 있다"(7, 239 이하).

위에서 인용된 구절은 여러 가지 측면에서 아주 중요하다. 긴급피난권에 대한 헤겔의 입장에서 가장 주목할 만한 것은 그가 그것을 정당화될 수 있는 권리로 바라본다는 점이다. 위 인용문이 보여주는 것처럼 헤겔은 생명과 소유 사이의 충돌 상황에서 긴급피난의 문제를 다루고 있다. 당연히 헤겔은 긴급한 상황에서 생명이 소유보다 더 우선적인 권리를 갖고 있고 그러므로 생명의 보존을 위해서 타인의 재산을 침해해도 좋다는 것이다. 특히 헤겔은 긴급피난을 "형평이 아니라 권리"로 규정하고 있다. 보켈만은 이미 1935년에 이와 연관해서 헤겔의 긴급피난 이론의 독특성을 강조한 바 있다. 그에 의하면 헤겔의 긴급피난 원칙의 하나는 "긴급피난은 정당화 사유"(der Notstand ist ein Rechtfertigungsgrund)라는 것이다.[42] 둘째는 소유보다 생명을 더 우선시해야 하는 이유와 연관된 것이다. 헤겔에 의하면 생명이 소유보다 더 우선적인 것으로 간주되어야만 한다. 생명은 총체적인 법적 권리를 가능하게 하는 조건이기 때문에 그것의 훼손은 법적 권리의 가능성 자체를 파괴하는 것으로 귀결될 것이다. 그와는 달리 소유권은 자유로운 인격적 존재의 권리 능력 가운데 일부분만을 제한적으로 침해하는 것이다. 우리는 자신의 생명이 경각에 달린 상황에서도 타인의 재산과 같은 형식적인 권리를 존중하라는 요청을 할 수 없다. 자신의 생명이 경각에 달린 순간에서도 그 사람에게 그것을 극복하고 타인의 소유의 권리를 긍정하는 의무를 부과한다는 것은 지나칠 뿐 아니라, 설령 그런 의무가 존재한다고 해도 현실적으로 아무런 의미도 없음은 불문가지이다. 이런 문맥에서 헤겔은 "하늘이 무너져도 정의가 서야 한다"는 격언은 "공허한 말"에 지나지 않는다고 말한다(7, 240). 그래서 문제는 이 예외적인 상황을 어떻게 이

---
[42] P. Bockelmann, 앞의 책, S. 22.

해하고 이를 이성적으로 해결할 수 있는가이다.

헤겔이 보기에 생명은 "형식적 권리에 대한 참다운 **권리**를 지닌다"(7, 240). 그래서 소유와 생명이 충돌한 상황에서 타인의 소유를 침해하는 것 이외에 다른 행동을 할 가능성이 없는 경우에 타인의 소유를 침해하는 것은 정당화될 수 있다고 헤겔은 주장한다. 자신의 생명을 보존하기 위해 다른 적법한 행동의 가능성이 존재하지 않는 상황에서 다른 사람의 빵을 훔치는 것은 절도로 간주되어서는 안 된다. 물론 그런 행위가 타인의 법익을 훼손하는 것은 분명하지만 위법은 아니라는 것이다. 그런 상황에서 빵을 훔치는 행위를 절도로 규정하는 것은 사실상 그 사람을 아무런 권리가 없는 존재, 즉 사물이나 동물로 취급하는 것에 지나지 않는다. 생명의 위험이 임박한 인간으로서 그와 같은 방법으로 자신의 생명을 보존하는 것이 허용되지 않는다면 "그의 전체 자유"가 부정되는 것이나 다름없기 때문이다. 심지어 헤겔은 현재 다른 방법으로는 자신의 생명을 유지할 수 없는 위급한 상황에서 타인의 소유물의 훼손과 같은 행위를 하지 않는 것을 "최고의 부정 행위, 즉 자유의 현존재의 전면적 부정" 행위라고 규정한다(7, 241). 이미 언급한 것처럼 헤겔은 이런 논거를 갖고 생명의 침해가 소유의 침해보다 더 커다란 권리의 손상이라고 간주한다. 이런 주장은 바로 법익의 침해가 발생할 때에 보호되는 이익이 침해받는 이익보다 가치상으로 더 우월한 경우에 정당화된다는 것을 함축한다.

셋째로 헤겔의 긴급피난권에서 강조되어야 할 것은 그가 긴급피난의 문제를 단순한 의미의 생명 유지에 국한하지 않는다는 사실이다. 생명의 보존에는 다양한 것이 속한다고 그는 주장한다. 그러면서 긴급피난의 영역에 생명뿐 아니라 생존 유지에 필요한 도구나 농기구 그리고 의복 등이 포함된다고 강조한다. 이런 문맥에서 그는 "beneficium competentia", 즉 "자력 한도의 혜택"(die Wohltat der Kompetenz)을 언급한다. 이에 의하면 채무자의 생계 유지에 필요하다고 간주되는 수공업 도구나 농기구 등은 채권자에게 변제할 필요가 없다. 채무자는 자신의 생활이 불가능하게 되지 않는 범위 안에서 변제의 의무가 있는 것이다(7, 240 이하). 우리나라 법에 의하면 긴급피난에 의해 보호될 수 있는 대상은 자기 또는 타인의 모든 법익이다. 그러므로 신체나 생명이나 재산뿐 아니라 "안정된 일자리나 근로 조건 따위도 긴급피난의 자격이 있는 법익의 개념에 포함된다."[43]

지금까지 살펴본 것처럼 긴급피난의 문제를 독창적인 방식으로 다루고 있지만 헤겔의 이론은 몇 가지 점에서 한계가 있다.[44] 첫째로 의무들의 충돌이 발생하는 경우에 그 문제가 어떻게 해결될 수 있는지 충분한 이론이 명시적으로 제시되어 있지 않다. 현재 독일과 우리나라에서 의무들의 충돌을 해결하는 방식은 법익들의 가치를 비교하여 우월한 가치를 갖는 것을 우선시하는 방식이다. 두 개 이상의 법적 의무가 충돌할 경우 "법익 가치의 대소가 중요한 역할을 한다." 예를 들면 "재화보다는 인명이 높은 법익 가치를 갖는다."[45] 그래서 보호받을 이익과 침해받을 이익을 비교해서 보호받을 이익의 가치가 우월하다면 타인의 신체 및 소유권 등에 대한 침해 행위는 정당화된다는 것이다. 이미 언급한 것처럼 헤겔에게도 가치들의 객관적인 위계질서로써 문제를 해결할 단초가 존재한다. 그러나 이런 관점만으로는 복지와 권리의 충돌을 해결하기가 쉽지 않다. 복지와 권리의 충돌을 좀더 보편적인 방식으로 해결할 수 있는 방법 중의 하나는 국가의 다양한 사회 정책적 수단들이다. 회슬레가 적절하게 지적하듯이 이런 조치들을 통해서 사회는 가난한 사람들을 위해 불법적으로 가죽을 훔치는 성 크리스피누스의 행동을 불필요한 것으로 만들 수 있을 것이다.

둘째로 생명과 생명의 구제 의무가 충돌하는 경우처럼 가치가 동등한 법익들 사이의 충돌 문제를 헤겔은 다루지 않는다. 이미 언급한 것처럼 헤겔에 의하면 카르네아데스의 널빤지 예에서 문제가 되는 것은 긴급권의 근거를 해명하는 것이 아니다. 카르네아데스의 널빤지 예에서나 어린아이들 중의 하나를 늑대에 희생시켜 다른 온 가족의 생명을 보존하려는 어머니의 사례에서 등장

---

43) 김일수·서보학, 앞의 책, 309쪽.
44) 헤겔의 긴급피난 이론의 한계점에 대해서는 V. Hösle, 앞의 책, S. 518 이하를 주로 참조했다.
45) 김일수·서보학, 앞의 책, 353쪽.

하는 상황은 그에 대해 합법과 불법을 언급할 대상이 아니라는 것이다.[46] 그러나 이런 입장이 어떤 한계가 있는지는 이미 논하였다. 생명이나 명예나 소유권 같은 것은 법익의 구체적인 사례들이다. 생명과 소유 사이에는 법익의 가치 위계를 설정하여 더 우월한 법익을 위해 더 낮은 법익을 희생한 행위로부터 파생되는 문제를 해결할 수 있다. 그렇지만 사람의 목숨은 법적으로 가치가 동등하기 때문에, 생명과 생명이 충돌하는 경우는 고차적이고 우월한 법익을 위해서 낮은 가치를 갖는 법익을 훼손하는 행위를 정당한 사유로 바라보는 관점으로는 해결할 수 없다.[47]

셋째로 헤겔은 긴급피난의 문제를 권리와 복지의 충돌 문제로 간주하고 있다는 한계를 지적해야 할 것이다. 이것은 사실상 추상법의 영역에서 다루어야 할 문제이다. 헤겔이 문제 삼고 있듯이 생명의 권리는 단순한 도덕적인 주장이 아니라 도덕적 주체의 존립 및 여타의 인격적 권리의 전제조건이기 때문이다. 생명과 소유의 갈등은 절대적인 법적 가치와 상대적인 법적 가치 사이의 충돌로 보고 이 문제를 도덕성의 영역에서가 아니라 추상법의 영역에서 다루어야 한다는 것이다.

나가는 말

지금까지 살펴본 것처럼 헤겔은 도덕적 관점, 혹은 주관적인 의지의 권리를 인간의 자유의 필연적인 구성 요소로 긍정한다. 그런 기초 위에서 추상법의 영역에서와는 달리 인간의 주체적 의지의 자기규정 문제를 전면적으로 다룬다. 추상법의 영역에서 함축적으로 존재하던 의지의 주체적 측면이 명시적으로 드러남에 따라 인간의 도덕적 행위 문제 그리고 책임 문제 등이 인간 자유의 실현이라는 맥락 속에서 해석된다. 물론 헤겔은 주관적 의지의 권리를 자

---

46) Hegel, *Vorlesungen*, Band 1, 앞의 책, S. 75 참조.
47) P. Bockelmann, 앞의 책, S. 40 참조.

유 실현의 최종적 상황으로 이해하지 않는다는 점에서 도덕적 주관성의 한계를 비판하면서 소위 인륜적 세계로의 이행의 필연성을 준비한다. 도덕적 의지는 주체성과 객관성의 분열을 극복하는 데 부족하다. 도덕적 주체는 객관적인 선을 실현하고자 의도하지만 그것은 구체적인 상황 속에서 실현되는 것이 아니라 단순한 당위의 차원으로 머물고 만다. 우리는 인간의 주체적 의지가 자신과 타인의 행복을 실현하고자 노력함에도 불구하고 도덕적 주체성의 유한성 및 그 유한한 주체성이 처해 있는 외적 상황의 유동성과 복잡성 때문에 성공하지 못한다는 것을 살펴보았다. 그래서 참다운 자유의 실현은 도덕성의 영역을 넘어선 곳에서야 가능하다는 것이 헤겔의 입장이다. 즉 도덕성의 영역은 인륜성으로 이행해야 할 필연성을 보여주는 중간 지점이다.

이런 문맥에서 칸트 윤리학과 헤겔의 대결은 불가피하다. 칸트 윤리학은 근대의 도덕적 관점의 정수를 보여주는 것이기 때문이다. 헤겔이 '도덕성' 장의 마지막 부분, 즉 '선과 양심'이라는 제목의 단락에서 칸트 윤리학과의 비판적 대결을 수행하는 것은 우연이 아니다. 그곳에서 헤겔은 칸트 윤리학뿐 아니라 피히테, 그에게 커다란 영향을 받은 독일 낭만주의 그리고 프리스 등에 의해서 제시된 칸트 윤리학의 변형된 윤리적 관점들을 비판한다. 특히 '선과 양심'이라는 단락에서 헤겔은 참다운 양심과 형식적 양심을 구분하고 참되지 않은 양심의 여러 가지 형태들을 현상학적으로 기술한다.

헤겔이 칸트 윤리학에 제기하는 여러 가지 논쟁점들은 오늘날에도 커다란 흥미를 자아낸다. 그럼에도 여기에서는 이 주제를 더 상세하게 언급할 수 없다. 헤겔이 칸트 윤리학에 제기하는 주된 논제들이 무엇이고 과연 그런 반론들이 어느 정도 정당한 것인지에 대해서는 별도의 글이 필요하다. 우리는 다음 장에서 이런 주제들을 보다 상세하게 다룰 기회를 갖게 될 것이다.

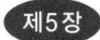

도덕성과 인륜성

칸트 윤리학의 특성과 헤겔의 비판

들어가는 말

    칸트와 헤겔의 관계에 대한 물음은 독일 관념론을 이해하는 데 아주 중요한 주제의 하나이다. 여기에서 칸트와 헤겔 철학의 관계를 어떻게 이해하고 설정할 것인가 하는 문제가 중요한 역할을 한다. 과연 헤겔 철학은 칸트의 비판철학의 원리를 발전적으로 계승하여 완성한 것인지, 아니면 칸트 철학을 오해하여 잘못된 길로 이끈 반면교사에 지나지 않는 것인지가 문제다. 또한 헤겔 철학은 칸트 철학의 계승자가 아니면서도 칸트 철학의 비판자로서 독자적인 가치를 지니는 것인지 하는 따위의 질문이 바로 칸트와 헤겔의 관계를 둘러싸고 제기되는 문제들이다.
    칸트와 헤겔의 관계를 어떻게 이해할 것인가에 대한 답은 시대와 상황에 따라서 다르다. 20세기에 들어와 칸트와 헤겔의 배타적인 대립을 극복하려는 신헤겔주의자들의 노력을 상기해보자. 신헤겔주의의 대표자 가운데 하나인 리하르트 크로너의 책 제목이 바로 『칸트에서 헤겔까지』라는 것은 잘 알려진 사실이다.[1] 그는 칸트에서 헤겔로의 발전이 "내적이고, 실재적이며 논리적인 필연성"을 지닌다고 확신한다. 헤겔 철학에 대한 마르크스주의적 해석의 역사에서 지대한 영향을 끼친 루카치는 『청년 헤겔』에서 "독일 고전철학의 통일, 특히 칸트와 헤겔의 통일"을 "신헤겔주의의 기본 테제"로 규정한다.[2] 이와 반대로 칸트와 헤겔을 배타적인 것으로 파악하려는 시도와 연관해서 쇼펜하우어는 칸트 이후의 독일 관념론의 전개를 커다란 혼란으로 이해한다. 그에 의하면 칸트의 방법이야말로 가장 올바른 방법이다. 신칸트주의 역시 칸트 이후 독일 관념론 철학을 올바른 관점에서의 심각한 일탈로 보는 경우에 해당된다.[3]

신칸트주의와 신헤겔주의자들의 논쟁 이후 전후 독일에서 오도 마르크바르트는 헤겔 철학과 칸트 철학을 대립적으로 파악한 중요한 헤겔 해석가의 한 사람이다. 헤르만 뤼베, 슈페만과 더불어 소위 리터 학파의 대표자로 꼽히는 그는 「헤겔과 당위」(Hegel und das Sollen)라는 유명한 논문에서 칸트의 선험론 철학과 헤겔의 관계를 "근본적으로 비판적인 관계"로 파악한다. 이러한 주장과 함께 그가 염두에 두는 것은 바로 신헤겔주의의 근본 시도, 즉 『칸트에서 헤겔까지』라는 크로너의 저작에서도 파악할 수 있는 "독일 관념론의 통일적인 철학이라는 생각"을 파괴하는 것이다.[4] 신실용주의의 대표자인 로티 역시 헤겔 철학과 칸트 철학을 서로 대립하는 것으로 파악한다. 그는 "칸트에서 시작된 철학적 전통과 대체로 헤겔의 『정신현상학』에서 시작된 철학적 전통"을 구분한다.[5] 심지어 로티는 헤겔을 "플라톤-칸트를 잇는 시리즈를 박차고 나와서 니체, 하이데거, 데리다로 이어지는 아이러니스트 철학의 전통을 시작"

․․․․․․․․․․․․․․․․․․․․
1) R. Kroner, *Von Kant bis Hegel*, Bd. 1, Tübingen, 1977, vii.
2) G. Lukacs, *Der junge Hegel*, Erster Band, Frankfurt, 1973, S. 9 이하, 특히 S. 10.
3) 같은 책, S. 13 참조.
4) O. Marquard, *Schwierigkeiten mit der Geschichtsphilosophhie*, Frankfurt, 1973, S. 38 참조.
5) 로티, 『실용주의의 결과』, 김동식 옮김, 민음사, 1996, 220쪽. 로티는 그의 신실용주의 이론을 개척하는 데에서 헤겔에게 진 빚을 강조한다. 그에 의하면 신실용주의를 이론적으로 다듬게 된 출발점을 제공한 것은 헤겔의 『정신현상학』의 발견이었다. *Philosophy and Social Hope*, New York, 1999, p. 11 참조.

한 사상가로 본다.[6] 그래서 그는 헤겔의 체계로서의 철학은 "논증의 흔적을 전혀 찾아볼 수 없음에도 불구하고" 강박관념에 의해 고안된 "문예 장르"에 지나지 않는다고 본다.[7] 이러한 흐름과는 반대로 아펠과 위르겐 하버마스(Jürgen Habermas)는 자신들의 고유한 철학을 발전시키는 과정에서 헤겔과 칸트 철학의 장점들을 종합하려고 시도한다. 그들은 언어철학을 매개로 한 칸트의 선험론 철학의 변형을 시도하면서도 헤겔 철학의 중요한 통찰을 칸트의 보편주의적인 윤리학과 매개하려고 애쓴다. 물론 헤겔과 칸트의 철학을 종합하려는 시도가 과연 얼마나 좋은 결실을 맺고 있는가는 다른 문제이다. 다양한 해석의 가능성이 존재한다고 하더라도 아펠과 하버마스의 작업은 그들의 말에 따르면 적어도 헤겔보다는 칸트에 가깝다. 나는 헤겔의 근본 의도를 "칸트적 수단을 통해 해결하려는" 시도에 대해서 회의적이다.[8] 이러한 지적인 상황에서 칸트 실천철학에 대한 헤겔의 비판을 살펴보는 것은 매우 중요한 의미를 지닌다.

앞 장에서 나는 헤겔이 칸트 윤리학을 집중적으로 비판하는 '도덕성' 장의 마지막 부분, 즉 '선과 양심'의 부분을 다루기 전에 '도덕성' 장에서 등장하는 다른 주제들인 책임의 문제, 행동이론 그리고 긴급피난의 문제 등을 우선 살펴본 바 있다. 그래서 여기서는 우선 칸트 윤리학의 기본 특성을 간단하게 살펴본다. 칸트 윤리학에 대한 간략한 설명은 헤겔의 칸트 윤리학에 대한 비판을 이해하기 위한 전제조건이기 때문이다. 이런 전제조건 위에서 우리는 헤겔이 왜 그리고 어떤 점에서 칸트 실천철학을 비판하는지를 다룬다. 이 과정에서 나는 칸트 실천철학에 대한 헤겔의 이의 제기가 결코 칸트 윤리학에 대한 외면적인 비판이 아님을 입증하고자 한다. 그러므로 헤겔의 실천철학이 몇 가지 점에서 칸트 실천철학의 발전적인 계승으로 해석될 수 있음을 드러내는 것

---

6) 로티, 『우연성 아이러니 연대성』, 155쪽.
7) 로티, 『실용주의의 결과』, 314쪽.
8) 하버마스, 『담론 윤리의 해명』, 이진우 옮김, 문예출판사, 1997, 24쪽 참조. 칸트 윤리학과 담론 윤리의 차이에 대해서는 27쪽 이하 참조.

이 '도덕성'과 연관된 헤겔의 칸트 비판을 살펴보는 주된 관심이라고 할 수 있다. 동시에 이 글은 현재 상황에서 칸트 철학의 재해석으로 이해되는 아펠이나 하버마스의 의미 있는 노력에도 불구하고, 우리는 왜 여전히 헤겔의 실천철학에 입각하여 보다 더 내실 있는 실천철학을 추구할 수 있다고 믿는가를 분명히 해보려는 노력의 일환이다.

I. 칸트 윤리학의 기본 특성

1) 보편주의 윤리학

칸트 실천철학에 대한 헤겔의 비판을 구체적으로 서술하기 전에 우선 칸트 윤리학의 특성을 간략하게 살펴보자. 칸트 윤리학의 특성은 다음 네 가지로 요약하여 이해할 수 있다. 칸트 윤리학은 보편주의적, 인지주의적, 형식주의적 그리고 의무론적인 성격을 지닌다. 첫째로 도덕법칙이 도덕법칙으로서 존립하기 위해서는 수학적인 법칙과 마찬가지로 예외 없이 모든 이성적 존재자에게 동일하게 타당해야 한다. 인간의 행동이 도덕적이라는 평가를 받기 위해서는 반드시 그 행위의 구속력이 절대적으로 타당해야만 한다는 것이다. 사람들이 도덕성의 참다운 개념에 도달하길 바란다면, 도덕법칙은 "한낱 인간들뿐 아니라 **모든 이성적 존재자들 일반**에게도" 그리고 "단적으로 필연적으로 타당할 수밖에 없다는 것"을 인정해야만 한다(AA IV, 408).[9] 즉 도덕법칙은 모든 이성적 존재자에게 타당하다는 의미에서 객관적이며 동시에 필연적인 성격을 지닌 것으로 간주되어야만 한다. 그러므로 칸트는 보편타당한 도덕적 행위의 원리를 구명하고자 한다. 이러한 점에서 칸트 윤리학은 보편주의적인 윤리학이고자 한다. 보편적이고 객관적으로 타당한 윤리학을 통해 칸트는 도덕의 새로운 기초를 마련하고 이로 인해 실천철학의 변혁을 이룩한다.[10]

---

9) AA V, 36 참조.

칸트적 유형의 보편주의 윤리학에서 결정적인 의미를 지니는 것은 자유 개념과 법칙 개념이다. 그는 도덕성의 최고 원리를 "의지의 자율"에서 구한다(AA IV, 440). 이 의지의 자율이란 무엇인가를 해명하는 데 "열쇠" 역할을 하는 것은 바로 "자유 개념"이다(AA IV, 446). 칸트에 의하면 의지의 자율은 "의지가 자유롭다는 것을 전제"할 때 비로소 적절하게 이해할 수 있다. 다시 말해 자유는 "도덕법칙의 조건" 혹은 "도덕법칙의 존재 근거"이다(AA V, 4). 그러면 의지가 자유롭다는 것, 즉 의지의 자율을 해명할 수 있는 실마리로서의 자유 개념은 무엇인가? 이 물음에 대답하기 위해 칸트는 "선험론적 자유"라는 개념을 끌어들인다. 이 선험론적 자유는 의지가 철저하게 인과법칙에 의해 규정되고 있는 현상 세계, 즉 자연법칙과는 "전적으로 독립적인 것"임을 지칭한다. 자연 세계 내지 인과법칙의 세계에서 전적으로 독립된 의지의 상태가 바로 "선험론적 의미에서의 자유"인 것이다(AA V, 29). 이 선험론적 자유 개념을 전제하고 이제 칸트는 이 인과성의 사슬에서 독립된 의지를 규정하는 근거를 찾고자 한다. 이런 시도를 통해 칸트는 보편적인 법칙 수립의 형식이 유일하게 의지의 규정 근거가 될 때, 의지는 자유롭다(AA V, 29)는 자율성의 이념에 도달한다. 이것은 바로 정언명령의 형식을 표현하고 있는 것이다(AA IV, 447). 칸트에 의하면 정언명령은 의지의 자율을 명령하는 것에 지나지 않기 때문이다(AA IV, 440). 그러므로 칸트는 다음과 같이 말한다. "그렇다면 의지의 자유가 자율, 다시 말해 자기 자신에게 법칙인 의지의 성질 말고 다른 무엇일 수 있겠는가? 그러나 '의지는 모든 행위에 있어 자기 자신에게 법칙이다'라는 명제는 단지, 자기 자신을 또한 보편적 법칙일 것을 목적으로 삼을 수 있는 준칙 외의 다른 어떤 준칙에 따라서는 행동하지 않는다는 원리를 표시할 따름이다. 그러나 이것은 바로 정언명법의 정식이자 도덕성의 원리이다. 그러므로 자유의지와 도덕법칙 아래에 있는 의지는 동일하다"(AA IV, 447).

인간뿐 아니라 모든 유한한 이성적 존재자는 자신의 의지를 보편적 법칙 수

---

10) O. Höffe, *Immanuel Kant*, S. 170 참조.

립의 원리에 따라서 규정할 수 있는 존재이다. 그러나 이들은 유한한 존재이다. 특히 인간은 다양한 욕구와 감성을 지닌 존재이기 때문에 자신의 의지를 항상 도덕법칙에 일치하는 준칙만을 좇아서 행동할 수 없다. 그래서 도덕법칙은 유한한 이성적 존재자인 인간에게 명령 혹은 강제의 형식을 띤다. 그런데 의지를 규정하는 명령이 모두 실천 법칙인 것은 아니다. 그래서 칸트는 명법을 가언명법과 정언명법으로 나눈다. 가언명법은 "만일 내가 X를 바란다면, 나는 Y를 해야 한다"의 형식을 지닌다. 가언명법의 타당성은 전제 X에 의해 제한되어 있다. 즉 명령의 타당성이 무조건적으로 타당하지 않고 제한되어 있다. 예를 들어 건강하려면 산책을 하라는 명법은 산책 행위의 무조건적인 필연성을 주장하지는 않는다. 산책은 건강을 달성하기 위한 수단의 의미를 지니며, 따라서 산책의 타당성과 구속력은 건강의 추구라는 목적에 의해서 제한되어 있는 것이다. 이와는 달리 정언명법은 제한을 가하는 모든 전제들이 배제되어 있고 그러므로 이 명법에서 표현된 행동은 객관적인 필연성을 띠는 것이다(AA V, 20 이하).

칸트는 명법(Imperativ)을 다음과 같이 정의한다. "어떤 객관적 원리에 대한 표상은 그 원리가 의지에 대해서 필연적인 한에서, (이성의) 명령(Gebot)이라고 불리고, 명령의 정식은 명법이라고 불린다"(AA IV, 413). 그리고 모든 명법은 의지와의 관계에서 항상 당위(Sollen)로서 표현되며 따라서 명법은 "의지에 대한 이성의 객관적인 법칙의 관계"를 나타낸다(같은 곳).[11] 인간은 우연적인 충동이나 기분에 휩싸이지 않고 이성적인 존재자로서 법칙의 표상에 따라서 행동할 수 있는 존재라고는 하나, 인간의 의지는 신적인 의지와는 달리 완전히 선하지 않으며 감각적 욕구나 경향성에 의해서 영향을 받기 때문이다. 그러므로 도덕법칙은 이성적인 존재자로서 도덕의 행위 주체인 인간에게는 도덕적인 강제 내지 무조건적인 당위이며 의무로서 다가온다. 즉 "도덕법칙은 〔……〕 모든 유한한 이성적 존재자의 의지에 대해서는 의무의 법칙이자, 도덕적 강요

---

11) 명법의 칸트적인 분류에서의 문제점에 대해서는 V. Hösle, *Praktische Philosophie in der modernen Welt*, München, 1995, S. 23 이하 참조.

의 법칙이며, 법칙에 대한 존경을 통해 그리고 자기 의무에 대한 외경에 의해 이성적 존재자의 행위들을 규정하는 법칙이다"(AA V, 82).

칸트는 정언명법을 통해서 도덕적 의무의 객관적 구속력의 근거를 제시함으로써 비로소 윤리학에 보편주의적인 토대를 제공하고 있는 셈이다.[12] 칸트는 정언명법을 다음과 같이 정식으로 표현한다. "**그 준칙이 보편적 법칙이 될 것을, 그 준칙을 통해 네가 동시에 의욕할 수 있는, 오직 그런 준칙에 따라서만 행위하라**"(AA IV, 421).[13] 그는 이 정언명법을 "유일한 것"으로 규정한다(같은 곳).[14] 칸트는 『실천이성 비판』에서 "너의 의지의 준칙이 항상 동시에 보편적 법칙 수립의 원리로서 타당하도록 행위하라"는 명제를 "순수 실천이성의 원칙"이라고 부른다(AA V, 30). 우리가 잘 알고 있듯이 칸트는 정언명법을 여러 가지 방식으로 표현한다. "**그 준칙이 보편적 법칙이 될 것을, 그 준칙을 통해 네가 동시에 의욕할 수 있는, 오직 그런 준칙에 따라서만 행위하라**"는 정식은 정언명법의 기본 형식 혹은 보편적 법칙의 형식으로 간주된다. 이 정식 이외에도 우리는 그가 제시하는 다음과 같은 다양한 정언명법의 정식화를 발견할 수 있다. 우선 자연법칙의 정식으로 "**마치 너의 행위의 준칙이 너의 의지에 의해 보편적 자연법칙이 되어야 하는 것처럼, 그렇게 행위하라**"(AA IV, 421), 그리고 "**네가 너 자신의 인격에서나 다른 모든 사람의 인격에서 인간(성)을 항상 동시에 목적으로 대하고, 결코 한낱 수단으로 대하지 않도록, 그렇게 행위하라**"(AA IV, 429)와 "**각각 이성적 존재자는 마치 그가 그의 준칙들을 통해 항상 목적들의 보편적인 나라에서 법칙 수립적인 성원인 것처럼 그렇**

---

12) 주지하듯이 칸트는 정언명법을 도덕의 최상 원리로 설정하면서 이것의 가능성을 해명하는 작업을 포기한다. 그래서 칸트는 정언명법의 의식을 "이성의 사실"(das Faktum der Vernunft)로 규정한다(AA V, 47).
13) 회페는 정언명법에서 요구되는 일반화의 원리와 오늘날 헤어(Hare)와 싱어(Singer)로 대표되는 현대 윤리학에서 주장되는 일반화의 원리를 구별한다. 그에 의하면 현대 윤리학의 논의에서 다루어지는 일반화의 원리는 행위에 직접적으로 관련되는 데 반해, 칸트의 정언명법은 의지의 규정 근거로서의 준칙에 관계한다(O. Höffe, 앞의 책, S. 192 이하 참조).
14) 한나 아렌트에 의하면 칸트의 정언명법을 처음으로 발견한 사람은 소크라테스다(『과거와 미래 사이: 정치사상에 관한 여덟 가지 철학연습』, 서유경 옮김, 푸른숲, 2005, 293쪽 참조).

게 행위해야 한다"(AA IV, 438)는 목적왕국의 정식을 들 수 있다.[15]

2) 인지주의 윤리학

칸트 윤리학은 보편주의적 윤리학이자 인지주의적 윤리학이다. 도덕법칙이 모든 이성적 존재자에게 필연적인 구속력을 지닌다면, 도덕적 행위에서 중요한 것은 도덕법칙의 타당성의 근거가 무엇인가 하는 것이다. 칸트에 의하면 도덕적인 명제는 데이비드 흄이나 현대의 정서주의적 윤리학자들이 주장하듯이 인간의 정서의 산물이나 표현이 아니다. 도덕적 명제들은 우리에게 당위나 명령으로 이해되고, 윤리학은 도덕 명제의 당위 주장이나 타당성 주장의 근거를 이성적으로 해명하여야 한다. 이성적인 존재자로서 인간은 자신의 도덕법칙을 이성적인 방식으로만 인식할 수 있다. 칸트에 의하면 "우리가 순수한 이론적 원칙들을 인식하는 것과 마찬가지로, 우리는 순수한 실천법칙들을 인식할 수 있다"(AA V, 30). 그러므로 그의 윤리학은 인지주의적인 윤리학을 지향하는 것으로 이해될 수 있다.[16]

칸트는 『도덕 형이상학 정초』(이하 『정초』)에서 도덕성의 최고 원리를 탐색하고 확립하는 작업에 몰두한다. 이론철학에서 경험과 독립적인 보편적이고 필연적인 인식의 원리들을 탐구하였던 것처럼, 칸트는 실천철학에서 보편적 타당성과 객관적 타당성을 주장할 수 있는 윤리학을 가능하게 하는 조건들을

---

15) H. J. 페이턴은 정언명법을 다섯 가지로 구분할 수 있다고 주장한다(『칸트의 도덕철학』, 김성호 옮김, 서광사, 1988, 185쪽 이하 참조). 상이하게 표현된 칸트의 정언명법에 대하여 많은 해석이 존재한다. 비록 칸트가 세 가지 방식으로 서술된 정언명법이 "그 근본에 있어서는 동일한 법칙의 바로 세 법칙일 뿐"이라고 강조하고 있음에도, 보편 법칙의 정식과 목적 자체의 정식을 과연 동일한 것으로 이해할 수 있는지 견해가 갈린다. 페이턴은 "자율의 원리가 정언명법의 형식을 취할 필요는 없다는 점을 잊어서는 안 된다"고 강조한다(같은 책, 287쪽). 칸트 역시 때로는 절대적인 목적으로 이해되는 이성적인 존재자를 정언명법의 가능 근거로 강조하고 있다(AA IV, 427).
16) 하버마스는 다양한 도덕이론을 '비인지주의' 내지 '인지주의' 이론으로 나누고 전자를 다시 '강한 비인지주의'와 '약한 비인지주의'로, 후자를 '약한 인지주의'와 '강한 인지주의'로 세분한다. 그에 의하면 칸트의 도덕이론은 인지주의, 특히 강한 인지주의 형태의 도덕이론이다(『이질성의 포용』, 황태연 옮김, 나남출판, 2000, 24쪽 이하 참조).

합리적으로 반성하고 해명하려고 시도한다. 이러한 칸트의 윤리학에서 자연과 당위 혹은 자연과 자유의 구별은 그 기초를 이룬다. 칸트는 당위와 자연의 명백한 구별에서 규범적인 명제들은 결코 기술적인 명제(deskriptive Sätze)에서 연역될 수 없다는 이른바 "흄의 법칙 내지 흄의 금지"[17]로 알려진 공리를 받아들인다(B. 575).[18] 그러나 윤리학의 기초를 인간의 감정이나 정념의 토대 위에 세우고자 시도한 흄[19]과는 달리, 칸트는 이성에 의거하여 도덕의 정당성의 근거를 해명하려고 시도한다. 그가 보기에 비합리적인 충동이나 정념은 도덕적 의무의 구속력의 근거에 어떤 원리도 제공할 수 없는 것이다.

칸트는 "모든 도덕적 개념들은 철두철미 선험적으로 이성 속에 그 터와 기원을 가지고 있다"고 본다(AA IV, 411). 그래서 칸트는 "선험적으로 우리 이성 안에 놓여 있는 실천적 원칙들의 원천들을 탐구"하고자 한다(AA IV, 389). 그에 의하면 도덕 규범의 "구속력의 근거는 인간의 자연적 성질에서나 인간이 살고 있는 세계의 환경에서 탐구되어서는 안 되고, 오직 순수이성의 개념들 안에서만 선험적으로 탐구되어야 한다"(AA IV, 389). 그런데 모든 도덕적 행위의 최고 원리로 설정된 정언명법은 사실상 의지가 스스로에게 법칙을 부여하는 행위에 의해서 스스로의 행동을 규정할 수 있는 능력이다. 즉 "도덕법칙은 다름 아니라 순수 실천이성, 다시 말해 자유의 **자율**을 표현한다"(AA V, 33). 이성적인

---

17) D. Hume, *A Treatise of Human Nature*, ed. L. A. Selbby-Bigge, Oxford, 1978, p. 469 참조.
18) 아펠은 사실로부터 어떤 규범도 도출될 수 없다는 흄의 원칙을 "흄의 원리 혹은 흄의 구별"이라고 명한다(*Transformation der Philosophie*, Bd. 2. *Das Apriori der Kommunikationsgemeinschaft*, Frankfurt, 1973, S. 378). 존재에서 당위를 도출할 수 없다는 주장을 부인하는 현대 철학자들이 존재한다. 특히 존 설(Searle)이 언급될 만하다(애링턴, 『서양 윤리학사』, 406쪽 참조). 또 매킨타이어, 『덕의 상실』, 96쪽 이하 참조. 매킨타이어는 존재와 당위의 구별의 배경이 되고 있는 근대에서의 아리스토텔레스적 목적론적 세계관의 파괴와 기계론적 자연관의 발생에 주목한다. 즉 존재에 대한 근대의 기계론적 관점으로 인해 사실은 가치 중립적인 것으로 변화되었고, 이에 따라 존재와 당위의 구별이 형성되었다는 것이다. 같은 책, 132쪽 참조.
19) 흄에 의하면 "도덕 구별은 도덕감(moral sense)으로부터 일어난다"(D. Hume, 앞의 책, p. 470).

의지가 스스로 세운 원칙으로 그 행동을 규제할 수 있는 능력, 즉 의지의 자율 능력이 전제되지 않는 정언명법은 무의미하다. 이성적인 존재자로서 인간이 정언명법의 요구를 충족시킬 수 있는 것도 바로 인간의 실천적 의지가 자율적이기 때문이다. 그러므로 칸트는 "의지의 **자율**은 모든 도덕법칙들과 그에 따르는 의무들의 유일한 원리"라고 주장한다(AA V, 33).[20]

칸트에 의하면 이성 자체에서 나오지 않은 것들로 자신의 행동을 규정하려는 의지는 타율적이다. 의지의 타율은 "도덕성의 모든 잘못된 원리들의 근원"이다(AA IV, 441). 도덕을 인간의 감정이나 정념의 표현으로 이해하려는 흄의 입장은 타율적 윤리학의 한 예에 지나지 않는다. 물론 기존의 윤리학에 대한 칸트의 비판적인 태도는 인간의 감정에서 도덕의 원천을 구하려는 태도에만 국한되는 것은 아니다. 그는 자연적 질서, 신의 의지나 계시 혹은 행복에 대한 욕구 등에서 도덕의 원천을 구하려는 모든 시도를 타율적인 것으로 거부한다. 그러므로 칸트는 『실천이성 비판』에서 도덕의 기초를 교육에서 해명하려는 몽테뉴나, 육체적인 감정이나 도덕적인 감정에서 도덕의 기초를 세우려는 에피쿠로스와 허치슨 등은 말할 것도 없고,[21] 도덕의 원칙을 시민적 정치 제도 속에서 찾는 맨더빌이나, 신의 의지(크루시우스와 신학적 도덕론자들)나 완전성(볼프와 스토아주의자들과 같이)을 도덕의 원리로 이해하려는 온갖 시도에 대하여 도덕의 일반적인 원리로 볼 수 없다고 비판한다(AA V, 40 이하; 105 이하).

특히 주목할 만한 것은 도덕과 종교의 구별이다. 보다 정확하게 말하자면 도덕성의 최고 원리를 추구하는 데에서 종교적인 권위나 신앙에서의 해방을 선언한 것이다. 그래서 칸트는 『이성의 한계 내에서의 종교』에서 다음과 같이 선언한다. "도덕은 순수 실천이성의 힘에 의해 그 자신만으로도 충분하며, 그 자신을 위해서는 [……] 결코 종교가 필요하지 않다"(AA VI, 3). 물론 칸트 철학

20) I. Kant, AA IV, 440 참조.
21) 카울바흐(F. Kaulbach)에 의하면 칸트는 도덕의 원리를 실천이성에서 해명하려고 시도하기 이전에 한때 샤프츠버리, 허치슨 등의 영국 도덕철학자들을 따라 도덕 감정 이론을 주장했다 (『비판철학의 형성 과정과 체계』, 백종현 옮김, 서광사, 1992, 192쪽 이하 참조).

에서 종교는 도덕과 아주 밀접한 관련 속에서 고찰된다. 칸트는 이미 『순수이성 비판』에서 신존재를 사변적으로 증명하려는 시도를 헛된 것으로 비판하면서 도덕성 개념을 기초로 해서 신에 대한 새로운 사유의 가능성을 모색했다(B 855 이하). 그렇지만 "신과 영혼의 불멸성의 이념들은 도덕법칙의 조건들이 아니고, 단지 이 법칙에 의해 규정되는 의지의 필연적인 객관 조건들, 다시 말해 우리 순수이성의 순전히 실천적인 사용 조건들일 따름이다"(AA V, 4).[22] 이렇게 칸트는 순수한 실천이성의 자율성에서 도덕의 정당성의 근거를 해명하려고 시도함으로써 서양 윤리학의 역사에 근본적으로 새로운 변화를 가져온다.

3) 형식주의 윤리학

칸트 윤리학은 보편주의적, 인지주의적 윤리학이면서 형식주의적 윤리학이다. "만약 이성적 존재자가 그의 준칙들을 실천적인 보편적 법칙들로 생각해야 한다면, 그는 이 준칙들을 질료 면에서가 아니라 한낱 형식 면에서 의지의 규정 근거를 가지는 원리들로서만 생각할 수 있다"(AA V, 27). 칸트에 의하면 의지의 도덕적 가치를 결정하는 것은 의지를 규정하는 근거라는 의미에서 의지의 원리 그 자체이다. 그리고 보편적 타당성과 객관적 타당성을 주장할 수 있는 인간의 행동의 도덕적 성질은 행위자의 의지가 법칙의 내용이 아니라 욕구 능력의 모든 대상과 무관하게 형식으로써 규정된다는 점에 의존한다고 보기 때문에, 칸트는 윤리학을 정초하면서 행위가 지향하는 목적이나 대상을 철저하게 배제한다.

---

22) 물론 칸트에게서 도덕과 종교의 관계는 언뜻 보기보다는 상당히 복잡하다. 칸트는 도덕성의 원리를 순수 실천이성의 법칙 부여적 형식에서 구한 후에 영혼의 불멸성과 신의 현존을 실천이성의 요청으로 다시 끌어들인다. 이러는 과정에서 칸트는 "모든 의무들을 신의 명령들로 인식"하게 된다. 다시 말해 칸트에 의하면 도덕법칙은 "각자의 자유로운 의지 자신의 본질적인 법칙들"로 인식해야 할 뿐 아니라, 동시에 "최고 존재자의 명령들로 보아야만 한다"(AA V, 129). 칸트의 철학 안에서 자율성의 이념에 대한 주장과 도덕적 의무를 신의 명령으로 간주해야만 한다는 주장이 어떤 점에서 양립 가능한 주장인지에 대해서는 좀더 상세한 연구가 필요하다.

칸트는 정언명법을 이끌어내는 과정에서 도덕적 행위의 주체인 개인의 인격적인 측면을 고찰하면서 시작한다. 즉 이성적·객관적인 도덕법칙과 유한한 이성적인 존재자인 인간의 의지의 관계를 주된 고찰 대상으로 삼는다. 그러므로 그는 『정초』에서 무제한적으로 선한 것은 오로지 "선의지"뿐이라는 말과 함께 도덕의 근거를 해명하는 작업을 시작한다. 의지가 도덕적 가치를 지니기 위해서는, 달리 말해 의지가 선하다고 주장될 수 있기 위해서는, 의지는 반드시 자신이 따르는 행위의 준칙이 보편적인 법칙이기를 동시에 원할 수 있어야만 한다. 행위의 준칙은 각각의 행위자가 주관적으로 설정한 행위의 원리를 의미한다. 인간은 행위를 선택할 때 일정한 규칙을 세워서 이 규칙에 의거하여 자신의 행위를 규정할 수 있는 존재이다. 이 규칙이 어떤 행위자의 행동을 규정하는 근거가 되는 한 행위자에게는 행동의 주관적인 원리가 되는 것이다.

이러한 의미에서 칸트는 이 세상에서 이성적인 존재자로서 인간만이 유일하게 "법칙의 **표상에 따라**, 즉 원리들에 따라서 행동할 수 있는 능력, 즉 **의지**를 갖고 있다"(AA IV, 412)고 말한다.[23] 이와 같이 칸트는 우리가 행동을 할 때 이러한 행위의 도덕적 타당성을 판단할 때 의지의 원리에 결정적인 의미를 부여한다. 어떤 행위가 도덕적 가치를 지니는가 그렇지 않은가 하는 물음에 대한 대답은 행위가 실현하고자 하는 목적에서가 아니라, 오로지 "의지의 원리"에 의거해서만 구해질 수 있다(AA IV, 400). 절대적으로 그리고 아무런 제약 없이 선하다고 할 수 있는 의지는 행위에서 기대되는 결과 속에서가 아니라, 오로지 법칙에 대한 표상에 따라서 행동하는, 그러므로 법칙에 대한 "순수한 존경"만을 자신의 규정 근거로 삼는 이성적인 의지 속에서만 구할 수 있는 것이다(AA IV, 401 이하). 이렇게 어떤 행위의 도덕적 타당성의 여부는 행위가 의무에서, 즉 법칙에 대한 존경에서 행해지는가에 달려 있다. 그러므로 의지의 도

---

[23] 준칙과 실천 법칙의 차이에 대해서는 AA IV, 400; AA IV, 420; AA VI, 225 등을 참조. 간단하게 말해 준칙은 행위의 주관적 원칙으로 아직 모든 이성적인 존재자에게 타당한 것으로 입증되지 못한 것이지만 실천 법칙은 어떤 한 행위의 준칙이 보편성을 인정받게 된 것을 의미한다.

덕적 가치를 결정하는 것은 의지를 규정하는 근거라는 의미에서의 의지의 원리 그 자체이기 때문에, 의지를 무제약적이고 절대적으로 선하게 만드는 의지의 원리는 어떤 성질이어야 하는가 하는 물음이 필연적으로 제기된다. 이에 대한 칸트의 대답은 다음과 같다.

"내가 어떤 하나의 법칙을 준수할 무렵에 의지에 생길 수 있는 충동을 모두 제거하기 때문에, 남는 것은 행위 일반의 보편적 합법칙성뿐이요, 이 보편적 합법칙성만이 의지의 원리로 쓰여야 한다. 다시 말해, 나는 **나의 준칙이 보편적인 법칙이 되는 것을 바랄 수 있도록** 행위해야만 한다. 그런데 여기서 오로지 합법칙성 일반만이(어떤 특정한 행위들에 지정된 어떤 법칙을 바탕에 두지 않고) 의지의 원리로 되는 것이요, 의무가 반드시 공허한 망상이나 환상적인 개념이 될 수 없는 것이어야 한다면, 아무래도 의지의 원리가 되지 않을 수 없다"(AA IV, 402).

이렇게 인간의 행동의 도덕적 성질은 행위자의 의지가 법칙의 내용이 아니라 형식을 통해서만 규정된다는 점에 달려 있기 때문에, 칸트는 윤리학을 정초하면서 행위가 지향하는 목적이나 대상을 철저하게 배제한다. "욕구 능력의 객관(질료)을 의지의 규정 근거로 전제하는 모든 실천 원리들은 모조리 경험적이며, 어떠한 실천 법칙도 제공할 수 없다"(AA V, 21). 이러한 측면에서 칸트 윤리학은 형식주의적인 특성을 지니는 윤리학이라고 할 수 있다.

4) 의무론적 윤리학

윤리이론을 의무론적 윤리이론과 목적론적 윤리이론으로 나누는 방식은 현재 학문적으로 널리 받아들여지고 있다. 일례로 롤스는 윤리학의 두 가지 주요 개념을 옳음(the right)과 좋음 또는 선(the good)이라고 본다. 그에 의하면 이 두 근본 개념을 규정하고 관련짓는 방식에 따라서 윤리이론의 구조는 목적론적 윤리관과 의무론적 윤리관으로 나뉜다. "그런데 그것들[옳음과 좋음]을 관련짓는 가장 간단한 방식으로는 목적론(teleology)을 들 수 있는데 여기에서는 우선 좋음을 옳음과 상관없이 규정하고 옳음은 그 좋음을 극대화하는 것으로 규정한다."[24] 목적론적 윤리이론과는 대조적으로 의무론적 이론(deontological theory)은 "옳음과 독립적으로 좋음을 규정하지 않거나 혹은 옳음을 좋음의 극대화로서 해석하지 않는 입장이다."[25] 이런 구분법으로 볼 때 칸트 윤리학은 의무론적 이론에 속한다. 칸트 윤리학의 성격 규정과 관련해서 마지막으로 언급할 사항은 그것의 의무론적 성격이다.

칸트에 의하면 어떤 행위가 도덕적인지 아닌지를 판단하는 궁극적 기준은 행위로 인해서 발생할 수 있는 "결과에 있지 않다." 도덕적으로 가치 있는 행위는 그것의 목적에서 나올 수 없다. 따라서 "의지가 단적으로 그리고 아무런 제한 없이 선하다"는 평가는 행위의 결과가 아니라 의지에게 어떤 의무로 다가오는 것을 바로 그것이 의무이기 때문에 행하는지에 달려 있다(AA IV, 401 이하). 즉 "오로지 행위가 의무로부터, 다시 말해 순전히 법칙을 위해 일어나는 데에만 도덕적 가치를 두어야 한다"(AA V, 81). 칸트가 보기에 "법칙에 대한 존경은 [······] 도덕 자체"이다(AA V, 76). 이렇게 칸트는 행위의 도덕적 가치를 판단하면서 행위에서 기대되는 결과를 전적으로 배제한다. 그러므로 정언명법을 통해서 행동의 규칙들이나 규범들의 객관적인 타당성의 근거를 해명하는 원리를 제시하면서 "좋은 삶"(행복한 삶)과 무관하게 무조건적인 당위로서 제시되는 도덕적으로 선한 행동 규범들의 보편적 타당성을 이론적으로 해명하는 작업만이 윤리학의 근본 물음으로 등장한다.

인간 행위의 윤리적 가치를 행위의 결과를 배제하고 법칙에 대한 존경에서 구하는 것은 보편주의적 윤리학에 대한 칸트의 열망과 관계가 있다. "자기 사랑과 자기 행복"을 추구하는 행동의 원리는 질료적 실천 원리에 지나지 않고 아무런 실천 법칙도 제공하지 못한다고 칸트는 생각하기 때문이다(AA V, 39 이하).[26] 심지어 칸트는 "**자기** 행복의 원리가 의지의 규정 근거가 된다면, 그것

------

24) 롤스, 『사회정의론』, 황경식 옮김, 서광사, 1985, 46쪽.
25) 같은 책, 51쪽.
26) 물론 칸트가 행복론과 도덕을 명확하게 구분하고 의무의 원천을 해명하는 데 행복의 문제를 전적으로 배제한다고 해서 그가 행복의 문제를 전혀 문제 삼지 않는다고 보는 것은 지나치

은 도덕성의 원리와 정반대"라고 강조한다(AA V, 35). 그래서 칸트는 도덕법칙의 기초를 설정할 때 자기 행복의 원리는 "가장 배척되어야 할 것"이라고 강조한다(AA IV, 442). 칸트는 자신의 윤리학의 의무론적 성격을 다음과 같이 말한다. "의무로부터의 행위는 그것의 도덕적 가치를, 그 행위를 통해 달성해야 할 **의도에서 갖는 것이 아니라**, 그에 따라 그 행위가 결의하는 준칙에서 갖는다. 그러므로 의무로부터의 행위는 행위 대상의 현실성에 의존하는 것이 아니라, 순전히 욕구 능력의 모든 대상과는 무관하게 행위를 일어나게 하는 **의욕의 원리**에 의존하는 것이다. 〔······〕 의무는 법칙에 대한 존경으로 말미암은 행위의 필연성이다"(AA IV, 399 이하).

우리는 위에서 칸트 윤리학의 특성을 네 가지 관점에서 살펴보았다. 다시 간략하게 요약한다면 칸트의 윤리학은 보편주의적, 인지주의적, 형식주의적 그리고 의무론적 성격을 지닌다. 칸트 윤리학에 대한 헤겔의 비판은 여러 방식으로 요약할 수 있다. 하버마스에 의하면 헤겔의 칸트 비판은 다음 네 가지 항목으로 요약할 수 있다. 첫째로 헤겔은 칸트 윤리학을 형식주의 윤리학이라고 반박한다. 둘째로 헤겔은 칸트 윤리학의 추상적인 보편주의를 반박한다. 셋째로 헤겔은 칸트 윤리학은 존재와 당위의 엄격한 분리로 인해 당위의 무기력에 빠지게 된다고 비판한다. 칸트 윤리학의 통찰들이 어떻게 실천에 옮길

다. 칸트의 도덕이론에서 행복이 아무런 역할을 하지 않는다고 볼 수는 없기 때문이다. 그에 의하면 "행복의 원리와 도덕을 이렇게 구별하는 것"이 곧 "양자를 대립시키는 일은 아니다. 순수 실천이성은 행복에 대한 요구를 포기하고자 하는 것이 아니라, 단지 의무가 문제가 될 때는 그런 것을 전혀 고려치 않으려 하는 것이다"(AA V, 93). 칸트는 『실천이성 비판』에서 '최고선'과 연관해서 행복의 문제를 보다 구체적으로 그의 도덕이론 안으로 끌어들인다. 이렇게 칸트는 그의 도덕이론 속에 행복의 문제를 끌어들이고 있지만, 도덕적 행동과 행복을 원칙적으로 구별한다는 점에서 아리스토텔레스적인 윤리학과 구별된다. 주지하듯이 아리스토텔레스에게 행복은 인간이 추구하는 궁극 목적이자 최고선이었다. 『니코마코스 윤리학』(*Nikomachische Ethik*), auf der Grundlage der Übersetzung von Eugen Rolfes herausgegeben von G. Bien, Hamburg, 1972, 1097b와 1176a 참조, S. 11과 246 참조. 칸트 도덕이론을 의무론으로 분류하는 작업이 안고 있는 문제점들 그리고 어떤 점에서 칸트가 전형적인 의무론자로 이해될 수 있는가에 대한 보다 상세한 설명을 위해서는 애링턴, 앞의 책, 456쪽 이하 참조.

수 있는지 아무런 정보를 주지 않는다는 것이다. 마지막으로 헤겔은 칸트의 정언명법이 순수한 심정에 의거한 테러리즘을 종용할 수 있다고 비판한다.[27] 우드는 칸트 윤리학에 대한 헤겔 비판을 다음 네 가지로 요약한다. 첫째로 칸트 윤리학은 이성을 감성이나 감성적인 경향과 분리한다. 둘째로 칸트 윤리학은 감성적인 동기들에 대해 적대적이다. 그러나 행위는 합리적인 동기뿐 아니라 감성적인 동기들의 도움이 필요하기 때문에, 칸트 윤리학은 그것이 의도하는 선을 성취하는 데 무기력하다. 셋째로 칸트 윤리학은 감성적인 경향들을 소홀히 하기 때문에, 그것은 공허한 의도 이상을 넘어설 수 없다. 마지막으로 헤겔은 칸트 윤리학이 구체적인 윤리적 행동 규범들을 제공할 수 없는 공허한 도덕이론이라고 비판한다.[28] 이런 요약은 헤겔의 칸트 비판에서 중요한 점들을 아주 잘 보여주고 있다. 그렇지만 나는 아래에서 이런 비판적 요지들을 나름대로 분류하여 재구성하고자 한다.

II. 칸트 윤리학의 형식주의 문제

칸트 윤리학은 여러 사상가들에게 형식주의적이고, 따라서 동어 반복적인 것에 지나지 않는다는 비판을 받아왔다. 예를 들어 칸트와 동시대의 사상가인 크리스티안 가르베(Christian Garve)는 칸트의 윤리학을 "인간 행위의 모든 대상들에 관해 무지할" 뿐 아니라, "진리를 말하고 진리에 따라서 행위하라"는 공허하고 형식적인 의무만을 제시한다고 비판했다.[29] 공리주의 철학자인 존 스튜어트 밀(John S. Mill) 역시 칸트 윤리학, 특히 그의 정언명법의 보편화 정식을 공허하다고 비판한다. "그러나 칸트가 이 규칙(보편화의 원리)으로부터

---

27) 하버마스, 『담론 윤리의 해명』, 15쪽 이하 참조.
28) A. Wood, "Hegel's Critique of Morality," *G. W. F. Hegel. Grundlinien der Philosophie des Rechts*, S. 149 이하 참조.
29) 김수배, 「칸트의 『도덕 형이상학』과 형식주의」, 칸트 연구 2, 『칸트와 윤리학』, 민음사, 1996, 38쪽에서 재인용.

도덕성의 어떤 실제적인 의무를 연역하기 시작할 때, 대체로 우스꽝스럽게도 모든 이성적인 존재자들이 가장 극악무도한 비도덕적 행위의 규칙들을 채택하는 데에서 어떤 모순, 즉 (물리적인 불가능성은 말할 것도 없이) 어떤 논리적인 모순이 존재하는지를 보여주는 데 실패한다."[30] 그러나 칸트 윤리학의 형식주의적인 성격에 대해서 가장 유명하고 아마도 가장 강력하고 지속적인 영향력을 끼친 비판을 가한 사람은 헤겔일 것이다(2, 460 이하). 실제로 칸트의 정언명법이 공허하고 형식적이라는 헤겔의 칸트 비판은 엄청난 영향사를 갖고 있다. 헤겔의 칸트 비판은 듀이, 앙리 루이 베르그송(Henri L. Bergson) 그리고 프란츠 브렌타노(Franz Brentano)뿐 아니라 막스 셸러(Max Scheler) 및 니콜라이 하르트만(Nicholai Hartmann)에 이르기까지 광범위한 영향력을 행사했다.[31]

1) 형식주의와 도덕적 의무의 공허성

헤겔이 왜 칸트 윤리학을 공허하고 형식주의적인 윤리학으로 비판하는가를 요약하면 다음과 같다. 그가 보기에 칸트의 형식주의는 자체 내에서 어떤 구체적인 도덕 규범들을 이끌어낼 수 없고 이미 특정한 도덕 규범들을 전제하고 있거나 그렇지 않으면 임의적인 내용도 모두 도덕적인 것으로 허용할 수밖에 없다. 이렇게 칸트 윤리학의 형식주의적인 특성에 대한 헤겔의 반론은 첫째로 칸트 윤리학에서 도덕의 최고 원리로 간주되는 정언명법의 일반화 원칙은 "순전히 분석적인 통일성"이라는 것이 전제되어 있다. 그러므로 헤겔은 칸트의 일반화 원칙을 "하나의 분석적 문장이고 동어 반복적이"라고 비판한다(2, 460). 달리 말하면 칸트의 정언명법은 구체적인 의무의 내용이 무엇인가를 제시하는 데 실패할 수밖에 없다는 것이다. 헤겔은 다음과 같이 주장한다. "그리고 순수한 실천이성의 입법의 자율성이 지닌 고귀한 능력이란 실은 동어 반복

---

30) J. S. Mill, *Utilitarianism, On Liberty, Considerations on Representative Government. Remarks on Bentham's Philosophy*, ed. G. Williams, Vermont, 1999, p. 4.
31) Andreas Wildt, *Autonomie und Anerkennung. Hegels Moralitätskritik im Lichte seiner Fichte-Rezeption*, Stuttgart, 1982, S. 57 참조.

의 생산에 있는 것이다. 〔……〕 실천이성은 의지가 지닌 모든 질료의 절대적 추상이고, 어떤 내용을 통해서 자의의 타율성이 정립되기 때문이다. 그러나 이제 도대체 무엇이 권리이고 무엇이 의무인지를 알려는 것이 바로 관심사이다. 즉 도덕법칙의 내용에 관하여 질문이 제기되는 것이며, 오직 이 내용만이 문제가 되는 것이다. 그러나 순수 의지와 순수 실천이성의 본질은 모든 내용을 사상한다는 점에 있다. 따라서 내용을 가질 수밖에 없는 도덕입법을 그 본질상 아무 내용도 갖고 있지 않은 이 절대적 실천이성에서 구하는 것은 그 자체가 모순이다"(2, 460 이하).

둘째로 칸트 윤리학을 형식주의적인 것으로 비판하는 또 다른 중요한 근거는 칸트의 정언명법의 원리에 의해서 "인륜적 법칙으로 만들어질 수 없는 것은 아무것도 없다"는 관점이다(2, 461). 즉 이 일반화 원칙은 모순 없이 보편화될 수 있는지 없는지를 도덕 원리로 간주하기 때문에 모든 가능한 행위의 준칙과 양립 가능하다는 것이며, 따라서 어떤 특정한 도덕적 규범을 암암리에 자명한 것으로 전제하거나 비도덕적인 규범들 역시 정당화할 수 있다는 것이 헤겔이 형식주의적인 성격을 지향하는 칸트 윤리학에 관해 지적하는 비판이다.

이 두 가지 비판은 서로 긴밀하게 연결되어 있다. 헤겔의 칸트 윤리학 비판을 좀더 상세하게 살펴보자. 칸트는 『실천이성 비판』에서 어떤 행위의 준칙이 보편적인 법칙 수립에 적합한지 그렇지 않은지를 검토하기 위해 위탁물의 사례를 든다. 칸트가 든 예는 다음과 같다. "예를 들면 나는 모든 안전한 수단을 통해 재산을 키우는 것을 나의 준칙으로 삼았다. 지금 내 손 안에는 하나의 **위탁품**이 있는데, 그 원 소유자는 죽었고, 위탁에 관한 아무런 문서도 남아 있지 않다. 두말할 것도 없이 이것은 나의 준칙을 적용할 경우다. 이제 나는 다만 저 준칙이 보편적 실천법칙으로도 타당할 수 있는가를 알고자 한다. 그래서 나는 저 준칙을 현재의 경우에 적용하여, 저 준칙이 과연 법칙의 형식을 취할 수 있는가를, 그러니까 나의 준칙에 의거해, 사람은 누구나 위탁품 맡긴 것을 아무도 증명할 수 없는 위탁품에 대해서는 그 위탁을 부정해도 좋다는 법칙을 수립할 수 있겠는가를 묻는다. 그리고 나는 이내, 법칙으로서 그러한 원리는 위탁물이라는 것을 없게 만들 터이므로 자기 자신을 파괴하는 것임을 안다. 내가 그러한 것으로 인식하는바, 무릇 실천법칙은 보편적 법칙 수립을 위한 자격을 갖추어야 한다. 이것은 동일성 명제이고 그러므로 그 자체로 분명하다"(AA V, 27).

위에서 거론한 위탁물의 사례 외에도 칸트는 어떤 준칙이 보편적인 법칙으로서 타당한가를 검토하는 사례들로 다른 여러 가지 것들을 제시한다. 특히 주목할 만한 것은 칸트가 『정초』에서 든 네 가지 사례이다(AA IV, 421 이하). 그것은 자살을 해도 되는지 그렇지 않은지, 거짓 약속을 해도 되는지 그렇지 않은지, 자신의 능력을 계발하는 것을 방치해도 좋은지 그렇지 않은지, 그리고 마지막으로 어려운 상황에 처한 타인에게 무관심해도 좋은지 그렇지 않은지 하는 것이다. 칸트가 지적하고 있듯이, 이 예들은 "우리 자신에 대한 의무와 다른 사람들에 대한 의무, 완전한(vollkommen) 의무와 불완전한(unvollkommen) 의무로 나누는 의무들의 통상적인 분류에 따라"서 채택된 것들이다(AA IV, 421).

위에서 언급했듯이 칸트가 든 위탁물의 사례에 대해서 헤겔은 비판적이다. 그는 위탁물의 사례에 대해서 다음과 같이 반문한다. "그러나 위탁물이 전혀 존재하지 않는다고 하면 여기에 무슨 모순이 있겠는가? 물론 위탁물이 존재하지 않는다고 하는 것은 여타의 필연적인 규정들에 모순될 것이다. 또한 위탁물이 가능하다는 것은 여타의 필연적인 규정들과 연관되어 있어서, 이를 통해 그 자체가 필연적인 것이 될 것이다. 그러나 여타의 목적이나 질료적 근거들을 끌어들여서는 안 되고, 개념의 직접적인 형식이 [위탁물이 존재한다는] 첫째 전제나 위탁물이 [존재하지 않는다는] 둘째 전제의 옳음을 결정해야 한다. [······] 무릇 소유라는 규정이 정립되어 있다면, 이것에 '소유는 소유이지 다른 것이 아니다'라는 동어 반복의 문장을 만들어낼 수 있으며, 이러한 동어 반복의 생산이 '소유가 소유일 경우에는 소유여야만 한다'는 이 실천이성의 입법이다. 그러나 만일 대립된 규정, 즉 소유의 부정이 정립되어 있다면, 바로 그 실천이성의 입법을 통해 '소유가 아닌 것은 소유가 아니다. 소유가 없다면 소유이고자 하는 것이 지양되어야 한다'는 동어 반복이 도출된다. 그런데 관심사는 바로 소유가 존재해야 한다는 것을 입증하는 것이다. 순수이성은 이러한 결정이 이미 앞서 이루어졌고 대립된 규정들 중 하나가 먼저 정립되어 있다는 것을 요청한다. 그렇게 하고 나서야 비로소 순수이성은 이제 자신의 쓸모없는 입법을 수행할 수 있게 된다"(2, 462).[32]

앞에서 살펴본 헤겔의 칸트 윤리학 비판과 위탁물에 대해서 그가 제기하는 반론은 그 후 칸트 윤리학에 대한 "표준적인 이의"(Standardeinwand)를 형성한다.[33] 그러나 오늘날에도 칸트 윤리학을 형식주의적인 것으로 특징짓는 비판이 과연 칸트 윤리학에 타당한 비판인가를 둘러싼 논쟁이 여전히 계속되고 있다. 이러한 논쟁에서 중심이 되는 것은 칸트가 말하는 모순이 어떤 성격의 것인가 하는 점과 도덕법칙을 해명하는 데 과연 보편화의 원리가 필요하고도 충분한 조건인가 하는 것이다. 첫째 문제, 즉 칸트가 쓰는 모순이라는 개념이 어떤 성격의 것인가 하는 문제와 관련하여 요즈음 칸트 윤리학을 옹호하는 사람들은 언어의 화용론적인 측면에 주목하는 새로운 언어이론에 의거하여 모순 개념을 새롭게 조명하고자 시도한다. 이 시도에 의하면 칸트가 쓰는 모순을 논리적인 의미에서의 모순이 아니라 수행적 내지 화용론적인 모순으로 이해해야 한다는 것이다. 그리고 모순을 이렇게 화용론적인 차원의 것으로 이해함으로써 사람들은 칸트에 대한 헤겔의 비판을 방어할 수 있다고 본다.[34] 화용론적인 모순은 논증이나 어떤 진술이 내용적으로 주장하는 것과 이러한 것이 자신의 가능성을 위해서, 즉 논증 수행을 위해서 이미 전제하고 있는 것 사이에서 발생한다. 예를 들어 아펠은 이러한 화용론적인 모순 개념에 의거하여 "해석학적-화용론적 전환"의 대표적인 사상가인 로티나 데리다의 철학을 비판한다. 아펠은 이들이

---

32) 헤겔은 칸트 윤리학이 형식주의적이며 공허하고, 그리하여 특정한 내용을 자의적으로 전제된 것으로 설정할 수밖에 없다는 청년기 시절의 칸트 윤리학에 대한 비판을 『법철학』의 §135에서도 반복한다(7, 252 이하).
33) R. Dreier, *Recht-Moral Ideologie*, Frankfurt, 1981, S. 302 참조.
34) 같은 책, S. 302 참조. G. 파치히는 칸트가 정언명법에서 사용하는 모순이 "논리적인 모순"이 아니라고 강조한다(*Tatsachen, Normen, Sätze*, Stuttgart, 1988, S. 161).

모든 보편적인 타당성 주장을 진술이나 주장을 통해서 거부하면서도 이러한 명제를 언어 수행적인 차원에서는 타당한 것으로 전제하기 때문에 화용론적인 자기모순을 범하지 않고는 "전혀 쓰지도 말하지도 못한다"고 비판한다.[35]

우리는 우선 칸트의 모순 개념의 화용론적인 성격을 인정해야만 한다. 이를 통해 칸트가 주장하고자 하는 것이 보다 분명해지기 때문이다. 그러나 우리가 모순을 이렇게 논리적인 모순이 아니라 화용론적인 모순으로 이해하면 다음과 같은 질문이 제기된다. 칸트의 정언명법이 요구하는 보편화의 원리에 대해서 헤겔 이후에 지속적으로 반복되어온 비판, 즉 칸트 윤리학은 공허하며 어떤 구체적인 도덕적 규범도 이끌어낼 수 없다는 반박이 근거 없는 것이라고 할 수 있는 것인가? 내가 생각하기에는 그렇지 않다. 이에 대한 이유로 우선 나는 다음 세 가지 이유를 들고자 한다. 첫째로 칸트는 그의 윤리학에서 논리적인 모순과 화용론적인 모순 개념을 분명하게 구별하지 못하고, 또 화용론적인 모순에 대한 이론을 명료하게 발전시키고 있지 못하기 때문이다. 둘째로 이성의 자율성 이념에서 구체적인 도덕 내용의 규범들을 연역하려는 시도의 좌절이 지적되어야만 한다. 칸트는 도덕성을 판정하는 최고의 기준, 즉 "의지의 최상 법칙"(AA IV, 437)에서 특정한 행위의 격률을 도출할 수 있다고 믿는다. 다시 말해 칸트는 정언명법에서 구체적인 도덕적 규범을 도출하려고 시도한다. 그는 다음과 같이 말한다. "만일 의무의 모든 명법들이 그것들의 원리로서의 이 유일한 명법으로부터 도출될 수 있다면, 의무라고 부르는 것이 일반적으로 공허한 개념에 불과한 것이 아닌가 하는 의문을 미결로 남겨두더라도, 적어도 의무라는 개념으로써 우리가 무엇을 생각하며, 의무라는 개념이 무엇을 말하고자 하는가를 지시할 수는 있을 것이다"(IV, 421).[36] 셋째로 이러

---

35) K.-O. Apel, *Diskurs und Verantwortung*, Frankfurt, 1992, S. 114.
36) 다른 곳에서도 칸트는 구체적인 의무들이 정언명법에서 도출될 수 있다고 주장한다(IV, 423). 하버마스는 정언명법에서 구체적인 도덕 규범들을 도출하려는 칸트적인 시도를 비판한다. 그에 의하면 칸트는 "정언명법을 '나는 무엇을 해야만 하는가?'라는 구체적인 물음에 대한 대답으로 서술하였고, 정당화 문제로의 방향 전환은 동시에 규범 정당화의 문제와 규범 적용의 문제의 엄격한 분리를 의미한다는 사실을 충분히 분명하게 밝히지 않았다." 하버마스

한 시도에도 불구하고 칸트는 그저 경험적으로 자신이 속한 역사적-사회적 현실에서 관철되는 도덕 규범들의 정당성을 자명한 것으로 전제하고 있을 뿐이다. 여기에 바로 칸트 윤리학의 무반성적인 성격이 있다. 즉 칸트는 자신의 자율적이고 보편주의적인 도덕 원리가 특정한 역사적 맥락에 의해서 발생적으로 규정되고 있다는 점을 인식하고 있지 않다.

2) 형식주의와 은폐된 자문화 중심주의

우리는 왜 칸트가 다른 어떤 격률이 아니라, 하필이면 "거짓말을 하지 말라" "자살해서는 안 된다" "빌린 돈을 갚아야 한다"와 같은 격률만을 정언명법을 설명하는 데 구체적인 예로 드는가를 되묻지 않을 수 없다. 다시 말해 그는 "빌린 돈은 갚아야 한다"거나 "자살해서는 안 된다"와 같은 이미 그때 당시의 서구 문명에서 자명하게 타당한 것으로 간주되는 도덕 규범들을 전제하고 있는 것이다. 나는 여기에서 칸트가 예로 드는 규범들이 보편타당성을 지니지 못한다고 주장하는 것이 아니다. 다만 칸트의 설명 기준으로는 왜 그러한 규범들이 보편타당한 것으로 간주되어야만 하는지 불분명하며, 이러한 불분명은 바로 자신의 윤리학의 역사적인 발생 조건들에 대한 이해 부족과 긴밀하게 연관되어 있다는 것이다. 이렇게 본다면 칸트가 예로 드는 격률들이 도덕적인 구속력이 있다고 간주되는 것은 정언명법의 일반화 원칙에 기인하기보다는, 이미 자명하게 알려진 것들을 정언명법이라는 기준을 통해 그 타당성을 다시 확인하는 절차에 지나지 않는 것으로 보인다. 그러므로 헤겔이 보기에 칸트의 형식주의 윤리학은 "경험적 필연성으로 함몰하고" "이 경험적 필연성에 참다운 절대성이라는 가상을 부여한다"(2, 443). 헤겔은 『믿음과 지식』에서도 칸트가 "법칙들, 의무들 그리고 덕들의 내용"을 "경험적으로 긁어모으고" 있다고 비판한다. 칸트의 경우 "순수이성이 자신에게 내용을 부여한다면,

---

는 칸트와 달리 정언명법을 이로부터 구체적인 행위의 준칙들을 연역하는 원리로 이해하는 것이 아니라, "규범의 타당성을 판단할 수 있는 공정성의 관점이 어떻게 이해되어야 하는가에 관한 하나의 제안"으로 간주할 것을 주장한다(하버마스, 앞의 책, 116쪽 이하).

그것은 내용을 경험적으로 수용해야만 한다"는 것이다(2, 416).

이미 헤겔은 칸트의 보편주의적인 윤리학이 서유럽의 도덕적 관점을 반영하고 있는 규범들을 보편적으로 타당하다고 주장하는 자문화 중심주의적인 오류를 범하고 있다는 비판을 하는 셈이다. 현재 알래스데어 매킨타이어는 헤겔의 이런 비판을 독창적으로 재구성하고 있다.[37] 칸트 윤리학을 이렇게 비판하는 사람들은 대단히 많다. 다만 여기서 셸러의 주장을 간단하게 언급하고자 한다. 칸트는 "프로이센 역사의 일정한 시기 중에 민족적·역사적으로 좁게 제한된 〔……〕 민족적 에토스 및 국가의 에토스"의 근원을 "순수하게 보편타당한 인간 이성 그 자체 속에서 찾아냈다고 자부한다."[38]

여기에서 우리는 도덕법칙의 정당성을 해명하는 데 보편화 원리가 필요충분조건일 수 없다는 점을 알 수 있다. 우리는 보편적으로 사유할 수 있으면서도 도덕적이지 못한 준칙들을 생각할 수 있기 때문이다. 어떤 행위의 준칙이 보편적으로 사유 가능하다고 해서 그것이 도덕적으로 옳다는 결론을 내릴 수는 없다. 예를 들어 칸트는 자살을 하는 것을 금지하는 명령을 보편화의 원리로서 충분하게 설명하지 못한다. 지속적인 불행으로 인해 생에 염증을 느낀 사람이 자살하는 것은 자신에 대한 의무에 어긋나는 것이라고 칸트는 주장한

---

[37] A. MacIntyre, *Whose Justice? Which Rationality?*, Notre Dame, 1988, p. 384 이하 참조.
[38] 셸러, 『윤리학에 있어서 형식주의와 실질적 가치 윤리학』, 이을상·금교영 옮김, 서광사, 1998, 15쪽. 저명한 칸트 윤리학 해석가인 페이턴은 칸트 도덕철학 전체가 프로테스탄트적인 기독교와 미국과 프랑스 혁명을 배경으로 하고 있음을 지적한다. 예를 들어 인간은 목적 자체라는 칸트의 유명한 정식은 "모든 개인은 유일하고 무한한 가치를 지니며 그런 존재로 대우받아야 한다는 기독교적 견해를 표현하는 그의 방식"에 지나지 않는다(페이턴, 앞의 책, 277쪽). 헤겔은 이미 인간은 인간으로서 자유롭고 평등한 권리를 지닌다는 근대의 자유주의적인 이념이 기독교를 매개로 하여 형성되는 것임을 분명하게 의식하고 있다(10, 301 참조). 칸트 윤리학의 자문화 중심주의적 특성을 제시하는 것이 어떤 사람에게는 발생적 오류를 범하는 것으로 여겨질 수도 있을 것이다. 나 역시 어떤 특정한 도덕 규범에 대한 계보학적 추적이 그것의 진리성 내지 타당성의 물음을 대신할 수 있다고 보지 않는다. 다만 여기서 문제가 되는 것은 칸트 윤리학의 형식주의적 성격이 불가피하게 역사적으로 형성된 도덕 규범을 전제하고 있다는 사실이다. 그래서 내가 보기에 아직도 칸트 윤리학에는 이렇게 미리 설정된 도덕 규범의 정당성의 근거에 대한 해명 문제가 해결되지 않은 채로 남아 있다.

다. 그러면서 그것이 왜 도덕적인 의무가 될 수 없는가를 인식하기 위해서는 그런 상황에 처한 사람이 자살을 하는 행위의 준칙이 "보편적인 자연법칙"이 될 수 있는가를 생각해보면 쉽게 해결될 문제라고 주장한다. 칸트에 의하면 그런 어려운 상황에 처한 사람이 자살을 정당화하는 것이라면 그는 다음과 같은 행위의 준칙을 설정한 것이다. 만약에 어떤 사람이 자신의 삶을 지속하는 것이 쾌적함보다는 해악을 가져올 위험이 있다면, 차라리 삶을 포기하는 것을 자신의 행동 원리로 삼아야 한다. 그런데 이런 "자기 사랑의 원리가 보편적인 자연법칙이 될 수 있을까" 하고 칸트는 반문하면서, 그런 행위의 준칙은 "자연법칙"이 될 수 없다는 것을 사람들은 곧 인식할 수 있다고 강조한다. 그런 행위의 준칙은 자연이 "자신과 모순을 일으키는 것이고, 그러므로 자연으로 존립하지 못할 것"이기 때문이다. 어려운 상황에 처해 있을 때 사람들이 자살을 도덕적으로 바람직한 의무로 설정하는 행위가 보편화된다면, 자연 자체는 존립할 수 없을 것이기 때문에 그런 준칙을 "보편적인 자연법칙으로" 보는 것은 "불가능"하다는 것이다(AA IV, 422).

그러나 자살의 금지에 대한 칸트의 논변은 사실상 보편화의 원리에 의해서 전혀 해명되지 않은 자연의 법칙성과 자연의 성격을 전제하고 있다. 보편화의 원리만을 궁극적인 도덕성의 원리로 가정한다면, 왜 자연이나 인간의 삶이 지속되어야만 하는지 의문스럽다. 허버트 페이턴(Herbert J. Paton)이 지적하듯이 우리가 사람을 죽여서는 안 된다는 규칙은 인간의 자연적 본성을 전제할 때 비로소 의미가 있다. 칸트는 도덕성의 원리를 해명하면서 도덕의 원리는 인간들뿐 아니라 "모든 이성적 존재자들 일반에게도" 필연적으로 타당해야만 한다고 주장한다(AA IV, 408). 천사와 같은 영원히 죽지 않는 존재를 가정한다면, 천사들이 서로 죽여서는 안 된다는 주장은 우스운 일이라고 페이턴은 지적한다.[39] 또 페이턴은 도덕법칙이나 자연법칙에 어떤 예외가 존재할 수 없다는 칸트의 말을 긍정하면서도 "자연의 인과법칙을 도덕법칙에 대한 시험의 기준

---
39) 페이턴, 앞의 책, 32쪽.

으로 삼으려 하는 어떤 시도도 이미 실패할 운명을 지니고 있다"고 강조한다. 페이턴에 의하면 자살에 대한 칸트의 논증은 대단히 취약하다. 그러므로 칸트의 자살 논증은 자연에서 목적론의 완전성에 대한 어떤 이론을 허용하지 않는다면, 자살이 나쁘다고 이미 확신하는 사람들을 제외하고는 거의 설득력이 없을 것이라고 그는 주장한다.[40] 이상의 서술에서 분명하게 드러나는 것처럼 칸트는 자신의 보편화의 원리 자체에 의해서 해명되지 않은 채로 남아 있는 특정한 도덕 규범, 즉 생명은 소중한 것이라는 인식을 전제하고 있다. 그런 점에서 칸트는 자신이 속한 사회에서 관행적으로 관찰되고 있는 특정한 도덕 규범의 정당성을 해명하지 않은 채, 그것을 자의적으로 취사선택하는 모습을 보여준다.

헤겔이 비판하고자 하는 것도 바로 보편화의 원리와 자의적인 도덕 규범의 선택적 결합이다. 헤겔이 보기에 칸트의 실천이성은 형식과 내용의 불일치를 경험할 수밖에 없다. 실천이성은 한편으로 모든 행위의 내용을 추상하고, 즉 구체적인 행위의 내용과는 무관하게 도덕성의 최고 원리를 보편적이고 형식적인 원리에서 구하면서 다른 한편으로 "내용"에 관해서는 "자의의 타율"(eine Heteronomie der Willkür)을 허용한다(2, 461). 앞서 말한 위탁물의 예에 대한 헤겔의 비판이 분명하게 보여주는 것처럼 칸트는 항상 내용과 형식의 관계를 아무런 해명도 없이 자의적으로 설정하거나 전제하고 시작한다. 즉 소유가 이미 정당하다는 것이 설정된 상황에서 비로소 위탁된 소유물에 대한 자의적인 처분이 보편적인 행위의 준칙으로 설정되는 것은 모순이라는 결론이 나오는 것이다. 이런 논변 구조는 생명의 소중함을 일단 전제하고 자살의 금지가 갖는 보편타당한 성격을 해명하려는 칸트의 시도와 동일한 구조를 보여준다. 그러므로 헤겔은 칸트의 정언명법은 어떤 의무가 구체적인 의무인지를 판단하는 데 아무런 도움을 주지 못한다고 본다. 오히려 칸트의 정언명법은 특정한 구체적인 의무들을 이미 전제한 상태에서만 비로소 제대로 기능할 수 있다. 그

---

40) 같은 책, 212쪽 그리고 220쪽 이하.

런데 우리는 이미 전제된 도덕적 의무의 타당성을 어떻게 해명할 수 있는가에 관심이 있다. 이런 문맥에서 칸트의 보편화 원리는 도덕적인 것과 비도덕적인 것 모두와 양립 가능하다는 헤겔의 비판이 제기되는 것이다(2, 461 참조).

3) 형식주의와 목적의 정식 사이의 괴리

셋째로 형식주의적인 정언명법의 표현 정식과 인간의 목적에 대한 표현 사이의 동치를 생각하는 것은 지나친 생각이다. 칸트는 『정초』에서 서술된 정언명법의 제2 형식인 모든 사람을 단순한 수단으로 취급하는 것을 금하고 인격으로 대하라는 명령을 주장함에도 불구하고, 그는 이러한 주장을 첫째 정식에서 요구하는 일반화의 원리와 동일시하고 있다(AA IV, 436; 229).[41] 그러나 이러한 동일시는 잘못이다. 모든 사람들이 서로를 도구적인 존재로 대하라는 행위의 준칙은 정언명법의 보편화 원칙과 일치할 수 있기 때문이다.[42] 우드는 일반법칙의 정식이나 자연법칙의 정식을 도덕의 최고 원리를 추구하는 과정에서 최초의 단계로 이해한다. 따라서 그는 "도덕법칙을 적용하기 위한 선택의 정식은 일반화의 정식이 아니라 목적 자체의 정식"이라고 주장한다. 간단하게 말해 일반화의 정식이나 자연법칙의 정식은 최상의 도덕원칙의 "가장 적절하지 않은 표현들"일 뿐 아니라, "실천적인 결과에서도 가장 초라한 것"이다.[43] 그럼에도 우드는 칸트가 인간의 자연적이고 심리적이며 역사적인 요소들이 윤리학에서 차지하는 "본질적인 중요성"(the essential place)을 부인하지 않았다고 주장한다. 동시에 그에 따르면 헤겔은 지나치게 정언명법의 여러 가지 정식들 중에서 오로지 일반화의 정식에만 관심을 집중함으로써 칸트 윤리학의 도덕 원칙들을 보다 더 적절하게 설명하고 있는 정식들을 무시한다. 그는 이러한 무시가 바로 헤겔이 칸트 윤리학을 형식주의적이고 공허하다고

---

41) 칸트는 목적 자체의 정식이 정언명법의 근거인 것처럼 주장하기도 한다(AA IV, 427 이하; 221 이하 참조).
42) V. Hösle, *Praktische Philosophie in der modernen Welt*, S. 28 이하 참조.
43) A. Wood, *Kant's Ethical Thought*, Cambridge, 1999, p. 110.

비판하는 중요한 이유라고 생각한다.[44]

　우드가 칸트의 여러 저작들에서 나타나는 도덕과 경험적인 실재 사이의 연관성에 대한 중요한 지적들을 강조하면서 칸트 윤리학을 종합적이고 객관적으로 이해하려고 노력하는 점은 높이 평가되어야 한다. 그럼에도 내가 보기에 칸트는 자연과 도덕 사이의 긍정적인 상관관계를 체계적이고 일관되게 전개하지 못한다. 예를 들어 칸트는 후기 저서들에서 자유와 경험적 세계 사이의 매개 문제를 해결하려고 시도하고 있다. 그는 심지어 역사철학적인 저서에서 인간의 자유를 보장하는 시민사회를 인류의 가장 커다란 문제로 간주한다. 그러나 이러한 순간에서조차 칸트는 인간의 자유의지의 현상인 행동들이 "모든 다른 자연 소여와 마찬가지로 보편적인 자연법칙에 따라서 규정된다"고 강조한다(AA VIII, 17). 이러한 논리적인 비일관성과 문제점을 해결하기 위해서는 "자연현상의 실재 개념과는 다른 하나의 실재 개념을 인정해야" 한다. 그리고 이러한 다른 실재성은 바로 인간의 역사적 세계, 혹은 헤겔 식으로 표현하자면 인륜적인 현실성의 영역과 다르지 않다.[45] 여기에서 우리는 칸트가 자연이나 인간의 심리적 사태들과는 구별되는 역사적-사회적 현실이 지니는 독자적인 영역으로서의 의미를 아직도 충분히 인식하고 있지 못함을 알 수 있다.

　칸트와는 달리 헤겔은 객관정신의 이론을 통해 "정신과학 혹은 이해사회학의 대상 영역"을 주제로 한다. 바로 이러한 객관정신의 발견이 바로 "그의 객관적 관념론의 핵심 부분"을 이룬다.[46] 그러므로 만약에 우리가 도덕 규범과 자연 세계, 인간의 사회적·심리적·역사적 세계 사이의 연관을 반성하여 내용이 풍부하고 보다 설득력 있는 실천철학을 발전시키고자 한다면, 우리는 칸트에 못지않게 아니 그보다 더 헤겔의 철학에서 많은 통찰들을 길어낼 수 있

---

44) 같은 책, 서문 그리고 p. 10 참조.
45) 카울바흐, 앞의 책, 219쪽.
46) K. -O. Apel, 앞의 책, S. 80 이하. 가다머는 헤겔의 "역사와 진리의 절대적 매개"를 "해석학의 기초"로 간주한다(*Wahrheit und Methode, Gesammelte Werke* Bd. 1, Tübingen, 1986, S. 347). 물론 나는 헤겔 철학의 해석학으로의 환원에 대해서 전적으로 동의하지도 않고, 해석학이 보편적인 윤리학의 자리를 대신할 수 있다고 보지도 않는다.

다. 의지의 자기규정의 이념이 반드시 칸트적인 방식으로 준칙의 보편적 형식에 대한 윤리학으로 귀결된다고 단정할 필요는 없다. 우리는 실제로 헤겔이 칸트적인 의지의 자기규정의 이념을 자신의 객관정신 이론의 기초로 받아들이면서도 칸트 윤리학과는 다른 결론들을 얻은 것을 알고 있다. 여기에서 우리는 칸트와 헤겔의 관계를 대립적으로 볼 필요가 없다는 것을 다시 확인한다. 재구성되고 재해석되었다고 할지라도 칸트의 자율성 이념이 헤겔의 사회·정치철학의 기본적 원리로 수용되고 있다는 점은 분명하다. 앞서 말한 것들을 종합해 볼 때 칸트는 도덕법의 주체로서의 인격을 목적 그 자체(Zweck an sich selbst)라는 규정으로부터 의미 있는 내용을 "아무 데서도 체계적으로 전개하지 않았다"는 비판에 직면한다.[47]

III. 존재와 당위의 이원론적 구별의 실천철학적 귀결

칸트의 존재와 당위의 이원론적인 구별은 그의 실천철학에 근본적인 결함을 만드는 논리적인 주요 배경이다. 존재와 당위의 대립 규정은 칸트가 그의 보편주의적인 윤리학을 자유의 이념에 근거시키기 위한 일련의 노력들의 결론이다. 주지하다시피 칸트는 정언명법의 가능성을 해명하는 과정에서 자유를 전제해야 한다는 결론에 이른다. 이미 앞에서 언급한 것처럼 자연 세계의 엄격한 인과 관계의 사슬에서 독립된 의지의 설정은 선험론적 자유의 이념으로서 간주된다. 그리고 이 자유는 도덕법칙의 가능조건이다. 즉 "이 선험론적 자유는 일체의 경험적인 것에서, 그러므로 자연 일반(……)으로부터 독립적인 것으로 생각할 수밖에 없으며, (……) 이 자유가 없이는 어떠한 도덕법칙도 가능하지 않으며, 이에 따른 어떠한 귀책도 가능하지 않다"(AA V, 97).

칸트는 순수이성이 모든 경험적인 요소에서 벗어나서 의지를 규정할 수 있

---

[47] H. Welzel, *Naturrecht und materiale Gerechtigkeit*, S. 170.

다는 것을 도덕법칙의 가능조건으로 설정하는 과정에서 존재와 당위 혹은 자연 세계와 자유의 구별을 강조한다. 그리고 철학은 자연 개념과 자유 개념을 포기할 수 없다. 그러나 자유와 자연 필연성은 서로 모순되는 것으로 서로를 배척한다. 그래서 이 둘 사이가 어떻게 동시에 존립할 수 있는가, 그리고 이 두 개념을 동시에 주장하는 것이 왜 모순에 빠지지 않는가를 보여주어야 한다. 칸트는 인간의 자유와 인과적인 필연성에 대한 주장이 서로 양립 가능함을 보여주기 위하여 물 자체의 세계와 현상계를 구별하는 것은 불가피하다고 본다(AA V, 95). 이러한 구별에 의거하여 칸트는 인간을 한편으로는 이성적 행위자로서 자유의 법칙 아래에 있는 예지계의 구성원으로서 생각함과 동시에 다른 한편으로는 인과법칙에 종속하는 감성계에 속하는 존재로 여기는 서로 상반되는 주장을 양립시킬 수 있다고 믿는다(AA IV, 455 이하). 그래서 칸트는 다음과 같이 말한다. "이성적 존재자의 의지는, 감성 세계에 속하는 것으로서는, 다른 작용하는 원인들과 같이 반드시 인과법칙에 종속함을 인식하되, 그럼에도 실천적인 일에서는 〔……〕 사물들의 예지적 질서에서 규정되는 그의 현존재를 의식한다"(AA V, 42).

이상에서 간단하게 언급한 것처럼 예지계와 감성계의 구분은 칸트 도덕철학에서 결정적인 전제조건이다. 너무나 당연한 말이지만 이 구별이 없다면 칸트는 적어도 자유의 가능성을 부정할 수밖에 없으며, 따라서 칸트 도덕이론의 토대 자체가 파괴되기 때문이다.

그러나 자유와 자연적인 인과적 필연성을 서로 조화시키기 위해 칸트가 설정한 자유와 자연 필연성의 이원론적인 구별은 많은 실천철학적인 문제들을 낳는다. 존재와 당위의 이원론적인 구별은 한편으로는 현실의 이성적인 성격을 평가절하하는 경향과 다른 한편으로는 이성과 현실의 매개 가능성을 차단하여 도덕적 무기력과 도덕의 공허함을 조장할 가능성을 안고 있다. 전자의 가능성을 우선 살펴보자. 현실을 도덕과 무관한 것으로 치부하는 태도는 보편타당한 도덕 규범들에 대한 유토피아적인 호소에 입각하여 무차별적인 현실 부정과 일종의 로베스피에르적인 정치적 테러의 심정을 부추기는 문화를 생산할 수 있다는 점에서 위험하다. 윤리적인 요청은 그것이 현실과 매개될 수 없다면, 현실에 대한 도덕적인 분노를 낳고 순전히 테러와 같은 극단적인 정치 행위와 결합될 싹을 지니고 있다.[48]

칸트 윤리학이 과연 순수한 심정에 의한 테러리즘으로 전락할 가능성이 있는가는 아직도 논쟁 중인 사안이다. 이 물음을 좀더 깊이 있게 탐구하기 전에 우선 칸트 윤리학에 등장하는 심정(Gesinnung)의 윤리학의 특성을 살펴보는 것이 필요하다. 칸트는 『정초』에서 무제한적으로 선한 것이 무엇인가 하는 물음에서 시작한다. 주지하는 바와 같이 그는 무제한적으로 선한 것을 선의지에서 구한다. 의무 자체를 위하여 의무를 행하는 행위만이 무제한적으로 선하다는 것이 칸트의 입장이다. 선의지를 제외하고는 그 어느 것도 무제한적으로 선한 것은 없다는 것이다. 칸트 윤리학의 의무론적 성격을 논하면서 지적했듯이 칸트는 행위의 결과와는 무관하게 보편적이고자 하는 선의지만이 무조건적으로 선한 것이라고 반복해서 강조한다. 즉 "선의지는 그것이 생기게 하는 것이나 성취한 것으로 말미암아, 또 어떤 목적 달성에 쓸모 있으므로 선한 것이 아니라, 오로지 그 의욕함으로 말미암아, 다시 말해 그 자체로 선한 것이다"(AA IV, 394).

의무론적 윤리론에 대한 열망에 사로잡혀 있는 칸트는 어떤 행동을 할 것인가를 결정할 때 그 행위가 초래할 결과를 검토할 필요성을 도외시한다. "그러므로 나의 의욕이 도덕적으로 선하기 위해 내가 행해야만 할 것에 대해서 나는 전혀 아무런 자상한 통찰력도 필요하지 않다. 세상 돌아가는 형편에 대해 경험이 없고, 세상에서 일어나는 사건들에 대처할 능력이 없어도, 나는 단지

---

[48] 칸트 윤리학이 순수한 심정의 정치적 테러에 이바지한다는 헤겔의 비판은 여러 사상가들에 의해 반복되어 지적된다. 하이네는 19세기 중반에 칸트를 프랑스 혁명 과정에서 공포정치로 손에 피를 묻힌 로베스피에르와 비교하였다(*Zur Geschichte der Religion und Philosophie in Deutschland*, in Werke in fünf Bänden, Bd. 3, Köln, 1961, S. 269). 칸트 윤리학과 정치적 테러와의 연관성 여부 문제는 1970년대 독일 지성계를 뜨겁게 달구었던 유토피아 사상에 대한 논쟁에서도 커다란 역할을 하였다. 당시의 유토피아 비판의 대표적인 사상가로서는 슈페만과 뤼베를 들 수 있다(W. Reese-Schäfer, 『카를오토 아펠과 현대철학』, 권용혁 옮김, 울산대학교 출판부, 1992, 83쪽 이하 참조).

자문하면 된다. '너 또한 너의 준칙이 보편적 법칙이 되기를 바랄 수 있는가?' 하고. 만약 그렇게 할 수 없다면, 그 준칙은 버려야 할 것이다"(AA IV, 403). 칸트에 의하면 선의지 자체만이 절대적으로 가치 있는 것이어서 그 가치를 평가할 때 어떤 유용함도 고려할 필요가 없는 것이다(AA IV, 394). 이런 칸트의 태도는 사실상 어떤 사람의 행동이 그 사람의 선의지에서 기인하는 한, 그 행위의 결과와 상관없이 그 사람은 선한 존재라고 말하는 셈이다. 그렇다면 행위의 결과가 우리에게 그 어떤 해악이나 불행을 가져온다 하여도 선의지는 인간의 행동에서 가장 숭고하고 가장 고귀하고 그 무엇에 비교할 수 없이 절대적인 가치와 존엄성을 지닌 것으로 인정해야만 한다는 결론에 칸트는 다가가고 있다.

1) 양심에 의한 테러와 양심의 무오류성의 문제

결과를 전적으로 무시하면서도 오로지 보편적이고자 하는 선의지, 즉 심정의 순수성에 대한 강조는 현실 세계를 아무런 내적인 가치가 없는 타락한 영역으로 간주하는 태도와 결부되면 위험한 결과를 가져온다. 순수한 심정과 가장 극악한 행위가 결합될 수 있는 것이다. 순수한 심정의 절대적 가치를 강조하는 생각은 모든 비도덕적 행위를 정당화할 수 있는 위험성을 안고 있다. 그 극단적 형태가 바로 양심과 도덕의 이름으로 행해지는 광신적 파괴와 폭력 행위일 것이다. 헤겔은 '도덕성' 장에서 이 양심에 의한 테러의 문제를 거론한다. 헤겔이 보기에 칸트의 윤리학은 주관적 양심의 절대화로 흘러갈 위험성이 있다. 그리고 그는 프리스의 신념(Überzeugung)의 윤리학에서 극단적인 형태로 변형된 칸트주의적 주관성의 윤리학을 발견한다.

양심의 문제에서 헤겔이 주안점을 두는 것은 칸트 이후 도덕적 사유의 문제점을 비판적으로 다루는 것이다. 특히 그는 피히테 윤리학이나 프리드리히 슐라이어마허(Friedrich E. D. Schleiermacher), 프리드리히 폰 슐레겔(Friedrich von Schlegel) 그리고 노발리스(Novalis) 등으로 대표되는 독일 낭만주의적 사유와 프리스의 신념의 윤리학 등을 비판적으로 거론한다. 주관적 양심의 절대화는 칸트 윤리학의 형식주의 및 무내용성이 발단이라는 것이 헤겔의 입장이다. 헤겔은 인륜성이야말로 인간에게 참다운 구체적 의무의 내용들을 부여하는 것이라고 보면서, 참다운 양심과 형식적 양심을 구별한다. 참다운 의무의 내용을 간직하지 못하는 도덕성은 주체성의 절대적 자기 확신으로서의 양심으로 화한다. 그는 다음과 같이 말한다. "여기서 양심은 이 도덕이라는 형식적 관점에서 이런[참다운] 객관적 내용을 지니지 못하고, 그리하여 한낱 대자적으로 무한한 형식적 자기 확신일 뿐이다. 바로 이런 까닭에 자기 확신은 동시에 **이 주관**(*dieses* Subjekt)의 확신으로서 존재한다"(7, 255).

물론 헤겔이 양심 자체를 무조건 비판하는 것은 아니다. 그는 양심으로서의 주관성의 권리는 신성한 것이라고 말한다. 그가 보기에 양심은 "어떤 내용에 대해 선한 것이 무엇인지를 오로지 자신으로부터만 규정하려는 **판단하는** 힘이다"(7, 259). 이런 양심은 신성한 것으로서 되도록 보호해야만 하는 것이다. "**양심**은 주관적 자기의식에 절대적 권능, 정당성을 부여함을 나타내는 것이다. 즉 무엇이 권리이고 무엇이 의무인가를 **자기 자신 내면에서**(*in sich*) 그리고 **자기 자신으로부터**(*aus sich*) 알며, 이 양심이 선이라고 인정하는 것 이외에는 그 어떤 것도 인정하지 않으며 동시에 양심이 그와 같이 알고 있고 또 하고자 하는 것이 **참으로** 권리이며 의무라고 주장하는 절대적 권능이다. 양심은 이러한 주관적 앎과 즉자 대자적으로 존재하는 것의 통일로서 어떤 신성한 것이니, 이를 침해하는 것은 **모독 행위**라고 해야 할 것이다"(7, 255).

헤겔도 양심은 침해될 수 없는 주관성의 권리의 하나로 인정하고 있다. 위 인용문에서 보듯이 인간의 양심은 유한한 인간이 객관적인 것 혹은 신적인 것과 교통할 수 있는 장소이자 지반이다. 인간은 양심을 갖고 있는 존재이기에 자신의 내면에서 보편적인 것, 참다운 정의와 의무를 자신의 것으로 삼고자 하는 것이다. 그렇다면 우리는 양심이 없이는 객관적으로 참인 것은 무의미하다는 것을 알 수 있다. 인간 존재에서 그것이 참인 것으로 승인되거나 명시적으로 드러나지 않은 채로 우리와 무관하게 존재할 것이기 때문이다. 그래서 슈페만이 적절하게 지적하듯이 양심의 개념은 인간의 존엄성의 관념을 포함하는 것이며, 양심에 대해 말하는 것은 인간의 존엄성에 대해서 말하는 것이나 다름없다.[49] 양심은 신성한 것이고 그래서 우리 모두가 존중해야만 하는 것이지만, 그것은 반드시 객관적으로 참다운 내용과 결부될 때 그 본래의 고귀함을 드러내는 것이다. 달리 말하면 사람들이 오로지 각자의 양심에 따라서 행동하면서도, 동시에 객관적으로 참인 것을 자신의 양심의 내용으로 삼을 때, 헤겔이 보기에 양심은 참다운 것이다. 즉 "양심은 그것이 **진실한가** 아닌가 하는 판단에 복종한다"(7, 255). 이렇게 헤겔이 보기에 양심과 객관적이고 보편적인 참다운 선의 일치가 양심이 지향하는 것이다.

양심과 객관적으로 참인 의무의 통일을 슈페만은 다음과 같이 해석한다. "객관적으로 선하고 옳은 것이 인간에게 선한 것으로 되기 위해서는 그것이 반드시 인간에게 (주관적으로) 선한 것으로 인식되어야만 한다. 그러므로 인간에게 '단지 객관적으로만 선한 것'은 존재하지 않는다. 인간이 그것을 (주관적으로) 선한(좋은) 것으로 인식하지 못한다면, 그것은 인간에게 선한(좋은) 것이 아니다. 그러므로 인간은 자신의 양심을 따라야 한다. 달리 말해서 그는 그 자신이 객관적 선으로 여기는 것을 해야만 한다. 물론 이것은 아주 상식적인 것이다. 그러므로 객관적으로 그리고 주관적으로 옳은 것만이 선한(좋은) 것이다."[50]

양심이 객관적으로 참인 것을 자신의 내용으로 삼지 않는다면, 양심은 형식적인 양심이 된다. 형식적 양심이란 각 개별적 행위 주체의 "자기 자신에 대한 무한한 확실성"이다(7, 259). 이제 개별적인 주체의 절대적인 자기 확신으로 이해되는 양심 개념은 갖가지 악의 형태로 돌변할 수 있다고 헤겔은 말한다(7, 260 이하). 그는 추상적이고 형식적인 양심을 근대 주관성의 병리적 현상으로 이해한다. 즉 "추상적 양심의 관점"은 "이 시대의 질병"이다(7, 260). 이런 인식을 당대의 문호 괴테 역시 공유하고 있었다. 그에게도 주관성에 사로잡히는 것은 당대에 널리 퍼진 근대의 질병이었다.[51] 심지어 괴테는 주관성에 과도하

---
49) 슈페만, 『도덕과 윤리에 관한 철학적 사유』, 112쪽.
50) 같은 책, 124쪽.

게 몰입하는 근대는 "후퇴와 해체의 과정에 있는 시대"로 이해하였다. 그에 의하면 "전진해나가는 시대는 모든 객관적인 방향을 지향"하는 데 반해, 근대는 "주관적"이기 때문이다. 괴테는 이런 해체와 퇴락의 징후들을 근대의 문학에서뿐 아니라 회화나 그 외의 여러 영역에서 볼 수 있다고 말한다.[52] 해체의 시대가 주관성과 내면성에 몰입하는 것과는 달리, 전진하는 시대, 곧 "위대한 시대"에는 인간의 노력이 "모두 내면에서 출발해 외부 세계를 지향"한다는 것이다.

괴테와 유사하게 헤겔은 정신을 주관과 객관의 통일로 이해했다. 정신의 참다운 모습은 자신을 밖으로 드러내어 그 객관적 세계 속에서 자기를 인식하는 상태이다. 그런데 근대의 주관성은 바로 객관성과의 대립 속에서만 자신의 존재 의미를 자각하는 위험한 경향이 있다. 예를 들어 근대의 주관성은 기존 질서를 전면적으로 부정·파괴하는 과도한 열정과 결합될 가능성을 지닐 뿐 아니라, 기존의 도덕관념의 허위성을 폭로하고 이를 거부하면서 기존의 도덕관념들을 대체할 만한 새로운 도덕적 원리들을 제출하지 못하는 경우에 도덕에 대한 냉소적인 태도를 양산할 수 있다. 헤겔이 『법철학』의 '도덕성' 장에서 특히 염두에 두는 근대의 병리적 주관성의 갖가지 형태들은 참되지 않은 양심의 형태들이다. 그가 근대 세계에서 등장한 악한 형태의 양심으로 드는 것은 프리스와 같은 사람들에 의해서 대표되는 신념 내지 확신의 윤리적 관점, 독일 낭만주의의 아이러니 등이다(7, 265 이하).

헤겔이 근대의 주관성의 병리적 현상으로 파악한 악의 여러 가지 형태들 중에서 우리는 우선 신념에 의한 악의 정당화 가능성 문제를 다루고자 한다. 여기에서 헤겔은 과연 주관적인 신념이 무엇이 선한 것인가에 대한 궁극적인 기준이 될 수 있는가를 비판적으로 검토한다. 주관적인 신념의 윤리학이 지니는 문제점을 다루기 전에 헤겔은 '무제약적으로 선한 것은 선의지'라는 칸트 윤리학에서 나타나는 의도의 순수성에 대한 강조를 다룬다. 선한 행위의 옳고

---

51) 요한 페터 에커만, 『괴테와의 대화』, 박영구 옮김, 푸른숲, 2000, 208쪽.
52) 같은 책, 211쪽.

그름을 판단하는 유일한 기준을 그 행위 주체자의 내면성의 순수성 여부에 따라서 판단할 경우, 그런 관점은 가난한 사람을 위해서 절도를 하거나 가족의 부양을 위한 절도 행위, 심지어 살인 행위도 선한 것으로 만들 가능성이 있다고 헤겔은 생각한다. 이제 이런 입장은 오로지 개인의 주관적인 감정을 무엇이 선하고 옳은 것인가를 결정하는 최종심급으로 내세우는 것으로 귀결된다. 그 결과 프리스의 신념의 윤리와 같은 극단화된 주관성의 행동 방식이 생겨난다. 헤겔은 다음과 같이 말한다. "결국 **주관적 견해**는 분명하게 권리와 의무의 규칙으로 표현된다. **어떤 것을 옳다고 간주하는 신념**은 바로 그것에 의해서 행위의 윤리적 본성이 규정되는 것이어야만 하기 때문이다. 사람들이 원하는 선은 여전히 아무런 내용도 갖고 있지 않다. 그런데 신념의 원리는 어떤 행동을 선의 규정으로 포섭하는 것은 **주관**에 귀속된다는 더 상세한 것을 포함하고 있다"(7, 272 이하).

헤겔이 볼 때 이 주관적 심정과 신념의 윤리는 도덕적인 선과 악의 객관적인 기준을 파괴하여 모든 부도덕한 행위 역시 선한 것으로 만들고 만다. "그러나 이제 선한 마음, 선한 의도 그리고 주관적 신념이 행동에 그 가치를 부여하는 것으로 설명된다면, 어떤 위선도 그리고 어떤 악도 존재하지 않는다. 어떤 한 사람이 행하는 것을 그는 선한 의도나 동기라는 반성에 의해 선한 것으로 만들 줄 알기 때문이며 그리고 그의 **신념**의 계기로 인해 그것이 선한 것이기 때문이다"(7, 274). 즉 이제 객관적으로 선한 것이 무엇이며 악이 무엇인가 하는 물음은 없어지고, 그 자리에 자신들이 옳다고 확신하는 것을 채우려는 시도가 등장한다. 간단하게 말하면 모든 것을 "의도와 신념만으로 완전히 정당화"하려는 의식이 발생한다(7, 274). 이렇게 객관적이고 보편적인 것에 대한 추구가 사라짐과 더불어 모든 범죄와 악덕에 대한 의식 역시 사라진다. 이제 인간의 행동이 객관적으로 선한 것을 하는지 그렇지 않은지가 아니라, 오로지 인간이 행동을 할 때 얼마나 강한 신념을 갖고 하는지가 결정적인 의미를 갖는다. 인간 행동의 도덕적 선과 악의 판단은 어떤 행위를 할 때 그 행위 주체가 그 행위를 얼마나 진지하게 대하는가에 달려 있게 된다. 즉 "사람이 그 행위에서 자신의 **신념에 충실했는지**"가 전면에 등장하는 것이다. 이런 도덕적 관점을 견지하는 사람들은 양심이나 심정은 결코 아무런 잘못을 저지르지 않는다고 생각한다. 아니 양심과 심정의 충만함으로 도덕적인 선과 악이 결정되기 때문에, 이제 사람들은 온갖 극악무도한 행위 등을 정당화할 수 있게 된다. 이들은 어떤 행동이 그 자체로 좋은 것인지 그렇지 않은지에 대해서 이성적인 판단이나 근거 등을 제시할 필요를 조금도 느끼지 않는다. 그래서 헤겔은 프리스의 주관적 신념의 윤리학을 천박한 것으로, 그리고 소피스트적인 상대주의적 관점의 재생으로 비판한다(7, 21). 사실상 확신의 윤리는 그 자체로 선한 것이나 참다운 것에 대한 인식의 가능성을 부정하는 극단적인 지적·도덕적 상대주의와 다름없다는 것이다.

근대 주관성의 병리적 현상 가운데 하나는 도덕적인 옳고 그름의 문제를 신념과 열정의 문제로 대체하려는 것이다. 어떤 일을 행할 때 그것이 지향하는 바가 옳은 것인지가 아니라 그것을 어떤 마음가짐으로 믿었는지가 중요하다는 생각, 즉 자기 신념에 충실함이 그 무엇보다도 중요하다는 생각은 낭만주의적 주관성과 그리 다르지 않다. 사실 헤겔은 주관적 신념의 극단적 형태가 다름 아닌 낭만주의적 아이러니라고 말하고 있다. 우리는 여기에서 낭만주의적 아이러니와 소크라테스적인 아이러니를 구별해야만 한다. 주관성의 원리와 아이러니 사이의 관계는 소크라테스에서 최초로 분명하게 등장한다. 그는 아이러니를 탁월하게 사용했을 뿐 아니라 그의 삶 자체가 아이러니하다. 키케로와 더불어 고전 수사학의 대표자로 간주되는 퀸틸리아누스(Quintillianus)는 "인생 전체가 아이러니로 가득 찰 수 있다"는 점을 보여주는 가장 탁월한 예로 소크라테스를 인용하였다고 한다.[53] 소크라테스의 아이러니는 고대 아테네 시민들의 삶의 방식을 비판적으로 검토하면서 새로운 도덕의 원리, 즉 양심과 주관성의 원리를 이끌어내려는 노력의 일환이다. 헤겔은 소크라테스적 아이러니는 소피스트적인 의식과 교양이 없는 의식에 대항하여 객관적인 진리와

---

53) 제임스 A. 콜라이아코, 『소크라테스의 재판』, 김승욱 옮김, 작가정신, 2005, 60쪽에서 재인용.

정의로움의 이념에 도달하기 위한 방법이었다고 말한다. 소크라테스의 아이러니는 궁극적인 것이 아니라, 다양한 견해들을 서로 교환하면서 참다운 인식에 이르는 방법인 대화법 내지 변증법(Dialektik)의 틀 안에서 그 의미를 지닌다(7, 277).

후에 키르케고르는 소크라테스와 아이러니에 대해 헤겔과 아주 유사한 견해를 피력한다. 그는 헤겔과 마찬가지로 소크라테스를 주체성의 원리를 그리스 문화에 도입한 인물로 간주한다. 키르케고르에 의하면 아이러니는 그리스 문화에 주체성이라는 새로운 원리를 알리는 상징과 같은 것이다. 주체성의 등장은 아이러니의 형식을 띠고 나타난다. 이런 점에서 아이러니는 "주체성의 최초의 그리고 가장 추상적인 특성"이다. 달리 말하자면 "아이러니는 주체성의 특성"(qualification of subjectivity)이며, 그런 한에서 그것은 "주체성이 세계사에서 출현하는 최초의 순간에 나타나야만 한다."[54] 이와 같이 헤겔과 마찬가지로 키르케고르는 소크라테스의 아이러니를 주체성의 등장이라는 맥락에서 이해한다. 주체성의 등장을 위해서는 기존의 관념의 틀을 부수는 행위가 반드시 필요하다. 기존의 질서에 대한 철저한 비판 내지 세계를 바라보는 기존의 관점에 대한 엄정한 비판적 거리두기가 없이는 주체성이란 존립할 수 없는 것이다. 키르케고르에 의하면 소크라테스의 아이러니는 기존의 도덕적 규범들의 편견을 극복하기 위한 투쟁의 무기이다. 그는 다음과 같이 말한다. "그러나 이제 아이러니는 그가 복수의 천사처럼 그리스를 향해 휘둘렀던 칼, 즉 양날을 가진 칼이다. 『변론』에서 소크라테스는 이것을 스스로 정확하게 이해했다. 〔……〕 아이러니는 바로 주체성의 자극제이다. 그리고 소크라테스에게 아이러니는 참으로 세계사적 열정이다. 소크라테스에서 한 과정이 종말을 고하고 그와 함께 새로운 과정이 시작한다. 그는 고전적인 인물이지만, 그는 신에게 봉사하면서 이 빛나는 자질과 천부적인 충실함을 남김없이 사용했다.

---

54) S. Kierkegaard, *The Concept of Irony with Continual Reference to Socrates*, together with notes of Schelling's Berlin Lectures, edited and translated with introduction and notes by Howard V. Hong and Edna H. Hong, Princeton, 1989, p. 264.

그런데 소크라테스는 이 신에 대한 봉사의 이름으로 고전주의를 파괴했던 것이다."[55]

소크라테스적 아이러니와는 달리 낭만주의적 아이러니는 객관적인 참과 도덕적 규범의 타당성을 파괴하고 그것을 공허하고 무가치한 것으로 만들어버린다. 달리 말하면 낭만주의적 주관성, 즉 낭만주의적 아이러니는 근대의 주관적 신념의 가장 악한 형태이다.[56] 이 단계에서 주관성은 "자신을 궁극적인 것으로 파악하는 주관성의 극치"이다. 이 주관성은 이미 앞서 말한 여러 주관성의 형태들 속에 "현존하는" 것으로서 그것은 "자신을 진리, 권리 그리고 의무에 대해서 결정하고 결단하는 것으로 **인식하는 것**"이다(7, 277).[57] 헤겔은 근대적인 아이러니를 주장한 대표적인 사람으로 슐레겔을 든다. 슐레겔은 근대적인 "아이러니의 아버지"로 규정된다(11, 233). 『미학강의』에서도 헤겔은 슐레겔이 창안한 아이러니의 부정적이고 파괴적인 성격을 강조한다(13, 95). 키

---

55) 같은 책, p. 21 이하.
56) 괴테는 "고전적인 것을 건전한 것 그리고 낭만적인 것을 병적인 것"으로 규정한다(에커만, 앞의 책, 329쪽). 여기에서 헤겔을 플라톤적 전통에 종언을 고하고 "아이러니스트가 행할 재서술 가능성의 개척 능력을 보여준 패러다임"의 선구자로 바라보는 로티의 입장이 얼마나 일면적인가를 우리는 알게 된다. 로티는 아이러니스트를 "명목론자"이자 "아무것도 본래적 성질을, 진정한 본질을 갖고 있지 않다고 생각"하는 사람으로 정의한다. 그러나 이런 입장은 절대적 진리를 역사성과 연결하고자 하는 헤겔의 철학적 관점을 오해하거나 지나치게 한 측면만을 강조하는 해석에 지나지 않는다(『우연성 아이러니 연대성』, 148쪽 그리고 154쪽). 로티의 극단적인 반보편주의적 논변이 과연 일관적일 수 있는지는 회의적이다. 스티븐 룩스(Steven Lukes)가 적절하게 지적하고 있듯이 "'공통된 인간 본성' 같은 것은 일절 부정하면서도, 모욕에 대해서는 특히 인간이기 때문에 모든 인간들이 공통으로 고통을 느낀다는 것을 인정하기도 하고 잔혹함이 우리가 할 수 있는 최악의 행실이라는 것을 자기 생각의 기초적인 부분으로 받아들이기도 한다"는 점에서 로티는 일종의 수행 모순(performative contradiction)을 범하고 있다(룩스, 『자유주의자와 식인종』, 홍윤기 외 옮김, 개마고원, 2006, 76쪽). 로티의 헤겔 해석은 개념과 시간의 동일시를 헤겔의 위대한 발견으로 간주하는 코제브(A. Kojève)의 헤겔 이해와 대단히 유사하다. 이미 코제브는 1930년대 프랑스 파리에서 행한 헤겔 철학에 대한 강의에서 개념과 시간의 동일시를 헤겔의 위대한 발견으로 간주하면서 이런 발견으로 인해 헤겔은 플라톤, 아리스토텔레스 그리고 칸트와 같은 서구의 위대한 철학자의 반열에 오르게 되었다는 이론을 전개했다(*Introduction to the Reading of Hegel*, ed. A. Bloom, translated from the French by James H. Nichols, Jr., New York, 1969, p. 156).
57) 헤겔은 낭만주의적 주관성의 원천을 피히테의 자아 철학에서 구한다(7, 285; 13, 93).

르케고르는 슐레겔의 아이러니에 대한 헤겔의 적대적 태도가 "전적으로 타당하다"는 입장을 표명한다.[58]

헤겔은 근대의 타락한 주관성의 형태의 하나인 신념의 절대화 경향이 가져오는 정치적 결과에도 주목한다. 주관적인 심정의 순수성과 확신을 도덕적 판단의 최종 근거로 설정하는 관점이 양심과 신념의 이름으로 자행되는 테러와 살인 행위를 정당화하여 인간의 올바른 양심을 파괴할 뿐 아니라, 사회적 질서 자체에 파괴적인 결과를 가져온다고 헤겔은 비판한다(7, 22). 그가 『법철학』 서문(Vorrede)에서 맹렬하고 가차 없이 프리스를 비판하는 것은 바로 이런 주관적 신념의 윤리학의 파괴적 경향 때문이었다. "이제 여기서는 진실한 것의 개념이나 인륜적인 것의 법칙은 견해와 주관적 확신에 지나지 않는다. 그리고 극도로 범죄적인 원칙은 **신념**으로서 저 인륜적인 법칙과 동등한 지위에 놓이게 된다"(7, 23). 주관적인 선의지의 순수함에 의거해서 모든 행동을 정당화하려는 "신념의 윤리"를 헤겔은 그 시대의 "부패한 준칙들 중의 하나"로 규정한다(7, 237).

프리스의 이론은 헤겔이 『법철학』을 저술하던 당시에 커다란 정치적 사건을 일으키는 배경이 되었다. 그의 이론은 현실과의 연관 속에 있었고 상당히 위험한 삶의 방식을 고취하는 역할을 했다. 1819년 3월 23일 카를 잔트(Karl Sand)라는 독일 학생이 작가 아우구스트 코체부(August Kotzebue)를 러시아의 간첩으로 보고 암살한 사건이 발생했던 것이다. 코체부는 극우 문인으로서 그 당시 독일의 개혁에 노골적인 반감을 표현한 사람이었다. 잔트는 그 당시 독일 학생동맹(Burschenschaft)에서 가장 급진적 분파인 예나 대학생 동맹인 '무제약자'(Unbedingte)의 구성원들과 동일한 도덕적·정치적 견해를 공유하고 있었다. 이 단체에서 사람들은 다음과 같은 원칙을 신봉했다고 한다. "자유로운 의지에 의해 그리고 자신의 인식에 의해 획득된 신념이 존재하는 곳 어디

---

58) S. Kierkegaard, 앞의 책, p. 275. 낭만주의적 아이러니에 대한 보다 상세한 설명에 대해서는 M. Roche, *Tragedy and Comedy: A Systematic Study and a Critique of Hegel*, New York, 1998, p. 196 이하 참조.

에나 신념에 관해 확신하는 사람들에게 그 수단들이 일상적인 도덕 규약과 모순된다고 할지라도, 모든 수단이 허용되어 있다. 행위자들이 그의 신념을 스스로에게 책임질 수 있다는 것만이 본질적이다." 잔트는 예나 대학생으로 당시 독일 학생동맹의 지도자 중의 한 사람이었던 카를 폴렌(Karl Follen)의 영향으로 정치적 암살을 저질렀던 것이다. 그런데 폴렌은 프리스의 제자로서 프리스의 이론을 바탕으로 정치적 급진주의적 결론들을 도출해냈다. 폴렌은 정치적 목적을 달성하기 위해 테러를 옹호했으며, 그런 행위 역시 양심에 의해서 행해진 한 정당하다고 생각했다. 폴렌의 이론은 "개인적 테러의 이론"으로 불리는데, 이에 의하면 정치적 암살은 "개인에 대한 개인의 전쟁"에 지나지 않는다.

실제로 프리스 역시 사람들은 자신의 확신에 의해서만 행위를 도덕적으로 판단할 수 있다고 보았기 때문에, 잔트가 코체부를 죽이는 것을 진심으로 자신의 의무로 믿었고 순수한 의도에서 행동했다면, 그는 비난받기보다는 오히려 칭찬받아야만 한다고 주장했다.[59] 프리스 이외에도 그의 제자인 빌헬름 드 베테(Wilhelm M. L. de Wette) 역시 독일 학생운동의 민족주의적 열정에 동조했을 뿐 아니라 정치적 살해 행위를 적극 옹호하였다. 드 베테는 1819년 3월 31일 잔트의 어머니에게 보내는 편지에서 신념의 순수성이 도덕적 행위의 본질임을 강조하면서 다음과 같이 쓰고 있다. "각 개별자는 그의 최선의 신념에 따라서만 행동합니다. 그래서 그는 최선의 것을 행할 것입니다. 〔……〕 그 행위〔잔트의 정치적 암살 행위〕가 동일한 신념과 확신을 갖고서 아주 경건한 젊은이에 의해서 일어난 것처럼, 그 행위는 우리 시대의 아름다운 표시입니다."

결국 잔트의 사건이 발단이 되어 당시 프로이센 정국은 결정적으로 반개혁적인 상황으로 흘러갔다. 1807년 이후 슈타인이나 하르덴베르크 등이 힘겹게

---

59) 잔트와 그에 관한 내용들은 다음 두 책을 참조하였다. A. Wood, 앞의 책, p. 179 이하 참조. K.-H. Ilting, "Einleitung," *G. W. F. Hegel, Vorlesungen über Rechtsphilosophie 1818~31*, Edition und Kommentar in sechs Bänden von K.-H. Ilting, S. 49. 슈미트는 잔트를 "낭만적 정치가"의 "전형적 예"로 규정한다(*Political Romanticism*, translated by G. Oakes, Cambridge, 2001, p. 146).

이끌어왔던 개혁 세력은 이 암살 사건을 계기로 일대 타격을 입고 수세에 몰리게 되었을 뿐 아니라, 복고적인 정치 세력이 프로이센의 정치를 다시 장악하게 되었던 것이다. 잔트의 암살 사건을 계기로 당시 오스트리아의 메테르니히는 프로이센 정부의 동의를 얻어서 카를스바트 회의를 소집하여 대학법, 언론법, 조사법 그리고 행정 규칙으로 이루어진 법안에 동의를 얻어냈다. 이 법안은 프로이센에서 1819년 9월 18일에 공식으로 발효되었다. 이 법에 따라 모든 대학의 학생동맹 조직은 금지되고, 대학에는 정부의 감독관이 파견되어 대학 활동을 감시하게 되었을 뿐 아니라 출판과 언론에 대한 검열 제도가 한층 강화되었다.[60] 일팅은 잔트의 암살 사건을 1815년의 "빈 회의와 1830년의 7월 혁명 사이의 결정적인 전환점", 즉 "개혁시대의 종말과 복고시대의 시작"으로 규정한다.[61] 독일 학생운동의 지도자는 아니었으나 학생동맹의 일원이었던 잔트는 자신의 암살 사건으로 독일의 개혁이 진전될 것이라고 생각했을지 모르나, 그 사건으로 당시 독일의 개혁이 좌초되기에 이르렀으니, 참으로 역설적인 사태의 진전이 아닐 수 없다.[62]

물론 우리는 헤겔이 프리스와 드 베테 일파에 대해서 보여준 태도가 참으로 적절했는지 비판할 수 있다. 정치적 암살을 핑계로 힘을 얻게 된 프로이센의 복고적 조치들, 예컨대 카를스바트 포고령에 따른 집회 및 결사의 자유 제한이나 언론 출판 검열의 강화 조치들에 대해서 헤겔이 명백하게 반대 의사를 표명하지 않고 옹호하는 태도를 보인 것은 아비네리가 지적하듯이 적절치 못했다. 당시 프로이센의 복고적 조치들에 미온적인 태도를 보이면서 이 조치들로 박해를 당하는 것처럼 보인 프리스와 학생운동 지도자들의 사상적 경박성과 정치적 무책임성을 강하게 비판한 것은 헤겔 자신에게도 결코 좋은 결과만을 낳았던 것은 아니다. 헤겔이 프리스 일파를 어찌 보면 지나치게 비판한 이

----

60) K.-H. Ilting, 앞의 글, 앞의 책, S. 58 이하 참조.
61) 같은 책, S. 44.
62) 독일 학생동맹이 추구한 목표는 대단히 착종되어 있었던 것으로 알려져 있다. 아비네리는 그 당시의 독일 학생동맹이 얼마나 인종차별적이고 극단적인 국수적 입장을 지녔는가를 잘 보여주고 있다(*Hegel's Theory of the Modern State*, p. 119 이하).

유가 당시의 어려운 상황을 돌파하기 위한 일시적인 순응 내지 타협 때문이라는 일팅의 유명한 주장이 옳은지는 둘째 치고, 그 비판으로 인해 헤겔의 『법철학』은 복고적이고 반동적인 사상이라는 오해를 받았기 때문이다. 일례로 하임은 헤겔의 『법철학』 서문을 "카를스바트 경찰 체계와 선동 정치가들의 박해에 대한 학문적인 정당화"로 규정한다.[63]

그러나 헤겔이 그들에게 가한 비판의 합리적 핵심은 여전히 소중하다. 그리고 프리스나 드 베테 그리고 이들에게 영향을 받았던 독일의 극단적인 학생운동 세력이 내세우는 이념이 결코 자유주의적인 것도 아니고 합리적인 것도 아니었다는 사실이 강조되어야 할 것이다. 그들은 대단히 국수주의적인 민족주의 감정에 휩싸여 있었던 낭만주의자들이었다.[64] 마르쿠제 역시 당시에 헤겔이 보여준 태도는 결코 정당화될 수 없다고 주장한다. 그러면서도 그는 당대의 학생운동의 사이비 민주주의적 성격에 대해서 오해하지 말 것을 주장한다. 그에 의하면 당시 프로이센의 학생운동은 프랑스에 대한 적개심을 유대인과 구교도에 대한 증오와 결합했을 뿐 아니라, 강한 국수주의적 민족주의 감정을 적나라하게 보여주었다. 학생운동 집단은 책들을 불사르고 유대인에게 저주를 퍼부었으며 법률에 대한 강한 증오를 표현했다. 그래서 마르쿠제는 학생운동의 소위 '민주주의적인 슬로건' 속에서 "파시즘적인 민족 공동체의 이데올로기를 인식하는 것은 어렵지 않다"고 말한다.[65]

사실 헤겔이 프리스 일파와 급진적인 학생운동 세력을 『법철학』 서문과 그 외의 여러 곳에서 가차 없이 비판한 것은 단순히 정치적으로 어려운 상황을 일시적으로 모면해보려는 타협의 산물만은 아니다. 하임과 포퍼와 같은 사람들이 비판하듯이 프로이센의 어용 철학자이기 때문에 그런 것은 더욱 아니다. 헤겔이 프리스 일파의 주관적인 신념의 윤리학이 갖고 있는 위험성을 비판한 것은 잔트의 정치적 암살로 극도로 경색된 당대의 시국 때문이 아니다.

---

63) R. Haym, *Hegel und seine Zeit*, S. 364.
64) S. Avineri, 앞의 책, S. 122 참조.
65) 마르쿠제, 『이성과 혁명』, 161쪽 이하.

그는 이미 하이델베르크 시절 1817년에 출판된 『철학강요』에서도 객관적인 옳고 그름의 문제를 주관적 양심의 순수성 차원으로 환치하는 태도는 위험하다고 비판하고 있다. 그 책에서 헤겔은 "도덕적 의도는 부당한 행위를 정당화할 수 없다"고 주장한다(Ilting I, 285). 그리고 헤겔은 프리스 일파와 학생운동의 급진적 분파가 보여주는 반합리적이고 낭만적인 태도가 합리적인 국가 건설을 더욱 어렵게 할 것이라고 생각했다. 그들은 겉으로는 독일의 개혁과 급진적 변혁을 추구하는 것처럼 보이지만 사실상 독일에서의 참다운 개혁을 방해하는 세력에 지나지 않는다고 보았기 때문에 헤겔은 프리스 일파의 정치적 행동과 그 철학적 기초를 반복해서 비판했던 것이다.

나아가 양심과 신념에 의거해 모든 것을 정당화하려는 관점이 가져올 엄청난 정치적 결과에 대한 헤겔의 염려는 아직도 현실성을 잃지 않는다. 근대와 현대에서 양심에 의한 테러는 좌파적 혁명가들에서뿐 아니라, 극단적 광신주의자들이나 극우적인 보수 혁명가들에게서도 나타나는 현상이다. 우리는 제2차 세계대전 중에 수많은 유태인을 학살한 혐의로 1960년 이스라엘 비밀경찰에 체포되어 예루살렘 법정에서 사형 선고를 받은 아돌프 아이히만(Adolf Eichmann)의 경우를 생각해볼 수 있다. 그는 한편으로 예루살렘 법정에서 자신이 저지른 행동을 자백하면서도, 다른 한편으로 "자신의 완전하고 선한 신념에 의거해서 자신의 무죄를 주장"할 수 있었다.[66]

여기서 우리는 주관적 신념의 윤리학과 낭만적 주관성에 대한 헤겔의 비판적 평가가 지나친 것이 아닌지 혹은 전적으로 타당한지를 다룰 수는 없다.[67] 다만 여기서 강조하고자 하는 것은 주관적 신념의 성실성에 대한 강조와 낭만적 주관성이 인간의 합리적 생활과 건전한 정치적 질서를 불가능하게 만들 수 있다는 사실을 강조하는 것은 헤겔의 독특한 주장만은 아니라는 것이다. 예를

---

66) 에리히 프롬, 『불복종에 관하여』, 문국주 옮김, 범우사, 1987, 22쪽.
67) 위에서 언급한 것처럼 헤겔은 '도덕성' 장에서 주관성의 권리를 긍정하면서도 그것의 부정적 측면을 상대적으로 부각하고 있다. 그런 점에서 헤겔의 주관성에 대한 이의 제기와 반론은 좀더 깊이 있는 연구가 필요한 영역이다.

들어 20세기의 대표적 자유주의 철학자의 한 사람인 이사야 벌린(Isaiah Berlin) 경 역시 낭만주의가 현대 사회에 끼친 막대한 영향을 인정하면서도 그것에 내재한 커다란 위험을 지적한다. 그는 헤겔과 유사하게 낭만주의는 정상적인 인간의 사회적 질서를 파괴하는 것으로 귀결될 수밖에 없다고 주장하면서, 낭만주의를 일종의 정신착란과 같은 상태에 비유한다. 그는 다음과 같이 말한다. "여기서부터 우리는 어떤 교훈을 이끌어낼 수 있으니, 사회 속의 존재인 한 우리는 소통한다는 것이다. 소통하지 않는 인간은 인간이기를 거의 포기한 것이다. 인간이란 말이 의미하는 것의 일부는 타인이 자신에게 하는 말을 어쨌든 일부라도 이해하는 존재를 일컫는다. 이렇게 되기 위해서는 반드시 공통의 언어와 공통의 의사소통이 존재해야 하며, 어느 정도는 공통의 가치가 존재해야 한다. 그렇지 않으면 인간들 사이에는 어떤 이해도 존재하지 않게 된다. 다른 누구의 이야기도 이해하지 못하는 인간은 거의 인간이라고 볼 수도 없으니, 그는 정신이상 선고를 받을 것이다. 정상이 존재하고 소통이 존재하기 위해서는 공통의 가치가 있어야 한다. 공통의 가치가 존재하는 한, 모든 것은 나 자신에 의해 창조되어야 하며, 무언가가 주어진 것임을 알게 된다면 그것을 부수어버려야만 하고, 만일 무언가가 구조화되어 있음을 알게 되면 나의 구속되지 않은 상상력이 자유롭게 활동하기 위해 그것을 파괴해야 한다고 말하는 것은 불가능하다. 이리하여 강제로 그 논리적 귀결을 끄집어낸 낭만주의는 어떤 정신착란과 같은 상태로 끝을 맺는다."[68]

하버마스는 자신의 담론 윤리와 마찬가지로 칸트의 윤리학은 "전체주의적인 행위 방식을 정당화하거나 또는 간접적으로 고무한다는 비난을 받지 않는다"고 주장한다.[69] 이런 하버마스의 옹호에도 불구하고 그는 일상적인 생활세계에서 추상화된 도덕적 입장의 정치적 결과나 악용의 가능성을 과소평가하는 것으로 보인다. 인간의 자유가 자연의 인과법칙이나 전통적인 권위에서 철저히 독립함으로써 가능하다는 칸트의 주장이 인간의 자유에 대한 열망을

---
(68) 벌린, 『낭만주의의 뿌리』, 강유원·나현영 옮김, 이제이북스, 2005, 232쪽.
(69) 하버마스, 앞의 책, 34쪽.

표현하고 있고 또 자유의 이념의 발전에서 중요한 업적임을 부인하는 것은 아닙니다. 그리고 앞에서 살펴본 신념의 윤리학이 칸트가 말하고자 하는 것이 아니라, 그것의 극단적인 변형태임을 지적한 바 있다. 그러나 자유와 자연, 존재와 당위 그리고 의무와 경향의 철저한 분리는 자유나 도덕적 당위에 대한 의무가 어떻게 자연 세계나 인간의 사회적 세계와 긍정적인 관계를 맺을 수 있는가 하는 물음을 미해결의 문제로 남겨둔다. 칸트의 주장을 극단적으로 몰고 가면 자연적이고 역사적인 존재로서의 인간과 자유의 연관은 불가능한 것으로 귀결되기 때문이다. 즉 자연 세계와 특정한 역사적인 문맥 속에서 태어난 살과 피를 가지고 있는 인간이 어떻게 칸트가 주장하는 철저하게 자유로운 도덕적 주체성을 획득할 수 있는가 하는 물음이 해결되지 않은 채로 남아 있는 것이다. 그러므로 칸트의 자유와 자연의 철저한 분리와 대립 규정은 테일러가 명명한 "근본적 자유의 딜레마"에 빠진다. 근본적 자유의 딜레마는 다음과 같이 표현된다. "자유가 모든 타율을, 즉 특수한 욕망이나 전통적 원리 또는 외적 권위에 의한 의지의 어떠한 한정도 폐기하는 것이라면, 자유는 어떠한 이성적인 행위와도 양립할 수 없는 것으로 되어버린다."[70] 만약에 이러한 생각이 옳다면 도덕적 자유는 경험적인 인간이 속해 있는 현실을 부정함으로써만 비로소 가능하다는 결론에 도달할 수도 있다. 여기에 강한 도덕적 분노와 현실에 대한 절망이 함께할 논리적 위험이 놓여 있다. 세계가 당위나 도덕적인 세계와 무관하고, 전적으로 타락한 이 세계에서 오로지 급진적인 방식으로만 도덕의 실현을 기대할 수 있다고 생각하는 사람들이 현실에 대한 무자비한 파괴의 열정이라는 위험에 빠지게 되는 경우를 우리는 역사에서 흔하게 발견할 수 있다.

2) 도덕적 당위의 무기력과 도덕적 냉소주의의 내적 연관성

앞에서 예지계와 현상계의 두 왕국 이론은 도덕적 행위와 관련해서 경험적

---

70) 테일러, 『헤겔 철학과 현대의 위기』, 136쪽.

현실 세계의 독자적인 가치나 의미를 박탈한다는 것을 살펴보았다. 그리고 경험적 현실 세계의 의미 박탈이 어떤 실천철학적인 함축들을 갖고 있는가도 아울러 지적했다. 간단하게 말해 도덕적 확신과 도덕과 전적으로 무관한 무의미하고 타락한 현실의 대조는 현실에 대한 파괴적 열정의 묘판 역할을 한다는 것이다. 헤겔은 그래서 양심에 의한 테러를 이 이원론의 극단화된 형태로 본다. 이제 존재와 당위의 엄격한 구별이 안고 있는 또 다른 문제인 당위의 무기력과 이와 연관된 현상들을 살펴보기로 하자. 예지계와 현상계, 즉 존재와 당위의 이원론은 도덕적 규정과 현실의 매개를 원천적으로 불가능한 것으로 만든다. 그러나 당위를 이렇게 끝없이 계속되는 단순한 요청(Postulat)으로 간주하는 것은 결국 당위의 의미를 공허한 것으로 전락시킬 뿐이다. 달리 말하면 영원히 실현 불가능한 도덕적 당위에 대한 믿음은 머지않아 도덕에 대한 환멸로 바뀌기 쉽다.

『정신현상학』에서 헤겔이 칸트 실천철학이 처한 당위 주장의 무기력을 비판할 때 염두에 두었던 것은 바로 이러한 사실이다(3, 192). 현실과 매개될 수 없는 단순한 요청으로서의 도덕적인 주장은 인간의 도덕적인 물음에 대한 만족스러운 해결이 아니다. 칸트는 실제로 『정초』에서 도덕 원리의 궁극적인 토대를 모든 경험적 요소와 독립적으로 실천이성 속에서 해명하려고 시도한다. 그러므로 그는 도덕에 대한 새로운 통찰과 지평을 연 사상가로 인정받아야만 한다. 그렇지만 도덕이론이 그저 순수하게 도덕의 최상 이론에 대한 철학적 정당화 작업에 머물러야 할 이유가 없다. 더구나 우리가 도덕적으로 행동하며 살아가는 곳은 저 세상이 아니다. 그래서 인간의 자연적 본성이나 심리적 성향들, 그리고 역사적·사회적 조건들과 같은 우리가 살고 있는 경험적 세계에 대한 이해와 인식의 도움이 없이는 우리가 도덕적으로 올바른 결정을 하기란 거의 불가능할 것이다. 그럼에도 칸트는 도덕철학이 인간의 자연적 본성이나 다양한 경험적 인식을 고찰할 필요가 없다고까지 주장한다. "실천철학에서는 **일어나는** 것의 근거들을 납득하는 것이 문제가 아니라, 결코 일어나지 않더라도 **일어나야만 할** 것의 법칙들, 다시 말해 객관적-실천적 법칙들을 납득하는 것이 문제이다. 왜 어떤 것이 마음에 드는가 또는 들지 않는가, 순전한 감각의 즐거움이 취미와는 어떻게 구별되며, 또 과연 취미는 이성의 일반적인 흡족함과는 구별되는가, 쾌와 불쾌의 감정은 무엇에 의거하며, 어떻게 이로부터 욕구와 경향성들이 생기며, 그러나 어떻게 이 욕구와 경향성들로부터, 이성의 협력 아래, 준칙들이 생기는가에 대한 근거들을 탐구할 필요가 없다. 이런 것들은 모두 영혼론(심리학)에 속하는 것이기 때문이다. 〔……〕 여기서는 경험적인 것과 관계를 맺는 모든 것은 저절로 제외된다. 이성이 **독자적으로 홀로** 태도를 결정한다면 〔……〕 이성은 이 일을 반드시 선험적으로 해야 하기 때문이다"(AA IV, 427).

  위 인용문이 보여주는 것처럼 칸트는 도덕적 행위는 오로지 순수 실천이성이 홀로 결정할 수 있다고 말한다. 더구나 우리가 칸트가 행한 예지계와 현상계의 구별을 염두에 두면서 위 인용문을 읽다 보면, 마치 적어도 칸트에게는 현상적 경험 세계란 아무런 도덕적 가치를 지니지 않는 것과 같은 인상을 받는다. 그러나 만약에 우리의 경험적 세계가 실로 도덕과 아무런 연계성을 지닐 수 없고 그저 전적으로 인과법칙의 사슬로 구성된 것이라면, 이 세계에서 인간의 행위는 아무런 도덕적 의미를 지닐 수 없을 것이다. 그래서 위 인용문과 연관해서 칸트 해석가인 페이턴 역시 아쉬움을 표현한다. 페이턴이 보기에는 칸트가 그 자신의 주장과는 달리 경험적 조건들과 도덕 원리의 결합 가능성을 진지하게 고찰했지만 경험적 세계에 대한 인식과 연관된 많은 주제들을 함께 고려하면서 인간의 도덕적 행위의 본질을 상세하게 설명했다면 더 좋았을 것이다. 만약에 칸트가 그런 작업을 했다면, 그는 그의 도덕철학을 수정했을 것이라고 페이턴은 말한다.[71]

  도덕의 궁극적인 원리들의 철학적 정당화 작업은 실천철학의 하나의 필연적인 구성 요소일 수는 있으나 결코 전체일 수는 없다. 도덕 원리의 철학적 정당화 작업이나 보편적인 도덕에 대한 단순한 주장은 인간의 구체적인 삶 속에

---

71) 페이턴, 앞의 책, 45쪽.

서 살아 움직이지 않으면 추상적이고 공허한 것에 지나지 않는다. 하버마스가 지적한 것처럼 "도덕적 통찰들이 동기들의 추진력과 제도들의 공인된 사회적 타당성에 의지할 수 없다면, 그것들은 실제로 아무런 성과가 없을 수밖에 없다."[72] 정언명법 형식 그 자체에 대한 존경심 외에 어떠한 동기도 없이 복종을 요구하는 객관적이고 정언적인 규범으로서의 칸트의 도덕적 당위에 대해서 윤리학자인 존 매키(John L. Mackie) 역시 "어떠한 경험적 자아도 그러한 당위를 이해하거나 그러한 당위에 반응할 것이라고 기대할 수 없다"고 지적한다. 스스로 말하고 있듯이 매키가 칸트 윤리학을 반대하는 이유는 바로 이런 문제점과 결부되어 있다.[73] 그러나 칸트는 자유가 어떻게 가능한가에 대한 합리적인 해명의 가능성을 부정함[74]은 물론, "자유는 단순한 이념일 뿐이요, 그것의 객관적 실재성은 자연법칙에 의해서, 따라서 어떠한 가능적인 경험에 의해서도 예시될 수 없다"고 강조한다(AA IV, 458 이하). 또 『실천이성 비판』에서 칸트는 "우리는 자유를 직접적으로 의식할 수가 없고, 또한 경험은 우리로 하여금 현상들의 법칙만을, 그러니까 자유와는 정반대되는 자연의 기계성만을 인식하게 하는 것"이라고 말한다(AA V, 29).[75] 이러한 칸트의 주장에도 불구하고 우리는 자유가 어떻게 구체적인 인간 현실에서 가능할 수 있는가 하는 물음을 포기해서는 안 된다. 그렇지 않다면 우리는 경험적인 현실 세계에서 선과 악의 구별에 대한 물음을 의미 있는 것으로 간주할 수 없을 것이기 때문이다.

지적이고 도덕적으로 자유로운 예지적인 자아와 인과적인 법칙에 종속하는 경험적 자아 사이의 이원론적인 구별과 대립을 전제하는 칸트의 실천철학은 이렇게 경험적인 세계에 속하는 인간의 도덕적 행동의 동기에 대한 물음에 적절한 해답을 주지 못한다.[76]

---

72) 하버마스, 앞의 책, 33쪽.
73) 매키, 『윤리학: 옳고 그름의 탐구』, 진교훈 옮김, 서광사, 1990, 272쪽.
74) AA V, 31, 46 참조.
75) AA V, 48 참조.
76) 물론 칸트는 그의 『판단력 비판』에서 자유와 자연의 대립을 극복하려고 시도한다. 즉 그는 "과연 우리가 알지 못하는 자연 그 자체의 내적 근거에 있어서는 동일한 사물에서 나타나는

도덕적 당위의 무기력이 존재와 당위의 이원론과 결부된 문제라는 것은 분명하다. 존재와 당위의 이원론은 도덕적 당위를 무기력하게 만들고 도덕이론에서 행위의 결과를 도외시하는 데 기여할 뿐 아니라, 도덕적 의무와 경향성 사이의 지나친 대립을 부추기는 이론적 틀이기도 하다. 헤겔은 이미 『기독교의 정신과 그 운명』에서 칸트 윤리학의 의무와 경향의 추상적인 대립을 다음과 같이 비판한다. "인간을 그 총체성 속에서 다시 회복하고자 했던 사람은 인간의 분열상에서 완고한 거만함만을 갖게 하는 길을 택할 수는 없었을 것이다. 법의 정신에 따라서 행동한다는 것이 그에게는 단지 마음의 성향과 모순하여 의무에 대한 존경으로부터 행동하는 것을 의미할 수 없었을 것이다."[77] 또 청년 헤겔에 의하면 칸트의 윤리학에서 의무는 감정과 욕구를 갖고 있는 구체적인 인간의 내면세계에 영원히 낯선 타자로 존재한다. "충동, 성향, 병적일 정도로 열정적인 사랑, 감성, 혹은 사람들이 그것을 무엇이라고 부르건 특수자에 대해서 보편자는 필연적으로 영원히 낯선 것, 객관적인 것이다."[78]

의무와 경향의 대립에 대한 비판 그리고 이러한 두 대립 규정들을 화해시키려는 헤겔의 시도에서 우리는 실러의 영향을 그리 어렵지 않게 발견한다. 요한 크리스토프 프리드리히 폰 실러(J. C. F. Schiller)는 인간의 행위가 도덕적 가치를 지니는 경우는 오로지 의무에서 행해질 경우에만 한정된다는 칸트의 주장을 다음과 같이 비판한다. "기꺼이 나는 친구들에게 봉사하건만, 슬프게도 그저 마음이 끌려서 그렇게 한다. 그래서 나는 자주 이런 생각이 들기도 한

··················

물리적-기계적 결합과 목적 결합이 하나의 원리 안에서 밀접하게 연관될 수 있지 않을까 하는 문제"를 제기한다. 그럼에도 불구하고 이러한 시도가 성공적인지는 의문스럽다. 칸트는 이러한 문제는 "미결"로 남아 있고, "우리의 이성은 이 두 결합을 그와 같은 하나의 원리 안에서 합일시킬 수가 없다"고 주장하고 있기 때문이다. 나아가 그는 『판단력 비판』에서 자유 개념의 영역과 자연 개념의 그것은 "전적으로 분리되어 있다"고 말한다(『판단력 비판』, 이석윤 옮김, 박영사, 1986, 285쪽, 50쪽; V, 195). 크리스티안 일리에스(Christian Illies)는 칸트에서의 자연과 도덕의 양자를 결합하려는 시도에 주목한다(*Philosophische Anthropologie im biologischen Zeitalter*, Frankfurt, 2006, S. 282 이하).
77) 헤겔, 『청년 헤겔의 신학론집』, 531쪽(1, 324).
78) 1, 323.

다. 나는 덕이 없다고. 이에 대한 대답이 다음과 같다. 거기에 다른 방법은 없다. 그것을 완전히 경멸하는 것 외에는. 그리고 의무가 명령하는 것이면, 싫더라도 즉시 행하라."[79] 이러한 실러의 칸트 비판에 대해 칸트 해석가들은 칸트 윤리학에 대한 오해에 지나지 않는다고 강하게 이의를 제기한다. 예를 들어 오트프리트 회페(Otfried Höffe)는 "의무에 맞게 하려는(예컨대 선행을 하려는) 경향성조차도 도덕적 준칙들의 효력을 매우 용이하게 할 수 있다"는 『실천이성비판』에 나오는 칸트의 주장에 따라 실러가 이러한 칸트의 믿음에 주목하지 않았다고 비판한다(AA V, 201; 238). 나는 회페의 지적에 대해 경향성이나 욕구들을 "의무의 모든 명령에 대한 강력한 대항"(ein mächtiges Gegengewicht gegen alle Gebote der Pflicht)으로 규정하는 칸트의 주장에 주목하고 있지 못하다고 말하고 싶다(AA IV, 405). 칸트는 다음과 같이 주장한다. "그러나 경향성 자체는 필요의 원천들로서, 그 자체를 소망할 만한 절대적 가치를 지니지 못한 것으로, 오히려 그러한 것에서 완전히 자유로운 것, 그것이 모든 이성적 존재자의 보편적 소망이어야 하는 것이다"(AA IV, 428). 이 인용문의 의미는 달리 설명할 필요도 없이 분명하다. 칸트는 이성적 존재자인 인간은 경향성에서 완전히 자유롭기를 희망해야만 한다는 것이다.

영미권의 칸트 해석가의 하나인 페이턴 역시 실러 식의 비판은 오해라고 지적한다. 그러나 그는 적어도 회페보다는 공정하다. 그는 칸트의 "복잡한 또는 엄밀하지 못한 용어의 사용"이 이러한 오해를 불러일으킨 원인이라고 지적하고 있기 때문이다. 그러나 페이턴 역시 경향성과 자유 사이의 내적인 결합에 대한 칸트의 주장들과 그의 이론철학 및 실천철학에서 결정적인 의미를 지니는 인과성과 자유의 강한 이원론적인 분리 사이에 내재하는 긴장을 소홀히 평가하고 있는 것처럼 보인다.[80]

그러나 내가 보기에 단순히 실러가 칸트를 오해했다고 지적하는 것은 전적으로 타당하지는 않다. 그들은 실러가 칸트 윤리학을 오해하고 있다고 비판하

---

79) 페이턴, 앞의 책, 66쪽에서 재인용.
80) 페이턴, 같은 책, 66쪽.

면서도 실러의 비판이 지닌 참다운 통찰에 대해서는 눈을 감고 있는 것처럼 보이기 때문이다. 오히려 실러의 비판은 바로 인간의 자율성의 이념과 자연 사이의 화해를 모색하려는 시도의 일환으로 이해되어야 하며,[81] 이러한 시도는 칸트 철학의 이원론적인 한계를 정당하게 지적하고 있다고 여겨진다.

앞서 지적했듯이 도덕에 대한 불신과 냉소적 태도는 도덕 규범이 현실에서 아무런 활력을 갖고 있지 않은 무기력의 상황에서 불길처럼 타오른다. 어떤 사람들은 비도덕적이라고 여겨지는 현실을 영웅적인 방식으로 거부하는 몸짓에서 그들의 도덕적 열정과 영혼의 순수성을 마음껏 내보일지도 모른다. 심지어 어떤 사람들은 부당하고 부조리로 꽉 차 있는 세계를 불살라버리면서까지 정의를 이 세상에 세우고자 하는 광신적 태도를 보여줄지도 모른다. 물론 아무리 현실이 어렵다 할지라도 도덕과 정의에 대한 열정을 포기하지 않는 사람들의 숭고한 태도는 실로 많은 사람들의 영혼을 크게 감동시키기에 부족함이 없다. 그러나 도덕이 현실과 무관하게 오로지 그러해야만 한다는 당위의 차원에 머문다면 많은 사람들은 곧바로 도덕에 대해서 의문을 갖게 될 것이다. 달리 말해 그들은 인간의 구체적인 생활 속에서 살아 숨 쉬지 못하는 도덕적 명령이 어떤 의미가 있는지 반문할 것이다. 그래서 그들은 도덕이란 존재하지 않고 그것은 기껏해야 강자의 이익을 그럴듯하게 만들어주는 수단에 지나지 않거나 개인이나 집단이 추구하는 이익을 변호해주는 것에 불과하다는 생각에 이를 것이다. 그래서 사람들은 모든 명분과 도덕에 대한 담론을 무의미한 것으로 거부할 것이다. 물론 그들이 명시적으로 혹은 공개적으로 그렇게 말하는 경우는 드물지도 모른다. 그러나 그들은 내심으로 도덕에 대해 비웃을 것이다. 이와 같이 도덕의 무기력은 인간의 생활에 상당히 큰 부정적 결과를 가져올 것이다. 우리가 도덕과 현실을 매개하려고 진지하게 노력해야 하는 이유도 이런 현상들과 결합되어 있다. 인간 세계를 되도록 도덕적으로 변화시키려

---

81) 테일러에 따르면 실러는 피히테, 셸링, 횔덜린, 노발리스 등과 같은 초기의 낭만주의자들과 마찬가지로 칸트의 자연과 자유의 분열과 대립을 종합하고 화해시키고자 하는 목적을 추구한 사람이다(테일러, 앞의 책, 27쪽).

는 노력이 없이는 도덕과 정의에 대해 광신적으로 열광하는 사람들뿐 아니라 냉소적인 사람들을 마냥 탓할 수는 없을 것이다.

그런데 흥미로운 것은 양심의 이름으로 온갖 정의롭지 못한 행동을 정당화하는 사람들과 도덕에 대해서 차갑게 웃는 냉소주의자들이 존재와 당위의 대립이라는 동일한 관점에 서 있다는 사실이다. 간단히 말해 이 둘은 다 같이 현실과 도덕을 양자택일적인 것으로 본다는 점, 그리고 타인과 의미 있는 방식으로 공존하는 소통의 능력을 갖고 있지 못하다는 점에서 동일하다. 우리는 현실의 비도덕적 상황에 대해서 절망하고 분노하여 그 어떤 희생을 치르고서라도 세상을 바로잡고 정의를 다시 세우려는 열정 속에 살던 많은 광신주의자들이 현실의 높은 벽에 부딪히고 나서 곧바로 도덕에 대한 극단적인 환멸에 빠지는 경우를 흔하게 본다. 이런 사람들은 이제 도덕을 진지하게 추구하는 사람들을 보고 세상 물정을 모르는 사람이라고 차갑게 웃을 것이다. 그런데 이런 극단적 변절(또는 변화)이 아무런 감동을 주지 못하는 것은 그들이 변화의 원인을 자신들이 지녔던 이전의 관점이 충분하지 않았다는 점에서 찾지 않고 모든 것을 걸고 추구했던 도덕이 무의미하고 현실 속에서의 생존과 승리만이 전부인 것으로 생각하기 때문이다.

지금까지 우리는 도덕의 무기력과 현실에 대한 극단적인 파괴적 부정, 그리고 도덕에 대한 냉소주의 사이에 어떤 내적인 연관이 있는가를 살펴보았다. 위에서 지적한 바와 같이 도덕과 이상의 이름 아래 정치적 테러를 자행하는 사람들은 바로 그러한 행위를 통하여 보편타당한 것으로 여겨지는 규범들의 정치적 실현의 매개 가능성을 보장하는 생활 세계적인 지평에 대한 이해의 부족을 고백하는 것에 지나지 않는다. 그러므로 실천철학은 모든 인간이 자유와 존엄에 대한 동등한 권리를 지니는 존재임을 선언하거나 확신하는 데서 멈추어서는 안 되며, 각 개인의 자유로운 전개와 자유 실현의 조건들을 반성적으로 숙고하는 것으로 나아가야 한다. 그렇지 않다면 인간의 자유의 이념에 대해 칸트의 설명과 주장은 추상적인 도덕적 당위에 대한 숭고한 듯하면서도 현실에서 자기 배반적인 결과를 낳는 역겨운 확신 사이에서 끝없이 동요할 수밖에 없을 것이다. 그 동요 속에서 가장 큰 피해를 보는 것은 현실 속에서 아무런 실질적인 의미를 갖지 못하게 되는 도덕적 당위일 것이다. 아무리 강하고 숭고한 도덕적 열정이라 할지라도 그것은 존재와 당위의 이원론 앞에 패배할 수밖에 없다. 그런 패배는 결국 도덕에 대한 냉소주의로 귀결될 것이다. 도덕적 당위의 무기력이 불만족스러운 이유는 바로 이런 사실과도 결부되어 있다.

IV. 칸트 실천철학의 개인주의적 특성과 상호주관성의 문제

헤겔이 칸트 윤리학을 비판하고, 칸트의 도덕 원리를 일상생활의 행위자들 사이에서 타당성을 지니는 생동하는 원리가 아니라 현실과 유리된 주관적인 확신에 의거한 추상적인 요청에 머무르는 것으로 간주하는 것은, 바로 칸트 윤리학이 도덕 원리의 철학적 정당화 작업과 그 구체적인 실현의 문제를 함께 문제 삼지 못하기 때문이다. 도덕성을 인륜성으로 지양하려는 헤겔 실천철학의 프로그램은 이와 같은 문제의식에서 형성된 것이며, 이러한 문제의식의 구체적이고 최종적인 결과가 다름 아닌 헤겔 법철학이다. 따라서 헤겔 법철학의 근본 의도는 바로 칸트 윤리학의 이러한 한계를 극복하고 자유의 구체적인 실현의 주관적·객관적 조건들을 검토하는 데 있다고 요약할 수 있다.

칸트는 모든 인격의 불가침성 및 존엄에 대한 평등한 존중의 원리를 실천철학의 기본 전제로 삼는다. 그럼에도 자유롭고 평등한 인격체가 어떻게 형성되는지 반성을 수행하지 않는다. 이러한 점에서 칸트는 근대의 사회계약론의 전통이 빠져 있는 원자론적이고 개인주의적인 오류를 벗어나지 못한다.[82] 이러

---

[82] 20세기의 저명한 칸트 연구가의 하나인 카울바흐는 칸트 실천철학의 체계에서 "개인주의적-유명론적 단초"(individualistisch-nominalistischen Ansatz)를 지적한다(*Studien zur späten Rechtsphiosophie Kants und ihrer transzendentalen Methode*, Würzburg, 1982, S. 149). 물론 이 주장이 칸트 철학에 상호주관적인 이론의 단초가 전혀 없다는 것을 의미하지는 않는다. 목적왕국의 일원에 대한 생각, 공법의 초월적인 원리로 간주되는 공개성의 원리 그리고 『판단력 비판』에서 취미 판단의 원리와 연관되어 전개되는 공통 감각에 대한 칸트의

한 점에서 한나 아렌트(Hannah Arendt)는 실천이성의 주도적인 물음, 즉 "나는 무엇을 해야만 하는가?"라는 질문은 "칸트에게 타자와 독립해 있는 자아의 행위"와 관련될 뿐 인간들 사이의 소통과는 관련이 없는 것이라고 주장한다. 아렌트는 칸트의 실천이성 비판과 연관된 물음은 정치적 관계의 핵심을 구성하는 "행위(action)를 전혀 문제 삼지 않는다"고 말한다. 칸트는 "행위를 가능하게 하는 기능도 몰랐고 그 필요도 몰랐다."[83] 그런데 아렌트에게 정치 행위란 원래 공적 영역에서 복수의 인간들이 하는 공동 행위를 의미한다. 그러므로 칸트의 실천이성 비판과 행위 사이에는 아무 관계가 없다는 아렌트의 주장은 실천이성이 독백적이라는 주장과 다름없다.

위에서 살펴본 것처럼 칸트는 자유롭고 평등한 개인을 실천철학의 출발점으로 삼는다. 그럼에도 그는 이 개별적인 존재가 어떻게 형성되는지를 숙고하지 않았기 때문에 인간과 사회에 대한 일면적인 관점에 빠지게 되고, 그것은 그의 실천철학을 불만족스럽게 만드는 이유의 하나이다. 자유롭고 평등한 개인이 "오직 하나의 언어 공동체와 상호주관적으로 공유된 생활 세계 속으로 성장해 들어감으로써만 개인으로 형성되어"갈 수 있다는 점을 망각하는 것은 칸트 실천철학이 안고 있는 여러 한계들 중의 하나이다.[84] 우리는 언제나 타인들과의 상호작용 속에서만 우리의 정체성을 형성하고 풍부하게 할 수 있다. 모든 개인은 타자와 고립된 상태에서 자신의 고유한 정체성을 형성하는 의미

이론은 이에 해당되는 몇 가지 중요한 예라고 할 수 있다. 그리고 상호주관성을 철학적으로 연역하려고 시도한 최초의 철학자는 바로 피히테이다. 이에 대해서는 졸고, *Praktische Vernunft und Geschichte bei Vico und Hegel*, Würzburg, 2002, S. 344 이하 참조.

83) 아렌트, 『칸트 정치철학 강의』, 김선욱 옮김, 푸른숲, 2002, 54쪽 이하 참조. 아렌트는 이러한 이유로 인해 『실천이성 비판』에서가 아니라 『판단력 비판』에서 본래적인 의미에서 칸트의—비록 그가 스스로 저술하지는 않았으나—정치철학이 발견될 수 있다고 주장한다. 이런 점에서 그는 칸트의 정치철학에서 실천이성이 차지하는 의미를 과소평가하고 있는 것처럼 보인다. 실천이성과 법 및 정치질서 사이의 내적인 연관성에 대해서는 졸고, 「칸트 『도덕 형이상학』에서의 실천이성, 법 그리고 국가의 상호연관성」, 『칸트 연구』 제9집, 철학과현실사, 2002, 40쪽 이하 참조.

84) 하버마스, 앞의 책, 86쪽.

있는 행위 주체가 되는 것이 아니라, 오로지 다른 사람들과의 언어적인 상호 이해 과정을 매개로 해서만 개인화되는 것이다. "언어 및 행위 능력을 갖춘 주체로서의 인격은 오직 사회화의 길을 통해서만 개인화된다." 하버마스가 지적하듯이 이런 통찰은 조지 허버트 미드(George H. Mead)의 핵심적 통찰이다.[85] 그리고 사회화 과정 속에서 사람들은 자신의 개인적 정체성을 획득할 수 있다는 미드의 핵심적 통찰이 사실 헤겔에게서 연원한다는 것은 널리 알려져 있다. 헤겔은 개인화와 사회화가 서로 밀접하게 결합되어 있다는 통찰을 청년 시절부터 발전시켰다. 그는 오직 상호 인정의 관계 속에서만 개인들은 독립적인 자율적 주체로서 성장할 수 있다는 사실을 분명하게 인식하고 있었다. 그래서 악셀 호네트는 미드의 사회심리학을 헤겔의 근원적 통찰을 형이상학의 도움 없이 현대화한 이론으로 이해한다.[86]

데카르트 이후 근대 철학은 자기의식을 철학의 기본 원리로 설정하고 이를 기초로 해서 인간과 세계를 이해하고자 했다. 그래서 근대 철학은 의식철학이라고 불린다. 칸트 역시 자기의식적 자아를 "세계를 생산하고 동시에 자율적으로 행동하는 주체"로 파악했다.[87] 반면에 미드에 의하면 고립된 개별 주체들이 이미 사회화 과정 이전에 존립하는 것이 아니라 오히려 사회화 과정들이 자아가 출현하기 위한 선행조건이다. "내가 특히 강조하고자 하는 것은 그 속에서 발생하는 자기의식적 개인에 앞선 사회적 과정의 시간적·논리적 존재이다."[88] 자아는 사회적 과정에 앞서 존재하는 것이 아니라, 오히려 그 속에서 나타난다는 것이다. 미드가 보기에 개인화는 사회화 과정의 산물이지만 자신의 고유한 개성과 정체성을 지니는 독립적 존재라는 사실과 서로 양립 가능하다. "모든 자아가 사회적 과정에 의해 형성되고 그 과정의 개인적 반영들이라는 사실은 〔······〕 모든 개인적 자아가 그 자신의 고유한 개성, 즉 그 자신의 독

---
85) 같은 책, 같은 곳. 번역의 일부가 약간 변형되었음.
86) 호네트, 『인정투쟁』, 129쪽 이하 참조.
87) 하버마스, 『탈형이상학적 사유』, 이진우 옮김, 문예출판사, 2000, 214쪽 이하.
88) G. H. Mead, *Mind, Self and Society: From the Standpoint of a Social Behaviorism*, edited and with an Introduction by C. W. Morris, Chicago/London, 1934, p. 186.

특한 유형을 지닌다는 사실과 결코 양립 불가능한 것은 아니다. 각 개인이 그 조직화된 구조 속에서 사회적 과정 전체의 행동 유형을 반영하는 동안에, 그 과정 속에서 그는 자신의 특수하고 독특한 관점으로부터 그렇게 하기 때문이며 그러므로 각 개인은 그 조직화된 구조 속에서 이 전체 사회 행동 유형의 상이한 양상 내지 관점을 반영하기 때문이다."[89]

미드의 주장에서 확인될 수 있는 통찰은 타자는 우리들의 정체성 형성에 소원한 존재가 아니라 내재적인 구성 요소를 이루고 있다는 사실이다. 그 누구도 자율적으로 판단하는 행위 주체로서 태어나지도 않거니와 자신의 정체성 형성이 가능한 조건을 이루는 의미 있는 타자들—예를 들면 부모들—을 선택할 수도 없다. 그러므로 도덕적으로 판단하는 주체들은 단순히 논리적으로 이미 주어진 것으로 설정되거나 전제되어야 할 성질의 것이 아니다. 그럼에도 칸트는 개별화되고 사적으로 자율적인 행위 능력을 지닌 주체들을 근대의 자율적인 도덕의 출발점으로 삼고 있다는 점에서 인간들이 속해 있는 공동체나 여러 가지 타인들과의 관계 자체의 내재적인 가치를 제대로 평가하지 못한다는 것이 입증된다. 타자와 대화하면서 인간은 비로소 자유롭게 행동할 수 있는 능력을 획득한다는 사실이 옳다면, 우리가 의미 있는 타인들과의 관계 속에서 비로소 우리의 정체성과 도덕적 행위 능력을 형성할 기회를 얻는다면, 타자와의 관계는 결코 자의적으로 선택할 수 있거나 단지 도구적인 차원의 것으로 환원될 수 있는 것이 아니다. 그러나 칸트는 실천이성과 법 및 정치질서 사이의 내적인 연관성을 강조하면서도 여전히 개인과 개인의 관계를 외적인 합법성에 국한시킬 뿐 아니라, 악마의 종족 역시 국가 형성의 과제를 해결할 수 있다는 언급을 통해서 홉스의 사회계약론에서 전개된 도구주의적인 인간관을 크게 벗어나고 있지 않다는 것을 분명하게 보여준다.[90]

위에서 언급한 것이 옳다면 칸트 윤리학은 사실상 서구 근대의 원자론적 인간관과 도구주의적 사회관을 완전히 벗어나는 데 성공하지 못했음이 명백하

---

89) 같은 책, p. 201.
90) 테일러, 앞의 책, 134쪽 참조. K.-O. Apel, 앞의 책, S. 76 참조.

다. 그래서 칸트의 정언명법을 상호주관적으로 재해석하여 현대적 유형의 칸트 도덕이론을 발전시키고자 하는 하버마스는 다음과 같이 말한다. "근대의 자율적 도덕은 현대적 자연법 이론과 (특정한 해석 방식의) 칸트 윤리학에서 개인주의적으로 파악되었다. 이러한 측면에서 의무론적 접근 방법들은 충분히 철저하게 실행되지 않았다. 그것들은—주체들이 자신들의 자유를 상호주관적으로 획득하고 주장하는 호혜적 인정 관계로부터 출발하지 않고—개별화되고, 사회적으로 자율적이고, 스스로를 소유하고, 자기 자신을 소유로써 통제하는 주체들로부터 출발한다는 점에서, 의무론적 접근 방법들은 여전히 그것이 발생한 맥락과 시민적 이데올로기에 묶여 있다."[91]

헤겔이 자신의 인륜성 이론을 통해서 극복하고자 하는 것은 바로 공동체에 대한 도구적 견해와 당위의 무기력이다. 헤겔은 개인과 공동체의 상호 불가결한 관계를 강조함으로써 상호주관적인 관계가 지니는 내재적이고 고유한 특성을 분명하게 보여주려고 노력하면서, 이러한 상호주관적인 관계 속에서 인간은 참다운 도덕적인 주체로서 성장할 수 있음을 드러내고자 하는 것이다.[92] 예를 들어 헤겔은 상호 인격적 관계의 도구적인 행위에 대한 우월성과 사회화 및 개인화의 내적인 연관성에 대한 통찰을 『정신현상학』에서 정신의 개념을 "우리인 나 그리고 나인 우리"라고 규정함으로써 명백하게 제시한다(3, 145). 다시 말해 헤겔에 따르면 자기의식은 "그것이 타자를 위하여 즉자 대자적으로 존재하는 한에서 그리고 그럼으로써, 즉 단지 인정된 것으로서만 존재한다"(3, 141). 이렇게 헤겔은 "상호주관성을 주관성의 핵심으로 발견했다."[93] 나중에도 헤겔은 정신의 기본 특성을 타자에서 자기 자신에 머무름으로, 즉 타자를 매개로 한 자기 자신으로의 귀환으로 파악한다(12, 30쪽 참조). 마찬가지로 헤겔은 정신의 본질을 이루는 참다운 의미의 자유가 서로 고립된 주체들의 외적인

---

91) 하버마스, 『담론 윤리의 해명』, 83쪽.
92) 헤겔이 한때 자신도 그 영향 아래에 있었던 칸트 윤리학의 개인주의적인 전제들을 문제 삼는 데에는 횔덜린의 통일 철학의 영향이 중요한 계기를 이룬다(호네트, 앞의 책, 40쪽 참조).
93) J. 하버마스, *Wahrheit und Rechtfertigung*, Frankfurt, 1999, S. 199.

관계 속에 있는 것이 아니라 "이러한 타자 속에서 자기 자신"으로 존재하는 데 자리 잡고 있음을 강조한다(7, 57). 이러한 "자유의 구체적인 개념"(7, 57)에 의하면 상호주관적인 공동체는 개인의 자유를 제한하는 것이 아니라 오히려 각 개인의 자유 실현을 가능하게 하는 지평임이 드러난다.[94] 바로 이러한 구체적인 자유 개념의 현실성이 헤겔의 "자유 개념의 진리"로 이해되는 "인륜성"이다(7, 287). 이러한 측면에서 헤겔은 인간은 공동체의 일원으로서만 진정으로 도덕적인 존재일 수 있다고 주장한다.[95] 다시 말해 우리는 개인화와 사회화의 상호의존성을 통찰함으로써 새로운 도덕 이론의 기초를 발견하게 된다.

헤겔에 따르면 각 개인은 자신이 속한 민족의 언어, 습속, 제도 들을 자신의 것으로 내면화하는 과정에서 비로소 자신의 자연적인 상태를 지양하여 자율적이고 정신적인 존재로 고양된다는 의미에서, 공동체의 인륜적인 관습은 벗어나거나 파괴되어야 할 타율의 영역이 아니라 오히려 각 개인들의 자유 실현을 보장하는 토대임이 드러난다. 타자와 공동체에 대한 연대적 의무는 이러한 통찰에 의거한다.[96] 다시 말해 모든 개인들의 존엄에 대한 동등한 존중이라는 이념은 상호주관적인 관계 속에서만 유지되고 실현될 수 있다. 그러므로 개인들의 자유와 존엄의 평등한 권리에 대한 주장은 연대성의 원리로 확장되어야 한다. 개인화와 사회화가 서로 의존하고 있다는 통찰을 잊지 않는다면, 우리는 개인들의 평등한 권리와 자유 그리고 개인의 불가침성에 대한 주장이 그들이 속한 공동체의 다른 구성원들의 존속 없이는 불가능하다는 것을 알게 된다. 따라서 우리는 자신의 정체성 형성을 가능하게 한 사회적 관계를 보호할 의무가 있음을 인식하게 된다. 이 공동체에 대한 연대성은 그 구성원들의 복지와 행복에 관심을 표하는 것을 포함한다. 이런 점에서 우리는 정의의 원리와 선의 원리 사이의 내적인 공속성을 인식할 수 있으며, 훼손될

---

94) 헤겔은 구체적인 자유 개념의 예로 사랑과 우정을 들고 있다(7, 57).
95) 헤겔은 공동체를 개인들의 "본질" 혹은 "궁극 목적"으로 규정한다(10, 318).
96) 나는 연대성 혹은 유대성과 정의 개념을 구별할 때 프랑케나가 행한 정의의 원리(principle of justice)와 자선의 원리(principle of benevolence)의 구별에 기인하는 하버마스의 용법을 받아들인다(『담론 윤리의 해명』, 88쪽 참조).

수 없는 개인들의 평등하고 존엄한 자유를 기본 원리로 하는 칸트의 보편주의적인 정의 원리와 공동체 구성원들의 일반적 복지나 생활 형식 자체의 불가침성의 보호를 강조하는 선윤리 사이의 대립을 지양하고 "도덕적 근본 현상의 통일성"을 추구하는 것이 바로 헤겔의 인륜성 개념의 근원적 통찰이라고 할 수 있을 것이다.[97]

V. 도덕 규범들의 갈등 상황에서 칸트 윤리학의 무기력

도덕적 의무들 사이의 충돌이 제기하는 철학적 문제의식은 고대 그리스 시대부터 널리 알려진 주제이다. 우리는 고대 그리스 비극의 하나인 소포클레스의 『안티고네』(Antigone)에서 이미 도덕적 의무들 사이의 충돌을 접하게 된다. 헤겔은 이 작품을 아주 높이 평가한다. 그에 의하면 이 작품은 "가장 숭고하고 모든 측면에서 볼 때 가장 뛰어난 예술 작품의 하나이다." 이 작품에서 다루어지는 주제는 국가의 공적인 법과 가족의 사랑 및 가족에 대한 의무 사이의 갈등이다. 주지하듯이 크레온(Creon)은 자신이 통치하는 도시를 적대시한 사람은 죽어서도 땅에 묻히는 영예를 얻을 수 없다고 주장하면서 도시의 통치를 둘러싸고 싸움을 벌이다 패배하여 죽은 폴리네이케스(Polyneikes)를 매장해서는 안 된다고 명한다. 그러나 폴리네이케스의 여동생인 안티고네는 크레온의 명령을 어기고 오빠를 땅에 매장한다(14, 60). 안티고네는 반역자인 오빠 폴리네이케스의 장례식을 금지한 크레온의 명령은 신들이 정한 법률에 어긋난다고 주장한다. 그리하여 그는 도시국가의 법과 명령을 어기고 신들의 명령에 복종한다. 안티고네에 의하면 국가의 명령과 신의 명령 사이에 충돌이 발생할

---

[97] 같은 책, 24쪽 참조. 하버마스는 자신의 도덕이론을 상호주관적으로 재해석된 칸트적 유형의 도덕이론으로 자리매김하면서도 이런 재해석의 과정에서 헤겔의 이론을 적극적으로 통합하려고 시도한다. 달리 말하자면 그는 "정언명법을 상호주관적으로 해석하기 위하여 헤겔의 인정이론을 이용한다"(같은 책, 123쪽).

경우 국법보다는 신의 명령에 복종하는 것이 우선적이다. 『안티고네』에서 안티고네는 크레온에게 다음과 같이 말한다. "나는 또 그대의 명령이, 신들의 확고부동한 불문율들을 죽게 마련인 한낱 인간이 무시할 수 있을 만큼, 강력하다고는 생각지 않았어요. 왜냐하면 그 불문율들은 어제오늘에 생긴 것이 아니라 영원히 살아 있고, 어디서 왔는지 아무도 모르기 때문이지요."[98]

도덕적 의무들 사이의 충돌의 문제는 플라톤의 『에우티프론』에서도 등장한다. 이 대화 편의 주제는 흔히 경건함의 본질에 관한 것으로 알려져 있다. 이 대화 편에서 에우티프론은 자기 집안의 노예를 죽인 아버지를 고소하려고 한다. 에우티프론은 살인을 범한 사람이 비록 아버지라 할지라도 고소를 하지 않는 것은 경건하지 못한 행위라고 생각한다. 그뿐 아니라 아들이 아버지를 살인죄로 고소하는 것은 경건하지 못한 행동이라고 비난하는 그의 아버지나 다른 친척들에게 에우티프론은 그들이 경건함을 잘못 알고 있다고 말한다. 이런 에우티프론에 대해 소크라테스는 놀라움을 표한다.[99] 물론 이런 사례들보다도 소크라테스의 삶 자체가 도덕적 의무들 사이의 충돌을 보여주는 대표적 사례라고 할 수 있다. 주지하듯이 소크라테스는 『변론』에서 아테네 시민들이 철학을 그만두는 조건으로 무죄 방면을 해준다고 해도 신에 대한 봉사로서의 철학적 사유 활동을 그만둘 수는 없다고 주장하였다. 그리하여 그는 시민들의 결정, 즉 국가의 명령이 부당하다고 여겨질 때 그에 순응하기보다는 양심에 의거하여 옳다고 생각하는 원칙을 따르겠다고 주장하였던 것이다.[100]

20세기에 의무들의 충돌을 철학적으로 다룬 사람들 중의 하나는 바로 장 폴 사르트르(Jean Paul Sartre)이다. 그는 "신이 없다면 모든 것이 허용될 것이

---
[98] 소포클레스 · 아이스퀼로스, 『오이디푸스 왕 · 안티고네 · 아가멤논 · 코에포로이』, 천병희 옮김, 문예출판사, 2001, 289쪽. 아리스토텔레스는 안티고네의 예를 들면서 자연법, 즉 인위적으로 국가에 의해서 규정된 법률과 상관없이 본성적으로 타당한 보편법칙의 이념을 설명한다(*Rhetorik*, übersetzt v. F. G. Sieveke, München, 1995, 1373b).
[99] 플라톤, 『플라톤의 네 대화 편. 에우티프론, 소크라테스의 변론, 크리톤, 파이돈』, 2a 이하, 31쪽 이하.
[100] 같은 책, 29c 이하, 147쪽 이하.

다"라는 도스토예프스키의 주장을 "실존주의의 출발"로 삼는다. 그는 실존주의적 자유의 본질을 설명하는 과정에서 자신의 제자의 경우를 들어 두 가지 도덕적 의무의 충돌 문제를 다룬다. 그 제자는 자신에게 전적으로 의지해 살고 있는 홀어머니의 생활을 돕느냐 아니면 조국 프랑스의 독립을 위해 독일에 저항하는 행위를 선택할 것이냐 하는 선택 상황에서 고심하고 있었다고 한다. 물론 사르트르는 이런 상황을 해결할 어떤 합리적 원칙이 존재한다고 생각하지 않는다. 그는 오로지 스스로 선택하는 자유로운 결단만이 이런 상황을 해결할 것이라고 믿는다.[101]

이처럼 의무들의 충돌 문제가 심각한 실천철학적 주제로 다루어져왔지만 이상하게도 칸트는 도덕이론에서 의무들의 충돌 상황이 일으키는 문제들을 다루지 않는다. 보편화 가능성의 원리에 입각하여 도덕적으로 타당한 것으로 인정되는 규범들 사이에는 대개 다른 규범을 침해하지 않고서는 어느 한 규범을 준수할 수 없는 것과 같은 보편타당한 것으로 승인되는 규범들 사이의 충돌 상황이 발생한다. 이러한 상황이 발생할 때 칸트의 실천철학은 어떤 만족할 만한 대답을 주지 못한다. 그는 자신의 도덕철학과 법철학에서 도덕법칙에 대한 예외적인 상황을 정당화할 수 있는 합리적인 기준을 제시하려는 노력을 하지 않기 때문이다. 여기서 모든 행위 규칙의 일반화 원리 혹은 보편화 원리를 도덕성의 최고 판단 기준으로 간주하는 칸트 실천철학의 내적인 한계가 명료하게 드러난다. 아니 칸트는 의무들의 충돌 상황 자체의 존재 가능성을 부인한다. 칸트에 의하면 의무들의 충돌은 그것들 사이의 관계인데, 이런 관계를 통해 한 의무가 다른 의무를 전적으로 혹은 부분적으로 중지시키는 상태에서 의무의 충돌이 언급될 수 있다. 그러나 칸트는 의무의 충돌이 존재할 수 없다는 점을 다음과 같이 말한다. "두 가지 서로 대립하는 규칙들은 동시에 필연적일 수 있는 것이 아니다. 만약에 한 규칙에 따라서 행동하는 것이 의무라면, 대립된 규칙에 따라서 행동하는 것은 아무런 의무도 아닐 뿐 아니라, 심지어

---

101) 장 폴 사르트르, 『실존주의는 휴머니즘이다』, 방곤 옮김, 문예출판사, 1999, 23쪽 이하 참조.

의무에 반하는 것이다. 그러므로 **의무들과 구속력들의 충돌**은 결코 생각할 가능성이 존재하지 않는다"(AA VI, 224).

의무들의 충돌이 존재하지 않는다는 칸트의 주장은 도덕적 의무가 전적으로, 즉 예외 없이 관철되어야만 한다는 것을 웅변할 뿐이다. 그런 태도는 우리가 지금 다루는 문제 상황에 대한 적절한 해결책이 아님은 분명하다. 의무들의 충돌 상황을 좀더 구체적으로 살펴보자. 예를 들어 살인을 하지 말라는 명령과 거짓말을 하지 말라는 명령은 동등하게 일반화의 원칙의 기준을 충족시키지만, 이 두 가지 도덕법칙이 충돌을 일으키는 상황에서 일반화의 원리는 문제 해결에 전혀 도움이 되지 않는다.[102] 칸트 윤리학에는 가치들과 재화들의 위계질서에 대한 고려가 없기 때문이다.[103] 이러한 칸트 윤리학은 결국 살인자 앞에서 무고한 사람을 구하기 위해서 거짓말하는 것도 철저하게 금지하는 엄격주의로 귀결된다. 살인자 앞에서 진실을 말해야만 하는가에 대한 논쟁은 칸트와 뱅자맹 콩스탕(Benjamin Constant) 사이에 일어났다. 인간에 대한 사랑(Menschenliebe) 때문에 거짓말을 할 수도 있다는 콩스탕의 주장에 대해 칸트는 대략 다음과 같은 반론을 제기한다. 어떤 사람이 그를 죽이고자 하는 사람을 피해 내 집으로 피신했다고 가정해보자. 그 직후에 살인하려는 사람이 와서 그 사람이 집 안에 있느냐고 물어보았을 때, 우리는 어떻게 해야 할 것인가? 이런 상황에서도 칸트에 의하면 우리는 진실을 말해야 한다. 만약에 자기 집에 피신한 사람을 구하려고 내가 거짓말을 한다고 생각해보자. 그러면 살인하려는 사람은 내 집을 떠나 다른 곳으로 갈 것이다. 그런데 나도 모르는 사이에 집에 숨어 있다고 생각한 사람이 집을 몰래 떠나 살인자가 간 방향으로 피신할 가능성이 있다. 실제로 그렇다고 한다면, 선한 의도로 한 거짓말은 거꾸로 그를 죽이는 결과를 가져올 것이다. 그리고 거짓말한 사람은 이런 일에 대해서 책임을 져야 할 것이다. 그러나 진실을 말했다면 그는 살 수 있었을 것이

---

102) J. Habermas, *Wahrheit und Rechtfertigung*, S. 225.
103) V. Hösle, "Größe und Grenzen von Kants praktischer Philosophie," *Praktische Philosophie in der modernen Welt*, S. 35 참조.

며, 또 그런 결과와 관계없이 나는 진실을 말할 의무를 행하는 것이다. 그런 의무를 수행하는 것은 정언명령이기 때문이다(AA VIII, 427).

물론 살인자 앞에서도 진실을 이야기해야 한다는 칸트의 설명을 둘러싸고 제기되는 여러 비판에 대해 칸트를 옹호하려는 시도가 존재한다. 그런 사람 중의 하나가 바로 충성스러운 칸트주의자인 회폐이다. 회폐는 콩스탕과의 논쟁에서 어떤 상황에서도 거짓말할 권리가 없다는 칸트의 주장은 도덕적인 엄격주의와는 무관하다고 본다. 그에 따르면 여기에서 칸트가 문제 삼는 것은 "권리 문제"이지 진실을 말해야만 한다는 덕의 의무와 관계되는 도덕적인 문제와는 상관이 없다. 더 나아가 사회를 불가능하게 만드는 것은 콩스탕이 생각하듯이 진실성의 의무를 무제한 타당한 것으로 간주하는 것이 아니다. 오히려 사회를 불가능하게 만드는 것은 바로 "거짓에 대한 권리 주장"이라고 강조한다. 이러한 비판 후에 그는 진실성을 권리 문제가 아니라 도덕적인 의무로 생각할 경우에 생기는 도덕적인 의무들 사이의 충돌 상황을 다룬다. 이 과정에서 회폐는 칸트는 이러한 상황의 가능성을 허용하지 않는다고 지적한다. 그럼에도 그는 도덕적 규범들 사이의 충돌을 해결할 수 있는 기준을 일반화의 준칙으로 설명한다. 그는 정직성의 의무와 곤궁에 처한 사람들을 도우려는 구제의 의무 사이의 갈등은 "보다 상위의, 보다 형식적인 원칙들"로써만 해결될 수 있다고 본다. 그러나 내가 보기에 회폐의 설명은 지극히 설득력이 모자란다. 도덕 규범들의 상호 충돌을 풀 수 있는 상위의 원칙이 과연 이 두 규범을 보편타당한 도덕적인 규범으로 인정하게 만드는 기준인 일반화의 원칙 자체로부터 그 타당성을 얻을 수 있는가 하는 것이 해명되어야 할 문제이기 때문이다. 그러나 자명한 것은 일반화의 원칙으로는 이러한 보다 상위의 원칙이 ― 회폐는 이러한 원칙이 무엇인지를 구체적으로 설명하고 있지 않다 ― 정당화될 수 없다는 점이다. 문제가 발생한 것은 바로 곤궁한 사람을 도우라는 구제의 의무와 진실해야 한다는 의무가 일반화의 원칙에 비추어 볼 때 모두 다 타당한 것으로 드러나기에 이 두 규범들 중 무엇을 선택할 수 있는가 하는 상황 때문이었음을 기억하자.[104]

칸트의 윤리학의 엄격주의는 인간 행동의 결과를 고려하지 않는다는 점에서 불충분하다. 그의 도덕이론의 엄격주의는 보편주의적인 도덕이론의 추구와 밀접한 연관이 있다. 나아가 도덕에 대한 예외의 인정이 도덕 자체를 파괴할 수 있다고 칸트는 걱정한다. 그래서 그는 다음과 같이 주장한다. "진실성은 계약에 근거한 모든 의무들의 기초로 보아야 할 의무이기 때문에, 만약에 우리가 진실성에 가장 사소한 예외라도 허용한다면 그 법칙은 동요하고 불필요해진다"(AA VIII, 427). 도덕적 의무의 예외를 허용하는 경우에 대한 지나친 염려와 보편주의 윤리학에 대한 열망은 칸트로 하여금 예외를 허용하는 것은 보편성을 파괴하는 것으로 자기모순에 지나지 않는다고 주장하게 한다(AA VIII, 430).

도덕적 의무에 대한 예외의 인정으로 자칫하면 도덕적 의무가 훼손될지 모른다는 염려는 어느 정도 수긍이 간다. 그러나 이런 염려가 아무리 정당하다 할지라도 도덕적 규범을 맹목적으로 이행해야 한다는 요구 역시 대단히 위험한 것이다. 더구나 도덕적 규범들의 갈등 상황은 도덕적 의무와 그렇지 않은 의무 사이의 선택의 문제가 아니다. 타인의 생명에 결정적인 해를 끼칠 수 있는 상황에서 그 사람의 생명을 보호해주어야 할 의무 앞에 있는 것이며, 동시에 진실해야만 한다는 도덕적 의무 사이에서 갈등하고 있는 것이다. 이런 상황에서 진실해야만 한다는 도덕적 의무가 무조건 타당하다는 생각은 사실상 무책임한 것에 지나지 않는다. 그래서 무고한 사람을 죽이려는 살인자 앞에서도 진실을 말하라는 칸트와 피히테의 엄숙주의적인 윤리학에 대해 헤겔은 "진리에 대한 교만하고 멍청한 신뢰"라고 꼬집는다. 헤겔이 보기에 이러한 상황에서 진실을 말한다는 것은 단순한 말이 아니라 이미 하나의 행동, 그것도 살인하려는 자에게 칼을 쥐여주는 행위나 다름없기 때문이다(Henrich, 118 이하).

이상에서 살펴본 것처럼 칸트 윤리학은 다양한 의무들 사이의 충돌을 해결하는 데 아무런 합리적 절차나 방법을 제공해주지 못한다는 헤겔의 비판은

---

104) O. Höffe, 앞의 책, S. 194 이하 참조.

적절하다. 그러므로 회폐와 같이 칸트를 무조건 옹호하려는 태도는 진지한 학문적 자세에서 나온 것이라고 보기 어렵다. 오노라 오닐에 의하면 칸트 윤리학은 서로 충돌하는 덕 사이의 갈등을 조정할 아무런 합리적 방안을 제공해주지 않는다는 비판을 덕의 윤리를 옹호하는 현대 학자들, 예컨대 버나드 윌리엄스(Bernard Williams)와 마사 너스봄(Martha Nussbaum) 들도 제기하고 있다. 그리고 오닐은 칸트 윤리학이 서로 다른 의무들 사이의 충돌을 조정할 수 있는 일반적인 절차를 제공하지 못한다는 비판은 상당히 적절한 것이라고 인정한다.[105]

도덕적 의무들 사이의 갈등 문제는 세계화의 시대라고 불리는 현시대에서 더욱 큰 의미를 지닌다. 다양한 도덕성 내지 가치 다원주의는 현시대의 거역할 수 없는 사실로 자리 잡고 있다. 그러나 세계적 차원에서나 개별 사회의 차원에서 이런 도덕적 다양성과 가치 다원성의 증대는 동시에 커다란 혼란과 갈등의 원천이 되기도 한다. 그런 점에서 도덕적 다양성의 문제를 어떻게 해결해야 할 것인가 하는 문제는 이론적·실천적으로 중대한 의미를 지닌다. 이미 롤스는 현대 민주사회의 특징을 "합당하지만 양립할 수 없는 포괄적인 교리들로 이루어진 다원주의"(a pluralism of incompatible yet reasonable comprehensive doctrines)로 규정한다. 롤스는 이 "합당하지만 양립할 수 없는 포괄적 교리들로 이루어지는 다원성의 사실—합당한 다원주의의 사실"(the fact of reasonable pluralism)을 아주 심각한 문제로 받아들인다. 그리하여 롤스는 현대 자유 민주사회의 특성인 합당한 다원주의의 사실이라는 조건 속에서 살아가는 "자유롭고 평등한 시민들이 상호 인정한 정의로운 사회를 한동안 안정시키는 것이 어떻게 가능한가?"라는 물음을 제기한다.[106] 롤스는 이런 문제를 해결하기 위해 1971년에 출판된 『정의론』에서처럼 정의의 원칙들이 "영원의 상 하에서"(sub specie aeternitatis) 정초된 것이라는 태도를 취하지 않는다.[107]

---

105) O. O'neil, 「칸트의 윤리학」, 『규범 윤리의 전통』, 피터 싱어 엮음, 김성한 외 옮김, 철학과 현실사, 2005, 63쪽.
106) 롤스, 『정치적 자유주의』, 장동진 옮김, 동명사, 1999, xxi 이하.

이제 그는 자유주의적 원칙들의 토대를 형이상학적으로 해명하려는 것이 아니라 "합당한 종교적·철학적·도덕적 교리들 사이의 중첩적 합의"를 이끌어낼 "정치적 정의관"을 구성하려고 한다.[108]

그렇다면 도덕적 의무들 사이의 충돌을 어떻게 해결할 수 있는가? 이 문제에 대한 답은 그리 쉽지 않다. 사르트르와 비슷하게 베버 역시 의무들 사이의 충돌을 합리적으로 해결하는 것은 불가능하다고 생각했다. 아니 그는 인간의 삶의 의미와 도덕적 문제들을 합리적으로 해결할 수 있다고 생각하지 않았다. 그는 합리성을 도구적 합리성으로만 파악했기 때문이다. 학문은 미리 설정된 목적을 어떻게 달성할 수 있는가에 대해서만 유용할 따름이다. 그래서 베버는 학문은 인간에게 가장 중요한 문제, 즉 '우리는 도덕적으로 무엇을 해야만 하는가?'에 아무런 답도 제시해줄 수 없기 때문에 의미가 없다는 톨스토이의 견해를 옹호한다. 합리성에서 실천이성의 가능성을 제외하고 나서 베버는 가치의 다원주의를 주장한다. "세계의 다양한 가치질서들이 서로 해소될 수 없는 투쟁 속에 있기 때문에 실천적 입장의 학문적 옹호는 원칙적으로 무의미하다"고 그는 주장한다. 이런 문맥에서 그는 가치 및 도덕의 다신교를 주창한다. 베버는 가치들 사이의 해소 불가능한 갈등을 "서구 근대 문명의 피치 못할 운명"으로 이해하면서 도덕적 물음들에 대한 유일한 대답으로 각자의 결단을 추천한다. 베버에 의하면 "각자는 자기에게 무엇이 신이고 무엇이 악마인지를 결정하지 않으면 안 된다."[109]

우리는 베버나 사르트르의 입장을 따를 필요가 없다. 도덕적 다양성 사이에서 발생하는 갈등의 해결 수단으로 비합리적 결단에 호소하는 태도나 가치들의 다원성의 현상에 직면하여 도덕적 물음들을 합리적으로 해결할 수 없다고 바라보는 입장은 그 자체로 설득력이 없다. 그뿐 아니라 그런 태도는 도덕적

---

107) 롤스, 『사회정의론』, 596쪽.
108) 롤스, 『정치적 자유주의』, 11쪽 이하.
109) 막스 베버, 『막스 베버 사상 선집 I. '탈주술화' 과정과 근대: 학문, 종교, 정치』, 전성우 옮김, 나남출판, 2002, 61쪽 이하.

의무들 사이의 갈등에 대한 적절한 해결 방안이 아니다. 이런 태도는 도덕적 관점들의 다양성이 심각한 갈등을 가져올 수 있다는 사실을 소홀히 생각하는 것처럼 보이기 때문이다.[110] 그런 태도는 가치들의 다원성 사이의 평화로운 공존을 가능하게 하기보다는 오히려 다양한 도덕성 사이의 극단적인 배제와 투쟁을 일으키는 데 기여하거나 그런 현상들에 대해 무기력할 수밖에 없기 때문이다. 그러므로 우리는 모든 인류에 적용 가능하고 모든 이성적 존재자들이 받아들일 수 있는 보편적 도덕 원칙을 추구하는 합리적 태도를 버릴 필요가 없다. 베버나 사르트르와는 달리 헤겔은 실천적인 문제들을 합리적으로 해결하려는 입장을 견지한다. 칸트의 의지의 자기규정 이념을 자신의 법철학의 기초로 삼는 헤겔은 칸트와는 달리 서로 다른 법적 권리 사이의 위계질서를 받아들인다. 이러한 가치들의 위계질서에 의거해서 헤겔은 도덕적·법적인 규범들의 예외 상황을 정당화하는 기준을 제시한다.

헤겔에 따르면 생명과 재산은 인간의 자유를 실현하는 데 없어서는 안 될 것이지만, 그럼에도 이 둘 사이에는 일정한 위계질서가 있다. 앞에서 긴급피난의 문제와 연관해서 살펴본 것처럼 헤겔은 생명을 재산의 자유를 위한 전제조건으로 이해한다. 생명이 없이는 재산권은 존립할 수 없다. 나아가 생명의 상실은 한 인격체의 완전한 소멸과 권리의 능력 전반의 소멸을 의미하지만, 재산권의 침해는 생명의 상실과는 달리 단지 권리의 제한적인 침해만을 의미한다. 그러므로 그는 이 둘 사이의 충돌이 발생하는 특정한 상황에서 보다 높은 가치인 생명을 위해 보다 낮은 가치인 재산권의 침해는 정당화될 수 있다고 간주한다. 이렇게 헤겔은 가치들의 위계질서에 대한 생각을 토대로 해서 도덕적 가치들 사이의 충돌에서 발생하는 도덕적 규범의 예외를 정당화할 수 있는 이론적 단초를 제공하고 있다.

생명에 관련된 긴급한 상황에서 이루어진 다른 사람의 재산권에 대한 훼손

---

110) 룩스는 도덕적 다양성에 대한 세 가지 반응, 즉 종족 중심적 반응, 합리주의적 반응 그리고 상대주의적 반응을 구분한다. 그는 이 세 가지 반응이 지니는 장단점에 대하여 논한다(룩스, 앞의 책, 34쪽 이하 참조).

은 단순히 도덕적 주장에만 관련되는 것이 아니라, 오히려 법적인 권리로서 간주되어야 한다는 헤겔의 주장이 대단히 획기적인 것이라는 점은 앞서 언급했다.[111] 헤겔이 특정한 상황에서 재산권의 침해를 법적으로 정당화하는 한, 그의 이론은 재산의 자유로운 처분을 개인의 기본적인 자유로 간주하여 사유재산권을 절대시하는 경향이 있는 자유주의와 분명한 거리를 취하고 있다. 경제적 빈곤으로 인해 많은 사람들이 인간의 사회생활에서 기본적인 자유의 하나로 이해되는 경제적 교환에 참가할 자유를 잃고 있으며, 사회적 빈곤은 자유의 가장 기본적인 전제조건인 생명의 박탈, 예컨대 자살과 같은 행위로 귀결될 수 있는 상황에서 그의 이론은 이러한 조건들을 해결하려는 국가의 적극적인 활동을 정당화하는 데 주요한 이론적 기초가 될 수 있다. 헤겔적인 객관적 관념론의 재생을 시도하는 회슬레는 헤겔 실천철학에서 가치들의 객관적인 위계질서에 대한 중요한 통찰들을 얻을 수 있다고 강조한다. 그에 따르면 인간의 생명이 재산에 비해 더 소중하므로 기본 재화가 없어 괴로워하는 사람들을 돕기 위한 광범위한 과세가 정당하다고 주장한다. 이와 연관해서 그는 재산의 사회적 구속성을 강조한다.[112] 실제로 빈부격차로 인한 사회적 불평등을 해결하고 사회 공동체의 통합을 유지하기 위해서는 사유재산권을 어느 정도 제한하는 것이 불가피하다. 독일의 기본법과 유사하게 현재 우리나라 헌법도 재산권의 사회적 성격을 강조하여 재산권의 행사에 일정한 제한을 설정하고 있다.[113]

---

111) 긴급권의 문제를 권리로 바라보는 헤겔의 입장에 대해서는 앞 장의 논의 참조.
112) V. Hösle, *Moral und Politik*, S. 797.
113) 우리나라 헌법 제23조 제1항(모든 국민의 재산권은 보장된다. 그 내용과 한계는 법률로 정한다)에서는 국민의 재산권을 보장한다. 동시에 헌법 제23조 제2항(재산권의 행사는 공공복리에 적합하도록 하여야 한다)은 재산권의 행사에 일정한 제약을 받는다는 점을 분명히 밝히고 있다. 재산권의 사회 구속성의 타당성과 그 제한 설정의 한계에 대해서는 허영, 『헌법이론과 헌법』, 박영사, 2000, 604쪽 이하 참조.

나가는 말

지금까지 우리는 칸트 윤리학에 대한 헤겔의 다양한 비판과 이의 제기들을 중심으로 칸트 윤리학의 한계점들을 살펴보았다. 이와 함께 나는 칸트 윤리학에 대한 헤겔의 비판이 어떤 점에서 학문적 타당성을 갖고 있는지를 분명히 하려고 노력했다. 이 과정에서 왜 그리고 어떤 점에서 헤겔의 실천철학이 칸트 윤리학을 넘어서는지가 뚜렷하게 드러날 것이라고 믿기 때문이다. 칸트 윤리학이 공허하며 추상적인 당위만을 주장하고, 도덕의 실현과 연관된 문제, 예컨대 인간 행동의 동기 문제에는 소홀하다는 헤겔의 지적은 칸트 윤리학만이 아니라 헤겔의 사회·정치철학을 이해하는 데도 아주 중요하다. 헤겔이 칸트 윤리학을 비판했기 때문에 헤겔 연구자들 사이에는 도덕에 관하여 칸트와 헤겔을 서로 대립하는 사상을 대변하는 철학자들로 이해하려는 경향이 강하게 존재한다. 칸트 윤리학의 여러 한계들을 비판적으로 고찰하고 헤겔 실천철학의 긍정성을 부각하려는 작업에서 나는 칸트 윤리학과 헤겔의 실천철학을 대립적인 것으로 간주하려는 해석의 흐름을 옹호하고자 하는 것이 아니다. 오히려 내가 염두에 두고 있는 것은 헤겔과 칸트의 실천철학의 공통적인 끈이 자율성의 이념에 있으며, 이러한 자율성의 이념을 헤겔이 칸트와는 다르게 발전시키고 있음을 보여줌으로써 헤겔을 칸트 윤리학의 정당한 계승자로 옹호하고자 하는 것이다.

칸트 윤리학의 한계들을 예리하게 파악하고 이를 극복하려고 시도하기는 했지만, 헤겔 역시 칸트 실천철학의 중요한 단초들을 모두 다 수용하여 자신의 사상 속에 용해시켜 소위 변증법적인 방식으로 지양(Aufhebung)하는 데 성공했다고 보기는 힘들다. 헤겔의 실천철학 역시 자체 내에 중요한 문제들을 미해결 상태로 남겨두었다. 그러므로 우리는 칸트와 헤겔 철학의 연구에 더욱 매진하여 그로부터 많은 것을 이끌어내야 할 것이다.

자율성의 이념에 기초한 보편주의적인 윤리학은 현대에도 매우 절실하게 요구되는 것이다. 전통이나 관습 그리고 신적인 권위에 대한 신앙은 인간의 도덕적 의무를 합리적으로 해명하려는 물음에 적절한 대답을 제공할 수 없다. 마찬가지로 합리적이고 보편주의적인 윤리학은 정치적 윤리학으로 확장되어야 한다. 그렇지 않다면 그것은 일면적일 것이기 때문이다. 보편적인 이념을 현실 속에서 살아 숨 쉬게 할 수 있는 여러 전제조건들을 반성하는 작업에서 우리는 특히 헤겔에게서 많은 것을 배울 수 있을 것이다. 따라서 칸트와 헤겔의 생산적인 대화의 시도는 현재의 실천철학을 발전시키는 데 중요한 기초가 될 것이라고 생각한다. 이러한 점에서 나는 "칸트와 헤겔을 더 잘 생각하는 것은 어떤 방식으로든 칸트나 헤겔과 다르게 생각하는 것"[114]이라는 폴 리쾨르(Paul Ricoeur)의 말에 전적으로 공감한다. 21세기의 인류에게 필요한 실천철학을 형성하는 과정에서 칸트와 헤겔 중에 양자택일하는 것보다는 칸트를 품고 있는 헤겔 혹은 헤겔을 품고 있는 칸트를 지향하는 것이 더 적절해 보인다.

---

114) 리쾨르, 『해석의 갈등』, 양명수 옮김, 아카넷, 2001, 449쪽.

제6장

근대 세계와 가족

들어가는 말

가족 제도에 대한 평가는 사람들마다 다를 수 있고, 또 실제 이론가들에 따라 그 평가는 극과 극을 달리하는 경우도 있다.[1] 그러나 가족 제도가 인류 역사에서 차지하는 역할의 중요성을 부인하는 사람은 없다. 가족은 가장 오래된 인간 사회 제도 가운데 하나이다. 이런 점에서 문화철학과 역사철학의 선구자인 이탈리아 철학자 잠바티스타 비코가 가족을 종교 및 매장의 풍습과 함께 인간을 동물과 구별하게 해주는 인간 문화의 근원적이고 보편적인 현상으로 파악한 것은 정당하다.[2] 즉 가족 제도는 원시 사회이건 발달된 문명 사회이건 간에 모든 인간에게 공통적인 현상이다. 대표적인 현대 사회학자인 기든스는 이러한 문화의 다양성 속에서 찾아볼 수 있는 인간 문화의 몇 가지 공통적인

---
1) 가족 연구의 다양한 학문적 접근에 대해서는 조정문·장상희, 『가족사회학』, 아카넷, 2001, 22쪽 이하 참조.
2) G. Vico, *Prinzipien einer neuen Wissenschaft über die gemeinsame Natur der Völker*, 2 Bände, übersetzt von V. Hösle und Ch. Jermann, Hamburg, 1990, S. 143 이하 참조.

특징들을 "문화적 보편자"로 규정한다.[3]

가족의 의미가 인간에게 중요하다고 하여 그 의미나 형태가 불변인 것은 아니다. 가족의 형태나 의미는 인류 역사 속에서 변화를 겪어왔다. 그리고 현대화 과정에서 가족의 형태와 의미는 큰 변화를 겪고 있다. 전통 사회와 현대 사회에서 가족의 형태나 의미는 서로 현저하게 다르다.[4] 그럼에도 현대 사회에서 가족 제도는 여러 가지 중요한 기능을 담당한다. 우리는 거의 모두 가족 안에서 태어나 생활하고 성장하여 생을 마감한다. 가족은 인류의 생물학적 재생산의 기능을 담당하고 있을 뿐 아니라, 사회적 재생산에서 중요한 역할을 담당한다. 특히 모든 인간의 정체성 형성에서 제1차 집단으로서 가족이 차지하는 결정적인 영향은 현대 사회에서도 지속되고 있다. 우리는 아직도 부모의 정성 어린 보살핌이 없이 자녀가 육체적·정신적 능력을 성장시키는 것을 상상할 수 없다. 많은 문제점과 한계에도 불구하고 자녀의 능력 발전을 가능하게 하는 사회적 제도로서 아직까지 가족 제도보다 더 나은 것을 발견할 수 없다. 이런 점에서 가족에 대한 철학적 성찰은 아주 중요하다. 현대 사회에서 가족 제도에 대한 논쟁은 주로 가족 내 양성 평등과 어린이들의 권리 보호 그리고 가족 제도의 다양성 보장 여부 등을 둘러싸고 진행되고 있다. 이런 논쟁에 대한 정확한 이해와 이를 기초로 한 보다 바람직한 가족 제도의 모습을 탐구하는 연구에서 근대의 가족 제도의 원리와 그 구조에 대한 인식은 필수적인 조건이다. 이런 점에서 근대의 가족 제도와 그 기본적인 구성 요소에 대한 가장 분명한 철학적 표현으로 간주되는 헤겔의 가족이론에 대한 천착은 가족 제

---

[3] A. Giddens, *Soziologie*, übersetzt von A. Kornberger, M. Nievoll und H. G. Zilian, Graz-Wien, 1995, S. 46.
[4] 예를 들어 기든스는 전통적인 가족은 경제 단위이자 친족 단위였지만, 현대 사회에서는 사랑이나 정서적 유대가 결혼의 결정적인 이유를 형성한다고 본다(『제3의 길』, 한상진·박찬욱 옮김, 생각의 나무, 1999, 146쪽 이하 참조). 이러한 차이에도 불구하고 머독(G. Murdock)은 성적 기능, 경제적 기능, 출산 기능 그리고 교육적 기능을 모든 문화에 보편적으로 나타나는 가족의 기능으로 파악한다(박민자, 「가족의 의미」, 『가족과 한국사회』, 여성한국사회연구회 편, 2001, 경문사, 5쪽 참조).

도의 논쟁에서 여전히 중요한 과제이다. 이 장에서 나는 헤겔이 어떤 점에서 가족 제도가 인간의 윤리적 삶에서 없어서는 안 되는 기본 구성 요소를 이루고 있다고 보는가를 명확하게 드러내 보이고자 한다. 동시에 헤겔 가족이론의 문제점들을 언급하면서 그 개선 방향을 검토해볼 것이다.

I. 근대의 원리인 주체성과 인륜성의 필연적 계기인 가족

근대(die Moderne)를 그 이전의 시대와 구별되는 독특한 시대로 규정할 때 중추적인 역할을 하는 개념은 자유 개념이다. 하버마스에 따르면 주체성을 근대의 원리로서 파악하고 '근대의 자기이해'를 철학의 '근본 문제'로서 이해한 최초의 철학자는 헤겔이다. 하버마스는 헤겔이 새로운 시대, 즉 근대의 원리를 주체성, 반성 그리고 자유로 이해하였으며, 이러한 개념에 의거하여 근대의 본질적 특성을 설명한다고 이해한다. 그는 헤겔의 이론에 입각하여 근대의 원리로 간주되는 주체성의 중요한 네 가지 함의를 강조한다. 이 네 가지는 바로 개인주의, 비판의 권리, 행위의 자율 그리고 관념주의적인 철학이다.[5] 이와 같이 근대의 원리는 정치적으로는 개인주의적인 자유주의로, 법적으로는 인간의 기본권 사상으로, 윤리적으로는 칸트에게서 가장 명료하게 발견되는 자기목적인 존재로서의 도덕적이며 인격적인 주체에 대한 이론으로 표현된다.

이렇게 근대 세계는 인간을 자기의식적으로 사유할 수 있고 자신의 삶의 의미를 스스로 결정하고 선택할 수 있는 존재로 이해하는 자율성의 이념에 입각하고 있다. 이 자율성의 이념은 헤겔에 이르러 역사 세계의 기본적 원리로서 간주될 뿐 아니라, 우주의 전 발전 과정과 연결되어 이해된다. 그는 그리스 예술을 소개하는 맥락에서 개인화 및 주체의 자율성의 증대 과정을 자연과 세계 역사의 과정과 매개하고 있다. "별은 자신의 간단한 법칙에 따라 소진되고, 그

---

5) J. Habermas, *Der philosophische Diskurs der Moderne*, Frankfurt, 1988, S. 26 이하 참조.

렇게 이 법칙을 나타낸다. 몇 가지 특정한 특성들은 이 돌 왕국에 형태를 부여한다. 그러나 이미 식물적 자연 속에는 다양하기 짝이 없는 형태들, 변화들, 혼합들, 이상(異狀)들이 헤아릴 수 없을 정도로 많이 등장한다. 동물적인 유기체들은 그들이 관계를 맺는 외부 세계와의 상호작용과 상이성을 더 높은 폭으로 보여준다. 마침내 우리가 정신적인 것과 그 현상들의 단계로 올라서면, 우리는 내면적 실존과 외면적 실존의 무한히 광대한 다양성을 발견한다."[6]

그러나 근대의 철학적인 원리에 대한 설명만으로는 근대 세계에 대한 종합적인 시각을 확보할 수 없다. 그러므로 근대 사회의 제도적인 측면을 분석할 필요가 있다. 헤겔은 이런 사실을 분명하게 인식하고 있다. 그는 고대와 근대의 차이점을 주관적인 자유의 유무로 파악하면서, 이러한 주관적인 자유의 긍정이 가족을 포함한 사회 전반에서 일어나는 다양한 변화의 양상들과 밀접한 관련이 있음을 강조한다. 그는 다음과 같이 주장한다. "주관적 자유의 권리는 고대와 근대의 차이에 있어 전환점과 핵심점을 형성한다. 무한한 이 권리는 기독교에서 천명되었으며, 세계의 새로운 형식의 일반적·현실적 원리로 만들어졌다. 이 원리에 가까운 형태들에는 사랑, 낭만적인 것, 개인의 영원한 신성이라는 목적 등등이 속한다. 그리고 도덕성과 양심이 속하며, 그 밖에도 일부분은 시민사회의 원리와 정치적 계기로서 등장하고, 또 일부분은 역사에 있어서, 특히 예술·과학·철학이 역사에 등장하는 다른 형식 등이 이에 속한다"(7, 233).

근대의 주체성 원리의 다양한 제도적 표현들을 헤겔은 객관정신 이론에서 중점적으로 다룬다. 주지하다시피 그의 객관정신 이론은 법철학과 역사철학으로 구성되어 있다. 이 객관정신의 영역은 헤겔 철학 전 체계에서 보면 정신이 자기 자신으로 복귀하는 과정의 한 국면을 이룬다. 정신의 자기복귀 내지 자기실현 과정은 자연과 인간의 역사적 세계를 매개로 하여 진행되며 예술, 종교 그리고 철학이라는 절대정신의 영역에서 그 정점에 이른다. 헤겔의 정신

---
[6] 14, 92 이하.

철학에서 중요한 점은 이성의 자기실현이 역사적인 세계를 매개로 해서만 가능하다는 그의 통찰이다. 이 객관정신 이론의 핵심 부분은 바로 소위 인륜성(Sittlichkeit) 이론이다. 인륜성의 이념으로 헤겔이 목표하는 것을 간단하게 두 가지 측면에서 말하면 다음과 같다. 첫째로 인륜성 이론은 인간을 고립된 개체들 사이의 경쟁적 관계로 협소하게 파악하는 근대의 개인주의적이고 공리주의적인 인간관을 비판하고, 인간을 근본적으로 타자와의 관계성 속에 놓여 있는 구체적인 인간으로 파악하려는 노력의 결과이다. 달리 말해 인간은 본질적으로 가족과 친구와의 관계 속에서, 직업단체의 구성원으로서, 그리고 시민적 공동체의 구성원으로서 비로소 의미 있는 정신적 존재로 성장할 수 있음을 보여주고자 하는 것이 헤겔의 인륜성 이론이다. 둘째로 헤겔의 인륜성 이념은 자유 실현의 장소를 타자와 맺는 관계의 다양한 형식 속에서 구체화하려고 시도한다는 점에서, 근대 사회의 규범적 이념인 자유가 지니는 추상성과 불확실성을 제거하려는 의미 있는 시도의 한 전형을 제공한다.

 근대 사회의 등장으로 인간은 그 이전 사회 속의 인간과는 달리 미리 정해진 신분적 억압이나 전통의 속박에서 해방된 자유로운 개인이 되었다. 그러나 이 모든 관계에서 해방된 개인이 획득한 자유는 동시에 끝없는 불확실성과 다양한 선택지 앞에서 자신의 정체성을 스스로 창조해야 한다는 너무나 버거운 과제를 해방된 개인들에게 던져주었다. 자연적 세계에서도, 전통과 신분에서도 벗어난 이 자유로운 개인은 어디에서 자신의 삶의 의미와 목표를 발견하고 안주할 수 있는가? 울리히 베크(Ulrich Beck)가 적절하게 지적하고 있듯이, 전근대 사회 속에서 살아가는 사람들의 삶은 가업, 마을 공동체, 고향, 종교에서 사회적 지위와 성별 역할에 이르기까지 철저하게 개인의 선택을 제약당하면서도 다른 한편으로는 "친숙함과 보호, 안정적인 자리매김과 확실한 정체성"을 제공받았다.[7] 그러나 근대의 개인들은 이러한 전통적인 결속을 억압 기제로 여기고 이를 철저하게 해체함으로써, 전근대 사회의 사람들이 지녔던 전통

---

[7] U. 베크 · 엘리자베트 베크-게른스하임, 『사랑은 지독한, 그러나 너무나 정상적인 혼란』, 강수영 외 옮김, 새물결, 1999, 94쪽 이하 참조.

적 결속에서 오는 삶의 안정성과 정체성을 다른 방식으로 획득해야만 하는 상황에 처하게 되었다. 그러므로 근대의 개인들은 그들에게 엄습해오는 삶의 의미의 상실감과 삶의 불안정감과 싸워야만 했다.

이렇게 볼 때 근대의 기본적인 세계관으로서의 개인주의와 공리주의가 공유하는 인간관, 즉 인간을 역사적·사회적 환경에서 철저하게 고립된 개체로 파악하는 개체주의적인 관점이 얼마나 인간에 대한 피상적인 접근 방식인가가 드러난다. 인간을 모든 연고나 관계에서 분리되고 추상화된 개체로 파악하는 근대의 개인주의는 근대의 신화일 뿐이다. 이 개인주의는 인간 삶의 진정한 모습에 대한 심대한 왜곡이고, 나아가 매우 위험하고 잘못된 결과를 가져올 수 있는 인간관이다. 예를 들어 개인주의적인 세계관이 인간 행동의 원인을 이기심에서 구하려는 공리주의와 밀접한 연관이 있다는 사실에서 그 위험성을 인식할 수 있다. 근대의 개인주의는 타자와의 관계를 도구적 관계로 파악하여 타자와의 근원적 관계에 대한 통찰을 흐리게 할 뿐 아니라, 인간 관계의 깊은 의미에 대한 이해를 파괴하고 인간 삶을 황폐하게 하기 때문이다. 헤겔의 인륜성 이론은 이런 문제점들과의 비판적 대결 과정 속에서 형성되었으므로 그것을 극복할 수 있는 이론적 단초를 제공한다.

객관정신의 분류에 의하면 인륜성은 가족, 시민사회 그리고 국가라는 세 가지 계기로 이루어져 있다. 헤겔에 의하면 가족은 "직접적 내지 자연적인 인륜적 정신"이고, 시민사회는 개별적인 주체가 자유롭게 자신의 이해관계를 형성하고 도모하는 "형식적인 보편성"으로 결합된 사회이다. 마지막으로 국가는 가족과 시민사회의 통일로서 인륜적 이념의 최고의 실현태이다. 이 세 계기는 인간의 자유가 그 고유한 내용을 획득해나갈 때 반드시 필요로 하는 매체이다. 즉 정신의 근본 규정으로 이해되는 자유의 실현은 많은 근대의 계몽주의자들이 생각하듯이 자기를 둘러싼 자연적·역사적 세계와의 근본적인 단절이나 추상 속에서 가능한 것이 아니라, 오히려 자기를 둘러싼 세계와의 상호작용을 통해서 가능한 것이다. 그런데 인륜성을 구성하는 가족, 시민사회 그리고 국가는 인간 개개인의 자유로운 삶의 실현을 위해 필요한 인간관계의 가장 기본적 형식들이다. 그러므로 헤겔의 인륜성의 세 가지 종류를 인간관계의 세 가지 양상으로 이해하는 아비네리의 관점은 설득력이 있다. 그는 가족을 특수한 애타주의, 시민사회를 보편적 이기주의, 그리고 국가를 보편적 애타주의로 규정한다.[8] 헤겔은 인륜적 관계의 최초 형태인 가족을 세 가지 구성 요소에 따라 분석한다. 가족을 구성하는 세 요소는 혼인, 소유와 재산 그리고 자녀의 교육 및 가족의 해체이다(7, 309).

II. 사랑과 혼인

헤겔에 의하면 사랑은 가족의 본질을 구성한다.[9] 가족은 정신의 "직접적 실체성"의 성격을 지닌다. 여기에서 정신의 직접성이란 그 자연적 특성이라는 계기를 강조하는 것이다. 그러므로 가족관계는 인간의 자연적 성질과 연관되어 있다(7, 307). 이런 점에서 가족에서는 사랑이란 감정이 중요한 계기로 등장한다. 즉 가족 구성원, 특히 혼인 당사자들 사이의 결합과 통일은 바로 사랑이란 감정에 기초하고 있다. 그리하여 헤겔은 사랑을 자연적인 형식을 띠고 있는 인륜이라고 본다(7, 307). 이것이 보편적 애타주의로 이해되는 국가와 다른 점이다. 국가에서 통일의 기초는 자연적인 감정이 아니라 이성의 표현인 법률이기 때문이다. 많은 사람들에게 사랑이란 현상은 통속적일 정도로 너무나 익숙한 것이어서 자명한 것으로 여겨질 수도 있다. 그러나 실제로 사랑은 쉽게 이해될 수 있는 현상이 아니다.[10] 헤겔에 의하면 "사랑은 지성이 해결할 수 없

---

8) S. Avineri, *Hegel's Theory of the Modern State*, p. 133 참조.
9) 헤겔의 철학이 발전하는 과정에서 사랑이라는 개념은 커다란 의미를 지닌다. 주지하듯이 프랑크푸르트 시기의 청년 헤겔에게서 사랑은 가족의 구성 원리 내지 인간들 사이의 감성적 관계 내지 행위라는 좁은 의미로 제한되어 있지 않았다. 그 당시에 사랑이라는 개념은 대단히 포괄적인 의미로 사용되었다. 이때 사랑은 모든 대립을 지양하는 통일의 힘으로 이해되었다. 이에 대해서는 L. Siep, *Anerkennung als Prinzip der praktischen Philosophie*, S. 38 이하 참조.
10) 사랑의 본질이 무엇인가를 정의하는 일은 결코 쉬운 일이 아니다. 그러므로 더글러스 모건

는 가장 힘겨운 모순"이다. 사랑은 사랑하는 사람이 더는 낯선 사람이 아니며, 그런 타자와의 관계 속에서만 자신의 의미가 확보될 수 있다는 느낌이기 때문이다. 두 사람을 이어주는 사랑하고 사랑받는다는 느낌이나 감정은 서로 고립된 개체로서 존재하는 것을 바라지 않게 한다. 이렇게 사랑은 개인의 독립된 인격성을 부정하면서 동시에 타자와의 결합에서 자신의 고유한 의미를 획득하는 이중적인 성격을 지닌다는 점에서 이해하기 힘든 모순으로 여겨지는 것이다(7, 307 이하). 그리고 서로 사랑하는 사람들은 서로가 공유하는 사랑의 감정과 느낌에서 출발하여 혼인이라는 관계에 들어간다. 여기에서 연인들은 그들 사이의 사랑의 정서를 지속할 수 있는 토대를 마련하는 것이다.

헤겔은 혼인에서 자연적 계기와 정신적 계기가 서로 결합되어 있는 것으로 파악한다. 그는 혼인이 "자연적 생명성의 계기를 내포"할 뿐 아니라, "정신적 통일" 혹은 "자기의식적인 사랑"의 계기를 지니고 있음을 강조한다(7, 309 이하). 전자는 인간의 자연적인 욕구의 하나인 성적 욕구의 충족과 함께 인류의 재생산을 가능하게 한다는 측면을 동시에 지닌다. 이와는 달리 후자에서 초점이 되는 것은 사랑하는 사람들 사이의 정신적 유대의 지속성이다. 이 정신적 유대가 바로 혼인관계 자체를 궁극 목적으로 삼는 기반을 형성한다. 사랑하는 사람들은 바로 혼인을 통해서 그들의 사랑과 신뢰를 자연적 충동의 일시성이나 우연성에 내맡기는 것이 아니라 의식적으로 이러한 관계를 유지하고 지속하려는 것을 목적으로 삼는다. 서로의 사랑의 관계를 지속적인 정신적 유대와 결합으로 승화하는 것을 목적으로 하는 것이 바로 헤겔이 이해하는 혼인에 내포되어 있는 "인륜적 요소"이다. 그러므로 그는 혼인의 객관적인 출발점으로 사랑하는 두 사람의 자발적인 동의를 들고 있고, 이러한 자유로운 동의를 "혼인이라는 통일 상태에서 하나의 인격을 형성하는 가운데 자신의 자연적이며

(Douglas Morgan)은 사랑의 본성에 대해 정의를 내릴 수 있다는 생각 자체를 거부한다(러셀 바노이, 『사랑이 없는 성』, 황경식 옮김, 철학과현실사, 2003, 354쪽 참조). 플라톤의 에로스에 대한 입장을 이해하기 위해서는 이상인, 「에로스와 욕구: 플라톤이 묻는 한국의 사랑」, 『전통과 현대』, 2000년 가을호, 58~74쪽 참조.

개별적인 인격성을 지양하고자 하는" 동의로 규정한다. 그가 혼인을 인륜적 관계로 파악하는 이유도 바로 혼인이 사랑이라는 감정의 요소나 성적 욕구의 충족이라는 자연적 계기로 환원되지 않는 고유한 특성이 있다고 보기 때문이다. 이렇게 헤겔은 혼인에서 인간의 자연적 감정에서 인륜적 감정으로의 이행의 필연성과 그 중요성을 강조한다. 이런 관점에서 헤겔은 혼인을 맺는 것을 인륜적인 의무 사항으로 규정한다(7, 310 이하 참조).[11]

헤겔이 남녀 사이의 사랑에 기초하여 자유롭게 형성된 인륜적 실체로 이해하는 가족은 철저하게 근대적인 의미의 핵가족 제도를 의미한다. 그러므로 그는 "재산이나 연고 관계 또는 정치적 목적에 따른 고려"가 혼인의 결정적인 요소인 사회를 비판한다(7, 310 이하 참조). 가족의 상속을 다루는 곳에서도 헤겔은 상속의 자유의 보편성을 강조하면서 아들을 위해서 딸을 혹은 장남을 위해서 그 밖의 자식들을 상속권에서 배제하는 상속권 제도를 "혈통이나 가계를 위주로 한 생각"에 바탕을 둔 것으로 비판한다(7, 333). 헤겔은 혼인관계로써 형성된 가족이 가계나 혈통보다 더 우선한다고 강조하며, 부부와 자식을 가족의 본래적인 핵심으로 간주한다(7, 324 이하).[12]

위에서 살펴본 것처럼 헤겔은 사랑과 혼인을 자연적 욕구에 기초한 결합에서 정신적 연대로 이행하는 계기로 이해한다. 이러한 입장은 자연과 정신에 대한 그의 통찰과 밀접하게 관련되어 있는 것으로 보인다.[13] 즉 자연적 감정

----

11) 혼인을 윤리적인 의무로 파악하는 헤겔의 입장은 현대 사회에서 전적으로 받아들이기는 힘들다. 그러므로 독신을 인륜적인 의무에 반하는 것으로 보는 그의 견해(12, 457 참조) 역시 시대 제약적인 주장으로 받아들여야 할 것이다. 다만 혼인을 하면 이에 수반하는 도덕적 의무가 존재한다는 식으로 이해해야 할 것이다.
12) 물론 핵가족이 근대 사회의 전형적인 가족 제도로 간주되어야 하는지에 대해서는 다양한 이론이 존재한다. 그러므로 소위 근대적인 핵가족과 전근대적인 확대가족의 대비는 요즈음의 새로운 연구 결과에 의해 많은 도전을 받고 있다. 이에 대해서는 조정문·장상희, 앞의 책, 64쪽 참조. Siegfried Blasche, "Natürliche Sittlichkeit und bürgerliche Gesellschaft. Hegels Konstruktion der Familie als sittliche Intimität im entsittlichten Leben," *Materialien zu Hegels Rechtsphilosophie*, Bd. 2, S. 333, 주석 31 참조.
13) 자연적 욕구의 억제와 인간 정신의 발현 사이의 상호성에 주목하여 볼 때, 결혼 제도가 지니는 억압성의 측면을 지나치게 강조하는 일부 급진적 여성해방론자들의 입장은 일면적임을

에서 정신적·인륜적 결합으로의 이행에서 우리는 정신은 자연의 진리라는 헤겔의 기본 입장을 다시 확인하는 셈이다. 헤겔에 의하면 자연은 이념의 타자이다. 자연은 논리적이며 이념적인 존재로서 스스로를 자각하고 있지는 않으나, 자연의 근저에는 논리적이며 이념적인 것이 존재한다는 것이다. 이렇게 이념은 자연에 내재하고 있고, 이런 자연의 이념적 규정성을 인식하는 것이 바로 자연의 목적이며, 이것은 자연을 매개로 하여 정신적 존재의 형성과 이의 지속적인 발전을 통해서 비로소 실현되는 것이다. 자연과 인간의 유한한 정신, 그리고 인간의 사회적·역사적 세계의 구성 원리로서의 이념은 이러한 자연과 역사 세계를 매개로 하여 자기의식을 완성하는데, 헤겔은 인간의 정신 세계를 통해서 완성되는 정신의 자기의식의 획득을 이념의 자기 자신으로의 귀환으로 이해한다.[14]

위에서 서술한 혼인에 대한 견해에 따라 헤겔은 그 당시에 많은 영향력을 행사한 다양한 혼인에 대한 생각들을 비판적으로 검토한다. 우선 그는 혼인에서 인간의 자연적인 성적 욕구의 만족을 주된 것으로 파악하려는 자연법적인 전통을 비판한다.[15] 물론 자연적인 성적 욕구의 충족은 인류의 재생산을 가능하게 해주는 측면이라는 점에서도 인간 생활에서는 필수 불가결한 요소이다.[16] 그러나 남성과 여성의 사랑을 이러한 성적 욕구의 충족이라는 관점에서

알 수 있다.
14) 8, 64 참조. 헤겔의 자연과 인간 정신 사이의 내적인 연관성에 대한 강조에서 우리는 데카르트 철학에 의해서 파괴된 아리스토텔레스적인 생명과 의식 사이의 연결과 함께 이성적 존재로서의 인간과 여타 다른 생명체들 사이의 연속성의 사상이 다시 등장하고 있음을 확인할 수 있다. 이에 대해서는 테일러, 『헤겔 철학과 현대의 위기』, 44쪽 이하 참조.
15) 헤겔은 혼전 성관계를 부정적인 것으로 평가하고 있으나 이는 현대 사회에서 받아들이기 힘든 관점이다. 요즈음은 자위행위를 비윤리적 행위로 간주하지 않고 성적 즐거움을 주는 중요한 방법으로 받아들일 뿐 아니라, 성적 감응성(responsiveness)을 개선하는 방법의 하나로 남녀 모두에게 적극 장려하고 있는 실정을 감안한다면 혼전 성행위의 부정적인 판단이 얼마나 현대 사회에 낯선 것인가를 어렵지 않게 알 수 있다(기든스, 『현대사회의 성·사랑·에로티시즘』, 배은경 외 옮김, 새물결, 2001, 46쪽 참조).
16) 물론 현대 사회에서 과학 기술의 급속한 발전은 인류의 재생산이 반드시 임신을 통해서만 가능하다는 기존의 견해를 뒤집고 있다. 즉 현재 인류는 피임을 통해서 임신을 인위적으로 조

만 이해하는 것은 사랑에 대한 불충분한 접근이다. 아무리 인간의 성적 욕구가 자연적인 본능임을 인정한다고 할지라도, 타자를 오로지 자신의 성적 욕구의 충족이라는 관점에서 바라보는 것은 칸트 식으로 표현해서 타자를 수단으로, 즉 물건으로 간주하는 것에 지나지 않는다. 사랑은 자연적인 감정을 기초로 해서 성립하지만, 이러한 결합을 통해서 등장하는 새로운 차원, 즉 인륜적 감정과 유대감의 형성이라는 차원과도 결합되어 있다. 사랑은 자유의 실현에서 그 정점에 이르는 정신의 도야 내지 형성 과정에서 중요한 계기를 이룬다. 그러므로 헤겔이 보기에 사랑과 결혼의 제도를 통해서 인간은 자연적인 존재에서 정신적·사회적 존재로 발전해가는 터전을 마련하는 것이다. 다시 말해 사랑에 기초한 혼인은 자연과 문화의 구별의 기초이고, 그러므로 단순히 자연적인 성적 욕구 충족의 관점에서만 바라보는 자연법적인 관점은 한계를 지니는 것으로 드러난다.

둘째로 헤겔은 혼인의 본질을 오로지 사랑에서만 구하려는 낭만주의를 비판한다(7, 310). 이 입장은 사랑을 혼인과 동일시하는 것이다. 이 견해가 한계를 지니는 이유는 바로 이것이 혼인을 오로지 감정으로서의 사랑이라는 우연적인 성질로 해소하기 때문이다. 그러나 이 견해는 두 인격적인 존재 사이에 싹트는 애정을 혼인의 출발점으로 삼고 있다는 점에서, 개인의 자유와 자기주장을 내세우는 근대의 주관적 원리와 연관되어 있다. 그리고 사랑을 혼인의 출발점으로 바라보는 견해는 혼인을 재산이나 정치적 목적을 달성하기 위한 것이거나 출세를 위한 연고의 수단으로 보는 몰주관적이고, 그런 의미에서 비도덕적인 참담한 상황에서 해방된 것이기도 하다. 이와 같이 헤겔은 사랑과 결혼이란 타인에 의해서 부여되거나 강요되는 것이 아니라, 인간의 자연스러운 감정에 기초하고 있음을 인정한다. 동시에 그는 결혼에서 결혼 당사자들의 자유로운 의사가 결정적인 의미를 지닌다는 점을 강조함으로써, 그의 가족이

절할 수 있을 뿐 아니라, 시험관 아기나 복제 기술에 의해서 남녀의 성관계 없이도 인류를 재생산할 수 있는 가능성을 획득하게 되었다. 이러한 결과 인간의 성생활에서 일어나는 혁명적인 변화에 대해서는 기든스, 앞의 책, 62쪽 이하 참조.

론이 주체성으로 이해되는 자유를 모든 것의 원리로 간주하는 근대 세계의 지평 속에 놓여 있음을 분명하게 보여준다.

그러나 사랑이라는 감정과 혼인을 동일시하는 것은 혼인의 지속성을 담보하기에 불충분한 것이다. 사랑의 감정이 지니는 우연성을 혼인이라는 제도와 이 제도를 유지하려는 정신적이고 도덕적인 의무로 승화하지 않는다면, 우리는 그 어디에서도 인간의 삶에서 필요한 정서적인 유대감이나 신뢰, 친밀성과 같은 소중한 자산을 형성할 기회를 찾기 어렵게 된다. 모든 인간은 사랑, 친밀성, 상호 신뢰의 관계망 속에서 자신의 정체성을 전개할 수 있는 터전을 마련하며 그 속에서 비로소 자연적 존재자에서 이성을 지닌 인격체로 성장한다. 그러므로 헤겔은 혼인을 "법적 효력을 지니는 인륜적 사랑"이라고 규정하고, 이러한 혼인을 매개로 하여 사랑의 일시적이고 변덕스러운 상황을 극복하고자 하는 것이다. 이런 입장에서 헤겔은 자유연애를 주장하는 당대의 낭만주의적인 연애관을 비판한다. 이와 연관해 그는 슐레겔의 소설 『루신데』(*Lucinde*)에 등장하는 자유연애에 대한 생각이나 즉흥적이고 열정에 사로잡히는 사랑의 감정에 대한 찬양을 지극히 부정적으로 평가한다. 헤겔에 의하면 이런 낭만주의적인 사랑관은 "엽색을 일삼는 자에게나 어울리는" 것이다(7, 317 이하).[17]

마지막으로 살펴볼 것은 혼인을 남성과 여성의 계약으로 이해하는 칸트에 대한 헤겔의 비판이다. 헤겔이 혼인을 남성과 여성의 계약에 의한 결합으로 바라보는 시각을 비판한다고 해서 그가 결혼 당사자들의 자율적인 입장을 부인하거나 배척하는 것은 아니다. 헤겔 역시 "두 인격의 자유로운 동의"(7, 310)를 혼인 및 가족관계의 출발점으로 간주한다. 그러나 그는 혼인을 계약 관계로 파악하는 것을 거부한다. 그에 의하면 국가의 본성과 마찬가지로 혼인은 계약 관계로는 제대로 이해될 수 없다(7, 157 이하). 칸트는 실제로 그의 『도덕

---

17) 셀라 벤하비브(Selya Benhabib)는 슐레겔의 소설 『루신데』를 "여성의 종속과 당대의 표리부동한 성적 태도를 나란히 보여줌으로써, 독립적인 두 인간의 완성이야말로 진정한 사랑이라는 유토피아적 이상을 말해준 비판적인 텍스트"로 규정한다(「헤겔, 여성과 역설」, 『페미니즘 정치사상사』, 캐럴 페이트먼・메리 린든 쉐인리 엮음, 이남석・이현애 옮김, 도서출판 이후, 2004, 232쪽).

형이상학』에서 혼인을 계약에 바탕을 둔 것으로 주장한다.[18] 헤겔은 혼인이나 국가를 계약 관계로 보는 것은 이들을 원자화된 각 개인들의 임의적인 결정이나 동의에 기초해서 접근하는 것에 지나지 않는다고 본다.[19] 사회계약론에 대한 그의 비판이 과연 정당한 것인지는 여기에서 상세하게 다룰 수 없다. 다만 여기에서 지적해두어야 할 것은 헤겔은 계약을 인격체가 사물을 소유하는 권리를 주장하는 것에 관계된 영역에 국한한다는 점이다. 혼인이나 가정생활이 각 개인들의 고유한 정체성 형성에서 없어서는 안 되는 내재적인 의미를 지닌다는 점을 망각하지 않는다면, 인간관계를 단지 도구적인 관점에서 바라보는 것은 현실에 대한 왜곡된 관점일 뿐 아니라, 궁극적으로는 자기파괴적인 시각에 지나지 않기 때문에 계약이론을 혼인이나 국가에 적용해서는 안 된다는 것이다. 마찬가지로 혼인은 사랑이라는 감정에 기초하고 있고, 혼인을 구성하는 인격체의 자율적인 선택에 기초하고 있다고 할지라도, 혼인은 헤겔이 보기에 정신적인 결합이다. 정신적인 결합으로서의 혼인은 각 당사자들에게 혼인관계를 계속 유지하고, 현실 속에서 등장하는 여러 문제들을 함께 사려 깊게 헤쳐나갈 의무를 부여한다. 예를 들어 혼인은 인륜적인 제도로서 정신적 결합체이기에 이 혼인관계를 파탄에 이르게 할 행위를 자제하고 배우자에 대한 신뢰와 믿음을 유지시키기 위해 노력할 의무를 혼인 당사자들에게 요구하고 있는 것이다.

위에서 살펴본 바와 같이 헤겔은 성적 욕구의 만족이나 각 개인의 자유로운 사랑의 감정으로 환원될 수 없는 인륜적인 제도로서 가족의 독자적인 의미와 역할을 강조한다. 그러므로 헤겔이 이혼의 자유를 비교적 엄격하게 제한하려는 것은 우연한 일이 아니다.[20] 헤겔은 혼인을 "그 자체로 해소될 수 없는" 것으로 간주한다(7, 315). 이 주장은 이혼의 불가능성을 선언하는 것이 아니다.

---

18) AA VI, 277 이하 참조.
19) 이런 헤겔의 사회계약론에 대한 입장이 정당한지, 그리고 헤겔의 칸트 실천철학에 대한 비판이 얼마만큼의 정당성과 중요성을 지니는지 지금 여기서는 상세하게 다룰 수 없다.
20) 헤겔과는 달리 피히테는 결혼한 부부 쌍방이 양해하는 경우 이혼은 허용되어야만 한다고 주장한다(Fichte 3, 337 참조).

그는 혼인의 해소 불가능성을 혼인은 해소될 수 없는 것이어야만 한다는 의미에서의 당위로 이해한다(7, 330). 그러므로 그는 이혼의 자유를 배제하지 않는다. 그는 이혼의 문제를 가족의 해체를 다루는 항목에서 취급한다. 가족의 해체는 이혼에 의한 것과 가족의 구성원인 자식들이 성년이 되어 새로운 가정을 구성함으로써 발생하는 해체와 부모의 죽음으로 인한 자연적인 해체로 구별된다(7, 329 이하). 헤겔에 따르면 이혼의 가능성은 사랑과 혼인의 감성적인 기초에 있다. 혼인의 감성적인 계기를 구성하는 사랑이나 상호 친밀성이나 믿음은 영구히 지속되는 것이 아니기 때문에 혼인은 해체될 수 있는 것이다. 이런 감성적인 계기의 하나가 바로 간통과 같은 현상이고, 헤겔 역시 이혼의 사유로서 배우자의 간통을 열거한다(7, 330).[21]

이혼의 자유를 철저하게 긍정하고 혼인을 혼인 당사자들의 자유로운 판단에 입각한 것으로 보는 많은 현대인들에게는 이혼의 자유를 긍정하면서도 인륜적인 제도로서의 혼인을 유지시키기 위해 이혼의 자유를 되도록 제한적으로만 인정하려는 헤겔의 태도가 불만스러울 것이다. 실제로 세계의 많은 나라에서 이혼의 자유는 광범위하게 인정되고 있다. 이런 경향은 근대 사회에서 지배적인 범주로 등장한 개인주의의 확산과 밀접하게 결합되어 있다. 그러나 일시적인 기분이나 적대적인 증오심 때문에 이혼을 하는 것을 비판하는 헤겔로서는, 성격의 차이로 이혼을 하는 행위는 참으로 납득하기 힘든 현상일 것이다. 그리고 사랑의 감정만을 강조하면서 부부 사이의 애정 상실만으로도 이혼 사유가 된다고 보는 입장은 그가 보기에 혼인에 대한 일면적인 접근 방식의 부정적인 결과에 지나지 않는다. 실제로 결혼 생활에서 부부 사이의 애정이 중시되는 풍조로 인해 미국 사회에서 '낭만적 이혼의 신화'가 조장되었다는 연구 결과가 있다. 이 낭만적 이혼의 신화는 낭만적인 사랑을 결혼의 기초로 간주하기 때문에, 서로 사랑하지 않는 사람은 "자유, 자아 발견 그리고 새로운 사랑을 찾아서 즐거운 마음으로 헤어져야 한다는 생각을 의미한다." 그

---

21) 피히테는 국가가 간통을 처벌할 수 없다고 주장한다. 그뿐 아니라 그에 의하면 국가는 성매매도 법적으로 금지할 수 없다(Fichte 3, 279).

리고 이런 결혼에 대한 낭만적인 태도는 1970년대 미국 사회의 급속한 이혼율의 증가에 큰 영향을 끼쳤다.[22] 현대 사회에서 등장하는 이러한 상황들 이외에도 이혼율의 급속한 증가로 인한 다양한 사회적 문제를 경험하고 있는 오늘날, 이혼의 자유의 폭을 지나치게 넓게 인정하는 태도는 결국 가족 제도 독자적인 의미와 기능을 약화시키고 가족의 해체를 손쉽게 하는 것은 아닌가 하는 헤겔의 고민을 전혀 이해 못 할 바는 아닐 것이다.[23]

III. 가족의 재산과 자녀 교육

가족은 왜 일정한 재산을 소유해야만 하는가? 헤겔이 보기에 재산은 인륜적 삶의 기초로서 가족의 유지를 위해서 필요하다. 사랑이라는 가족원들의 내적인 통일 이외에도 가족의 통일을 유지하는 데는 재산이 필요한 것이다. 나아가 가족의 유지에는 자녀 양육과 교육이라는 요소가 들어 있다. 이런 활동을 위해서도 가족의 경제적 여유는 당연히 필요하다. 소유를 통해 인격체가 그 추상적 상태를 벗어나 구체성을 띠는 것과 마찬가지로, 재산이 없는 가족은 인격적인 결합체로서 지속할 수 없다.

모든 인간은 동등하게 존중받아야 하고, 인간의 생명의 가치는 국적이나 신분의 차이에 따라 달라지는 것이 아니라는 근대의 보편주의적인 인식과 법적 매체로써 이것을 보장하려는 시도는 서구 근대가 이룩한 업적의 하나이다. 헤겔 역시 자유로운 인격적 주체로서 인간의 보편적 평등의 이념을 받아들인다. 이런 차원에서 그가 어린 자녀들 역시 법적 주체라고 이해하는 것은 지극히 당연한 일이다. 그리고 어린 자녀들은 양육되고 교육받아야만 한다. 이는 부모의 단순한 도덕적 의무가 아니다. 어린 자녀들은 양육되고 교육받을 권리를 지닌 주체라는 것이 헤겔의 입장이다(7, 326). 그는 다음과 같이 주장한다. "자

---

22) 조정문·장상희, 앞의 책, 275쪽 참조.
23) 그렇다고 내가 이런 헤겔의 입장을 전적으로 수긍하는 것은 아니다.

녀들은 본래 즉자적으로 자유로운 존재이며, 그의 생명 또한 오로지 이와 같은 즉자적 자유를 만끽하려는 직접적 현존재일 뿐이므로 결코 그들은 타인에게나 양친에게도 물건으로 소속되는 것이 아니다"(7, 327). 어린아이의 권리에 대한 긍정은 유아 노동의 비판과 결합되어 있다. 헤겔은 부모가 어린아이들의 노동을 통해 이익을 추구하려 해서는 안 된다고 강조하면서, "국가는 어린아이를 보호할 의무가 있다"고 말한다.[24]

이런 보편주의적인 인간의 존엄성에 대한 근대적인 옹호와 달리 고대 그리스에서 가족의 구성원인 여성과 자녀들 그리고 가족의 노예들은 자유민들과는 달리 아무런 자유도 향유하지 못했으며, 단지 가장의 소유물에 지나지 않았음을 아리스토텔레스의 가족에 대한 견해에서 분명하게 알 수 있다. 아리스토텔레스는 가장인 남성 자유민과 부인과 자녀들의 관계를 지배와 피지배의 관계로 이해하고 있다.[25] 고대 그리스 시대에 가장이 자식들에 대해 지니는 권위는 처음에는 거의 무제한적이었던 것 같다. 가장은 "자식이 어릴 때는 아무 거리낌 없이 그들을 집 밖에 내다 버릴 수도 있고, 다 컸을 때는 잘못을 하거나 반항한 아들을 공동체에서 내쫓을 수도 있다"고 한다. 즉 "아버지와의 관계에서 아들은 의무만 있을 뿐, 어떠한 권리도 갖지 못했다"고 한다. 에릭 도즈(Eric R. Dodds)에 의하면 이런 상황은 솔론이 특별한 보호 장치를 도입한 기원전 6세기까지 아테네에서 지속되었다.[26]

헤겔은 자녀들을 법적 주체로 인정하고 그들을 양육되고 교육받을 권리의 주체라고 본다. 이런 입장은 독일 관념론의 틀 내에서 볼 때도 대단한 의미를 지닌다. 어린이에 대한 헤겔의 관점은 독일 관념론의 다른 대표적인 철학자들인 칸트 및 피히테와 비교했을 때 진보적이기 때문이다. 예를 들어 칸트는 『도

------

24) G. W. F. Hegel, *Vorlesungen. Ausgewählte Nachschriften und Manuskripte*. Bd. 1, S. 107.
25) 아리스토텔레스, 『정치학』, 1259a 이하 참조. 아리스토텔레스는 심지어 국가가 출산해야 하는 아이의 수나 불구 아동의 양육을 법으로 의해서 규제해야 한다고 생각한다(같은 책, 1335b 참조).
26) 도즈, 『그리스인들과 비이성적인 것들』, 주은영·양호영 옮김, 까치, 2002, 53쪽 이하.

덕 형이상학』의 법론(Rechtslehre)의 사법(das Privatrecht)을 '물권법'(Sachenrecht), '인격권법'(persönliches Recht) 그리고 '물적 종류의 인격권법'(ein auf dingliche Art persönliches Recht)으로 나눈다. '물적 종류의 인격권법'이라고 표현되는 것으로 칸트는 가족관계와 연관된 권리를 염두에 두고 있다.[27] 여기에서 칸트는 하인을 가족의 구성원으로 긍정할 뿐 아니라, 여성과 자녀를 사법상의 주체로 인정하지 않는다. 이런 사고방식을 헤겔은 강하게 비판한다. 그는 '추상법'에서 로마법의 분류와 함께 칸트 식의 분류를 비판한다. 법적 주체는 항상 인격이고 모든 인간은 인격으로서 물건에 대한 권리를 지닌 평등한 존재이기 때문이다(7, 98 이하). 뒤에서 좀더 자세히 살펴보겠지만 헤겔은 여성에게도 사법상의 주체로서 배우자의 선택권, 이혼권과 상속권을 인정한다. 그러나 피히테는 어린 자녀는 법적인 주체가 아니며, 따라서 어린 자녀들에 대해서 권리를 말할 근거가 없다고 주장한다. 심지어 그는 어린 자녀를 살해하는 행위 역시 도덕적으로 대단히 비난받아 마땅한 행위일지라도 법적 근거에 비추어 보아 위법은 아니라고 주장하기까지 한다.[28]

자녀들이 양육되고 교육받아야 할 인격적 존재라는 생각은 헤겔에게서 단순한 법적 주장에 그치지 않는다. 그가 생각하는 가족에 대한 관점은 바로 부모와 자녀 사이의 관계 속에서 비로소 자녀들이 정신적인 존재로서, 자율적인 인격적 주체로서 성장할 수 있는 터전이라는 관점과 밀접하게 연결되어 있다. 이런 가족의 특성으로 인해 헤겔은 가족을 계약 관계로 바라보는 입장을 비판하는 것이다. 그에게 가족은 자녀들이 스스로 자립적인 정신적 주체로서 성장할 수 있는 필연적인 조건이다. 그러므로 부모와 자녀 사이의 사랑과 신뢰를 바탕으로 한 가정생활이 없이는 자녀들은 결코 자연적인 존재에서 벗어나 "자립성과 자유로운 인격"으로 성장할 수 있는 능력을 키울 수 없다(7, 327). 이런 가족에 대한 생각은 인간이 고립된 존재로서는 결코 자유롭고 이성적인 주체로 성장할 수 없고, 타자와의 연관과 의존 속에서 비로소 주체로 성장할

---

27) AA VI, 271 이하 참조.
28) Fichte 3, 356 이하 참조.

수 있다는 것을 의미한다. 인간은 본래적으로 타자와의 만남 속에서 비로소 정신적 존재가 될 수 있는 존재이다. 이런 타자는 현대의 사회학자 미드의 말을 빌리면 '의미 있는 타자' 혹은 '일반화된 타자'이다. 이 의미 있는 타자의 세계관을 자신의 것으로 내면화하는 과정 속에서 우리는 세계를 독자적으로 대할 수 있는 능력을 키우는 것이다.[29]

가족 제도에서 자녀 교육의 의미에 대한 헤겔의 강조는 주목할 만하다. 그는 교양(Bildung)을 인간의 자유의식의 점진적 형성 과정으로 본다. 즉 인간이 스스로를 자유로운 주체로 인식하는 과정이야말로 인류 역사의 본질을 형성하는 것이다. 인간이 자유로운 존재로 자기를 자각해나가고 이를 여러 가지 제도를 통해 실현하는 과정은 인간의 자기형성 내지 자기도야의 과정에 다름 아니다. 인륜성 철학에서 다루어지는 가족, 시민사회 그리고 국가라는 제도들은 인간이 자유의식을 획득하는 과정에 없어서는 안 되는 계기들이다. 인륜적 세계의 일원으로 성장하고 활동함으로써 비로소 인간은 정신적 존재로 거듭나고 이를 기초로 하여 정신적 존재로서 자신의 내적인 본질인 자유를 현실적으로 향유할 수 있기 때문이다. 따라서 헤겔은 교양을 "절대자의 내재적 계기"(immanentes Moment des Absoluten)로 규정한다. 교양은 단순히 주어지는 것이 아니라 고단한 노력과 타자와의 연관 속에서 힘겹게 획득되는 것이며, 이런 교양 과정을 통해 비로소 정신적인 존재는 자신을 드러내는 것이다. 그러므로 교양은 이성과 자유를 그 근본 규정으로 삼고 있는 절대자의 자기실현 과정에서 없어서는 안 되는 계기이다. 정신과 교양의 상호공속성에 대한 헤겔의 관점에서 볼 때, 자연 상태에 대한 이상화와 함께 교양을 인간의 삶에서 불필요한 것으로 여기는 관점에 대해 왜 그가 비판적이었는지 쉽게 이해할 수 있다(7, 343 이하 참조).

---

[29] 20세기의 위대한 정치철학자 롤스 역시 가족의 자녀 양육의 역할을 강조한다. 그는 "자녀들이 폭넓은 문화 속에서 도덕적으로 발전하고 교육을 받을 수 있도록 보장하기 위해 자녀들을 양육하고 보호하는 것을 합당하고 효과적인 방식으로 수행하는 것"을 "가족의 중심적 역할"로 본다(『만민법』, 장동진 외 옮김, 이끌리오, 2000, 248쪽).

교양이 절대자의 내재적인 계기이고, 이 절대자의 자기실현이 반드시 인간의 정치·사회적 세계를 매개로 한다고 볼 때, 인간은 자신의 내적인 본질을 실현하기 위해 가족, 시민사회, 정치적 공동체라는 세 가지 구성 요소로 이루어지는 인륜적 세계에 귀속해야 함은 당연한 것이다. 우리는 이미 헤겔의 인륜성 철학의 핵심적인 통찰을 간략하게나마 살펴보았다. 반복해서 말하자면 인간은 가족의 구성원, 시민사회의 구성원 그리고 특정 국가의 구성원으로서 비로소 자유로운 삶을 영위할 수 있기 때문에, 인간의 자유에 대한 이념과 인간이 속해 있는 그리고 인간의 자율적인 삶을 구체적으로 가능하게 해주고 있는 의미 지평들, 즉 가족이나 정치적 공동체에 대한 도덕적 의무나 연대성은 상호공속하고 있다. 이러한 의미에서 볼 때 공동체는 개인들에게 단순히 외적인 강제성을 띤 제도가 아니다. 가족, 종교 그리고 언어적인 공동체는 인간의 자기의식, 즉 자유의 이념이 실현될 장소인 동시에 그 가능조건이다. 여기에서 가족 제도가 왜 인간의 의미 있는 삶에 반드시 필요한가 하는 물음에 대한 헤겔의 대답이 발견된다. 간단하게 말해 가족은 인간이 자유를 그 근본 규정으로 하는 정신적 존재로 성장해나가는 가장 기초적인 토대라는 점에서 윤리적인 의미를 지니는 것이다.

　이렇게 헤겔의 정치철학을 해석할 때, 가족이나 정치적 공동체에 귀속함으로써 자신의 자유로운 삶의 토대를 형성해나가는 인간에 대한 그의 묘사는 칸트의 자율성 이념의 포기가 아니라 오히려 그 이념의 철저한 승화임을 알 수 있다. 헤겔이 적절하게 지적하는 것처럼, 인간의 정치적 공동체의 타당성이 고립적으로 존재하는 각 개인들 사이의 사회계약에서 도출되지 않듯이 가족의 의미 역시 그러하다. 여기에서 우리는 자율과 타인에 대한 의존 혹은 타율은 겉보기와는 달리 서로 배타적인 것이 아님을 잊지 말아야 한다. 타인과의 성공적인 상호작용을 통해서만 사람들이 일관된 자아 정체성을 발전시킬 수 있다는 사실에서 우리는 자신이 속한 공동체나 의미 있는 타자와의 관계에 대한 도덕적 의무의 원천을 발견하게 된다.

　현대에 발달한 정신분석 이론은 자율적 개인으로의 성장이 얼마나 지난한 과정인가를 보여준다. 프로이트의 심리학은 한편으로는 인간이 자기의식의 주인이 아니며, 무의식에 규정당하고 있음을 보여줌으로써 데카르트 이래로 모든 의미의 근원이라고 여겨지는 의식을 철저하게 의문시한다. 동시에 프로이트 심리학은 반성철학에 크게 기여한다. 그의 이론은 추상적인 의식의 확실성을 극복하고 삶의 표현들의 매개를 통해 참다운 반성적 의식을 확보할 수 있다는 철학과 통합될 수 있기 때문이다.[30] 현대 심리학의 통찰에서 타자에게 전적으로 의존하는 유아에서 스스로의 힘으로 의미 있는 삶을 영위할 수 있는 자율적인 인간으로 성장하기 위해 타자들과의 긍정적인 경험이 필수 불가결한 것임을 알 수 있다. 헤겔 역시 어린이 교육의 기초는 사랑과 신뢰임을 강조한다. "어린 시절의 인간은 사랑과 신뢰가 감도는 분위기 속에서 부모와 함께 지내야만 하며 또한 이때야말로 그의 가장 고유한 주관성으로서 다름 아닌 이성적 요소가 싹트지 않으면 안 된다"(7, 329). 이렇게 가족에서의 생활이 어린이들에게 이성적 존재로 자랄 수 있는 고유한 터전임을 강조하면서 헤겔은 양육 과정에서 어머니의 역할을 특별히 강조한다. "윤리란 것이 우선은 감각적으로 어린이에게 심어지지 않으면 안 되기 때문이다"(같은 곳). 나아가 그는 부모에 대한 어린이들의 복종과 공손함은 그 자체가 목적이 아니라 자유로운 인격적 존재로 성장하기 위한 수단의 의미로서만 허용된다고 본다(7, 327).[31]

헤겔은 가족의 재산 및 자녀 교육 문제를 다룬 뒤 가족의 해체라는 주제로

---

30) 프로이트의 심리학이 어떤 점에서 의식철학에 대한 비판이면서 동시에 그것과 연결될 수 있는가에 대해서는 폴 리쾨르, 『해석의 갈등』, 제2장 해석학과 정신분석학 참조.
31) 유아들에게 일차적인 양육자들의 자상한 보살핌과 배려가 안정된 자아 정체성의 기반을 형성하고 있음을 강조하는 많은 연구 결과들을 무시할 수 없다. 유아기 때에 자기에게 가장 가까운 사람, 대부분의 경우 어머니에 대한 기초적인 신뢰 관계를 경험하지 못하고서는 인간은 거의 자기 자신에 대한 믿음과 신뢰를 지닐 수 없는 불안한 존재이다. 인간은 나면서부터 장기간 타인의 보살핌이 필요한 연약한 존재이다. 이러한 측면에 대한 상세한 연구를 우리는 위니캇(D. W. Winnicott)의 이론에서 찾아볼 수 있다(『놀이와 현실』, 이재훈 옮김, 한국심리치료연구소, 1997, 111쪽 이하 참조. 현대 사회에서 나타나는 가족 형태의 다양성 증가나 이혼과 별거 가족, 편부모 가족의 증가가 지니는 문제점은 유아기 시절에 유아에게 장래 능동적이고 창조적인 활동의 능력과 자기 정체감의 형성의 전제조건인 부모와 자녀의 안정적이고 지속적인 정서적 유대감을 파괴할 수 있다는 것이다.

이행한다. 그가 열거하는 가족의 해체에는 세 가지 종류가 있다(7, 329 이하), 이혼과 윤리적 해체, 그리고 자연적 해체가 바로 그것이다. 이혼이란 사랑이라는 감성의 계기로 형성된 결혼의 특성 때문에 발생하는 가족의 해체이다. 결혼 당사자들의 윤리적 해체란 자녀들이 성년이 되어 새로운 가족을 이룸으로써 이루어진다. 성인이 되어서 새로 가족을 구성하는 사람들은 독립적인 인격체로서 자신의 가족을 사회적 삶의 가장 기초적인 토대로 인정하여야 한다. 즉 새로 형성된 가족은 독립된 가족으로서 이 가족은 가족 구성원에게 실체적인 의미를 띠게 되는 것이다. 그러므로 그 이전의 가족은 부차적인 의미가 되는 동시에 혈통이나 가계는 어떤 권리도 인정받지 못한다. 앞에서 말한 대로 가족을 구성하는 것은 결혼하기로 결심한 당사자들의 선택의 문제일 뿐 아니라, 결혼은 본질적으로 가계나 혈통과는 무관하게 인륜적 사랑을 기초로 하는 것이다. 여기에서 헤겔의 가족이론의 특성이 다시금 분명하게 드러난다. 즉 그의 가족이론은 철저하게 근대적인 핵가족을 기반으로 하며 동시에 이 핵가족 제도를 도덕적으로 가장 바람직한 것으로 정당화한다.

가족의 자연적 해체는 부모, 특히 아버지의 죽음으로 발생한다. 자연적 해체로 인해 발생하는 문제로는 가족 재산의 상속 및 유언의 권리가 있다. 유언의 문제에서 특기할 만한 사항은 헤겔이 유언의 유효성을 제한적으로 인정한다는 점이다. 고인의 자의가 "유언 작성의 권리를 위한 원리"가 되어서는 안 되는데, 특히 "그의 자의가 가족의 실체적 권리에 위배될 경우에는 더욱 그러하다"(7, 298 이하). 여기에서 헤겔이 염려하는 것은 유언자의 권리를 폭넓게 인정할 경우 유언이 재산을 둘러싼 갈등을 일으켜 이로 인해 가족의 인륜적인 관계를 약화시킬 수 있다는 가능성이다. 상속 문제에서 주목해야 할 것은 헤겔이 여성과 자녀의 상속 권리를 부정하는 로마법을 잔혹하고 비윤리적인 것으로 비판한다는 점이다. 그가 보기에 아들을 위해서 딸을, 혹은 장남을 위해서 나머지 자식들을 상속권에서 제외하는 것은 "소유의 자유의 원리"에 어긋난다. 그러므로 그는 상속권의 평등을 긍정하면서 "재산의 자유와 상속권의 평등"에 기초해서 인륜적 관계로서의 가족이 더 "잘 유지 보존"될 수 있다고

강조한다(7, 333 이하).[32]

가족에서 시민사회로의 이행은 가족이론의 마지막 부분을 형성한다. 인간이 인격이라는 것은 인간의 근본 규정이다. 그러므로 헤겔은 인간이 자유로운 인격으로 양육된 뒤에는 자립적인 인격으로서 가족의 품을 떠나 새로 독립된 가정을 이루는 것이 필연적임을 강조한다. 이렇게 하여 "인격의 원리에 의해" 다양한 가족으로 분화된다. 이 다양한 가족들은 서로 외면적인 관계를 맺기에 이르는데, 이런 상황을 헤겔은 가족의 인륜적 통일의 단계에서 벗어난 "구별의 단계"(die Stufe der Differenz)로 규정한다. 이 단계에서 형성되는 것이 다름 아닌 시민사회(die bürgerliche Gesellschaft)이다.

IV. 헤겔 가족이론의 문제점들

지금까지 헤겔의 가족이론의 특성을 자율적인 인간의 자기실현에 필연적인 계기가 되는 가족 제도의 규범적이고 윤리적인 측면에서 살펴보았다. 아래에서는 헤겔 가족이론의 문제점들을 여성관, 일부일처제 그리고 가족 내 폭력 문제를 중심으로 다루고자 한다. 이와 같은 문제들은 헤겔 당시에는 그렇게 심각한 문제는 아니었다. 이런 점을 감안한다고 하더라도 헤겔 이후에 전개된 가족에 대한 연구와 현재의 가족 제도를 둘러싼 논쟁들을 염두에 둘 때, 양성평등이나 가족 내 폭력 문제 그리고 일부일처제와 가족 제도의 다양성 문제들을 검토하지 않는다면 헤겔의 가족이론에 대한 서술은 충분하지 않을 것이다. 나는 헤겔의 이념에 비추어 볼 때 이하에서 다루어지는 문제들을 해결할 방법

---

[32] 물론 헤겔은 지주 계층은 상속의 평등 원리가 적용되지 않는 예외적 영역으로 이해한다. 그는 토지 귀족에 한해서 재산이 오직 장남에게만 양도되어야만 한다고 주장한다(7, 478 참조). 상속의 평등권에 관한 이런 제약 설정에 대해 벤하비브는 헤겔 자신이 "다른 부분에서 옹호했던 이데올로기, 즉 아무런 방해 없이 재산과 상품을 자유롭게 거래해야 한다는 일반적인 부르주아 이데올로기에 맞서 프로이센 지주 계급의 역사적인 이해관계를 지지"하고 있다고 비판한다(벤하비브, 앞의 책, 주석 19, 223쪽 이하).

이 무엇인지 그리고 그의 가족이론에서 어떤 점이 시대적 제약이며 보충되고 교정되어야 하는지를 밝힐 것이다.

우선 헤겔의 여성관의 문제점이다. 그는 여성과 남성의 자연적 규정인 생물학적 차이에서 "지적 혹은 윤리적 의의"를 이끌어낸다(7, 318). "지적 혹은 윤리적 의의"란 간단하게 말해 여성과 남성의 자연적인 규정의 차이에 상응하여 여성과 남성의 지적인 능력 및 덕의 특성이 다르게 형성된다는 것을 의미한다. 지적인 측면과 윤리적 측면이 어떻게 성의 자연적인 규정의 차이와 연결되어 있는지를 살펴보자. 헤겔이 보기에 남성은 "자각적 존재로서 인격적 독립성과 자유로운 보편성을 인지하고 욕망하는 것으로 스스로를 양분하는" 특성을 지니는 데 반해, 여성은 "실체적인 것을 구체적인 개별성과 감정의 형식을 통하여 인지하고 또 의욕하는" 존재이다(7, 318). 달리 말해 남성은 적극적인 활동의 주체로서 공적인 영역이나 학문과 같은 보편적인 것과 관련된 일에 적합한 존재이다. 이에 반하여 여성은 우선 감성적인 존재로서 개별적인 것에서 자신을 발견하는 수동적인 존재이다. 이런 점에서 헤겔은 남자를 동물에 그리고 여자를 식물에 비유하기도 한다(7, 319 이하). 이렇게 그는 여성을 감성적이며 변덕스러운 존재이며 합리적인 사유 능력이 부족한 존재로 묘사한다.[33]

남녀 양성에 대한 평가는 다음 세 가지 중요한 결론의 이론적 배경이 된다. 첫째로 헤겔은 여성은 "보편적인 것을 요구하는 고도의 사학이나 철학 및 일정한 예술 창작에는 적합하지 않다"고 본다(7, 319). 둘째로 남성과 여성의 위계적 평가에 의거하여 그는 공적 활동에서 여성을 배제한다. 여성에게는 정치적인 것과 공적인 영역을 담당하는 데 필요한 지적·도덕적 능력이 발전되어 있지 않다. "만약 여자가 정권을 이끌어갈 경우에는 국가가 위태로워질 수 있으니, 여자란 보편성이 요구하는 바에 따라서 행동하기보다는 우연한 애정이나 속견에 따라서 행동하기 때문이다"(7, 320). 마지막으로 지적되어야 할 것은 여성은 사회적·정치적 활동에 적합하지 않다는 관점과 여성은 육아나 가사

---

33) 피히테에서도 여성에 대한 남성의 우월적 지위에 대한 적극적인 긍정이 나타난다(Fichte 3, 308 이하 참조).

노동에 가장 적합한 존재라는 관점은 서로 보완하는 관계에 있다는 점이다. 헤겔 역시 가정생활에서 남성과 여성의 생물학적 성차에 기초한 노동 분업을 전적으로 옹호한다. 그는 여성을 아이들을 낳고 양육하며 보살피는 어머니이자 가사를 돌보는 사람으로 규정한다. "여자의 고유한 영역은 가족이다."[34] 이와 달리 남성은 정치적 활동을 하는 주체이며, 가족의 생계를 부양할 책임이 있는 가장으로 규정된다. 헤겔이 여자의 대표적인 덕목으로서 가정에 대한 경건한 마음가짐을 강조하는 이유도 여기에 있다(7, 319). 종합적으로 말해 여성은 "가정 내에서 자기의 실체적 규정을, 그리고 가정에 대한 경건한 마음가짐을 통하여 자신의 인륜적 지조를 간직"해야 할 존재이다(7, 319).

이상에서 살펴본 바와 같이 헤겔의 가족이론은 남성 중심적 가부장주의를 벗어나지 않는다. 그는 가족 제도를 시민사회 및 국가와 더불어 인륜성의 구성 요소로 인정한다는 점에서 여성이 정치적 공동체를 위해서 중요한 역할을 하고 있음을 부인하지 않으면서도, 여성은 정치적 활동에 적합하지 않다는 이유로 여성을 정치적·공적 세계에서 배제하고 있다. 그리하여 그의 가족이론은 "남성 지배체제의 철학적 대변에 불과하다"는 비판을 받을 소지가 있다.[35]

헤겔은 일부일처제를 정상적인 가정으로 가정한다. 그는 다음과 같이 말한다. "혼인은 본질적으로 일부일처제이다. 혼인관계를 맺고 거기에 자기를 맡기는 것은 인격, 즉 직접적이며 배타적인 개별성이거니와 그러므로 혼인관계의 진실성과 내실(실체성의 주관성의 형식)은 오직 이 인격의 분리되지 않은 서

---

34) Ilting IV, 444.
35) 김정희, 「헤겔: 객관적 관념론과 성·사랑·가족」, 『가족철학』, 강선미 외 지음, 이화여대 출판부, 1998, 216쪽. 김정희는 헤겔의 남성과 여성의 구별이 "남녀의 본성이 근본적으로 다름을 전제하는 이데올로기 또는 사상"인 "성 이원론"에 속한다고 본다. 그러나 이 주장은 지나치다. 모든 인간이 자유로운 인격적 존재라는 자율성의 이념이 헤겔 가족이론의 전제조건이다. 다만 그는 이러한 이념적 토대에서 출발하면서도 그 당시의 가족 제도의 관행을 가장 이상적인 형태로 간주한 나머지 남녀의 가정 내 성 분업을 긍정하고 있을 뿐이지, 그가 남성과 여성의 본성의 근본적 차이를 긍정하고 있는 것은 아니다. 이정은은 헤겔의 여성관이 여러 문제점들을 안고 있으나 여성과 남성의 동등한 차원을 지니고 있음을 밝히고자 노력한다(「인륜적 공동체와 헤겔의 여성관」, 『한국여성철학』, 한국여성철학회, 2001, 113쪽 이하 참조).

로의 헌신에 의해서만 생겨나는 것이기 때문이다"(7, 320). 이 인용문이 표현하고 있듯이 일부일처제는 자율적·독립적인 이성적 존재라는 인간관에서 볼 때, 이들 평등한 인격적 존재의 대칭적이고 상호적 관계를 보장하는 제도라는 점에서 그 타당성을 인정받는다. 즉 일부일처제의 정당성의 기초는 "이성 능력과 자유의 개념"인 것이다(7, 322). 일부일처제를 이렇게 정당화하는 동시에 헤겔은 이 가족 제도를 "공동 사회의 인륜적 기초를 다지는 절대적 원리의 하나"로 규정한다(7, 320). 여기에서 우리는 그가 일부일처제를 도덕적 이념에 적합한 정상적인 가정의 형태로 생각하는 것을 알 수 있다. 물론 일부일처제에 대한 강조가 진보적 측면을 지니고 있다는 점을 망각해서는 안 된다. 일부일처제는 혼인 당사자들의 독자적인 인격성의 원리를 보장한다. 헤겔은 일부일처제의 도덕적 규범성에 대한 입장에서 축첩 제도의 부당성을 비판한다. 이 축첩 제도가 부당한 것은 사람을 자연적 충동의 만족 수단으로 전락시키기 때문이다.

앞서 언급한 것처럼 칸트조차도 여성을 사법적 주체로 인정하지 않는다. 서구에서도 근대 이전, 예를 들어 고대 그리스나 로마 시절에 여성은 자립적인 인격적 주체로서 대우받지 못하고 단지 재산의 일종으로 여겨진 것이 일반적이었다. 그래서 그들은 당시에 결혼 상대자를 스스로 선택할 권리도, 이혼할 권리도 그리고 자신의 성적 욕구를 자유롭게 분출할 자유도 갖고 있지 못했다. 그러나 헤겔이 여성을 남성과 동등한 인격적 주체로 인정하면서 여성에게 결혼 선택의 자유 및 이혼의 권리 그리고 재산 상속권 등을 인정하고 있음은 이미 앞에서 언급했다. 그는 일부다처제나 일처다부제와 같은 가족 제도 역시 도덕적으로 정당한 제도로 긍정하지 않을 것이다. 이런 가족 제도에서는 일부일처제에서와 같은 당사자들 사이의 상호적이고 대칭적인 관계가 형성되기 힘들 것이기 때문이다. 헤겔이 보기에 일부일처제의 필연성과 정당성은 이 가족 제도가 평등한 인격적 주체로서의 남성과 여성의 관계를 보장할 수 있다는 의미에서 남성과 여성의 참다운 관계를 가능하게 할 유일한 가족 제도라는 사실에 기인한다.[36]

일부일처제를 정상적인 가정으로 보는 견해는 요즘의 가족 형태의 다양성 현상과 상당한 거리감이 존재한다. 우리는 전통 사회에서 현대의 산업사회로 이행하는 과정 혹은 전근대에서 근대로 이행하는 과정에서 가족에 대한 이해와 가족의 형태가 혁명적으로 변했음을 알 수 있다. 이런 변화의 추세는 20세기 후반에 들어와 인류의 역사에서 찾아보기 힘든 미증유의 전면적인 변화로 이어지고 있다. 에릭 홉스봄(Eric Hobsbawn)은 『극단의 시대』에서 가족 해체를 우리 시대가 겪고·있는 가장 커다란 문화혁명으로 묘사한 바 있다.[37]

현대 사회 가족 형태의 다양성에 기대어 일부일처제의 정당성을 판단하는 것은 합당하지 못한 것이 아닌가 하고 혹자는 반문할지 모른다. 실제 그렇다면 이 논변은 분명 '자연주의적 오류 추리'라는 비판에 직면하게 될 것이다. 그러므로 헤겔의 가족이론이 전제하는 주장, 남성과 여성이라는 생물학적 차이에 기초한 일부일처제의 가족 제도가 규범적으로 가장 옳은 것이라는 주장을 어떻게 볼 것인가 하는 문제가 대두된다. 나는 인간의 자유의 보편성을 긍정하는 헤겔 정치철학의 토대에서 볼 때, 생물학적 성차에 기반을 둔 일부일처제만이 유일하게 정당한 가족 형태라는 그의 추론은 틀린 것이라고 생각한다. 그 자신이 강조하듯이 자연은 결코 정당성의 기초가 아니기 때문이다. 내가 보기에 자유롭고 이성적인 주체로 이해되는 모든 인간의 존엄성과 이에 대한 동등한 존중의 원리의 긍정과 이의 구체적인 실현의 제도적 조건들에 주목하는 헤겔 법철학의 근본 이념은 현대 사회에서도 타당하다. 그러므로 헤겔의 일부일처제에 대한 입장은 기독교적 전통이 규정하던 당대의 서구인의 일반적 입장을 절대화한 데서 생기는 오류로 보아야 할 것이다.[38]

....
36) Ilting IV, 446 참조. V. Hösle, *Moral und Politik*, S. 852 이하 참조.
37) 홉스봄, 『극단의 시대: 20세기의 역사 하』, 이용우 옮김, 까치, 1997, 399쪽 이하 참조. 또한 기든스는 확대가족과 다른 친족 집단의 약화, 배우자의 자유 선택의 증가, 결혼 주도나 가족 내 의사 결정에서 여성 권리의 보다 폭넓은 인정 그리고 어린이의 권리 확대 등을 오늘날 전 세계의 대다수 사회에서 발생하고 있는 가족과 연관된 가장 중요한 변화들로 언급한다(기든스, 『현대사회학』, 김미숙 외 옮김, 을유문화사, 2003, 170쪽 참조).

그런데 사랑의 능력은 인간의 가장 고귀한 능력의 하나이다. 사랑이라는 정서적 유대감과 그 경험이 인간의 의미 있는 삶의 근원적 토대가 된다는 사실은 의심의 여지가 없다. 다른 사람의 아름다움에 반하고 그를 위해서 자신의 모든 것을 헌신하는 마음의 자세, 그리고 타인에게 받는 사랑과 그로부터 솟아나는 배려와 다양한 형태의 정서적 일치감을 통해서 자신이 얼마나 소중하고 가치 있는 존재인가를 확인하는 경험이 없다면 그런 삶은 참으로 온전한 삶이라고 말할 수 없을 것이다. 그런 점에서 사랑을 주고받는 행위의 가능성에 대한 차단은 사실상 인간의 자기실현의 근원적 원천을 훼손하는 것이나 다름없다. 이런 사랑관은 앞에서 살펴본 헤겔의 그것과 다르지 않다. 헤겔은 사랑을 인륜적인 삶의 필수적인 구성 요소로 간주하기 때문이다. 즉 사랑의 경험은 인간의 사회적 관계 속에서 삶을 자유롭게 구성하는 데 필수적인 전제조건이 되는 것이다. 호네트가 적절하게 지적하고 있듯이 헤겔에게 "사랑하는 관계 속에서 성숙한 최초의 상호인정 관계는 이후의 모든 정체성 발전의 필연적 전제"가 된다. "이 인격 관계는 개인의 특수한 성향을 인정하고, 따라서 각 개인에게 포기할 수 없는 자기신뢰를 갖게 하기 때문이다."[39] 이렇게 사랑이 인간의 삶의 영역에서 차단되거나 방해되어서는 안 되는 본질적 차원을 구성하고 있다는 사실에 동의한다면, 동성애자들에게서 인간의 삶에서 가장 경이적인 경험의 하나인 사랑을 주고받을 수 있는 가능성을 박탈하는 행위가 얼마나 야만적인 것인가를 이해하기는 어렵지 않다. 그런 점에서 게이들이나 레즈비언들의 "권리와 의무가 질서 정연한 가정생활과 아이들의 교육과 양립할 수

---

38) 중동 지역의 일부다처제에 대한 인류학적 분석에 의하면 중동의 지리적 조건이 커다란 요인으로 작용했다. 특히 중동은 높은 기온으로 인해 영아나 유아의 사망률이 매우 높을 수밖에 없었고, 기후의 악조건 속에서도 영아나 유아가 죽지 않고 살아남을 수 있는 유일한 방법은 어머니의 젖이었다고 한다. 중동 지역에서 태어난 아이가 죽지 않고 살아남기 위해서는 어머니의 젖을 적어도 2년간을 먹어야 했는데 그사이에 어머니가 임신을 하면 젖이 나오지 않기에 일부다처제가 필요했다고 한다. 어머니의 젖은 영아나 유아들에게 기후의 악조건에서도 살아남을 수 있는 항생력을 길러주었다(이광규, 「해설: 죄의 문화와 수치 문화」, 루스 베네딕트, 『국화와 칼』, 김윤식·오인석 옮김, 을유문화사, 2005, 386쪽 이하 참조).
39) 호네트, 『인정투쟁』, 84쪽.

있다면, 이 권리와 의무는 충분히 받아들여질 수 있다"는 롤스의 주장은 헤겔 가족이론이 현대화된 한 형태로 볼 수 있다.[40]

마지막으로 지적되어야 할 사항은 헤겔이 가족의 어두운 면에 대해 많은 관심을 기울이지 않는다는 점이다. 그는 가족 내에 존재하는 다양한 비합리적이고 심지어 억압적인 측면을 소홀히 한다.[41] 가족은 항상 사랑과 상호 이해로 가득 차 있는 공간만은 아니다. 다양한 형태의 갈등 구조와 권력 관계가 가족 내에도 엄연히 존재한다. 기든스는 가족관계가 가족 구성원들을 절망적인 상태로 빠트리는 '어두운 측면'이 존재한다고 강조한다. 그에 의하면 가정은 "현대 사회에서는 가장 위험스러운 장소"로서 통계 수치로 볼 때 "남녀를 불문하고 어느 연령층의 사람이라도 밤중의 길거리에서보다 집 안에서 신체적 공격을 당할 확률이 훨씬 높게 나타났다."[42] 그는 가정생활에서의 억압적이고 어두운 측면의 대표적인 것들로 근친상간과 같은 아동에 대한 성추행 그리고 아내를 구타, 학대하는 등 가족 내 폭력을 들고 있다.[43] 가정 폭력은 아내에 대한 남편의 신체적 폭력에 국한되지 않는다. 아동은 육체적 폭력에 광범위하게 노출되어 있으며, 자식이나 손자에 의한 노인 구타나 학대도 가족 내에서 많이 발생한다. 이런 주제들은 비교적 최근에 많은 사람들의 관심 사항으로 등장하고 있을 뿐 아니라, 학문적 탐구의 주제가 되고 있다. 실제 가정 폭력은 사소한 문제가 아니다. 가정생활이 인간의 삶에서 차지하는 영향이 지대한 만큼 그 속에서 벌어지는 이런 부정적인 면들은 이를 직접 경험하는 당사자들에게 일생 동안 치유하기 어려운 깊은 내면의 상처를 입힌다. 나아가 가정 폭력은

---

40) 롤스, 『만민법』, 248쪽 주석 60. 물론 나의 주장은 롤스가 그의 가족이론을 헤겔 이론의 발전으로 생각했다는 것을 뜻하지 않는다. 다만 롤스의 이론이 헤겔의 정신에 입각한 현대적인 가족이론의 한 전형을 보여준다는 것이 나의 생각이다.
41) 가족 연구에서 가족생활에서의 어두운 면을 소홀히 하는 것은 최근까지 일반적 현상이었다. 예를 들어 미국에서 발간되는 유명한 가족 연구 학술지인 *Journal of Marriage and the Family*에 1939년부터 1970년까지 게재된 논문 제목에 '폭력'(Violence)이란 단어를 사용한 논문 제목은 한 편도 존재하지 않는다는 보고가 있다(조정문·장상희, 앞의 책, 342쪽 참조).
42) 기든스, 앞의 책, 187쪽.
43) 같은 책, 183쪽 이하 참조. 물론 헤겔 역시 근친상간의 금지를 주장한다(7, 321 이하).

사회 폭력과 연결되어 있다. 가정 폭력의 원인을 사회의 구조와 문화에서 구하려는 사회문화적 이론에 의하면 "폭력이 만연한 도시의 슬럼에서 살고 있거나, 남성다움을 지나치게 강조하여 남성의 공격적 폭력 행위를 묵인 내지 조장하는 문화" 속에서 자란 사람들이 가정 폭력의 가해자가 될 가능성이 크다.[44] 이런 부분에 대한 진지한 고민이 없는 헤겔의 가족이론은 완전하다고 볼 수 없으며 교정을 필요로 한다.

나가는 말

지금까지 헤겔 가족이론의 중요한 측면들과 그 의미, 그리고 몇 가지 문제점들을 가족 제도의 윤리적 정당성의 관점에 입각하여 살펴보았다. 헤겔에 의하면 가족 제도의 규범적·윤리적 정당성의 기초는 모든 인간이 가족의 삶을 매개로 하여 비로소 자율적이고 정신적인 존재로서 의미 있는 삶을 영위하는 데 필요한 능력을 키울 수 있다는 데 존재한다. 나아가 그의 가족이론은 부모와 자녀로 구성된 핵가족과 양성의 결합에 기초한 일부일처제를 가장 기본적인 가족의 형태로 간주한다는 점에서 근대적인 가족이론의 전형을 보여 준다. 헤겔의 가족이론은 모든 인간의 인격적 주체성의 원리에 입각하여 배우자의 자유로운 선택의 권리, 여성의 재산 상속권과 이혼의 권리 및 자녀들의 교육에 대한 평등한 권리 등을 긍정하고 있다는 점에서도 근대적이다. 그러나 이러한 가족의 모습은 변화된 현대 사회에서 많은 문제점들을 드러내고 있다. 우리는 위에서 헤겔의 가족이론이 지니는 시대 제약적인 측면들을 살펴보았다. 그러나 어떤 위대한 사상가도 시대 제약성의 한계를 완전히 극복할 수는 없다. 또한 어떤 이론을 현실에 부합하지 않는다 해서 배제하는 것은 능사가 아닐뿐더러 진지한 학문적인 자세도 아니다. 그러므로 우리는 헤겔

---

44) 조정문·장상희, 앞의 책, 363쪽.

가족이론의 철학적 기초인 자유의 이념을 포기하지 않으면서, 어떻게 현대적인 문맥에 맞는 가족의 이론과 형태를 발전시킬 수 있는가를 고민해야 할 것이다.

제7장

시민사회와 빈곤의 문제

들어가는 말

서양에서 발생했으나 이제는 전 세계로 확산된 근대 세계의 원리들은 정치적 · 경제적 · 사회적 · 생태적인 분야에서 그 한계를 분명하게 드러내고 있다. 근대의 기획에 정신적인 토대를 부여했던 계몽주의와 이성에 대한 믿음[1]은 이제 많은 사람들에게 타자 억압과 자연 파괴의 원리로서 폭로, 거부되고 있다.[2] 그러므로 이성이 아니라 이성에 대한 비판이 현재 지적 담론의 주된 배경

---

1) 리오타르(J.-F. Lyotard)에 따르면 메타 담론 혹은 거대한 이야기가 근대, 즉 모던의 특유성을 형성한다. 이와는 반대로 포스트모던이란 이와 같은 거대 담론에 대한 불신을 의미한다. 리오타르에 의하면 거대 담론의 구체적인 예는, 모든 사람들에게 보편적으로 타당할 수 있는 진리에 대한 믿음을 지닌 계몽의 이야기나 보편적으로 선한 윤리적 · 정치적 목적이 실현 가능하다고 주장하는 역사철학적인 메타 이야기 등이다. 이러한 이야기들은 이제 회복할 수 없을 정도로 그 신뢰성을 상실했다(『포스트모던의 조건』, 이현복 옮김, 서광사, 1992, 13쪽 이하). 근대의 기획을 미완의 것으로 생각하는 하버마스는 포스트모더니즘을 근대의 기획과 급진적 단절을 시도하는 것으로 이해한다(「현대: 미완의 기획」, 『포스트모더니즘의 철학적 이해』, 이진우 엮음, 서광사, 1993, 42~63쪽).

2) W. Welsch, *Vernunft. Die zeitgenössische Vernunftkritik und das Konzept der transversalen Vernunft*, Frankfurt, 1998, S. 30.

을 형성하는 것은 우연이 아닌 것처럼 보인다.[3] 그럼에도 불구하고 총체적인 이성 비판이 가능한지 그리고 이성과의 급진적인 단절이 어떤 긍정적인 의미를 지닐 수 있는지를 놓고 격렬한 토론이 아직도 계속되고 있다.[4] 그러나 이 장에서 나는 이런 논쟁에 직접적으로 참여하려는 것이 아니다. 오히려 나는 세계화의 과정[5]에서 그 영향력을 더욱 확장해가고 있는 자본주의적인 경제체제의 가치 평가[6]에 주목하고자 한다.[7]

------

3) 이진우는 서양 이성의 죽음을 선포한다(『이성은 죽었는가』, 문예출판사, 1998, 11쪽 이하).
4) 리오타르는 이성의 통일적 사유에 대한 추구는 기만적인 화해와 전체성에 도달하려는 시도로서 테러로 귀결될 수밖에 없다고 비판한다. 그러므로 그는 다양성과 이질성을 옹호하고 대화의 불가공약성을 적극적으로 강조한다(리오타르, 앞의 책, 15쪽). 하버마스에 의하면 이성 자체를 총체적으로 비판하기 시작한 철학자는 니체이다. 니체는 근대의 주체 중심적인 이성의 기획을 다시 내재적으로 비판하는 길을 걷는 것이 아니라, 이러한 기획 자체를 완전히 포기하는 전략을 취한다. 니체의 근대적인 합리성에 대한 급진적인 비판은 바타유(G. Bataille), 라캉(J. Lacan), 푸코(M. Foucault)로 이어지는 길과 하이데거(M. Heidegger), 데리다(J. Derrida)로 이어지는 길로 계속해서 발전한다. 전자가 "주체 중심적 이성의 발생을 인간학적·심리학적·역사적 방법을 통해서 폭로"하고자 하는 "회의적 과학자"로서의 니체의 길을 이어받은 것에 비해, 후자는 "주체 철학의 발생을 소크라테스 이전의 시초에까지 추적하고, 특수한 지식을 요청하는 형이상학 비판"의 길을 이어받는다. 그러나 하버마스에 따르면 니체의 총체적인 이성 비판을 겨냥하는 권력이론은 딜레마에 빠진다. 니체적인 권력이론은 "과학적 객관성의 요청을 충족하지 못하며, 동시에 총체적인 그리고 그러므로 자기관계적인, 즉 과학적 진술의 진리를 촉발하는 이성 비판의 계획을 충족할 수 없기" 때문이다(Der philosophische Diskurs der Moderne, 129). 1968년에 하버마스는 니체로부터 더는 사상적 영향력을 기대할 수 없다고 단정하였는데, 그는 1984년 한 신문과의 인터뷰에서 이러한 평가가 잘못되었다고 시인한다(Die Neue Unübersichtlichkeit, Frankfurt, 1985, S. 60). 아펠에 의하면 이성의 자기비판은 논증하는 회의와 마찬가지로 이러한 이성을 "자기 자신의 타당성을 주장할 수 있는 조건으로서 항상 전제해야만" 하는 것이다(Diskurs und Verantwortung, S. 387). 이러한 차원의 이성을 부인하는 사람은 화용론적 모순(performativen Widerspruch)에 빠질 수밖에 없다는 것이 아펠의 견해이다.
5) 세계화에 대한 서로 다른 관점들에 대한 서술에 대해서는 기든스, 『제3의 길』, 67쪽 이하 참조.
6) 자본주의적인 경제체제에 대한 윤리적인 평가 혹은 시장경제의 윤리적인 제반 여건에 대한 반성은 현재 새로이 많은 관심을 불러일으키고 있다(V. Hösle, Praktische Philosophie in der modernen Welt, S. 109~130; P. Koslowski, Ethik des Kapitalismus, Tübingen, 1984; 아마르티아 센, 『윤리학과 경제학』, 박순성·강신욱 옮김, 한울아카데미, 1999).
7) 그렇다고 자본주의적 경제질서에 대한 윤리적인 물음이 근대성의 물음과 전혀 관련이 없다고 주장하는 것은 아니다. 자본주의의 세계적 규모로의 확장과 관철은 근대의 과학 및 기술의 발전 없이는 상상할 수 없기 때문이다. 그리고 이러한 자본주의와 근대적 과학 그리고 기술의 결

자본주의적 시장경제 체제에 대한 평가 작업은 우리의 삶과 결코 유리된 것이 아니다. 우리 사회에서 자본주의적인 시장경제에 관한 논쟁은 1997년 말에 닥쳐온 경제 위기와 함께 새롭게 대두되고 있다. 사유재산제의 폐지와 전면적인 국가 계획에 의해 통제된 경제질서로 자본주의의 문제점들을 극복하려고 시도했던 사회주의의 몰락 이후에 자본주의에 대한 논쟁의 초점을 이루고 있는 것은 이제 자본주의의 대안으로서의 사회주의가 아니라, 케인스적 경제이론에 의거한 서구의 복지국가 모델을 비판하면서 1970년대 이후 영국과 미국을 중심으로 영향력을 획득한 후 전 세계로 확장되고 있는 신자유주의[8]에 대

합이 바로 근대의 두드러진 특징 가운데 하나임을 부인할 사람은 없을 것이다. 하이데거가 분명하게 밝히고 있는 것과 같이, 경제와 근대 과학 기술의 결합을 가능하게 해준 것이 다름 아닌 근대의 형이상학이라면, 자본주의적인 경제체제에 대한 비판적 접근은 근대성의 문제와 밀접하게 결합되어 있음을 알 수 있다. 하이데거에 의하면 서구 근대 기술 문명은 서구적 합리성의 부산물이 아니라 바로 그 본질이다("Die Zeit des Weltbildes," *Holzwege*, Frankfurt, 1980, S. 73). 하이데거의 근대성에 대한 평가와 형이상학 비판이 전적으로 타당한지는 여기에서 다루지 않는다. 아펠은 하이데거에 의한 19세기의 "역사주의-상대주의"(Historismus-Relativismus)의 극복 시도가 극복이 아니라, 오히려 이러한 상대주의의 과장에 지나지 않는다고 주장한다. 아펠은 하이데거 철학은 "자신의 보편적인 타당성 주장에 대한 반성을 거절"함으로써 "이성-망각"(Logos-Vergessenheit)에 빠진다고 본다(Apel, 앞의 책, S. 386 이하). 하이데거의 사유와 서구 형이상학에 대한 비판적 관계 설정에 대하여는 권순홍, 『존재와 탈근거: 하이데거의 빛의 형이상학』, 울산대학교 출판부, 2000 참조.

8) 이근식은 오늘날 우리나라에서 논의되고 있는 신자유주의를 "제2차 세계대전 이후 구미의 복지국가에서 나타난 국가의 실패(개인 자유의 침해와 정부의 무능과 낭비)를 비판하며 1980년대 이후 구미의 선진 민주국가에서 부활한 자유주의의 정책들과 사상 및 이론"을 지칭하는 것으로 이해한다. 그는 이러한 신자유주의의 대표적 이론적 학자로서 하이에크(Hayek)와 부캐넌(Buchanan)을 들고 있다. 그에 의하면 현재 우리에게 알려진 신자유주의 말고도 이제까지 두 가지의 신자유주의가 있었다. 19세기 말과 20세기 초 영국에 등장했던 신자유주의는 정부의 강력한 재분배 정책을 옹호하였다. 다음으로 제2차 세계대전 전후에 오이켄(W. Eucken) 등에 의해 전개된 질서 자유주의(Ordoliberalismus) 역시 신자유주의라고 지칭된다(김균, 「논평」, 『세계화와 신자유주의』, 안병영·임현백 엮음, 나남출판, 2000, 104쪽 주석 1 참조). 김균은 하이에크가 신자유주의의 등장에 영향을 준 것은 분명하지만, 하이에크의 자유주의 사상이 신자유주의 형성에 직접적으로 기여하지는 않았다고 주장한다(김균, 「하이에크와 신자유주의」, 같은 책, 89쪽). 보비오(N. Bobbio)는 신자유주의를 "경제적 자유의 문제에만 비타협적으로 집착하고 중시하는 태도"로 이해한다(『자유주의와 민주주의』, 황주홍 옮김, 문학과지성사, 1992, 97쪽). 기든스는 신자유주의를 "시장의 무제한적 확장을 원하는 보수주의자들"을 지칭하는 것으로 설명한다(『좌파와 우파를 넘어서』, 김현옥 옮김, 한울, 1997, 36쪽).

한 평가이다. 구체적으로 경제 위기와 함께 해방 이후 처음으로 평화적 정권 교체를 통해 등장한 국민의 정부와 그 뒤를 이은 참여정부가 추진했던 경제 정책에 대한 평가가 논쟁의 초점을 형성한다. 국민의 정부의 경제 정책은 민주주의와 시장경제의 병행 발전으로 간략하게 요약할 수 있다.[9] 이러한 정책 방향에 대해 일부 시장경제 근본주의자들은 시장경제의 자율적인 조정 능력에 대한 무한한 믿음에 의거하여 민주주의와 시장경제의 필연적인 갈등을 강조하는 반면,[10] 다른 사람들은 국민의 정부 및 참여정부의 개혁 정책을 시장경제 근본주의에 입각한 신자유주의적인 정책으로 비판하면서 시장 근본주의의 폐단, 즉 사회적 불평등의 심화를 우려한다.[11] 국민의 정부를 이어받은 참여정부의 경제 정책 기조와 그것을 이론적으로 뒷받침하는 원칙들에 대한 체계적 설명은 국민의 정부의 그것에 비교할 때 그리 뚜렷하다고 볼 수 없다. 여하튼 경제 정책에 국한해서 볼 때 많은 사람들이 참여정부는 신자유주의적 경제 정책을 급진적인 방식으로 펼치는 것으로 평가한다.

세계화 시대의 주도적 이론이자 현재 우리 사회에서 크게 논쟁이 되는 신자유주의적 사유 방식에 대한 비판은 근대적 자본주의 시장사회의 내적 원리를 정확하게 이해하지 않고는 이루어질 수 없다. 현재의 세계화를 이끄는 주된 동력이 초국적 기업과 금융자본이라는 점에서 세계화는 자본주의 시장경제의 지속적 팽창의 결과임을 알 수 있기 때문이다. 이 장에서 상세하게 다루어지겠지만 헤겔은 근대 시장경제 질서의 긍정성과 함께 그 안에 존재하는 무한 팽창의

------

9) 김균과 박순성은 국민의 정부의 경제 정책을 시장 근본주의와 세계화에 토대를 둔 신자유주의적 구조조정으로 규정한다(「자본주의 경제의 신자유주의적 재편과 사회민주적 대안」, 『미국식 자본주의와 사회민주적 대안』, 전창환·조영철 엮음, 당대, 2001, 14쪽). 이근식은 국민의 정부가 추진했던 국가의 강제에 의한 의료보험의 확대를 자유주의의 원칙에 어긋나는 것으로 이해한다(『자유주의 사회경제사상』, 한길사, 1999, 833쪽). 이와는 달리 김영윤은 제2차 세계대전 후 서독 경제의 기본 이념인 사회적 시장경제론이 국민의 정부가 추진하는 경제 이념으로서의 민주주의와 시장경제의 병행 발전과 생산적 복지론의 모델 역할을 하고 있다고 주장한다(『'사회적 시장경제 질서'의 구동독 지역 적용에 관한 연구』, 통일연구원, 1999, 3쪽).
10) 공병호, 『시장경제와 민주주의』, 자유기업센터, 1999, 316쪽.
11) 김균·박순성, 앞의 글, 앞의 책, 13쪽 이하.

속성 및 그 파괴적 결과에 대해서 누구보다 명확한 통찰력을 보여준다.

나는 이 장에서 헤겔의 시민사회 이론 중에서도 첫 부분인 '욕구의 체계'를 중심으로 근대 시장사회의 내적인 논리를 살펴볼 것이다. 특히 인간적인 욕망에 대한 헤겔의 철학적 분석이 지니는 의미에 주목할 것이다. 뒤에서 보는 것처럼 헤겔은 동물적 욕구와 다르게 인간적 욕망이 사회적 성격을 띠고 있다는 점을 철저하게 인식하고 있다. 달리 말해 인간적인 욕망은 타인의 욕망을 욕망하는 것으로 본질적으로 다른 인간과의 관계 속에서 형성되며, 이런 타자와의 인정 관계 속에서 비로소 인간은 동물적 차원을 넘어서 진정한 의미의 인간다움이 발휘된다는 것이다. 인정투쟁과 인간적 욕망의 상호공속성에 대한 통찰은 헤겔의 위대한 업적의 하나로 남아 있다. 이 외에도 나는 근대 시장사회에서 나타나는 노동의 분화 및 소외 현상에 대한 헤겔의 분석을 마르크스의 노동 소외 이론과 비교하면서 헤겔의 이론이 어떤 점에서 더 긍정적이고 포괄적인지를 드러낼 것이다.

I. 헤겔 『법철학』의 기본 구조와 시민사회의 일반적 원리

헤겔은 자신의 시대를 새로운 시대로 이해한다. 그는 새로운 시대의 원리를 주체성으로 규정한다.[12] "근대 세계 일반의 원리는 정신적 총체성 속에 현존하는 모든 본질적인 측면들이 그들의 권리를 획득하여 전개되는 주체성의 자유이다"(7, 439). 그는 동시에 자신의 시대를 위기의 시대로 이해하였다.[13] 주체성의 원리와 함께 등장하는 분열(Entzweiung)은 그가 보기에 이성과 자신의 시대의 위기를 드러내는 징후였다. 『피히테와 셸링 철학 체계의 차이』라는 초

---

12) 헤겔은 『정신현상학』에서 자신의 시대를 "탄생의 시대이며 새로운 시대로의 이행의 시대"로 규정한다(3, 18).
13) 하버마스는 헤겔에게서 발견되는 근대 주체성의 구체적인 표현을 다음 네 가지로 요약한다. 개인주의, 비판의 권리, 행위의 자율, 관념론적 철학이 그것이다(*Der philosophische Diskurs der Moderne*, S. 27).

기 예나 시대의 책에서 그는 인간의 삶에서 통일의 상실과 "분열"을 "철학의 욕구의 근원"(2, 20)으로 규정한다. 그는 이러한 위기를 이성의 개념을 새롭게 규정함으로써 극복하려고 시도했다. 근대 세계 문명의 특징을 형성하는 대립과 분열의 근저에는 바로 유한자와 무한자 혹은 "절대적 주관성과 절대적 객관성"(2, 21)의 대립을 고정시키는 지성 또는 반성적 태도가 존재하기 때문이다. 그는 철학의 과제를 이러한 대립과 분열의 고착화를 지양하는 것(2, 21)으로 이해한다. 즉 "이성의 유일한 관심"은 이렇게 분열되고 서로 대립하는 계기들을 다시 통일하는 것이다. 물론 우리는 여기에서 헤겔이 분열을 단지 부정적인 것으로만 이해하지 않는다는 것을 염두에 두어야 한다. 헤겔에 의하면 "필연적인 분열"은 "삶의 **한** 요인"(ein Faktor)이며 "총체성은 오직 극단적인 분리로부터의 재생을 통해서만 최고의 생명력 속에서 존재"(2, 21 이하)한다. 이와 같이 헤겔은 고정된 대립을 지양하려는 철학의 의도가 이러한 분열에 대한 단순한 반대로 이해되어서는 안 된다고 강조한다. 그러므로 여기에서 우리는 헤겔이 인간의 삶이 다양한 영역으로 분열되고 분화되는 현상 그 자체를 비판하는 것이 아니라, 분열의 고착화와 극단화에 대항하고 있음을 알 수 있다. 이런 입장은 자본주의 시장경제 질서에 대한 태도에서도 유지된다.

헤겔은 1820년의 『법철학』에서 시민사회(bürgerliche Gesellschaft)를 근대적 주관성에 상응하는 현실로 이해한다. 시민사회에 관한 이론은 헤겔 정치이론의 필연적인 구성 요소의 하나로서 가족과 국가를 매개하는 중간 지점을 이룬다. 그러므로 시민사회 이론을 이해하기 위해 헤겔 『법철학』의 일반적인 주제와 그 구조를 간략하게 살펴보는 것이 필요하다. 실제로 헤겔은 『법철학』에서 "정신적인 것"을 법의 토대로, 그리고 그 출발점을 "자유로운 의지"(7, 46)로 규정한다. 혹은 헤겔은 법과 법의 규정의 토대를 자연과 대립되는 **자유로운 인격성, 자기규정**"(10, 311)으로 이해한다. 이와 같이 헤겔 법철학의 출발점을 이루는 것은 루소와 칸트 및 피히테에 의해서 발전된 근대 정치철학의 근본 이념인 "의지의 자유"이다. 이러한 이성의 자율이라는 이념을 받아들였으면서도 헤겔은 『법철학』에서 자연법과 국가의 분리 혹은 도덕과 정치의 분리를

극복하려고 시도한다.[14]

근대에서 발생한 도덕과 정치의 분리를 극복하려는 시도는 근대의 이성법적인 전통에서 발전된 이성의 자율성에 대한 사상과 고대 그리스적인 인륜성의 이념을 종합하려는 시도로서 이해된다. 다시 말해 헤겔은 인간은 인간으로서 자유롭다는 근대의 보편주의적인 통찰을, 인간은 정치적 공동체의 일원으로서만 자신의 가장 고유한 본성을 실현할 수 있다는 고대 그리스적인 인륜성의 이념과 결합하려고 한다. 법의 이념으로서 자유의 보편성을 받아들이는 동시에 이러한 이념을 국가에서 정점에 이르는 여러 상이한 제도들을 통해서 구체적으로 실현하려는 시도가 헤겔 정치철학의 기본 주제이다. 다시 말해 헤겔에게서 법이란 칸트나 피히테에게서처럼 인간의 외적인 행동 영역에 국한되는 것이 아니라, 자유의 실현을 가능하게 해주는 조건과의 연관 속에서 보다 포괄적인 의미를 지닌다. 헤겔은 다음과 같이 말한다. "자유의지의 현존재로서의 실재성 일반이 **법**이다.[15] 헤겔은 자유의 현존재의 주요 방식을 세 가지로 이해한다. 추상법, 도덕적인 것, 인륜적인 것이 바로 그것이다. 헤겔은 법의 현존재의 다양한 형태들인 이러한 세 가지를 자유의지 개념의 발전에 필연

---

14) 헤겔에게서 이성의 자율은 단순히 인간의 이성을 의미하지는 않는다는 것이 강조되어야 한다. 헤겔이 절대적 주관성으로 이해하는 사유는 인간 사유의 원리일 뿐 아니라, 전 우주의 원리이다. 그러므로 헤겔에게서 이성의 자기실현은 동시에 전 우주의 궁극 목적으로 간주된다. 이러한 헤겔의 형이상학적 토대에서 볼 때, 인간의 이성은 우주적인 이성의 자기실현의 매개자로서 등장한다. 즉 인간과 역사에서 인간에 의한 이성의 절대성을 파악하는 일은 결국 인간 속에 내재한 절대적 이성의 자기인식에 지나지 않는다. 헤겔의 정치철학의 이러한 형이상학적인 토대가 현대의 상황에서도 여전히 유지될 수 있는가의 문제는 이 글이 다루는 범위를 넘어선다. 헤겔 철학의 형이상학적 토대가 더는 설득력이 없다고 주장하는 테일러는 이성의 자율성의 칸트적 이념을 우주적인 질서의 이념으로 확장하는 데에서 헤겔의 독창성이 있다고 본다(*Hegel*, 491).
15) 나는 헤겔의 정치철학이 철저히 보편주의적인 이념에 기초한 현실적인 정치이론이라고 간주한다. 그러므로 헤겔의 정치철학을 단지 현재의 맥락주의적이고 상대주의적인 경향을 띠고 있는 공동체주의적인 이론으로 해석하는 것에는 일정한 한계가 있다고 생각한다. 어떤 점에서 헤겔의 정치철학이 보편주의적인 이념에 기초한 정치철학인지, 그리고 어떤 의미에서 헤겔의 정치철학을 근대의 자연법적인 정치이론의 연관성 속에서 독해할 수 있는지는 이 책 제10장에서 자세히 다룬다.

적인 계기들로 파악한다(7, 85).[16]

인륜성 철학에서 문제가 되는 것은 인륜성의 구체적인 제도들이다. 헤겔은 가족, 시민사회 그리고 국가를 인륜성의 구체적인 제도들로 간주한다. 이러한 인륜성의 세 가지 근본 형태들의 논리 구조를 간략하게 설명하면 다음과 같다. 앞 장에서 언급된 것처럼 가족은 직접적이고 자연적인 통일이다. 가족의 기초는 사랑의 감정이다. 헤겔은 사랑을 "자연적인 것의 형태 속에서의 인륜성"(7, 307)으로 규정한다. 그러나 가족에서의 인륜적인 통일성은 감정을 통해서 제약된다. 그러므로 국가에서와는 달리 가족에서의 이타주의는 자연적인 규정에 제한되어 있다. 헤겔은 국가에서의 통일은 이성적인 내용으로 이루어지는 법률을 통해서 달성된다(7, 307 이하)고 주장한다. 가족과는 달리 시민사회의 원리는 보편적인 이기주의이다. 그리고 여기에서 외적인 보편성이 문제가 된다. 시민사회에서 비로소 그 타당성을 획득하는 특수성의 권리는 헤겔에 따르면 고대에는 단지 인륜적 공동체를 파멸시키는 원리였을 따름이다(7, 341 이하). 인륜성의 최고 형태로 간주되는 국가는 시민사회에서 상실된 가족의 통일을 다시 보다 높은 수준에서 회복한다. 국가에서 통일의 기초는 가족에서처럼 감정이나 자연적인 결합이 아니라 이성에 기초하기 때문이다. 그러므로 인륜적 이념의 현실태, 즉 자유를 비로소 가능하게 하고 이 자유에 구체적 현실성을 부여하는 국가는 "즉자 대자적으로 이성적인 것"(7, 399)이다.

헤겔에 따르면 시민사회와 달리 국가는 "구체적 자유의 현실성"(7, 406)이다. 국가가 자유를 구체적으로 실현하고 있다는 것이 의미를 지니려면 적어도 다음 두 가지 조건이 충족되어야 한다. 첫째로 국가는 가족과 시민사회에 개인적인 혹은 주관성의 권리를 허용해야 한다. 둘째로 국가는 자립적인 개개인들의 주관성의 권리가 구체적으로 실현되는 시민사회에서 발생하는 보편성의 원리와 특수성의 원리 사이의 갈등을 극복하여 다시 인륜적인 통일성을 회복

---

16) 헤겔에 따르면 개념은 직접성 혹은 직접적 통일, 특수성 내지 분리 그리고 매개된 통일이라는 세 가지 계기들로 이루어져 있다.

해야 한다. 이러한 인륜적인 통일성을 회복하지 않고서는 국가는 결코 이성적이고 자유로운 공동체일 수 없다. 이렇게 본다면 국가를 통해 시민사회를 변증법적으로 지양하려는 헤겔의 시도는, 자유 이념의 실현이라는 헤겔 정치철학의 근본적인 의도에서 도출되는 내재적인 요구임을 알 수 있다. 헤겔에 의하면 참다운 인륜적 공동체, 즉 국가의 건설 없이는 시민사회는 자체 내에서 필연적으로 발생하는 부와 빈곤의 분열을 결코 치유할 수 없고 따라서 장기적으로 존립할 수 없다. 그런 의미에서 헤겔은 국가를 시민사회의 "참다운 근거"(7, 397)라고 규정한다. 국가에 대한 상세한 설명은 뒤로 미루고 시민사회에의 논리가 무엇인가를 살펴보자.

헤겔의 시민사회론은 의심할 여지 없이 그의 정치철학에서 가장 영향력 있고 독창적인 부분을 형성한다. 『법철학』에서 성숙된 상태로 표현된 그의 실천철학 체계 내에서 시민사회는 가족 및 국가와 명확하게 구별되는 독자적인 삶의 영역으로 등장한다. 이 새로운 삶의 영역은 근대 서구에서 전면적으로 등장한 시장 내지 자본주의적 사회와 밀접한 연관이 있다. 헤겔은 시민사회와 국가의 구별을 통해서 "현대 사회에 적합한 개념 체계를 표현한 최초의 철학자"이다.[17] 헤겔은 시민사회를 근대에서 바로 전면적으로 전개된 국가와는 구별되는 노동 분업과 시장을 매개로 해서 이루어지는 인간의 독특한 사회화의 형식을 지칭하는 것으로 이해한다. 물론 뒤에서 보듯이 헤겔의 시민사회 개념은 시장사회라는 측면을 넘어서는 보다 포괄적인 의미를 지닌다. 하여간 헤겔의 시민사회 개념은 근대에서 발생한 사회사적인 변화를 이론적으로 분석하고 해명하려는 작업의 소산이다. 그러므로 아리스토텔레스에서부터 18세기까지 자명한 것으로 받아들여졌던 국가(polis 혹은 civitas)와 시민사회(koinonia politike 혹은 societas civilis)의 동일화는 더 이상 타당하지 않게 되었다.[18] 이와 같이 헤겔에서 시민사회는 가족 및 국가와 구별되는 독자적인 사회 영역을 표현하는 개념어이다. 시민사회를 가족 및 국가로부터 명확하게 구별하여 그

---

17) J. Habermas, 앞의 책, S. 50.
18) M. Riedel, *Studien zu Hegels Rechtsphilosophie*, Frankfurt, 1969, S. 143.

것의 내적 운동 원리를 실천철학의 탐구 영역으로 삼는다는 점에서 헤르베르트 슈네델바흐는 헤겔을 "정치철학과 구별되는 사회철학 혹은 사회이론"의 창시자의 하나로 평가한다.[19]

헤겔은 『법철학』에서 주관의 특수성의 권리 혹은 **"주관적 자유의 권리"**를 "시민사회의 원리로서 그리고 정치적 헌법의 계기로서"(7, 233) 규정한다. 이와 같이 헤겔은 시민사회를 인륜적인 제도에 없어서는 안 되는 구성 요소로서 받아들인다. 뒤에서 상세히 살펴보겠지만 시민사회 내부의 사적인 이해의 힘을 근대 국가의 인륜적 연대성을 파괴할 중대한 요인으로 보았음에도 불구하고, 헤겔은 모든 분화를 일거에 일소함으로써 이러한 문제를 극복하려는 시도에 대해 비판적이다. 시민사회의 원리는 헤겔에 의하면 체계적이고 보편적인 이기주의이다. 다시 말해 시민사회의 구성 원리는 개별자의 자기 이익의 추구이다. 그러므로 타자는 이러한 이익의 추구라는 관점에서 파악된다. 간단히 말해 시민사회는 "만인의 만인에 대한 개별적인 사적 이익의 싸움터"(7, 458)이다. 이렇게 시민사회 내부에서는 인간과 인간의 관계가 단지 자신의 이익 추구라는 관점에서 이루어지기 때문에 시민사회는 "원자의 체계"(10, 321)이다. 다시 말해 시민사회에서 타자와의 관계는 그 자체로서 내재적인 가치를 지니는 것이 아니라, 당연히 도구적인 것, 즉 외면적인 수준에 머무른다. 그

---

19) H. Schnädelbach, *Hegel zur Einführung*, Hamburg, 1999, S. 138 이하. 같은 저자의 책, *Hegels praktische Philosophie. Ein Kommentar der Texte in der Reihenfolge ihrer Entstehung*, Frankfurt, 2000, S. 263 참조. 독일어권과 영미권에서의 사회철학과 정치철학의 관계에 대해서는 호네트의 책, *Das Andere der Gerechtigkgkeit*, Frankfurt, 2000, S. 11 이하 참조. 호네트는 루소에 의해서 비로소 사회철학의 근대적 계획이 시작되었다고 한다. 17세기에 홉스는 "사회철학"(social philosophy)이라는 명칭하에 절대주의 국가가 종교적 시민전쟁을 종식시킬 수 있는 안전성과 권위를 획득할 수 있는 법적 조건들에 대해 관심을 기울였다. 그러므로 홉스는 국가를 구성하는 사회계약론적 방법을 통해서 각 개인들의 이익 갈등이라는 사회적 조건에서 국가질서의 보존이 안정적으로 담보될 수 있는가 하는 물음에 자신의 관심을 집중했다. 그에 반하여 루소는 근대적 시민사회가 유지될 수 있는 조건들에 관심을 기울이기보다는 시민사회를 퇴화시키는 원인들에 더 큰 관심을 쏟았다. 그리하여 루소에 의해서 본격적으로 시작된 근대 사회철학은 정치철학과는 달리 "옳은 혹은 정의로운 사회질서의 조건들에 대해서 묻지 않았고, 오히려 새로운 삶의 형식들이 인간의 자기실현에 부과한 제한들을 탐색했다"(13쪽 이하).

러므로 시민사회에서 등장하는 보편성은 일면적이다. 이러한 일면적인 사회적인 관계 설정에 의거하는 시민사회의 내적인 한계는 시민사회의 자기조정으로는 결코 극복할 수 없는 대립이 발생한다는 사실에서 분명하게 드러난다.

물론 이러한 주장은 헤겔의 시민사회론에 시민사회의 내적인 대립을 극복할 수 있는 여러 장치들에 대한 고려가 전혀 없다는 것을 의미하지 않는다. '경찰 행정(Polizei)과 조합(Korporation)'이라는 부분에서 헤겔은 부와 빈곤이라는 시민사회의 내적인 대립을 시민사회 내부에서 완화할 수 있는 방안들을 검토한다. 그렇지만 자유 이념의 완전한 실현은 오로지 국가 속에서만 가능하기 때문에, 헤겔은 국가와는 달리 시민사회를 "**필요 및 오성 국가**"(Not-und Verstandesstaat; 7, 340)로 규정한다. 시민사회에서 발생하는 부와 빈곤의 대립과 분열로 인한 "혼란 상태는 이를 제어하는 국가에 의해서만 조화에 이를 수 있다"(7, 343). 이제 헤겔에게서 인륜적 총체성을 완전히 회복하는 것이 국가의 중요 과제로 등장한다. 헤겔 『법철학』 내에서 시민사회가 차지하는 의미와 그 기본적인 한계에 대한 대략적 설명은 이것으로 끝이 난다. 이제 시민사회의 여러 구성 요소들에 대해 살펴보자.

II. 욕구의 체계로서의 시민사회: 이기주의와 상호의존성의 변증법

헤겔은 시민사회의 세 가지 구성 요소를 다음과 같이 설명한다. "A. 개인의 노동을 통한 그리고 **다른 모든 사람들**의 노동과 욕망의 충족을 통한 **욕구**의 매개와 **개인**의 만족—**욕구**의 체계. B. 욕구의 체계 속에 포함된 **자유**의 보편자의 현실성, **사법**(司法)을 통한 소유의 보호. C. 이들 체계 속에 상존하는 우연성에 대한 배려와 **공통적인 이익**으로서의 특수 이익을 **경찰 행정**과 **직업단체**를 통해 관리하는 것"(7, 346).

우선 시민사회의 첫째 구성 요소인 "욕구의 체계"는 물리적인 욕구의 충족을 목표로 하는 개인들의 상호의존이 보편화된 체계이다. 헤겔이 시민사회라는 용어를 사용하고 있진 않지만, 새로운 근대적 현상을 상호의존성의 체계로 이해하는 것은 그의 『법철학』이 출판되기 훨씬 이전의 일이다. 그는 이미 1802~03년에 셸링과 공동으로 편집한 『비판적 철학지』(Kritisches Journal der Philosophie)라는 잡지에 실린 「자연법에 대한 학적 취급 방식들, 실천철학에서 자연법의 지위와 실증법학과의 관계에 대하여」(이하 「자연법」)라는 글에서 이 용어를 사용하고 있다.[20] 그는 근대 정치경제학에서 탐구의 대상으로 삼은 사회적 현상을 "물리적 욕구들, 이를 위한 노동과 축적의 견지에서 본 보편적 상호의존의 체계"로 규정한다.[21] 헤겔은 이 글에서 이미 근대 시민사회에서 등장하는 사적 개인으로서의 부르주아(bourgeois)와 고대 그리스 시민의 자유에 기인하는 공적인 시민 사이의 갈등과 대립의 현상을 분명하게 인식하고 있다.

헤겔은 이 당시에 "물리적 욕구들, 이를 위한 노동과 축적의 견지에서 본 보편적 상호의존의 체계"로 이해되는 시민사회가 인륜성의 체계 안에서 차지하는 의미에 대해 대단히 부정적이다. 즉 「자연법」에서 헤겔은 아직도 "욕구의 체계"를 근대적 인륜성의 필연적 구성 요소의 하나로 받아들이지 않고 인륜성의 세계를 파괴하는, 그리하여 근본적으로 부정적인 것으로만 이해한다. 이때까지만 해도 헤겔은 사적 소유에서 정치적 공동체를 부패하게 하여 파멸로 이끄는 요소로 보는 플라톤의 입장을 벗어나 있지 않다. 그 당시에 헤겔은 개인의 사적 자유를 참다운 의미의 자유를 파괴하는 원리로 파악했던 것이다. 그는 다음과 같이 적고 있다. "또한 점유 관계가 형식적 통일 안으로 수용됨으로써 직접 각 개별자가 즉자적으로(an sich) 점유할 능력을 지니게 되고, 그 때문에 각 개별자는 모두(Alle)에 대항하여 보편자로서 또는 부르주아라는 의미의 시민으로 행동한다. 그리고 이 각각의 개별자는 그 신분의 구성원들을 사인(Privatleute)으로 만드는 정치적 무의미성(politische Nullität)에 대한 대가를

---

20) 헤겔의 「자연법」에 대한 설명은 김준수의 해제 「근대 자연법론 비판과 절대적 인륜성의 체계」, 『자연법』, 김준수 옮김, 한길사, 2004, 138쪽 이하 참조.
21) 2, 482.

평화와 영업의 성과에서 그리고 이러한 성과의 향유의 완전한 안전에서 찾는다."[22] 헤겔은 예나 시대를 거치면서 부르주아와 공적 시민의 대립을 넘어서 사적 개인의 이익 추구의 활동을 정치적 공동체의 필수적 구성 요소의 하나로 받아들인다.

헤겔 『법철학』에 의하면 욕구의 체계를 지탱하는 하나의 축은 바로 독립적인 인격체로서 각 개인의 해방이다. 또 다른 축은 각 개인들이 욕구를 실현하기 위해 불가피하게 관계를 맺게 되는 상호의존성의 현상이다. 달리 말하자면 시민사회의 구성원들은 각자가 자신의 특수한 욕구를 실현하는 것을 목적으로 삼는다. 그렇지만 각 개인이 실현하고자 하는 특수한 욕구는 다른 사람들과의 관계 없이는 실현할 수 없다. 모든 인간이 혼자서 스스로 자기 삶을 영위할 수 있는 자족적 존재일 수는 없기 때문이다. 그래서 헤겔은 시민사회의 기본적 모습을 다음과 같이 말한다. "**특수한** 인격으로서, 즉 다양한 욕구의 전체 그리고 자연적 필연성과 자의의 혼합으로서 그 자신 목적인 구체적 인격은 시민사회의 **하나의 원리**이다. 그러나 특수한 인격은 본질적으로 다른 그와 유사한 특수자들과의 **관계** 속에 존재한다. 그래서 각각은 다른 인격을 통해서 그리고 동시에 단적으로 **보편성**의 형식인 **또 다른 원리**에 의해서 **매개된 것**으로서만 자신을 유효하게 할 수 있고 만족시킨다"(7, 339).

욕구의 만족을 위해서 각 개인들이 서로 맺는 관계들의 체계를 대상으로 하는 것이 "국가경제학"(Staatsökonomie)이다(7, 346). 각 개인의 욕구 추구를 동력으로 해서 이루어진 상호의존적 체계를 국가경제학이라고 말하는 것은 이미 경제가 근대 이전의 그것과는 본질적으로 다른 것임을 보여준다. 주지하듯이 경제학(Ökonomie)이란 용어는 그리스어인 오이코노미아(oikonomia)에서 유래한 것이다. 오이코노미아는 원래 가계에 대한 학설을 뜻했다. 그러나 근

---

[22] 2, 494. 로젠크란츠에 의하면 헤겔은 「자연법」 논문에서 다루어진 모든 개념들을 후의 『법철학』에서 보다 상세하고 체계적인 방식으로 발전시켰다. 그렇지만 그 개념들의 구상에서의 독창성은 이 청년기 논문인 「자연법」 속에서 "더 아름답고, 더 생생하고, 실로 부분적으로 더 참답게" 드러난다고 그는 평가한다(*Hegels Leben*, mit einer Nachbemerkung zum Nachdruck 1977 von O. Pöggeler, Darmstadt, 1977, S. 173 이하).

대에서 경제적 활동의 범위는 개별적인 가계의 영역을 넘어서 전체 공동체를 포괄하게 되었다. 그런 의미에서 근대 경제학은 국가경제학 내지 정치경제학이라고 불리는 것이다. 이는 경제적 영역이 정치적으로 혹은 국가적으로 규제되거나 지도된다는 의미가 아니다. 근대의 국가경제학이 전체 공동체를 포괄한다는 것은 근대 시민사회에서 각 개인이 자신의 이익과 특수한 목적을 추구하는 주체로 등장한다는 것과 밀접한 연관성이 있다.[23] 이제 경제적 활동의 주체는 근대 이전에서처럼 특정한 신분이나 계층의 일원이 아니다. 근대에는 모든 사회 구성원들이 경제적 활동의 주체로 인정되는 것이다.

그러나 근대 사회는 각 개인이 자신의 이익을 추구하는 데도 일정한 보편성이 관철된다. 이러한 보편성, 즉 경제 법칙을 탐구하는 것이 바로 근대 국민경제학의 과제이다. 헤겔은 다음과 같이 말한다. "자의의 이런 우글거리는 현상은 자신으로부터 보편적 규정들을 산출하고 이 언뜻 보기에는 산만하고 사상이 없는 것 같은 것이 그 자신으로부터 등장하는 필연성에 의해서 지탱되고 있다. 여기에서 이 필연적인 것을 인식하는 것이 국가경제학의 대상이며, 이 학문은 우연성의 집적에 대한 법칙들을 발견하는 것이기에 사상에게 영예를 부여하는 학문이다"(7, 347).[24]

국가경제학이 인식하고자 하는 보편성과 필연성이라는 것은 개인들의 사익 추구의 연관성 전체이자 이로부터 등장하는 전 사회적 차원에서의 복지의 증대라는 측면을 지시한다. 버나드 맨더빌(Bernard de Manderville)이 주장했듯이 개인들의 자유로운 상업적 이익 추구는 사람들 사이의 공적 이익에 긍정적인 효과를 만들어낸다. 물론 사적 개인들이 이런 긍정적 결과를 의도하는 것은

....
23) H. Schnädelbach, *Hegels praktische Philosophie, Ein Kommentar der Texte in der Reihenfolge ihrer Entstehung*, S. 271 참조.
24) 자의적인 것들의 집적물처럼 보이는 현상에서 일정한 법칙을 발견하려는 시도는 근대의 모든 경제학에서 나타나는 노력이다. 헤겔로부터 커다란 영향을 받은 마르크스는 그의 『자본론』에서 다음과 같이 말한다. "근대 사회의 경제적 운동법칙을 밝히는 것이 이 저작〔자본론〕의 궁극 목적이다." 마르크스에 의하면 이 경제법칙은 "자본주의적 생산의 자연법칙들"에 의해 규정되는 것이다(*Das Kapital*, 3 Bde., Berlin 1954, S. 6 이하).

아니다. 애덤 스미스는 이런 현상을 개인들의 합리적인 사적 이익 추구가 사회 전체에 일반적인 복지를 가져올 것이라는 주장으로 표현한다.[25]

헤겔이 지적하듯이 경제 법칙에 대한 국민경제학은 근대에서야 비로소 등장하였다(7, 346). 국가경제학은 국가 및 가족과 뚜렷하게 구별되는 별개의 영역으로서 노동 분업과 시장을 중심으로 형성되는 사회적인 결합의 영역이 자립화되는 과정을 전제로 하기 때문이다. 다시 말해 욕구의 체계에서 활동하는 주체는 특정한 신분에 제한되지 않는다. 헤겔의 시민사회의 주체인 인간은 자유로운 인격체로서 욕구의 체계에서 자신의 특수한 이익을 관철하는 주체이다(7, 339). 그러므로 헤겔은 인간이 인간으로서 동등한 자유를 지니는 법적인 주체라는 근대의 주관성의 원리가 구체화되는 영역을 시민사회라고 규정하는 것이다(7, 360). 이런 욕구의 체계로서 이해되는 근대적인 시장경제 영역은 중세의 불평등한 신분질서의 해체를 통해서 인간을 자유롭고 평등한 개인으로 바라보고 이들의 자유로운 선택을 긍정하는 새로운 사회이다. 그러므로 각 개인이 시민사회에서 비로소 독립적 인격체로서 자립성을 획득하고 자신의 힘으로 자신의 삶을 선택하며 살아가는 주체로서 활동할 수 있다는 점에서 헤겔은 개인을 **"시민사회의 자식"**으로 규정한다(7, 386). 그리고 이 시민사회의 창출은 바로 근대 세계에 속하는 현상이다(7, 339) 이렇게 근대 세계에서 인간은 시민사회의 구성원으로서만 자신의 욕구를 실현할 수 있게 된다. 그러므로 헤겔은 시민사회의 엄청난 힘을 다음과 같이 강조한다. "시민사회는 오히려 인간을 자신에게 끌어당기고 인간으로 하여금 그것을 위해서 일하도록 요구하고 〔……〕 시민사회를 매개로 해서만 모든 것을 행동하도록 요구하는 거대한 힘이다"(7, 386).

욕구의 체계로서 시민사회에서 인간은 자신의 욕구를 노동을 통해서 만족

---

[25] 헤겔은 스위스의 베른(Bern)에 머물던 시기에 이미 애덤 스미스의 스승이자 저명한 영국 경제학자인 제임스 스튜어트(James Steuart)의 경제학 저서를 탐독했다고 한다. 헤겔의 제자인 로젠크란츠의 기록에 의하면 헤겔은 1799년에 스튜어트의 저서에 대한 논평문을 쓰기까지 했다. 그러나 이 글은 현재 남아 있지 않다(로젠크란츠, 앞의 책, S. 86 참조).

시켜야 한다. 욕구의 체계에서 인간들의 욕구는 다양해지고 이러한 욕구들을 만족시키는 수단들 역시 분화한다. 그러므로 노동의 분업은 필연적이다. 근대 시민사회에서 인간의 욕구는 각 개인의 자족적인 활동에서가 아니라, 타인과의 연관 속에서만 만족될 수 있다. 욕구의 다양화와 이에 따른 노동 분업의 필연성에서 헤겔은 인간과 동물의 차이를 발견한다(7, 348). 노동의 분화와 욕구의 다양화 때문에 시민사회에서 인간들은 전면적으로 서로 의존한다. 욕구의 체계에서 인간들의 기본적인 동기는 자신의 특수성의 실현, 즉 이기적인 목적의 달성이다. 그러나 이런 이기적인 목적 달성을 위해 사람들은 근대 자본주의 시장경제 속에 편입되어 다른 사람들의 욕구 만족을 위해 노동해야 한다. 근대 자본주의적 시장경제 사회에서 사람들은 이렇게 얼기설기 결합되어 있는 이 체계 속에 편입되지 않고는 자신의 이기심을 적절하게 충족할 수 없다. 이런 사실을 헤겔은 다음과 같이 설명한다. "시민사회에서 각자는 스스로에게 목적이고, 모든 다른 것은 그에게 무이다. 그러나 타자와의 관계 없이는 그는 자기 목적의 범위에 도달할 수 없다. 그러므로 이 타자들은 특수자의 목적을 위한 수단이 된다. 그러나 특수한 목적은 타인과의 관계를 통해 자신에게 보편성의 형식을 부여하고, 동시에 타인의 복지를 함께 만족시키는 한에서 스스로를 만족시킨다"(7, 339 이하).

자기 이익 추구의 전면화와 상호의존성의 체계 사이의 연결은 이미 근대 경제학에서도 널리 알려져 있던 것이다. 일례로 스미스는 자본주의적 시장경제 질서의 원리가 보편적인 이기주의라고 표현한다. "우리가 매일 식사를 마련할 수 있는 것은 정육점 주인과 양조장 주인, 그리고 빵집 주인의 자비심 때문이 아니라, 그들 자신의 이익을 위한 그들의 계산 때문이다. 우리는 그들의 자비심에 호소하지 않고 그들의 이기심에 호소하며, 그들에게 우리의 필요를 말하지 않고 그들에게 유리함을 말한다."[26] 그러나 시장경제 질서에서 주관적인

---

[26] 스미스(A. Smith), 『국부론』, 김수행 옮김, 비봉출판사, 2003, 17쪽 이하. 이러한 인용이 스미스가 단지 인간의 이기적 행위만을 옹호했다는 것을 의미하지는 않는다. 아마르티아 센에 따르면 스미스를 이기적 행위 신봉자로 이해하는 것은 그에 대한 편향된 이해의 결과에 지나지

이기심의 추구는 "**모든 다른 사람들의 욕구 충족에 기여**"(7, 353)한다.

상호의존성의 체계로 이해되는 근대 자본주의 시장사회는 그 구성원들의 이기심에 의존하고 있지만 엄청난 효율성을 갖고 있다. 달리 말하자면 시민사회의 구성원들은 자신의 이익을 실현할 목적으로 시장사회에서 활동하지만, 시장사회는 보편적인 부를 생산한다. 그런데 시민사회가 가져오는 사회 전체의 부의 증진은 그 사회의 구성원들이 의도한 것은 아니라는 것이다. 앞서 말했듯이 시장사회는 그 구성원들에게 자기목적적인 것이 아니다. 개개인은 시장사회에서 자신의 특수한 이해만을 추구할 뿐 공동의 이해에는 관심이 없다. 인간들 사이의 관계는 개개인에게 자신의 이익을 추구하는 데 기여하는 수단에 지나지 않기 때문이다. 이렇게 시장사회에서 공동의 이해는 개개인에게 낯선 것으로 간주된다.

그럼에도 헤겔은 각자의 이익 추구가 사회 전체의 부를 증진하는 원동력이라고 생각한다. 이것은 사실 스미스의 '보이지 않는 손'이라는 유명한 은유가 표현하는 사태를 헤겔이 받아들이고 있는 것이다.[27] 그는 다음과 같이 말한다. "노동과 욕구 충족에 있어서 이런 의존성과 상호성 속에서 **주관적인 이기심은 다른 모든 사람의 욕구 충족에 기여**하는 것으로 전환된다. 보편적인 것을 통해서 특수한 것을 매개한다는 변증법적인 운동으로 전환되어서, 각자는 자기를 위하여 벌고 생산하고 향유하지만, 그는 바로 이렇게 함으로써 다른 사람들의 향유를 위하여 벌고 생산하는 것이다. 만인이 서로 의존하면서 모든 측면에서 서로 결합된 상태 속에 있는 이런 필연성은 이제 각 개인에게 **보편적이고 지속적인 재산**이다. 각자는 자신의 생활을 안전하게 하기 위하여 자신의 교양과 기능을 통해서 이 재산을 나누어 갖게 될 기회를 갖는다. 마찬가지로 각자의 노동을 통해서 매개된 이런 소득은 보편적인 재산을 유지하며 증대

않는다. 스미스는 아직도 경제학을 윤리학과 같은 분야와 그리 강하게 분리하지 않았다. 센은 "인간 존재에 대한 스미스의 폭넓은 관점을 현대 경제학에서 좁힌 것이야말로 오늘날 경제이론의 주요 결함의 하나"라고 지적한다(센, 앞의 책, 49쪽).

27) 스미스는 '보이지 않는 손'이라는 용어 대신에 '자연의 기만'(deception)이라는 용어를 사용하기도 했다(이근식, 앞의 책, 63쪽 참조).

시킨다"(7, 353).

　근대의 산물인 시민사회의 정당성은 개인에게 자신의 이익을 자유롭게 추구할 수 있는 자유를 보편적으로, 즉 만인에게 동등하게 부여하는 것에 있다. 그렇기 때문에 시민사회에서 각 개인에게 부여되는 보편적 자유를 헤겔은 "형식적 자유"(7, 343)로 이해한다. 이 자유가 일정한 한계를 드러낸다는 점에서 그것은 자유의 완성태가 아니다. 그러나 헤겔은 자본주의적인 시장경제 체제가 국가에서 자립·분화하는 것을 긍정적으로 파악한다. 시장경제 체제에서 자신의 이익을 추구하는 경제적 활동의 자유는 결코 폐지되어야 할 부정적인 것이 아니다. 특수성의 분화를 견뎌내지 못하는 보편성이 참다운 의미의 보편성이 아닌 것처럼, 분화와 특수성을 긍정할 수 없고 포용할 수 없는 사회는 참다운 사회가 아니다. 다시 말해 특수성의 권리의 보편적인 인정과 보장은 인류 역사 발전의 주요하고 결정적인 국면을 이루는 것으로 결코 철회될 수 없는 원리이다.

　사적인 이익을 추구하는 시장사회를 긍정하기는 하지만, 헤겔은 결코 이러한 경제적 활동의 자유를 절대화하지 않는다. 그에 따르면 시민사회에서의 경제적 활동의 자유와 자유로운 이해를 추구하는 자유는 자유 이념의 실현을 보장하는 필연적인 한 계기에 지나지 않는다. 시장경제 체제, 즉 욕구의 체계가 무제한적으로 허용된다면, 그것은 필연적으로 인간의 공동체적인 통일과 연대 의식을 불가능하게 하는 상황으로 치닫기 때문이다. 시장경제 체제의 절대적 자립화는 오히려 경제와 정치의 분리라는 근대 사회의 구성 원리 자체를 파괴할 수도 있다. 헤겔에 따르면 시민사회는 "자연 상태의 잔여"(7, 354)를 극복할 수 없다. 그런데 이 자연 상태는 항상 극복되어야 하는 상태이다. 즉 자연 상태에서 벗어나야 한다는 것이 바로 이 자연 상태에 대해서 말할 수 있는 유일한 진리이다(10, 312).[28] 앞으로 살펴보겠지만 우리는 이러한 자연 상태의 잔여를 시민사회에서 등장하는 부와 빈곤의 양극화 현상에서 가장 극명하게

------
[28] 물론 이 입장은 홉스에게서 유래한 것이다. 자연 상태에서 벗어나야 한다는 홉스의 지적에 대한 헤겔의 긍정적 언급이 『철학사 강의』에서 등장한다(20, 288).

볼 수 있다.

III. 노동의 해방적 계기, 욕구의 사회적 성격, 노동의 기계화 그리고 그 소외

1) 근대 시민사회와 노동의 해방적 계기

근대 사회에서 인간은 독립적 인격체로 해방된다. 이 해방된 개인은 봉건적인 신분제 질서에서 해방된 평등한 인격체로서 인정받는다. 해방된 개인은 욕구의 체계인 시장사회에 평등하게 참여하여 욕구를 실현할 수 있는 존재로 간주된다. "개인은 이 국가[외적인 국가 혹은 필요 및 오성 국가로 규정되는 시민사회] 시민으로서 **사적 개인**(Privatpersonen)이며, 이들은 자신의 이익을 자신의 목적으로 삼는다"(7, 343). 이렇게 근대에서 인간은 사적인 인간으로서 경제적인 활동의 주체로서 활동한다. 물론 근대의 이런 부르주아적 삶의 방식의 출현은 사상에서의 변화, 즉 사유재산의 내재적 가치와 그것의 보호 및 경제적 활동의 자유가 지니는 기본적 중요성에 대한 승인과 함께하는 것이다. 모든 인간을 기본적으로 사적 소유의 자유를 실현할 수 있는 권리의 주체로서 상호 인정하는 것은 근대적 시장사회 형성의 전제조건이 된다.

이런 조건들 이외에도 서로에게 의존하면서 각자의 이익을 추구하는 시장사회에서는 항상 이해의 충돌이 발생할 가능성이 있기 때문에 이런 갈등을 해결할 법적 장치들과 때에 따라서 계약의 이행을 강제할 시장 외적인 질서와 제도들이 필요하다. 그러나 이런 제도들의 존립 역시 시민사회 구성원들의 일정한 정도의 의식 향상을 요구하는 것이다. 이런 맥락에서 헤겔은 근대의 시민사회가 그 구성원들을 주관적인 행위의 주체로 형성하는 기능을 한다고 강조한다(7, 343 이하). 프랑스 인권선언이 보여주는 것처럼 시민사회의 구성원인 개인은 참다운 인간으로서 간주된다. 이와 같이 사회적 노동 체계의 형성은 인간을 평등한 권리 주체로 인정하는 과정이기도 하다. 그런 점에서 시민사회가 산출하는, 달리 말하자면 시민사회와 공속하는 인간의 "도야"(Bildung)는

"**해방**"(*Befreiung*)이며 "보다 높은 해방을 위한 노동"이기도 하다(7, 344).

하버마스가 지적하듯이 헤겔은 "법적 인격체의 자유와 보편적 법칙 아래서 그들의 평등이 글자 그대로 노동을 통해서 획득된다(erarbeitet)"는 사실을 인식했다.[29] 이와 같이 헤겔은 시민사회에서 각 개인이 노동하는 주체로서 등장하는 것을 매우 긍정적으로 바라본다. 헤겔은 시민사회가 안고 있는 가공할 만한 부정적인 기능과 파괴적인 측면을 결코 소홀히 하지 않으면서도, 근대 시민사회의 적극적이고 해방적인 역할을 철저하게 긍정한다. 20세기 후 헤겔 연구자들 중에서 상당한 영향력을 미친 리터는 노동의 긍정적 성격에 대한 헤겔의 입장을 다음과 같이 요약하고 있다. "객관적인(sachliche) 노동 세계로서 근대 사회는 자연의 힘에서 인간을 해방했을 뿐 아니라, 노동의 생산물이 물건과 소유물로서 〔……〕 외화될 수 있다는 형식 속에서 노동 및 모든 노동 관계를 사물화(Versachlichung)하면서 자유를 보편적 원리로 고양한다. 근대 사회는 인격성으로서 인격체 자신에게 그 자기 존재(Selbstsein)와 이 자기 존재를 실현할 자유를 부여했다. 그리하여 근대 사회에서 기업가와 노동자의 관계는 자연 상태 속에 있는 주인과 노예의 관계가 아니라 서로 인격체의 관계와 같다. 이것이 헤겔이 생각하는 근대적 노동 관계의 이성적 의미이다."[30]

사실 왜 헤겔이 시민사회가 그 구성원들을 교양하고 도야하는 기능을 담당하고 있다고 주장하는가를 이해하기란 그리 어렵지 않다. 현대의 시장사회에서 성공하기 위해서는 우선 근면해야 하고, 계약 관계에서 타인의 신뢰를 잃지 않도록 조심해야만 하고, 시장이 요구하는 지적・육체적인 능력을 계발해야만 한다는 것은 우리의 상식이다. 대다수의 사람들은 시장에서 유리한 지위를 차지하기 위해서 많은 투자를 하고 시장에 나가기 전에 이에 철저하게 대비하고자 한다. 시민사회가 갖고 있는 인간의 도야 및 형성의 기능은 노동에

---

29) J. Habermas, "Die klassische Lehre von der Politik in ihrem Verhältnisse zur Sozialphilosophie," *Theorie und Praxis*, Frankfurt, 1993, S. 134.
30) J. Ritter, "Person und Eigentum. Zu Hegels *Grundlinien der Philosophie des Rechts*(§§34~81)"(1961), *Metaphysik und Politik. Studien zu Aristoteles und Hegel*, S. 71.

대한 태도의 변화를 수반한다. 이미 앞에서 말한 것처럼 헤겔에 의하면 근대 시민사회의 필연적 구성 요소의 하나인 욕구의 체계에 참여하는 사람들은 자기 이익의 증진을 행위의 목적으로 삼는다. 그럼에도 그들은 이런 이기심을 실현하기 위하여 불가피하게 타인과 다양한 형태의 관계를 맺어야만 한다. 이런 연관성의 체계는 보편적인 것인데, 이런 보편적인 것은 욕구의 체계에 참여하는 사람들에게 오로지 수단적인 의미만을 지닌 것으로 간주된다. 그러나 근대 시민사회의 구성원인 사적 개인들은 이익을 증진하기 위해서는 타인과의 관계 속에 편입될 수밖에 없기 때문에, 그들은 이 관계 속에서 자신들의 목적을 달성하기 위해서는 시민사회의 법칙이 요구하는 것들을 스스로 충족하기 위해서 노력하지 않으면 안 된다. 시장에서 요구하는 것을 충분하게 충족할 수 없는 사람은 사적인 개인으로서 자신의 욕구를 충족할 수 있는 방법을 찾을 수 없다는 점에서, 근대 시민사회에서 낙오자가 될 수밖에 없다(7, 343).

시민사회에서 노동이 인간을 이론적 차원뿐 아니라 실천적 차원에서 도야한다는 사실을 헤겔은 다음과 같이 요약한다. "우리들의 관심을 불러일으키는 규정들과 대상들의 다양성에서 **이론적 도야**(theoretische Bildung)가 발전된다. 이론적 도야는 표상들과 인식들의 다양성뿐 아니라, 표상 및 한 표상에서 다른 표상으로의 이행의 민첩성과 신속성, 복잡하고 보편적인 관계의 파악 등을 포함한다. 그것은 지성 일반, 그리하여 언어의 도야도 포함한다. 노동을 통한 **실천적 도야**(praktische Bildung)는 스스로를 산출하려는 욕구와 **일에 종사하는 습관** 일반에 존립한다. 게다가 또 노동에 의한 실천적 도야는 일부는 질료(Materie)의 성질에 따라서, 그러나 일부는 특히 다른 사람의 자의에 따라서 **자신의 행동을 제한하는 것에** 그리고 이런 규율을 통해서 획득된 **객관적인 활동**과 **보편적으로 타당한** 기술의 습관에 존재한다"(7, 352).

근대의 시민사회와 더불어 일반화된 노동에 대한 긍정적인 가치 부여는 근대 사회를 이해하는 데 아주 결정적인 의미를 지닌다. 우리는 헤겔의 사적 소유 이론에서 그가 노동을 통한 자연 대상의 가공을 인간의 자유 실현에 필연적인 요소로 긍정하는 것을 살펴본 적이 있다. 노동의 해방적 성격을 논하면서 헤겔은 자연 상태에서 정신적 상태로의 이행에서 노동이 지닌 긍정적인 의미를 재차 확인한다(7, 350). 헤겔은 이미 1807년 『정신현상학』의 그 유명한 주인과 노예의 변증법에서 노동의 긍정성을 강조하였다. 그에 따르면 인간은 노동을 통해서 자유로운 존재임을 의식할 수 있는 존재이다. 생명을 건 인정투쟁 속에서 죽음에 대한 공포를 견디지 못하고 노예의 지위를 수락한 노예는 이제 노동을 통해서 자연을 가공하면서 자신의 자연적 욕구를 억제하고 자신의 신체와 정신을 도야한다. 이렇게 노동은 자연을 변형할 뿐 아니라 노예 자신을 동물적 차원을 넘어서 인간적인 존재로 형성시키는 역할을 담당한다. 즉 노예는 노동을 통해서 자신의 자립성을 깨닫게 되고 그런 한에서 노예의식은 노동을 수행하면서 자신의 인간적인 현실성을 자각하게 된다(3, 153). 그리고 근대 시민사회는 사회의 모든 구성원들을 일차적으로 경제적 활동의 주체로 만든다. 이리하여 근대의 시민적 세계에서 상인이든 의사이든 아니면 학자이든 저술가이든 누구나 다 자신의 활동을 노동이라고 부르는 것이 일반화되었다. 그러나 노동에 대한 근대적인 태도는 결코 인류 역사의 일반적 현상이 아니다. 근대 시민사회로 인해 가능해진 소위 인간 해방과 더불어 나타난 인간의 유형은 독특한 역사적 산물임을 잊어서는 안 된다.

헤겔처럼 표현한다면 인간은 근대 시민사회의 산물이다. 고대 아테네 폴리스에서 시민은 노동에서 여유로운 사람들이었으며, 시민들은 노동을 강요당했던 노예와는 달리 설득과 말을 통해 폴리스에서 공동생활을 영위했다. 언어 행위를 매개로 해서 정치적 삶을 영위했던 시민들과 달리 "야만인과 노예 들은" 효과적인 발언이 필요하지 않은 "폭력 행위"에 지배되었고 "고된 노동"을 해야만 하는 존재였다.[31] "인간 활동에 대한 모든 고대인의 평가"는 "필요에 의해 필연적으로 수행하는 신체의 노동은 노예적"이라는 신념을 갖고 있었다.[32] 자본주의적 시장경제 질서가 사회의 기본적 원리로 등장하는 근대 초기 스미스가 노동을 생산적 노동(productive labor)과 비생산적 노동(unproductive

---
31) 아렌트, 『과거와 미래 사이』, 37쪽.
32) 아렌트, 『인간의 조건』, 이진우·태정호 옮김, 한길사, 2001, 138쪽 이하.

labor)으로 구별하면서 군주와 그 밑에서 봉사하는 문관, 무관, 육해군뿐 아니라 법률가, 성직자, 모든 종류의 문필가 등의 노동을 비생산적 노동으로 분류하고 이를 맹비난한 것은 흥미롭다. 스미스에 의하면 생산적 노동은 가치를 생산하는 노동이지만 비생산적 노동은 가치를 생산하지 못하는 노동이다.[33] 이런 현상은 고대 그리스에서 인간의 활동을 평가하는 방식과는 정반대이다. 스미스에 따르면 고대 아테네에서 폴리스를 형성하고 그것을 지속적으로 존립하게 하는 정치가, 법률가, 군인 등의 행위는 전적으로 비생산적인 노동으로 평가절하된다. 노동과 인간 활동의 양상에 대한 가치평가에서의 극적인 전환은 경제적 활동의 의미가 아직 전적으로 모든 사회 영역에 관철되지 못한 근대 초기의 상황을 반영하는 것으로 보아야 한다. 현대 세계에서는 교사나 의사 그리고 법률 전문가의 활동 역시 노동으로 간주되고 있기 때문이다. 우리나라에서도 대학 교수 역시 자신을 노동자로 간주하면서 노조를 만든 상황이다.

헤겔은 시민사회의 해방적 기능을 인간을 형식적인 의미에서 법적 권리의 주체로 인정한다는 사실에만 국한하지 않는다. 그는 시민사회의 도야를 '더 높은 해방'을 준비하는 것으로 바라보고 있다. 여기에서 '더 높은 해방'이란 시민사회보다 더 고차적인 생활 연관으로서 정치 공동체 속에서의 인륜적 삶의 향유를 의미한다. 헤겔은 시민사회를 인륜적인 삶의 필수적 구성 요소의 하나로서 긍정할 뿐 아니라, 이 시민사회를 매개로 해서만 비로소 국가 속에서 시민사회보다도 더 고차적인 상호 인정의 삶을 향유할 수 있다고 본다. 그러므로 헤겔은 시민사회에서의 도야를 '더 높은 해방을 위한 노동'으로 규정하면서 이 노동을 "직접적이고 자연적인 인륜성이 아니라, 정신적이면서 보편성의 형태로 고양된 무한히 주관적인 인륜성의 실체에 이르는 절대적 통과 지점"으로 이해한다(7, 344 이하).

이와 같이 헤겔은 정신적 존재로서의 인간이 자신의 본질을 실현하는 과정

---

33) 스미스, 앞의 책, 364쪽 이하.

에서 노동이 차지하는 적극적 역할을 긍정한다. 헤겔은 이미 예나 시대에서 노동을 언어와 가족이라는 인륜적 관계와 함께 정신의 자기실현, 즉 정신이 자신을 인식하는 도야 과정에서 반드시 필요한 매개항의 하나로 설정한다.[34] 헤겔은 언어 및 가족과 같은 인륜적 관계와 함께 노동 및 도구(Werkzeug)를 정신 형성의 필연적인 계기로 인정하면서도 도구를 노동에 지속성을 부여하는 것으로 이해한다. 그는 다음과 같이 말한다. "노동 행위가 자신의 존립을 유지하는 것은 바로 이 도구 속에서이며, 이 도구는 노동자와 가공된 자와는 별도로 독자적으로 유지되고, 도구 속에서 이 노동자와 가공된 자가 지니는 우연성은 사라지게 된다. 욕망하는 자와 욕망되는 대상은 개별자들로서만 존립하다가 사라지고 말지만, 도구는 전통(Tradition) 속에서 계속 증식된다."[35]

근대 인간의 자유 실현에서 노동이 긍정적이고 필수적인 계기를 이룬다는 헤겔의 입장은 나중에 헤겔 좌파, 특히 청년 마르크스에게 비판받는다. 청년 마르크스는 헤겔의 『정신현상학』 마지막 장인 '절대지'(das absoulte Wissen) 장을 비판하면서 헤겔 철학과 근대 정치경제학의 관점이 연결된다고 강조한다. 즉 마르크스는 헤겔의 『정신현상학』을 헤겔 철학의 "참다운 탄생지이자 비밀"이라고 규정하면서 헤겔 철학이 근대의 국민경제학의 관점 위에 서 있다고 주장한다. 헤겔이 노동을 인간의 본질로 간주하기 때문이다.[36] 마르크스는 헤겔 철학의 위대함을 다음과 같이 말한다. "헤겔의 『정신현상학』과 그 최종 결과들, 즉 운동하고 산출하는 원리로서의 변증법이나 부정성에서의 위대성은 우선 그가 인간의 자기 산출을 과정으로서, 대상화를 탈대상화로서, 외화로서 그리고 이 외화의 지양으로서 파악한다는 점이며, 따라서 그가 **노동의 본질을 파악하고 대상적 인간, 현실적 인간이기 때문에 참다운 인간을 그 자신의 노동의** 결과로서 **파악한다**는 점이다."[37] 그러나 헤겔은 "노동의 부정적

---

34) 헤겔, 『헤겔 예나 시기 정신철학』, 서정혁 옮김, 이제이북스, 2006, 26쪽(GW 6, 277).
35) 같은 책, 52쪽 이하(GW 6, 300).
36) K. Marx, *Die Frühschriften*, S. 252, 269.
37) 같은 책, S. 269.

인 측면을 보지 않고 오로지 그 긍정적인 측면만을 본다"고 마르크스는 비판한다.[38]

  마르크스의 헤겔 비판은 얼마나 타당한 것인가? 우선 헤겔 역시 노동의 부정적인 측면, 달리 말하자면 근대 자본주의 사회에서 나타나는 노동 소외 현상에 대해서 맹목적이지 않았다는 점을 말할 수 있다. 이 문제는 뒤에서 자세히 다루어질 것이다. 그래서 여기에서는 헤겔과 마르크스 사이의 연관성에 대해 살펴보기로 한다. 근대 정치경제학의 중요성을 인식하고 이를 근대에 대한 자신의 사회·정치철학적인 성찰의 핵심적인 구성 요소로 받아들임으로써 헤겔이 마르크스주의의 형성에 커다란 지적인 영향력을 행사했다는 것은 널리 알려져 있다. 일례로 마르크스는 그의 소외 개념을 헤겔의 소외이론을 비판하는 과정에서 발전시킬 수 있었다. 그러나 이런 영향사에도 불구하고 우리는 헤겔과 마르크스주의 사이에 존재하는 중요한 차이점을 소홀히 해서는 안 된다. 헤겔과 마르크스의 근본적인 차이점을 다음과 같이 두 가지로 요약해볼 수 있을 것이다. 첫째로 마르크스와 엥겔스는 국민경제학을 모든 사회이론의 기초로 간주하고 물질적 조건을 역사 발전의 궁극적 토대로 이해한 데 반해, 헤겔은 경제학에 그와 같은 역할을 부여하지는 않는다. 다만 헤겔은 경제학이 시민사회에서 활동하는 각 개별 주체들의 이기심에도 불구하고 노동의 분업과 시장에서의 교환 등을 통해 사회화가 어떻게 발생하는지를 보여준다는 점에서 중요하다고 생각했다. 둘째로 헤겔의 시민사회의 다차원적인 성격을 자본주의적 시장경제 사회로 단순화함으로서 근대 자본주의 사회가 초래하는 노동 소외의 측면만을 주목하는 마르크스와는 달리, 헤겔은 근대 시민사회에서 발생하는 노동 소외 현상을 바라보면서도 시민사회가 각 경제 행위의 주체들에게 그 영역에서 생존하기 위해 요구하는 갖가지 능력들을 도야한다는 측면 역시 중요하게 생각했다.[39] 그리고 시장사회와 결부된 시민사회의 활성화가 정치적 공동체의 자유에 중요한 기초 구실을 한다는 사실을 헤겔은 분명하

---

38) 같은 책, S. 269 이하.
39) H. Schnädelbach, *Hegel zur Einführung*, S. 140 참조.

게 인식하고 있다. 다음 장에서 우리는 헤겔 시민사회 이론에 대해서 상세하게 언급할 기회를 갖게 될 것이다.

2) 욕구의 사회적 성격

각 개인들이 자신들의 이익을 실현하기 위해 형성한 상호 협력 및 의존 체제로서의 근대적 시장사회에서 인간들의 욕구는 다양해진다. 이 욕구의 다양화는 이들을 만족시킬 수단들의 다기화를 동반한다는 점에서 노동의 분업은 필연적으로 발생한다. 다양한 욕구들을 만족시킬 다양한 상품들을 효율적으로 생산할 수 있기 위해서는 노동의 분업이 필요하기 때문이다. 이와 같이 다양한 경제적 욕구의 분출과 노동의 분업은 '욕구의 체계'를 구성하는 기본 요소들이다.

헤겔은 동물은 욕망과 그 충족의 수단 및 방법이 대단히 제한되어 있다고 강조한다. 인간 역시 욕망과 그것을 만족시키는 방법에서 일정한 제한성을 갖고 있다. 그렇지만 인간은 이러한 제한성을 넘어선다. 정신적 존재로서 인간은 사물을 구별할 수 있는 지성 내지 오성의 능력을 소유하고 있기 때문에, 욕망을 다양화한다(7, 347 이하). 헤겔에 의하면 욕망의 세분화 및 다양화는 인간의 욕구를 추상화한다(7, 348). 인간이 생물적 존재로서 자신을 재생산하기 위해서는 성적 욕구뿐 아니라 의식주와 같은 욕구 등을 충족해야만 한다. 그러나 인간이 음식이나 의복 그리고 주거 등에 대한 욕구를 충족하는 방식은 그 인간이 속한 사회에 따라서 서로 다르다. 근대 시민사회에서 발생하는 노동의 분화 그리고 그에 따르는 욕구의 세분화는 욕구를 추상화한다. 욕구가 추상화된다는 것은 그것이 자연적 특성을 점점 상실하고 사회적인 성격을 띠게 된다는 것을 의미한다. 이에 대해 헤겔은 다음과 같이 말한다. "마찬가지로 특수해진 욕구와 그것을 만족하는 **수단**이 **분화되고 다양화된다**. 그 수단은 다시 상대적 목적과 추상적인 욕구가 된다. 그것은 무한하게 지속되는 다양화의 과정이며, 이 다양화는 동일한 정도로 이 규정들의 **세분화**(Unterscheidung)와 그 목적들에 대한 수단의 적합성에 대한 **판단**, 즉 **세련화**(Verfeinerung)의 과정이다"(7, 348 이하).

노동의 분화와 함께하는 욕구의 분화 및 세련화 과정에 대한 헤겔의 서술은 그가 욕구의 사회적 성격을 정확하게 인식하고 있음을 보여준다. 근대 시민사회에서 욕구가 다양화되고 분화됨에 따라 그 욕구 충족의 방식 역시 분화된다는 점은 이미 살펴본 바와 같다. 그래서 시민사회에서 인간은 자신의 욕구를 스스로의 힘으로 충족하지 못하고 욕구를 충족할 수단을 다른 사람의 노동의 결과에서 획득할 수밖에 없다. 마찬가지로 각 개인은 타인의 욕구를 충족할 수단을 만들기 위해 노동을 해야만 한다. 이렇게 근대 시민사회는 다양한 인간들의 다양한 욕구와 그 충족 수단을 산출하기 위해 상호의존적 관계 속에 들어간다.

욕구 및 그 충족 수단의 사회적 제약성은 이런 사실에 국한되지 않는다. 근대 시민사회에서 욕구의 충족은 단순히 자연적인 욕구의 충족에 그치지 않는다. 사회에서의 욕구 충족은 다른 사람과의 비교를 동반하면서 단순한 자연적 욕구의 충족을 넘어서 정신적 욕구 충족의 성격을 띠게 된다. 사람들은 타인의 욕구를 소비하고자 하는 것이다. 달리 말하자면 상품의 소비에서도 단순한 동물적 욕구의 충족이 문제가 되는 것이 아니라, 사회적 인정 욕구가 문제인 것이다. 이런 점에서 헤겔은 "충족되어야 하는 것은 이제 욕구가 아니라 견해(Meinung)이다"라고 말한다(7, 348). 인간의 욕구의 대상은 이제 한갓 자연적 욕구의 충족이 아니다. 이제 인간은 욕구의 방식에 대한 사람들의 평판이나 생각 역시 충족하고자 애쓴다. 예를 들어서 설명해보자. 근대 사회에서 한 사람이 자신의 주택의 욕구를 충족하는 방법은 다양해진다. 그리고 근대 시민사회에서 모든 개인들은 자신들의 욕구를 충족하는 데 평등한 존재로 간주된다. 그뿐 아니라 욕구 충족의 다양화는 사람들에게 어떤 방식으로 주택의 욕구를 충족하는가에 따라 서로 다른 만족도를 부여한다. 따라서 모든 사람들은 자신들의 욕구를 충족하고자 하면서 서로 경쟁적으로 노력한다. 이제 주택의 욕구의 만족은 자신의 자연적인 욕구, 즉 잠자리를 해결하려는 욕구의 충족에 그치지 않는다. 욕구 충족의 방식은 자신의 사회적 지위와 능력을 인정받고 확인하는 수단으로 전환된다.

　인간적 욕망의 사회적 성격과 인간의 존재가 기본적으로 타자와의 인정관계라는 점은 근대 시민사회의 특수한 현상은 아니다. 인간의 욕망이 타자의 욕망과 관계 있다는 것은 인간의 인간다움을 이해하는 열쇠이다. 인간 역시 동물과 마찬가지로 배고프면 배를 채우고 졸리면 자고 종족의 번식을 위해서 성관계를 맺는다. 이런 현상은 인간이 생명체로서의 자연적인 존재인 한 불가피하다. 그러나 인간은 이런 자연적인 욕구(욕망)만을 갖고 있는 것은 아니다. 인간이 생존하기 위해 반드시 필요한 적당량의 음식물이나 휴식 및 성관계 등은 가장 기초적이라는 의미에서 사회성을 통해서 형성되는 욕망과 구별하여 인간의 기본적 욕구라고 말할 수 있을 것이다. 그러나 인간은 기본적 욕구의 충족에 만족할 줄 모르는 존재이다. 인간은 다른 사람과의 관계 속에서 무한한 욕망을 추구하는 존재이다. 달리 말하면 인간은 타인의 욕망을 바라는 존재인 한에서 동물적 차원을 넘어서 인간적 존재가 된다. 간단히 말해 인간의 욕망이 근원적으로 다른 사람의 욕망을 향하여 있다는 것이고, 이 타자의 욕망을 욕망한다는 것은 자신이 추구하는 것이 가치 있는 것임을 타인에게서 인정받으려는 욕망이라는 것을 의미한다. 이렇게 인간이 타인의 인정을 추구하는 존재이기에 인간은 동물과는 달리 자기 입장을 관철하기 위해 목숨을 걸고 단식 투쟁을 하거나 자신의 무죄와 훼손된 명예를 지키기 위해 자살까지 할 수 있는 존재이다. 인간은 사랑을 할 때도 단순히 상대방의 육체만을 탐닉하지 않는다. 사람은 사랑하는 사람에게서 자신이 소중한 존재임을 인정받고자 한다. 그래서 사랑하는 사람을 위해 선물을 준비하면서 그 사람이 선물을 받을 때 기뻐하는 모습을 상상하면서 행복해한다.

　헤겔은 인정투쟁을 인류 역사 형성의 동력으로 이해한다. 그가 보기에 인류의 역사에서 인간의 자기의식 및 자유의식은 여러 인간들 사이의 투쟁 과정에서 형성된다. 그래서 그는 인간을 본질적으로 인정을 추구하는 존재로 본다. 달리 말하면 인정의 추구는 인간을 인간으로 만드는 원천이다. 따라서 인간은 본질적으로 타자의 인정을 바라는 사회적 존재이다. 헤겔은 다음과 같이 말한다. "인정〔행위〕 속에서 자아(das Selbst)는 개별자이기를 그친다. 자아는 당연히 인정〔행위〕 속에서 존재한다. 달리 말해 자아는 더 이상〔타자와 관련을 맺지 않고 존재하는〕 직접적인 현존재가 아니다. 〔……〕 인간은 필연적으로 인정받으며 필연적으로 인정하는 존재이다. 이런 필연성은 인간에 고유한 것이며, 내용과 대립해 있는 우리의 사고에 따른 필연성인 것은 아니다. 인간 자체는 인정〔행위〕로서의 운동이며, 이러한 운동을 통해서 바로 인간은 자연 상태를 극복한다. 즉, 인간은 인정〔행위〕이다"(GW 8, 215).

위 인용문이 보여주듯이 다양한 인간들로 구성되는 집단적 생활이 없다면, 인간은 참다운 인간적인 욕구나 개성적인 삶을 실현할 수 없다. 달리 표현하자면 다음과 같다. 헤겔에 의하면 인간은 자기의식 혹은 자기의식적 존재이다. 이처럼 인간을 의식적인 존재로 본다는 점에서 헤겔은 아리스토텔레스의 인간 규정인 이성적인 존재로서의 인간이나 자기의식으로서의 인간이라는 데카르트적인 관점을 이어받는 것처럼 보인다. 물론 이런 점이 전적으로 잘못된 것은 아니다. 그러나 이런 해석은 자기의식적 존재 내지 사유하는 존재로서의 인간의 규정을 헤겔이 철저하게 새롭게 이해하고 있다는 점은 드러내지 못한다. 인간이 자기의식인 한에서, 그는 자신이 존엄하고 고귀한 존재임을 자각한다. 간단하게 말해 그는 정신적 존재이므로 항상 스스로 세계를 판단하고 그에 의미를 부여한다. 그리고 이런 점을 타인에게 인정받고자 한다. 아니 타자와의 만남에서 인간은 자기의식을 비로소 생성 내지 형성시킨다. 그런데 이 타자와의 관계는 이중적이다. 우선 인간은 동물과 같이 자연세계를 부정하면서 자신을 보존, 유지할 수 있다. 타자를 부정한다는 것이 그것을 전적으로 파괴하여 없앤다는 것만을 의미하지는 않는다. 물론 인간 역시 자신의 생존을 위해서 여타 동물이나 생명체를 완전히 먹어 해치우는 방식으로 행동할 수 있다. 그러나 타자에 대한 부정적인 관계는 이런 파괴적 행위에 국한되지 않는다. 예를 들어 인간은 노동을 통해서 자연 대상을 가공하여 새롭게 만들기도 하기 때문이다.

인간이 타자와 관계 맺는 또 다른 차원은 다른 자아, 즉 또 다른 자기의식적 존재인 타자와의 관계이다. 이 다른 인간 존재와의 관계 역시 부정적 관계의 성격을 지닌다. 인간은 다른 인간과의 관계에서 여타의 자연 존재들을 자신의 생존을 위해 양분으로 삼는 식으로 행동하지 않는다. 인간들 사이의 관계에서 등장하는 욕구는 단순한 생명의 유지라는 동물적 욕구가 아니다. 인간은 타인에게서 자신이 추구하는 가치를 승인받으려 한다. 그런데 이런 인간적인 욕구, 즉 타인을 통해서 자신의 가치를 인정받고자 하는 것은 자신의 동물적인 생명을 과감하게 걸 때에만 가능하다고 헤겔은 생각한다. 자신의 육체적 생명을 걸고서라도 타인에게 인정받으려는 욕구가 있다는 것, 달리 말하자면 단순한 생명의 유지를 넘어서서 다른 가치를 추구하는 욕구가 존재하지 않는다면 인간은 결코 동물적 차원을 넘어설 수 없다는 것이 헤겔의 입장이다. 그렇다면 인간들 상호 관계에서 발생하는 부정적 활동은 인간의 동물적 차원을 부정하는 행동에 다름 아니다. 이렇게 헤겔은 인간의 인간됨의 형성에서 죽음과 자신의 유한성 전체를 도모하는 행위를 결정적인 것으로 간주한다. 따라서 인간이 동물적 차원을 넘어서 자기의식적인 존재로 태어나기 위해서는 죽음을 걸고 수행되는 인간들 상호의 인정투쟁은 필연적이라고 헤겔은 강조한다. 그리고 헤겔은 인간들 상호의 인정투쟁 속에서 인간은 자신이 자유롭다는 점을 점차 자각하게 된다고 본다. 인류 역사는 이런 자유의식의 자각의 역사에 지나지 않는다고 헤겔은 생각한다.

이와 같이 헤겔은 인정투쟁과 자유의식의 발생 사이의 공속성을 강조한다. 헤겔은 인정의 과정을 투쟁으로 이해하고, 이 인정투쟁의 과정을 통해서 비로소 자유의식이 전개되고, 이 인정투쟁의 과정을 통해 인류는 궁극적으로 인간이 보편적으로 자유로운 존재임을 자각하게 된다고 본다. 요약해 보자면 인정투쟁은 인간의 형성사이면서 동시에 인간적인 세계, 즉 정치적 공동체의 형성사이기도 하다. 인간의 인간됨의 과정은 물론 정치적 관계의 형성과 밀접하게 결합되어 있다. 처음의 인정투쟁의 결과는 주인과 노예의 관계이기 때문이다. 그리고 이 주인과 노예 혹은 지배와 예속의 관계를 거쳐 인간은 점차 모든 인간들이 다 평등하고 자유로운 존재임을 터득하게 된다. 이런 과정을 통해서 인간은 모든 다른 타자들에 의해서 가치 있는 존엄한 존재임을 인정받으며, 그 역시 다른 모든 타자들이 자기의식적 존재임을 승인한다. 인류의 역사는 이 보편적인 인정이 구체적으로 실현될 때 종결점에 이르는 것이다.

근대 시민사회에 등장하는 욕구의 사회적 성격과 그것으로 인해 무한히 분출되는 욕구 분화의 필연성의 원천에 대해서 헤겔은 다음과 같이 말한다. "그리하여 이 [사회화의] 계기는 수단 그 자체를 위한 그리고 수단의 점유 및 욕구들이 충족되는 방식에 대한 특수한 목적 규정으로 된다. 더 나아가 그것은 직접적으로 다른 사람들과 **평등**해지려는 욕구를 포함한다. 한편으로 이 평등의 욕구 그리고 자신들을 다른 사람들과 동등하게 만들려는 것, 즉 **모방**과 다른 한편으로 두드러짐을 통해서 자신을 유용하게 만들려는 모방 속에 마찬가지로 존재하는 **특수성**의 욕구 자체는 욕구의 분화와 확대의 참다운 원천이다"(§ 193). 위의 인용문과 함께 지적해야 할 점은 유행에 대한 헤겔의 사회학적 통찰이다. 위 인용문에서 헤겔은 근대 사회에서 욕구의 지속적인 세분화의 참된 원인이 사회적 모방 심리와 다른 사람보다 좀더 특별하게 보이려는 인간의 욕망이라는 것을 보여준다. 그가 유행의 논리를 근대의 시장 논리와 연관해서 이해하고 있다는 사실에서 우리는 다시 그의 예리한 통찰력을 보게 된다.[40]

앞서 말했듯이 인간 욕구의 사회적 욕구로의 전환에는 자연적 욕망과 정신적 욕망이 결합되어 있으면서도 후자, 즉 정신적 욕망이 우월한 지위를 점하고 있다. 그런 점에서 사회적 욕망의 충족은 **"해방의 측면"**을 지닌다(7, 350). 그러나 욕구가 다양해지고 세련되는 것을 가능하게 하는 근대 시민사회의 내적인 법칙은 인간들을 단순한 소비자로 전락시키는 경향을 안고 있다. 일례로 사회를 통해서 산출되는 욕구의 세련화 과정은 자체의 논리에 의해서 사회 구성원들의 사치 욕구를 낳는다. 욕구 충족의 방식이 바로 사회적 성격을 띠게 됨에 따라 각 개인은 다른 사람과 구별되는 방식으로 자신의 욕구를 실현하고자 하는 욕구가 등장하게 된다. 이런 사회화된 욕구의 분화와 그 욕구를 충족

---

[40] 헤겔은 이미 예나 시기에 유행에 대한 논리를 근대 자본주의적 시장사회와의 연관 속에서 고찰한다(헤겔, 앞의 책, 153쪽; GW 8, 243).

하는 방법의 세분화는 끝없이 진행된다. 이렇게 사회적으로 촉발되는 욕구는 무한정으로 진전될 수 있기 때문에, 이제 근대 자본주의적 경제질서에서 사람들은 사치 욕구를 자연스럽게 분출하게 되는 것이다.

사치스러운 삶은 많은 사람들에게 반자연적이고 비도덕적이라 비난받아야 할 것으로 여겨진다. 그러나 사치의 옳고 그름을 떠나 우리는 사치가 발생하는 사회적 필연성을 인식하는 것이 중요하다. 헤겔은 인간 욕구의 사회적 성격이 증대됨에 따라서 사치 욕구가 사회적으로 발생하는 것은 불가피하다고 본다. 나아가 그는 사치의 발생과 더불어 한 사회에서 이 사치로부터 배제되는 사람들이 발생한다는 점을 분명히 한다. 즉 근대 시민사회에서 욕구의 사회화가 지속되면 될수록 한편으로는 사치가, 다른 한편으로는 의존과 궁핍이 무한히 증대된다는 것이다. 욕구 충족의 체계라는 의미에서 인간을 해방하는 측면이 있지만, 시민사회는 분명 한계 또한 안고 있다. 욕구 충족에서 나타나는 시민사회의 내적인 긴장, 사치의 증대와 빈곤의 무한한 증대 사이의 모순은 근대 시민사회의 내적 한계를 보여주는 사례이다. 그래서 헤겔은 욕구 체계로서의 시민사회가 가져오는 인간의 해방을 **"형식적"**(formell)이라고 규정한다(7, 350 이하).

사치 발생의 필연성과 그것이 가져오는 사회적인 빈곤 현상 이외에도 헤겔은 근대 시민사회에서 등장하는 욕구의 사회화가 사실은 다른 사람들, 특히 자신의 특수한 이익을 추구하는 생산자들에 의해서 만들어진다는 점을 강조한다. 즉 우리의 욕구는 욕구의 다양한 분화를 통해서 그리고 분화된 사회적 교환 체계를 매개로 해서 자신의 이득을 추구하려는 생산자들에 의해서 만들어지는 것이다. 자신의 욕구를 스스로 선택하고 이 개인적인 욕구를 충족하는 것으로 생각하기 쉽지만, 자신이 선택한 욕구라는 생각은 단지 가상에 지나지 않는다. 이 욕구는 사실상 다른 사람들에 의해서 촉발된 것이기 때문이다. 근대 시민사회에서 욕구의 무한한 증대와 욕구 발생의 타율적 성격에 대해서 헤겔은 다음과 같이 말한다. "영국인들이 **안락하다**(comfortable)고 부르는 것은 전적으로 무한하게 지속되는 어떤 것이다. 각각의 안락한 것도 다시 불편한 것으로 드러나고 이런 발견은 끝이 없기 때문이다. 그러므로 욕구는 그것을 직접적으로 가지는 사람들에 의해서 산출되는 것이 아니라, 욕구의 발생을 통해서 이익을 추구하는 사람들에 의해서 산출되는 것이다"(7, 349).

3) 노동의 기계화와 소외의 문제

헤겔은 근대 사회의 기본적 모습을 설명하는 과정에서 노동의 분화와 욕구의 분화 그리고 욕구의 추상화 및 사회화로 인한 욕구의 무한 증대 현상들을 분석한다. 이 과정에서 헤겔은 근대 시민사회에서 시장의 논리가 관철됨에 따라서 발생하는 긍정적이고 해방적인 측면에만 주목하지 않는다. 그는 근대 자본주의 사회의 노동 분업, 그에 따른 인간 상호의존성의 증대 현상뿐 아니라, 노동의 추상화와 기계화가 가져오는 노동 소외 현상을 예리하게 인식한 철학자이다. 헤겔은 노동 분업에 의해서 서로 밀접하게 의존하는 근대 자본주의 사회는 필연적으로 노동의 성격을 추상적인 것으로 만들고 결국에 가서는 기계가 도입되어 노동을 대체하게 된다고 본다. 그는 다음과 같이 말한다. "그러나 노동에서 보편적이고 객관적인 것은 수단과 욕구의 특수화를 초래하고, 이로 인하여 또한 생산을 특수하게 하고 **노동 분업**을 낳는 **추상**[과정] 속에 존재한다. 개인의 노동은 분업을 통해서 **더 단순해**지고, 이로써 그 추상적 노동 속에서의 기능과 그 생산의 양이 더 증대된다. 동시에 기능과 수단의 추상화는 다른 욕구의 충족을 위하여 인간들의 **의존**과 **상호 관계**의 전적인 필연성을 완성한다. 나아가 생산의 추상은 노동을 항상 더욱더 **기계적으로**(mechanisch) 만들고, 이렇게 함으로써 마침내 인간은 노동에서 떨어져 나가게 되고 그 자리에 **기계**(Maschine)가 등장하는 것을 가능하게 한다"(7, 352 이하).

노동의 기계화는 시민사회의 궁극적 결과이지만, 그런 현상은 인간의 자유 실현을 위한 필연적 계기로 간주되는 근대 시민사회의 근본적 한계를 보여주는 것이기도 하다. 근대 시민사회의 근원적 한계에 대한 헤겔의 주장은 바로 다음 단락에서 보다 상세하게 살펴볼 것이다. 여기에서는 주로 노동의 기계화와 소외 현상에 대한 헤겔의 분석에 주목하고자 한다. 앞에서 인용된 노동의 기계화의 필연성에 대한 헤겔의 언급은 본질적인 통찰들을 포함하고 있지만 상당히 압축적이다. 『법철학』에서와는 달리 예나 시기의 초고들 속에 서술된 노동 분업 및 기계화 그리고 노동의 소외 현상에 대한 언급들이 훨씬 더 구체적이다. 소외(Entfremdung)나 외화(Entäußerung)라는 용어가 헤겔 고유의 것은 아니다. 이 용어들은 원래 영어 'alienation'의 독일어 번역어에서 유래한 것이다. 이 'alienation'이라는 용어는 영국 경제학에서 상품의 매각을 표현하기 위해서 사용되었을 뿐 아니라, 거의 모든 자연법적인 사회계약 이론에서 근원적인 자유의 상실, 즉 계약을 통해 성립한 사회에 본래 인간이 소유하고 있는 것으로 설정된 근원적인 자유의 양도 내지 위탁을 표현하기 위해서 사용된 단어이다.[41]

헤겔에 의하면 노동의 기계화, 달리 말하자면 인간 노동을 기계로 대체하는 과정은 인간의 정신적인 황폐화를 가져온다. 물론 헤겔은 노동의 기계화 현상 자체를 전적으로 부정적인 측면만을 갖는 것으로 평가하지는 않는다. 노동의 기계화는 분명 인간을 힘겨운 노동에서 해방해주고 사회 전체의 생산력을 증대하는 기능이 있기 때문이다.

"도구 그 자체로 인해 인간은 그의 질료적 부정 행위와 분리된다. 그러나 이런 가운데서도 인간의 형식적인 도구는 그대로 유지되며, 죽은 도구로 향하는 인간의 활동도 그대로 유지된다. 더구나 인간의 활동은 본래 그의 생동적인 연관에서 도구를 떼어놓고, 그것을 부정되어야 하는 죽은 것으로 정립하는, 도구 자체를 파괴하는 행위라고 할 수 있다. 기계 속에서 인간은 이러한 자신의 형식적인 활동을 지양하고, 기계가 자신을 위해서 전적으로 노동하게 만든다. 그러나 개별 인간은 인간이 자연에 대해서 행사하는 모든 기만의 상태에 머물러 있기 마련인데, 이와 같은 기만이 이제 인간 자신을 엄습한다. 인간이 자연에서 획득하는 것이 점점 더 증가하고 자연을 더욱더 예속하면 할수록, 인간 자신은 더욱 저급한 상태가 되어버린다. 다양한 기계들을 통해 자연

---
[41] 루카치, 『청년 헤겔 2』, 425쪽. 루카치는 헤겔은 그의 『정신현상학』에서 비로소 '외화' 내지 '소외' 개념을 고도로 일반화된 철학적 개념으로 발전시켰다고 한다(같은 책, 426쪽).

을 가공함으로써 인간은 노동의 필연성을 지양하는 것이 아니라 오히려 노동을 연기하기만 할 뿐이며, 노동을 자연과 소원하게 만들고, 생동적인 자연과 생동하는 방식으로 관계를 맺지 못하게 된다. 오히려 노동은 이러한 부정적인 생동성을 회피하며, 인간에게 남겨진 노동은 고작해야 기계에 더 걸맞은 것이 되어버리고 만다. 그리고 인간은 노동의 필연성을 오직 전체를 위해서만 줄일 뿐, 개별자를 위해서는 줄이는 것이 아니라 오히려 늘린다. 왜냐하면 노동이 더 기계적으로 되면 될수록 노동의 가치는 더 작아지고, 〔개별자인〕 인간은 이러한 방식으로 더욱더 많이 노동해야 하기 때문이다."[42]

이 인용문은 근대 시민사회에서 등장하는 노동 소외 현상의 본질적인 측면들을 이해하는 데 대단히 중요하다. 헤겔이 노동을 그 긍정적인 측면에서만 고찰할 뿐 자본주의 사회 속의 노동이 지니는 부정적인 측면에 대해 아무런 통찰을 하지 못한다는 마르크스의 비판이 잘못된 것임을 보여주기 때문이다. 마르크스는 자본주의 사회에서 등장하는 노동 소외의 현상을 세 가지 차원에서 고찰한다. 그는 우선 노동 소외의 두 측면, 즉 자연에서의 노동 소외와 자신의 적극적이고 능동적인 활동으로서 노동 자체에서의 소외를 다음과 같이 말한다. "우리는 실천적·인간적 활동의 소외 행위, 즉 노동을 두 가지 측면에서 고찰하였다. 1. 낯선 대상으로서의, 그리고 노동자를 지배하는 강력한 대상으로서 **노동 생산물**과 노동자의 관계. 동시에 이 관계는 감각적 외적 세계에 대한, 즉 그에게 낯설고 적대적인 세계로서의 자연 대상들에 대한 관계이다. 2. **노동** 내부에서의, **생산 행위**와 노동의 관계. 이 관계는 낯설고 그에게 속하지 않는 활동으로서 노동자 고유의 활동, 고통으로서의 활동, 무력(無力)으로서의 힘, 거세로서의 생식, 그 자신에 반항하고, 그로부터 독립적이고, 그에게 속하지 않는 활동으로서의 노동자 **자신**의 육체적·정신적 에너지와 그 개인의 생명 〔……〕 등과 노동자의 관계이다. 앞서의 것이 **사물**의 소외였듯이, 이것은 **자기소외이다**."[43]

---

42) 헤겔, 앞의 책, 74쪽 이하(GW 6, 321).
43) 마르크스, 『칼 마르크스 프리드리히 엥겔스 저작선집 1』, 76쪽 이하.

마르크스는 자연으로부터의 소외 및 노동 활동 자체에서의 소외라는 노동 소외의 두 가지 규정에서 **"소외된 노동의 제3의 규정"**을 도출해낸다. 그것은 바로 "인간에게서 유(類)를 소외시키는" 현상이다. 달리 말하자면 "소외된 노동은 인간의 **유적 생활**을 개인적 생활의 수단으로 만들어버린다"는 것이다.[44] 과연 헤겔은 마르크스가 생각하듯이 노동의 긍정적인 성격만을 고찰하고 근대 자본주의 사회에서 등장하는 노동 소외 현상에 대해 아무것도 인식하지 못했던 것인가? 우리는 이미 앞에서 그렇지 않다고 대답한 바 있다. 앞에서 인용된 헤겔의 노동 소외에 대한 설명은 마르크스의 그것과 놀라울 정도로 유사하다. 물론 마르크스 역시 헤겔의 예나 시대 초고들을 알지 못한 상황에서 헤겔의 노동이론을 비판적으로 고찰했다. 이런데도 두 사람의 관점이 거의 비슷하다는 것은 아주 흥미롭다.

우선 헤겔은 마르크스와 마찬가지로 노동이 기계화되면서 자연과의 살아 있는 관계와 차단되고 있음을 분명하게 지적한다. 자연에서의 인간 노동의 소외 현상 이외에도 헤겔은 자연과 인간의 관계를 형성하는 노동이 기계화되고 추상화되는 현상이 노동의 생동적인 측면을 파괴한다고 강조한다. 앞에서 인용한 구절에 의하면 "자연을 더욱더 예속하면 할수록, 인간 자신은 더욱 저급한 상태가 되어버린다"고 헤겔은 말한다. 즉 인간이 노동을 통해서 자연과 맺는 관계는 더 이상 생동적이지 못하다. 그래서 노동을 하면 할수록 노동자는 자신의 노동을 "자연에 소원하게 만들"게 되며, 그리하여 그는 노동을 통해 "생동하는 자연과 생동적인 방식으로 관계를 맺지 못하게 된다." 인간이 노동을 통해서 자연과 생동적 관계를 맺지 못한다는 것은 노동하는 사람이 노동의 산물에 대해서 아무런 실질적인 지배를 행사하지 못한다는 것을 의미한다. 그래서 『인륜성의 체계』에서 헤겔은 노동 소외가 어떻게 발생하는지를 잘 설명하고 있다. 그에 의하면 근대 자본주의 사회에서 노동은 노동의 결과물과 대립하고 이 노동의 결과물은 노동하는 사람이 통제할 수 없는 것으로 자립화되

---

44) 같은 책, 78쪽.

어 다시 노동하는 사람을 억압하는 낯선 힘으로 등장한다. "욕구의 체계는 앞에서 형식적으로 보편적인 상호 물리적인 의존의 체계로서 이해되었다. 어느 누구도 자신의 욕구 전체에 대해 독립적으로 존재하지 않는다. 그의 노동, 혹은 그의 욕구를 충족하는 능력 중에서 그 어떤 방법이든지 그에게 이런 만족을 보장하지 못한다. 이 욕구의 체계는 그가 아무런 통제권을 행사하지 못하는 것이고, 그가 소유하는 잉여가 그에게 그의 만족의 총체성을 구성하는지의 여부를 결정하는 낯선 힘이다"(GW 5, 350).

헤겔은 노동 소외를 자연과 노동의 관계 그리고 노동과 노동의 생산물에 대한 관계라는 측면에서 고찰하는 데 그치지 않는다. 헤겔은 마르크스와 마찬가지로 노동의 소외가 노동 활동 자체에서도 나타나고 있음을 강조한다. 앞에서 인용한 구절에 의하면 근대 사회에서 인간은 노동을 하면 할수록 자신의 노동에서 소외될 뿐이다. 근대 시장사회에서 생산하는 활동은 이제 자신을 표현하고 실현하는 의미를 지니지 못한다. 노동은 본래 인간을 동물적인 자연적 존재에서 정신적인 존재로 형성하는 역할을 담당하는 것이었는데, 근대 사회에서 이제 노동하는 사람은 노동 활동 자체에서 소외된다. 그래서 노동은 자기표현과 자신의 형성이라는 고유한 의미를 박탈당하게 된다. 즉 노동하는 사람은 근대 산업사회에서 자신의 노동 활동에서 자기실현을 경험하지 못한다. 이것이 바로 인간의 자신으로부터의 소외 현상이다. 그래서 인간은 노동을 하면 할수록 자기실현이라는 충만된 경험을 하는 것이 아니라, 반대로 자신의 노동의 가치가 감소되는 것을 경험하게 되며 그 노동은 벗어나야 할 고역과 불행으로 변질된다. 그리하여 근대 사회에서 인간은 노동을 하면 할수록 자기에게서 소외되는 고통을 겪지만, 노동의 가치가 상실되기에 이 고역으로만 여겨지는 노동을 벗어나지 못하고 더욱더 노동을 해야만 한다. 그렇지 않다면 노동하는 사람은 자신의 생물학적인 존재의 유지마저도 위협받게 된다. 노동 활동 자체에서의 소외 현상을 헤겔은 다음과 같이 표현한다. "그러나 그(노동자)는 노동의 추상을 통해 더욱 **기계적이고** 둔중하며 몰정신적인 존재가 되어간다. 정신적인 면과 충만된 자기의식적 삶은 공허해져버린다. 자아의 힘은 풍요로운 포괄 행위(Umfassen) 속에 있는 것인데, 이러한 힘이 사라져버리는 것이다. 그는 여러 가지 노동을 기계에 떠맡길 수 있게 되고, 그렇게 됨으로써 그 자신의 행위는 점점 더 형식적으로 변한다. 개별 노동자의 무뎌진 노동 행위는 그들을 단 하나의 점에만 묶어놓게 된다. 그리고 노동은 일면적이면 일면적일수록 더욱더 완벽해진다"(GW 8, 243).[45]

마지막으로 헤겔은 노동 소외를 인간과 인간의 관계 왜곡이라는 측면에서 고찰한다. 인간과 인간의 관계는 근대적 시장경제 체제에서 철저하게 이 시장경제 질서의 내적인 논리에 지배된다. 앞에서 살펴본 것처럼 헤겔은 이 근대적인 시장경제 질서를 모든 인간이 서로 맺는 의존성의 체계로서 이해한다. 그런데 이 욕구의 체계에서 인간의 행동의 목적은 자기 이익의 추구이다. 그러면서도 이 이익 추구를 실현하기 위해 사람들은 욕구의 체계에 편입되어야만 한다. 이런 상황에서 인간과 인간의 관계는 두 가지 점에서 소외된다. 첫째로 근대 시장경제 질서에서 인간들의 상호 관계는 철저하게 도구적인 의미만을 지닌다. 인간과 인간의 관계의 존재 이유는 이런 관계를 통해 각 행위 주체들이 자신들의 이익을 추구하는 데 있기 때문이다. 이렇게 근대 시장경제 질서에서 인간들의 관계는 아무런 내재적인 가치를 지니지 못하고 각 개인들의 이익 추구를 위한 수단으로 전락한다.

다른 한편으로 인간과 인간의 관계는 근대 시장사회에서 상품 논리가 철저하게 관철되는 곳으로 전도된다. 인간의 개별성이 긍정되는 근대 세계는 고대 세계와 달리 노동을 그 기초로 한다. 근대 세계에서 인간은 노동을 통해서 비로소 자유롭고 평등한 주체로 인정받기에 이르렀다. 노동은 자연적인 존재인 인간이 정신적인 존재임을 자각하는 도야라는 의미를 지닌다. 그래서 헤겔은 노동하는 "노예의식"이 바로 주인과 노예의 인정투쟁에서 궁극적으로 승리한다는 점에서 "자립적 의식의 **진리**"로 규정한다(3, 152). 그러나 근대의 시장사회는 자체 내에 인간을 포함한 모든 존재를 하나의 사물로 만드는 경향이 있

---

45) 헤겔, 앞의 책, 152쪽 이하.

다. 중요한 것은 이제 시장에서 교환 가능한 상품으로 소비되는가 하는 것이다. 자연과 인간의 존재 의미는 상품으로서 얼마나 시장사회에서 교환가치를 갖는가에 따라 결정된다.

근대 자본주의 사회는 해방적인 계기뿐 아니라 자체 내에 인간을 전반적으로 소외시키는 모순을 안고 있다. 노동 분업 및 전문화의 증대, 그에 따른 노동의 추상화와 노동의 기계화의 진전은 모두 다 근대 시장사회의 내적 법칙의 표현이다. 이제 인간은 자신의 고유한 법칙에 따라서 운동하는 근대 자본주의 사회에서 화폐와 상품의 논리의 대행자가 되어버리고 만다. 자본주의적 시장사회에서 인간은 이 강철 같은 시장의 힘에 대한 통제력을 상실하고 반대로 시장사회의 논리에 굴복하는 무기력한 존재로 전락하게 된다. 인간은 근대 시장사회의 내적 법칙을 실현하는 데 기여하는 하나의 부품이라는 의미만을 부여받을 뿐이다. 마르크스의 용어를 빌려 표현하면, 자본주의 사회에서 인간의 노동으로 만들어진 대상은 인간 자신의 표현으로 간주되지 않고, 거꾸로 생산자를 지배하는 힘 그리고 노동하는 인간에게 낯선 존재인 상품이 된다는 것이다. 그래서 헤겔은 근대의 시장사회를 "자체 내에서 자기 운동하는 죽은 자의 삶"으로 규정한다. 나아가 근대 자본주의적 시장질서는 바로 "운동의 상태에서는 맹목적이면서도 불가항력적으로 이리저리 요동치는 한 마리의 야수와 같다"고 헤겔은 말한다(GW 6, 324).[46]

자신의 고유한 법칙에 따라 자립적으로 움직이는 근대 시장사회가 야기하는 소외 및 비인간화의 문제는 사회의 통합력을 극도로 파괴하여 부와 빈곤이 극단적으로 대립하는 상황으로까지 몰고 간다. 근대 시장사회에서 한편으로 다수의 사람들은 그들의 생존 수단을 얻기 위해 필사적으로 시장에 편입되어 노동을 해야만 하고 그런 상황에서도 시장 논리에 의해 주기적으로 커다란 빈곤 상황에 봉착하게 된다. 다른 한편으로 소수는 시장사회에서 성공하여 다수의 사람들을 그들의 이익 추구 수단으로 전락시킨다. 이렇게 근대 시장사회에

---

[46] 같은 책, 78쪽.

서 살아가는 사람들은 서로 소외되어 있을 뿐 아니라, 서로 적대적인 상황에 처하게 된다. 이런 문제는 바로 다음 단락에서 더 상세하게 논할 것이다. 여기에서 나는 헤겔 노동이론의 의미를 마르크스 이론과 대비하여 좀더 논하고자 한다.

우리는 앞에서 헤겔이 노동의 긍정적인 측면만을 보고 그것의 부정적인 측면을 소홀히 한다는 마르크스와 수많은 마르크스주의자들의 시각이 잘못된 것임을 보았다. 사실상 노동 소외에 대한 헤겔의 통찰은 마르크스의 그것에 비해 결코 손색이 없다. 물론 루카치는 헤겔의 소외이론과 마르크스의 그것 사이의 차이점을 지적한다. 그에 의하면 헤겔은 소외(Entfremdung)의 문제를 처음으로 철학적 문제로 제기하였다. 그러나 그는 소외와 대상화(Vergegenständlichung) 내지 외화(Entäußerung)를 명백하게 구분하지 않았다. 즉 소외를 "대상성의 정립과 동일하다"고 헤겔은 생각하였다.[47] 대상화와 소외의 동일시는 잘못된 것이다. 그리하여 헤겔은 자본주의적 시장경제에서 발생하는 특유한 형태의 소외, 마르크스가 물신성(Fetischismus)이라고 부른 병리 현상을 인류 역사 전체 속에서 발견할 수 있는 인간과 자연의 관계로서의 외화(소외)와 혼동하였다는 것이다. 이런 혼동의 결과 헤겔은 자본주의 사회라는 특수한 역사적 단계에서 발생하는 소외의 특수한 형태를 극복할 수 있는 대안을 제시할 수 없었다고 루카치는 말한다. 소외와 대상화를 동일시하는 것은 소외 현상을 사회적인 범주로서 간주하기보다는 영원한 '인간 조건'으로 생각하도록 만든다는 것이다. 대상화란 인류의 사회적 삶에서 폐기될 수 없는 표현 양식(Ausdruckweise)이기 때문이다. 루카치에게 대상화는 그것이 노예화이든 해방이든 몰가치적인 것으로서 노동과 언어를 포함한 일체의 인간적 표현 양식과 결부된 것이다.[48] 헤겔과 달리 마르크스는 자본주의적 생산 양식이라는 인류

---

47) 루카치, 『역사와 계급의식』, 박정호 · 조만영 옮김, 거름, 1986, 26쪽. 루카치는 『역사와 계급의식』의 1967년 서문에서 자신도 『역사와 계급의식』에서 헤겔과 동일한 오류를 범했다고 비판한다(같은 책, 27쪽 참조).
48) 같은 책, 27쪽 참조.

역사의 특수한 단계에서 발생한 소외 현상을 분명하게 인식하고 이로부터 자본주의 사회의 소외를 극복할 수 있는 대안을 제시할 수 있었다고 루카치는 평가한다. 헤겔은 소외를 대상화와 혼동하여 소외 문제를 인간이 극복하기 힘든 운명과 같은 것으로 받아들이는 경향이 있는 데 반해, 마르크스는 자본주의 사회에서 소외가 역사적으로 제약되고 있다는 통찰을 분명히 했기 때문에 역사 발전에 대한 명확한 비전을 제시할 수 있었다는 것이다.[49]

헤겔의 소외 개념과 마르크스의 소외 개념 사이의 차이점에 대한 루카치의 지적이 일정 정도 타당하다고 해도 그의 결론에 대해서는 선뜻 수긍하기 힘들다.[50] 마르크스가 제시한 미래에 대한 대안이 실패한 현 상황에서는 그런 의구심이 더 증폭될 것이다. 사적 소유를 토대로 형성된 자본주의적 생산 양식의 폐지를 통해서 계급 없는 사회를 정초하고, 그럼으로써 필연성의 왕국인 인류의 전사(前史)를 종결짓고 자유의 왕국을 건설하려는 마르크스의 웅대한 역사철학적 전망이 참담하게 실패했다는 것은 그가 제시한 자본주의 사회의 진단을 비판적으로 검토할 것을 요구하고 있는 셈이다. 그런 점에서 프랑스의 저명한 헤겔 연구가 장 이폴리트의 다음과 같은 언급은 중요하다. 그는 루카치의 『청년 헤겔』에 대한 논평의 끝마무리에서 이렇게 말한다. "이 비판적 연구를 종결하기 위하여 우리는 아마도 루카치가 헤겔을 사로잡았던 문제를 일부러 지나치게 단순하게 만들지 않았는지 하는 물음을 제기해야만 한다. 『정신현상학』, 『철학강요』 그리고 『역사철학』의 저자인 헤겔은 자본주의 체제에 의해서 도달된 시기와 단계의 경제적 구조에서 사람들이 발견할 수 있는 것들과는 다른 어떤 타당한 이유들 없이 인간 정신의 역사적 소외를 대상화와 혼동하지 않았다. 스스로를 문화, 국가 그리고 인간 노동 일반 속에 대상화함으로써 인간은 동시에 자신을 소외시키고 자신과 다르게 되고 그리고 이런 대상화 속에서 극복하기 어려운 타락을 발견한다. 그럼에도 불구하고 인간은 이

---

49) 루카치, 『청년 헤겔 2』, 423쪽 이하 참조.
50) 헤겔 『정신현상학』에서의 노동 개념에 대한 좀더 체계적인 연구로는 임석진, 『헤겔의 노동의 개념 : 『정신현상학』 해설 시론』, 지식산업사, 1990 참조.

타락을 극복하려고 노력해야만 한다. 이것은 **실존과 분리될 수 없는 긴장**(a tension inseparable from existence)이다. 그리고 이런 긴장에 관심을 쏠리게 하고 그것을 인간적 자기의식의 한 가장자리 속에 보존했던 것은 헤겔의 장점이다. 다른 한편으로 마르크스주의의 가장 커다란 어려움들 중의 하나는 이런 긴장을 다소 가까운 미래에 극복할 수 있다고 생각하고 그것을 성급하게 역사의 특수한 국면에 기인한다고 보는 주장이다."[51] 이폴리트가 지적하듯이 헤겔의 관점은 언뜻 비관적인 것으로 보일 수도 있다. 그렇지만 지난 20세기 현실 공산주의 사회의 역사적 경험을 되돌아볼 때 헤겔의 관점이 더 냉정했다고 볼 수 있다. 이런 문맥에서 "사유(私有) 자본주의의 철폐는 〔……〕 결코 근대적인 기업적 노동의 철창이 파괴되는 것을 의미하지 않을 것"이라는 베버의 지적 역시 헤겔의 통찰과 맥을 같이한다.[52]

그러나 헤겔의 노동과 노동의 소외 이론은 마르크스의 그것과 본질적으로 동일하다는 데 머물지 않는다. 헤겔의 이론은 마르크스의 이론에 비해 장점이 있다. 헤겔은 그의 노동이론을 상호 인정투쟁의 맥락에서 고찰함으로써 인간의 사회적 투쟁과 규범적이고 도덕적 차원이 서로 긴밀하게 연결되어 있음을 보여주기 때문이다. 호네트에 의하면 헤겔은 인정투쟁을 인간의 정체성 요구를 인정받기 위한 투쟁으로 해석하여 "인간들 사이의 사회적 갈등의 원인을 도덕적 요구에 대한 훼손 경험에서 찾는 사상적 움직임"을 개척한 사람이다.[53]

호네트가 주장하듯이 마르크스는 헤겔의 사회적 투쟁 이론을 이어받아 새롭게 해석함으로써 오늘날까지도 커다란 영향력을 행사하는 사상가이다. 그러나 호네트는 마르크스의 계급투쟁 이론은 자체 내에 커다란 문제점을 안고 있다고 주장한다. 마르크스의 계급투쟁 이론은 "청년 헤겔이 가지고 있던 도덕이론적 직관과 공리주의적인 흐름 사이에서 긴장감 넘치지만 극히 애매한

---

51) J. Hyppolite, *Studies on Marx and Hegel*, translated, with an Introduction, Notes, and Bibliography, by J. O'Neill, New York, 1969, p. 86 이하.
52) 하버마스, 『의사소통행위이론: 기능주의적 이성 비판을 위하여 2』, 장춘익 옮김, 나남출판, 2006, 525쪽에서 재인용.
53) 호네트, 『인정투쟁』, 240쪽.

종합 명제를 이루고 있기" 때문이다.[54] 마르크스는 사회적 노동 자체를 인정의 매체로 이해하고, 이에 상응하여 인간들 사이에서 발생 가능한 다양한 무시의 현상을 통찰하여 이를 이론적으로 명료하게 표현할 수 있었는데도 그러지 못했다고 호네트는 비판한다. 호네트에 의하면 마르크스는 초기부터 인간의 사회적 갈등과 투쟁의 현상들을 단지 "공리주의적 투쟁 모델"에 입각하여 분석하려는 단초를 보여주었다. 마르크스는 인간의 사회적 투쟁에서 나타나는 다양한 인정의 요구들을 "단순히 경제적인 이해만을 형성하게 될 단 하나의 차원과 연결했기 때문이다."[55] 마르크스의 여러 저작에 나타나는 사회적 투쟁에 대한 서로 대립되는 이론적 관점에도 불구하고, 그는 인간 사회를 이해할 때 "이해관계에 따른 행위자 모델을 선호"했다. 이런 공리주의적인 경향으로 인해 마르크스는 근대의 보편적 인권에 대한 관념조차도 계급적인 이해관계의 틀로써만 분석하는 경향이 강했다. 그리하여 그는 자유와 평등의 이념을 단지 부르주아가 피지배 계급의 억압을 은폐하는 이데올로기적인 도구 내지 장치에 지나지 않는 것으로 평가절하했고, 법적 권리의 보편적 긍정이 인정투쟁에서 갖는 긍정적인 차원을 적극적으로 해명할 수 없었다.[56]

IV. 부와 빈곤의 변증법과 시민사회의 내적 한계

헤겔은 근대 세계에서 등장하는 시민사회를 한편으로는 긍정적으로 바라본다. 이 시민사회에서 비로소 각 개인의 주관성의 원리가 적절하게 발휘될 수 있기 때문이다. 다른 한편으로 시민사회는 인간의 사회적 삶의 최고 형태일 수 없다. 시민사회는 자체 내에 엄청난 형태의 소외와 사회적 양극화를 초래하기도 하기 때문이다. 부의 축적과 천민 혹은 프롤레타리아트의 발생이 시민

---

54) 같은 책, 240쪽 이하.
55) 같은 책, 245쪽과 247쪽.
56) 같은 책, 247쪽 이하 참조.

사회 내에서 공존한다는 것을 분명히 한다.

"시민사회가 방해받지 않고 움직인다면, 시민사회는 자신의 내부에 **점증하는 인구**와 **산업**을 포함한다. 서로의 욕망을 통한 인간들의 연관의 일반화 그리고 이러한 욕망을 위한 수단을 마련하고 조달하려는 방식의 일반화를 통해 **부의 축적**이 증대된다. 〔……〕 다른 한편으로 특수한 노동의 **개별화**와 **제한성** 그리고 그럼으로써 이러한 노동에 매여 있는 계급(Klasse)의 **의존성**과 **곤궁함**이 증대된다"(7, 389).

위 인용문이 보여주듯이 헤겔은 소위 무한 질주하는 자본주의의 내적인 위험성을 분명하게 파악하고 있다. 그는 "방해받지 않고" 움직이는 시장경제 질서가 광범위한 빈곤을 양산할 수밖에 없음을 지적한다. 사회적 양극화는 시장사회의 실패 현상이 아니라 그것의 기능이 원활하게 작동한 필연적 결과라는 것이다. 헤겔에 의하면 근대 사회에서 빈곤은 부의 성장의 또 다른 얼굴이다. 한편으로 사회에서 부가 증대하면서 다른 한편으로 빈곤이 확대되는 것이다. 이렇게 볼 때 빈곤은 단순히 물질적 풍요의 결핍만을 의미하는 것이 아니라, 독특한 정신적 차원을 안고 있는 사회적 현상으로 이해되어야 한다. 빈곤은 근대 시민사회가 산출한 근대적 현상인 것이다. 물론 시장사회로서의 시민사회가 자체의 힘으로는 결코 해결할 수 없는 문제인 사회적 양극화를 발생시킨다는 점에서 시장의 근원적 자기 패배, 즉 실패를 언급할 수는 있을 것이다. 헤겔은 동시대의 다른 위대한 철학자들과는 달리 근대 자본주의에서 부와 빈곤의 대립이 필연적으로 발생한다는 사실을 분명하게 통찰하고 있었다. 헤겔은 "영국 **산업혁명**의 문제들과 진지하게 대결한 유일한 독일 사상가"일 뿐 아니라, "영국의 고전 경제학의 문제들을 철학의 문제들과, 즉 변증법의 문제들과 연관시켰던 유일한 독일 사상가"[57]이다. 그뿐 아니라 헤겔은 계급이라는 용어로 시장사회에서 필연적으로 발생하는 소외되고 빈곤으로 고통받는 사람들을 지칭함으로써 근대적 노동계급의 출현에 주목하고 있다. 헤겔은 근대 사

---

[57] G. Lukács, *Der junge Hegel*, S. 26.

회를 구성하는 다른 계층들, 예컨대 농민, 상공인 그리고 관료 계층을 표현할 때는 항상 신분(Stand)이라는 용어를 사용하는 데 반해 오로지 노동자를 지칭할 경우에만 계급(Klasse)이라는 용어를 사용한다.[58]

시민사회의 내적 운동의 논리를 탐구하는 과정에서 부와 빈곤의 대립의 필연성을 서술한 뒤에 빈곤이 근대 사회에서 가지는 의미를 더욱 깊이 천착한다. 시민사회에서 발생하는 부와 빈곤의 대립은 천민(Pöbel)을 발생시킨다. 천민은 단순한 빈곤에서 생겨나는 것은 아니다. 빈곤한 사람을 천민으로 만드는 것은 빈곤과 결부되어 발생하는 마음의 태도이다(7, 389). 자기 자신의 힘으로 자신과 가족을 부양하는 것을 불가능하게 만드는 빈곤과 함께 가난한 사람들에게 다가오는 것은 "자신의 활동과 노동으로써 살아갈 권리, 정직 그리고 명예감의 상실"(7, 389)이다. 자기 자신의 고유한 존엄성의 기반 상실이 천민을 만드는 것이다. 지속적 가난에 허덕이는 사람은 극심한 상실감 속에서 자신에 대한 모멸감을 넘어 부자나 사회에 대하여 강한 분노와 적개심을 품을 수밖에 없다. 극심한 빈곤에 휩싸이는 천민에게 시민사회가 자유, 정신적 이로움, 그리고 도덕적 존엄성을 부여하지만 이를 향유할 수 있는 가능성이 얼마나 박탈되어 있는지를 헤겔은 다음과 같이 묘사한다.

"빈곤은 이제 모든 측면에서 볼 때 불행하고 버림받은 시민사회에서의 상태이다. 가난한 사람을 괴롭히는 것은 단순히 궁핍만이 아니며, 도덕적 타락이 함께한다. 그러므로 가난한 사람들에게는 대부분 종교의 위로가 결여되어 있다. 그들은 옷이 없거나 일요일에도 노동을 해야 하기 때문에 교회를 방문할 수 없는 경우가 허다하다. [……] 나아가 가난한 사람에게는 소송을 이용하는 것도 번번이 대단히 어렵다. 건강 관리라는 측면에서 볼 때 그는 마찬가지로 상황이 좋지 않다."[59]

---

[58] S. Avineri, *Hegel's Theory of the Modern State*, p. 96 주석 40 그리고 p. 149 주석 49 참조. 물론 헤겔은 노동자 계급의 근대적 현상에 대한 인식을 보여주고 있지만, 이 계급이 어떻게 근대 사회 속으로 통합될 수 있는지는 아무런 언급이 없다. 실제로 그의 신분론에는 노동 계급이 존재하지 않는다(같은 책, p. 109 참조). 슈네델바흐 역시 헤겔이 천민(Pöbel)이라고 명명한 것은 무산자 계급인 프롤레타리아트(Proletariat)로 본다(H. Schnädelbach, 앞의 책, S. 267 참조).

가난으로 인한 물질적·정신적 어려움을 지적하는 것 외에도 헤겔은 빈곤이 개인의 책임만이 아니라 여러 가지 복합적인 원인들로 인해 발생한다는 것을 잘 알고 있다. 그뿐 아니라 어떻게 빈곤이 가난한 사람들의 가족을 해체하고 사회에서 받을 수 있는 온갖 이로움을 잃게 만들 뿐 아니라 도덕적인 타락을 불가피하게 발생시키는가를 언급한다. "그러나 자의와 마찬가지로 우연적이고 신체적인 그리고 외적인 여러 관계들에 바탕을 둔 여러 사정도 또한 개인들을 **빈곤**에 빠뜨릴 수 있다. 이런 상황에서 그들에게 시민사회의 욕구들이 허용되어 있지만 시민사회가 동시에 그들의 자연적인 생계 수단을 박탈하고 광범위한 의미에서 가족의 결합을 해체하기 때문에, 그들은 사회의 모든 이익, 즉 기능과 교육을 획득할 수 있는 능력 일반, 법의 보호와 건강의 보호뿐 아니라 때로는 종교의 위안조차도 다소간 박탈당한다. 보편적 힘(국가)은 가난한 사람들의 직접적인 결핍뿐 아니라, 게으름, 악의, 그리고 그들의 어려운 상황 및 불법의 감정에서 발생하는 다른 악덕들에 관해서도 가족의 역할을 인수한다"(7, 387 이하).

위에서 언급한 것처럼 헤겔은 빈곤에서 발생한, 빈곤에 결합된 특정한 심정이 천민 발생의 진정한 원인이라고 분석한다. 다시 말해 천민은 단순한 경제적 빈곤과 연관된 것이 아니라, 부자와 사회에 대한 분노 및 적개심과 연관될 때 비로소 발생한다(7, 389). 지속적인 빈곤과 실업의 상태에 처한 사람들은 어느 정도 그 상태를 인내하고 견뎌낼지도 모른다. 처음에는 그동안 벌어놓은 것으로 자립성을 유지할 수 있을 것이다. 그것이 불가능하면 그는 가족과 친지의 도움으로 그럭저럭 살아갈 수 있을 것이다. 그러나 자본주의적 시장경제의 냉혹한 법칙은 미래의 희망을 앗아가버리고 말 것이다. 그런 상황인데도 그들이 그런 상황에 처하게 된 것은 그들이 무능하고 태만해서라든지, 타인이나 국가의 도움은 그들에게서 자립심을 앗아가 다른 사람에게 의존하게 만드는 소위 도덕적 해이의 상태로 몰고 갈 것이라는 식의 이야기만이 지배적인

---
59) Henrich, 194 이하.

사회에서 그 누가 절망하지 않을 것이며 사회와 세계에 대해서, 심지어 자기 자신에 대한 파괴적인 증오심과 분노에서 자유로울 수 있을 것인가? 종합하자면, 시민사회는 "부의 과잉에서" 과도한 빈곤과 이와 연관된 천민의 발생을 조정할 만큼 "충분히 부유하지 못하다"(7, 390). 헤겔은 시민사회에서 필연적으로 발생하는 부와 빈곤의 극단적 대립 속에서 "방탕과 불행의 광경"과 함께 "공동체의 물리적·인륜적 부패의 광경"을 본다(7, 341). 그러므로 헤겔은 시민사회를 "극단으로 치달은 잃어버린 인륜성의 체계"로 규정한다(7, 340).[60]

앞에서 살펴본 대로 헤겔은 빈곤과 부의 대립을 근대 사회의 내적 발전의 필연적인 귀결이라고 이해한다. 시민사회에서 발생하는 부와 빈곤의 극단적인 대립은 시민사회를 파괴할 정도의 문제를 야기한다. 이러한 문제를 해결하지 못한다면 시민사회는 더는 유지될 수 없는데도, 이러한 부와 빈곤의 대립이 시민사회 내부에서는 충분히 조정되지 못한다는 것이 문제이다. 자본주의적인 시장경제 체제가 내적 원리로 삼는 자기 이익의 극대화는 결국 최적의 경제 상황 내지는 만인의 만족으로 귀결된다는 주장은 천민의 존재를 고려한다면 설득력이 없다. 시민사회의 내적인 대립을 고려한다면 근대의 문제는 근대 사회가 어떻게 자신의 내적인 분열을 극복하고 하나의 통일적인 사회를 유지할 수 있는가 하는 물음이다. 그러므로 빈곤 혹은 사회적 불평등을 어떻게 해결할 것인가 하는 점이 근대 사회를 "진행시키고 괴롭히는 문제"(7, 390)라는 헤겔의 주장은 지극히 정당하다. 이와 같이 시민사회에서 각 개인이 자신의 무한한 욕구를 실현하는 행위는 극단적인 사회 분화를 가져오고 이는 정치

---

[60] 루소는 이미 『인간 불평등 기원론』에서 다음과 같이 말한다. "자연법을 어떻게 규정하든, 어린애가 노인에게 명령하고 바보가 현명한 사람을 이끌며 대다수의 사람들이 굶주리고 살아가는 데 꼭 필요한 최소한의 것마저 갖추지 못하는 판국인데 한 줌의 사람들에게서는 사치품이 넘쳐난다는 것은 명백히 자연의 법칙에 어긋나기 때문이다"(140쪽). 한스 로베르트 야우스(Hans Robert Jauß)에 의하면 루소는 그의 두 저서, 즉 『학문예술론』(Discours sur les sciences et les arts)과 『인간 불평등 기원론』에서 "사회적 삶의 근본적 소외를 진단함으로써 차후 현대의 세계 이해 및 자기 이해를 규정하는 계몽의 변증법을 선취"한 사상가이다(『미적 현대와 그 이후: 루소에서 칼비노까지』, 김경식 옮김, 문학동네, 1999, 11쪽).

적 공동체를 파괴하는 원천으로 작동하게 된다고 헤겔은 이해한다.

근대 시민사회에 대한 그의 서술에서 우리는 헤겔이 개인의 원자화와 파편화, 경제적 불행 그리고 정치적 공동체의 약화라는 현상이 서로 밀접하게 연결되어 있다는 점을 분명하게 인식하고 있음을 알 수 있다. 이런 점에서 호네트는 헤겔의 정치적 저서를 "근대 사회철학의 전개 과정에서 하나의 중요한 단계"로 규정한다.[61] 근대 시민사회의 내적 한계에 대한 정확한 인식 그리고 그 시민사회의 파괴적 성격을 분석한 헤겔은 "근대 시민사회의 최초의 이론가"인 동시에 "시민사회에 대한 급진적 비판가"이기도 하다. 근대 시민사회를 급진적으로 비판하는 헤겔의 입장과 비교할 때 마르크스주의자들은 "그리 독창적이지 않다"고 슈네델바흐는 말한다.[62]

근대 사회를 불안으로 몰고 가는 사회적 양극화의 필연성을 인식했으면서도 헤겔은 이 사회에서 가장 어려운 처지에 있는 천민 내지 소외된 계층을 근대 사회를 변화시킬 원동력으로 파악하지는 않았다. 주지하듯이 노동 계급을 근대 자본주의 사회의 모든 비인간적 소외 현상을 폐지하여 인류의 역사적 진보를 담당할 주체로서 설정한 사람은 마르크스였다. 이런 문제점 이외에도 헤겔은 시민사회의 내적 모순을 어떻게 해결할 수 있는지 구체적인 해결책을 명료하게 제시하고 있지는 않다. 나중에 서술되는 것처럼 헤겔이 빈곤 문제 해결을 위한 현대적인 사회복지국가 내지 사회국가적 대안에 매우 근접하고 있다는 사실은 부인할 수 없다. 그러나 이런 사실에서 헤겔이 사회적 양극화에 대한 체계적인 해결책을 제시하는 데 성공했다는 결론을 내릴 수는 없다. 물론 이런 이론적 한계가 바로 헤겔이 근대 시민사회의 본질과 그 내적 한계에 대해서 그 누구 못지않게 깊은 통찰력을 갖고 있었다는 사실을 가리지는 못할 것이다. 아비네리에 의하면 헤겔이 근대 사회가 제기하는 사회적 양극화와 빈곤 문제처럼 미해결의 상태로 남겨둔 문제는 없었다. 그런데 이런 태도는 한편으로 그의 "사회철학 전체의 통합적·매개적인 성격"에 어긋나긴 해도, 다

---

61) A. Honneth, *Das Andere der Gerechtigkeit*, S. 23.
62) H. Schnädelbach, 앞의 책, S. 139.

른 한편으로는 헤겔의 지적 성실성을 보여주는 사례이기도 하다고 아비네리는 주장한다.[63]

근대 사회에서 형성된 빈곤이 제기하는 문제는 철학적으로 보면 권리와 복지 사이의 긴장의 한 형태이다. 우리는 이미 '도덕성'의 영역에서 권리와 복지가 모순에 빠지게 되는 경우를 다루었다. 도덕성의 영역에서 등장하는 권리와 복지의 모순에서는 당사자가 개인으로 국한되어 있었다. 그러나 시민사회의 영역에서 발생하는 빈곤은 전 사회적 규모에서 권리와 복지 사이의 모순을 발생시킨다는 점에서 개인 차원에서 발생한 긴급권의 문제와는 질적으로 다르다. 그래서 그는 다음과 같이 적는다. "우리는 앞에서 긴급권을 순간적인 욕구에 관계되는 것으로서 고찰했다. 여기[시민사회]에서 곤궁은 이제 단순히 이런 순간적 성격을 지니지 않는다. 빈곤의 이런 발생에서 자유로운 자의 실재성에 대항하는 특수자의 힘이 등장한다"(Henrich, 196). 이 인용문이 함축하는 다양한 의미는 좀더 나중에 살펴보겠지만, 시민사회에서 부와 빈곤의 극단적 대립은 필연적으로 그 질서에 저항하는 사회적 갈등과 투쟁을 불러일으킨다.

사회적 빈곤 문제를 서술하는 과정에서 헤겔은 시민사회에서 발생한 사회적 양극화를 완화할 다양한 방법들을 검토한다. 우선 헤겔은 빈곤 문제를 완화할 과제를 공적인 영역에 할당한다. "**가난한 사람들**의 직접적인 궁핍에 관해서는 물론 노동 기피의 심정, 악의 그리고 그런 상태 및 부정한 감정에서 생기는 다른 악덕들에 관해서도 보편적 권력이 가족의 역할을 인수한다"(7, 388). 가난 문제를 해결하는 데 공공의 권력이 필요하다는 생각과 개인들의 자발적인 자선 행위로는 사회적 빈곤을 해결하는 데 충분하지 않다는 헤겔의 관점이 결합되어 있다. 물론 헤겔 역시 개인들이 가난한 사람들을 돕는 행위 자체를 부인하는 것은 아니다. 그러나 헤겔이 보기에 개인적 자선 행위는 우연성을 지니고 그 범위도 제한되어 있다. 예를 들어 설명하면 다음과 같다. 우리 사회에는 현재 장기 실업자나 독거 노인과 같이 기초생활을 스스로의 힘으로 해결

---

63) S. Avineri, 앞의 책, p. 154.

할 수 없는 사람들이 수없이 존재한다. 내가 그런 사람을 돕고 싶어도 한정된 사람들만을 도울 수 있을 뿐이며, 그런 사람 역시 나와 관련된 사람이기가 쉽다. 또 나의 자선 행위는 나의 경제적 상황에 의존하기 때문에 지속적이지 않을 가능성이 있고, 자선 행위 자체에 대해 부담이나 싫증을 느껴 중단할 수도 있는 것이다. 그렇기 때문에 나의 자선 행위는 우연성을 띠거나 제한되어 있다. 이런 제한성과 우연성을 극복하기 위해서는 보편적인 빈곤 구제책을 마련하고 이를 제도적으로 정비하여 개인의 도움이 되도록 필요하지 않게 사회가 노력해야만 한다고 헤겔은 강조한다. 그 당시에나 현재에나 일부 사람들은 빈곤 구제를 감정의 특수성이나 사람들의 심정의 우연성에 내맡기지 않고 보편적 규칙이나 제도로써 가난을 구제하려고 하면 오히려 도와주려는 사람의 감정을 상하게 하고 자선의 마음을 마비시킨다고 주장한다. 그런 견해를 헤겔은 그릇된 생각이라고 비판한다. 공적인 구제 행위가 보다 보편적이고 지속성을 지닐 수 있기 때문이다(7, 388). 헤겔은 기부 행위와 같은 우연적인 요소를 극복하기 위한 방법으로 공적인 구빈원이나 병원 등의 수단을 언급한다.

헤겔은 빈곤 문제를 완화하기 위한 방법으로 우선 부유한 사람들에게 직접 부담시키는 방법, 즉 과세를 통한 부의 재분배 방법과 병원·재단·수도원 등 공적 제도들을 통한 방법을 제시한다. 이런 방법들을 통해 사회는 가난한 사람들에게 생계를 보장해줄 수 있을 것이다. 가난한 사람들은 자신들이 노동을 하지 않고서도 생계를 유지할 수는 있는 것이다. 그러나 이런 방법은 가난의 문제를 해결하는 궁극적인 해결책이 되지 못한다고 본다. 이런 방법은 시민사회의 기본 원리, 즉 모든 사람은 스스로의 힘으로 자신의 삶을 영위해야만 한다는 원칙에 어긋나기 때문이다. 요즈음 말로 하면 사회보장제도 덕분에 자신의 생계를 유지하는 사람들에게 생길 의존성 혹은 '도덕적 해이' 등을 염려했을지도 모른다. 노동을 매개로 하지 않은 사회적 빈곤 구제 방법 이외에도 헤겔은 노동을 통한, 예컨대 공공사업으로 일자리를 창출하는 빈곤 해결책을 언급한다. 이 방법 역시 헤겔에 의하면 빈곤 해결을 위해 적절하지 않다. 일자리 창출을 통한 빈곤 구제는 역설적으로 사회에 더 많은 생산물을 만들어내 과잉

생산과 과소 소비의 불균형을 확대함으로써 새로이 빈곤 문제를 발생시킬 것이기 때문이다(7, 390). 아비네리에 의하면 이런 헤겔의 관점은 그 당시 경제이론의 수준에서 볼 때 불가피한 결론이다. 그러나 케인스적인 복지경제학은 직접 소비재를 생산하지 않는 방식으로 공공사업의 추진 방법을 제시함으로써 헤겔이 처한 어려움을 극복할 수 있었다고 아비네리는 주장한다.[64]

앞서 말한 것처럼 헤겔은 빈곤 구제를 위한 여러 방법들을 논하면서 그것들로써는 그 문제를 해결할 수 없다고 보았다. 그가 이런 결론을 내린 이유 중의 하나는 바로 영국에서의 경험 때문이었다. 그에 의하면 영국은 위에서 열거된 빈민세나 사회사업 기관의 도움 등을 통해 빈곤 퇴치를 위해서 노력했지만 실패했다.[65] 그래서 헤겔은 "빈민들을 그들의 운명에 내맡기고 그들을 걸식에 의존하게 하는 것"(Ilting IV, 612; 7, 391)을 빈곤을 퇴치하는 최상의 방법으로 규정한다. 이 방법은 실제로 영국의 스코틀랜드 지역에서 행해졌다고 헤겔은 말한다. 그가 빈곤 퇴치 방법으로 이렇게 극단적이자 비관적인 것을 주장하는 이유는 빈곤한 사람들을 구제하는 사업이 "시민사회의 원리와 이 시민사회의 개인들의 자립성과 명예에 관한 그들의 감정의 원칙"과 어긋나기 때문이다(7, 390). 그럼에도 이런 처방은 참으로 납득하기 힘들다. 헤겔은 가난한 사람들을 도와주는 것을 각 개인들의 도덕적 의무 사항이라고 강조하는 데 그치지 않고, 국가가 빈민 구제를 보편적 방식으로(auf allgemeine Weise) 수행해야 함을 강조하고 있기 때문이다(7, 388 이하).

빈민들을 운명에 내맡기는 방법 이외에 시민사회의 내적 모순을 풀 수 있는 방법에 대한 헤겔의 서술에서 주목할 만한 것은 식민지 개발의 필연성에 대한 통찰일 것이다(7, 392 이하). 즉 시민사회에서 필연적으로 발생하는 부와 빈곤의 양극화는 그 시민사회를 식민지 개척으로 몰아세운다는 것이다. 인구의 증가도 식민지 개척의 한 요인으로 작용한다. 그러나 식민지를 개척하도록 추동

---

64) 같은 책, p. 152.
65) 스미스는 가난한 노동자들의 거주 이전의 자유를 박탈하고 있다는 이유로 구빈법(救貧法; the poor law)을 거부하였다(스미스, 앞의 책, 159쪽 이하 참조).

하는 보다 근본적인 원인은 시민사회에서 발생한 부와 빈곤의 해결 불가능한 대립이다. 한편으로 발전된 시민사회는 자국에서 남아도는 상품을 수출할 새로운 시장이 필요하다. 다른 한편으로 빈곤한 대중들 역시 새로운 일자리를 찾기 위해 식민지가 필요하다(7, 391).[66] 헤겔에 의하면 식민지는 분산적이거나 체계적인 방식으로 구분된다. 분산적인 식민지의 예는 독일이다. 일부 독일인들은 새로운 일자리를 찾아서 러시아나 미국으로 이주했다. 헤겔이 분명하게 지적하고 있듯이 발전된 근대 산업사회는 그렇지 못한 영역으로 자국민 일부를 이주시키거나 국가가 조직적인 방식으로 식민지를 개척한다(7, 392).

그러나 헤겔이 이런 식민지 개척을 도덕적으로 정당하다고 본 것은 아니다. 헤겔은 근대의 식민지 개척이 초래한 해방전쟁을 언급한다. 그에 의하면 근대에서 식민지는 식민지 모국의 시민들이 누리는 권리를 허용하지 않았다. 그래서 영국이나 스페인의 식민지 역사가 보여주는 것처럼 식민지의 해방전쟁이 발생하는 것이다. 그런데 식민지의 해방은 식민지 모국에 최대의 이익을 가져왔다고 헤겔은 강조한다. 식민지의 해방은 노예의 해방에 다름 아니며, 이 노예의 해방이 바로 주인에게 가장 커다란 이로움을 가져다준 것처럼, 식민지의 해방은 식민지 모국에 대단한 이익을 가져다주었다는 것이다(7, 393).

그렇지만 헤겔은 식민지 개척의 다른 측면도 언급한다. 그는 근대 산업사회에서 등장하는 다양한 나라들 사이의 교류 증가의 필연성을 강조한다. 근대 시민사회에서 형성된 산업사회는 바다를 매개로 하여 무역 및 상업 활동을 전 세계적 차원에서 촉진한다는 것이다. 그런데 헤겔은 이런 현상을 통해서 식민

---

66) 식민지 개척의 필연성을 근대 부르주아 사회의 본질적 성격과 결합하여 인식하는 것은 헤겔의 위대한 통찰의 하나다. 경제적인 관계의 정도가 밀접할수록 개별 국가들 사이의 불균등한 관계가 형성되어 국가들 사이의 경제적 불평등과 부유한 국가들에 대한 특정 국가들의 경제적 종속성이 심화할 가능성이 상존한다. 헤겔이 이런 현상들에 대해서 명확한 인식을 갖고 있지 못했다는 것은 아쉽다. 헤겔과는 달리 피히테는 유럽의 경제 정책으로 인해 식민지 국가들이 빈곤에 빠지게 될 것이라는 점을 예견하면서 유럽의 대외 경제 정책을 날카롭게 비판했다. 더구나 피히테는 경제에서의 대외 의존성의 심화가 경제 전쟁의 원인이 될 것이라고 말한다(Fichte 3, 459 이하 참조). 피히테의 이런 인식과 통찰들이 분명 대단히 드문 것이긴 하나, 그가 내세운 대안, 즉 폐쇄된 상업국가가 과연 바람직한 것인지는 의문스럽다.

지 개척이 일어날 뿐 아니라 국가 간의 계약 관계와 같은 법적 관계가 형성된다고 본다. 그런 문맥에서 헤겔은 상업에 "세계사적 의미"를 부여한다(7, 391).[67] 근대 자본주의가 무한히 팽창함으로써 전 세계를 어떻게 혁명적으로 변화시키는가에 대해서 나중에 마르크스는 『공산당 선언』에서 다음과 같이 묘사한다. "자신의 생산물의 판로를 부단히 확장하려는 욕구는 부르주아를 전 지구상으로 내몬다. 부르주아지는 도처에서 뿌리를 내려야 하며, 도처에서 정착하여야 하고, 도처에서 연계를 맺어야 한다. 부르주아지는 세계 시장의 개발을 통해서 모든 나라들의 생산과 소비를 범세계적인 것으로 탈바꿈시켰다. 〔……〕 부르주아지는 모든 생산 도구들의 급속한 개선과 한없이 편리해진 교통에 의하여 모든 민족들을, 가장 미개한 민족들까지도 문명 속으로 끌어넣는다. 〔……〕 부르주아지는 모든 민족들에게 망하고 싶지 않거든 부르주아지 생산 양식을 채용하라고 강요한다; 그들은 소위 문명을 도입하라고, 즉 부르주아가 되라고 강요한다. 한마디로 부르주아지는 자신의 모습대로 세계를 창조하고 있는 것이다."[68]

자본주의적 생산 양식이 전 세계적 규모로 자신을 관철할 수밖에 없다는 것, 그리고 그로 인한 변화는 인류를 전적으로 새로운 상황으로 몰고 간다는 통찰 이외에도 한 나라의 산업이 외국으로 확장된 것과 동시에 개별적인 분야에서의 산업의 성공은 많은 우연적인 요소에 맡겨지며 이렇게 하여 궁핍과 빈곤이(Henrich, 194) 발생한다는 헤겔의 통찰은, 유례가 없을 정도의 자본주의적인 시장경제의 세계화 시대를 살아가는 우리에게도 여전히 그 설득력과 현실성을 지니고 있다. 그러므로 시민사회의 성격을 분석하는 과정에서 사회적 양극화와 빈곤 발생의 필연성, 경제적 제국주의와 식민지의 필연성을 언급한 헤겔의 시민사회 이론의 위대성은 그 누구도 부인할 수 없을 것이다. 이러한

---

67) 지프에 의하면 헤겔이 해상을 통한 상업에 부여하는 긍정적인 의미는 루소와 피히테에 대한 비판을 포함한다. 루소와 피히테는 국제적인 상업을 정의로운 국가를 불가능하게 만드는 경제적인 의존과 사치, 도덕의 파괴와 불평등의 근원으로 바라보기 때문이다(L. Siep, *Praktische Philosophie im Deutschen Idealismus*, S. 272 이하, 주석 4 참조).

68) 마르크스, 앞의 책, 403쪽 이하.

맥락에서 아비네리는 "1820년경에 근대 산업사회의 곤경과 19세기 유럽 역사의 미래 과정을 그토록 깊이 있게 통찰한 사람은 거의 없었다"고 강조한다.[69]

나가는 말

우리는 '시민사회와 빈곤'이라는 장에서 헤겔이 근대 세계에서 등장한 시민사회를 어떻게 철학적으로 파악하는지를 탐구했다. 그는 국가로부터 자립화된 자본주의적 시장사회가 근대의 주체성의 원리에 입각한 새로운 질서일 뿐 아니라 그것이 전 지구적 차원으로 무한 팽창하는 논리를 갖고 있음을 정확하게 파악했다. 자본주의적 시장경제에 의해 추동되는 새로운 삶의 방식이 인류의 역사에 지울 수 없는 큰 획을 긋고 있음을 헤겔처럼 깊은 안목을 갖고 성찰했던 인물도 드물다. 그의 현실에 대한 이해의 깊이와 폭은 시민사회의 내적 한계를 부와 빈곤의 대립의 경향 속에서 이해하였다는 사실에서도 분명하게 드러난다. 시민사회가 필연적으로 잉태하는 사회적 불평등의 문제를 해결할 수 있는 대안 제시에는 실패했을지라도 우리는 현실에 대한 구체적 인식과 보편적이고 규범적인 원리를 종합하려는 그의 실천철학에서 여전히 많은 지적인 통찰들을 얻을 수 있다.

그러나 제7장에서 다루어진 내용은 헤겔 시민사회 이론의 일부분에 지나지 않는다. 우리는 '욕구의 체계'로 불리는 자본주의적 시장경제 질서에 대한 이론만을 살펴보았다. 앞으로 우리는 그의 시민사회 이론이 지니는 풍요로움을 두 장(章)에 걸쳐서 상세하게 살펴볼 것이다.

---

[69] S. Avineri, 앞의 책, p. 154.

제8장

사법 제도, 경찰 행정과 조합 그리고 사회복지국가의 가능성

들어가는 말

　우리는 시장의 힘에 의해 움직여지는 세계화의 시대에 살고 있다. 세계화의 얼굴이 다양하다 해도 자본주의 시장경제 체제의 논리가 전 지구적으로 관철되는 현상은 21세기의 현대 사회의 주목할 만한 단면임은 분명하다. 그래서 미국 및 서구 사회에서뿐 아니라 우리 사회에서도 시장의 논리가 가장 강력한 담론으로 커다란 영향력을 끼치는 것은 우연한 일이 아니다. 그러나 우리는 시장이 자기 완결적인 체계로서 잘 작동될 수 있는지, 따라서 시장이 스스로 잘 움직이도록 국가는 시장에 대한 개입을 해서는 안 되는 것인지를 비판적으로 성찰할 필요가 있다. 시장사회 및 시장 논리의 영향력이 커다란 만큼 우리는 많은 사람들이 자명하게 받아들이는 것들에 거리를 두고 그것이 진정 타당한 것인지 곰곰이 따져보아야 한다. 사회에서 많은 사람들이 받아들이는 공통의 견해나 믿음이 소중하지만 이에 대해 이의를 제기하는 작업의 고유성 역시 인간의 삶에서 포기될 수 없는 것이다. 인간이 사회적 존재인 한, 우리는 세계에 대한 공통의 이해나 가치 체계를 지녀야 한다. 이런 전제조건들이 없다면 인간은 타인과 어떤 진지한 대화나 소통, 즉 인간적 만남에 성공할 수 없을 것이다. 그러나 공통의 신념 체계는 그저 무비판적으로 수용되어서는 안 되고, 또 그런 것은 인간의 본성에 어긋나는 것이다. 인간은 정신적 존재로서 타자와의 소통과 대화를 통해서 자신의 존재를 자각하고 실현하는 존재이기 때문이다. 이렇게 공통의 가치나 믿음은 그저 기계적으로 자신을 재생산하지 못하고, 오로지 의사소통을 통해 유지되고 변형되는 것이다. 즉 인간은 자신이 속한 사회의 공통의 견해(혹은 선입견)에서 출발하여 이를 비판적으로 검토하면서 상호의 이해를 증진해나가야 하는 존재이다.

이 장의 출발점을 이루는 문제의식은 근대적 시장 제도를 정당화하는 경제적 자유주의와 개인주의가 삶의 의미의 지평들(도덕적 이상, 정치적 공동체의 연대 등)을 파괴하지 않는지, 그리하여 자유로운 사회의 핵심적 구성 요소로 여겨지는 자본주의적 시장경제 제도가 효율적으로 작동하는 데 도움을 주는 시장 외적인 여러 조건들 자체를 파괴하는 어두운 면을 지니고 있지는 않는가 하는 의문이다. 경제적 개인주의, 보다 상세하게 설명하자면 오로지 주어진 목적(그것이 도덕적으로 정당한 것인지에 대한 물음을 배제한 채)을 가장 효율적으로 달성할 수 있는 수단을 발견하고자 하는 도구적 합리성만을 갖추고 자신의 이기심을 최대한으로 충족하기 위해 행동하는 개별적 행위자를 인간의 자연스러운 본성이자 사회를 구성하는 기본 요소라고 생각하는 개인주의를 요구하는 자본주의적 시장경제 체제가 어떤 점에서 한계를 갖고 있는가를 고민하는 것은 매우 중요하다.

물론 비판은 비판 대상이 진지한 것임을 전제하고 있다. 나는 헤겔과 함께 근대의 자본주의 시장경제 체제 자체를 근본적으로 사악한 것으로 거부해야 할 질서라고 보지는 않는다. 앞 장에서 보았던 것처럼 헤겔은 시장사회를 근대 시민사회의 필수적 요소로 긍정하고 자유로운 경제 활동의 영역을 인간의 참다운 삶의 모습인 인륜적인 삶의 한 계기로 받아들인다. 그러나 시장경제가 자유로운 사회에서 필수적인 구성 요소라는 점을 받아들인다는 것과 시장이 모든 것임을 인정하는 태도는 엄격히 구별되어야 한다. 요즈음 자유방임국가나 최소국가조차도 받아들이지 않고 정부를 악으로 보고 이를 제거할 것을 주장하는 자유 지상주의적 무정부주의(libertarian anarchism)의 흐름이 존재하는데 이는 자유 지상주의의 극단적 형태이다. 그러나 우리가 진지하게 검토해보아야 할 문제는 자유 지상주의적(libertarian) 혹은 신자유주의적인 개인주의가 인간에 대한 총체적인 진실을 드러내주고 있는가, 시장경제 사회를 옹호하는 것이 자유주의의 본령인가, 자본주의적 시장질서와 그것의 사상적 표현인 경제적 자유주의 및 도구적 합리성이 인간의 삶의 전 영역을 지배하는 것이 바람직한가 하는 것이다.

헤겔 역시 자본주의적 시장경제 질서와 자유 시장을 옹호하는 것을 자유주의의 핵심으로 이해하거나 가장 중요시하는 신자유주의적 태도가 갖고 있는 긍정성을 전체는 아니지만 일정 정도 수용할 것이다. 그럼에도 그는 경제적 자유주의를 인간 본성에 대한 정확한 이해로 그리고 자본주의 시장경제 질서를 인간의 본성에 어울리는 자기 완결적인 질서이자 최적의 효율성을 지닌 질서로 바라보는 관점이 우리를 파멸로 이끌지도 모르는 인간과 세계에 관한 왜곡되고 편협한 관점에 지나지 않음을 비판할 것이라고 나는 생각한다.

헤겔은 시민사회가 낳은 부와 빈곤의 대립 문제를 근대를 괴롭히는 중요한 문제로 인식하면서도 이를 극복하는 방안을 모색하는 데에서 많은 문제점을 보여주었다. 그러나 헤겔이 이 문제를 그냥 방치해둔 것은 아니었다. 그는 시민사회를 내부에서 파괴할 분열의 힘을 극복하고 인간의 공동체를 회복할 수 있는 방안에 대한 모색을 시도했다. 이런 모색의 결과 헤겔은 여러 제도적 장치들을 동원하여 부와 빈곤의 분열을 극복할 수 있는 중요한 단초들을 제공한다. 뒤에서 상세하게 언급되겠지만 시장사회와 구별되는 자유로운 시민들이 자발적으로 구성한 시민사회의 활성화에 기초하면서도 국가의 적극적인 활동과 협력하여 연대적 삶을 회복하려는 노력이 없다면, 경제적 자유주의와 결탁하여 무한 질주하는 시장경제 체제는 지속 불가능하다는 것이 헤겔의 입장이다. 즉 헤겔은 공정한 재판 제도와 같은 사법(司法)적 질서, 그리고 "경찰 행정과 조합"(Polizei und Korporation)과 같은 국가의 공권력이나 시장과 정부의 활동과 구별되는 시민들의 자발적인 공동 영역의 도움 없이는 시장경제가 제대로 기능할 수 없다고 본다.

마지막으로 나는 헤겔의 시민사회 이론에 함축되어 있는 사회국가적인 모습들을 보다 명료하게 제시하고자 한다. 헤겔은 필연적으로 부와 빈곤의 대립을 만들어내는 욕구의 체계인 시장사회를 순치하여 인간들 사이의 자유로운 공존의 삶을 가능하게 하기 위한 여러 방안들을 치열하게 모색한다. 이 과정에서 한편으로 그는 자유방임국가가 얼마나 무책임하고 야만적인 측면을 안고 있는가를 비판한다. 다른 한편으로 그는 시장 제도의 파괴적 성격에 대한 비판 속에서도 시장이 자유로운 사회의 필수적 구성 요소로 받아들여져야 한다는 사실을 결코 시야에서 놓치지 않는다. 그래서 그는 이기심을 오로지 사회를 분열시키는 사악한 것으로 바라보는 편협한 시각이나 국가에 의해서 전적으로 경제를 통제하려는 유혹에 빠지지 않는다. 우리는 헤겔의 시민사회 이론에서 경제적 자유주의와 획일적인 계획경제관이 안고 있는 한계를 극복할 수 있는 이론적 단초를 발견할 수 있을 것이다.

I. 사법(司法, die Rechtspflege)

헤겔은 시민사회의 구성 요소의 하나로 사법을 다룬다. 욕구의 체계가 시민사회의 첫째 구성 요소라면 이 사법은 시민사회의 둘째 부분을 구성하는 것이다. 사법의 기초는 모든 시민들의 법적 권리의 동등성이다. 그래서 헤겔은 인간이 인간이기 때문에 지니는 권리의 보편적 평등성의 이념을 강조한다. 앞에서 살펴본 것처럼 근대 시민사회 구성원들은 바로 "부르주아로서의 시민" 혹은 "인간"이다(7, 348). 그리고 이런 인간의 평등성에 대한 인정은 "무한한 중요성"을 지닌다(7, 360 이하). 헤겔은 인간의 보편적 평등을 인정하는 것에는 인간 의식의 일정한 도야 내지 교양이 전제되어 있어야 한다고 강조한다. "내가 **만인**이 동일한 **보편적** 인격으로 파악되는 것은 교양에, 즉 보편성의 형식에서 개별자를 의식하는 것으로서의 **사유**에 속한다. **인간이 그런 존재로 간주되다는 것은 그가 인간이기 때문이지**, 그가 유대교도, 구교도, 신교도, 독일인, 이탈리아인 등이기 때문이 아니다"(7, 360).

그런데 이 인간 권리의 평등은 제도로써 구체적으로 보장되고 확립되지 않으면 안 된다. 사법의 영역에서 인간 권리의 보편적 평등 이념은 실정법으로 보장된다. "이 욕구의 체계의 원리는 자체 내에 지식과 의욕의 고유한 특수성으로서 **즉자 대자적으로** 존재하는 보편성, 즉 **자유**의 보편성을 단지 **추상적으로** 따라서 **소유의 권리**로서 지닌다. 그렇지만 여기서 소유권은 더 이상 즉자적인 것이 아니라, 효력이 발휘되는 현실성 속에서 **사법**(司法)에 의해 **소유를 보호**하는 것으로서 존재한다"(7, 360). 이같이 추상법에서 논의되었던 인격과 욕구의 체계에서 활동하는 인간의 보편적 권리는 시민사회에서 비로소 사법적 장치를 통해 보호되고 그런 점에서 현실성을 띠게 된다. 그런데 사법 체계를 통해 실정법이 보호하고자 하는 것은 바로 근대의 자연법적 전통에서 흔히 인간의 천부적 권리라고 간주되는 무한한 인격성의 권리인 것이다. 우리가 앞에서 이미 살펴본 것처럼, 헤겔은 자유로운 정신을 법의 기초로 보고 있다. 이런 사실에서 그의 법이론은 자연법적 내지 이성법적 전통과 긴밀하게 연결되어 있다. 그러나 헤겔은 인격과 소유의 권리를 법률로 인정하여 이에 실정법적 효력을 부여해야만 한다고 주장하고 있다. 이런 문맥에서 왜 헤겔이 실정법과 자연법 사이의 대립을 잘못된 견해로 바라보는가를 이해할 수 있다(7, 35).

물론 헤겔은 '자연법'(Naturrecht)이라는 용어를 적절하지 못하다고 본다. 따라서 헤겔은 자연법이라는 용어 대신에 '철학적 법'(das philosophische Recht)이라는 개념을 사용한다(7, 35). 고대 스토아학파에서 근대의 그로티우스(Grotius)에 이르기까지 받아들여졌던 자연과 법의 근본적인 연관성을 파괴한 사람은 홉스였다. 헤겔에 의하면 홉스는 "국가 권력의 본성을 우리 내부에 있고 우리가 우리의 고유한 것으로서 인정하는 원칙들로 환원하려고 시도했던 최초의 철학자이다(20, 225 이하). 홉스의 사회 및 국가 이론에서 자연은 인간들이 사회를 구성하기 위해 벗어나야만 하는 필연적 조건들을 해명하는 장치로 이해되기 때문이다. 홉스에게 자연은 인간이 사회적 관계 속에서 실현해야 하는 목적 개념과는 거리가 먼 것이다.

홉스가 자연과 법의 필연적인 연관성을 파괴한 이후에 근대에는 전통적인 자연법과는 다른 흐름이 나타난다. 루소, 칸트 그리고 피히테 등은 이제 자연 개념에서 사회와 국가의 정당성의 근거를 해명하지 않고, 인간의 자유 개념을 법과 사회질서의 정당성 유무를 해명하는 보편적 척도로 삼는다. 이런 흐름에서 가장 두드러진 철학자는 칸트일 것이다. 그는 자율성의 이념이 자연법칙과는 뚜렷하게 구별되는 사유의 규정임을 분명하게 철학적으로 해명하고 있기 때문이다. 즉 루소와 칸트의 이론에 의해서 "국가에 대한 사유의 원리"가 확보되었다는 것이다. 이제 이 새로운 원리는 "사회성이라는 충동, 사유재산의 보호 욕구 등과 같은 견해의 원리도 아니고, 관청의 신적인 지정(指定)과 같은 경건성의 원리가 아니다."[1]

지금까지 여러 번 강조했듯이 헤겔 또한 법의 영역을 자유를 그 본질 규정으로 삼는 정신에서 구한다. 홉스에서 시작하여 루소를 거쳐 칸트 및 피히테 그리고 헤겔에 이르는 국가 및 사회 이론을 흔히 자연법적 전통에 속하는 것으로 간주하는데, 이때 우리는 자연법적 개념을 광범위하게 사용하는 것이다. 사회와 국가의 정당성 유무를 평가하는 보편적인 잣대를 해명하려고 추구한다는 점에서 홉스에서 헤겔에 이르는 사유의 흐름 역시 자연법적 전통에 속한다고 볼 수 있다. 다만 이 자연법적 전통에는 서로 다른 흐름이 존재한다는 사실을 여기에서 강조할 필요가 있다. 구스타프 라드브루흐(Gustav Radbruch)가 말하듯이 고대 그리스 시대부터 19세기까지 다양한 종류의 자연법이 존재해왔다. 자연법은 한편으로 제정법(制定法)을 깊이 확립하는 일뿐 아니라, 기존 실정법의 부당성을 알리고 그에 저항하는 일에도 기여했다. 기나긴 자연법 학설의 역사에서 자연은 실정법의 정당성을 판단할 수 있는 기준을 제공하려고 노력했다. 물론 근대 이전에는 자연이나 신의 계시가, 근대에

---

[1] G. W. F. Hegel, *Vorlesungen über die Philosophie der Weltgeschichte*, Band II~IV, Hamburg, 1988, S. 924.

서는 주로 이성이 제정법의 가치를 판단하는 척도의 원천으로 간주되었다. 가치 판단의 원천이 서로 다른데도 고대와 근대의 여러 학설들을 공히 자연법 학설이라고 간주하는 것은 그 학설들이 모두 보편타당하고 초역사적인 법적 규범을 인식하고자 시도한다는 사실과 연결되어 있다.[2] 그리하여 홉스에서 헤겔에 이르는 자연법적 전통은 고전적인 자연법과 구별하여 근대의 자연법적 전통, 혹은 더 정확하게 표현하자면 이성법(Vernunftrecht)의 전통으로 불러야 할 것이다.[3]

헤겔이 강조하듯이 이성적인 자연법의 원리는 프랑스 혁명의 출발점이다.[4] 혁명의 과정을 통해 여러 우여곡절을 겪으면서 근대 자연법적 이념, 즉 자유, 생존 그리고 재산이라는 인간의 보편적 권리는 근대 국가의 헌법 원리로 정착하게 되었다. 이렇듯 자유의 이념은 그것을 실질적으로 보장해줄 정치적·사회적 조건들이 담보되지 않는다면 공허하고 추상적일 수밖에 없다는 것이 헤겔의 입장이다. 자연법적 이념이 헌법의 원리로 실정화됨에 의해 이제 국가는 강제력에 의거해서 자연법적 이념의 훼손에 대항할 수 있게 되었다. 헤겔은 자연법적인 이념의 역사적 실현이라는 관점에서 자연법과 실정법 사이를 대립과 모순의 관계로 설정하는 입장을 비판한다. 헤겔의 법이론, 특히 법의 실정성에 대한 그의 이론은 초역사적이고 보편타당한 법적 규범의 원천을 탐구하고자 하는 자연법적 전통과 법의 역사성을 강조하는 새로운 사상 사이의 종합을 잘 보여준다.[5] 이 문제는 다음 장에서 좀더 자세히 다루고자 한다.

---

2) 라드브루흐, 『법철학』, 45쪽 이하.
3) 자연법 개념에서 등장하는 자연이라는 용어의 모호함과 이런 모호함을 극복하려는 칸트와 피히테 그리고 헤겔의 노력에 대한 보다 상세한 언급은 M. Riedel, *Studien zu Hegels Rechtsphilosophie*, S. 64 이하 참조.
4) G. W. F. Hegel, 앞의 책, S. 920 참조.
5) 헤겔 이전에 초역사적으로 타당한 법규범과 법규범의 역사성 사이의 종합을 꾀한 사람은 비코(G. Vico)이다. 이에 대해서는 졸저, *Praktische Vernunft und Geschichte bei Vico und Hegel*, 제1부 제4장 참조.

1) 법률(제정법)로서의 법(권리)

헤겔은 사법을 "법률(제정법)로서의 법(권리)"(das Recht als Gesetz), "법률의 현존재"(das Dasein des Gesetzes) 그리고 "재판"(das Gericht)이라는 세 영역으로 세분한다. 첫째 영역인 "법률로서의 법(권리)"에서 다루어지는 것은 간단하게 말하자면 법적 권리(법)의 보편성을 실정법으로 보장해야 할 필연성에 대한 고찰이다. 헤겔은 다음과 같이 말한다. **"즉자적으로** 법인 것은 그 객관적인 현존재 속에서 **정립된다**(gesetzt). 즉 사상을 통해 의식을 규정하고 법이며 유효한 것으로서 **공포(公布)됨**으로써 그것은 **제정법**(Gesetz)이 된다. 법은 이런 규정으로 인해 실정법(positives Recht) 일반이 된다"(7, 361).

헤겔은 법의 실정화를 시민사회의 영역에서 다루고 있지만, 이 실정화는 결국 시민사회에서가 아니라 국가 영역, 즉 "헌법의 일부"인 입법부에서 이루어진다는 것은 의문의 여지가 없다(7, 465). 그렇다면 왜 법에서 실정성이 필연적인가? 이에 대한 대답은 간단하다. 자유, 생명 그리고 재산과 같은 인간의 보편적인 권리는 제도로써 보호할 필요가 있다는 사실에서 법적 권리의 실정화가 왜 필연적인지 어렵지 않게 이해할 수 있다. 헤겔에 의하면 법이란 반드시 실정법의 형식을 띠어야만 한다. 그렇지 않으면 그 법은 아무리 정당한 것이라 할지라도 제대로 효력을 발휘할 수 없을 것이기 때문이다. 정당하고 정의롭다는 것에 대해서는 사람들이 서로 의견을 달리할 수 있으므로 법이 무엇인가에 대하여 끝없는 논쟁에 휘말리게 할 수는 없다. 그런 점에서 법이 법일 수 있기 위해서는 반드시 실정법의 형식으로 그 존재를 확인받아야만 하는 것이다. 실정법의 형식을 띤 법률에 의해서 한 사회는 그 구성원들이 무엇을 할 수 있고 무엇을 해서는 안 되는가를 명문으로 규정하는 것이다. 위에서 인용한 구절에서 헤겔이 말하고 있듯이 법은 사람들이 인식할 수 있도록 공포되고 정립되어야만 한다. 자연법적으로 타당한 법규범 역시 한 국가 안에서 타당하고 유효하다는 점에서 실정법의 형식으로 보장되지 않으면 안 된다는 것이 헤겔의 관점이다.

법의 실정성의 필연성에 대한 헤겔의 강조는 자연법과 실정법을 대립적으로 간주하는 관점과도 구별될 뿐 아니라 자연법과 실정법의 대립 자체를 실정법의 관점으로 환원하는 관점과도 구별된다. 자연법의 존재를 거부하고 법의 본질을 오로지 실정성의 차원에서만 이해하려는 관점을 법실증주의적 관점이라고 할 수 있다. 헤겔은 프리드리히 사비니(Friedrich K. v. Savigny)로 대표되는 독일 역사법학파의 법실증주의적 관점을 거부한다. 이들은 법의 이성적 성격을 전적으로 인정하지 않고 오로지 법의 역사성만을 법의 본질로 다룬다는 점에서 한계가 있다.[6] 헤겔은 법의 역사성과 그것의 이성적인 타당성을 혼동하지 말 것을 경고한다. 달리 말하자면 법에 대한 역사적인 설명과 특정한 법의 이성적인 타당성을 해명하는 정당화 작업은 분명하게 구별되어야 한다는 것이다(7, 35 이하). 헤겔은 『법철학』에서 사비니를 직접적으로 거명하여 비판하지 않는다. 그러나 성문법에 대한 그의 입장 그리고 이를 반대하는 입장에 대한 혹독한 비판과 법의 역사성과 개념적 타당성 사이의 혼동을 불러일으키는 일방적인 역사주의적 태도에 대한 그의 비판은 사실상 사비니에 대한 비판으로 이해되어야 한다.

헤겔은 사비니를 직접적으로 거명하여 비판하기보다는 구스타프 후고(Gustav Hugo)를 비판한다(7, 37 이하; 7, 363). 후고는 헤겔이 직접 이름을 거명하여 비판하는 몇 안 되는 사람 중의 하나이다. 지프가 지적하듯이 할러와 후고를 비판할 때 헤겔이 염두에 두는 사람은 바로 슐라이어마허와 사비니이다. 헤겔에게 슐라이어마허와 사비니는 칸트 철학의 변형된 형태들을 대표한다. 그는 이런 사상적 조류들에 대해 일찍이 매우 비판적이었다. 헤겔은 슐라이어마허의 사상을 칸트 철학의 주관주의적 성향을 더욱더 밀고 나가서 도덕과 종교를 '양심과 감정'에서 정당화하려는 시도로 평가했다. 또한 사비니는 후고와 함께 칸트의 비판철학을 경험적인 것과 역사적인 것으로 변형하는 인물로 평가한다. 이 두 인물은 역사 속에서 전개되는 법적 이성의 진보를 반대하고 고대 로마법적 전통의 수용을 옹호하는 사람들이라는 것이다.[7] 리터 역시 후고에

---

[6] 법실증주의와 그것이 안고 있는 문제점들에 대해서는 졸고, 「정의와 법의 연관성에 대한 고찰: 켈젠의 법실증주의적인 이론을 중심으로」, 『동서철학연구』 제29호, 2003, 145~66쪽 참조.

대한 헤겔의 비판을 "역사법학파와의 근본적인 대결"로 간주한다.[8] 헤겔이 보기에 후고와 사비니의 이론은 법 개념의 이성적인 성격에 대한 물음을 법에 대한 역사적인 설명으로 대체하려는 시도에 지나지 않는다. 그러나 이런 시도는 대단히 위험하고 설득력이 없다. 법규범의 이성적인 토대를 묻는 것과 법을 역사적으로 고찰하는 방식은 전적으로 다른데도 이를 혼동하는 것은 법에 대한 이성적인 탐구 자체를 배제하는 것으로 귀결된다. 나아가 이런 입장은 채권자에게 변제 기한을 엄수하지 못한 채무자를 죽일 수 있는 권리를 부여하는 고대 로마법의 내용들을 역사적인 문맥에 따라서 정당화할 수 있다고 헤겔은 비판한다(7, 35 이하).[9]

법의 이성성과 실정성의 관계에 대한 헤겔의 입장은 다음과 같이 요약할 수 있다. 한편으로 법은 내용적으로는 반드시 이성적인 성격을 지녀야만 한다. 따라서 이성적으로 타당하지 않은 법규범, 정의롭지 못한 법규범은 그것이 아무리 한 국가 안에서 실정법의 형식을 띠고 효력을 발휘할지라도 결코 온전하게 받아들여질 수 없다. 다른 한편으로 이성적으로 타당한 정의로운 법규범은 실정법의 형식으로 보장받을 때 비로소 그 효력을 지속적이고 보편적으로 발휘할 수 있게 된다. 물론 실정법은 자연법적 규범에만 효력을 부여하는 것은 아니다. 실정법은 인간의 구체적인 상황과 연관해서 일시적으로 타당한 법규범들을 갖추고 있어야만 하기 때문이다. 간단히 말해서 법은 이성적이고 정의로워야만 할 뿐 아니라 실정적인 방식으로 구체화되어야만 한다. 이런 점에서 라드브루흐는 정의로움과 더불어 "법의 실정성"을 요구하는 "법적 안정성"(Rechtssicherheit)을 법의 이념의 필연적인 구성 요소로 강조한다.[10]

법의 실정성은 자연법과 실정법 사이의 관계에 대한 물음과 연관해서만 중

---

7) L. Siep, "Vernunftrecht und Rechtsgeschichte," *G. W. F. Hegel, Grundlinien der Philosophie des Rechts*, S. 7.
8) J. Ritter, *Metaphysik und Politik*, 주석 6.
9) 후고는 "로마법은 우리의 자연법"이라고 주장했다(M. Kriele, 『법발견론』, 홍성방 옮김, 한림대 출판부, 1995, 104쪽에서 재인용).
10) 라드브루흐, 앞의 책, 110쪽.

요한 의미를 지니는 것이 아니다. 이 문제는 특히 법의 형식을 둘러싼 논쟁과 결합되어 있다. 법이 프랑스 나폴레옹의 근대법처럼 성문법의 형식을 띠어야 하는가, 아니면 영국에서처럼 관습법이나 불문법의 형식으로 존재해야 하는가에 대한 물음이다. 이 물음은 1800년대 초반 프로이센의 정치적 개혁 논쟁과도 깊이 연관되어 있었다.

헤겔과 역사법학파 사이의 차이는 법의 본질을 어떻게 파악해야만 하는가에 국한되지 않았다. 사비니에 대한 헤겔의 비판은 법의 실정화의 필연의 여부와 연관된 것이다. 동시에 이 문제는 당시 독일의 개혁 방향을 둘러싼 논쟁이기도 하였다. 즉 성문법 도입을 찬성하는 입장과 이를 반대하는 입장이 첨예하게 대립하고 있었다. 성문법의 도입을 찬성하는 측은 대부분 프랑스 혁명으로 가능해진 새로운 시대의 원리에 호의적이었으나, 반대자들은 프랑스 혁명과 그 원리에 기초한 근대 세계에 거부감을 갖고 있었다. 성문법 도입을 반대하는 사람들은 전통과 귀족주의적인 특권의 가치를 호의적으로 바라보았으며 근대성과 합리성의 새로운 이념들에 반감을 품고 있었다. 1800년대 초반에 성문법을 둘러싼 논쟁을 주도했던 법률계의 대표적인 사상가들은 하이델베르크의 법학 교수인 안톤 티바우트(Anton F. J. Thibaut)와 베를린 대학교의 법학 교수이자 역사법학파의 태두인 사비니였다. 티바우트와 사비니는 여러 가지로 아주 대조적인 사람이었다. 티바우트는 성문법의 도입을 적극 옹호하는 논문을 발표하여 성문법 논쟁을 일으킨 장본인이자 프랑스 위그노파의 후손으로서 개신교 신자이면서도 중산층 출신의 진보적인 인사였다. 이와 달리 사비니는 구교도이고 부유한 집안 출신으로서 보수적이고 귀족적인 인물이었다. 티바우트는 성문법의 도입을 찬성하는 측의 대표자로서 헤겔의 절친한 친구이기도 했다. 사비니는 헤겔과 같은 대학에서 봉직하는 동료 교수이자 그의 가장 격렬한 반대자의 한 사람이었다.[11] 사비니는 나폴레옹의 법전을 "암"에 비유할 정도로 성문법에 대한 반감이 컸다.[12]

---

11) T. Pinkard, *Hegel: A Biography*, p. 392 이하 참조.
12) D. Losurdo, *Hegel und das deutsche Erbe*, S. 49.

헤겔은 『법철학』 211절에서 사비니의 법률관을 다음과 같이 비판한다. "교양이 있는 국민 혹은 그러한 국민의 법률가 계층에게 법전 작성의 능력을 인정하지 않는 것은 〔……〕 한 국민이나 저 계층에게 줄 수 있는 가장 커다란 모욕의 하나일 것이다"(7, 363). 즉 법전을 작성하여 성문법을 부여할 수 있는 능력을 거부하는 사비니와 같은 태도는 교양이 있는 민족 내지 국민에 대한 경멸과 모욕이라는 것이다. 관습법의 중요성을 강조하는 사비니와 달리 헤겔이 보기에 법적 권리를 현실적으로 구현하는 법률은 관습법이 아니라 성문법이다. 그는 영국의 관습법이나 불문법에 대해 대단히 비판적이다. 그가 관습법을 비판적으로 보는 이유는 대략 두 가지이다. 첫째로 관습법은 성문법보다 보편성이 부족하고 법률의 내용이 구체적으로 정해져 있지 않다는 문제점을 안고 있다. 둘째로 관습법은 대다수 사람이 인지하기 힘들고, 단지 소수의 사람들만이 그에 대한 전문적 지식을 얻을 수 있다. 그래서 관습법은 법률적 지식을 얻을 수 있는 소수 전문가들의 특권적 소유물로 전락할 가능성이 크다고 헤겔은 비판한다(7, 368). 그래서 헤겔은 법의 성문화를 반대하는 당시 독일의 이론가들, 특히 역사법학파에 속하는 사람들의 견해를 비판한다(7, 361 이하).

2) 법률(제정법)의 현존재

헤겔이 1820년에 『법철학』을 출판할 당시 프로이센의 정치 상황은 대단히 복잡하였다. 1819년 3월 23일 잔트가 작가인 코체부를 러시아 간첩으로 보고 암살한 사건으로 프로이센 정국은 단단히 얼어붙었다. 그 결과 프로이센에서 정치적으로 개혁을 추진하는 세력들은 커다란 타격을 입었을 뿐 아니라 매우 수세적인 입장에 처하게 되었다. 잔트의 암살을 계기로 프로이센은 오스트리아의 메테르니히와 함께 모든 학생 조직을 금지하고 언론의 검열을 확대하는 다양한 반개혁적 조치들을 취했다. 이 조치는 소위 카를스바트 회의로 알려져 있다. 이런 상황에서 당시 프로이센의 개혁을 추진하던 대표적 정치가인 하르덴베르크는 대의 제도를 골간으로 하는 근대적인 헌법을 도입하려는 시도에서 커다란 위기를 맞게 된다. 이 시기는 프로이센의 헌법을 둘러싼 투쟁에서 결정적인 시기로 간주되는데, 극도로 불리한 상황에서도 하르덴베르크는 근대적인 개혁적 헌법을 도입하고자 하는 노력을 포기하지 않으려고 부단히 애를 썼다고 알려져 있다. 프로이센의 개혁과 근대화를 거부하는 보수적이고 반동적인 세력이 득세하는 과정에서 하르덴베르크 역시 카를스바트 결의안에 동의할 수밖에 없었다. 그러나 그는 이 결의안에 동의하는 조건으로 프로이센 국왕이 헌법 문제에 대한 긍정적인 결단을 내릴 것을 요구했다.[13]

성문법을 도입할 것인가를 두고 독일에서 벌어진 논쟁은 이런 정치적 상황과 밀접하게 결부되어 있다. 앞에서 언급했듯이 역사법학파의 대표자인 사비니는 성문법을 도입하는 것을 부정적으로 평가했다. 이런 사비니의 입장에 대해서 헤겔은 분명하게 비판적인 태도를 취하면서 성문법 도입의 필연성을 역설한다.[14] 성문법 도입의 필연성을 강조하는 것은 당시 프로이센의 정치적 상황을 고려할 때 분명 개혁적이고 진보적인 태도와 결부되어 있다. 헤겔이 강조하듯이 제정법은 사람들에게 널리 알려져야만 한다는 것을 내포하고 있다. 법률은 사회 일반에 공개되고 시민들에게 널리 알려져야만 한다. 시민들에게 인지되고 승인되지 못하는 법률은 그것이 아무리 실정법이라고 할지라도 그들에게 법적 의무를 효과적으로 부과할 수 없기 때문이다.

법률이 사람들에게 널리 알려져야만 한다는 것에는 그 법률의 내용을 사람들이 **"명확한 보편성 속에서 인식"**하는 계기가 포함되어 있다(7, 362). 시민들은 법률을 제정하는 데 의회나 여론을 통해서 직간접적으로 참여할 뿐 아니라 그 과정에서 법률이 타당하고 필요함을 인식할 수 있다. 법이 제정법의 형식으로 공표됨으로써 사람들은 법률의 내용을 분명하게 자신의 것으로 확인한다. 이렇게 성문법을 승인하는 것은 국민의 입법에 대한 능력과 법의 원리와 그 체계를 사유하고 이해할 수 있는 능력을 인정한다는 것과 결부되어 있다.

---

13) L. Siep, 앞의 글, 앞의 책, S. 15의 주석 17 참조.
14) 지프의 주장에 의하면 헌법 논쟁에 대해서 헤겔은 대단히 조심스러운 태도를 취했다. 코젤렉(Koselleck)과 더불어 지프는 헤겔이 헌법을 도입하기에 앞서 행정의 개혁 및 법령의 부여가 우선하는 것으로 생각했다고 주장한다. 이 문제에 관련하여 헤겔은 자유주의적 개혁가들보다는 역사법학파에 더 근접해 있다고 지프는 주장한다(같은 책, S. 16 참조).

그래서 헤겔은 다음과 같이 말한다. "법은 사유를 통하여 의식되어야만 하며 그것은 자체 내에서 체계여야만 한다. 단지 그런 체계로서만 법은 교양 있는 국민들에게서 효력을 발휘할 수 있다. 만약에 오늘날 여러 민족들에게 입법의 직무를 부인한다면, 이것은 모욕일 뿐 아니라 어리석음을 의미한다. 왜냐하면 그것은 무한히 많은 현행법에서 이를 일관된 체계로 형성할 개개인의 능력을 신뢰하지 않는 것이기 때문이다. 이와는 달리 체계화, 즉 보편적인 것으로의 고양이야말로 우리 시대의 무한한 충동인 것이다"(7, 364). 법률에 대한 강조는 헤겔의 정치철학이 근대적이고 합리적인 성격을 지니고 있음을 보여주는 사례이다. 마르쿠제가 지적하듯이 우연적인 것에 지나지 않는 사람들의 자연적 혹은 사회적 지위에 상관없이 모든 사람들의 권리를 보호하는 보편적이고 합리적인 법에 입각하여 국가를 건설한다는 입장만큼 파시즘의 이데올로기와 양립할 수 없는 견해도 찾아보기 힘들 것이다.[15]

헤겔이 성문법의 도입을 시민들의 교양 및 시대의 요구와 결부시키는 것은 상당히 의미심장하다. 그는 관습법이나 불문법을 강조하는 보수적 입장만을 비판하는 데 그치지 않는다. 헤겔은 그 당시에 소위 급진적인 개혁 세력이라는 외양을 띠고 나타난 법률 경시 풍조를 개탄한다. 헤겔이 보기에 당대의 보수파와 급진파는 법률을 경시한다는 점에서는 서로 공통성을 띠고 있다. 헤겔은 프리스 일파의 주관주의적인 신념의 윤리학의 특성을 "법률에 대한 증오"라고 규정한다. 철학이 직관이나 신념이나 감정에 기초해서는 안 되고 이성과 체계를 갖춘 학문이 되어야만 한다고 반복해서 강조하는 것처럼, 헤겔은 반복해서 법과 공동체의 참다운 기초는 정신과 사유에 의해서 파악되는 자유의 원리에서 구해야만 함을 강조한다. 법적인 것을 주관적인 신념이나 양심이나 감정으로 귀착시키는 행위는 자유에 대한 최대의 적이다. 이런 양심에게는 법률의 형식을 띠고 나타나는 것은 모두 다 **"차가운 죽은 문자"**로서 그리고 하나의 **"속박"**으로서만 간주되기 때문이다. 그러나 헤겔이 보기에 "법률은 이른바

---

15) 마르쿠제, 『이성과 혁명』, 200쪽 참조.

국민의 거짓 형제와 친구를 구별할 수 있는 암호이다"(7, 20).[16] "**법률**에 대한 증오, 즉 **법률적으로** 규정된 **권리**에 대한 증오는 광신과 어리석음과 선의를 가장하는 위선이 그것에 의해서 스스로를 폭로하고 비록 그 의도들이 어떤 옷을 걸치고 나타난다고 할지라도 그 정체가 무엇인가를 분명하게 인식시키는 암호이다"(7, 402). 지금까지 살펴본 것처럼 법률에 대한 증오심과 불신은 1820년대 독일의 보수파와 소위 급진적인 민주주의 세력의 공통점이었다. 법의 지배를 거부하는 이들 세력과는 달리 헤겔은 "법의 지배만이 근대 사회에 적합한 유일한 정치 형태라고 주장했다."[17]

법은 제정법으로 실정성을 띠고 나타나야만 하는데, 그 이유 중의 하나는 바로 실정성을 통해 법이 시민들에게 비로소 내적으로 승인될 수 있기 때문이다. 달리 법적 의무를 부과하기 위해서는 시민들이 그 법에 대해서 인식하고 있어야 한다는 사실이 전제되지 않으면 안 된다는 것이다. 모든 시민들은 자신의 사유 능력으로 다양한 방법으로 법률의 제정에 참여하고, 합법적인 절차에 따라 제정되고 공포된 법률에 대해서 더욱더 자발적으로 복종할 수 있다. 실정법에는 공개성이 필연적으로 속해 있다는 주장은 사실상 근대의 자율성 이념, 자기 스스로 부여한 법에 복종할 때 사람은 자유롭다는 관념의 승인이다.

칸트는 이미 "공개성의 형식"(Form der Publizität)을 공법의 "선험론적 정식"(die transzendentale Formel)으로 간주한 바 있다(AA VIII, 381). 공개성을 실정법의 필연적 계기로 인정하는 헤겔은 칸트의 공개성의 원리를 이어받고 있다고 해도 무방하다. 실정법이 공개성의 형식을 통해 스스로 사유하는 개별 시민들에게 받아들여져야만 한다는 사실을 강조하는 그는 특수한 경우 강제력을 동원해서 그 효력을 관철해야만 한다는 점을 부인하지 않으면서도 "폭력이나 전제"(Gewalt und Tyrannei)는 실정법의 "본성"과는 무관한 우연적인 요소라고

---

[16] 헤겔은 보수적인 사상가의 한 사람인 할러에 대해서도 그가 법률에 대한 극도의 증오에 빠져 버렸다고 비판한다(7, 402).

[17] 마르쿠제, 앞의 책, 200쪽. 로젠츠바이크는 이미 1920년에 헤겔의 이론에서 독일의 자유주의적 낭만주의와 보수적인 낭만주의가 "법률에 대한 증오"라는 점에서 일치하고 있다는 점에 주목하였다(F. Rosenzweig, *Hegel und der Staat*, S. 206 이하 참조).

말한다(7, 34 이하). 켈젠과 더불어 20세기의 대표적 법실증주의 철학자로 인정받는 하트 역시 "위협을 배경으로 하는 명령 또는 복종의 습관이 법 체계의 기반 및 법의 효력이라는 관념을 이해하는 데 부적당하다는 것을 강조"한다. 그에 의하면 사람들의 "자발적인 협력과 그에 따른 권위의 창조가 없다면 법과 정부의 강제적인 힘은 확립될 수 없다."[18]

헤겔은 법이 제정법으로 되어야 하는 이유를 설명한 후에 이 제정법의 영역에 포함될 수 없는 것으로서 양심과 인간의 내면성과 연관된 규범들을 언급한다. 즉 헤겔은 사법의 영역에서 실정법이 될 수 있는 것을 추상법에 국한한다. 그에 의하면 "도덕적 명령들"(moralische Gebote)은 당연히 입법의 대상이 아니다. 예를 들어 배우자에 대한 성실성과 같은 것은 입법의 대상이 될 수 없다(7, 365 이하). 성문법의 체계로서 제정법이 자기의식과 주체성의 원리를 소중하게 생각하는 근대의 요청임을 주장한 후에 헤겔은 제정법이 안고 있는 우연성(Zufälligkeit)을 언급한다. "우연성을 포함하는 것은 본질적으로 법률과 사법에서의 한 측면이다. 그리고 이것은 법률이 개별적인 경우에 적용되어야만 하는 보편적인 규정이라는 점에 기인한다"(7, 367). 예를 들어 실정법은 형법 조항에 위배되는 행위를 처벌해야 한다는 점을 명시적으로 표현하지만, 각각의 개별적인 행위에 따르는 형벌의 양까지 규정할 수는 없다. 즉 어떤 범법 행위에 대해서 1년의 징역형을 내릴 것인지 아닌지, 벌금형의 경우 1만 원의 과태료를 부과할 것인지 아니면 9천 원의 과태료를 부과할 것인지 일일이 실정법 차원에서 규정해야만 하는 것은 아니라고 헤겔은 말한다. 그것은 법률을 적용하는 재판관의 재량에 속한다. 이런 문제와 연관해서 헤겔은 독일의 병폐의 하나로 간주되는 법전에 대한 절대적 완전성을 요구하는 태도를 거부한다. 이런 태도가 불충분한 이유는 그것이 법이란 구체적인 인간의 삶의 조건들 속에서 이루어지는 것으로서 그 모든 상황에 대해서 세세하게 법으로 규제하는 것이 불가능하다는 사실을 도외시하기 때문이다(7, 369).

---

18) 하트(H. L. A. Hart), 『법의 개념』, 오병선 옮김, 아카넷, 2001, 262쪽과 264쪽.

헤겔의 실정법 이론에서 중요한 것은 특정한 법적 규범들이 갖고 있는 역사적 맥락에 대한 강조이다. 헤겔은 실정법을 다루면서 구체적인 역사적 상황들을 함께 고려한다. 실정법은 구체적인 상황에 적용되어야 하는 법률이기 때문에 실정법의 모든 내용이 선험적인 방식으로 혹은 법 개념의 내재적인 전개과정에 의해서 연역될 수 없다. 즉 법적 권리를 제정법의 형식으로 유효하게 만드는 작업은 반드시 구체적인 상황에 대한 고려를 수반하는 것이다. 이런 상황에 대한 고려로 인해 실정법은 자연법보다 포괄적이다. 법률의 역사적 성격을 고려하는 헤겔의 태도는 법에 대한 인식에서 중요한 발전이다. 그래서 슈네델바흐는 헤겔의 사법이론을 "근대적인 법사회학의 전사(Vorgeschichte)"로 이해한다.[19]

헤겔은 '법률의 현존재' 항목에서 다시 법률과 근대 시민사회의 원리 사이의 공속성을 강조한다. 앞에서 언급했듯이 사법 제도의 존재 이유는 우선적으로 시민사회에서 활동하는 개인들의 재산 보호이다(7, 360). 헤겔에 의하면 소유와 인격에 대한 권리는 시민사회에서 실정법으로 승인되고 법적 효력을 띠게 된다(7, 371). 이 영역에서 특히 주목을 끄는 것은 시민사회와 범죄의 연관성에 대한 헤겔의 지적이다. "소유와 인격성이 시민사회에서 법률적인 인정과 효력을 갖는 한에서, **범죄는 주관적으로 무한한 것**에 대한 침해일 뿐 아니라, 자체 내에서 확고하고 강한 실존을 지니는 **보편적인** 것에 대한 침해이기도 하다. 따라서 사회에 대한 범죄 행위의 **위험성**이라는 관점이 등장한다"(7, 371 이하). 이 인용문이 보여주듯이 범죄는 단순히 그 가해자의 권리만을 침해하는 것이 아니라 사회 전체에 영향을 준다. 그러므로 형벌은 범죄 행위가 사회질서에 끼치는 영향을 고려할 수밖에 없다. 즉 사회질서의 차원에서 범죄를 고찰하고 평가해야만 한다는 것이다.

형벌의 사회적 성격이 부각되면 어떤 특정한 범죄 행위를 바라보는 입장이 사회의 상태에 따라서 변화할 수 있다. 사회가 안정되어 있으면 범죄가 사회

---

[19] H. Schnädelbach, *Hegels praktische Philosophie. Ein Kommentar der Texte in der Reihenfolge ihrer Entstehung*, S. 284.

를 침해할 가능성은 그만큼 적어진다. 사회는 범죄에 대한 내구성과 방어력이 있기 때문에 범죄에 대해서 관대한 처벌을 할 수 있게 된다. 헤겔은 시민사회에 대한 위험이라는 관점이 범죄를 더욱 엄하게 처벌할 가능성을 부인하지 않는다. 그럼에도 그는 근대 시민사회에서 법률이 점차 이성적인 것으로 변하고 이에 따라서 가혹한 형벌이 점차 사라질 것으로 생각하였다(7, 372 이하). 일부 사람들은 가혹한 형벌이나 엄격한 법 적용 내지 공권력이 사회의 안정을 가져다줄 것으로 생각하지만 그것만으로 범죄를 줄이고 사회정의를 실현할 수는 없다. 오히려 사회를 안정적으로 만들어 범죄가 발생할 가능성을 줄이는 것이 더 바람직하고 효과적이라는 것이 헤겔의 입장이다. "사회 자체가 내적으로 견고해지면 범죄는 특정 범죄를 법률로 정하는 것이 완화되고 이런 법률 제정의 지양 여부도 사회가 내적으로 안정되느냐에 따라 평가되어야 한다. 그러므로 중벌이 즉자 대자적으로 볼 때 결코 부당하지 않지만, 그것은 시대 상황과 관련되어 있다"(7, 373). 자본주의적 시장질서가 사회를 움직이는 기본 원리로 등장하는 근대 사회에서 시장질서의 안정적인 유지는 범죄를 예방하고 줄일 뿐 아니라 궁극적으로는 공권력이나 엄한 형벌보다도 더 긍정적으로 사회정의의 실현에 기여할 수 있다는 것이다.

3) 재판

사법의 마지막 부분인 "재판"(das Gericht)에 대한 단락에서 헤겔은 우선 재판 제도를 "공적인 힘"으로 이해한다(7, 373). 재판이 공적인 힘으로 규정되는 이유는 그것이 적어도 이해관계나 주관적 감정에서 독립해서 보편적으로 승인되고 사회에서 실정법으로 효력이 인정된 법률에 따라 개별 분쟁들을 조정하거나 해결하는 제도이기 때문이다. 어떤 사건이 발생했을 때 재판은 법적 원칙과 법률에 입각하여 그 사건이 법적으로 부당한 것인지 아닌지를 판결한다. 그러므로 재판은 "특수한 사건에서 법의 **인식**이자 **실현**"으로 규정된다(7, 373). 어느 한 제도의 이성적인 타당성을 해명하는 작업이 그 제도에 대한 역사적 설명과 혼동되어서는 안 된다는 점을, 공적인 힘으로서 규정되는 재판 제도의 이성적인 성격을 강조하는 과정에서 헤겔은 다시 강조한다. 여기에서 그는 당시의 보수적인 사상가인 할러를 비판적으로 거론한다. 다른 한편으로 헤겔은 사법 제도를 자유를 억압하는 제도로 바라보는 또 다른 극단적인 견해를 비판한다. 이 양극단적인 입장은 재판 제도의 합리성을 적절하게 이해하지 못한다는 것이 헤겔의 설명이다. 재판 제도는 인간들이 사회를 구성하여 살아가면서 발생하기 마련인 다양한 형태의 분쟁들을 해결하기 위해 제안된 장치들 중의 하나이다. 개인적인 복수 역시 분쟁을 해결하는 수단이라는 것을 우리는 잘 알고 있다.

법률과 재판이 존재하지 않는 상태에서 형벌은 개인적인 복수의 성격을 띠고 나타나지만(7, 197), 그런 복수는 정당한 형식을 취한 것이 아니다. 형벌의 한 방식으로서의 복수는 보복을 가하는 사람의 자의성에 의해 지나친 보복으로 귀결되어 복수의 악순환에 빠지기 쉽다. 그뿐 아니라 분쟁을 해결하는 방법으로 복수의 형식을 허용한다면, 복수는 권력의 유무에 따라서 다른 결과를 초래할 가능성이 있다. 개인적 차원에서 발생하는 복수가 갖고 있는 주관적인 자의성과 권력의 자의성 및 우연성을 극복하기 위해 분쟁 당사자들과는 독립적인 제3자로 구성된 분쟁 해결의 제도가 도입될 필요가 있다. 형벌이나 재판 제도가 바로 그것이다. 그리하여 재판이 범죄의 추적과 처벌을 담당하게 되고, 형벌은 주관적인 복수의 형태를 띠지 않고 진정한 의미의 형벌이 된다(7, 374).

근대에서 개인들은 재판 제도를 활용할 동등한 권한을 부여받는다. "시민 사회의 성원은 **법정에 제소할 권리**가 있으며 동시에 **법정에 출두해야 할 의무**가 있고 분쟁 중인 권리를 오로지 재판을 통해서 얻어야만 한다"(7, 375). 이렇게 모든 사람이 법정에 제소할 권리뿐 아니라 출두할 의무를 동등하게 지니기 때문에, 권력을 지닌 사람, 헤겔이 든 예를 사용한다면 군주 역시 근대에 들어와서는 개인적인 일에서 재판권을 승인할 수밖에 없다. 법 앞에서의 평등이나 재판에 제소할 평등한 권한의 승인이 부와 권력의 불평등이 초래할 부작용을 완전히 극복할 수는 없겠지만, 법정에 제소할 평등한 권리와 법정에 출두할 평등한 의무가 갖고 있는 합리성과 진보성을 부인할 필요는 없다.

재판에서 중요한 것은 소송 당사자들이 합리적이고 객관적으로 자신들의 권리를 입증해야만 한다는 것이다. 재판은 분쟁 당사자들 중 누가 옳고 누가 그른지를 결정하는 제도이다. 그렇기 때문에 소송의 절차는 법률로 확정되어 있어야만 한다. 분쟁을 해결할 때 과정 혹은 절차적 정당성의 유무는 대단히 중요한 것이다. 물론 공정한 절차에 따르는 결과가 항상 옳을 수는 없다. 그러나 재판 과정에서 공정성이 보장되지 못하는 한 분쟁의 합리적인 해결을 기대할 수는 없다. 재판의 목적은 분쟁 중인 사안에 대해서 구속력이 있는 판결을 내림으로써 그것에 대한 최종적인 해결책을 제시하는 데 있다. 이런 것이 가능하기 위해서는 일정한 조건들이 충족되어야만 하는데, 재판에서의 공정성은 그중에서도 결정적인 것이다. 재판의 공정성이 확보되지 못한다면 분쟁 당사자 중에서 누가 옳고 누가 그른지를 최종적으로 결정을 내리는 판결은 그들에게 사실상 아무런 구속력을 발휘할 수 없기 때문이다. 재판 과정에서 분쟁 중인 사람들의 권리가 입증되어야만 하기 때문에 형사 재판 과정에서 헤겔은 범인의 자백만으로는 그의 행동이 위법한 것인지를 판단하기에 충분하지 않다고 강조한다. 범행을 입증할 만한 명백하고도 객관적인 증거가 있어야만 한다는 것이다. 마찬가지로 그는 고문에 의한 자백을 인정하지 않는다. 고문은 로마법에 의해서 도입되었으며, 18세기 초 마녀 사냥도 이 고문 제도의 결과라고 헤겔은 말한다. 여기에서 흥미로운 것은 자백만으로 어떤 행위의 위법성을 판단하는 행위와 고문을 가하는 행위가 밀접하게 연결되어 있다는 헤겔의 주장이다. "그러므로 자백이 요구되는 경우에 고문은 필연적인 결과이다"(Ilting IV, 578 이하).

헤겔은 재판 제도를 다루면서 다시 사법(司法)의 공개성을 강조한다. 그에 의하면 "사법의 공개성"은 "자유로운 헌법"의 구성 요소이다(Ilting IV, 567). 앞에서 언급한 것처럼 법률의 공포는 근대의 주관적인 자기의식의 권리에 포함된다. 마찬가지로 특수한 사건에서 법률이 어떻게 적용되고 판결이 이루어지는지 시민들에게 알려져야만 한다. 헤겔에 의하면 사람들이 사법의 공개성을 반대하는 것은 일반 사람들이 법과 관련된 사항들에 참여하지 못하도록 하여 특권을 유지하기 위해서이다. 그러나 법은 시민들의 신뢰 없이는 존속할 수 없기 때문에 재판의 공개성은 반드시 필요하다. 재판의 공개성을 통해서 시민들은 재판의 존재 이유, 즉 보편적인 권리의 보호 및 실현이라는 목적이 실제로 올바르게 이루어지고 있는가를 인식할 수 있다. 다만 판결을 내리는 과정에서 재판관들 사이의 다른 의견과 협의 과정 따위는 공개성의 원리에 포함되지 않는다는 것이 헤겔의 입장이다(7, 376 이하). 특히 헤겔은 공개될 필요가 없는 재판의 예로서 대단히 반인륜적인 범죄 행위에 대한 재판을 언급하고 있다(Ilting IV, 564).

헤겔은 재판을 다루는 곳에서 배심원 제도의 필요성을 강조한다. 헤겔에 의하면 재판은 두 가지 측면으로 구성되어 있다. "**개별적 사건**에 법률을 적용하는 것으로서의 재판의 업무는 **두 가지 측면**으로 구별된다. **첫째로** 사건의 성질을 그 **직접적 개별성**에 따라서 인식하는 것, 즉 계약 등이 있었는가, 침해 행위가 있었는가, 누가 그런 행위를 한 장본인인가를 살펴볼 것이다. 그리고 **형법**에 있어서 행위를 그 **실체적**, 즉 범죄적 성격에 따라서 규정하는 것으로서의 반성이다. 둘째로 권리의 회복이라는 의미에서 사건을 **법률**로 포섭하는 것이다. 그런데 그것은 형법의 경우에 형벌을 포함한다. 이 두 가지 다른 측면을 결정하는 것은 서로 다른 기능들이다"(7, 377). 재판의 두 가지 측면은 간단하게 사실을 확인하는 측면과 이 확인에 기초하여 구체적인 결정을 내리는 판결로 요약될 수 있다. 첫째 측면은 사건의 전체를 심리하는 과정으로서 판결과는 구별된다. 재판의 둘째 측면인 판결은 재판관들의 고유한 업무이다. 재판관들은 배심원들이 사실문제를 판단함에 따라서 법률을 적용하여 판결을 내리는 작업을 담당한다(7, 378). 헤겔은 판결을 재판관의 고유한 임무로 인정하면서도 일반 시민들이 사실을 판단하는 주체로서 인정되어야 한다고 강조한다.

헤겔은 사실문제를 판정하는 역할을 일반 시민들에게 부여하는 것을 강조하면서 영국에서 시행되고 있던 배심원 제도의 합리성을 인정한다. 배심원 제도의 정당성을 논하는 과정에서 헤겔은 그 제도를 유용성의 측면에서 접근하지 않고 권리 측면에서 접근한다. 그에 의하면 유용성은 배심원 제도가 합당한 것인지 그렇지 않은지를 판단하는 결정적인 기준일 수 없다(Ilting III, 687). 그리하여 그는 배심원 제도가 근대의 주체적인 권리에 대한 인정에서 도출되는 이성적인 제도임을 강조한다. "**주관적 자유**의 계기인 자기의식의 권리야말로 사법의 공개성 및 이른바 **배심 재판**의 필연성에 관계되는 문제에서 실체적인 관점을 이룩하는 것이라고 볼 수 있다. 이들 제도의 **유용성**의 형식에 관하여 무엇을 주장할 수 있다고 할지라도, 그 본질은 결국 자기의식의 권리로 환원된다"(7, 380).

헤겔은 유용성의 관점을 전적으로 배제하지 않으며 어떤 제도가 가져올 다양한 결과들을 심사숙고하는 작업을 부인하지 않는다. 그러나 유용성의 관점에서 도출되는 모든 근거들은 부차적일 뿐 결정적인 것이 아니다. 헤겔 자신도 인정하듯이 사법 제도 자체는 순수하게 법률가만으로 구성된 법정에 의해서 더 잘 운영될 수 있다. 아니 심지어 이런 추정이 가능성으로 머무르지 않고 필연적으로 그렇다고 할지라도, "자기의식의 권리"가 충족되지 않는다면, 그런 가능성이나 필연성은 전혀 문제가 되지 않는다고 헤겔은 강조한다(7, 380 이하). 이와 같이 배심원 제도는 근대의 규범적 원리인 주체적인 권리에 속하는 것으로 사유되어야만 한다. 배심원 제도는 "판결을 하기 위한 단순한 수단이 아니라 그 자체가 목적이며 주관적 의지의 자유의 보호"이다(Ilting III, 687).

배심원 제도에 대해서 일부 사람들은 여러 가지 염려들을 토로하면서 반대한다. 우선 들 수 있는 것은 배심원 제도의 도입으로 일반 시민들이 사법 제도에 참여하게 되면 시민들이 "공평하게"(unparteiisch) 행동하지 않을 수 있다는 반론이다. 예를 들어 일반 시민들이 매수를 당한다거나 온정주의적인 태도로 인해 사태를 객관적으로 판단하지 못할 가능성이 있다는 것이다. 이는 배심원에 대한 신뢰의 문제이기도 하다. 그러나 헤겔은 이런 반론이나 비난은 정당하지 않다고 말하면서 그런 것들은 사태의 본질과 연관된 문제가 아니라고 반박한다(Ilting III, 687). 배심원 제도를 비판하면서 일부 사람들이 제기하는 부패

가능성은 일반 시민들에게만 국한되는 것이 아니다. 헤겔에 의하면 법 지식을 일반 시민들에게 알리지 않고 법적 용어를 시민들이 알아듣지 못하는 외래어로 구성하는 태도야말로 소송 지식을 번잡하게 하여 결국은 모든 사람들에게 이익이 되어야 할 법률을 일부 특권 계층의 "영리 추구와 지배 도구로 변질"시키게 된다(7, 464). 일반 시민들에게 일어날 수 있는 부정적 결과들은 재판관들이나 변호사들에게도 있을 수 있고 드물지 않게 일어나는 것이기도 하다.

배심원 제도에 대한 또 다른 반론으로서 시민들의 자질, 즉 시민들의 법률가적 전문성 부족을 지적할 수 있다. 그러나 이런 지적 역시 배심원 제도에 대한 적절한 비판이라고 볼 수 없다. 헤겔은 배심원 제도의 정당성을 논하는 과정에서 다시 전문적인 법률가들의 엘리트주의와 특권의식을 비판한다. "재판관만이 범죄 사실을 확정해야만 한다고 가정할 어떠한 이유도 존재하지 않는다"(7, 378). 헤겔에 의하면 계약이 실제로 이루어졌는지 그리고 누가 범행을 저질렀는지 따위의 사실 인식은 "교양이 있는 사람"이라면 누구나 할 수 있는 일이다. 그런 일에 대한 권한을 법률가에게만 부여한다는 것은 온당치 않은 일이다(7, 378). 그뿐 아니라 근대 사회에서 일반 시민들이 법률에서 자신들의 권리가 어떻게 확정되어 있고 재판 과정에서 분쟁이 어떻게 해결되는지 인식할 권리를 누리지 못하고 그런 권리에 관한 사항들이 전문가들만 이해할 수 있는 전문 용어로 되어 있어 그런 내용들이 전문화된 법률가 계층의 소유물이 된다면, 사람들은 그들에게 "예속되는 상태"에 빠지게 된다고 헤겔은 주장한다(7, 381).

시민들이 사법 제도에 참여하도록 보장하는 배심원 제도와 사법의 공개성에 대한 헤겔의 논변은 대단히 이성적이다. 당대의 프로이센이 이런 제도들을 갖추고 있지 않았다는 것은 주지의 사실이다.[20] 더구나 우리나라에서도 사법 개혁 추진의 일환으로 일반 시민들이 재판에 참여하는 배심원 제도의 도입이 이제야 논의되고 있는 상황이다. 이런 상황에서 배심원 제도의 필요성에 대한

---

20) E. Weil, *Hegel and the State*, p. 3 이하 주석 3 참조.

헤겔의 논거는 여전히 우리들에게 그 합당함을 잃지 않고 있다.

인륜성과 사법 제도의 연관성을 언급함으로써 헤겔은 사법 제도에 대한 서술을 끝마친다. 그는 사법을 시민사회가 잃어버린 인륜성을 회복하는 제도적 장치의 하나로 이해한다(7, 381). 왜 그런지는 앞의 서술로 충분하겠지만, 간단하게 사법 제도와 인륜성 사이의 연관성을 요약하면 다음과 같다. 첫째로 사법 제도는 인간의 기본적 권리를 법률의 형태로 보장한다. 이런 점에서 사법 제도는 인간의 자유를 실현하는 필수적인 제도의 하나이다. 둘째로 사법 제도는 시민사회에서 발생하는 불법 행위, 즉 타인의 권리를 훼손하는 행위를 제재하고 부당하게 침해된 권리를 회복함으로써 인간의 권리를 보장하는 기능을 수행한다. 마지막으로 사법 제도는 훼손된 권리나 분쟁 중인 사안을 공정한 법률적 절차로 해결함으로써 법률과 권리가 현실적으로 유효하고 타당함을 보여준다. 이렇게 하여 사법 제도는 인간의 자유 및 권리의 긍정적인 실현에 중요한 기능을 담당한다는 점에서, 인륜성을 회복하고 유지하는 제도적 장치의 하나로 이해되어야 한다.

II. 경찰 행정과 조합

사법적 정의를 통해서 시장경제 질서의 기능을 어느 정도 유지할 수는 있지만 시민사회에서 발생하는 부와 빈곤의 대립을 극복할 수는 없다. 사법적 장치는 시민사회에서 발생하는 갈등을 사후 조정하는 기능을 주로 담당하기 때문이다. 앞에서 살펴본 것처럼 헤겔은 빈곤 문제를 시민사회의 틀 안에서 완전히 해결하는 것은 불가능하다고 여긴다. 그럼에도 욕구의 체계에서 발생한 인륜성의 극단적인 상실을 극복할 수 있는 방안에 대한 서술이 없는 것은 아니다. 헤겔의 『법철학』 체계에서 시민사회에서 국가로의 이행을 담당하는 역할을 하는 것은 경찰 행정(Polizei)과 조합(Korporation)이다. 헤겔은 경찰 행정과 조합이라는 제도를 통해서 자본주의적인 시장경제 체제의 규제를 이론적으로 정당화하려고 한다. 경찰 행정 및 직업단체는 자본주의적인 시장경제 체제의 순조로운 전개를 보장하고, 시장경제 질서의 순조로운 기능을 가능하게 하는 제반 여건을 배려하는 일을 담당한다. 경찰 행정과 직업단체가 담당하는 과제는 시장경제의 발전 과정에서 발생하는 심각한 사회 문제를 조정하는 것이다. 그러므로 이러한 제도들은 동시에 시장경제 체제에 안정성을 부여한다. 이러한 점에서 헤겔은 경찰 행정이나 직업단체를 시민사회에서 상실된 인륜성을 다시 확보하는 제도로 이해한다.

1) 경찰 행정

우리가 염두에 두어야 할 것은 헤겔이 사용하는 경찰(Polizei) 개념은 오늘날 사용되는 것보다 훨씬 더 포괄적이라는 점이다. 어원으로 말하자면 헤겔에게서 경찰 행정은 고대 그리스의 정치적 공동체 내지 헌정(constitution)의 의미를 지니는 폴리테이아(politeia)라는 개념에서 유래한다. 그러므로 헤겔에 따르면 경찰 행정이라는 개념은 원래 국가 전체의 활동을 포괄하는 것이었다. 그러나 그는 경찰 행정이라는 개념을 인륜적 공동체에 연관된 활동 전반이 아니라, 단지 외면적인 국가로 이해되는 시민사회와의 연관 속에서만 보편적인 업무를 담당하는 행위에 제한해서 사용한다. 이와 같이 고대 그리스에서 사용된 폴리테이아 개념과 비교할 때 경찰 행정이라는 단어에 제한된 의미만을 부여하는 이유는 근대 시민사회의 발생과 밀접하게 결합되어 있다(Ilting IV, 587).[21]

'폴리차이'(Polizei) 혹은 영어로 'police'는 오늘날 경찰을 의미하는 것으로 주로 사회의 공공질서를 담당하는 국가 기관이다. 그러나 헤겔이 사용하는 '폴리차이'라는 개념은 오늘날 경찰이 담당하는 역할보다 더 광범위한 역할을 수행한다. 헤겔은 경찰 행정으로 흔히 번역되는 '폴리차이'라는 단어를 "국가가 시민사회에 관계하는 한에서의 국가"로 규정할 정도로 폭넓은 개념으로 사용한다(Henrich, 187). 우드에 의하면 이런 개념 사용은 1820년대의 독

---
21) 경찰 행정 개념에 대한 이런 사용은 이미 예나 시대의 정신철학에서 등장한다. 『헤겔 예나 시기 정신철학』, 187쪽 이하 참조(GW 8, 272 이하).

일에서 그리 이상한 것은 아니었다. 헤겔이 『법철학』을 저술할 당시의 독일어에서 '폴리차이'라는 단어는 헤겔이 사용하는 광범위한 의미를 내포하고 있었다는 것이다. 예를 들어 1794년의 『프로이센 일반법전』(*Prussian General Legal Code*)에 따르면 '폴리차이'는 "건설 규제, 화재 보호, 공공 건강 그리고 가난한 사람들의 구제를 포함한다." '폴리차이'가 오늘날에서처럼 사회의 안전과 질서를 유지한다는 좁은 의미로 사용된 것은 19세기 후반에 이르러서였다고 우드는 말한다.[22]

경찰 개념 속에 질서와 안전의 유지라는 과제 이외에도 오늘날 국가가 행하는 경제 정책과 사회 정책의 영역을 포함시키면서도 헤겔은 이러한 활동을 국가론에서 다루지 않고 시민사회의 일부로 다룬다. 물론 헤겔 역시 경찰 행정을 사법 제도와 함께 국가의 통치권(Regierungsgewalt)에 속하는 것으로 본다. 그럼에도 헤겔은 사법 제도와 경찰 행정이 바로 시민사회의 특수한 측면과 연관된 문제들을 담당한다고 강조한다(7, 457). 뒤에서 보다 분명하게 드러나겠지만 경찰 행정은 시민들이 시장사회에서 자유롭게 활동할 수 있는 제반 조건들을 다루기 때문에, 헤겔은 경찰 행정을 국가에서 다루지 않고 시민사회의 영역에서 다루는 것이다.

헤겔이 경찰 행정을 시민사회의 연관 속에서 다루는 것에서 경찰 행정의 개념이 근대적인 역사적 맥락 속에서 어떻게 변형되는가를 잘 인식할 수 있다. 만프레드 리델(Manfred Riedel)에 의하면 경찰 행정은 사회가 국가에서 독립하고 그 자체 내에서 다양하게 분화되는 근대적인 시민사회의 발전 속에서 그 의미를 지닌다. 달리 말하면 헤겔이 사용하는 경찰 행정이라는 개념은 국가와 사회의 근대적인 구별을 전제로 하면서 국가에서 분화된 사회에 대한 "국가를 통한 행정 일반"(die Verwaltung durch den Staat überhaupt)이라는 의미를 함축하게 된다. 그리하여 이제 경찰 행정은 "행정의 매체 속에서 탈정치화된 사회와 정치적 국가의 매개 작용"인 것이다.[23] 이렇게 경찰 행정은 근대 사회를 좀

---

22) A. Wood, *G. W. F. Hegel. Elements of the Philosophy of Right*, ed. A. Wood and translated by H. Nisbet, p. 450 주석 참조.

더 엄밀한 의미에서 국가라는 정치적 공동체와 연결하는 매개적 기능을 담당한다. 경찰 행정이나 직업단체 등을 통한 매개적인 작용이 없이는 근대 사회에서 개인은 모래알과 같이 파편화된 상황 속으로 휩싸일 수밖에 없는 것이다. 모래알처럼 흩어진 원자적인 개인들의 군집으로는 근대적인 자유의 이념을 결코 실현할 수 없다는 것이 헤겔의 고유한 통찰의 하나이다. 국가는 "가족과 시민사회가 국가 속에서 전개되는 한에서만" 진실로 "살아 움직인다(lebendig; 7, 411). 이런 문맥에서 헤겔은 인간의 자유를 보장하고 실현하는 보편적인 제도 및 질서인 헌법을 "매개의 체계"(System der Vermittlung)로 간주하는 것이다(7, 472).

시민사회에서 등장하는 다양한 문제점과 폐단을 극복하는 과제를 담당한다는 의미에서 헤겔은 경찰 행정을 "보편자를 보호하는 힘"(7, 382)으로 정의한다. 이 보편자, 달리 말해 공공의 이익을 보호하기 위해 경찰 행정은 우선 범죄를 방지하고 발견하는 작업을 통해 사회의 내적 질서를 유지한다. 그러면 왜 시민사회에는 범죄가 발생하고 질서 유지를 위한 경찰 행정과 같은 공권력이 필요한 것인가? 간단하게 말하자면 '욕구의 체계'로서 이해되는 근대 시장경제 질서가 불완전하기 때문이다. 시장경제 질서는 작동하는 과정에서 다양한 문제점들을 양산한다. 그중에서도 가장 대표적인 것은 부자와 빈자의 극단적인 분열이다. 헤겔이 지적하듯이 "빈곤의 발생은 일반적으로 시민사회의 결과이며, 빈곤은 전체적으로 볼 때 시민사회에서 필연적으로 생긴다"(Henrich, 348). 근대 시장경제 질서에서 살아가는 사람들 중에서 일부 사람들은 항상 낙오하고 도태되어 극심한 빈곤 상황에 처한다. 그 결과 그들은 실업과 빈곤 속에서 타인의 소유와 인격적 권리의 훼손, 즉 범죄의 유혹을 받게 된다. 헤겔에 의하면 경찰 행정은 범죄를 예방하는 과정에서 범죄자로 의심되는 사람들을 파악하는 일도 담당한다(7, 383). 경찰 행정의 과제는 시장질서의 토대인 행동의 자유와 소유권을 보호하는 것으로 제한되지 않는다. 경찰 행정은

---

23) M. Riedel, 앞의 책, S. 161.

근대 시민사회의 내부에서 발생하는 부와 빈곤의 대립에 대항하여 사회가 공동체적인 연대, 즉 보편자를 해체하는 경향을 억제하는 다양한 과제를 담당한다. 다시 말해 경찰 행정은 사적인 개인의 자유와 소유권을 타인의 침해로부터 보호할 뿐 아니라, "개인의 생계와 복지의 **안전**"(7, 382)을 확보하기 위한 노력을 통해서 개인의 자유를 실제적으로 가능하게 하는 역할을 한다.

근대 시장사회에서 모든 인간은 자신의 능력과 선택에 따라서 각자의 생계와 복지를 실현할 수 있는 존재이다. 그러나 그것은 사실 가능성일 뿐이지 모든 사람들이 현실적으로 자신의 능력으로 각자의 생계와 복지를 감당할 수는 없다. 스스로의 힘으로 생계를 유지하고 행복을 일구어내야 한다는 것은 근대의 자립성 원칙의 표현이다. 그러나 이런 원칙이 실현되기 위해서 각 개인들은 신체적인 건강함이나 일정한 교육과 같은 여러 가지 전제조건들을 갖추고 있어야 한다. 그런데 이런 조건들을 모든 인간들이 다 갖출 수는 없다. 그만큼 인간의 삶의 조건은 스스로의 힘으로 통제할 수 없는 여러 우연적인 조건들로 가득 차 있기 때문이다. 설령 다양한 전제조건들을 갖추고 있다 할지라도 객관적인 조건들의 변화, 예를 들어 장기 불황이나 전쟁과 같은 사건들로 인해 능력 있는 사람들도 시장사회에서 도태될 수 있는 것이다. 그렇기 때문에 시장사회가 안고 있는 주관적·객관적 조건의 우연성을 극복할 수 있는 제도가 필요하다. 헤겔은 직업단체와 경찰 행정이 바로 그런 제도들이라고 강조한다. "경찰 행정과 직업단체"는 시민사회가 안고 있는 여러 가지 문제점들을 배려하면서 "특수한 이익을 **공동 이익**으로서 보호"하는 역할을 담당한다(7, 346).

경찰 행정이 수행하는 일은 특수한 이익에 관계된 것이다. 예를 들어 경찰 행정은 도로나 항만과 같은 공공시설을 건설하고 보호하는 일을 하는데, 이런 일은 시장에서 개별적인 이익을 추구하는 각 행위자들과 관련된 일이다. 그런 점에서 경찰 행정이 하는 일은 특수한 이익에 관계된 것이다. 경찰 행정이 하는 보호나 감독은 "개인적 목적들의 달성을 위하여 존재하는 일반적인 가능성을" 창출하려는 데 그 목적이 있다(7, 385). 그러나 경찰 행정은 특수한 이익과 관련된 일을 자신의 이익을 증진하기 위해 노력하는 각 개인들의 행동 방식과는 다르게 취급한다. 경찰 행정은 도로 및 항만 건설을 개인 사업주와는 달리 시민사회에서 일하는 모든 사람들의 이해관계를 위해서 수행한다. 그런 점에서 경찰 행정은 특수한 이익을 공동의 이익으로서 보호하는 셈이다.

범죄 예방과 같은 사회질서를 유지하는 일 이외에도 경찰 행정이 해야 할 일들로서 "가로등 설치, 교량 건설, 일용 필수품의 공정 가격 및 건강을 돌보는" 일들이 있다(7, 385). 경찰 행정은 가격 통제를 통한 시장의 규제나 항만이나 가로등과 같은 공공시설의 건설 및 공중 보건에 관련된 일뿐 아니라, 가족적 유대의 해체로 일어나는 문제점들에 대한 정책들을 담당한다. 그중에서도 특히 각 개인들이 시민사회의 일원으로서 참여할 능력을 배양하는 교육이나 낭비에 의해서 가족의 생계의 안전을 파괴하는 사람들을 후견하는 일들이 경찰 행정이 해결해야 할 과제이다(7, 385 이하).

여기에서 나는 경찰 행정이 담당하는 가족의 기능과 교육 기능의 문제를 좀 더 자세히 살펴보고자 한다. 헤겔이 지적하듯이 근대 시장사회에서 모든 개인은 자신의 능력과 선택에 따라서 시민사회가 갖고 있는 보편적인 부를 자신의 것으로 만들 수 있다. 그리고 그 가능성은 모든 개인에게 평등하게 보장되어 있다. 모든 인간은 근대 시장사회에서 다른 사람의 권한을 침해하지 않는다는 조건에서 소유의 주체로서 능력에 따라서 무한정 자신의 부를 증식하고 축적할 수 있다. 공권력은 당연히 이 시장질서를 보장해주어야 한다. 그럼에도 이 보장은 불완전할 수밖에 없다. 사람들은 재능이나 건강이나 자본의 측면에서 서로 다른 상황에 있기 때문이다. 더구나 이런 조건의 차이는 개인들의 의도적인 선택의 결과일 수도 있지만, 상당 부분 우연적인 요소에 의해서 결정된다. 어떤 사람은 부유한 집안의 자제로 건강하게 태어나서 모든 혜택을 받으면서 능력을 발휘할 수 있는 양질의 교육을 받을 수 있다. 그러나 어떤 사람들은 그런 조건들을 전혀 갖지 못한 채로 태어난다. 이런 우연성을 극복하여 모든 사람들이 시민사회의 구성원으로서 자유롭게 활동할 수 있도록 경찰 행정이 담당하는 일 중의 하나가 바로 무능한 상태에 빠진 사람들의 생계나 부양 문제를 배려하는 것이다.

헤겔이 지적하듯이 각 가족은 일차적으로 개인이 시민사회에서 활동할 수 있는 능력을 배양하는 데 책임을 져야 한다. 그러나 가족이 그런 역할을 담당할 수 없는 경우에는 반드시 시민사회가 이런 역할을 대신해야만 한다고 헤겔은 강조한다. 가족의 유대를 해체하는 일차적인 원인 제공자가 바로 시민사회이기 때문이다. "그러나 시민사회는 개인을 이 가족의 결합과 단절시키고 그 구성원들을 서로 소원하게 하고 그들을 독립적인 인격체로서 인정한다. 게다가 시민사회는 외적이고 비유기적인 자연이나 개인이 생계를 유지했던 향토를 대신하여 자신의 지반을 형성하고 전체 가족의 존립 자체를 시민사회에 종속시키고 우연성에 복종시킨다. 그래서 개인은 **시민사회의 아들**이 되고, 개인은 시민사회에 대한 권리를 갖는 것과 마찬가지로 시민사회에 주장할 요구들을 갖는다"(7, 386).

이 인용문이 보여주듯이 개인이 가족의 유대에서 벗어나는 것은 단순히 개인의 책임은 아니다. 시장사회 자체가 개인들을 원자화하는 힘을 갖고 있는 것이다. 따라서 개인이 시민사회에서 겪는 여러 어려움들을 오로지 개인 스스로 책임져야 할 것으로만 바라보는 시야는 지극히 단편적이다. 가족이 이제 근대에 들어와 시민사회의 논리에 편입되는 한, 가족의 부침 또한 시민사회의 부침과 궤를 같이할 수밖에 없다. 이렇듯 시민사회는 모든 사람들을 시민사회의 논리에 따라서 생활하도록 강요하는 "엄청난 힘"이다. 그래서 모든 인간을 시민사회의 일원으로 편입시키는 시민사회가 각 개인들이 그 속에서 당하는 여러 어려움들을 도외시하는 것은 매우 심각한 문제가 있다. 칸트의 용어로 표현한다면 각 개인이 시민사회에서 겪는 문제점을 시민사회가 무책임하게 방치한다면, 시민사회는 인간들을 오로지 수단으로서, 즉 시민사회의 유지를 위한 소모품이나 기계 부품으로서만 취급하는 것을 의미한다. 헤겔에 의하면 인간은 시민사회에 대해서 "그가 가족에서 지녔던 것과 똑같은 권리와 요구들을 시민사회에 대해서 지니는 것이다."

달리 말해 "시민사회는 그 성원을 보호하고, 그 권리를 옹호해야만 하고, 마찬가지로 개인은 시민사회의 권리에 대한 의무를 지고 있다"(7, 386). 헤겔이 보기에 시민사회와 개인은 서로 대칭적인 권리와 의무의 관계에 있다. 시민사회가 각 개인들을 시민사회의 내적인 논리에 따라서 생활하도록 만들기 때문에, 각 개인들은 시민사회의 논리에 적합한 재능들을 키우고 이런 능력에 따라서 그 속에서 자신들의 생계와 행복을 추구해야 할 권리와 의무가 있다. 반대로 시민사회 역시 각 개인들에게 권리만 있는 것이 아니라 의무도 있다. 시민사회에서 적응을 하지 못하거나, 우연적인 요인들 또는 시장이 제도로서 갖고 있는 불완전성 때문에 발생한 낙오자들을 보호하고 이들에게 다시 시장에서 자유롭게 활동할 수 있는 기회를 부여해야 할 의무가 있는 것이다.

근대 시장사회가 여러 가지 제도적 장치들을 통해서 사회적인 연대를 재창출하는 데 실패한다면, 그 사회는 경제적·정치적 차원에서 끊임없는 투쟁과 갈등이라는 엄청난 대가를 지불하면서 불확실성 속에서 이리저리 표류할 수밖에 없다. 헤겔은 시민사회의 구성원들은 시민사회에 대하여 "생계를 요구할 권리"가 있다고 지적한다. 헤겔은 1817~18년에 하이델베르크 대학의 겨울 학기에 행한 강의에서 모든 사람은 "생존의 권리"(das Recht des Lebens)가 있다고 말하면서 이 권리를 "소극적인 권리"(ein negatives Recht)가 아니라 "적극적인 권리"(ein positives Recht)라고 규정한다.[24] 그뿐 아니라 헤겔은 실업자가 사회에 대해서 "노동의 권리"를 요구할 수 있다고 말한다(Henrich, 192). 그러므로 헤겔은 "노동과 생계"의 권리를 "완전한 사회적 참여의 기본적인 필요조건들에 대한 적극적인 권리"로서 이해하고 있다고 마이클 하디몬이 논평하는 것은 적절하다.[25]

헤겔은 시민사회와 개인 사이의 대칭적인 권리와 의무의 관계에서 공교육의 필연성을 도출해낸다. "시민사회는 **보편적 가족**이라는 이런 특성에서 **부모의 자의와 우연성**에 직면하여 **교육**에 대하여 [······] 감독과 개입을 해야 할 의무와 권리가 있다"(7, 386 이하). 이렇게 경찰 행정은 어린이들을 시민사회의

---

24) Hegel, *Vorlesungen. Ausgewählte Nachschriften und Manuskripte*, Bd. 1, S. 160.
25) M.-O. Hardimon, *Hegel's Social Philosophy: The Project of Reconciliation*, Cambridge, 1994, p. 197.

당당한 일원으로 만들기 위해 교육을 담당해야 하며, 그런 과제를 수행하기 위해 갖가지 공공시설들을 만들어야만 한다. 사회의 성원이 될 수 있도록 어린이들을 평등하게 교육하는 일은 결코 부모의 자의적인 판단에 전적으로 맡길 수 없다고 헤겔은 강조한다. 부모가 자녀의 교육 문제를 소홀히 하는 경우에 "어린이들은 시민사회를 위해서 교육받을 권리가 있으며" "여기에 어린이들은 일정한 나이가 되면 학교에 가야만 한다는 법칙들이 존재하는 이유가 있다"(Ilting IV, 602 이하).

당시에 국가가 어린이들의 교육을 담당하는 문제를 놓고 치열한 논쟁이 있었다. 헤겔 역시 이런 상황을 언급한다. 부모들이 자녀의 교육 문제에 대해서 전적인 자유가 있는 것처럼 생각하는 사람들이 "모든 공교육"에 반대한다고 헤겔은 말한다(7, 387). 자녀를 교육시킬 것인지 말 것인지를 결정하는 자유는 전적으로 부모에게 속하는 문제라고 생각하는 사람들이 있었다. 또 헤겔이 지적하는 것처럼 프랑스에서는 어린이의 교육을 부모의 판단에 전적으로 맡겨야 하는지 아니면 국가가 그에 대해서 감독하고 개입할 수 있는지를 둘러싸고 갈등이 있었다(7, 387). 그런데 공교육의 필연성과 연관해서 특기할 만한 것은 소위 자유주의자들로 알려진 많은 사상가들도 국가가 어린이의 교육에 개입하는 것을 적극 반대했다는 사실이다. 일례로 19세기 초 프랑스 자유주의자를 대표하는 콩스탕은 어린이의 공교육은 "개인의 권리"나 "어린이에 대한 아버지의 권리"를 침해하는 것이라고 주장했다.[26] 헤겔은 이런 주장들에 단호하게 반대하면서 공교육의 필연성을 강조했다. 그는 사회는 "자녀들을 학교에 보내거나 그들에게 예방 접종을 하도록 부모들을 강제할 수 있는 권리가 있다"고 말한다(7, 387).

지금까지 살펴본 것처럼 경찰 행정은 시민사회를 유지하기 위하여 사법 제도와 구별되는 다양한 과제들을 담당한다. 거칠게 요약하면 사법 제도는 과거와 연관된 일을 처리한다. 재판은 이미 발생한 범죄 행위나 분쟁을 해결하거

---

[26] D. Losurdo, *Hegel and the Freedom of Moderns*, translated from the Italian by Marella and Jon Morris, Durham and London, 2004, p. 74.

나 조정하는 제도이다. 사법 제도는 시민사회 구성원들의 법적 권리의 평등을 법률로서 보장해주고 인격과 소유의 권리에 대한 침해가 일어나면 이를 해결하고자 한다. 이와는 달리 경찰 행정은 교육이나 공중 보건과 같은 사례에서 보듯이 현재와 미래에 연관된 문제들을 처리한다. 교육이나 공공시설이나 공중 보건을 보호하고 감독함으로써 경찰 행정은 시민사회의 유지를 도모할 뿐 아니라, 시민사회의 구성원들이 적극적으로 생계와 복지를 실현할 수 있는 조건들을 창출하고자 노력한다. 그러나 경찰 행정상의 감독 규정에서 헤겔은 두 가지 극단적인 상황을 피하고자 한다. 하나는 모든 것을 통제하고 보호, 감독하려는 경향이다. 다른 하나는 "각자가 다른 사람의 필요에 따르는 한, 어떠한 것도 규정해서는 안 된다"(7, 385)고 보는 견해이다. 그러나 이러한 경찰 행정의 모든 노력에도 불구하고 시민사회의 부와 빈곤이 대립하는 경향은 극복될 수 없다. 헤겔은 직업단체에서 시민사회의 내적인 분열을 치유할 수 있는 더 구체적인 제도적 장치를 발견한다.

2) 직업단체

헤겔은 조합 내지 직업단체(Die Korporation)를 가족과 함께 "시민사회 안에 건설된 국가의 인륜적 뿌리"(7, 396)로 규정한다. "혼인의 신성함과 직업단체에서의 명예는 시민사회의 와해 여부를 판가름하는 두 계기이다"(7, 396). 헤겔은 자연적인 재능이나 능력의 불평등과 사회 경제적 계급의 서로 다름에 기인하는 불평등한 관계가 시장경제의 특유한 논리와 결부되어 특정한 개인들을 빈곤한 상태로 몰아가는 원인이라고 지적한다(7, 387 이하). 이러한 불평등은 우연적인 요소에 기인한 것이므로, 인간의 사회적 생활에서 이것들을 방치한다는 것은 비이성적이다. 인간을 불평등과 빈곤 상태로 몰고 가는 우연적인 요소를 방치한다는 것은 이성의 자율성 이념에 어긋나기 때문이다. 그러므로 헤겔은 가족의 위치와 역할을 떠맡는 "보편적 힘"이 필요하다고 주장한다(7, 388). 이러한 보편적인 힘이 조합이다.

경찰 행정은 조합과 달리 주로 법질서의 유지라는 외적 측면에 주안점을 둔다. 그러므로 경찰 행정이 염두에 두는 보편적인 업무라는 것은 주로 특수한 이익과 목적을 추구하는 시민사회의 각각의 주체들의 "안전과 보호를 위한 외적인 질서와 기구"에 제한되어 있다. 경찰 행정이 담당하는 도로 건설이나 질서 유지 기능은 시민사회의 구성원들이 그 속에서 잘 활동할 수 있는 조건들을 형성하는 데 치중하고 있다. 반면에 조합에서는 시민사회의 각 구성원들의 내면성과 보편적 업무의 결합이 발생한다(7, 393). 즉 조합을 통해서 시민사회의 구성원은 특수한 자기 이익 추구의 틀을 넘어서서 보다 일반적인 것을 자기 활동의 목적으로 삼는다는 것이다. 물론 조합에서 추구하는 보편적인 것은 조합원에 한정되어 있다는 점에서 완전한 보편성을 구현하는 것은 아니다. 그렇지만 조합에서 추구하는 보편적인 것은 조합의 구성원들 자체의 내적인 목적과 이익에 속하는 것이기 때문에 조합원의 내면적인 동기와 결부될 수 있다(7, 393). 보편성과 개별성의 통일을 이루는 조합은 시민사회에서 등장하는 상실된 인륜성이 어느 정도 회복된다는 점에서 헤겔은 조합을 시민사회 내부에 존립하는 "인륜적인 것"(7, 394) 혹은 시민사회의 내부에 있는 가족으로 간주한다. 이렇게 조합이 개인의 특수한 이익을 보편적인 이익과 연결하는 매개체로서 작동한다는 문맥에서 그것은 "국가의 확고한 기초" 혹은 "공적 자유의 초석"(7, 412)으로 이해할 수 있다.

하디몬이 지적하듯이 직업단체는 현대 사회에서의 기업 조직이나 유한 책임 회사와 같은 것을 의미하지 않는다.[27] 헤겔은 직업단체(die Korporation)라는 용어를 교회(7, 420 이하)와 지방자치단체(7, 457 이하)를 포함하는 광범위한 의미에서 사용하기도 한다. 그렇지만 헤겔이 관심을 기울이는 것은 근대 산업사회에서 공통의 직업을 갖고 있는 사람들 사이에서 자발적으로 구성되는 직업단체들이다. 이런 점에서 헤겔의 직업단체는 현대의 노동조합과 매우 유사하지만, 사용자와 고용주를 모두 포함한다는 점에서 노조와도 구별되는 독특한 조직 형태이다(7, 394). 헤겔은 직업단체에서 상공 계층의 조합을 직업단체

---

[27] M.-O. Hardimon, 앞의 책, p. 198 참조.

의 의미에 가장 부합하는 것으로 꼽는다. 농민 계층과 관료 계층은 특수성을 지향하는 상공 계층과는 다른 특성을 갖고 있기 때문에 직업단체의 본래적인 의미에 적절하지 않다는 것이다(7, 393). 상공 계층의 직업단체는 다양한 분야에서 등장한다. 시민사회에서 노동은 분업되어 있고 그에 따라 직업이 다양하게 분산되어 있기 때문이다. 이렇게 세분화된 영역에서 일하는 사람들은 그들의 공통 이익을 옹호하기 위해 직업단체나 조합을 형성한다. 시민사회의 구성원들은 그들이 갖고 있는 특수한 기능과 직업의 성격에 따라서 이렇게 형성한 다양한 조합의 일원으로 참여하여 공통의 이익을 위해 일한다(7, 394). 물론 헤겔은 직업단체의 활동은 공권력의 감독을 받아야 한다고 주장한다(7, 394).

직업단체는 공권력과 국가의 보호가 필요하다는 주장을 국가가 시민사회의 활동에 개입하여 전반적인 통제를 하는 것으로 오해해서는 안 된다. 그런 시각은 사적 영역과 공적 영역, 국가와 시민사회의 관계 그리고 개인과 국가를 지나치게 대립적인 것으로만 이해하는 관점과 연결되어 있다. 시민사회는 사회 내의 독자적인 국가가 아니다. 시민사회의 여러 다양한 결사체들은 국가라는 보다 넓은 구조의 일부이다. 국가는 시민사회에서 발생하는 다양한 이해관계(때로는 서로 상충하고 갈등하는)를 조정하는 역할을 담당해야만 한다. 더구나 시민사회에서 자발적인 단체는 항상 순기능만을 담당하는 것은 아니다. 마피아와 같은 범죄 조직이나 마약을 상습적으로 복용하기 위한 모임 등도 시민들이 자발적으로 모여서 결성한 조직이지만 이런 조직의 활동을 국가가 허용할 수 없다는 것은 분명하다. 헤겔에 의하면 "공동체는 정당한 것으로서만 직업단체이다"(7, 395). 나아가 헤겔은 직업단체의 특권화 가능성을 인지하고 있었고 이를 염려한다. 그리하여 헤겔은 "더 고차적인 국가의 감독"이 없다면, 직업단체는 "화석화하고" 폐쇄적인 "비참한 길드 조직으로 전락할 것"이라고 지적한다(7, 397).[28] 시민사회에서의 자발적인 결사체들의 활동 역시 헌법적 원리가 허용하는 범위 안에서 이루어져야 한다는 것은 분명하다. 헤겔은 다음

---

28) Ilting IV, 628 참조.

과 같이 말한다. "사법(私法)과 사적인 복지, 가족과 시민사회에 대해서 국가는 한편으로 **외적인** 필연성이며 그것들보다 더 고차적인 권력이며, 이 권력의 본성에 따라서 그것들의 법률과 이익이 종속되고 그에 의존한다"(7, 407).

다른 한편으로 국가와 시민사회 및 가족 사이의 관계는 긍정적인 의미에서 상호의존적이다. 분화된 시민사회는 가족과 함께 국가의 공적 자유를 위한 토대를 구성한다. 그리하여 헤겔에 의하면 국가는 보편적인 이익과 개인의 특수한 이익의 통일 속에서 진정한 그 "힘"을 갖는다. 마찬가지로 국가는 가족과 시민사회의 "**내적** 목적"이다(7, 408). 국가 속에서 한 사회의 보편적인 목적이 시민사회의 단체 수준에서 실현되는 것보다도 더 광범위하게 실현된다는 점에서 국가는 시민사회의 내적인 목적이다. 그뿐 아니라 "국가는 특수한 목적과 복지의 달성을 위한 유일한 조건이다"(7, 410). 국가는 시민사회가 제대로 작동할 수 있도록 다양한 조건들을 창출한다는 의미에서 시민사회의 가능성의 조건으로 이해된다. 이런 것들은 사법 제도나 공권력을 통해서 시민사회의 내적 안정과 질서를 유지하는 기능에 한정된 것만은 아니다. 국가는 시민사회의 활성화를 위해서 다양한 긍정적인 활동들을 할 수 있다. 예를 들면 공적인 교육을 생각할 수 있다. 국가가 실시하는 보통 교육은 시민사회의 구성원들에게 자신들의 능력을 배양할 수 있는 조건들을 제공한다. 현대의 발전된 민주주의 국가도 여러 가지 정책을 통해 시민사회를 보호하고 지원하는 역할을 수행한다. 일례로 공익적인 시민사회단체가 활동하는 건물을 공익 시설로 인정하여 일정한 세금을 면제해주는 정책을 들 수 있다. 이렇게 국가와 정부 역시 시민사회의 활성화를 위해 적극적인 활동을 할 수 있는 것이다. 간단하게 말해 헤겔은 건강한 시민사회와 자유로운 국가가 서로 동반자적 관계라는 것을 말하고자 한다.

헤겔은 직업단체의 활동을 설명하는 과정에서 직업단체가 담당하는 활동 전반을 "**제2의** 가족"의 역할에 비유한다(7, 394). 즉 직업단체는 그 구성원들에게 가족이 담당하는 역할을 수행해야만 한다는 것이다. 오늘날 시민사회 이론에서는 가족 역시 시민사회의 구성 요소의 하나로 간주된다. 그러나 헤겔에게 가족은 시민사회와는 다른 독자적인 영역이고 이 둘은 국가와 더불어 인륜적인 삶의 필연적 구성 요소로 간주된다. 직업단체와 가족은 다음과 같은 점에서 구별된다. 직업단체의 구성원들은 그 조직에 스스로의 선택으로 참여하지만, 가족의 구성원들은 그렇지 못하다. 결혼을 할 때는 당사자들이 서로 자유롭게 배우자를 선택할 수 있지만, 그 외의 가족 구성원들은 자연적인 방식으로 태어난다. 이들에게 가족은 결코 선택의 대상이 아니다. 가족적 삶은 사랑과 친밀성이라는 감정적인(정서적인) 유대를 기초로 하지만, 직업단체는 그 구성원들의 능력과 협동을 매개로 해서 그 통합력과 연대성을 획득한다.

헤겔이 열거하는 직업단체가 담당하는 중요한 기능을 살펴보면 다음과 같다. 첫째로 직업단체는 시장사회의 파괴적 성격을 보완하는 역할을 한다. 직업단체는 그 조직의 특성에 알맞은 일정한 수의 구성원들을 받아들여 이들을 "특수한 우연성으로부터 보호"한다(7, 394). 직업단체가 그 구성원들에게 능력에 따라 생계를 보장해줌으로써 가족은 "확고한 재산"을 확보한다(7, 395). 동시에 직업단체의 구성원들은 빈곤으로 인해 그 단체의 도움이 필요할 경우에 타인의 동정심이나 연민이나 자비심과 같은 "우연적인 요소"에 의존하지 않는다. 그들은 단체의 구성원으로서 능력과 협력을 통해서 그동안 단체에 기여한 공로가 있기 때문에 단체의 도움을 받을 위치에 있는 것이다. 그러므로 단체의 도움을 받는 사람은 "비굴함"을 느끼지 않게 된다. 그는 다른 구성원들이 어려움에 처하게 되면 그들을 마찬가지로 기꺼이 도와야만 하기 때문에 상부상조하는 대칭적 관계에 있다. 헤겔이 지적하듯이 "재산"은 그것을 소유한 사람에게는 "교만함"(Hochmut)을, 소유하지 않은 사람들에게는 "질투"를 불러일으키지만, 직업단체의 도움은 일방적인 수혜가 아니라 대칭적인 성격을 지니기 때문에 이런 질투와 오만함을 극복한다(7, 396). 이런 문맥에서 헤겔은 "직업단체에서 부의 부패가 제거된다"고 말한다. 부유한 사람 역시 자신의 부를 오로지 자신만을 위해서 사용하는 것이 아니라 단체에 대한 의무로 그 단체를 위해서, 달리 표현하자면 "공공에 이로운 방식으로" 사용한다(Henrich, 207).

이와 같이 직업단체는 시민사회의 구성원들에게 자기 자신의 이익에만 전적으로 몰두하는 것을 벗어나서 다른 사람들을 배려하고 그들을 위해서 일할 수 있는 공간을 제공한다. 단체의 구성원들은 단체 생활을 통해서 타인과 공동으로 일하는 방법을 터득할 뿐 아니라, 어려운 동료들을 도와주려는 심정을 배우게 된다. 이리하여 직업단체는 근대의 부르주아, 즉 사적 개인을 자기 자신에 제한된 지평에서 벗어나서 좀더 보편적인 것을 향해 도야하고 정글과도 같은 시장을 길들이는 역할을 한다고 볼 수 있다. 앞에서 살펴본 것처럼 '욕구의 체계'로서 규정되는 근대 시장사회는 그 구성원을 자신의 이익 추구를 위해서 필연적으로 타인과 관계를 맺어 서로 의존하는 조직망 속으로 편입시킨다. 이 상호의존성의 체계가 안고 있는 문제점은 사람들 사이의 관계 자체가 없이는 아무도 자신의 이익이나 욕구를 충족할 수 없는데도, 그 구성원들은 이 관계를 전적으로 자신의 특수한 이익을 관철하는 데 봉사하는 수단으로만 바라본다는 것이다. 따라서 개인들은 시장의 법칙에 따라서 온갖 형태의 어려움을 혼자서(혹은 가족의 힘으로) 맞이해야만 하지만, 시장의 법칙은 기존의 모든 사회적 유대의 틀을 파괴할 정도로 막강한 힘을 발휘한다. 마르크스의 표현을 빌리자면 적절하게 조절되지 않고 제멋대로 날뛰도록 방치된 근대 시장경제 질서가 초래하는 사회적 유대의 해체 현상은 다음과 같다. "굳고 녹슨 모든 관계들은 오랫동안 신성시되어온 관념들 및 견해들과 함께 해체되고, 새롭게 형성된 모든 것들은 정착되기도 전에 낡은 것이 되어버린다. 모든 신분적인 것, 모든 정체적(停滯的)인 것은 증발되어버리고, 모든 신성한 것은 모독당한다."[29] 시장사회에서 사람들은 자기 자신에게만 집착하고 혼자의 힘으로 살아가는 고립된 개인은 험난한 세상을 살아가기에는 너무나 무력한 존재이다.

헤겔은 "각자가 단지 자기를 배려하고 공통적인 것에 관심을 갖지 않는 것"을 "원자론의 원리"(das Prinzip der Atomistik)라고 부른다. 이 원자론의 원리는

---

29) 마르크스, 『칼 마르크스 프리드리히 엥겔스 저작선집 1』, 403쪽.

극복되어야 한다. 시민사회에서 등장하는 다양한 직업단체는 이 사적인 개인에게 자신의 특수한 이익의 지평을 넘어서 동료들과 협력하는 관계를 경험할 수 있는 공간을 제공한다. 이리하여 욕구의 체계가 안고 있는 내적인 모순, 특수 이익과 보편적인 이익 사이의 수단과 목적 관계가 극복될 수 있는 여지가 생기는 것이다. 직업단체에서의 협동적이고 연대적인 생활의 경험이 없다면, 근대 시장사회에서 각 개인들은 철저하게 경제적인 인간(homo economicus)으로 전락하고 말 것이다. 그런 상황에서도 인간의 인정 욕구는 사라지지 않기에 사적 개인은 오로지 사업의 성공에서 오는 부의 과시와 사치 및 낭비를 통해서 인정받으려고 노력한다. 그래서 그들은 광범위한 가난이 사회에 넘쳐나도 그에 아랑곳하지 않고 사치와 낭비를 통해 부를 과시하면서도 아무런 부끄러움을 느끼지 못한다. 이렇게 공공의 정신을 함양할 가능성을 갖지 못한 사적 개인들의 인정 욕구는 탐욕과 사치에 대한 과도한 열정의 노예라는 형식으로 왜곡되어 나타나는 것이다. 바로 이런 도덕적 타락이 사회의 통합을 철저하게 파괴하는 천민을 만들어낸다. 헤겔은 다음과 같이 말한다. "정당한 직업단체의 구성원이 아니라면 〔······〕 개별자는 **계층의 긍지 내지 명예**가 없으며, 그의 고립으로 인해 사업의 이기적 측면에 환원되고 그의 생계나 향유는 조금도 **안정적이지 않은 것**이 된다. 따라서 그는 그의 성공을 외적으로 표시함으로써 자신의 인정을 달성하려고 시도할 것이다"(7, 395). 이와 같이 직업단체는 각 개인들을 물질적으로 도와줄 뿐 아니라 파편화와 원자화된 삶에서 야기되는 도덕적 타락을 벗어나게 해준다.

둘째로 직업단체는 사회적 인정의 기초로서의 기능을 담당한다. 앞에서도 말했듯이 시민사회의 구성원들이 동료 시민들과 협력하고 상부상조하는 법을 배우지 못하게 된다면, 그 개인은 자기에게만 집착하는 고립된 존재로서 오로지 물질적인 이익의 추구와 돈벌이, 그리고 사치와 낭비에 의한 부의 과시를 통해 인정 욕구를 풀 수밖에 없다. 그런데 헤겔에 의하면 직업단체는 공통의 목적을 서로 협력함으로써 추구할 수 있는 공간을 제공한다. 직업단체에 자발적으로 참여한 구성원들은 그 직업단체에 필요한 일들을 그들의 능력을 통해서 "특수한 인격"(eine besondere Person)으로서 인정받는다(Henrich, 205). 직업단체에서 받는 사회적 인정은 모든 인간이 자유롭고 평등한 인격체라는 측면에서의 인정과는 구별된다. 물론 모든 시민사회의 구성원은 모두 다 평등하고 자유로운 권리의 담지자로서 인정받는다. 그러나 직업단체에서 그 구성원들이 향유하는 인정은 그가 다른 동료들과 단체에게 보여주는 "유능함"(Tüchtigkeit)에서 오는 것이다(7, 395). 각 구성원은 직업단체 속에서 자신의 일이 자신만을 위하는 것이 아니라 단체 자체를 위한 것이기도 하다는 사실을 자각하게 된다. 자신의 능력을 통해서 자신과 자신이 속한 공동체를 위해서 일한다는 것이 바로 "그의 명예"를 구성한다(Henrich, 206). 달리 말해 직업단체의 구성원은 이 단체의 "비이기적인 목적을 위하여 관심과 노력을 기울인다는 점이 인정되고," 이렇게 하여 그 구성원은 "**그 계층에서 자신의 명예**를 지닌다"(7, 395).

헤겔이 지적하고 있듯이 단체 생활에서 각 개인이 획득하는 사회적인 인정과 명예는 과거 신분제 사회에서의 그것과 혼동되어서는 안 된다. 신분제 사회의 명예는 근대의 그것과 달리 특권과 관련이 있었을 뿐 아니라, 신분이 고정되어 있어서 자발적인 선택의 대상이 아니었다. 또한 신분제 사회에서 사회적 인정을 부여받는 행동 방식은 각각의 신분에 맞게 고정되어 있기에, 사람들은 그들이 속한 신분에 어울리는 행동 방식을 준수함으로써 명예를 획득한다. 이와 달리 근대의 직업단체와 결부된 인정은 철저하게 그 구성원의 자발적인 선택에 의존할 뿐 아니라, 사회적인 인정의 내용 역시 신분제 사회에서처럼 특정한 방식으로 고정되어 있지 않다(Henrich, 204 이하).[30]

이와 같이 직업단체에 자발적으로 참여한 구성원들은 단체 생활에서 각자 특수한 능력들을 실현하는 과정에서 사회적인 연대의 경험들을 쌓아간다. 직업단체에서 시민들이 획득하는 인정과 명예는 보편적인 권리의 인정과 구별되는 성격을 보여준다. 직업단체에서 시민들은 단순히 인간으로서 보편적인

---

30) Hegel, 앞의 책, S. 169 이하.

인격적 존재라는 의미에서 인정을 받는 데 그치지 않고 그가 갖고 있는 특수한 능력의 발현을 통해서 인정받기 때문이다. 이런 인정의 방식을 호네트의 용어로 표현하자면 "사회적 가치 부여를 통한 인정"으로 규정할 수 있을 것이다. 호네트에 의하면 "사회적 가치 부여를 통해 인정하는 것은 인간의 개인적 차이를 특징짓는 특수한 속성들이다." 호네트가 지적하듯이 권리의 보편적인 인정과 구별되는 사회적 가치 부여를 통한 인정의 방식은 헤겔이 인륜성 개념을 통해서 전개하고자 한 것이다.[31] 이 인정의 방식에서 중요한 것은 개개인이 갖는 자신의 독특한 능력을 인정받음으로써 스스로를 가치 있는 존재로 느낄 수 있다는 사실이다. 사회적 가치 부여를 통한 인정은 개별적인 존재가 자신을 개성적인 존재로 이해할 수 있게 해준다.[32] 호네트는 이런 인정의 형태를 사랑과 권리를 통한 인정과 구별되는 "사회적 연대성"의 인정 형식이라고 부르는데,[33] 놀랍게도 헤겔 역시 직업단체에서의 인정의 독특함을 서술하는 과정에서 "연대적"(solidarisch)이라는 용어를 사용한다(Henrich, 203).

셋째로 직업단체는 정치적 기능을 담당한다. 직업단체는 의회에 대의원을 파견하는 기회를 갖는다. 직업단체는 시민사회가 타락하고 해체되는 경향을 막아주는 방파제일 뿐 아니라, 시장과 국가와 구별되는 중간 영역을 창출하여 국가 권력의 관료제화와 중앙 집권적인 권력의 등장을 어렵게 만든다. 헤겔은 관료 계층을 다루는 곳에서 공무원들이 일반 시민들과 분리되어 엘리트적인 특권의식과 자의식으로 무장하여 권한을 남용할 가능성을 지적하면서, 국가 권력이 소수 관료들의 지배 도구로 전락하는 것을 방지하는 방책으로 직업단체의 견제를 주장한다(7, 464). 이런 의미에서도 직업단체는 국가 속에서 실현되는 정치적 자유의 토대를 구성하는 역할을 담당한다.

지금까지의 서술에 입각하여 직업단체의 중요성을 다음과 같이 요약할 수 있다. 직업단체는 시장과 구별되는 독자적인 사회적 인정의 영역을 창출한다.

---
31) 호네트, 『인정투쟁』, 208쪽 이하.
32) 같은 책, 214쪽 그리고 276쪽 참조.
33) 같은 책, 283쪽.

그리하여 다양한 직업단체들로 활성화된 시민사회는 사적인 영역과 공적인 영역을 매개하는 중간적 공간을 창출한다. 전 사회를 전일적으로 지배하는 시장에서도 또 지나치게 큰 정부에서도 자발적인 결사체들이 활동할 수 있는 시민사회의 공간이 활성화되기 어렵다. 활성화된 시민사회는 한편으로 시장질서가 낳는 사회적 파편화와 시민사회 구성원들의 도덕적 타락을 길들이는 역할을 담당할 뿐 아니라, 다른 한편으로 지나치게 관료화되거나 전체주의적인 경향을 보여줄 수 있는 국가 권력의 부패를 막는 기능을 수행할 수 있다. 이렇게 활성화된 시민사회는 인간이 자유로운 삶을 실현하는 데 필요한 정치적 영역과 시장 영역의 문제점들을 해결하는 데 도움을 줄 수 있다.

3) 헤겔과 사회국가적 이념

경찰 행정과 조합이 시민사회 안에서 개인들의 생존과 복지의 안전을 책임지는 역할을 한다는 것은 중요한 의미를 지닌다. 이들 영역에서 개인들의 복지, 헤겔이 용어로 표현하자면 **"특수한 복지"**가 개인들의 정당한 **"권리로서 다루어지고 실현되어야 할"**(7, 382) 주제로 논의되기 때문이다. 이와 같이 헤겔은 개인들의 복지를 윤리적인 고찰 대상에서 제외하지 않는다. 복지와 권리의 이러한 연관에서 슈네델바흐는 사회국가적인 결론들을 도출하는 것이 가능하다고 지적한다.[34] 아비네리 역시 헤겔이 "현대 복지국가의 많은 특성을 갖는" 국가이론을 제시한 "최초의 인물 가운데 하나"라고 강조한다.[35] 물론 여기서 헤겔이 자신의 사회·정치철학에서 명시적으로 사회국가 이론을 전개하고 있다고 주장하는 것은 아니다. 그렇지만 헤겔의 사회·정치철학의 기본적인 이념과 그 이념에 기초하여 서술되는 다양한 부분에서 그가 사회국가의 이론에 상당히 근접하고 있다는 것은 부인할 수 없다. 하디몬이 지적하듯이, 헤겔이 사회복지국가적인 접근에 친화적이라는 사실을 언급하는 것은 이제 "상투어"(commonplace)가 되었다.[36] 상투어가 되었다는 것은 전적으로 무의

---

[34] H. Schnädelbach, 앞의 책, S. 289.
[35] S. Avineri, *Hegel's Theory of the Modern State*, p. 101.

미한 것은 아니다. 그만큼 헤겔의 정치철학이 사회국가적 원리와 친화성을 띠고 있다는 사실이 널리 인정되고 있음을 의미하기 때문이다. 또한 헤겔이 보여주는 시장사회의 논리적 분석과 그 내적인 문제들을 해결하기 위한 여러 모색들은 국가와 시장사회 사이의 관계를 이해하는 데 많은 도움을 준다. 그뿐 아니라 사적 소유권을 신성시하고 국가의 시장 개입 가능성을 거의 전적으로 부인하는 신자유주의적 관점이 현대 사회에서 커다란 위력을 발휘하고 있음을 고려할 때, 자유방임주의에 대한 비판과 근대 사회에서 발생하는 경제적 불평등의 문제를 해결하려는 헤겔의 치열한 지적 모색은 그 이론적·실천적 중요성을 잃지 않았다.

헤겔과 사회국가적 이론의 발전 사이에 존재하는 긴밀한 연관성은 우선 간접적인 방식으로도 증명될 수 있다. 예어만이 지적하는 것처럼 헤겔에게서 영향을 받은 수많은 사람들이 경제적 불평등의 문제를 해결하려고 노력했다. 그 중에서도 특히 공산주의에 대한 "가장 이성적인 대안"인 근대적인 사회국가 이론을 발전시키는 데 크게 공헌한 사람은 로렌츠 폰 슈타인이었다. 그런데 예어만은 헤겔의 직접적인 제자인 미헬레트가 "사회국가 사상의 가장 의미 있는 대변인 중의 하나"라는 사실이 전혀 알려져 있지 않다고 지적한다. 미헬레트는 「자유로운 상업과 연관된 사회 문제」라는 논문을 발표했는데, 그 논문에서 그는 소유의 자유를 무제한적으로 찬성하는 극단적인 입장과 공산주의 및 사회주의적 총체적인 공동체 사이의 중간으로서 사회국가적인 개념을 발전시켰다고 한다. 특히 미헬레트는 한편으로는 자유주의가 독점, 자본 축적 그리고 실업을 발생시킬 수밖에 없다고 비판하면서도, 다른 한편으로는 공산주의가 개인의 자유를 훼손하고 경쟁의 원리를 폐지함으로써 특수한 근면함과 탁월한 업적에 대한 동기를 없애버린다고 보았다. 그는 자유의 원리 속에 생존의 권리가 포함되어 있다고 보았을 뿐 아니라, 노동의 권리를 긍정하고 있다. 나아가 그는 국가가 독점을 폐지할 과제를 갖고 있다고 보았으며, 무상의 보

---

36) M.-O. Hardimon, 앞의 책, p. 244 주석 14 참조.

통교육을 요구하였고 질병과 연금 등의 일반적인 보험 제도의 도입을 주장하였다. 끝으로 그는 보통선거권을 요청하였다.[37]

미헬레트 이외에도 1830년대 헤겔의 여러 제자들은 사회 문제에 커다란 관심을 보였다. 후에 마르크스가 시민사회의 적대적 계급 대립을 시민사회의 해체를 목표로 하는 계급투쟁으로써 해결하려고 노력했던 것과 달리 헤겔학파는 사회 문제 해결을 위한 국가의 개입을 적극적으로 옹호했다. 하인리히 베른하르트 오펜하임(Heinrich Bernhard Oppenheim) 역시 사회 문제가 개인들의 우연한 선행에 맡길 수 없는 심각한 문제임을 인식하고 있었다. 그는 사회 문제를 해결하기 위한 방안으로 혁명적 조세 정책, 특히 점진적인 소득세와 상속세의 인상을 주장하고, 국가를 사회보험 제도의 주체로 이해하고자 했다. 그리하여 그는 여러 가지 점에서 페르디난트 라살레(Ferdinant Lassalle)를 예비하고 있다는 평가를 받는다.[38]

헤겔의 이론이 사회복지국가적 이념의 방향으로 계속해서 발전해나간 것은 독일에 국한된 현상은 아니다. 헤겔의 정치철학에 영향을 받은 것은 마르크스주의에 국한되지 않는다. 조지 세이빈이 주장하듯이 헤겔주의는 영국의 옥스퍼드 이상주의자들(idealists)에 의해서 이루어진 영국 자유주의의 수정에도 매우 중요한 영향을 끼쳤다.[39] 영국에서 자유주의의 수정은 두 가지 흐름에 의해서 일어났다. 그중 하나는 존 스튜어트 밀과 허버트 스펜서의 철학이었고, 다른 흐름은 옥스퍼드 이상주의자들, 특히 토머스 힐 그린의 철학이었다. 세이빈에 의하면 그린은 구세대의 자유주의를 비판하면서도 "정치이론에 관한 한 밀보다 더 명백하고 조리 있는 자유주의자였다."[40] 그린은 헤겔 철학에서 인간의 본성은 사회적이라는 관점, 그리고 개인주의에 대한 비판을 받아들였다. 또한 헤겔 철학에서 '소극적 자유'(negative liberty)와 구

---

37) Ch. Jermann, "Die Familie, Die bürgerliche Gesellschaft," *Anspruch und Leistung von Hegels Rechtsphilosophie*, S. 179 이하 참조.
38) 뤼베, 『독일의 정치철학』, 권혁면 옮김, 정음사, 1985, 93쪽 이하 참조.
39) 조지 세이빈·토머스 솔슨, 『정치사상사 2』, 성유보·차남희 옮김, 한길사, 1996, 971쪽 참조.
40) 같은 책, 1020쪽.

별되는 '적극적 자유'(positive liberty)라는 개념을 이끌어내어 자유방임주의 이론에 반대하였다. 그린에 의하면 외적인 강제가 없는 상태가 진정한 의미의 자유는 아니다. 그는 다음과 같이 말한다. "단지 강압을 없애는 것만으로는, 각자로 하여금 좋을 대로 할 수 있게 만드는 것만으로는 [······] 진정한 자유에 공헌하지 못한다. [······] 진정한 자유의 이상이란 인간 사회의 모든 구성원이 다 같이 자기 자신을 최선의 상태로 고양할 수 있게끔 만드는 최대한의 힘이다."[41]

그린은 국가는 노동자들의 존엄과 건강을 위험에 빠뜨리는 노동 관계를 금지할 권리가 있다고 주장하면서 국가가 노동과 경제 활동에 적정 수준으로 개입하는 것의 정당성을 옹호하였다. 그린은 국가의 강제나 개입이 자유주의 정책에 반드시 위배되는 것은 아니라고 생각했다. 국가는 노동자들의 경제 상황을 향상시키기 위해서 경제에 개입하여 그들의 행복한 삶을 방해하는 장애물들을 없앨 수 있기 때문이다. 이 점에서 그린은 국가는 자유의 이념을 실질적으로 실현하는 데 긍정적인 역할을 할 수 있다는 헤겔의 관점을 이어받고 있다고 할 것이다.

물론 권리와 복지의 결합이라는 문제는 근대에서 헤겔 정치철학에만 있는 것은 아니다. 그렇지만 권리와 복지의 분리가 근대의 법치국가적인 자유주의 이념의 기본 특성임을 부인하기는 어렵다. 잘 알려져 있듯이, 근대 법치국가 이념의 대표적 사상가인 칸트는 권리와 복지의 강한 분리를 주장한다. 칸트에 따르면 인간의 권리는 소유를 획득할 수 있다는 의미에서 행위의 동등한 자유에 제한되어 있다. 칸트는 법의 원리(Rechtsprinzip)를 보편적이고 형식적인 원리로 이해한다. 법의 원리는 개인들의 자유가 보편적인 법칙에 따라서 상호 제한되는 것을 허용하는 조건들이다. 칸트는 법을 "그 아래에서 한 사람의 자의가 다른 사람의 자의와 자유의 보편적인 법칙에 따라서 함께 통일될 수 있

---

41) T. H. Green, "Lecture on 'Liberal Legislation and the Freedom of Contract,'" *Lectures on the Principles of Political Obligation and the Other Writings*, ed. P. Harris and J. Morrow, Cambridge, 1986, p. 119 이하.

는 조건들의 총체"(AA VI, 230)라고 규정한다. 모든 인간은 자유로운 존재로서 그의 자유를 행동으로 실현할 권리가 있다. 동시에 인간은 각자에게 행동을 할 때 타인의 권리 역시 존중해야만 한다. 만일 타인의 권리를 인정하지 않는 다면, 아무도 공정하게 자신의 자유로운 선택에 따른 행동의 권리를 주장할 수 없기 때문이다. 나의 자유는 너의 자유를 위해서 제한되며 마찬가지로 너의 자유는 나의 자유를 위해서 제한되는 것이다. 인간의 자유는 공정성과 상호성의 원리에 의거하여 긍정된 범위 내에서, 즉 타인의 자유와 '공존'할 수 있을 때에 정당한 자유로 간주될 수 있다. 이런 입장에서 칸트는 다른 사람의 자유와 모순되지 않는 자유를 "유일하고, 근원적인, 그 인간성의 덕택으로 모든 인간에 귀속하는 권리"로 규정한다. 이와 같이 칸트는 인권의 도덕적 정당성의 근거가 실천이성의 자율에 있으므로 자연스럽게 국가의 과제는 이러한 자유를 보장하는 것이 된다. 정치적 질서는 평등하고 자유로운 개인들의 자유를 보장할 때 비로소 그 정당성을 획득할 수 있다(AA VI, 237).

법의 원칙을 규정할 때 인간의 행복을 철저하게 배제하는 이유는 칸트의 보편주의적인 윤리학의 성격에 기인한다. 법의 개념이 행복과 전혀 관계가 없는 이유는, 행복과 연관해서는 일반적으로 타당한 원칙이 있을 수 없다고 칸트는 생각하기 때문이다(AA VIII, 298). 이러한 문맥에서 칸트는 시민들의 복지나 행복을 촉진하는 것을 자신의 원리나 목적으로 생각하는 국가를 전제주의와 동일시한다. 국가의 가부장주의(Paternalismus)를 강하게 비판하면서 칸트는 권리와 복지의 구별을 분명하게 강조한다.

"자식에 대한 아버지의 호의와 같은 민중에 대한 호의의 원칙 위에 건립된 정부, 즉 가부장적 정부(imperium paternale), 그러므로 국민이 그들에게 참으로 무엇이 이로운지 혹은 해로운지를 구별할 수 없는 성숙하지 않은 어린이로서 단지 수동적으로 행동하도록 강요되고 있는 정부는 [……] 상상할 수 있는 가장 지독한 전제주의이다"(AA VIII, 290).

칸트는 국민의 행복에 관심을 기울이는 것은 군주를 전제군주로 만든다고 반복해서 강조한다. 그는 다음과 같이 말한다. "주권자가 그 개념에 따라서 국민을 행복하게 만들려고 하면 전제군주가 된다. 국민이 자신의 행복에 대한 보편적인 인간적 주장을 하고자 한다면 결국 폭도가 된다"(AA VIII, 302). 이렇게 칸트는 국가의 최고 목적을 국민의 행복이 아니라 그들의 권리를 최대한으로 보장해주는 데서 구하고 행복과 권리의 뚜렷한 구별을 강조하기 때문에, 사회적 권리나 행복을 추구할 권리에 대한 생각이 그에게 낯선 것이다. 따라서 칸트가 국가에서 제정한 실정법을 "특히 국민의 외부의 적에 대해서 법적 상태(rechtlichen Zustand)를 보호하는 단순한 수단"으로 간주하는 것은 하등 이상할 것이 없다(AA VIII, 298).

이러한 칸트 법철학의 이론적인 기초 위에서 사회국가적인 원리가 나올 수 있는지는 대단히 의심스럽다. 커스팅은 칸트 법철학의 이론적인 기초 위에서 "어떤 사회국가 원리가 직접적으로 연역될 수 없다"고 주장한다. 현재 독일의 대표적인 칸트 이론가인 회페 역시 칸트에게 사회국가 내지 복지국가는 "정치적 정의의 지위"를 지니지 않는다고 주장한다.[42] 칸트는 『도덕 형이상학』에서 국가의 강제적 조세 정책을 통해서 생존의 위험에 직면한 사회 구성원을 돕는 일은 정당하다고 주장한다.[43] 그러나 이러한 주장이 칸트의 법철학에서 강조되는 법의 원리와 어떻게 일치될 수 있는지의 문제는 여전히 남아 있다. 더구나 이런 주장은 사실 거의 예외적인 것에 지나지 않는다.

물론 칸트의 정치철학에서 사회국가적 단초를 찾아보려는 이론적 시도가 전혀 없는 것은 아니다. 예를 들어 크리스티안 퀼(Kristian Kühl)은 칸트의 『도덕 형이상학』 법론(Rechtslehre)에서 자유의 기회와 소유의 기회를 고려하는 것을 국가적인 의무로 삼는 사회국가적인 이념의 단초를 발견할 수 있다고 주장한다. 여기에서 이 문제를 더 논할 수는 없지만, 칸트의 정치철학적인 저서들에서 사회복지국가를 원리적인 의미에서 긍정하는 태도를 찾기는 어렵다고 본다. 다만 칸트 역시 어려운 상황에 처해 있는 사람들을 도와야 한다는 것을 도덕적인 의무로 여긴다는 것은 말할 필요도 없다. 그러나 이런 의무는 당연

---

42) W. Kersting, *Wohlgeordnete Freiheit*, 63; O. Höffe, *Immanuel Kant*, 214.
43) AA VI, 325 이하 참조.

히 법적 의무에 관한 것이 아니라 덕의 의무에 속하는 것이다(AA VI, 488 이하 참조). 그런 점에서 퀼 스스로 인정하고 있듯이, 그의 해석이 강한 비판을 불러 일으켰다는 것은 지극히 자연스럽다.

나는 칸트의 법철학 텍스트와 사회국가의 긍정 사이에는 커다란 긴장이 존재한다고 본다. 퀼이 인정하듯이 칸트의 법론에서 경제적인 영역에서의 기회균등이 자유를 실제로 가능하게 하는 조건이라는 의미에서 자유의 기초임을 '명료하게' 주장하는 구절을 찾아볼 수 없기 때문이다.[44] 그래서 칸트의 국가 이론에서 사회국가적 정당화를 발견하기란 매우 어렵다는 것이 칸트 해석에서 유력한 입장이라 할 것이다. 칸트는 그의 국가이론에서 국가의 중심 과제를 소유를 안전하게 보장하는 기능에 국한한다고 드라이어도 지적하고 있다. 그런 점에서 그는 칸트의 소유이론 및 국가이론을 자유주의적 소유 개인주의의 전통 속에 넣는 해석은 상당히 설득력이 있다고 본다. 물론 칸트 실천철학의 기초인 일반화 가능성이라는 정의의 원칙이 새롭게 재구성되고 그 속에서 사회국가적인 함축들을 받아들일 수 있는가 하는 문제는 여전히 논의해볼 문제로 남아 있다.[45]

헤겔은 자유와 생명 그리고 재산의 보호라는 일반적인 자유주의적인 이념과 별도로 개인의 복지와 건강 그리고 노동을 인간의 권리 체계의 구성 요소로 받아들인다. "실업자가 존재하면, 그들은 노동을 제공하라고 요청할 권리가 있다. 그러나 시민사회는 더 나아가 자신을 보존할 수 없는 개인을 돌보아야 할 무조건적인 의무가 있다"(Henrich, 192). 이러한 점에서 헤겔의 정치철학은 전통적인 자유주의의 틀을 명백히 넘어선다.[46] 우리가 이미 살펴본 바와

••••••••••••••••••••

44) K. Kühl, "Von der Art, etwas Äußeres zu erwerben, insbesondere vom Sachenrecht," *I. Kant. Metaphysische Anfangsgründe der Rechtslehre*, hg. v. O. Höffe, Berlin, 1999, S. 126 이하 참조.
45) R. Dreier, "Eigentum in rechtsphilosophischer Sicht," *Recht-Staat-Vernunft, Studien zur Rechtstheorie 2*, S. 180 이하 참조.
46) 현대에서 아마르티아 센은 경제학과 윤리학의 결합이 비생산적이라는 기존 경제학의 흐름들을 비판한다. 그는 윤리학과 경제학의 결합이 경제학에 생산적인 결과를 가져올 것이라고 주

같이 헤겔의 시민사회 개념은 경제적 관계의 영역뿐 아니라, 전통적인 공법의 영역을 이루는 사법(司法) 장치와 자발적인 조직으로서의 조합이라는 영역을 포함하고 있다. 동시에 헤겔은 근대 국가에서 단체나 조합을 보편적인 삶 혹은 연대적인 삶을 형성하는 주요한 매개체로 보았다. 농민 계층, 노동 계층 그리고 관료 계층과 같은 세 가지 신분은 시민사회의 개인들을 자신만의 이기적인 관심사의 영역에서 벗어나게 해주는 역할을 담당한다. 이러한 의미에서 헤겔은 이러한 단체들을 공동체적인 생활의 최고 형태로서의 국가를 형성하는 중요한 매개체로 규정한다. 조합은 중세의 길드와 같은 폐쇄적인 단체가 아니라, 시민사회의 구성원들이 자발적으로 조직한 단체이다. 이러한 단체 생활에 적극 참여하는 것은 인간이 단순히 사적인 개인 혹은 부르주아지로 전락하는 것을 막는다는 점에서 중요한 의미를 지닌다. 헤겔의 이러한 시민사회 이론과 관련해서 노르베르트 보비오(Norbert Bobbio)는 헤겔이 정치적 결사체나 노동조합의 중요성에 대한 통찰에 의거해서 부정확한 측면이 있기는 하지만 정당체계 내에서 의회국가를 이론화했다고 지적한다.[47] 이에 대해서는 바로 다음 장에서 좀더 상세하게 논할 것이다.

III. 시장경제와 사회정의

1) 자유방임주의와 경찰국가의 비판

시민사회의 자율성을 보장하면서도 인간의 자유를 가능하게 할 여러 가지 전제조건들을 자신의 인륜성 이론에 통합하는 헤겔의 정치이론은 극단적인 시장경제 자유주의와 중앙 집권적인 통제경제의 양극단을 피할 수 있는 관점을 제시한다. 우리는 근대 사회에서 발생한 사회 체계의 분화를 억압하거나 폐지할 수 없다는 점을 분명히 염두에 두어야 한다. 우리는 역사적으로 이미,

------

장한다(아마르티아 센, 『윤리학과 경제학』, 15쪽 이하).
47) 보비오, 『자유주의와 민주주의』, 151쪽.

다시 말해 1989년 이후에 전개된 현실 사회주의 사회의 세계사적인 몰락 과정에서 시민사회의 내적인 모순을 시민사회의 해체를 통해서 극복하려는 극단적인 노력의 자기파괴적인 결과를 목도한 바 있다. 현실 사회주의가 왜 실패했는가 하는 물음은 물론 쉽게 대답할 수 있는 문제가 아니다. 그렇지만 근대에 발생한 정치와 법 그리고 경제와 같은 사회의 자립화와 분화 그 자체를 직접적으로 국가가 개입함으로써 통제하고 폐지하려는 시도가, 현실 사회주의의 실험이 실패한 결정적인 이유의 하나임은 부인하기 어려워 보인다.

국가에서 사회가 해방되는 것은 개인의 종교적인 자유와 경제적 활동의 자유의 전제조건을 형성한다. 그러므로 봉건제적인 특권과 예속으로부터의 해방과 근대 자유주의 국가의 형성이 궤를 같이하는 것은 우연이 아니다. 마이클 왈쩌(Michael E. Walzer)가 적절하게 지적하듯이 자유주의는 국가와 종교의 분리를 통해서 양심과 종교의 자유를 달성했고, 국가 및 교회에서 대학을 분리하여 학문의 자유를 이룩했으며 시민사회와 정치적 공동체의 구별을 통해서 경제와 시장의 영역을 만들어냈다.[48] 헤겔은 시민사회의 내적인 한계를 분명히 지적하면서도 경제 영역에 대한 무조건적인 국가의 개입을 주장하지 않는다. 달리 말하자면 근대의 시장사회가 필연적으로 발생시키는 빈곤과 그와 연관된 여러 문제점들을 해결하기 위해 국가 및 경찰 행정과 같은 공적 권위로써 시장에 개입할 필요성을 긍정하면서도 그것에 일정한 제한을 설정해야 한다는 것이다. 그래서 헤겔은 시민들의 구체적인 활동 사항까지도 감시하는 것을 요구하는 피히테적인 국가를[49] "경찰국가"(Polizeistaat)라고 비판한다(7, 25 이하). 나아가 헤겔은 피히테가 서술한 국가를 "커다란 노예선"(Henrich, 109)으로 비유한다. 헤겔이 보기에 피히테의 경우는 근대 사회가 초래하는 병폐를 치유하기 위해 사회에 전면적으로 개입한다는 또 다른 극단으로 치닫는

---

48) M. Walzer, "Liberalismus und die Kunst der Trennung," *Zivile Gesellschaft und amerikanische Demokratie*, herausgegeben und mit einer Einleitung von O. Kallscheuer, Frankfurt, 1996, S. 38 이하.
49) Fichte 3, 302 참조.

대표적 사례이다.

　시민사회가 여러 가지 문제점들을 초래하는 장본인이라고 해서 그것을 국가가 대체할 수는 없다. 헤겔에 의하면 시민사회와 국가의 분리는 근대에서 인간의 자유 실현을 위한 필요조건이다. 그런 한에서 국가와 시민사회의 분리로 인해 생긴 문제점들을 극복하기 위해 이 둘 사이의 경계 자체를 허무는 것은 자유 자체의 포기와 다름없을 것이다. 따라서 이런 시도는 시민사회가 초래하는 병폐보다 더 심각한 문제점들을 낳는다고 주장할 수 있다. 비유적으로 설명하자면 다음과 같다. 인간 사회에서 등장하는 상이한 이해관계들 사이의 충돌로 인한 폐단들을 극복하는 방법의 하나가 바로 인간에게서 이기심을 전적으로 없애려는 것이다. 그러나 이런 시도는 사실상 실현 불가능할 뿐 아니라, 그것이 실현된다고 할지라도 갈등의 존재로 인해 생기는 문제보다 더 비참한 문제점들을 양산할 것임은 분명하다. 헤겔은 고대 이집트의 사례를 들고 있는데, 고대 이집트에서 국왕은 피라미드라는 거대한 시설을 만들기 위해 모든 사람들에게 노동을 제공하였으나, 이 노동은 권리가 아니라 의무의 성격만을 지녔을 뿐이다. 그래서 국가가 전적으로 통제하고 제공하는 노동은 강제노동에 지나지 않는 것이다(7, 385).

　국가와 시민사회의 분리에 대한 헤겔의 긍정이 반드시 자본주의적인 시장경제의 냉혹한 결과들을 방치하거나 모든 문제들을 시장경제의 작동 원리에 단순히 내맡겨야 한다는 것을 의미하지는 않는다. 예를 들어 스미스는 자연조화설(theory of natural harmony)에 입각하여 정부의 간섭이 철폐될 때 시장은 하느님의 섭리에 의해 조화로운 상태를 이룰 것이라고 생각했다. 자연과 사회는 신에 의해 창조되고 신의 섭리에 의해 운행되면서 신의 뜻을 실현하도록 만들어졌기 때문에 자연과 사회는 인위적인 조작이 가해지지 않더라도 자연스럽게 조화를 이루게 된다는 것이다.[50] 이렇게 스미스는 시장질서를 신의 섭리에 움직이는 최적의 효율성을 산출하는 자연적 질서로 생각하여 정부의 시

---
50) 이근식, 『자유주의 사회경제사상』, 63쪽 이하 참조.

장 규제 철폐와 자유화를 정당화하려고 시도했다. 스미스의 생각과는 다르게 헤겔은 자유방임주의는 대단히 무책임한 이론이라고 생각했다. 헤겔은 자유방임주의적인 자유주의를 다음과 같이 신랄하게 비판한다.

"우리 시대의 원리는 **방임하다**(laisser aller), **자유방임**(laisser faire)이다. 〔……〕 한 산업 분야가 번성하고, 많은 사람들이 이 분야에 달려들고, 강력한 판매가 생산자의 강한 유입을 야기한다. 그래서 수가 너무 많아져서 무수한 사람들이 이 분야에서 더는 그들의 기대를 발견하지 못한다. 〔……〕 다른 장사에 손대는 것은 쉽지 않다. 〔……〕 일정한 나이가 된 사람은 다른 장사에 손댈 능력이 없다. 〔……〕 그렇게 수백, 수천의 사람들이 이행기에 몰락한다. 흑사병도 다시 멈추고, 다시 창궐한다. 그러나 수많은 사람들은 이 병에 죽고 모든 사람이 죽으면 모든 것이 또다시 정리된다"(Ilting IV, 625).

위 인용문이 분명하게 보여주고 있는 것처럼, 모든 것을 시장의 작동 원리에 내맡겨야 한다고 믿는 자유방임주의는 헤겔에 따르면 주기적으로 발생하는 전염병의 냉혹한 위력 앞에 인간들을 그저 방치하는 것에 지나지 않는다. 돌림병의 와중에서도 운 좋고 이러한 악조건을 상대적으로 잘 극복할 수 있는 여러 가지 유리한 조건들을 갖춘 인간들은 살아남고 그렇지 못한 인간들은 자연도태된다. 이러한 태도는 시장에서의 활동의 자유라는 형식적인 자유와는 양립 가능할지 모르나, 인간의 자율적인 이념과는 정면으로 배치된다. 시장경제 자유주의자들은 자본주의 시장경제에서 필연적으로 발생하는 위기를 극복할 대안을 제시하지는 못한다. 우리가 살펴본 대로 정치적인 공동체를 통한 교정이나 도움 없이는 근대 자본주의 시장경제 체제는 내부에서 발생하는 파괴적인 잠재력을 스스로 치유할 수 없다.

이로부터 우리는 다음과 같이 결론지을 수 있다. 자본주의 시장경제는 자신의 순조로운 기능을 위한 법적 · 사회적 · 윤리적 · 문화적 · 정치적 제반 조건들을 전제하고 있을 뿐이지, 이러한 제반 조건들을 스스로 창출할 수 없다. 그러므로 왈쩌의 다음과 같은 주장은 지극히 정당하다. "자유 무역은 자기 자신을 스스로 유지할 수 없다. 그것은 제도, 규칙, 습속 그리고 습관적인 관행 들의 도움을 받아야만 한다."[51] 빌헬름 뢰프케(Wilhelm Röpke)는 시장이나 경쟁 그리고 경제적 합리성이 시장경제 체제의 윤리적인 기초를 해명하는 데 충분한 답변을 제공할 수 없다고 주장하면서, 시장경제를 지탱해주는 윤리 없이는 자본주의적인 경제질서가 유지될 수 없다고 설파한다.

"진실은 무엇인가? 진실은 우리가 우리 경제 체제에서 경제 윤리의 중심으로 작용하는 힘들에 관해 말한 모든 것은 최소한의 윤리적 확신이 존재한다는 전제하에서만 옳다는 것이다. 다른 말로 하자면, 경제생활은 도덕적 진공 상태에서 진행되는 것은 아니다. 오히려 지속적으로 보호되어야 하는 강력한 도덕적 지주(支柱)에 의해서 경제생활이 뒷받침되지 않으면 윤리적 중심을 상실할 위험이 항상 있다. 그렇지 않으면 자유경제 체제와 자유국가 사회질서는 붕괴될 것이다."[52]

시장경제 질서가 법적, 정치적, 특정한 윤리적 질서와의 연관 속에서 잘 유지될 수 있다는 통찰은 시장경제 체제의 자율적인 조정 능력에 대한 지나친 믿음을 간직하고 있는 신자유주의의 이론적 한계가 어디에 있는가를 보여준다. 신자유주의의 선도적인 이론가인 프리드리히 하이에크(Friedrich Hayek)는 시장경제 체제의 자율적인 조정 능력에 대한 믿음을 다음과 같이 말한다. "비록 어느 누구도 그것이 어떻게 특정 상황에서 조정을 행할지 예측할 수 없다 하더라도, 특히 경제 영역에서 시장의 자기 조정력이 새로운 조건에 필요한 조정을 이룰 수 있다는 사실을 당연하게 받아들이는 것은 자유주의적 태도의 한 부분이다."[53] 하이에크는 자유주의를 시장경제의 자율적 조절 능력에 대한 낙관적 믿음으로 이해한다. 우리는 하이에크의 이론에서 시장경제에 대한 변호와 기업 활동의 자유, 그리고 이의 논리적 연장으로서 사유재산권의 옹호를 특징으로 하는 경제적인 자유주의의 기본 입장에 대한 철저한 변호를 발견한

---

51) M. Walzer, 앞의 글, 앞의 책, S. 50.
52) 뢰프케, 「윤리와 경제생활」, 호르스트 프리드리히 뷘세 책임편집, 『사회적 시장경제의 이해』, 한국경제정책연구회 옮김, 비봉출판사, 1996, 678쪽.
53) 하이에크, 『자유 헌정론 II』, 김균 옮김, 자유기업센터, 1997, 319쪽.

다. 이렇게 하이에크는 경제적인 자유와 개인적인 자유 사이의 불가분적인 내적 연관성[54]을 강조하면서 "자유주의와 민주주의의 명확한 분리, 다시 말하면 자유주의의 사상적 출발점이었던 경제이론으로서의 자유주의와 정치이론으로서의 민주주의의 확실한 구분"[55]을 강조한다. 물론 하이에크가 자유로운 사회의 유지를 위한 정부와 국가의 활동을 인정하지 않는 것은 아니다. 그럼에도 그는 소득 재분배를 통해 사회정의를 실현하려는 시도를 적극적으로 반대한다.[56] 그가 보기에 현대 유럽에서 제도화된 복지국가는 자유로운 사회와 양립 불가능하다.[57]

2) 서유럽 복지국가의 문제점들

서구의 사회국가 내지 복지국가가 안고 있는 문제점들을 비판하는 것은 우파 이론가들의 전유물은 아니다. 좌파 이론가들 역시 유럽 사회국가가 갖고 있는 문제점들을 도외시하고 있지는 않다. 일례로 하버마스는 사회국가의 기획에 내재하는 모순을 다음과 같이 요약한다. "간략히 말해, 사회국가적 기획

---

[54] 대니얼 벨은 정치적 자유주의와 부르주아 사회를 분리할 것을 제안한다. 그에 따르면 역사적으로 이 두 가지는 상호 관련이 있으나, 상호 의존 관계는 없다. 그는 부르주아적 쾌락주의를 부정하고, 정치적 자유주의는 유지해야 한다고 강조한다. 경제적 자본주의의 모순을 해결하기 위해 그는 "모든 사람들에게 정의 감각과 사회에의 귀속 의식을 부여하는 공정의 개념에 대한 합의"를 만들어내는 새로운 사회계약을 제안한다(벨, 『자본주의의 문화적 모순』, 김진욱 옮김, 문학세계사, 1990, 41쪽 이하, 374쪽 이하, 381쪽 참조).

[55] 보비오, 앞의 책, 97쪽.

[56] 이러한 의미에서 하이에크의 자유주의 이론은 "경제적 자유주의"로 명명될 수 있다. 회슬레는 경제적 자유주의를 국가의 "급부권(給付權)을 거절하는" 법철학적 입장으로 규정한다(V. Hösle, *Moral und Politik*, S. 791). 노직의 자유 지상주의적 관점과 유사한 이론을 전개하는 현대 사상가는 바로 하이에크이다. 그는 노직과 마찬가지로 최소국가적 법치국가 이념을 주장하고 국가의 재분배 기능을 거부한다. 그러나 노직과 하이에크는 정책적 지향에서는 유사하지만 철학적 관점에서는 서로 상반된다. 전자는 칸트주의적 경향을 강하게 보이는 반면에 후자는 '사회적 효용성'이라는 공리주의적 요소를 수용하고 있기 때문이다(김비환, 「현대 자유주의의 스펙트럼과 한국사회의 보수와 진보」, 『자유주의와 그 적들: 한국 자유주의 담론의 행방』, 철학연구회 엮음, 철학과현실사, 2006, 57쪽 참조). 사회정의를 부정하는 하이에크의 주장의 타당성에 대한 비판적 논의는 룩스, 『자유주의자와 식인종』, 제9장 참조.

[57] 하이에크, 앞의 책, 105쪽 이하.

그 자체에 목표와 방법 사이의 모순이 내재한다. 사회국가적인 목표는 개인적 자기실현과 자발성을 위한 행위 공간들을 열어줄 평등하게 구조된 삶의 형태들을 창출하는 것이다. 그러나 정치적 프로그램을 법적-행정적으로 실현한다는 직접적인 방법으로 이러한 목적에 도달할 수 없다는 것은 명백하다. 삶의 형태를 산출하라는 요구는 권력이라는 매체에게 너무 무리한 것이다."[58] 법이론적으로 보자면 사회복지국가는 시민들의 사회경제적 불평등을 완화하기 위한 여러 법적 장치들을 양산하여 오히려 인간의 자율성을 손상한다는 비판을 불러일으켰다. "사회복지국가적 유형의 법제화가 사적 자율성의 회복이라는 그 명시적 목표와는 정반대되는 결과를 낳을 위험 때문에" 바로 "'개인의 재발견'이라는 요구"가 제기되었던 것이다.[59] 하버마스에 의하면 사회복지국가가 유럽에서 성공적으로 관철된 후에 "날로 팽창하는 국가관료제가 자신의 수혜자(Klienten)의 개인적 자기결정을 제약하고 있음을 인식하지 못하는 '둔감성'"을 보여주었다. 물론 사회복지국가의 위기와 그 문제점들에 대한 이의제기 및 반성이 바로 자유주의적인 혹은 신자유주의적인 국가 및 법 이해로 후퇴해도 좋다는 것을 의미하지는 않는다. 사회복지국가의 법이론이 사적 자율성에 대한 예민한 감수성을 드러내지 못했다면, 자유주의적인 법이론은 사회 문제에 대한 무관심으로 인해 '사회적 맹목성'이라는 정반대의 약점에 노출되어 있다.[60]

하버마스와 마찬가지로 진보적인 학자인 기든스 역시 복지국가의 한계를 다음과 같이 설명한다. 복지국가는 경제적 상황이 바뀔 때 "그동안 대부분의 이익을 얻어온 사람들은 자신이 얻은 지위를 보호하기 위해 이익을 받지 못한 집단들에게 대항한다." 복지국가의 실제적인 혜택은 종종 정말로 도움이 필요한 사람들에게 돌아가는 것이 아니라, 조직화된 그리고 일정한 사회적인 힘을 행사할 수 있는 세력에게 돌아간다. 간단히 말해 복지국가의 취약성 중 하나

---

58) J. Habermas, *Die neue Unübersichtlichkeit*, S. 151 이하.
59) J. 하버마스, 『사실성과 타당성』, 한상진·박영도 옮김, 나남출판, 2000, 489쪽.
60) 같은 책, 467쪽.

는 "부와 수익의 재분배를 제대로 수행할 수 없을 뿐 아니라, 증가하고 있는 중간 계급의 이해를 증진하는 데 한몫을 하고 있다"는 사실이다. 그러므로 기든스는 사회복지국가를 통해서 획득된 계급 화해는 "자본 계급과 노동 계급 간의 화해"가 아니라, "사회질서 내의 중간 부분을 강화하는 화해"로 드러났다고 주장한다.[61]

진보적인 사상가들이나 보수적인 사상가들이 모두 사회복지국가를 비판한다고 해서 이들의 차이점이 없는 것은 아니다. 진보적인 이론가들은 복지국가의 이념 자체, 즉 평등과 자유의 이념의 종합, 그리고 자유 실현의 현실적인 조건으로서 적정 수준의 경제적인 평등에 대한 긍정적인 태도를 포기하지 않는다. 신자유주의적인 이론가들은 이와는 다른 태도를 보인다. 신자유주의적인 이념을 대표하는 사람들은 경제적 평등의 이념 자체에 불신과 회의를 품고, 시장의 효율성에 대한 지나친 낙관을 공유한다. 동유럽 공산주의의 붕괴, 자본주의적인 시장경제 질서의 급속한 세계화, 그리고 사회복지국가가 수많은 문제점들을 양산하고 있는 상황에서 신자유주의는 최고의 전성기를 구가하는 것처럼 보인다.

그러나 신자유주의 역시 자체 내에 명백한 자기모순을 포함하고 있다.[62] 신자유주의의 내적 모순은 어디에 있는 것인가? 신자유주의의 논리적인 맹점은 사적 소유와 극대화된 이윤의 추구를 그 근본 원리로 삼고 있는 자본주의적인 시장경제 체제의 논리 자체가 이러한 시장경제를 가능하게 해주는 시장 외적인 조건들(가족과 같은 자연적인 공동체, 문화적 조건들, 그리고 정치적 연대성 등)을 약화하고 위협하는 이기적 개인주의를 조장하는 장본인이라는 것을 무시하고 있다는 데 있다. 신자유주의는 시장이 거의 또는 전혀 간섭받지 않을 때 가장 잘 기능한다는 신념에 의거해서 최소주의적인 국가를 강조하면서도 동시에

---

61) 기든스, 『제3의 길』, 152쪽 이하.
62) 하이에크와 현재의 신자유주의의 연관성에 대해서 김균은 둘 다 "시장과 사회를 동일화하는 시장주의적" 입장을 가지고 있다고 강조한다(안병영·임혁백 엮음, 『세계화와 신자유주의』, 101쪽).

전통적 가족이나 민족 정서를 강하게 옹호한다.[63] 바로 여기에서 문제가 생긴다. 신자유주의가 자동 기계적인 자연적 질서로서의 시장에 대한 옹호와 전통적인 가족과 민족적인 유대감을 옹호한다고 하더라도, 전통적인 가족이나 민족적인 유대감을 해체하고 파괴하는 것은 바로 시장경제 질서 자체이기 때문이다. 헤겔이 주장하듯이 가족의 유대감을 약화하고, 때에 따라서는 심지어 가족을 해체하는 것은 시민사회의 내적인 논리이다.

3) 헤겔과 사회적 시장경제
a. 근대 시민사회의 사회적 갈등의 원천으로서 도덕적 동기

시민사회의 필연적 결과인 빈곤은 가족을 해체하는 데 그치지 않고 사회의 통합을 심각하게 파괴한다. 이 사회적 통합의 붕괴는 단순한 경제적 어려움에서 파생하지 않는다. 그보다 더 심각한 것은 사회적 불평등을 그대로 방치했을 때 발생할 수밖에 없는 사회적 신뢰 기반의 총체적 붕괴이다. 헤겔이 지적하고 있듯이 사회적 불평등의 심화는 사회 구성원 전반에 걸친 도덕적 타락을 불러온다. 위에서 살펴본 것처럼 천민(Pöbel)의 발생은 경제적 빈곤과 더불어 자긍심의 상실 및 도덕적 심정의 부패와 결합되어 있다. 그러나 경제적 빈곤과 부의 역설적인 대립 속에서 도덕적으로 타락하는 것은 어려운 상황에 처한 사람들만의 몫은 아니다. 사회적인 불평등 속에서 살아가는 부자들의 정신 역시 온전할 수 없다고 헤겔은 강조한다. 그는 사회에서 배제된 사회적 약자들만이 아니라 부자들에게서도 동일하게 도덕적인 타락이 발생할 수 있음을 다음과 같이 강조한다.

"부자는 스스로를 자기의식의 특수성의 힘으로 인식하고 있기 때문에, 모든 것을 자신을 위해 구매할 수 있다고 생각한다. 그러므로 경제적 부는 빈곤

---
[63] 기든스, 앞의 책, 50쪽 이하. 김균은 하이에크가 자신을 보수주의자가 아니라고 주장하고 있다는 점에서 하이에크의 자유주의 사상과 현재의 신자유주의를 동일시하는 것은 문제가 있다고 본다. 그는 『자유 헌정론』에서의 하이에크를 보수주의자로 보기는 어려우나, 문화적 진화론과 자생적 질서론을 강조하는 후기의 하이에크는 점점 보수주의적이 된다고 주장한다(같은 책, 89쪽).

한 천민이 지니게 되는 동일한 조소와 뻔뻔스러움으로 이끌어갈 수 있다. 노예에 대한 주인의 심정은 노예의 심정과 동일하다. 〔……〕 주인이 자신을 다른 사람의 자유에 대한 주인으로 이해하는 한, 이와 함께 심정의 실체를 이루는 것이 사라져버린다. 여기에서 나쁜 양심이 내적인 것으로서뿐 아니라, 인정된 현실성으로서 존재한다"(Henrich, 196).

이렇게 헤겔은 가진 자들의 정신적 궁핍화를 비판한다. 아마도 우리는 사회적 약자가 품는 세계와 사회에 대한 분노와 적개심을 어느 정도는 동정과 연민 그리고 연대의식을 갖고 이해할 수 있을 것이다. 그러나 사회의 기득권 세력이 모든 것을 자신의 능력과 노력의 결과로 돌리면서 사회적 약자나 어려움에 처해 있는 광범위한 대중들의 삶에 무관심하다면, 진정으로 타락한 것은 그들이며 동시에 그들이야말로 가장 비도덕적이며 무책임한 사람이라고 멸시받고 조롱받아야 할 것이다. 시장 경쟁 관계에서 승리한 사람과 패배한 사람이 있는 것은 불가피하다. 그렇다고 승자가 소위 시장에서의 낙오자를 자신보다 못난 자이며 그렇지 않다면 그가 패배할 리가 없다고 생각한다면 그는 승자의 도덕을 숭배하는 사람임이 틀림없다. 그러나 이런 생각은 필경 자신에게 부메랑으로 되돌아올 수밖에 없다는 점에서 자기파괴적인 태도이기도 하다. 세상에서 승리하는 자가 도덕과 명분 그리고 능력의 우월성을 독점하게 된다면, 만인에 대한 만인의 투쟁과 정글의 법칙을 승인하는 것일 뿐 아니라 그것을 부추기게 될 것이다. 사회적 약자가 수단과 방법을 가리지 않고 가진 자들과 대립하고 투쟁하여 승리하게 된다면, 그들에게서 모든 것을 약탈하고 그들과 같은 말을 할 것이다. 그들은 약자이기에 패배했으며 약자는 능력이 없고 정당하지 못하고 노력을 하지 못한 열등한 사람이기에 모든 것을 숙명으로 받아들이라고 말이다.

이상에서 살펴본 바와 같이 시장 내부에는 자신의 전제조건들인 기성 권위나 가족적인 전통 및 공동체를 파괴하는 강력한 힘이 들어 있다. 이 파괴적 힘은 당사자들로 하여금 필연적으로 시장질서 자체의 정당성을 의문시하게 만든다. 빈곤 자체가 천민을 만들지 않고 빈곤과 결부된 마음의 태도, 즉 "부자와 사회 그리고 정부 등에 대한 내적인 분노와 저항(die innere Empörung)"이 천민을 만드는 것이다(7, 389). 이 내적인 반항과 분노, 그리고 좌절감 등은 가난한 사람들의 권리 부재(Unrecht) 상태를 방치하는 사회에 대한 적개심이기도 하다. 이와 같이 내적인 분노는 "각 개인의 자유가 어떤 현존성을 지니지 못하는" 경우에 "필연적"으로 발생한다. 극심한 빈곤 상황에서 각 개인이 자유를 실현할 수 있는 가능성 자체가 존재하지 않는다는 것은 사실상 시민사회의 존립 근거인 "보편적 자유의 인정" 자체가 소멸되었다는 것을 의미한다.

생존은 자유의 절대적 조건이다. 따라서 헤겔이 가난한 사람들의 "긴급권"(Notrecht)을 인정하는 것은 큰 의미가 있다. 이 긴급권은 결국 생존권을 의미하는 것이다. "생존의 권리는 인간에게서 절대적으로 본질적인 것이고 이 본질적인 것을 시민사회가 돌보아야만 한다."[64] 우리는 이미 추상법의 영역에서 긴급권이 특정한 개인에 한해서 발생하는 경우를 살펴보았다. 헤겔은 어떤 한 사람이 급박한 생존의 위기에 처해 있을 때, 그는 다른 사람의 소유권을 침해할 권리가 있다고 주장한다. 그러나 시민사회에서 긴급권은 더 광범위하고 지속적인 성격을 지닌다. "우리는 이전에 긴급권을 순간적인 욕구에 관계되는 것으로 고찰했다. 여기〔시민사회〕에서 궁핍은 이제 단순히 순간적인 성격을 지니지 않는다"(Henrich, 195 이하). 이 구절은 1819~20년의 헤겔 강의록에 실려 있다. 이 강의를 편집하여 출판했던 디터 헨리히는 소위 '천민'의 근원과 그들의 소외 상태를 분석하는 그 "강렬함"에서 다른 법철학 강의록들을 능가한다고 평한다. 가난한 사람들의 긴급권을 인정하는 구절과 관련하여 헨리히는 헤겔이 가난한 사람들의 "저항권"(das Recht zum Aufstand)을 인정했다는 주장을 제기한다. 즉 가난한 사람들은 원칙적으로 "자유로운 존재의 의지에게 그 자유의 실현 가능성 전부를 거부하는 질서에 대항할 권리"가 있다는 것이다. 그래서 헨리히에 의하면 이 강의록에서 헤겔은 "혁명을 역사적 사실이나 필연성으로서 이해할 뿐 아니라, 그 앞에 현존하는 제도의 체계적인 분석에서

---

64) Hegel, *Vorlesungen. Ausgewählte Nachschriften und Manuskripte*, Bd. 1, S. 160.

혁명의 권리를 획득하고 설명한다."[65]

헨리히의 지적, 즉 가난한 사람들의 비참한 상태와 결부된 저항의 문제를 긍정적으로 묘사하는 듯한 1819~20년의 강의록에 등장하는 구절과 유사한 표현들이 다른 강의록들에는 존재하지 않는다는 주장이 사실인지 아닌지는 여기에서 상론하지 않는다.[66] 나는 다만 헤겔의 기본적인 성향에 대해서 언급할 필요를 느낀다. "헤겔은 결코 혁명적인 사람은 아니다. 그는 기질상으로도 본래 개혁적인 사람이었다. 그럼에도 그가 프랑스에서 일어난 사건들의 영향을 받아서 요구한 개혁 조치들은 본질적으로 급진적인 것들이었다."[67] 이 평가는 이폴리트의 것이다. 나는 그의 평가가 전반적으로 헤겔의 인간성과 그의 정치적 성향을 잘 드러내준다고 본다. 헤겔이 저항권 내지 혁명권을 인정했는지의 여부 못지않게 우리에게 중요한 것은 가난한 사람들의 빈곤 및 이와 연관된 그들의 도덕적 분노 사이의 연관성이 제기하는 여러 문제점들이다. 긴급권 및 천민의 발생에 대한 헤겔의 분석과 연관해서 우리가 주목해야만 하는 것들은 생존권, 저항권 내지 혁명권 그리고 사회적 투쟁의 본질에 대한 문제이다.

우선 가난한 사람들이 '생존의 권리'가 있다는 헤겔의 주장이 갖는 의미는 상당하다. 도메니코 로수르도(Domenico Losurdo)가 지적하고 있듯이 생존의 권리의 인정 여부는 프랑스 혁명 시기에도 커다란 쟁점이 되었던 사안이었을 뿐 아니라 유럽 대륙 전체가 이 문제로 뜨거운 논쟁에 휘말렸다. 예를 들어 프랑스 혁명 이전에 이미 마르퀴 드 콩도르세(Marquis de Condorcet)는 생존권을 부정하였다. 이와는 달리 루소, 장 폴 마라(Jean Paul Marat)와 로베스피에르는 이를 철저하게 긍정했다. 영국에서도 생존권을 긍정하는 사람들과 그렇지 않은 사람들로 나뉘었다. 생존권을 부정했던 당대의 영국인 중의 하나가 바로

---

65) D. Henrich, "Vernunft in Verwirklichung," *Philosophie des Rechts, Die Vorlesung von 1819~20 in einer Nachschrift*, S. 19 이하.
66) 헨리히의 주장에 대한 반론으로 D. Losurdo, 앞의 책, p. 163 이하 참조.
67) J. Hyppolite, *Studies on Marx and Hegel*, p. 39.

토머스 맬서스(Thomas Malthus)이다. 그에 의하면 생존권의 긍정은 '인구의 원리'(principle of population)와 양립 불가능한 것이었다. 독일에서는 피히테가 생존권을 적극적으로 긍정했다.[68] 앞에서 언급했듯이 피히테와 더불어 헤겔도 생존권을 인정했다. 헤겔이 프랑스 혁명 당시의 가장 급진적인 분파가 적극적으로 옹호한 생존권을 수용하는 것을 보고 혹자는 의아해할지도 모른다. 그도 그럴 것이 헤겔은 로베스피에르의 공포정치에 대해서 대단히 비판적이었기 때문이다. 그러나 이런 외면적인 갈등은 쉽게 해결된다. 로베스피에르의 공포정치를 비판했지만, 그는 프랑스 혁명 당시의 공포정치가 사회 문제, 즉 빈곤의 문제와 깊이 결부되어 있음을 정확하게 인식하고 있었다. 그래서 헤겔은 로베스피에르의 방식으로는 빈곤 및 인간의 자유의 제도적 실현이 이루어질 수 없다는 인식에 기초하여 공포정치를 비판하면서도 공포정치의 사회적 배경을 구성했던 빈곤 문제를 깊이 천착해 들어갔다. 그 결과 헤겔은 생존권과 노동의 권리 등을 철학적으로 정당화하는 입장에 도달했던 것이다.

둘째는 가난한 사람들의 저항권에 대한 문제이다.[69] 헤겔이 저항권을 긍정했다는 헨리히의 주장에 대해 마크 투닉은 헨리히가 특정 구절이 지니는 의미를 지나치게 부각하고 있다고 비판한다. 그가 보기에 헤겔은 혁명이 아니라 지속적인 개혁을 희망한 사람이다.[70] 나 역시 투닉의 주장에 공감한다. 그러나 헤겔이 정말로 마르크스가 나중에 염원했던 것처럼 소외 계급의 혁명 가능성까지 염두에 두었는지는 판단할 수 없다. 가난한 사람들의 혁명권과 저항권을 긍정했는지의 여부보다 중요한 것은 역사에 대한 그의 통찰일 것이다. 주지하듯이 헤겔은 지나간 과거 속의 혁명, 즉 프랑스 혁명에 대해서는 원칙적으로 찬동하는 입장이었다. 그리고 인간의 역사는 투쟁과 갈등과 참혹한 전쟁

---

68) 같은 책, p. 166. 참조.
69) 헤겔은 저항권을 부정했다는 이유로 자유주의적인 성향의 학자들에게 보수적이라는 평가를 받아왔다. 과연 저항권의 부정 자체가 한 사람의 이론에 '비자유주의적'이라는 딱지를 붙이기에 충분한가 하는 문제에 대해서는 D. Losurdo, 앞의 책, p. 83 이하 참조.
70) M. Tunick, *Hegel's Political Philosophy. Interpreting the Practice of Legal Punishment*, p. 117 참조.

과 같은 비극적 사건들로 점철되어왔다는 사실을 그 누구보다도 잘 인식하고 있었다. 그에 의하면 인류의 역사는 "도살장"(Schlachtbank)에 지나지 않는다 (12, 35). 동시에 "세계사는 자유의 의식에서의 진보" 과정이기도 했다(12, 32). 이 세계사가 근대의 이성적인 국가의 형성과 함께 일정한 완성에 이르는 것처럼 보이는데도 근대 사회를 내적으로 붕괴시킬 모순이 잉태되는 것을 보고 헤겔이 느꼈을 당혹스러움을 우리는 쉽게 이해할 수 없을 것이다. 시민사회에서의 부와 빈곤의 대립의 필연적 발생과 연관된 문제점들을 극복할 수 있는 다양한 장치들을 검토한 후에도 왜 헤겔이 비관적인 어조로 빈곤의 문제가 근대를 괴롭히고 있다고 했겠는가?

이런 점에서 그가 혁명의 권리를 긍정했는지 여부와는 별도로 부와 빈곤의 극단적 대립이 근대 사회에 제기하는 물음은 과연 천민을 발생시키는 근대 사회는 인간의 자유 실현의 궁극적인 도달점인가 하는 것이다. 천민이 시민사회에서 필연적으로 발생할 수밖에 없다는 사실은 시민사회의 자기모순의 상징이며 그 내적 한계의 표현이기 때문이다. 근대 시민사회가 부와 빈곤의 양극화로 인해 많은 사람들을 소외시키고 있고 이런 문제점들에 적절한 대응책을 마련하지 못하는 한 심각한 위기에 직면하여 혁명과 반혁명의 소용돌이 속에서 벗어날 수 없으리라는 사실을 헤겔은 분명하게 인식하고 있었다. 이런 점에서 사회적 양극화 해소를 근대를 괴롭히는 문제로 간주하는 헤겔의 입장은 정당한 것이다.

셋째로 언급되어야 할 문제는 사회적 갈등과 투쟁의 본질에 대한 문제이다. 내가 보기에 이 문제가 가장 결정적인 의미를 지닌다. 헤겔은 가난한 사람들이 사회에 저항하는 원천을 분석하는 과정에서 가난 자체에만 주목하지 않는다. 헤겔이 명확하게 말하고 있듯이 빈곤 자체로 인해 천민이 되는 사람은 없다. 가난한 사람을 천민으로 만드는 것은 빈곤과 일정한 심적 태도가 결부될 때이다. 최저 생계 수준 이하에서 허덕이는 무수히 많은 실업자들이 곧바로 사회에 내적인 분노를 품지는 않는다.[71] 그러나 빈곤 자체를 그대로 방치하면 빈곤자들은 부득불 천민으로 전락할 수밖에 없다. 그리하여 이들은 갖가지 방식으로 자신들이 속한 사회에 이의를 제기한다. 헤겔 당시에 존재했던 빈곤이 제기하는 사회적 갈등과 투쟁의 대표적 사건으로서는 영국에서 발생한 기계 파괴 운동, 러다이트 운동을 들 수 있다.[72]

지금까지 살펴본 것처럼 근대에서 광범위한 빈곤은 사회적 긴장과 갈등으로 표출되는데, 헤겔은 그 표출을 이해할 때 단순한 경제적 이해관계의 틀을 넘어서 갈등의 근원 속에 도덕적 동기가 존재함을 강조한다. 빈곤에 빠진 사람은 자신의 노동을 통해서 자립적으로 살아갈 수 없다는 상황에 직면하여 커다란 절망감과 자존감의 상실을 겪는다. 이 자존감의 상실은 근대 사회가 자립과 책임의 원리를 인격의 기본적 원리로 상정하고 있기 때문에 더욱더 뼈저리게 다가온다. 물론 근대 사회에서 소외된 사람들은 그들이 보편적으로 갖고 있다고 믿는 평등한 인격체로서의 권리가 훼손당했다는 감정만을 갖는 것은 아니다. 그들은 이런 추상적인 권리가 침해당하고 있다는 사실뿐 아니라, 그들이 사회에서 가치 있는 존재로서 인정받지 못하고 있다는 사실 때문에 좌절하는 것이다. 헤겔이 지적하듯이 자선사업 단체의 도움이나 사회 및 국가의 물질적 도움이 가난한 사람들의 문제를 궁극적으로 해결하지 못하는 것은 그런 조치들에 의존해서 살아가는 삶 자체가 바로 시민사회의 기본 원칙에 어긋나기 때문이다. 타인이나 사회의 도움에 의존하고 있는 사람들은 한편으로 "시민사회를 구성하는 개인들의 자립심과 명예의 감정"을 손상당하고 있음을 느낀다. 다른 한편으로 타인이나 사회에 의존해서 살아갈 수밖에 없는 빈곤한 사람들은 "수치심"(Schame)과 "명예"까지도 잃을 정도로 정신적·육체적으로 타락할 위험에 놓이게 된다(7, 390).

이처럼 헤겔은 근대 사회에서의 빈곤 문제를 언급하면서 가난한 사람들의 자존감 및 명예심의 상실을 가장 결정적인 문제로 포착한다. 사회에 대한 내적인 분노와 저항의 근원에는 이런 도덕적 인정 욕구의 좌절이 내재되어 있다는 사실을 헤겔은 날카롭게 분석하고 있다. 사회적 갈등과 도덕적 동기 사이

---
[71] 헤겔은 최저 수준의 생계 비용이 시대와 상황에 따라 상대적이라고 말한다(7, 389).
[72] 이 사건에 대한 헤겔의 언급은 Ilting III, 613과 Ilting IV 503 참조.

의 내적 연관에 대한 헤겔의 인식은 근대 정치철학에서 아주 독보적인 의미를 지닌다. 호네트는 헤겔의 "인정투쟁"을 "인간의 사회적 생활 현실 내부에서 발전과 진보를 가능하게 하는 도덕적 힘"으로 이해한다. 그는 헤겔의 인정투쟁 이론을 적절하게 현대화하여 "비판적 사회이론의 길잡이"로 삼으려고 시도한다.[73] 그에 의하면 헤겔은 마키아벨리나 홉스와는 달리 주인과 노예의 투쟁을 자기 정체성 요구를 인정받기 위한 투쟁으로 해석함으로써 "인간들 사이의 사회적 갈등의 원인을 도덕적 요구가 훼손당한 경험에서 찾는 사상적 움직임의 선구" 역할을 담당했다. 마르크스 역시 사회투쟁이 지니는 "도덕적 위상"을 명백하게 드러내 보일 수 없었다는 것이 호네트의 평가이다.[74] 앞에서 언급한 것처럼 마르크스는 자유와 평등과 같은 근대 부르주아의 이념이 근대 세계에서 모든 인간의 권리의 보편적 인정이라는 긍정적인 성과를 가져왔다는 사실에 대해서 애매한 태도를 취한다. 그뿐 아니라 그는 자유와 평등의 이념에서 지나치게 부르주아의 경제적 이해관계의 관철에 도움을 주는 이데올로기적 정당화 기제라는 측면만을 부각한 나머지 "인정투쟁의 법적 차원"을 긍정적으로 다루는 데 실패했다.[75] 이렇게 호네트는 헤겔의 인정투쟁 이론의 독특성뿐 아니라 그 이론이 갖고 있는 지속적인 발전 가능성을 대단히 높이 평가한다.

호네트의 인정투쟁 이론은 분명 현대 실천철학에서 헤겔 철학의 동기들을 풍부히 하고 계속 확장하려는 귀중한 시도로 간주되어야 마땅하다. 그러나 호네트의 헤겔 해석 역시 문제점을 갖고 있다. 첫째로 그는 헤겔의 인정투쟁의 모델을 현대적인 규범적 사회이론의 토대로 설정하려고 시도하면서도 지나치게 예나 시기 헤겔의 인정투쟁 이론에만 관심을 기울인다. 호네트는 헤겔이 예나 시기 이후에 상호주관적인 인정투쟁 이론을 "의식철학적 체계의 건설이라는 목표를 위해 희생해버렸고 미완성의 상태로 방치했다"고 평가한다.[76] 이

---

73) 호네트, 앞의 책, 237쪽 이하.
74) 같은 책, 240쪽과 245쪽.
75) 같은 책, 247쪽.

런 평가는 지나치다. 후기 헤겔의 정치철학에서도 인정투쟁 이론의 단초들이 풍부하게 존재하기 때문이다. 윌리엄스 역시 하버마스와 호네트가 헤겔의 인정이론의 의미를 긍정하면서도 청년 헤겔과 성숙한 후기 헤겔을 지나치게 날카롭게 구별하고 있다고 비판한다.[77] 둘째로 호네트에 의하면 미드와 마찬가지로 헤겔 역시 사회적 무시에 대한 경험이 주체로 하여금 어떻게 투쟁에 참여하도록 동기를 부여할 수 있는가에 대한 지적이 없다고 주장한다.[78] 나는 이 주장에도 전적으로 동의할 수는 없다. 앞에서 지적한 것처럼 헤겔은 사회적 갈등과 투쟁의 배경에는 인간의 도덕적 감정의 훼손에 대한 경험이 깔려 있다는 점을 분명하게 인식하고 있었기 때문이다.

주지하듯이 프랜시스 후쿠야마(Francis Fukuyama)는 20세기의 가장 위대한 헤겔 연구자로 평판 높은 알렉상드르 코제브(Alexandre Kojève)의 헤겔 해석을 이어받아 20세기 후반 세계 도처에서 발생한 자유민주주의를 향한 투쟁을 인정투쟁(struggle for recognition)의 관점에서 재구성하고 있다. 헤겔의 인정투쟁 이론은 전 세계로 번지는 민주주의 혁명을 이해하는 데 보다 적절한 관점을 제공한다는 것이다. 후쿠야마가 보기에 20세기 후반에 발생한 민주주의의 확산은 신자유주의자들이 믿는 것처럼 경쟁적 시장에서 자기 이익의 추구라는 경제적 욕구의 만족으로는 제대로 이해할 수 없다. 그것은 경제적인 이해관계로 환원되지 않는 자율성과 존중에 대한 욕구에 뿌리내리고 있다. 헤겔의 인정이론의 통찰력은 현대 세계를 이해하는 데 국한되지 않는다. 헤겔의 인정투쟁 이론은 인류의 역사를 보편사로 이해하는 데 풍부한 이론을 제공해준다. 후쿠야마에 의하면 헤겔은 인간을 타인을 통해서 자기 자신의 가치와 자긍심을 인정받으려는 속성을 갖고 있는 존재로 바라보고 있으며 이런 인정에 대한 욕구를 바로 인류 역사 전체를 움직여가는 힘으로 이해했다.[79]

---

76) 같은 책, 123쪽.
77) R. Williams, *Hegel's Ethics of Recognition*, p. 15 참조.
78) 호네트, 앞의 책, 228쪽 이하 참조.
79) 후쿠야마, 『역사의 종말』, 14쪽 이하, 210쪽 그리고 224쪽 등 참조.

b. 사회적 시장경제와 시장경제의 순치 가능성

우리는 현재의 시장제도를 대신할 수 있는 좀더 효율적인 경제제도를 갖고 있지 않다. 그렇다고 우리는 마냥 시장제도의 원리를 방치하거나 모든 인간의 사회적 삶을 시장경제 원리의 영향 아래 두어서도 안 된다. 근대 자본주의적 시장경제 체제는 효용성의 극대화를 지향하는 생산성 중심주의를 벗어나 인간의 자유로운 능력을 평등한 조건 위에서 실현하는 보다 포괄적인 의미의 자유로운 사회의 구현이라는 관점에 의해서 조절되어야 한다. 그러지 않으면 자본주의적 시장경제 체제는 결코 그 자체로서 저절로 바람직한 사회를 구성할 수 없다. 사람들이 자신의 이기심을 극대화하려고 노력함에 따라 모든 사람들의 최대선이 실현될 수 있다는 고전적인 자유방임주의 이론과 이런 자유방임주의의 현대판인 신자유주의의 주된 신념은 경제 현실에 대한 학문적인 분석이 아니라 시장에 대한 유토피아적인 환상에 지나지 않는다.

그러므로 우리가 풀어야 할 문제는 어떻게 시장경제의 역동적인 힘을 적절하게 다스려 정의와 연대의 가치에 봉사하게 할 것인가이다. 즉 시장 메커니즘이 사회정의, 환경 보호, 인간다운 삶의 형성에 도움을 주는 다양한 종류의 가치들과 양립할 수 있도록 여러 제도적 장치들을 통해서 조정하거나 극복하는 것이 필요하다. 이러한 것을 좀더 추상적으로 표현한다면, 어떻게 시민의 연대적인 삶을 파괴하지 않을 정도의 사회적인 분화를 허용할 것인가가 우리가 시급하게 풀어야 할 과제가 된다. 이러한 문제들을 풀 수 있는 능력의 발전 여부가 근대 사회의 생존 가능성을 결정할 것이라고 나는 생각한다. 헤겔 역시 경제적 활동의 자유는 "보편적인 최선"(das allgemeine Beste)을 위험에 빠뜨려서는 안 된다고 주장한다(7, 385). 이러한 주장은 아주 정당하다.

우리는 실제로 극단적인 시장경제 만능주의와 중앙 집권적인 계획경제 모델과는 구별되는 대안의 한 예를 독일의 사회적인 시장경제 이론에서 찾을 수 있다. 사회적 시장경제 이론의 주창자 알프레드 뮐러-아르마크는 시장경제의 질서를 조성하기 위한 국가의 경제 정책만을 중요시하는 질서 자유주의(Ordoliberalismus)와는 달리 사회 보장 정책과 국가에 의한 부분적인 시장 개입을 긍정한다.[80] 뮐러-아르마크는 "사회 보장으로 둘러싸인 자유 시장경제 체제"를 자신의 목표로 설정한다.[81] 이러한 사회적 시장경제 이론의 근본 의도를 그는 다음과 같이 요약한다. "사회적 시장경제라는 이념은 시장의 필요 불가결성에 대한 통찰과 이러한 시장경제적인 조직체를 사회적 진보와 통일 가능하게 하려는 시도의 종합"을 목표로 삼는다.[82] 헤겔의 이론과 제2차 세계대전 이후의 서독에서 구체적으로 시행된 사회적 시장경제 이론과의 강한 유사성이 강조되는 것은 우연이 아니다. 그래서 예어만은 사회적 시장경제를 "헤겔 철학 정신에 가장 적합한 경제 형태"로 이해한다.[83]

물론 시장과 경쟁이 동시에 급속도로 세계화되고 있는 새로운 국제질서 속에서도 자본 이동의 통제를 전제로 한 국민국가의 틀 내에서 관철되었던 사회복지국가적인 프로그램이 여전히 그대로 유지될 수 있는지는 의심스럽다. 그리고 현재 사회복지국가에 대한 논의에서 사회주의자와 좌파는 복지국가를 옹호할 때 수세에 직면하고 있는 것처럼 보인다. 세계화의 진전 속에서 등장하는 엄청난 불확실성과 새로운 상황들을 도외시한다고 하더라도, 전후 서구 유럽에서 실행된 사회복지국가는 자체 내에 여러 가지 문제점들을 가지고 있었기 때문이다. 우리는 앞에서 복지국가에 대해서 제기되는 몇 가지 중요한 문제점들을 살펴보았다. 그러나 현재 전통적인 사회민주주의와 서구 복지국가가 직면한 위기의 원인 가운데 무엇보다도 주목해야 할 것은 현대 인류가 직면한 생태 위기에 대해 전통적인 사회민주주의는 완전 고용 및 복지국가를

---

80) 주지하다시피 사회적 시장경제 이론의 이념적 기초를 제공했던 것은 발터 오이켄이 주도적으로 발전시킨 질서 자유주의이다. 질서 자유주의는 19세기의 자유방임주의(Laisser-faire)적 자유주의와는 달리 시장적 경쟁질서를 가능하게 하는 전제조건들을 조성하는 데에서 국가의 긍정적인 역할을 찬성한다(오이켄, 「옮긴이 해제: 발터 오이켄의 경제질서 정책」, 『경제 정책의 원리』, 안병직·황신준 옮김, 609쪽 이하 참조). 사회적 시장경제와 질서 자유주의의 차이점에 대해서는 전창환, 「독일 자본주의의 제도적 기초와 동요」, 『미국식 자본주의와 사회민주적 대안』, 181쪽 이하 참조.
81) 뮐러-아르마크, 「사회적 시각에서 본 경제질서」, 앞의 책, 32쪽.
82) A. Müller-Armack, *Genealogie der Sozialen Marktwirtschaft*, Bern-Staatgart, 1981, S. 126.
83) C. Jermann, 앞의 글, 앞의 책, S. 180.

강조하면서 체계적으로 대응하지 못했다는 점이다.[84] 회슬레는 고전적인 자유주의 국가, 사회복지국가(Sozialstaat), 그리고 사회주의적인 국가들(sozialistische Staaten) 공히 경제의 패러다임에 속해 있다고 주장한다.[85] 즉 이 이론들은 근대의 경제 성장주의적인 관점을 벗어나 있지 못하다. 그래서 사회국가나 사회주의를 정당화하는 대표적인 이론들 역시 진보를 자연에 대한 지배에서 구하는 경향이 있다. 물론 서구의 진보주의적인 이론들이 모두 다 단선적인 근대화 이념에 빠져 있다고 볼 수는 없다. 서구의 좌파 진보주의적인 이론가들 역시 모두 다는 아니라 할지라도 생태 위기에 대응하기 위해 단선적인 진보 관념과 무한한 기술 발전에 대한 기존의 계몽주의적인 신념을 재검토해야만 한다는 데 동의하고 있다.

제2차 세계대전 후의 여러 서구 국가들이 실행에 옮긴 사회복지국가의 구체적인 실천 과정에서 다양한 문제점들과 예기치 못했던 부작용들이 발생했다 할지라도 사회복지국가 이념 자체가 잘못된 것이라고 폄하하는 것은 위험하다. 사회복지국가의 이념에서 우리가 진지하게 고려해야 하는 것은 사회보장국가의 이념과 제도는 자본주의적인 시장경제 질서의 경제적인 효율성과 여타의 가치들, 예를 들어 사회정의와 결합하려는 진지한 노력의 산물로서 20세기 서구의 정치제도와 이념사에서 지울 수 없는 전진을 드러내고 있다는 점이다. 사회정의와 연대성을 추구하려는 사회복지국가의 이념은 결코 포기될 수 없다. 기존의 사회복지국가적 관행에 대한 반성과 비판은 변화된 상황 속에서 사회정의와 연대성의 이념을 실현할 수 있는 보다 적절한 정책적 수단을 모색하는 데 도움이 된다. 따라서 나는 정의와 평등, 자유 그리고 자연과 생명체의 독자적인 가치의 긍정과 같은 귀중한 인류의 가치들이 서로 화해할 수 있는 가능성들과 사회질서의 원리들을 범세계화라는 질적으로 변화된 상황 속에서도 계속 탐구하고 구체적인 현실 속에서 실현하려 노력해야 하는 것이 우리 모두에게 주어진 과제라고 확신한다. 헤겔은 이런 탐구에서 중요한 출발

---

84) 기든스, 앞의 책, 42쪽 참조.
85) V. Hösle, *Philosophie der ökologischen Krise*, München, 1994, S. 31.

점을 형성할 것이다.

앞에서 살펴본 것처럼 유럽의 사회복지국가가 안고 있는 문제점 중의 하나는 사람들을 복지 시스템에 의존하게 만든다는 것이다. 사회복지국가 속에서 많은 사람들은 수동적으로 국가가 주는 물질적 혜택을 받는 객체로 전락한다. 그래서 복지국가의 이념을 현대적으로 재구성하기 위해서는 우선 시혜 중심의 물질적 혜택을 제공하는 방식은 사람들이 자신의 복지와 생계를 유지하는 데 최선의 방식이 아니라는 점을 인식하는 것이 필요하다. 근대의 규범적 이념으로서 자율적 삶이 포기될 수 없는 것이라면, 우리는 물질적 평등이나 경제적 재화의 분배 자체를 궁극적 목적으로 삼아서는 안 된다. 물질적 평등이 의미 있는 경우는 그것이 우리들의 자율적 삶에 긍정적으로 기여하는 한에서이다. 물론 필요한 사람에게 적절한 수준의 물질적 서비스를 국가가 제공하는 것은 포기할 수 없는 것이다. 그렇지만 사회복지국가의 기존 관행을 비판적으로 재검토하면서 개별 시민들이 실질적으로 시민사회에서 자유롭게 활동할 수 있는 제반 조건들을 창출하는 데 더 많은 관심을 기울일 필요가 있을 것이다.[86] 그중에서도 가장 중요한 것은 아마도 최소한의 생계 및 건강 유지를 위한 물질적인 혜택과 더불어 사회 구성원들이 스스로 의미 있는 삶을 실현하는 데 필요한 조건들을 형성하는 작업이다. 이런 시각은 내가 보기에 헤겔의 관점에 더 가까운 것처럼 보인다. 이런 점에서 하디몬은 헤겔의 복지이론의 고유한 특성에 대해서 다음과 같이 말한다. "실로, 헤겔주의적인 관점에서 볼 때 공적 권위(경찰 행정)의 복지 대책에 대해서 가장 중요한 것은 사회 구성원들의 복지 역시 중요하지만 복지 대책이 사회 구성원들의 복지를 보호하기 위해서 고안되는 것이 아니라는 점이다. 오히려 그것은 사회에 완전히 참여하기

---

[86] 우리는 국가의 경제적 급부 행위를 인간의 자율적인 행위를 실질적으로 가능하게 하는 방향으로 재조정할 필요가 있지만, 자신의 힘으로는 살아갈 수 없는 사회적인 약자들—사고무친의 노인이나 심각한 병을 앓고 있는 사람들—에 대해서는 자율적인 행위와 국가의 경제적 급부 행위 사이의 연관성을 추구하는 시도에서 예외로 인정해야 한다. 생활상의 곤란함에서 야기된 긴급 상황을 타파할 긴급권(Notrecht)을 인정하는 헤겔이 이런 사실을 거부할 것이라고 볼 수 없다.

위해 필요한 실질적인 조건들을 사회의 개별 구성원들에게 보장하도록 고안되어야 한다는 것이다."[87]

나가는 말

이미 지적한 대로, 헤겔은 근대 시민사회의 내적인 분열상을 극복할 구체적인 프로그램과 이와 연관된 사회국가적인 원리를 명료하게 정식화하지는 못했다. 그럼에도 불구하고 이제까지 나는 헤겔의 시민사회와 국가의 변증법적인 매개 이론이 현재에도 그 유의미성을 전혀 상실하지 않음을 분명히 하려고 시도하였다. 이 시도에서 나는 근대의 시장사회가 갖고 있는 긍정성과 부정성을 둘러싼 문제점들에 대해 헤겔의 시민사회 이론이 어떤 의미를 지니는가를 밝히는 데 주안점을 두었다.

현재 우리나라에서 진행되는 신자유주의를 둘러싼 논쟁 역시 경제 영역의 국가로부터의 자립화(가령 관치 경제의 극복) 내지 분화의 필요성과 동시에 분화 속에 내재한 사회적 연대를 파괴할 잠재력(가령 사회적 불평등의 문제나 구조조정을 통해서 발생하는 실업자 문제 등)을 둘러싼 논쟁의 한국적 현상으로 이해할 수 있을 것이다. 우리는 이러한 분화 자체를 거부할 필요는 없으나, 동시에 시장경제 지상주의를 비판·극복해야 한다. 자본주의적인 시장경제 지상주의자들이 주장하듯이, 시장경제는 자동 기계나 자발적인 질서는 아니기 때문이다. 특정한 정치적·법적 조건들 외에도 사회적 전제조건들 없이는 자본주의적인 시장경제 체제는 결코 제대로 기능할 수 없다. 그러므로 시장경제 체제의 절대적 자립화와 시장경제 원리가 다른 사회 영역을 전일적으로 지배하는 것을 제어할 수 있는 법적·정치적·문화적 장치들을 마련해야 할 것이다. 이러한 과제들을 실현하는 데 국가가 적극적인 역할을 담당할 수 있음을 강조할

---

87) M.-O. Hardimon, 앞의 책, p. 197.

필요가 있다. 세계화의 진행 과정에서 다시 첨예하게 대두되고 있는 '사회 문제'를 무시하는 것은 결코 바람직한 자세가 아니다. 사회 문제는 정치의 근본 문제의 하나로 등장하고 있다. 사회 문제 내지 사회 통합의 문제는 민주주의의 장래와도 밀접하게 연결되어 있다.

사회 문제를 해결하는 국가의 긍정적인 역할과 기능을 인정하는 자세가 바로 시장질서의 전면적인 부정으로 곡해되어서는 곤란하다. 분화 과정의 불확실성과 위험성을 지나치게 강조함으로써, 분화 과정을 거부하려는 시도 역시 시장경제 지상주의 못지않게 위험해 보인다. 옛 소련 및 동유럽 공산주의의 참담한 실패는 논외로 치더라도 우리는 유럽의 사회복지국가의 실현 과정에서 발생한 문제점들을 무시하거나 도외시할 수 없다. 사회복지국가는 경제 과정에 대한 국가의 능동적 개입이 시민사회 주체들의 자율성을 고양하고 확장할 것이라는 믿음에서 출발했으나, 이러한 믿음은 근거가 없는 것으로 드러났다. 사회복지국가의 확장은 역설적으로 국가의 구성원들을 수동적인 존재로 전락시켰다. 여기에서 우리는 사람들 사이의 공동체적인 삶은 결코 타율적으로, 국가의 관료적인 상명하달식 작용이나 전통에 대한 단순한 호소로 이루어질 수 있는 것이 아니라, 공동체 구성원들 스스로가 형성해나가야 할 과제라는 커다란 교훈을 얻을 수 있다. 돈이나 국가 권력은 인간의 공동체적인 삶을 형성하는 데 필요조건이지 충분조건이 될 수 없는 것이다. 그러므로 사회국가적 기획을 포기하지 않고 그 이념을 계속 발전시키기 위해서는 시민사회와 국가의 새로운 관계 설정이 필요하다.[88]

시민사회와 국가의 관계를 새롭게 설정하려고 노력할 때 우리가 염두에 두어야 할 것은 국가의 적극적인 활동에 대한 강조가 시민들이 공공 영역에 적극

---

[88] 현대에서 진행되고 있는 민주주의의 발전과 사회국가의 요청에 따른 국가의 사회 간섭 증대 상황과 관련해서 국가와 사회의 분리는 그 이론적인 정당성을 획득하기 힘들다는 견해가 널리 퍼져 있다. 그럼에도 국가와 사회의 구별이 어떤 의미에서 여전히 유효한가에 대한 아주 설득력 있는 주장으로는 뵈켄퍼르데의 논문을 참조하기 바란다. E.-W. Böckenförde, "Die Bedeutung der Unterscheidung von Staat und Gesellschaft im demokratischen Sozialstaat der Gegenwart," *Recht, Staat, Freiheit*, Frankfurt, 1992, S. 209 이하.

적으로 참여하여 스스로 운명을 결정하려는 정치적 힘과 능력을 밑으로부터 조직해내고 형성해내는 활동을 대신할 수 없다는 점이다. 그런 점에서 헤겔은 시민들의 자발적인 결사체를 통한 공공의식의 경험이 지니는 의미를 강조한다. 시장과 국가와 구별되는 중간 영역으로서 시민사회 공간이 갖는 정치적 역할의 중요성을 강조하는 것이 최소주의적인 국가이론으로 귀결될 필요가 없다는 것이 헤겔의 국가이론이 보여주는 중요한 통찰의 하나라고 생각한다. 헤겔 정치철학의 탁월성은 국가의 적극적인 활동에 대한 강조가 정치적 공적 생활에 대한 시민들의 자율적인 참여와 반드시 대립하는 것은 아니라는 통찰에 있다. 헤겔은 정치적 삶과 사적인 삶, 공적 영역과 사적 영역의 양분론적 관점을 벗어나 있다. 앞에서 살펴본 것처럼 헤겔은 국가의 경제 정책이나 사회 정책적인 수단들을 통한 시민사회의 모순을 통제하려는 활동이 시민사회의 내적인 한계로 인해 발생한다고 이해한다. 즉 사회복지국가적인 활동은 헤겔의 체계에 의하면 인륜적 이념의 최고 형태가 실현될 수 있는 전제조건의 하나이다. 헤겔에게서 인륜적 이념의 최고 형태는 주지하다시피 바로 국가이다.

제9장

시민사회와 국가의 매개: 대의제와 여론

들어가는 말

현재 서구에서뿐 아니라 우리나라의 인문학계에서도 시민사회와 시민운동에 대한 관심이 증대되고 있다. 이와 더불어 시민사회 이론도 활발하게 연구되고 있다. 시민사회에 대한 이론적 관심은 새로운 현상이 아니라는 점에서 일종의 재발견 내지 르네상스라고 할 수 있다. 시민사회 이론의 르네상스는 여러 요인들이 복합적으로 작용한 결과이다. 시민사회가 다시금 학문적·실천적인 관심 대상으로 떠오르게 된 데에는 대략 다음 세 가지가 중요한 역할을 했다.

첫째로 동유럽 현실 공산주의의 몰락 과정에서 시민사회의 역할을 들 수 있다. 옛 소련과 동유럽 공산주의의 전체주의적이고 독재적인 국가권력에 대항하여 투쟁했던 수많은 지식인과 개혁 세력들은 자신들의 민주화 운동을 '국가에 대한 시민사회의 반란'(the revolt of civil society against the state)이라고 주장했다. 실제로 옛 공산주의 국가들의 관료적이고 억압적인 일당독재 체제, 중공업 중심의 중앙 집권적인 계획경제 질서는 자유롭고 평등한 시민들의 모든 자발적인 활동에 대한 감시와 억압의 일상적인 체제로 귀결되었다. 이런 전체주의적인 국가 권력에 대한 투쟁에서 동유럽 개혁 세력과 지식인들은 국가와 사회의 자유주의적인 분리 그리고 시민들 자신이 스스로 선택한 정치적 활동을 자유롭게 추구할 수 있는 독립적이고 활력적인 시민사회의 창출을 위한 노력을 감행했고 그 결과는 우리가 이미 익히 알고 있는 것과 같이 제2차 세계대전 후에 형성된 자유민주주의적인 서구 세계와 현실 공산주의 세계 사이의 냉전적 긴장과 대립의 혁명적인 해소였다. 그래서 1980년 이후의 동유럽 사회주의 국가들의 몰락은 정치적·시민적 권리들의 중요성과 함께 다수 정당 체계와 중앙 집권적인 국가 권력에서 시민사회의 분리가 지니는 의미를 다시금 숙고하는 계기를 부여했다. 동유럽 사회주의의 몰락은 민주적인 정치질서에서 국가와 시민사회의 구별과 분리는 없어서는 안 되는 필수적인 구성 요소의 하나임을 입증하는 것으로 여겨졌다. 이런 관점은 제3세계 국가들을 포함하여 전 세계적 차원에서 민주주의가 확산되면서 더욱더 설득력을 얻게 되었다. 서구 자유민주주의의 우월성에 대한 믿음은 동유럽 사회주의의 붕괴 과정에서 다시 극적으로 나타났다. 후쿠야마는 서구 자유민주주의의 보편화가 인류의 이데올로기적 진화의 종착점이자 인간들이 수립할 수 있는 정부의 최종적 형태라고 주장하였다. 이런 주장에 기초하여 그는 냉전질서의 붕괴 과정에서 서구 자유민주주의의 승리를 '역사의 종언'이라고 선언하였다.[1)]

둘째로 언급되어야 할 점은 서구 복지국가의 실행 과정에서 나타난 국가 및 관료 제도의 지나친 비대화와 결부된 문제의식이다. 옛 소련과 동유럽의 현실 사회주의 국가가 보여준 실패 그리고 전 세계 여러 지역에서 민주주의의 확산과 더불어 서유럽 복지국가의 부정적 산물에 대한 비판의 확산은 시민사회와 이에 대한 이론적 관심을 불러일으킨 또 다른 중요한 요인이다. 소위 '국가의 실패'로 일컬어지는 제2차 세계대전 후 서유럽 복지국가가 보여준 예기치 않은 부작용들은 그것이 이룩한 엄청난 업적들에도 불구하고 시민사회와 시장

----

1) 후쿠야마, 『역사의 종말』.

의 영역에 대한 국가의 직접적인 개입의 정당성과 그 정도 및 한계를 둘러싸고 첨예한 이론적 갈등들을 일으켰다. 물론 서구 복지국가의 문제점들에 대한 반성은 우파적인 시각에 국한된 현상은 아니다. 많은 좌파 이론가들이 세계화라는 변화된 상황에서도 여전히 서구 복지국가가 이룩한 업적들을 수호하려는 태도를 보이고 있지만, 그들 역시 서구 복지국가의 실현 과정에서 드러난 국가와 사회의 결합이 보여주는 여러 모순들을 도외시할 수는 없다. 전후 복지국가의 모순들과 구조적인 취약성에 대한 철저한 반성은 사회적 연대성의 회복이라는 복지국가 이념의 지속적인 유지를 위해서도 필요하다. 복지국가의 모순과 문제점을 성찰할 때 시민사회 이론은 아주 중요한 의미를 지닌다.

셋째로 시민사회에 대한 관심이 활발해지는 데 크게 기여한 것은 미국에서 벌어진 시민사회에 대한 논쟁이다. 미국에서 시민사회에 대한 담론은 소위 '사회 자본'(Social capital)이라 불리는 사회적 신뢰의 문제를 중심으로 이루어진다. 이런 논쟁에서 중요한 역할을 한 사람은 로버트 퍼트넘이다.[2] 그는 시민 활동 및 사회생활 참여 약화 현상을 설명하는 방법으로 사회자본을 거론하면서, 미국에서 감소하는 사회자본의 현상을 경험적으로 분석하였다. 그 분석에 의하면 1980년과 1993년 사이에 미국에서 볼링을 하는 사람의 총수는 10퍼센트 증가를 보였지만 연맹 형식의 볼링은 40퍼센트가 감소했다는 것이다. 퍼트넘은 혼자서 볼링을 하는 사람의 증가 추세를 미국에서 단체 생활이 퇴락했다는 상징으로 사용한다.[3]

우리 학계에서도 1990년대에 이르러 시민사회에 대한 관심이 높아졌고 이에 따라 시민사회에 대한 이론적 탐구가 등장하였다. 이런 현상은 한국 사회 역시 세계적 차원의 변화에서 예외 지역일 수 없었다는 점과 연관이 있다. 우리나라도 1987년 6월 민주화 항쟁을 계기로 민주주의를 향해 점진적 변화의

---

[2] R. Putnam, *Bowling Alone: The Collapse and Revival of American Community*, New York/London, 2000.

[3] R. 벨라 외 지음, 『미국인의 사고와 관습: 개인주의와 책임감』, 김명숙 외 옮김, 나남출판, 2001, 24쪽 이하.

길을 걷게 되었다. 나아가 정치적 민주화의 진전과 더불어 사회운동 세력도 분화를 경험하면서 다양한 시민운동이 활발하게 전개되었다. 한국 사회에서 사회 구성의 복잡화와 민주주의의 성공적 진전에 따라 시민사회 및 시민단체 활동이 활발해지면서 시민사회에 대한 이론적·실천적 관심도 매우 높아졌다.[4)]

시민사회에 대한 접근 방식은 다양하다. 새로이 각광받는 시민사회와 이에 대한 이론적 관심에서 주목할 만한 현상은 헤겔의 시민사회 이론에 대한 관심의 부활이다. 실로 헤겔의 시민사회 이론은 근대 이전의 시민사회 이론과 근대에 발생한 로크 및 몽테스키외의 시민사회 이론과 같은 여러 시민사회 이론을 종합한 것이며, 19세기 후반기와 20세기 시민사회 이론의 발전의 출발점이기도 하다. 그렇다고 해도 헤겔의 시민사회 이론은 과거의 이론가들이 시민사회를 어떻게 이해했는가 하는 역사적인 연구 대상으로 국한되지는 않는다. 그의 이론은 보다 설득력 있고 현실에 적합하면서도 규범적인 새로운 시민사회 이론의 형성에서도 여전히 의미 있는 지적 통찰의 원천이다.

이 장에서 나는 시민사회와 국가의 분리 그리고 이 두 영역 사이의 매개에 대한 헤겔의 이론의 중요성을 검토해보고자 한다. 그 과정에서 헤겔의 시민사회 이론이 현재 시민사회의 이론적 논쟁에서도 여전히 의미 있다는 것이 자연스럽게 부각될 것이다. 이런 연구 의도는 널리 퍼져 있는 기존의 헤겔 시민사회 이론에 대한 일면적 이해를 비판하고 교정하는 작업과도 연결되어 있다. 이 글에서 좀더 상세하게 언급되겠지만 헤겔이 시민사회를 시장사회로 단순화하고 시민사회를 부정적으로 평가했다는 견해가 서구에서뿐 아니라 우리나라 학계에서도 많이 받아들여지고 있다. 이 글은 헤겔의 시민사회 이론에 대한 이런 견해는 헤겔이 전개한 시민사회 이론의 풍부하고 다차원적인 모습을

---

4) 우리 인문학계에서 시민사회와 시민운동에 대한 이론적·실천적 관심의 결과물은 『시민사회와 시민운동』(유팔무·김호기 엮음, 한울, 1996)과 『시민사회와 시민운동 2』(유팔무·김정훈 엮음, 한울, 2001) 등을 들 수 있다. 그러나 여기에서의 이론적 결과는 주로 사회학자들의 것이다. 현재 철학적 차원에서 시민사회에 대한 진지한 이론적 탐구는 우리 학계에서 그리 활성화되어 있는 것은 아니다. 이런 지적 공백을 극복하고자 하는 것이 이 글의 하나의 목적일 수 있을 것이다.

그려내지 못하고 있음을 분명하게 보여줄 것이다. 그러므로 이 글은 사회학이나 정치학처럼 시민사회를 이론적 탐구 대상으로 하는 인접 학문과의 소통을 촉진하는 데도 일정한 기여를 할 것으로 기대한다.

I. 시민사회 개념의 혁신과 그 의의

요즈음 세계적 차원에서 시민사회 형성에 대한 관심이 일고 있다. 그에 따라 세계시민사회에 대한 구상을 둘러싼 논쟁이 진행된다. 이런 현상은 세계화의 급속한 진전과 결합되어 있다. 그렇지만 일반적으로 시민사회 개념은 일국적 차원의 범주로 간주되어왔다. 근대적인 시민사회는 국가로부터의 근대 자본주의적 시장경제 체제의 자립화와 밀접하게 연결되어 형성되어왔을 뿐 아니라, 시민사회의 개념 형성에서도 국가로부터 독립된 다양한 형태의 자율적인 비정부 기구나 조직이나 생활 형태들의 발생 및 그 기능에 대한 분석은 커다란 의미를 지닌다. 그렇다고 시민사회의 개념이 단순히 서구의 근대 사회에 고유한 것으로 이해해서는 곤란하다. 역사적으로 시민사회 이론은 크게 세 가지로 구별된다. 고전적인 의미의 시민사회 개념과 근대 자유주의적인 흐름에서 기인하는 두 가지 상이한 시민사회 개념이 바로 그것이다. 근대에 등장한 시민사회의 두 흐름은 시장 지향적 사회를 시민사회와 동일시하는 홉스나 로크와 연관된 입장과 몽테스키외가 발전시킨 입장으로 정리될 수 있다. 몽테스키외는 시민사회를 자발적인 결사체들로 구성된 영역으로 보면서 이 영역이 개인과 국가 사이를 매개한다고 보았다.[5] 나는 헤겔의 시민사회 이론을 고전적인 의미의 시민사회와 두 개의 근대 자유주의적인 시민사회 이론을 국가이론 속에 체계적으로 통합하려는 이론으로 볼 것이다.

시민사회의 영어 표현인 civil society의 개념사적 연구에 의하면, 이 개념은

---

5) J. Ehrenberg, *Civil Society: The Critical History of an Idea*, New York/London, 1999, p. 144.

고대 그리스의 용어인 politike koinonia와 이 단어의 라틴어적 표현인 societas civilis에서 유래한 것이다. 고대 그리스적인 문맥에서 보자면 용어는 동일하지만 그 내용은 현대 시민사회의 그것과 사뭇 다르다. 고대 그리스의 민주주의와 로마의 공화정 역사에서 기원하는 고전적인 시민사회에 대한 해석에서 시민사회는 "정치적으로 조직화된 국가"(politically organized commonwealths)로 간주되었다.[6]

시민사회에 대한 고전적인 개념은 인간을 정치적 동물(zoon politikon)로 파악하여 정치 공동체를 인간 존재의 내적인 목적 실현과의 연관 속에서 파악한 아리스토텔레스의 이론과 맞닿아 있다. 고대 그리스의 도시국가인 폴리스는 정치적 결합체(politike koinonia)로서 "법적으로 제한된 통치의 체계 속에서 자유롭고 평등한 시민들의 윤리적-정치적 공동체로서 정의된다."[7]

시민사회에 대한 고전적인 관념과 개념을 지배해왔던 패러다임은 근대에 들어와 급격한 변화를 겪는다. 이 급격한 변화의 배경에는 근대의 지배적인 질서인 국민국가적 차원에서의 시장과 민족(국민)국가(nation-state)의 등장이 존재한다. 근대의 국민국가 및 자율적인 시장 체계의 등장과 더불어 시민사회에 대한 관점은 근본적으로 변화되어 고전적인 것과는 전적으로 다른 차원의 것으로 이해된다. 근대 시민사회는 정치사회적인 의미가 아니라 "생산, 개인적 이익, 경쟁 그리고 욕구(필요)에 의해서 가능해진 문명"(a civilization made possible by production, individual interest, competition, and need)으로 이해되기 시작했다. 물론 시민사회에 대한 이런 관점은 근대에 등장한 시민사회에 대한 유일한 접근 방식은 아니다. 근대의 시민사회에 대한 새로운 접근 방식은 시민사회를 "자유에 봉사하고 중앙 집중적인 제도들의 권력을 제한하는 지금은 널리 알려진 중간 조직의 영역"(the now-familiar sphere of intermediate association that serves liberty and limits the power of central institutions)으로 파악하는

---

6) 같은 책, xi.
7) J. Cohen/A. Arato, *Civil Society and Political Theory*, Cambridge/Massachusetts/London, 1992, p. 84.

것이다.[8] 그래서 근대에 등장한 시민사회의 중요한 두 갈래 중 첫째 관점에서 시민사회는 사적 개인들의 이익 추구에 의해서 형성된 시장의 영역과 동일시되는 경향이 있는 데 반해, 둘째 흐름에서 결정적인 의미를 지니는 것은 개인과 국가를 연결해주는 다양한 형태의 중간 혹은 매개 조직들이다. 이 관점에서 중요한 사람은 바로 몽테스키외였다. 그는 왕과 인민의 중간에 위치한 중간 권력이 파괴되는 경우에 발생할 자유의 상실에 대한 두려움을 표현했다.

테일러는 근대의 대표적인 두 가지 시민사회 개념을 '로크의 흐름'(L-stream)과 '몽테스키외의 흐름'(M-stream)이라고 명명한다.[9] 그럼에도 헤겔 이전의 근대 시민사회 이론은 근본적으로 국가이론이었다. 즉 국가는 항상 시민사회와 동일한 것으로 간주되었다. 로크나 홉스 역시 시민사회를 국가와 동의어로 사용한다.[10] 로크는 정치사회와 시민사회의 동일성을 다음과 같이 표현한다. "그러므로 일정한 수의 사람들이 서로 결합하여 하나의 사회를 형성하고, 각자 모두 자연법의 집행권을 포기하여 그것을 공동체(the public)에게 양도하는 곳에서만 비로소 정치사회(political society) 또는 시민사회(civil society)가 존재하게 된다."[11] 칸트 역시 『도덕 형이상학』 제1부인 '법론'에서 국가를 civitas로 규정하고 있으며, societas civilis를 국가(Staat)라고 부른다(AA VI, 313 이하). 헤겔 역시 시민적인 것(das bürgerliche)과 정치적인 것(das Politische)의 고대적인 동일성을 잘 인식하고 있었다. "이른바 이론들의 관념 속에서 **시민사회**의 **신분** 일반과 **정치적** 의미에서의 **신분**이 크게 분리되어 있다고 할지라도, 언어는 이전에 원래 존재했던 동일성을 아직도 보존하고 있다"(7, 474).

앞에서 살펴본 것처럼 홉스, 로크 그리고 칸트는 용어상으로는 아리스토텔레스와 키케로 등의 고전적인 사상가들과 동일한 입장을 취하고 있다. 물론 그들이 시민사회로 염두에 두고 있는 것과 고전적인 시민사회=국가의 함의는

---

8) J. Ehrenberg, 앞의 책, xi.
9) Ch. Taylor, *Philosophical Arguments*, Cambridge, 1997, p. 215.
10) Thomas Hobbes, *Vom Menschen. Vom Bürger. Elemente der Philosophie II/III*, eingeleitet und herausgegeben von G. Gawlick, Hamburg, 1994, S. 128 참조.
11) 로크, 『통치론』, 85쪽.

근본적으로 다르긴 하지만 말이다. 시민사회를 중간 영역으로 바라보아 헤겔의 시민사회 이론과 현대적인 시민사회 담론의 전개에 알렉시스 드 토크빌과 함께 커다란 영향을 끼치고 있는 몽테스키외는 국가와 시민사회의 헤겔적인 구별을 어느 정도 준비하고 있다고 볼 수 있다. 그렇지만 헤겔처럼 명시적이고 체계적인 방식으로 국가와 시민사회의 구별을 이론적으로 전개하지는 못했다.[12]

헤겔은 국가와 시민사회가 혼동되어서는 안 된다고 말한다. "만일 국가가 시민사회와 혼동되고, 국가의 사명이 소유 및 개인적 자유의 보증과 보호에 있다고 한다면, **개인들 자체의 이익**이 궁극 목적이고 이 목적을 위해 그들이 결합되는 것이다. 그리고 마찬가지로 이로부터 국가의 성원이라는 것은 어떤 자의적인 것이라는 점이 뒤따라온다"(7, 399). 시민사회와 국가의 구별은 헤겔의 성숙한 사회·정치철학에서 근본적인 의미를 지닌다. 헤겔도 시민사회와 국가의 구별을 후기에 이르러서야 비로소 분명하게 개념적인 방식으로 정식화하고 있기 때문이다. 리델이 주장하는 것처럼 헤겔은 시민사회(die bürgerliche Gesellschaft)라는 용어를 1820년의 『법철학』 이전에는 전혀 사용하지 않았다.[13]

시민사회와 국가의 구별을 통해서 헤겔은 비로소 그 이전과 구별되는 근대의 고유한 상황에 대한 학적 인식의 틀을 확정할 수 있었을 뿐 아니라, 근대의 상황에 적합한 정치철학을 구성할 수 있었다. 이제 근대에서 영국의 산업혁명과 프랑스 혁명을 통해서 세계사의 전면에 등장한 부르주아(bourgeois)적인 의미의 자유가 역사적인 필연성으로 인식되고 긍정적인 의미를 지닌 것으로 간주되기에 이른다. 헤겔의 시민사회와 국가의 구별이 지니는 학문적인 의미에

---

12) 테일러에 의하면 몽테스키외는 국가와 시민사회의 구별을 제시하고 있다. Ch. Taylor, 앞의 책, p. 215 참조. 몽테스키외는 참여적인 자치가 내재적인 가치를 갖고 있다고 보는 '시민적 인문주의자'(civic humanist)로 불릴 정도로 고대 폴리스나 공화국을 모델로 상정한 사람이었다. 이런 시민적 인문주의적 전통에 속하는 사람들로 테일러는 몽테스키외 외에도 마키아벨리와 토크빌 그리고 아렌트를 거론한다(같은 책, p. 141 참조).

13) M. Riedel, *Studien zu Hegels Rechtsphilosophie*, S. 153 참조.

대해서 리델은 다음과 같이 말한다. "사회생활이 그 자체에서—칸트도 시민을 여전히 라틴어 cives로 설명하고 있는 것처럼 시민의 권리 능력에 있어서—이미 정치적이었고 또한 그렇게 헌법적으로 구성된 인간 세계의 정치적 신분(status politicus)은 지배 가문적 혹은 신분적 계층에서의 원래 '경제적인' 그리고 '사회적인' 요소들을 자체 내에 편입된 것으로 포함하고 있었기 때문에, 아리스토텔레스에서 칸트에 이르기까지 정치학적 형이상학의 위대한 전통이 국가를 시민사회로 기술한 데 반해, 헤겔은 국가의 정치적 영역을 이제 [근대의 사적 개인인 부르주아들로 구성된 의미에서] '시민적으로'(bürgerlich) 된 '사회'(Gesellschaft)의 영역과 분리한다. 여기에서 '시민적'이라는 표현은 그 어원적인 의미와는 반대로 우선 '사회적'인 내용을 지니게 되고 18세기에서도 여전히 그러했던 것처럼 '정치적'이라는 용어와 같은 의미로는 더 이상 사용되지 않게 되었다."[14]

헤겔은 시민사회와 국가의 구별을 통해서 한편으로는 근대의 사회계약론적이고 자유주의적인 국가이론의 일면성을 극복할 수 있는 이론적 단초를 마련한다. 헤겔은 근대의 사회계약론자들이 국가의 고유한 지평을 인식하지 못하고 국가를 사적인 이익 추구를 위해 형성된 결사체로 혼동하였다는 것이다. 그러므로 그들은 시민사회에 적용되어야만 하는 관점을 무비판적으로 국가에도 적용하는 오류를 범하고 있다는 것이다. 사회계약론에 대한 헤겔의 비판은 여전히 그 현실성을 띠고 있다. '헤겔의 비판에 대한 답변'이라는 장에서 사회계약론에 대한 헤겔의 비판을 다루면서 롤스가 지적하듯이, 홉스와 로크의 이론뿐 아니라 노직으로 대표되는 자유 지상주의적인 입장은 헤겔의 반론을 피하지 못하기 때문이다.[15]

시민사회와 국가의 구별은 헤겔로 하여금 근대의 자유주의적인 정치철학적 관점의 한계를 넘어서도록 도움을 주는 데 그치지 않는다. 그 외에도 헤겔은

---

14) 같은 책, S. 146.
15) 롤스, 『정치적 자유주의』, 353쪽 이하 참조. 그는 칸트적인 유형의 사회계약론은 절차적인 방식으로 재구성된다면 헤겔의 반론을 피할 수 있는 것으로 생각한다.

시민사회와 국가의 구별 그리고 다양한 매개체로 이 둘 사이의 결합을 시도하면서 근대의 고유한 특성인 사적 개인과 공적 시민, 국가와 개인, 국가와 사회, 그리고 고대적 자유와 근대적 자유 등등의 온갖 대립을 극복할 수 있는 풍부한 이론적 단초들을 제공한다. 그럼으로써 헤겔은 현재에 이르는 시민사회이론의 발전에 결정적인 기여를 했다. 시민사회와 국가의 구별에 의거하여 헤겔은 산업혁명과 프랑스 혁명을 통해 정립된 근대 유럽에서의 사회적·경제적·정치적 구조의 커다란 변화 상황을 적절하게 이해할 수 있는 개념적인 틀을 제공하였다. 뿐만 아니라 근대 시대를 괴롭히는 소외 현상이 근대의 부르주아적 사회 문제와 깊이 연관되어 있다는 점을 명확하게 보여줌으로써 사회철학 및 비판적 사회이론의 발전에 큰 공헌을 했다.

현재 국가와 사회의 구별이 어떤 의미가 있는가에 대해서 헌법이론적인 차원에서도 많은 논의가 되고 있다. 그 논의의 출발점을 이루는 것은 국가와 사회의 구별은 19세기에 속하는 현상이고, 20세기에는 국가와 사회 사이의 결합이 발생했다는 인식이다. 그리고 이 인식은 현대 민주주의의 발전과 민주적인 사회(복지)국가가 유럽에서 대세로 등장하는 현상과 깊이 결부되어 있다. 그래서 국가와 사회의 문제는 특별한 현실성을 띠는 문제로 등장하고 있고 또 헌법학에서 핵심적 문제가 되고 있다.[16] 독일에서 에른스트 포르스토프(Ernst Forsthoff), 에른스트 볼프강 뵈켄푀르데 그리고 클라인(H.-H. Klein) 등이 제기한, 국가와 사회의 구별이 자유의 보호에서 핵심적 요소 혹은 "국가의 기초적 구조 요소"(das fundamentale Strukturelement der Staatlichkeit)로 인정되어야 한다는 견해에 대해서 국가와 사회의 구별이 이원론적인 것으로 받아들여서는 안 된다고 반론을 제기하는 콘라트 헤세 역시 이 구별의 중요성을 전적으로 거부하지는 않는다. 헤세 역시 뵈켄푀르데가 제시하는 관점, 즉 국가와 사회의 구별을 기능적 차이로 받아들여야 한다는 주장을 긍정적으로 본다.[17] 뵈켄

---

16) E.-W. Böckenförde, "Die Bedeutung der Unterscheidung von Staat und Gesellschaft im demokratischen Sozialstaat der Gegenwart," *Recht, Staat, Freiheit*, S. 209 이하 참조. 콘라트 헤세(Konrad Hesse), 『헌법의 기초이론』, 계희열 옮김, 박영사, 2001, 36쪽 참조.

뵈르데에 의하면 사회와 국가의 구별은 민주적인 사회국가에서도 헌법상의 의미를 지닌다. 이 둘 사이의 구별이 완전 해체되는 경우는 결국 인간의 기본적 자유의 보장이 불가능하고 사회는 전체주의 사회가 될 것이기 때문이다.[18] 국가와 사회의 구별 문제는 헌법이론적인 문제로서 헌법학자들만 관심을 갖는 문제가 아니다. 예를 들어 현대의 정치철학자로서 유명한 테일러 역시 국가와 시민사회의 구별은 인간의 자유 실현에서 기본 조건의 하나라고 본다. "그래서 사람들은 구별〔국가와 시민사회〕이 자유를 보존하는 것이 무엇인가에 관한 우리들의 개념에 본질적이라고 주장할 수 있다."[19]

하버마스 같은 독일의 대표적인 진보학자도 사회복지국가의 진행 과정에서 발생한 여러 부정적인 문제점들을 성찰하는 과정에서 시민사회와 국가의 구별 문제에 다시 새롭게 접근한다. 그는 『공론장의 구조변동』(Sturkturwandel der Öffentlichkeit)의 1990년 신판 서문에서 1961년에 출판된 책의 주요한 논제를 비판적으로 언급하는 과정에서 서구 복지국가에 대한 자신의 변화된 생각을 분명하게 서술한다. 물론 그는 서구 복지국가의 이념 자체를 거부하지는 않는다. 그러나 그가 이 책을 서술하던 당시에 옹호하고자 했던 민주주의 이론은 "민주적 · 사회적 법치국가의 사회주의적 민주주의로의 발전이라는 아벤트로트의 구상"이었다. 이 이론에 영향을 받아 하버마스는 당시에 민주적 통제를 경제 과정 전체로 확장하는 것을 긍정하였다. 그러나 이런 구상은 현재의 기능적으로 분화된 사회에서 구현 불가능할 뿐 아니라 바람직하지도 않다. 하버마스가 강조하듯이 "국가사회주의의 파산은, 시장이 조정하는 근대의 경제체제에서 화폐를 행정 권력과 민주적 의사 결정으로 임의로 치환하는 경우 그 능률을 위협할 수밖에 없다는 사실을 다시금 확인"시켜주고 있기 때문이다.

---

17) 같은 책, 36쪽 이하 그리고 헤세, 『통일독일헌법원론』, 계희열 옮김, 박영사, 2001, 11쪽 이하 참조.
18) E.-W. Böckenförde, 앞의 글, 앞의 책, S. 209 이하 참조.
19) Ch. Taylor, 앞의 책, p. 223.

그리하여 하버마스는 급진적 민주주의의 규범적 이상을 고수하면서도 이제 "자본주의적으로 자립화한 경제체제와 관료적으로 자립화한 지배체제의 '지양'은 목표가 아니"라고 말한다. 이제 목표는 국가 권력과 경제체제의 논리가 생활 세계 영역을 침범하여 식민지화하는 것을 "민주적으로 저지하는 것"이다. 국가 권력과 자본주의적 경제체제에 의한 생활 세계의 식민지화를 저지하여 이 생활 세계를 "사회 통합의 연대력"으로 활용하면서 하버마스가 추구하는 것은 시장사회와 국가 지배의 철폐나 지양이 아니라, 국가권력과 자본주의적 경제체제 그리고 생활 세계라는 여러 사회 통합의 기제들 사이의 "새로운 균형"이다. 물론 권력 조정과 이익 조정 그리고 생활 세계에 뿌리박고 있는 의사소통적인 사회 통합력 사이의 균형에서 이제 비국가적이고 비시장사회적인 공적 영역에 대한 이론적 관심이 점점 더 중심적 위치를 차지한다. 그래서 하버마스는 시민사회(Zivilgesellschaft)의 재발견이라는 주제를 언급하면서 시민사회의 제도적 핵심으로 "자발적 토대 위에서 이루어진 비국가적이고 비경제적인 결사"들을 언급한다. 이렇게 하버마스는 현대 사회에서 시민사회의 중요성과 의미에 대하여 다시 주목할 필요가 있음을 강조한다.[20]

다시 헤겔의 시민사회 이론으로 돌아가자. 헤겔은 시민사회(bürgerliche Gesellschaft)를 인륜성(Sittlichkeit)의 필수적인 구성 요소의 하나로 간주한다. 시민사회는 가족 및 국가와 함께 인간의 자유 실현에 필연적인 영역이다. 시민사회가 국가와 분리된 것으로 간주함과 동시에 가족과 구별되는 것으로 생각하는 것은 고대적인 전통에서부터 칸트에 이르기까지 가계와 경제의 영역이 분리되지 않은 상태와 비교할 때, 헤겔의 용어 사용이 얼마나 근대 시대의 변화된 상황을 정확하게 반영하고 있는가를 잘 보여준다. 주지하듯이 아리스토텔레스에서 칸트에 이르기까지 경제는 가족 경제의 일부로서 이해되어 가족과 깊게 결부되어 있었지만, 헤겔은 가족 및 국가와 구별되는 시민사회라는 용어를 통해서 가족 및 국가에서 자립한 근대 사회를 철학적으로 파악하고 있

---

20) 하버마스, 『공론장의 구조변동』, 한승완 옮김, 나남출판, 2001, 28쪽 이하, 특히 41쪽 참조.

기 때문이다.

앞에서 살펴본 것처럼 헤겔은 시민사회와 국가의 구별을 통해서 이 둘 사이를 혼동하는 이론적 관점들을 비판하고 근대의 상황에 적합한 그 자신만의 고유한 사회·정치철학의 토대를 만들었다. 그러나 그는 시민사회와 국가의 구별에 그치지 않고 이 두 영역이 어떻게 서로 조화될 수 있는가를 보여주고자 한다.

헤겔은 시민사회와 국가의 매개 이론에서 시민들 사이의 형식적 법적 권리의 평등성, 여론의 중요성, 권력분립, 재산과 영업 활동 및 언론과 출판의 자유에 기초한 대의 제도 등, 자유주의자들이 강조하는 이론적 전제들을 받아들인다. 헤겔은 시민사회를 비인간적이고 인간적인 소외와 모순이 내재된 사회로만 보는 것이 아니다. 모든 분화 속에는 파편화 및 극단적 분열과 대립으로 전개될 가능성이 존재하듯이 시민사회가 국가와 분리되는 현상은 항상 내부에 긴장을 안고 있다는 점을 헤겔은 분명하게 인식하고 있었다. 다만 그는 이 분리에서 등장하는 두 가지 편향을 극복하고자 하는 것이다. 그중 하나는 사적인 소유주들로 구성되는 시민사회를 국가와 동일시하거나, 국가를 개인의 사적인 권리 보호를 위한 도구로 바라보는 입장이다. 다른 하나는 시민사회와 국가의 분리에서 시민사회를 인간 사회에서의 모든 부패와 모순의 원천으로만 바라보고 이를 전적으로 부정하려는 입장이다. 따라서 시민사회를 비인간적인 소외의 현상 영역으로만 간주하는 입장은 헤겔적인 것이 아니라 마르크스주의적인 것이다.

헤겔은 근대 시민사회의 부르주아적 성격을 비판하고 있지만 그에게 시민사회는 시장사회와 동일한 것을 의미하지 않는다. 헤겔에서 시민사회는 시장사회적 요소인 '욕구의 체계'를 기반으로 하면서도 자유로운 독립적 개인들로 이루어진 다양한 결사체와 조직들로 구성된 영역으로서 비시장적인 공간이라는 의미를 함께 포함하고 있다. 그리고 이 시장과 구별되는 공공의 영역은 한편으로 시장이 안고 있는 사회 해체의 경향을 막아주는 기능을 담당할 뿐 아니라, 비시장적이고 비국가적인 제3섹터에서의 공공 생활보다 더 완전하고 보편적인 방식으로 인간의 자유를 보장해줄 국가로의 이행을 가능하게 해주는 영역이기도 한 것이다. 즉 국가 공동체의 윤리적 삶 내지 연대적 삶은 가족과 직업단체를 비롯한 다양한 결사체들에서 하는 공동의 활동과 경험을 통해서 보편적인 것을 위한 훈련 및 학습이 바탕이 되지 않으면 불가능하다는 것이 헤겔의 견해이다. 헤겔이 보기에 시민사회에서의 삶은 윤리적인 삶의 최고 단계로 설정되는 국가적인 공동체에서의 삶을 가능하게 하는 역할을 담당한다.

 그러나 이런 자유주의적 전제들은 인간의 자유를 실현하는 필요조건이지 충분조건이 아니라는 것이 헤겔의 입장이다. 그래서 헤겔은 자유의 실현을 보장할 수 있는 여러 전제조건들을 탐색하면서 전통적인 자유주의자들의 이론적 틀을 비판하고 그것의 한계를 넘어서고자 한다. 우리는 이미 이런 사례의 하나로 시장사회의 부의 불평등 구조를 조정할 국가의 개입을 찬성하고 있음을 강조한 바 있다. 헤겔은 국가가 인간의 자유의 이념을 실현하거나 증진할 수 있는 능력을 갖고 있다고 보았다. 바로 이런 시도가 많은 자유주의자들로 하여금 헤겔의 사회·정치철학을 반자유주의적이고 권위주의적인 사상으로 오독하게 만든 중요한 요인의 하나였다. 이런 해석은 국가의 개입과 시장의 자율성을 서로 배타적인 것으로 바라보는 입장을 전제한다. 그러나 헤겔이 보기에 국가의 시장 개입과 조정은 법치주의와 사적 재산권 보호와 같은 자유주의적인 기본권의 보장이라는 관점과 양립 가능하다. 로크류의 전통적인 자유주의자들과 현대의 신자유주의자들이 생각했던 것과는 달리 국가의 행동 영역을 확대하는 것이 반드시 개인의 사적 자유와 권리의 방해로 귀결되는 것은 아니다. 국가의 시장 영역에 대한 개입은 경제적 빈곤에 의해 시민들의 권리와 의무를 행사할 가능성을 전적으로 공허한 것으로 만드는 것을 저지하는 데 그 목적이 있고, 빈곤한 사람들의 경제 상황을 향상하는 일은 인간의 자유의 실질적인 발휘와 향유를 가로막는 장애물을 제거하는 것을 목적으로 삼고 있기 때문이다. 이런 문맥에서 헤겔은 국가가 시민사회보다 원리적인 의미에서 앞서고 시민사회는 국가를 전제하고 있어야만 한다고 말한다. "(역사적으로 볼 때) 시민사회가 국가보다 나중에 형성되었다고 할지라도, 그것은 [개념이 전개되는 차원에서 보면] 가족과 국가 사이에 등장하는 차이이다. 차이[의 단계]로서 시민사회는 존립하기 위해 시민사회가 독립적인 것으로서 자신에 앞서서 지녀야만 하는 국가를 전제하기 때문이다"(7, 339).

그러나 국가의 의미는 시장사회에서 파생하는 문제점들을 해결해주는 기능에만 제한되어 있지 않다. 헤겔의 입장에서 볼 때 로크적인 자유주의자들이 갖고 있는 또 다른 결정적인 한계는 자유에 대한 편협한 이해이다. 그들은 소위 국가로부터의 자유, 즉 소극적 내지 부정적 자유를 자유 자체로 보고, 고대적인 전통에서 유래하는 공동체에의 참여를 통해서 공동으로 통치하는 정치적 자유의 가치를 철저하게 망각하고 있다. 공동체의 구성원으로서 공공의 업무를 스스로 결정하는 행위는 다른 그 어떤 것을 달성하기 위한 수단으로 환원될 성질의 것이 아니다. 국가의 사명이 개인의 안전 및 소유의 보호 기능에 있다고 보는 사회계약론자들을 비판하는 이유도 바로 자치 이념의 내재적 가치에 대한 평가와 결합되어 있다. 그래서 헤겔은 국가의 존재 이유를 개인의 소유 및 개인적 자유의 안전 및 보호에서 구하려는 시도를 비판하면서 다음과 같이 말한다. "그러나 국가는 개인에 대해서 전적으로 다른 관계를 지닌다. 국가는 객관적인 정신인 한에서, 개인 자체는 국가의 일원인 경우에만 스스로 객관성, 진리 그리고 인륜성을 지닌다. **통합**(Vereinigung) 자체가 참다운 내용이고 목적이며, 개인의 사명은 보편적 삶을 영위하는 것이다"(7, 399). 헤겔에게서 인간의 자유 실현은 국가 속에서 비로소 그 궁극적인 단계에 이른다. 인간의 본성인 자유는 정치적 공동생활에서 비로소 궁극적으로 실현되기 때문이다. 각 개인에게 국가의 성원이라는 것은 자의적인 것이 아니라, 개성적이고 의미 있는 삶을 펼칠 수 있는 참다운 공간이라는 점에서 이성적인 것이다. 이로부터 우리는 헤겔이 고대 그리스 · 로마의 민주주의적이고 공화주의적인 전통을 이어받고 있음을 분명하게 인식할 수 있다.[21]

---

21) 하디몬 역시 헤겔이 국가 공동체에 소속되어 그것을 스스로 통치하는 것을 인간이 누릴 수

헤겔의 '시민사회와 국가의 변증법적 매개 이론'은 루소가 극적으로 표현한 인간(homme)과 공적 시민(citoyen)의 분열이라는 근대의 모순에 대한 학문적 대결의 산물이다. 사적 생활과 공적 생활의 분리는 루소의 '인간/공적 시민' 구분과 헤겔의 '부르주아적 시민(Bürger)/공적 시민(citoyen)' 구분으로 표현되었다.[22] 이 구분은 고대적 자유와 근대적 자유의 대립 내지 기독교적 전통과 고대 그리스적 전통 사이의 모순으로 표현할 수 있다. 또한 자유주의와 민주주의의 연관성으로 표현되기도 한다. 이는 자유의 근원적 의미에 대한 서로 다른 입장들 사이의 논쟁인 것이다. 이 논쟁에 실마리를 제공한 것은 국가의 부당한 개입으로부터 보호되어야 하는 각 개인의 권리를 강조하는 근대의 고전적 자유주의와 인간관이다. 고전적인 자유주의 이론은 고대적인 전통에 빠져 있는 자유의 의미를 분명하게 표현한다. 헤겔은 『철학사 강의』에서 아리스토텔레스의 정치학을 설명하면서 고대적 자유의 문제점을 다음과 같이 표현한다. "[근대의 부르주아적 의미에서] **시민적**(*bürgerliche*) 자유는 바로 보편자의 결여, 즉 고립의 원리이다. 그러나 시민적 자유(**부르주아**와 **시토엥**에 합당한 두 단어를 우리[독일 사람들]는 갖고 있지 않다)는 고대 국가가 알지 못했던 필연적인 계기이다"(19, 228). 헤겔이 보기에 근대적인 의미의 시민적 자유 내지 부정적 자유는 고대가 알지 못했던 것일 뿐 아니라 자유의 '필연적인 계기'이다.

그러나 루소는 헤겔과는 다르게 생각한다. 그는 근대 사회의 부르주아적 개인과 공적 시민 사이의 갈등을 해결할 적절한 해결책을 제시하는 데 성공하지 못하였다. 그는 부르주아를 온전한 의미에서의 인간도 아니고 고대 스파르타나 로마 공화정의 공적 시민도 아닌 존재로 바라보았을 뿐이다. 거칠게 말해

....
있는 지고지선의 것으로 바라고 있다는 점에서 그를 '공화주의자'로 규정한다(*Hegel's Social Philosophy: The Project of Reconciliation*, p. 210). 물론 헤겔의 정치철학이 고대의 공화주의적 사상에 커다란 영향을 받았다는 것은 새삼스러운 일이 아니다. 이미 일팅 역시 국가를 자유 실현의 궁극적인 토대이자 공간으로 파악하는 헤겔의 입장을 "공화주의적"이라고 말한다("Die Struktur der Hegelschen Rechtsphilosphie," *Materialien zu Hegels Rechtsphilosophie*, S. 64).
22) K. Löwith, *Von Hegel zu Nietzsche*, S. 300.

루소는 고대 공화주의적인 전통 속에서 발전된 공적 시민의 이상을 사적 소유를 중요시하는 부르주아적 인간상과 대비하고 이 공적 시민의 이상을 통해 사적 개인으로서의 부르주아적 삶의 방식을 극복 내지 대체하려고 시도했다. 물론 루소는 부르주아와 공적 시민 사이의 대립을 통해서 로크에게서 연원하는 사회에 대한 공리주의적인 견해, 즉 사회의 존재 이유가 그 구성원들의 재산권을 보호하는 데 있다는 관점이 인간과 사회에 대한 불충분한 이해임을 드러내는 데 성공했다. 그러나 루소는 근대의 상업과 소유 중심의 사회적 조건과 정치적 삶 사이에 존재하는 갈등과 상호 공존의 가능성을 종합적으로 조망하지 못했다. 간단하게 말해 자유로운 개인의 등장, 국가 내지 정치적 공동체와 구별되는 시민사회의 발전 그리고 사적 영역과 공적 영역의 분리가 인간의 자유로운 삶을 위한 필수적인 구성 요소라는 것을 인식하는 데 실패했다는 것이다.

루소의 실패와 프랑스 공포정치의 실패를 거울 삼아 헤겔은 사적 개인과 공적 시민의 변증법적 매개의 가능성을 추구하면서 근대의 시민사회적 조건 속에서 인간의 자유가 어떻게 제도적으로 실현(조직) 가능한가에 대한 심오한 통찰들을 보여주었다. 헤겔은 근대적인 주관적 자유, 그의 표현에 의하면 '고립의 원리'로서의 '시민적 자유'의 원리를 자체 내에 수용하는 근대적인 국가는 "보다 고차적인 자유"(höhere Freiheit)를 실현할 수 있었다(19, 228). 헤겔은 항상 고대의 공화주의적인 자유관과 근대의 자유주의적인 자유관을 양자택일의 대상으로 보지 않고 이 둘 사이의 변증법적인 매개를 통해서 비로소 진정한 의미의 자유가 가능함을 역설했던 것이다. 이런 점에서 헤겔은 자신의 정치철학을 루소나 칸트 그리고 홉스 및 로크와 구별될 뿐 아니라, 플라톤과 아리스토텔레스의 정치철학적 전통과도 구별되는 고유한 철학으로 완성할 수 있었던 것이다.

이런 헤겔 정치철학의 성공에 대해서 한 가지 사실을 덧붙인다면 그것은 몽테스키외가 헤겔에게 끼친 영향이다. 루소의 실패를 극복하면서 자신의 고유한 실천철학적 사유를 성숙시키는 과정에서 헤겔은 인간의 정치적 자유가 단지 고대 그리스의 도시국가나 고대 로마의 공화주의적인 공민들의 탁월한 정치적 덕성, 즉 애국심 못지않게 국가의 제도적 장치의 산물이라는 생각을 전개한 몽테스키외의 사상에 힘입은 바 크다. 몽테스키외의 자극으로부터 헤겔은 자유란 단지 탁월한 시민의 덕성의 산물이 아니라, 개인과 국가의 매개체로서 자발적인 결사체의 인정이나 권력분립과 같은 적절한 국가의 조직에 달려 있다는 생각을 발전시킬 수 있었다.[23] 그리고 그의 이런 철학적 통찰은 근대에서 형성된 부르주아 시민사회의 현상을 예리하게 인식하고 이런 현상을 이해하기 위해 고대 그리스의 정치 공동체라는 용어와 구별되는 부르주아 시민사회(bourgeois society), 즉 'die bürgerliche Gesellschaft'라는 용어를 산출한 이론적 혁신의 결과다. 앞에서도 언급했듯이 원래 어원적으로 보자면 시민사회(bürgerliche Gesellschaft)는 영어의 civil society와 마찬가지로 고대 그리스의 정치적 공동체를 의미하던 politike koinonia에서 유래한 것이다. 그러나 헤겔의 새로운 용어 사용법으로 인해 시민사회(bürgerliche Gesellschaft)는 근대적인 의미에서의 시민사회, 즉 국가에서 독립한 시장 활동을 포함하여 자유로운 인격체들의 자발적 결사체들로 구성된 활동 공간을 가리키는 것으로 변화되었다.

II. 정치적 국가의 원리: 입헌군주제와 헌법

앞에서 우리는 헤겔이 직업단체로 상징되는 중간 조직들, 즉 자유로운 시민들로 이루어진 다양한 자발적 결사체들에게 부여하는 중요성을 살펴보았다. 시민사회에서 형성되는 자발적인 결사체들은 근대 사회에서의 원자화 및 고립화 경향을 제어하고 시민들에게 보편성에 대한 관심을 불러일으키는 결정

------

[23] 헤겔은 『법철학』 273절에서 몽테스키외의 위대성을 찬양하면서도 군주제에 대한 그의 이론이 결국 봉건제적인 특성을 벗어나지 못했다고 비판한다. 헤겔이 보기에 몽테스키외는 "국내의 법적 관계"를 "개인과 직업단체의 사적 소유 및 특권"으로 간주하는 봉건적 사고에 사로잡혀 있기 때문이다(7, 438).

적인 매체임이 강조되었다. 그러나 결사체들에 의해서 실현되는 보편성과 특수성의 결합은 그 영역이 제한되어 있다는 점에서 불충분하다. 시민사회의 단체들 역시 국가의 통일을 전제로 하는 것이며 국가의 보호 및 감독이 없이는 폐쇄적인 파벌로 전락할 가능성이 있다. 그런 점에서 가족과 시민사회를 기초로 하는 국가는 이제 이 영역의 참다운 진리로 등장한다. 즉 국가에서의 보편적인 업무를 처리하는 데 참여하는 공동체적인 혹은 연대적인 삶 자체는 개인의 궁극적인 목적이다. 그래서 헤겔 『법철학』의 마지막 부분은 국가이다. 국가는 객관정신 이론의 마지막 단계이며 헤겔 사회·정치철학의 최종 단계이다. 헤겔에 의하면 국가는 자유의지 실현의 최종 단계이다. 달리 말하면 법적 이념이 국가에서 비로소 그 최종적인 실현에 도달한다는 것이다. 그래서 헤겔은 국가를 신적인 이념의 실현과도 결부한다. "국가가 존재하는 것은 세계에서의 신의 전개이고, 국가의 근거는 스스로를 의지로서 실현하는 이성이다"(7, 403).[24]

헤겔이 국가를 인륜적인 이념의 궁극적인 목적으로 보며 국가를 신적인 이념의 실현과 결부하고 있기 때문에, 이런 주장은 개인이 전적으로 전체를 위해서 헌신하고 희생해야 한다는 것을 옹호하는 것으로 흔히 오해되어왔다. 그리하여 전체는 모든 것이고 개인은 아무런 의미도 없다고 주장하는 것, 그리고 그런 국가를 신성시하는 것이 마치 헤겔의 국가철학이 주장하는 핵심적인 내용이라고 착각하고 비난하는 사람들이 있었지만, 우리는 그동안 그런 주장이 얼마나 헛되고 근거가 없는 것인가를 살펴보았다.[25] 국가를 신적인 것으로 묘사하는 표현을 보고서 국가의 신격화를 연상하고 곧바로 국가가 모든 것이라고 헤겔이 주장했을 것이라고 자동적으로 생각하는 것은 거의 조건 반사적인 반응에 지나지 않고 그만큼 그런 논리가 반복해서 주장되었음을 반증하는 것일 수도 있겠다.[26] 다만 이에 대해 두 가지만 간단하게 언급하겠다. 우선 헤

---

24) 헤겔은 국가를 신과 여러 차례 비교한다(7, 417; 7, 434).
25) 포퍼, 『열린 사회와 그 적들 II』, 63쪽 참조.
26) 아비네리가 지적하듯이 국가를 신적인 것으로 묘사하는 구절은 많은 헤겔 비판자들에게 "헤

겔은 국가뿐 아니라 역사, 가족, 헌법, 인간적 자연 그리고 이성 등을 "신적인" 것으로 표현한다는 점이다.[27] 그다음 다시금 강조해야 할 것은 헤겔은 『법철학』에서 주관의 특수성의 권리 혹은 "**주관적 자유의 권리**"를 "시민사회의 원리로서 그리고 정치적 헌법의 계기로서"(7, 233) 규정한다는 사실이다. 헤겔에 의하면 가족과 시민사회는 국가의 "공적 자유의 기둥들"이다. 그는 다음과 같이 말한다. "이들의 여러 제도들은 **헌법**을, 즉 발전하고 현실화된 합리성을 **특수성의 영역**에서 구성하는 것이며, 그러므로 이들의 여러 제도들은 국가의 확고한 기초임과 동시에 국가에 대한 개인들의 신뢰와 심정의 확고한 기초이다"(7, 412). 또 국가는 "가족과 시민사회라는 두 계기들이 국가 안에서 발전되어 있는 한에서만 생명을 지닌다"고 헤겔은 강조한다(7, 411).

국가에서의 '통일'은 가족과 시민사회의 다양성을 전제로 한다는 점에서 이미 전체주의적인 것과는 거리가 멀고, 오히려 근대 국가는 개인의 주체성과 자립성을 되도록 최대한으로 보장함으로써 그 강인함을 입증한다고 헤겔은 주장한다. 앞에서 우리는 시민사회의 직업단체에서 보편적인 의식이 어떻게 함양될 수 있는가를 살펴보았다. 앞으로는 국가에서의 통일이 여론 혹은 공론화 과정 및 대의 제도 등을 통해서 어떤 방식으로 형성되는가를 살펴보기로 한다. 그러기 위해서는 인륜성의 최고 단계인 국가의 기본적 원리가 무엇인가를 우선 살펴볼 필요가 있다.

겔 국가이론에 고유한 권위주의의 반박할 수 없는 증거"로 간주되어왔다(*Hegel's Theory of the Modern State*, p. 177).

27) H. Ottmann, "Weltgeschichte," *G. W. F. Hegel, Grundlinien der Philosophie des Rechts*, S. 281 주석 16 참조. 일팅은 국가를 신성한 것으로 간주하는 헤겔이 그리스 형이상학의 영향을 받고 있다고 지적한다. 그에 의하면 헤겔은 "민족정신"을 "신적인 것"으로 표시할 뿐 아니라, 초기 저작에서는 인민 혹은 민족(Volk)을 신적인 것으로 여러 번에 걸쳐 묘사한다. 일팅에 의하면 국가를 신적인 것으로 간주하는 것은 플라톤과 아리스토텔레스의 용어법과 유사성이 있다(앞의 글, 앞의 책, S. 65 그리고 주석 30 참조).

1) 입헌군주제와 근대 국가의 원리

헤겔은 국가라는 용어를 광범위한 의미에서 사용하기도 하고 엄밀한 의미에서 사용하기도 한다. 광범위한 의미에서 국가는 가족과 시민사회를 포함하는 인륜적 제도 전체를 지칭하는 용어이다. 예를 들어 헤겔은 "국가"를 "인륜적 전체"(das sittliche Ganze)로 표현한다(7, 403).[28] 하디몬은 이 광범위한 의미의 국가 개념을 "정치적으로 조직된 공동체"(politically organized community)로 표현한다.[29] 이와는 달리 엄밀한 의미에서의 국가는 "국가의 **유기체**"(der Organismus des Staats)를 가리키는 것이다. 헤겔은 이 국가를 "본래적인 **정치적** 국가 그리고 **그 헌법**"이라고 표현한다(7, 413). 이 후자의 용어법이 보여주는 것처럼 엄밀한 의미의 국가는 정치적 국가로서 헌법을 가리킨다. 헌법은 사실상 정치적 국가의 조직 원리에 관한 것이기 때문이다. 헌법은 "법적 권리들, 즉 **자유들**의 규정과 그 규정을 실현하기 위한 조직"으로 이해해야 한다(10, 335). 그러므로 헤겔이 이해하는 엄밀한 의미의 근대 국가의 기본 원리 및 그에 기초한 국가의 내적 구조를 이해하기 위해서 반드시 헌법을 언급해야 한다.

헤겔이 바라보는 이성적인 국가 조직의 구체적 모습을 살펴보기 전에 고려해야 할 것은 그가 언급하는 국가는 어떤 특정한 국가가 아니라는 점이다. 헤겔에 의하면 "국가의 이념이라고 할 때 사람들은 특수한 국가를 염두에 두어서는 안 되며, 오히려 이념을, 즉 이 현실적인 신을 그것만으로서 고찰해야만 한다"(7, 403). 이 현실적인 국가를 헤겔은 "이성의 상형 문자"(eine Hieroglyphe der Vernunft)에 비유한다(7, 449). 즉 이성으로 쓰여 있는 해독하기 어려운 국가의 현실성을 인식하는 데 필요한 것은 바로 국가의 합리적인 본성을 이루는 것과 그렇지 않고 우연적이고 일시적인 것들을 구별하는 능력이다. "한낱 유용성이나 외면성 따위에 관계하는 모든 것은 철학적인 고찰에서 배제되어야만 한다"(7, 449). 또 헤겔은 국가가 현실적이라는 명제가 의미하는 것을 다음

---

28) 헤겔은 262절 및 263절 보충 설명(Zusatz)에서 "정신"으로 규정되는 국가의 여러 계기들을 설명하면서 가족과 시민사회를 정신으로서의 국가의 영역 내지 계기들로 설명한다.
29) M.-O. Hardimon, 앞의 책, p. 233.

과 같이 명확하게 설명한다. "국가는 현실적이며 국가의 현실성은 전체의 이익이 여러 특수한 목적 속에서 실현되는 것에 존재한다. 현실성은 항상 보편성과 특수성의 통일이다. 〔……〕 이 통일이 현존하지 않는 한 어떤 존재의 **실존**(Existenz)이 가정된다고 할지라도 그것은 **현실적**이지 않다. 나쁜 국가는 단순히 실존하는 국가이다"(7, 429). 헤겔은 현실적인 국가의 의미를 유기체에 비유하여 설명한다. 병든 육체가 실존하는 것이긴 하지만, "참다운 실재성"을 지니지 못하는 것과 같다는 것이다(7, 429). 헤겔이 국가를 생명을 지닌 유기체에 비유하는 것은 단순한 수사적 표현이 아니다. 헤겔이 이성적이라고 부르는 국가는 사실상 유기적 조직체처럼 부분과 전체가 서로 밀접하게 결합되어 있다. 지프가 지적하듯이 국가를 유기체의 관점에서 편성하려는 헤겔의 생각은 "고대의 코스모스-폴리스의 상응"에 대한 관점을 새롭게 발전시킨 것이다.[30]

이와 같이 헤겔은 현실적인 근대 국가의 모습을 철학적인 탐구 대상으로 삼으면서 이 현실적인 국가를 단순히 이러저러하게 존재하는 것과 구별하고 있다. 헤겔이 사용하는 현실성의 개념과 단순한 실존이나 존재가 뚜렷하게 구별되어야 한다는 점은 이성적인 것과 현실적인 것의 동일성 명제와 연관해서 나중에 좀더 상세하게 다룰 것이다. 이상에서 살펴본 것처럼 헤겔은 근대적인 문맥에서 볼 때 이성적인 국가 일반의 특성이 어떠해야 하는가에 대해서 말하고 있다. 베버의 용어를 사용한다면, 헤겔은 근대의 이성적인 국가의 이념형에 대한 서술을 의도하고 있다는 것이다.

헤겔은 "정치적 헌법", 즉 국가를 자기 자신에 관계하는 "내적인 헌법"과 다른 국가에 배타적인 독립성과 자립성을 유지하면서 존재하는 국가로서의 대외적인 "주권"이라는 두 가지 차원으로 나눈다. 대내적인 헌법은 "**자기 자신에 대한 관계** 속에서의 국가의 조직이고 그 유기적 생명의 과정"이다. 또한 이 국가는 내적으로 자신의 계기를 나누고 이들이 계속 존립하도록 만든다(7, 431 이하). 또 헤겔은 국가를 세 가지 차원에서 다룬다. 우선 "헌법 내지 국내

---

30) L. Siep, *Praktische Philosophie im Deutschen Idealismus*, S. 261 참조. 병든 국가라는 비유 역시 플라톤에게서 기원하는 것이다(같은 책, S. 261 주석 26 참조).

법"으로서 국가를 대내적인 질서의 구성 원리 차원에서 접근한다. 그다음으로 다른 국가들과의 관계 속에서 국가를 고찰하는 "대외적 국법", 즉 국제법의 영역이 존재한다. 마지막으로 헤겔은 국가를 "세계사의 과정" 속에서 다룬다 (7, 404 이하). 여기에서 주제가 되는 것은 명멸해가는 여러 나라들 속에서 이들을 수단으로 해서 스스로를 실현해나가는 이성의 모습을 서술하는 것이다. 헤겔은 세계사를 『역사철학 강의』에서 상세하게 다룬다.

헤겔이 국가의 내적인 계기들을 어떻게 나누고 이들 사이의 관계가 어떤 방식으로 이루어져야 한다고 보는가를 구체적으로 살펴보기 전에 그가 사용하는 헌법의 개념을 알아둘 필요가 있다. 우선 헤겔은 헌법이라는 개념을 "민족정신"(Volksgeist)과 거의 동의어로 사용한다. 헌법은 한 공동체가 갖고 있는 공통의 가치나 관습 및 규범들과 같은 자기이해와 자기감정이며 이는 법적인 질서에 구체적으로 표현되기도 한다. 이 외에 헌법은 "신분들 그리고 지역 및 영토 내의 여러 집단들(도시나 지방들)의 구성의 총체"라는 의미를 지닌다. 이 두 가지 종류의 헌법에 소위 "본래적인 헌법"이 기초하고 있는데, 이 헌법은 권리들을 성문법적이고 불문법적인 방식으로 확정하는 것이며 집단적 의지의 형성 및 그렇게 형성된 집단적 의지를 실행에 옮기는 방식을 규율하는 조직 원리이다. 물론 헤겔에게는 성문법적인 헌법이 스스로를 자각하고 있는 어떤 특정한 민족정신을 표현하는 보다 고차적인 형식으로서 의미가 있다.[31]

a. 권력분립 이론에 대한 헤겔의 비판

헤겔은 국가의 내적인 구성 원리들을 상세하게 설명하기 전에 실체성과 주체성의 통일인 국가를 두 계기, 즉 정치적 심정으로서의 애국심과 제도로서의 국가로 나눈다. "관념성에서의 **필연성**은 이념의 자기 내부에서의 **발전**이다. 이 필연성은 **주관적** 실체성으로서의 정치적 **심정**이며, 주관적 실체성과는 구별되는 **객관적** 실체성으로서 국가의 **유기체**, 즉 본래적인 **정치적** 국가와 **그 헌**

---
31) 헌법 개념의 다양성에 대한 설명은 지프의 설명에 의거하고 있다(같은 책, S. 279 이하).

법이다"(7, 412 이하).[32] 이 인용문이 명백하게 보여주는 것처럼 헤겔은 국가를 고찰할 때 국가의 주관적 계기, 즉 시민들의 애국심을 국가의 필수적인 구성요소로서 언급한다. 헤겔은 애국심을 국가의 주관적인 계기로 다루면서 이를 국가를 위해 엄청나게 희생하는 행위로 이해하는 것을 애국심에 대한 그릇된 태도로 간주한다(7, 413). 간단히 말해 애국심은 국가 제도들의 합리적 성격에서 기인하는 것이다. 그리하여 헤겔은 가족과 시민사회를 "공적 자유의 기초"이자 국가에 대해서 시민들이 지니는 "신뢰와 심정의 확고한 기초"라고 강조한다(7, 412). 그러나 헤겔은 국가의 주관적 측면인 애국심을 다루면서도 국가의 객관적인 측면으로서의 제도에 비해서 너무나 간단하게 다루고 있다. 회슬레는 헤겔이 애국심의 문제를 제도나 헌법의 문제에 비해서 대단히 소홀히 다루고 있다고 비판한다. 헤겔은 국가가 담당하는 시민의 교육 기능에 대해서도 상대적으로 무관심하다는 비판을 받는다. 국가가 모든 시민들의 교육에서 담당해야 하는 과제, 그리고 교육의 중요성에 대해서 분명히 인식하고 있는 피히테가 헤겔보다 나은 관점을 취하고 있다고 회슬레는 지적한다.[33]

앞의 인용문에서 보듯이 헤겔은 제도적 차원에서의 국가를 본래적인 의미에서의 국가로 파악하면서 이 정치적 국가의 대내적 조직의 원리를 다음과 같이 설명한다. "국가가 자체 내에서 그 활동을 **개념의 본성에 따라서 구별하며** 규정하고, 더욱이 이 **권력들**(Gewalten)의 **각각**이 자체 내에서 여러 계기들을 유효하게 작용하도록 함으로써 스스로 자체 내에 **총체성**을 포함하고, 또 이 권력들이 개념의 구별을 표현하고 있기 때문에, 그것들이 단적으로 개념의 관념성 속에 머무르고 단지 **개별적인** 전체를 이루는 한에서만, 헌법은 이성적이다"(7, 432). 헤겔은 국가 권력이 개념의 본성에 따라서 구별되면서도 서로 유기적인 총체성을 유지해야 한다는 원칙을 설명한 후에 국가가 세 가지 권력

---

32) 일단 여기서는 국가의 주관적인 계기인 "애국심" 즉 "정치적 심정"의 문제는 거론하지 않는다. 이에 대해서는 인륜성의 이념이 갖고 있는 여러 실천철학적 통찰들을 다루는 제10장과 제11장 국가의 대외적인 관계 및 전쟁 문제를 언급하는 곳에서 상세하게 다룰 것이다.
33) V. Hösle, *Hegels System*, S. 562 그리고 주석 263 참조.

(Gewalt)으로 나뉜다고 말한다.³⁴⁾ "그러므로 정치적 국가는 다음과 같은 세 개의 실체적 구별로 나뉜다. a) 보편적인 것을 규정하고 확립하는 권력, 즉 **입법권**, b) **특수한** 영역과 개별적인 것을 보편적인 것 아래에 포섭하는 권력, 즉 **통치권**, c) 최후의 의지 결정으로서 주관성의 권력, 즉 **군주권**. 이 군주권에서 구별된 권력들이 개별적인 통일로 총괄되고, 따라서 그것은 전체, 즉 **입헌군주제**의 정점이자 시초이다"(7, 435).³⁵⁾

위 인용문이 보여주는 것처럼 헤겔은 입헌군주제를 설명하면서 자신의 권력이론을 발전시킨다. 그는 권력분립을 "공적 자유의 보증"으로 간주해야 마땅할 정도로 중요한 이성적인 국가의 제도적 장치의 일부로 긍정한다(7, 433). 헤겔은 『철학강요』 541절에서도 권력분립의 필연성과 그 각각의 기본적인 임무를 개념의 계기에 따라서 다음과 같이 설명한다. "입법권은 **대자적으로** 단적인 최상위 권력으로 **실존하며**, 특히 집행권(ausübende Gewalt)은 법률을 보편적 문제에 적용하느냐 사적인 문제에 적용하느냐에 따라 다시 **통치권**(Regierungsgewalt) 혹은 행정권(administrative Gewalt)과 **사법권**으로 나뉜다. 이들 권력은 실존에서는 서로 독립적이지만, 개별적인 것의 권력이 보편적인 것의 권력 아래 포섭되어 있다고 하는 앞에서 말한 연관을 가지고 있다. 이러한 의미에서 권력의 **분립**은 본질적인 관계로 간주되어왔다. 이러한 규정에 있어서 개념의 요소들을 잘못 인식해서는 안 된다. 그런데 지성은 이 요소들을 살아 있는 정신의 자기 자신과의 결합 대신에 오히려 비이성의 관계와 결합하고 있다. 국가에 관한 보편적 업무는 필연적으로 구별되어 있지만, 그러한 업무는 또한 **상호 분리되어** 조직되어 있다는 것, 이러한 구분은 자유의 깊이와 현

---

34) 지프는 헤겔이 권력(Gewalt) 개념을 정확히 설명하지 않고 있다고 말한다. 그러면서 그는 헤겔에게 권력이 "의지의 관철 가능성"을 의미한다고 말한다. 그러므로 헤겔의 국가 권력은 "하나의 영역에서 그리고 그 영역에 거주하는 주민들에 대해서 경쟁 상대가 없는 하나의 의지, 즉 발전된 국가에서처럼 권리들과 법률들에 기초하고 있는 이성적인 의지의 관철 가능성"을 의미한다고 설명한다(앞의 책, S. 242 이하).
35) 헤겔은 『철학강요』에서 세 가지 국가 권력에 모두 "통치"(Regierung)라는 용어를 사용한다(10, 338 이하).

실성을 드러내는 하나의 절대적 계기이다. 자유는 오로지, 그것이 자신의 구별로 발전해 있고 이 구별의 실존에 도달해 있는 그만큼의 깊이를 가지고 있기 때문이다"(10, 337).[36]

헤겔은 국가 권력의 분립을 자유의 실현을 보장하는 필수적인 제도로서 간주하면서 한편으로는 국가에서의 이성적인 구별의 가능성을 인정하지 않고, 공동체를 오로지 "심정, 사랑 그리고 열광"이라는 관점에서 바라보는 것을 비판한다(7, 432). 이런 비판은 이미 언급한 것처럼 프리스 일파의 극단적인 주관주의에서 기인하는 "법률에 대한 증오"를 그 본질로 하면서 국가의 합리적인 구성이나 그에 대한 참다운 인식을 방해하는 천박한 인식으로 규정하는 헤겔의 입장과 결합되어 있다. 권력분립 이론에서 헤겔은 삼권분립에 대한 잘못된 이해가 초래할 위험성을 경고한다. 그는 국가의 상이한 권력을 개념의 본성에 따라서 구별하면서도 그 구별된 권력들 사이의 유기적인 통일을 강조한다. 이런 입장에서 그는 삼권분립에 대한 통속적 견해를 논박한다. 즉 삼권분립이 공적인 자유를 보장하는 중요한 원리임은 분명하지만, 이 원리를 추상적으로 이해하면 모든 권력이 마치 저마다 절대적 자립성을 지닌 것처럼 오해할 수 있다. 각 권력 사이의 견제와 균형의 원리 역시 권력분립에 대한 적절한 이론적 기초가 될 수 없다고 헤겔은 비판한다. 그런 입장은 자칫하면 국가의 통일성을 훼손하여 무질서와 극단적인 경우 내전으로까지 비화될 가능성이 있기에, 각 권력 사이의 구별을 허용하면서도 이들 사이의 유기적인 결합을 추구하는 것이 더 바람직하다. 헤겔은 프랑스 혁명 당시의 입법권과 행정권 사이의 갈등을 권력분립에 대한 잘못된 이해가 초래한 불행한 경험의 사례로 든다(7, 435).[37] 그리고 프랑스의 사례와 관련해서 헤겔은 행정부의 구성원을 입법

----

36) 헤겔은 『법철학』 이전에 고전적인 분류인 입법·행정·사법으로 국가 권력을 나누기도 하고(4, 63), 입법권, 행정권, 경찰권을 포함하는 법률권 그리고 대외 정책과 연관된 군사적 권력이라는 네 영역으로 구분하기도 한다(4, 248).
37) 슈미트에 의하면 1791년의 프랑스 헌법은 권력의 분립을 요구했던 데 반해, 1793년의 자코뱅의 헌법은 권력분립에 대해서 언급하고 있지 않다(C. Schmitt, *Verfassungslehre*, achte Auflage, Berlin, 1993, S. 127 참조).

부에서 배제하려는 시도는 그릇된 것이라고 비판한다. 이런 생각은 분립된 권력들이 서로 견제해야만 한다는 권력분립에 대한 잘못된 생각에 기인하는 것으로, 이런 오류로 인해 국가의 통일이 소멸될 것을 우려한다(7, 468). 헤겔은 국가의 통일이 필연적이라고 생각하기에 피히테의 감독관(Ephorat) 이론을 "국가에 대한 개념의 천박성"에 기인하는 것으로 비판한다(7, 437).[38]

권력분립에 대한 헤겔의 이론은 현재에도 중요하다. 지프에 의하면 권력들 사이의 강한 분리를 고수하는 전통적인 사상에 대한 헤겔의 비판으로 인해 그는 현대적인 입장, 가령 독일의 헌법질서에 실현된 권력분립의 관점에 보다 근접해 있다.[39] 회슬레 역시 전통적인 권력분립 이론에 대한 헤겔의 비판이 적실성을 갖고 있다고 평가한다. 그는 권력분립과 동시에 이들 사이의 상호 연계성의 중요성을 지적하는 헤겔의 입장을 옹호하면서 미국의 헌정사에 대해서 다음과 같이 적고 있다. "분명 입법과 행정의 분리는 모든 서구 민주주의의 근본 원칙이다. 그러나 이 두 권력 사이에 **일치** 또한 존재해야만 한다는 것에 대해서 모든 서구 민주주의가 염려하고 있지는 않다. 심지어 몇몇 서구 민주주의에서 갈등은 예정되어 있다. 의회가 정부의 수반을 선출함으로써 의회민주주의에서 정부와 의회 사이의 이러한 조화가 보증된다. 그러나 미국과 같은 대통령제에서 대통령은 행정 수반으로서 의회가 선출하지 않는다. 그리하여 집권당이 상하원 중 하나에서 혹은 이 둘에서 다수당이 아닐 수 있다. 그러나 미국은 이 제도로 아직까지 어떤 커다란 어려움을 겪지 않았는데, 그것은

---

38) 감독관 이론을 피력한 피히테에 대한 헤겔의 비판이 과연 적절한 것인가는 논쟁의 여지가 있다. 예를 들어 회슬레는 헤겔이 국가의 통일성을 염려하고 이를 파괴할 감독관의 설정에 대해서 비판하는 논리적인 근거에 대해서는 동의하면서도 피히테에 대한 비판은 어느 정도 문제가 있다고 지적한다. 회슬레에 의하면 피히테는 나중에, 즉 1812년의 『법론』(*Rechtslehre*) 에서 감독관에 대한 견해를 취소했다(Fichte 10, S. 632 이하 참조). 물론 이 저서는 헤겔이 죽은 후에야 비로소 출판되었기 때문에 헤겔은 이런 사실을 알 수 없었다. 피히테가 나중에 자신의 감독관 이론을 철회했다는 사실 이외에도 회슬레는 피히테가 1796년의 『자연법의 기초』(*Grundlage des Naturrechts*)에서도 입법과 행정의 완전한 분리를 거부했다는 점(Fichte 3, 160 이하 참조)을 강조한다(V. Hösle, 앞의 책, S. 566 그리고 주석 269 참조).

39) L. Siep, 앞의 책, S. 242.

단지 대통령이 비토권의 형식으로 적어도 소극적인 입법 능력과 행정부 일반이 특히 대외 정책에서 그 개념상 입법부에 귀속되어야만 했던 능력을 지니게 됨으로써 엄격한 권력분립이 사실상 약화된 데서 비롯된 것일 뿐이다."[40]

헤겔은 삼권분립을 비판적으로 논의하는 과정에서 국가 체제는 각 국민의 구체적인 역사적 조건과 밀접하게 연결되어 있다는 점을 강조한다. 그리하여 그는 헌법을 인위적으로 "만드는"(das Machen) 가능성을 인정하지 않는다. 그는 헌법과 국가 체제는 "민족정신"과 각 "국민의 자기의식의 방식과 도야"에 달려 있다고 강조한다(7, 439 이하). 특정한 국가체제와 그것을 가능하게 하는 여러 가지의 전제조건들 사이의 연관성을 중요시하는 헤겔의 입장에서 볼 때 그가 왜 근대의 자유로운 헌법국가를 형성하고 유지할 수 있는 여러 조건들이 구비되어 있지 않은 나라나 민족에게 이를 강요하거나 강제로 이입하려는 시도는 실패할 수밖에 없다고 보는가는 자명하다. 그 예로서 헤겔은 나폴레옹이 스페인 국민에게 부여한 헌법을 언급한다. 그는 나폴레옹이 부여한 새로운 헌법이 그 이전의 것보다 "이성적인 것"이었다는 점을 인정하면서도, 이 헌법은 스페인의 국민정신이나 역사적 상황에 들어맞지 않는 것이었다고 말한다. 그래서 스페인 사람들은 이 헌법을 받아들이기를 거부했다는 것이 헤겔의 해석이다(7, 440). 이와 같이 헤겔은 정신의 본질인 자유를 국가의 합리성을 평가하는 객관적이고 보편적인 척도로 삼으면서도 규범적인 정치철학 이론을 역사적 조건에 대한 정치사회학적인 이론과 결합한다. 이미 앞에서 언급했던 것처럼 헤겔은 반복해서 근대의 자유롭고 합리적인 국가 형태가 기독교적인, 특히 개신교적인 문화적 배경과 긴밀하게 결합되어 있다는 점을 강조한다(10, 301 이하).[41]

------

40) V. Hösle, 앞의 책, S. 565. 미국의 대통령 제도가 성공한 여러 복합적 요인들에 대해서는 허영, 『헌법이론과 헌법』, 863쪽 이하 참조.
41) 『역사철학 강의』에서의 언급 역시 참조(12, 64 이하). 헤겔의 정치철학과 역사철학은 상당할 정도로 유럽 중심주의적 사고방식을 갖고 있다. 이에 대해서는 보다 상세하면서도 독자적인 연구가 필요할 것이다.

b. 군주권의 권한과 입헌군주제

헤겔은 입헌군주제를 합리적인 이성국가의 모델로 바라본다. 뒤에서 설명하겠지만 입헌군주제는 국가 내부의 분화된 권력들의 상호 유기적인 통일을 보장하고, 근대의 규범적 원리인 주체성을 국가 제도에서 실현하는 최적의 제도라고 생각하기 때문이다. 따라서 헤겔에 따르면 입헌군주제 혹은 "군주제적 헌법"은 "**발전된** 이성의 헌법"이며, "다른 모든 헌법은 이성의 발전과 실현의 보다 낮은 단계에 속한다"(10, 339). 헤겔은 입헌군주제를 자유를 실현할 수 있는 최적의 헌법질서로 보기 때문에, 입헌군주제적인 국가의 형성을 "보편적인 세계사의 관심사(Sache)"로 간주한다(7, 466). 인류의 역사가 자유를 실현하는 과정인 것처럼, 그 자유를 보장하는 최상의 정치질서인 입헌군주제를 달성한 것은 "근대 세계의 업적"이다(7, 435). 헤겔은 『역사철학 강의』에서도 입헌군주제를 "**모든 사람**이 자유롭다"는 사실을 인식한 게르만 세계에 적합한 정부 형태로 본다. 그에 의하면 동양 세계는 단지 "**한 사람**이 자유롭다"는 것을 인식하는 데 그쳤으며 이에 따라서 "**전제정**"(Despotismus)을 전개하였고, 그리스와 로마 세계는 "**몇몇 사람**이 자유롭다"는 것을 인식하였기에 "**민주정과 귀족정**"(Demokratie und Aristokratie)을 발전시켰다(12, 134).[42]

헤겔은 근대적인 의미의 합리적인 정치 제도의 근본 구조를 설명하는 과정에서 입헌군주제의 정당성을 옹호한다. 이를 위해 그는 보편성과 특수성 그리고 개별성이라는 개념의 필수적인 세 가지 계기에 따라서 국가의 권력을 입법권, 통치권 그리고 군주권으로 분류한다. 앞에서 이미 지적한 것처럼 헤겔은 개념의 계기들에 따라서 국가 권력의 구별과 구별되는 권력들의 상호 유기적 통일성을 주장한다. 헤겔은 국가 권력들의 분리와 통일을 설명하면서 국가를 유기체와 비교한다(7, 441 이하).[43] 그 후에 헤겔은 우선 군주권에 대한 설명에

---

42) 지프에 의하면 입헌군주제를 이성적인 국가의 기초로 간주하는 것은 예나 시대의 마지막인 1807년경 이래로 헤겔의 확고한 입장이었다(앞의 책, S. 240 참조).
43) 정치적 국가를 유기체로 비유하는 것이 어떤 의미를 갖는가에 대해서는 P. J. Steinberger, *Logic and Politics: Hegel's Philosophy of Right*, New Haven and London, 1988, p. 205 이하 참조.

서 시작하고 있다. 왜 군주권을 먼저 논해야만 하는가에 대해서 헤겔은 우선 개념논리적인 차원에서 설명을 한다. "우리는 군주권 즉 개별성의 계기와 함께 시작한다. 개별성은 국가의 세 가지 계기를 총체성으로서 자체 내에 포함하고 있기 때문이다." 군주권이 갖고 있는 세 가지 계기는 "헌법 및 법률의 **보편성, 특수한 것**을 보편적인 것에 연관시키는 것으로서의 자문(Beratung) 그리고 [……] **자기규정**으로서의 **최종적 결단**의 계기"이다. 헤겔에 의하면 마지막 계기, 즉 "절대적인 자기규정"의 계기가 군주권을 다른 권력들과 구별하는 원리이다(7, 441).

헤겔이 군주권에 대한 설명을 국가 권력에 대한 이론에서 맨 처음 언급하고 또한 이를 개별성의 총체적 성격에 의거해서 논리적인 정당화를 시도하는 것은 대단히 논쟁적인 부분이다. 사실 헤겔은 273절에서는 개념들의 계기들을 보편성, 특수성 그리고 개별성의 순서로 언급함에도 불구하고, 275절에서는 갑작스럽게 개별성의 계기인 군주권에서 논의를 시작하고 있기 때문이다. 그래서 헤겔 『법철학』이 출판되었을 당시에 니콜라이 폰 타덴(Nikolai von Thaden)은 1821년 8월 8일에 헤겔에게 보낸 편지에서 논리적인 순서에서의 변화를 지적하면서 이를 비판한 바 있다(Ilting I, 397 이하). 군주권에 대한 헤겔의 설명에서 논리적인 오류들이 왜 발생하는가에 대해서는 다음 기회에 좀더 상세하게 언급할 기회가 있을 것이다. 헤겔의 정치철학과 그의 논리적인 범주들 사이의 내적인 연관성은 대단히 어려운 해석의 과제로 남아 있다. 이와 연관해서 오트만의 언급은 의미가 있다. 그에 의하면 헤겔 자신이 여러 차례에 걸쳐서 『법철학』은 자신의 『논리학』을 전제하고 있다는 점을 강조하지만, 『법철학』에서의 논리는 우리들에게 "수수께끼" 같은 것이다.[44]

헤겔은 군주권이 세 가지 계기들을 갖고 있다는 원론적인 주장을 한 후에 국가의 주권(Souveränität)에 관하여 설명한다. 헤겔에 의하면 국가는 "개별성"

---

44) H. Ottmann, "Hegelsche Logik und Rechtsphilosophie. Unzulängliche Bemerkungen zu ungelösten Problem," *Hegels Philosophie des Rechts. Die Theorie der Rechtsformen und ihre Logik*, S. 382.

으로서 존재하고, 이 개별성은 "자체 내에서 모든 구별의 계기들을 포함하고 있는 주권"이자 "살아 있는 원리"이다(7, 441). 국가는 우선 자체 내에서 통일적인 존재로 유지될 수 있는 한에서만 국가일 수 있다는 것이다. 그러므로 헤겔은 "정치적 국가의 근본 규정"을 "실체적인 통일"로 정의한다(7, 441). 이 통일된 국가는 자체 내에 분화된 활동과 권력을 허용하지만, 이들을 고정적이고 자립적인 것으로서가 아니라 전체를 구성하는 일부로서만 받아들인다. 또한 국가는 국가에 고유한 다양한 직무와 활동을 담당한다. 헤겔에 의하면 이 국가에 고유한 기능과 활동은 이들을 담당하는 사람들을 전제한다. 이들이 국가에 고유한 기능과 활동을 담당하게 되는 것은 그들의 개인적인 "직접적인 인격성" 때문이 아니라 "보편적이고 객관적인 성질" 때문이다. 국가의 기능과 활동을 담당하는 사람들에게 중요한 것은 그들이 국가의 활동에 대해서 갖고 있는 능력으로, 국가의 활동이 요구하는 객관적인 능력은 어떤 사람이 타고나면서 갖는 자연적인 성질과는 아무런 관련이 없다. 따라서 헤겔은 "국가의 기능과 권력들은 **사적 소유**일 수 없다"고 강조한다(7, 442). 이런 문맥에서 헤겔은 공직을 담당하는 공무원들의 객관적인 능력과 자질을 강조하고, 자신의 능력을 입증할 수 있는 모든 시민들은 공무원이라는 "보편적 신분(혹은 계층)"에 속할 수 있는 권리를 갖고 있다는 점을 강조한다(7, 461).

헤겔은 국가가 통일성을 이루고 있어야 한다는 점, 그리고 국가의 기능과 활동을 담당하는 것은 개인의 특수한 의지나 자연적인 성격과 무관하다는 두 가지 규정에서 "국가의 주권"의 필연성을 끌어낸다. 국가는 통일성 속에서 "그 궁극적인 뿌리를 지녀"야만 하는데, 이것이 바로 "국가의 주권을 형성한다"고 헤겔은 말한다(7, 442). 주권은 대내적인 주권과 대외적인 주권이라는 양 측면을 갖고 있는 것으로 이해된다(7, 442 이하). 주권에 대한 헤겔의 이론에서 우리의 주목을 끄는 것은 국가의 주권의 필연성을 도출해낸 다음 이를 개인적인 군주가 반드시 필요하다는 논거의 출발점으로 삼는다는 사실이다. 국가는 반드시 대내외적인 통일성을 유지하기 위해 주권을 지녀야만 하는데, 이 주권은 주권을 행사하고 주권의 기능을 담당하는 주체적인 개별적 존재가 없이는 공허하다는 것이다.

국가는 자신의 주권을 인식하고 이를 의지하며 구체적인 상황에서 주권적인 국가로서 존립할 수 있기 위해서는 이 주권을 구체적으로 담지하는 한 개인이 존재해야만 한다고 헤겔은 주장한다. "주권은 〔……〕 오로지 자기를 확신하는 **주관성**으로서만 **존재한다**. 〔……〕 그러나 주관성은 그 진리에 있어서 단지 **주관**으로서만 존재하고, 인격성은 단지 **인격체**(person)로서만 존재한다. 〔……〕 그러므로 이 절대적으로 결단하는 전체의 계기는 개인성 일반이 아니라 **한 개인**, 즉 **군주**이다"(7, 444). 간단하게 말하자면 "국가의 인격성은 단지 **한 사람의 인격**, 즉 **군주**로서만 현실적이다"(7, 445). 여기에서 헤겔은 주권에서 주권을 갖는 주권자로, 주체성에서 주체로 인격성에서 인격체로의 이행을 통해서 군주권을 정당화한다. 보편자는 그 자체로 실재할 수 없으며, 구체적으로 존재하는 것은 개별자라는 것은 자명하다. 나무 일반이 존재하는 것이 아니라 존재하는 나무는 이 나무 저 나무인 것처럼 말이다.

헤겔은 근대의 원리는 주체성과 그 본질로서의 자유, 즉 자기규정을 국가의 규범적 원리로 상정하고 있고, 그리하여 국가를 구성하는 제도적 차원에서 이 주관성을 담지하고 표현할 국가 기관이 있어야 한다고 주장한다. 이제 자유로운 의지를 갖는 것이 주체와 인격의 근본 특징인 것처럼, 국가 역시 하나의 행위 주체로서 다른 국가와 조약을 체결하기도 하고 전쟁을 선포하기도 하는 것과 같이 인격성을 지닌 주체로 인정받는 것이 중요하고, 그렇기 위해서는 국가의 이 인격성을 대표하는 존재가 필요한데, 헤겔에 의하면 바로 그런 역할을 하는 것이 군주이다. 국가는 어떤 사항에 대해서 최종적인 결정을 내려야 하는데, "개체성 일반"은 존재하지 않기 때문에 아무런 결정을 내릴 수 없다는 것은 너무나 자명한 사실이다. 헤겔은 이미 자유의지 일반의 성격을 설명하는 부분에서 의지가 현실적이기 위해서는 개체성의 형식을 띠어야 한다는 점을 강조한 바 있다. "단지 결정하는 의지로서만 의지는 현실적인 의지이다"(7, 63). 이와 같이 국가가 내려야 하는 최종적인 결정을 행하는 주체로서의 "한 개인, 즉 군주"가 존재해야 할 필요성이 있다는 식으로 헤겔은 주장한다.[45]

자기 결정의 권한을 갖는 것은 근대 국가의 기본 특성이며, 이 자기 결정의 계기를 수행하는 국가의 제도적 장치로서 군주의 존재가 개별적인 존재여야만 한다는 것을 도출한 후에 헤겔은 이제 세습군주제를 이론적으로 정당화하려고 시도한다. 그는 다음과 같이 말한다. "이러한 자신의 추상 속에서 고찰될 때 국가 의지의 이 궁극적인 자기는 단순하고 그러므로 **직접적인** 개별성이다. 그러므로 이 개념 자체 속에 **자연성**의 규정이 놓여 있다. 따라서 군주는 본질적으로 **이** 개인으로서 모든 다른 내용으로부터 추상된 상태로 존재한다. 그리고 이 개인은 직접적인 자연적 방식으로, 즉 자연적인 **출생**을 통해서 군주의 존엄을 지니도록 규정되어 있다"(7, 449 이하). 이 구절이 바로 자연적 출생에 의한 세습군주 옹호를 정당화하는 헤겔의 핵심적인 주장이다. 헤겔이 볼 때 세습군주가 갖는 권한의 **"정당성의 근거"** 는 "이념에서의 근거"로서 이해해야 마땅하다(7, 452). 헤겔은 세습군주에서 국가의 최종적인 결정이라는 측면과 자연이라는 혈통에 의해서 확보되는 군주의 확고함이라는 측면이 통일되어 있다고 본다. 그리고 이 통일이 **"군주의 존엄성"** 을 형성하며, 이런 군주 속에서 **"국가의 현실적인 통일"** 이 유지된다. 따라서 이제 국가는 대내적인 무질서나 당파 투쟁과 그 극단적 형태인 내전과 같이 국가를 와해하는 요인에서 벗어나게 된다(7, 452).

지금까지의 설명으로 분명해졌겠지만, 헤겔에 의하면 세습군주의 논리적 필연성을 입증하는 과제는 세습군주제에 대한 역사적인 설명과도 구별해야 하며, 다른 제도에 비해서 그 제도가 갖고 있는 유용성의 관점에서 추구되는 정당화 논변과도 명백하게 구별해야 한다.[46] 헤겔은 세습군주의 궁극적인 정

---

45) 물론 군주가 주권을 대행해야만 한다는 주장이 과연 타당한 것인지는 논쟁의 여지가 있다. 군주가 아닌, 예를 들어 대통령이나 수상(의원내각제의 경우)이 군주가 담당하는 주권의 기능을 담당할 수 있을 것이기 때문이다.
46) 헤겔이 유용성의 관점에서 군주제의 정당성을 시도하는 것을 비판함에도 불구하고, 그는 이런 설명 자체를 전적으로 거부하지는 않는다. 그는 세습군주제의 정당성을 설명하면서 다른 제도, 예를 들면 선거왕국(Wahlreich)이 당파들 사이의 극심한 분쟁으로 인해 국가의 통일성을 보장할 수 없게 되어, 결국은 국가의 해체를 가져올 것이라고 설명하기 때문이다(7, 451

당성은 논리학에 의해서만 적절하게 해명될 수 있음을 주장한다. "순수한 자기규정의 개념에서 존재의 직접성, 따라서 자연성으로의 이행은 순수하게 사변적인 성격에 속하는 것이다. 그러므로 그에 대한 인식은 논리철학에 속한다"(7, 450). 이렇게 헤겔이 자연적인 출생에 의해서 군주의 존엄이 보장되는 세습군주제를 이론적으로 정당화하기 위해 자신의 사변적 논리학을 언급함에도 불구하고 그의 논거는 결코 견고하지 않다.[47]

세습군주제를 정당화하기 위해 헤겔이 내세운 주장은 많은 비판을 일으켰다. 헤겔의 군주제 이론, 특히 세습군주제의 정당화는 아무런 학적인 근거를 갖고 있지 않다. 이미 지적된 것처럼 헤겔은 법의 토대를 자유를 그 본질로 하는 정신에서 구하고 있으며, 자연 상태는 항상 극복해야 할 것으로 보았다. 자연의 규정성, 즉 혈통이나 나이 같은 특성들은 국가의 합리성을 평가하는 데 아무런 객관적인 기초가 될 수 없다는 것이 헤겔 철학의 근본적 관점이었다. 헤겔이 옹호하고자 하는 근대적인 국가는 적어도 인간으로서의 자유를 필수적인 구성 요소로 인정하고 있다. 나아가 국가 공무원의 자격을 논할 때 헤겔은 모든 시민들이 원칙적으로 공무원이 될 수 있는 주체임을 천명하면서 그들의 객관적인 능력의 중요성을 강조하였다. 따라서 공무원의 직책은 봉건제도에서처럼 자연적인 특성에 의해서 특정한 신분적 특권을 누리는 귀족의 자제들에게 국한되어서는 안 될 뿐 아니라, 공무원의 자리는 세습될 성질의 것이 아님을 헤겔은 적극적으로 옹호하였다. 그러나 왜 헤겔은 군주에게만 자연적인 출생이 군주의 존엄을 보장한다고 주장하는가? 설령 백번 양보하여 국가

이하 참조). 회슬레는 이런 경험적인 숙고가 경험적으로 볼 때 전적으로 "틀린" 것이라고 말한다(V. Hösle, 앞의 책, S. 571). 투닉은 세습군주제에 대한 헤겔의 논증이 비일관적이라는 점을 인정하면서도 형이상학적인 논증 방식과 구별되는 경험적이거나 비교적인 논증 방식의 유효성을 옹호하고자 한다. 그럼에도 그 역시 자신의 시도를 "헤겔이 명시적으로 거부하는" 측면을 강조하려는 것이라고 시인한다("Hegel's Justification of Hereditary Monarchy," *Hegel*, Volume 1, ed. D. Lamb, Aldershot, 1998, p. 277 이하 참조).
47) 헤겔이 군주론을 전개하는 과정에서 여러 번에 걸쳐 사변적인 철학만이 군주의 존엄을 입증할 수 있다고 강조하는 것은 흥미롭다(7, 446; 7, 452). 심지어 헤겔은 군주의 자연성을 도출할 때 신에 대한 존재론적 증명에 호소하기도 한다(7, 450).

의 통일성을 대변하고 국가의 결정에서 최종 단계를 담당하는 군주가 존재해야만 한다는 것을 인정한다고 해도, 그 군주의 자격이 자연적 우연성에 따라서 결정되어야 할 객관적인 근거를 헤겔은 제시하지 못한다. 왕후장상의 씨가 따로 없는 것이 사실인데, 어찌 혈통이 군주의 자질을 검증할 수 있는 객관적이고 합리적인 기준이라고 할 수 있겠는가?

마르쿠제는 헤겔의 군주론에서 자연이 이성을 대신하여 정치질서를 평가하는 척도로 바뀌고 있음을 비판한다. 그에 의하면 세습군주제의 옹호는 헤겔의 철학 체계의 기초인 이념과 자유의 원리를 정면으로 뒤집는 것이다. 그는 다음과 같이 말한다. "헤겔의 오류는 그의 프로이센 군주 정치 찬미보다도 더 깊은 데에 있다. 그의 오류는 프로이센의 군주 정치에 굴종적인 태도를 보였다는 것보다 그의 최고의 철학 이념을 왜곡했다는 것이다. 그의 정치이론은 사회를 자연으로, 자유를 필연으로, 그리고 이성을 변덕으로 내던져버렸다. 그리고 그렇게 함으로써 그것은 자유를 구하면서도 결국은 이성보다 훨씬 더 하위에 있는 자연 상태에 빠져버리는 사회질서의 운명을 그대로 반영하고 있다."[48]

헤겔은 세습군주제를 논한 다음에 군주의 권한을 세부적으로 설명한다. 우선 헤겔은 군주의 주권으로부터 "범죄자의 **사면권**"을 도출한다. 물론 헤겔은 군주에게 사면권을 인정하면서도, 사면권이 국가의 "형벌의 권리를 없애는 것은 아니라"고 주장한다. 아무리 군주가 어떤 범죄자의 죄를 면해준다고 해도, 그것이 그가 저지른 범죄 행위 자체를 없애는 것은 아니기 때문이다(7, 454 이하). 헤겔이 군주를 "전체의 절대적으로 결정적인 계기"로 이해하고 있는 것처럼(7, 444), 그는 군주의 사면권에도 어떤 합리적인 근거를 부여하지 않는다. 군주의 사면권은 군주의 자의적인 결정권에 속하는 것으로 "아무런 근거가 없는 결단 행위"(der grundlosen Entscheidung)인 것이다(7, 455). 달리 말해 군주는 이렇게 아무런 이유 없이 범죄자를 사면함으로써 자신의 존엄성을 입증하는 것이다. 사면권에서 가장 명백한 형태로 등장하는 군주의 근거 없는 자의적

---

48) 마르쿠제, 『이성과 혁명』, 235쪽.

결정은 이미 앞에서 설명된 군주의 계기, 즉 국가의 최종적인 결정의 계기에 의해서 이론적으로 확보된 것이다.[49]

앞에서 말했듯이 헤겔은 275절에서 군주권에 세 가지 계기를 포함시켰는데, 지금까지 우리는 헤겔이 어떻게 군주의 마지막 계기인 최종적인 결정 권한을 정당화하고 있는가를 집중적으로 살펴보았다. 헤겔은 283절에서 군주권에 포함되어 있는 둘째 계기인 "**특수성**의 계기 혹은 특정한 내용과 이를 보편자에 포섭하는 계기"를 다룬다(7, 455). 특수한 것을 보편적인 것에 포섭하는 계기는 국가의 통치 내지 행정과 관련된 것이다. 헤겔에 의하면 이 둘째 계기가 현실적으로 등장하는 곳은 "최고의 심의 기관 및 이 기관에서 관직을 갖고 있는 개인들"이다. 국가의 활동을 법률에 의거하여 입안하고 수행하는 개인들을 선임하고 해임하는 것은 군주의 "무제한적 자의"에 속한다(7, 455). 헤겔은 군주에게 결정 및 재가의 권한을 부여하면서도, 국가의 공공 업무를 담당하는 사람들에게만 지무에 대한 책임을 지도록 한다. 다시 말해 군주는 "통치 행위에 대한 책임"을 일절 지지 않는다(7, 455). 군주권의 마지막 계기는 보편적인 것과 관련되는 것으로, 이 보편적인 것은 "주관적인 측면에서는 **군주**의 **양심**에, 객관적인 측면에서는 **헌법**의 **전체** 및 **법률들** 속에 존립한다." 국가에서 보편적인 것에 해당되는 사항들을 다루는 것은 주로 입법부의 권한에 속한다. 그러나 헤겔은 항상 국가 권력들 사이의 분리 못지않게 이들의 상호 관계를 중시한다. 따라서 여기에서도 헤겔은 군주권이 국가의 다른 권력들, 즉 통치 및 입법의 계기들에 의존하면서도, 이들 권력 역시 군주권을 전제하고 있다는 점을 다시 강조한다(7, 455 이하).

지금까지 우리는 헤겔의 군주이론에서 핵심적인 영역들, 즉 정치적 국가의 최종 정점으로서 군주의 위상에 대한 합리적 근거 해명과 군주의 구체적인 권

---

49) 근대 계몽주의 시대에 군주의 사면권에 대한 회의가 광범위하게 등장했다. 예를 들어 베카리아는 사면을 "군주의 모든 권한 속에서 가장 애매한 것"으로 간주했다(라드브루흐, 『법철학』, 233쪽). 사면권이 법치국가에서 존재해야만 한다는 점을 인정한다고 해도, 헤겔처럼 사면권을 행사하는 사람이 자의적인 판단에 의해서 사면권을 행사할 수 있다고 보는 입장은 일면적이다.

한들에 대해서 살펴보았다. 헤겔의 입헌군주제가 안고 있는 문제점을 헤겔 철학 체계 속에서 고찰하는 과제는 뒤로 미루고 그 전에 우선 헤겔의 군주론에서 나타나는 군주의 위상의 애매성에 대해서 살펴보기로 하자. 사실 군주에 대한 헤겔의 설명에서 발견되는 군주의 위상의 애매성은 널리 알려져왔다. 한편으로 헤겔은 군주에게 국가 공무를 담당할 사람들의 선임과 해임의 권한을 부여할 뿐 아니라, 국가 공무에 대한 모든 책임에서 벗어난 존재로 묘사한다. 이렇게 볼 때 헤겔이 그리는 군주는 대단히 막강한 권한을 갖고 있는 존재이다. 다른 한편으로 헤겔은 근대의 합리적인 국가에서 군주의 역할은 국가의 통일을 대변하는 상징적인 존재이며 그가 내리는 최종적인 결단은 아무런 구속력을 발휘하지 못하는 형식적인 결정의 정점에 지나지 않는 것처럼 설명하기도 한다. 세습군주제에 대한 이론적 정당화와 군주의 구체적 권한에 대해서는 이미 앞에서 말했으므로, 이제 헤겔이 군주에 대해서 설명하는 다른 측면들을 살펴볼 필요가 있다. 물론 군주에 대한 헤겔의 다른 설명은 1820년에 출판된 『법철학』의 본문에 실려 있는 것이 아니다. 그 내용은 1833년에 간스가 편집하여 출판한 책에 "보충각주"(Zusatz)로 실려 있는 것으로, 간스는 이 각주를 헤겔의 학생들이 만든 강의록에서 빼낸 것이다.[50]

예를 들어 헤겔은 군주에 대해서 다음과 같이 말한다. "그런데 국가가 자기 규정적인, 완전히 주권을 지닌 의지이며, 최후의 결정이라는 것은 보통의 생각으로도 쉽게 이해할 수 있다. 보다 곤란한 것은, 이 '내가 의지한다'(Ich will)는 것이 인격으로서 파악되는 것이다. 이런 주장은 군주가 자의로 행동해도 좋다는 것까지도 의미하는 것은 아니다. 오히려 군주는 심의의 구체적 내용에 구속되고, 헌법이 확고하면 군주는 대개는 이름을 서명하는 일 외에는 하는 일이 없다. 그러나 이 **이름**이 중요하다. 그것은 정점으로서 이를 넘을 수 있는

---

[50] K.-H. Ilting, "Einleitung", *G. W. F. Hegel, Vorlesungen über Rechtsphilosophie 1818~31*, Edition und Kommentar in sechs Bänden von K.-H. Ilting, S. 26 참조. 뒤에서 언급되는 것처럼 일팅은 헤겔의 공식 출판된 책의 내용과 학생들이 남긴 강의록 사이의 차이점에 착안하여 헤겔이 1820년 『법철학』을 출판할 당시에 자신의 군주에 대한 입장을 그 당시의 정치적 상황에 맞게 바꾸었다는 주장을 내세운다.

사람은 아무도 없다"(7, 449). 이 인용문에 의하면 군주는 국가에서 최종 결정을 담당하는 주권자이지만, 그가 내리는 결정이라는 것은 자의적인 것이 아니며 국가의 공적 임무를 심의하는 기관에 구속되어 있을 뿐 아니라, 국가에서 하는 일들에 대해 마지막으로 군주의 이름으로 서명을 하는 것 이상의 의미를 지니지 않는다.

따라서 헤겔은 군주의 결정을 아무런 실질적인 내용이 없는 형식적인 것에 불과하며 질서 정연한 군주제 국가에서 국가에 관련된 모든 실질적인 내용들은 법률에 의거하여 진행된다고 말한다. "국가의 완성된 유기적 조직에서는 오직 형식적인 결정의 정점만이 문제가 되는 것이다. 사람들은 군주에게 '그렇다'(Ja)고 말하고 일을 최후로 완성하는 사람만이 필요한 것이다. 정점이란 성격의 특수성이 중요시되지 않도록 존재하여야 하기 때문이다. 〔……〕 잘 조직된 군주국가에서는 오로지 법률에만 객관적인 측면, 요소가 부가되는 가운데 군주로서는 다만 여기에 주관적인 '나는 의지한다'(Ich will)를 부가해야만 한다"(7, 451). 헤겔은 군주가 하는 일이 형식적인 결정을 하는 것에 국한되어 있다고 보기 때문에, 군주의 자질을 논하는 것은 거의 의미가 없다고까지 말한다. 이런 주장을 할 때 헤겔이 염두에 두고 있는 것은 세습군주제에 대한 반론이다. 군주가 세습에 의해 결정되면 자격이 없는 무능한 사람이 군주가 되어 국가의 운명을 해칠지도 모른다는 반론이 있을 수 있는데, 헤겔이 보기에 합리적으로 잘 조직된 국가에서 군주가 하는 역할은 너무나 사소하고 하찮은 일이라서 군주의 지위를 세습적으로 보장해도 무방하다는 것이다.

이상에서 살펴본 것처럼 헤겔은 군주에 대해서 양면적인 태도를 취하고 있다. 군주에 대한 헤겔의 애매한 설명과 태도는 일찍이 많은 헤겔 연구자들의 관심을 끄는 주제였다. 하임은 헤겔의 이론에서 주관성의 원리를 적극적으로 인정하는 모습에서 긍정적인 인상을 받을 수 있다고 주장한다. 하임에 의하면 헤겔의 『법철학』은 철저하게 이 주관성의 원리를 폄하하고 억제하려는 시도들로 가득 차 있는 데 반해, 군주제를 설명하면서 주관성의 원리를 긍정하는 헤겔의 태도에서 사람들은 그의 자유에 대한 진지한 모습을 보는 듯한 느낌을 받을 수 있다는 것이다. 그럼에도 헤겔은 바로 이 군주를 "건물의 토대 혹은 둥근 지붕"으로서가 아니라, 겨우 "건축물의 정상에 있는 십자가"로 묘사한다고 하임은 불평한다. 헤겔은 군주제를 설명하면서도 인격성과 주체성의 원리를 전적으로 사소한 것으로 치부한다는 것이다.[51] 프란츠 로젠츠바이크는 1920년에 출판된 『헤겔과 국가』(Hegel und der Staat)에서 "군주에 대한 헤겔의 생각"을 "이상한 애매성"이라고 해석한다. 그리하여 그는 헤겔의 군주론에서 헤겔의 "사유의 깊은 곳에 뿌리박고 있는 모순"을 발견할 수 있다고 믿는다.[52]

현재의 헤겔 해석가들도 군주론에 대해서 어느 한 측면만을 부각하고 있다. 예를 들어 아비네리는 헤겔의 "군주는 국가 통일의 단순한 상징"이라고 주장한다.[53] 그러나 아비네리는 "헤겔 군주론의 역설"을 간과하지는 않는다. 그에 의하면 헤겔에게 군주는 "본질적"이면서 동시에 "궁극적으로 사소한" 존재이다.[54] 아비네리는 헤겔의 군주론에 나타나는 양면성에 주목하지만 주로 군주의 상징적 기능 및 비판적 기능만을 전면에 내세운다. 이와는 달리 페터 슈타인베르거는 헤겔에게 군주는 단순히 형식적인 기능만을 갖고 있거나 국가 통일의 상징에 불과한 것이 아니라, 국가의 최종적인 결정을 내리는 사람이라고 강조한다.[55]

2) 입헌군주제와 주관성의 문제

헤겔 『법철학』이 출판되자마자 헤겔의 정치철학은 상당한 논쟁에 휘말리게 되었다. 그 무엇보다도 논쟁의 초점이 된 것은 그 책이 출판될 당시의 정세와

---

51) R. Haym, *Hegel und seine Zeit*, S. 383.
52) F. Rosenzweig, *Hegel und der Staat*, S. 141 이하.
53) S. Avineri, 앞의 책, p. 188.
54) 같은 책, S. 187 이하.
55) 그렇다고 슈타인베르거가 헤겔의 군주론에서 소위 권위주의적이거나 전체주의적인 이론을 찾아내지는 않는다. 그는 헤겔의 "절대주의(absolutism)에는 현대의 자유주의자가 두려워할 아무것도 없다"는 입장을 취한다. P. J. Steinberger, 앞의 책, S. 227 참조.

연관되어 해석될 수 있는 특정한 주제들이었다. 예를 들어 『법철학』 서문에서 프리스 일파를 가혹할 정도로 비판한 것, 이성적인 것이 현실적인 것과 동일하다는 그 유명한 주장, 그리고 군주제에 대한 헤겔의 입장이 그러한 주제들이었다. 이 책의 제5장에서 어느 정도 상세하게 언급된 바 있지만 헤겔의 『법철학』이 출판되던 당시는 공교롭게도 정치적 상황이 예기치 못한 사건으로 급박하게 변화하고 있었다. 잔트가 코체부를 정치적 이유로 살해한 지 삼사일이 지난 후, 즉 1819년 3월 26~27일에 헤겔은 친구 니트함머에게 법철학 관련 책을 저술하겠다는 의도를 알리는 편지를 썼다. 그 편지를 쓰던 당시 헤겔은 베를린 대학교로 초빙되어 첫 학기를 성공리에 마친 방학 초로서 베를린 대학에서의 생활에 대단히 만족해하고 있었다.[56] 이때만 해도 헤겔은 이 정치적 사건이 그렇게 나쁜 방향으로 진전되리라고는 상상하지 못했던 것 같다. 1820년의 『법철학』에서 1819년 3월 23일에 발생한 잔트의 정치적 암살 사건을 계기로 강화된 프로이센 당국의 검열 제도를 찬성했을 뿐 아니라 소위 데마고그들로 간주된 사람들에 대한 정치적 박해를 옹호하는 태도를 취했다. 그 외에도 헤겔은 세습군주제에 대해서 자신과 다르게 생각하는 사람들을 비'사변적'이라고 비판하면서 이런 접근 방식을 군주의 본성에 어긋난다고 보았다(7, 452). 그리하여 헤겔의 입헌군주제는 1820년 『법철학』 출간 당시부터 첨예한 논쟁점 중의 하나였다.

헤겔이 국가, 특히 입헌군주제 속에서의 군주에서 인륜적 총체성의 최고 정점을 발견하는 것(7, 435 참조)에 대해서 대체로 세 가지 해석이 존재한다. 하나는 헤겔이 원래 기회주의적이고 권위주의적인 성격의 반동적 사상가이기 때문에 세습적인 입헌군주제를 가장 합리적인 국가의 모습으로 설정한다는 관점이다. 이 관점에 대해서는 앞에서 충분하게 상술하였으므로 생략한다. 다만 입헌군주제가 1820년대 프로이센 상황을 정당화하기 위해 헤겔이 급조한 이론은 아니라는 점만은 강조할 필요가 있다. 다른 정치적 사안들과 마찬가지로

---

56) K.-H. Ilting, 앞의 글, 앞의 책, S. 43 이하 참조.

헤겔의 입헌군주제에 대한 소신은 정치적 위기를 모면해보려는 방편이 아니다. 그의 정치이론은 입헌군주제에 관련해서도 일관성과 지속성을 보여준다. 헤겔은 이미 1800년 초기 예나 시기의 미출간 초고들에서도 세습적 입헌군주제를 "근대의 보다 고차적인 원리"로 이해하면서 "고대인들"과 "플라톤"이 알지 못했던 것이라고 말한다.[57]

입헌군주제에 대한 둘째 해석은 일팅이 제기한 것으로 많은 논쟁을 불러일으켰다. 그의 주장에 따르면 헤겔은 1820년 『법철학』 출판 당시 엄혹해져가는 정치적 상황 — 앞에서 언급된 검열 제도의 강화 및 정부 당국에게 데마고그라고 낙인찍힌 사람들의 정치적 박해 등 — 을 모면하기 위해 자신의 정치적 입장을 숨겼다는 것이다. 간단하게 말해 공개적으로 드러난(exoteric) 헤겔과 소위 '자유주의적이고 민주적인' 비밀스러운(esoteric) 헤겔이 존재한다는 것이다. 공식적으로 출판된 저서에서 표현된 내용과 다른 강의록에서 발견되는 것처럼 보이는 헤겔의 구술 강의 내용 사이에 차이가 있는지 아니면 헤겔은 1820년 이후, 즉 1822~23년 그리고 1824~25년의 강의에서 비로소 군주제에 대한 "자유주의적 견해"에 찬성하게 되었는가 하는 문제들을 해결할 필요가 있다고 강조한다. 이런 주장을 입증하기 위해 일팅은 『법철학』이 출판되기 전과 그 후 정치적 위기가 사라졌을 때 입헌군주제에 대한 강의록을 비교하는 방법을 채택했다. 이 비교 방법을 통해서 일팅은 헤겔이 『법철학』을 공식 출판하면서 입헌군주제에 관련된 사항을 대단히 모호하고 당국의 구미에 알맞게 변형했다는 것을 입증하려 했다.[58] 그리하여 헤겔의 군주이론에서 그의 사유의 내적 모순을 발견할 수 있다고 생각하는 로젠츠바이크와는 달리 일팅은 "헤겔의 공식적으로 출판된 저서와 1822~23년 겨울 학기의 강의 사이에 존

---
57) GW 8, 263. 아비네리 역시 세습군주제에 대한 헤겔의 입장의 연속성에 의거하여 예나 시대의 급진적인 헤겔과 보수적인 말년의 헤겔을 구별하는 작업은 근거가 없다고 강조한다(S. Avineri, 앞의 책, p. 112 참조).
58) 일팅은 헤겔이 공식 출판된 『법철학』에서는 그 이전의 저서에서와는 달리 프랑스 혁명에 대한 아무런 긍정적인 평가를 포함시키지 않고 있다고 말한다. K.-H. Ilting, 앞의 글, 앞의 책, S. 35 참조.

하는 모순"을 강조한다.[59]

사실 헤겔이 『법철학』을 출판하던 1820년경 프로이센의 정치 상황은 대단히 복잡하였다. 잔트가 정치적으로 암살을 감행한 이후 드높아져가는 정치적 상황의 어려움으로 인해 당시 독일 학생운동에 영향력이 있었던 여러 교수들 역시 상당한 위기에 처하게 되었다. 그중에서도 헤겔 이외에 프리스, 드 베테, 그리고 슐라이어마허 등이 중요한 인물로 거론될 수 있다. 프로이센 정부에 의한 데마고그들의 박해는 대학에 있는 교수들의 신변도 위협했다. 예를 들어 베를린 대학교 신학 교수였던 드 베테는 1819년 9월 30일 국왕에 의해 대학에서 교수 직위를 박탈당했다. 잔트의 암살 사건 이후로 프로이센 당국이 취한 일련의 강경 정책의 일환으로 이들 교수들뿐만 아니라 헤겔 역시 위험을 느낄 수밖에 없었다. 헤겔은 1819년 5월 2일 베를린 대학교 학생동맹이 개최한 집회에 슐라이어마허, 드 베테 등과 함께 초대되어 갔다. 이 집회는 베를린 교외에 있는 피헬스베르크(Pichelsberg)에서 열렸는데, 그 집회 목적은 바로 프랑스에 대항하여 샤른호르스트(Scharnhorst)와 학도병이 전사했던 그로스괴르셴(Grosgörschen) 전투(1813년 5월 2일)를 추모하는 것이었다.

일팅이 지적하듯이 학생들이 헤겔을 초빙한 것은 우연이 아니었다. 그는 학생들이 나폴레옹에 대항하여 프로이센이 조국의 해방을 위해 일어섰던 봉기를 기념하기 위한 행사에 슐라이어마허, 프리드리히 얀(Friedrich Jahn) 그리고 드 베테와 함께 참여했기 때문이다.[60] 그뿐 아니라 헤겔과 가까운 학생들이 독일 학생운동에 연루되었다는 의심을 받아서 경찰에 체포되었다. 헤겔의 조교인 레오폴트 헤닝(Leopold v. Henning)은 1819년 7월 7일에, 그리고 하이델베르크 대학 시절의 제자인 구스타프 아스베루스(Gustav Asverus)는 1819년 7월 15일 밤에 각각 체포되었다. 헤겔이 베를린 대학에 초청받았을 때 조교로 채용하기 위해 그곳으로 데리고 갔던 프리드리히 빌헬름 카로베(Friedrich Wilhelm Carové)는 독일 학생운동의 지도적인 인물들 중의 하나였다. 이런 이유로

----
59) 같은 책, S. 29.
60) 같은 책, S. 44 이하.

카로베는 헤겔이 그를 조교로 채용하려고 무척이나 노력했는데도 그 뜻을 이루지 못하였고 결국 학문의 길을 포기해야만 했다.[61] 일팅은 헤겔이 정치적 위기를 벗어나기 위해 우선 프리스, 드 베테 그리고 슐라이어마허 등 소위 그 당시 독일의 정치 상황의 악화를 불러온 세력의 정신적인 지도자들과 자신을 구분하려고 시도했다고 주장한다. 헤겔은 『법철학』 서문에서 프리스 등을 강하게 비판한다. 헤겔 역시 이들과 마찬가지로 소위 진보적인 독일 학생동맹 세력과 긴밀한 관계를 맺고 있었다. 다만 헤겔과 프리스 및 드 베테가 맺고 있었던 학생운동의 흐름이 서로 달랐던 것은 사실이다.[62] 헤겔과 이들 교수들은 우선 정치적 암살 사건에 대해서 견해가 달랐을 뿐 아니라, 독일 학생운동의 민주주의 및 민족주의적 성향에 대해서 서로 다른 입장을 견지했다는 것 역시 주목해야만 한다.[63]

일팅은 헤겔이 정치적 상황으로 인해 자신의 공식 저서에서 주로 서문에서 등장한 그 유명한(악명 높은) 이성적인 것과 현실적인 것의 동일성 명제와 군주제에 대한 내용을 그 상황에 맞게 변형했을 것이라고 추정한다. 즉 1818년의 강의에서는 이성적인 것이 여전히 현실 속에서 실현되어야 한다는 점, 따라서 현실은 여전히 이성적인 요소들을 받아들이는 발전이 이루어져야 한다는 사실을 강조하고 있지만, 1820년의 서문에서는 역사 속에서 자유의 실현이 여전히 존재한다는 주장은 존재하지 않는다. 그 대신 헤겔은 역사적 발전의 목적이 이미 달성된 것과 같은 입장을 옹호하는 듯한 인상을 불러일으킨다.[64] 그

---

61) 같은 책, S. 51 이하.
62) 같은 책, S. 25 이하 그리고 70 이하 참조. 일팅의 주장에 대해 회의적인 입장으로는 L. Siep, "Vernunftrecht und Rechtsgeschichte," *G. W. F. Hegel, Grundlinien der Philosophie des Rechts*, S. 5 이하 참조. 핀커드 역시 헤겔이 프리스 등을 희생양으로 삼았다고 주장한다(T. Pinkard, *Hegel : A Biography*, p. 444 이하 참조).
63) 비록 헤겔이 프리스와 드 베테 등을 신랄하게 비판하고 프로이센 당국의 검열 조치를 인정하는 태도를 보임으로써 적절하지 못한 처신을 했다고 할지라도, 그는 독일 학생운동 집단과 연루되었거나 관련됐다는 의혹으로 인해 경찰로부터 고통을 받은 동료 교수나 학생들 그리고 친구들을 도우려고 대단히 노력했다는 사실을 지적할 필요가 있다. 이 과정에서 헤겔은 때로는 당국과 커다란 마찰을 빚었다(S. Avineri, 앞의 책, p. 130 이하).

결과 헤겔의 1820년 『법철학』은 한편으로는 그의 사상의 "자유주의적이고 진보적인 주요 요소와 지배적인 현실에 대한 헤겔의 순응으로 인해 양면적"인 성격을 띠게 되었다고 한다.[65] 그러나 이러한 일팅의 관점의 한계는 헤겔『법철학』의 현실 순응주의와 헤겔의 형이상학적인 체계의 공속성에 대한 청년 헤겔주의자들의 이의 제기를 완전히 만족할 만하게 해결하지 못한다는 것이다. 오트만이 적절하게 지적하듯이 순응주의 문제는 결코 단순히 여러 텍스트를 비교해서는 풀리지 않기 때문이다.[66]

헤겔 『법철학』에서 발생하는 실천철학의 사변적인 현실에 대한 파악으로의 변화는 절대적인 주관성을 자신의 체계의 최고 범주로서 이해하는 헤겔의 주관성의 절대적인 관념론과 연결되어 있는 것처럼 보인다. 입헌군주제를 이해하는 마지막 접근 방식은 바로 헤겔의 철학 체계 전반과 입헌군주제 사이의 연관성에 주목한다. 이런 접근 방식에 의하면 헤겔 철학 전반의 기초인 주관성과 입헌군주제의 연관성은 우연적인 것이 아니다. 입헌군주제는 정치철학의 영역에서 헤겔 철학의 기본적 원리인 주관성이 관철되는 상징과도 같은 것이다. 헤겔 철학은 주관성을 그 궁극적인 원리로 설정하고 있기 때문에 필연적으로 국가의 주권을 대표하는 한 주권자를 요청할 수밖에 없다는 것이다.

이러한 사실과 관련해서 하버마스는 "가족, 시민사회, 정치적 의사 형성 그리고 국가 기구를 전체로서 포괄하는 인륜성의 영역이 단지 **국가** 안에서만, 정확히 말해서 정부와 정부의 군주적 우두머리에서 **통일되고**, 즉 자기 자신에 도달되어야 한다"는 헤겔의 제안은 이해하기 어렵다고 지적한다. 하버마스가 보기에 헤겔의 인륜성의 이념이 군주에서 그 최고의 통일적인 정점을 발견하는 것은 인식 주체의 자기관계의 모델에 의거해서 도출된 절대자를 철학의 근본 범주로 설정하는 헤겔 철학의 형이상학적인 전제와 밀접하게 연관되어 있

---

64) K.-H. Ilting, 앞의 글, 앞의 책, S. 36 이하 참조.
65) 같은 책, S. 108.
66) H. Ottmann, "Hegels Rechtsphilosophie und das Problem der Akkomodation. Zu Iltings Hegelkritik und seiner Edition der Hegelschen Vorlesungen über Rechtsphilosophie," *Zeitschrift für philosophische Forschung* 33, 1979, S. 242 이하.

다. 주체성을 중심으로 사유하는 체계상의 문제로 인해 헤겔에게는 개별자와 보편자의 매개에 관한 다른 모델, 즉 자유롭고 평등한 사람들 사이에서 이루어지는 의사 공동체 안에서 "**강요되지 않은 의지 형성이라는 보다 차원 높은 상호주관성**"의 모델이 차단되어 있다. 하버마스가 보기에 헤겔은 이러한 길을 채택하지는 않았지만, 청년 헤겔에게는 "인륜적 총체성을 상호주관적인 생활 연관 속에서 구현된 의사소통적 이성"을 추구할 가능성이 열려 있었다. 만약 헤겔이 이러한 길을 걸었더라면, 그는 독백적이고 자기관계적인 주관성의 범주를 최고의 철학적 범주로 설정하는 체계의 실재철학적인 귀결인 "강력한 제도주의"[67]를 피하고 "사회의 민주적 자기 조직"이라는 모델을 전개했을 것이라고 하버마스는 결론 내린다.[68]

하버마스는 입헌군주제와 헤겔의 주관 중심의 철학 체계 사이의 연관성에 주목하지만, 헤겔의 형이상학과 실재철학의 상응 가능성을 더 추구하지는 않는다. 그에 의하면 현대는 이미 '탈형이상학적' 시대이기 때문에 헤겔이 추구했던 것과 같은 형이상학은 가능하지 않다는 것이다. 회슬레는 헤겔 법철학과 논리학의 상관관계를 철학 체계의 관점에서 진지하게 다루고 있다는 점에서 독특하다. 회슬레 역시 하버마스와 같이 헤겔의 군주론을 비합리적인 결론으로 비판한다. 설령 국가 권력이 주관적인 개별성 속에서 그 정점을 발견해야만 한다는 헤겔의 주장을 받아들인다고 해도, 대통령제의 민주주의 혹은 수상을 수반으로 하는 민주주의를 생각하는 것이 보다 더 합리적이라고 회슬레는 지적한다. 회슬레는 헤겔 『논리학』에서 전개된 '주관성 형이상학'이 헤겔로 하여금 무한정한 사적 소유의 절대화와 군주론을 이론적으로 정당화하게끔

---

[67] 헤겔의 정치철학을 "강력한 제도주의"로 해석하는 것은 헨리히에게서 유래한다. 헨리히는 헤겔의 강력한 제도주의는 특정한 정치적 상황에 대한 고려로 인해 발생한 것이 아니라 헤겔 철학 체계의 내적인 필연성에서 기인한다고 본다. 그러므로 그는 "헤겔은 결코 정치적 성향에서 군주론자가 된 것이 아니라, 이론적인 의무로부터 그런 것이다"라고 주장한다(D. Henrich, "Einleitung des Herausgebers: Vernunft in Verwirklichung," *G. W. F. Hegel, Philosophie des Rechts, Die Vorlesung von 1819~20 in einer Nachschrift*, S. 31).
[68] J. Habermas, *Der philosophische Diskurs der Moderne*, S. 52 이하. 호네트 역시 입헌군주제와 의식철학 사이의 깊은 연계를 주장한다(『인정투쟁』, 116쪽 참조).

만들었다고 주장한다. 그러나 그가 보기에 이 두 가지 사항은 현대 민주주의적인 사회국가의 현실과 매우 동떨어진 사고이다. 그리고 민주주의와 사회국가는 현대가 정치 현실에서 이룩한 위대한 업적에 속한다. 이런 현실을 철학적으로 정당화하고 민주주의와 사회국가를 변화된 현실 속에서 지속적으로 발전시키기 위한 새로운 실천철학이 요청된다. 그래서 회슬레는 "헤겔의 주관성의 논리학"을 "상호주관성의 이론으로 계속해서 발전시키는 작업"이 필요하다고 강조한다. 이런 발전에 의해서만 "현대의 가장 의미 있는 정치적 업적들에 관한 엄밀한 철학적 근거 해명이 존재할 수 있을 것"이라고 그는 결론짓는다.[69]

III. 시민사회와 국가의 매개체로서의 행정 관청, 대의 제도와 여론

1) 통치권과 직업단체의 연결, 관료제의 문제

헤겔은 군주권을 설명한 다음 통치권에 대한 언급으로 이행한다. 그는 통치권을 우선 사회의 여러 특수한 영역들과 개별적인 사건들을 보편적인 것으로 포섭하는 권력으로 이해한다. 그런데 국가의 활동을 담당하는 사람들은 아무런 연고도 없이 존재하는 단순한 고립된 개인이 아니라 시민사회의 일원이기도 하다. 그리고 국가는 가족과 시민사회를 토대로 하기 때문에 시민사회에서 형성된 다양한 삶의 영역들을 고려하고 이들을 국가의 보편적인 이익으로 승화하기 위해서는 시민사회와의 긍정적인 상호관계가 필요하다. 그러므로 국가의 제도에도 시민사회에서 형성된 다양한 계층 및 신분의 현실을 반영할 수 있어야만 한다. 헤겔은 시민사회와 국가의 매개를 담당하는 것은 시민사회 내에서 형성되는 다양한 계층과 결합되어 있다고 본다. 그래서 헤겔이 공무원을 시민사회와 국가의 통치 영역에 대한 서술에서 이중적으로 다루는 것은 우연

---

69) V. Hösle, 앞의 책, S. 567 이하 참조.

이 아니다. 진 코헨과 앤드루 아라토가 적절하게 요약하듯이 헤겔은 『법철학』에서 근대 사회를 통합하는 여섯 가지의 제도적 장치를 서술한다. 그것은 바로 "사법 제도, 경찰 행정, 조합 내지 직업단체, 관료적 행정, 신분제 의회 혹은 입법부 그리고 여론"이다. 앞의 세 가지는 시민사회의 이론에서 다루어지는 것이고, 뒤의 세 가지는 국가이론의 일부로 다루어진다.[70] 헤겔은 국가로부터 시민사회에 개입하는 제도적 장치와 시민사회 내에서 자발적으로 형성되면서 국가적 활동에 관계하는 제도적 장치들을 구별함으로써 국가와 시민사회의 구별과 그 둘 사이의 내적인 연관성의 가능성을 해명한다. 이 이중적인 제도들은 자본주의적 경제질서에서 연원하는 사회 해체의 경향을 막아주는 방파제 역할을 하면서 자유의 궁극적 실현을 보장하는 의미를 함께 지닌다. 이런 문맥에서 코헨과 아라토는 "국가를 통한 통합"과 "시민사회를 통한 사회적 통합"을 구분한다.[71] 근대의 이성적인 국가 구조를 해명하는 작업은 시민사회와의 연관이 없이는 불완전하다. 그러므로 국가의 통치권과 입법권의 행사를 적절하게 이해하기 위해서는 신분제 혹은 계층이론에 대한 언급이 필수적이다.

a. 신분이론

헤겔이 지적하듯이 근대에서 시장사회가 산출하는 보편적 부에 참여하는 방법은 다양하고, 이 다양성은 우선 각 개인들의 능력과 재능 그리고 그가 속한 사회적 조건들에 제약을 받는다. 헤겔에 의하면 신분은 '욕구의 체계'에서 형성되는 인간들 상호의 보편적인 의존 관계가 만들어내는 사회의 "보편적인 부 내지 재산"(das allgemeine Vermögen)을 향유하는 활동과 밀접한 관계를 맺고 있다. 신분은 근대 시민사회에서 전면적으로 등장하는 인간 욕구의 다양화 및 그것을 충족하는 수단의 분화를 전제로 한다. 개인들이 자신들의 능력과 관심 그리고 그 외의 요인들에 의해서 다양한 형태의 직업을 선택하고 자신들

---

70) J. Cohen/A. Arato, 앞의 책, p. 100.
71) 같은 책, p. 102 이하 참조.

의 욕구를 다양한 방식으로 충족하고자 하기에 사회 역시 이런 상황에 대응하여 다양하게 분화되어야 한다. 이와 같이 근대에 등장하는 인간의 삶의 다양성과 분화의 증가는 다양한 욕구 충족을 위한 생산과 교환의 관계에서의 분화와 결합되어 있다. 따라서 헤겔은 신분의 발생을 "여러 욕구들, 이 분화된 욕구에 상응하는 여러 수단들, 노동의 다양성, 만족의 방법 그리고 이론적·실천적인 교양의 **특수한 체계들**"의 형성에서 구한다(7, 354). 간단하게 말하자면 신분이란 사회가 하위 체계로 세분화되어 있는 "특수한 체계들"이며 이는 동시에 "욕구의 **특수한** 영역들"이다(7, 359).

각 개인들은 이렇게 형성된 여러 특수한 신분에 포함되어야 한다. 인간이 인간다운 삶을 살아가기 위해서는 어떤 특정한 내용을 추구하고 그것에 몰두해야만 한다. 물론 개인이 어떤 특수한 신분에 속한다는 것은 여러 요인들에 영향을 받는다. 헤겔에 의하면 소질, 혈통 그리고 여러 환경적인 요인들이 개인이 어느 신분에 속하는가를 결정하는 데 영향을 미친다. 그러나 가장 결정적인 요인은 "**주관적인 견해와 특수한 자의**"이다(7, 358). 이렇게 헤겔의 신분론은 특수성과 주관성의 원리를 철저하게 긍정하기 때문에 고대의 폐쇄적인 신분사회의 신분이나 인도의 카스트 제도의 신분과는 근본적으로 다르다. 근대 세계의 본질적인 계기인 주관적인 원리의 인정은 동양이나 서구의 고대 세계에는 낯선 것이었고, 이 원리는 "사회적 질서의 파괴"의 근원에 지나지 않았다(7, 358). 근대의 신분은 자유로운 선택으로 결정되고 자신의 능력과 자질 그리고 선호에 따라서 다른 신분으로 이동이 가능하다는 점에서 헤겔이 언급하는 신분은 고대나 중세에서처럼 세습되지 않는다. 헤겔은 신분 분화의 필연성을 언급하는 자리에서 다시 주체적인 특수성의 원리에 의해서 신분 질서가 형성되고 있다는 점을 강조한다. 그에 의하면 바로 이 주체적인 특수성의 원리를 긍정하는지의 여부가 동양과 근대의 서양 그리고 고대와 근대를 구별하는 궁극적인 판단의 척도이다(7, 358).

교육, 상업, 농업 등등의 특수한 것에 자신의 관심과 열정을 제한하지 않고서는 인간은 결코 의미 있는 삶을 영위할 수 없을 것이다. 그리하여 헤겔은

"신분이 없는 사람은 한갓 사인이고 현실적인 보편성의 입장에 서 있지 못하다"고 말한다(7, 360). 나아가 개인들은 특정한 신분 혹은 현대적인 의미로 말하자면 계급에 속함으로써 자신이 선택한 삶의 가치를 동료들에게 인정받을 수 있는 기회를 갖게 되며 그런 과정에서 타인과의 유대감을 형성하는 기회를 얻는다(7, 354 이하 참조). 이런 문맥에서 헤겔은 특정한 신분 속에서 사람들은 특정한 종류의 의식과 정직성·믿음·공정함과 같은 도덕적인 태도와 심성을 기를 수 있게 된다고 강조한다. 즉 사람들은 신분에 속함으로써 근대 사회의 원자화와 파편화 경향에서 벗어날 수 있게 되며 타인과의 관계에서 자기 자신이 가치 있는 존재임을 확인받는 동시에 이로 인해 그는 자신과의 긍정적인 관계에 성공할 뿐 아니라 사회에 긍정적으로 통합된다. 신분이 각 개인들의 선택에 의해서 매개되어 있기 때문에 근대 시민사회는 활력이 있게 되고 신분은 이 사회에서 획득되는 사회적인 명예와 공적인 업적의 원천이다(7, 359).

이리하여 근대 사회에서 사람들이 추구하는 인정의 욕구는 고대나 중세와는 다른 방식으로 충족된다. 사람들은 특정한 신분에 속하여 활동하는 존재로서 살아가면서 자신의 능력을 그곳에서 마음껏 펼치려고 노력하고, 이를 통해 타인의 인정을 받기 때문에 타인의 능력과 노력 역시 인정하게 된다. 이런 과정에서 사람들은 자신이 속한 신분에서 타인을 배려하고 어려움에 처한 동료들을 기꺼이 도우려는 마음을 함양할 기회를 갖는다(7, 359). 이와 같이 신분은 사람들이 원자화된 상황에서 벗어나서 사회에 참여할 수 있는 공간을 제공할 뿐 아니라, 타인과의 관계를 도구적인 이해관계의 좁은 틀에서 벗어나 인륜적 관계로 바라보는 심정과 눈을 기르게 해준다. 그리하여 헤겔은 근대 사회에서 신분은 직업단체와 마찬가지로 인간들을 이기적 존재에서 보편적인 것에 관심을 갖는 존재로 도야·육성하는 기능을 담당한다고 보는 것이다. 이런 이유들로 인해 헤겔은 신분을 가족과 더불어 국가의 토대로 규정한다. 가족이 "국가의 최초의 기초"라면, 신분은 "제2의 기초"이다(7, 354). 헤겔은 신분의 사회적·정치적 기능을 다음과 같이 말한다. "국가의 첫째 기초가 가족이라고 한다면, 신분은 국가의 둘째 기초이다. 신분이 그토록 중요한 의미를 지니는 이유는 사적 개인이란 이기적인데도 타인에게 의존해야 할 필연성이 있기 때문이다. 그러므로 여기에 이기심이 보편적인 것, 즉 국가에 결합되는 뿌리가 존재하며, 국가가 배려해야 하는 것은 이런 연관이 한층 더 견실하고 확고한 것이 되도록 하는 것이다"(7, 354 이하).

신분 자체에 대한 서술은 농민, 상공업 그리고 공무원 신분으로 세분되어 있다. 이 세 가지 신분은 "**개념**에 따라서 **실체적**(substantiell) 혹은 직접적 신분, 반성적 혹은 **형식적 신분** 그리고 **보편적** 신분"으로 간주된다(7, 355).[72] 첫째 "실체적 혹은 직접적 신분"은 농민 신분을 일컫는 용어인데, 이 신분은 토지 귀족과 농민으로 구성되어 있다. 이 신분은 그 소속원이 경작하는 토지의 자연적 산물을 재산으로 갖고 있다. 농민 계층은 우선 토지나 계절 등의 자연적인 요인들에 영향을 받는다. 이 신분에 속한 사람들의 소득이나 노동은 자연적인 요소의 제약을 받는다는 측면에서 다른 신분들과는 구별된다. 자연에 대한 의존성이 높기 때문에 농민 계층은 반성이나 각 개인의 의지의 측면이 비교적 중요하지 않다. 그러므로 이 신분은 무반성적이고 직접적인 신분으로 규정된다. 그 대신 이 신분은 가족관계와 신뢰에 바탕을 둔 직접적인 인륜적 심정을 간직하고 있다. 물론 헤겔은 근대에서 농업 역시 공장 경영의 형태를 띠고 나타나고, 그리하여 "반성적 방식으로" 운영된다는 사실을 지적한다. 그럼에도 그가 보기에 농민 신분은 여전히 상공업 신분인 "제2신분"과는 달리 자연을 중심적인 것으로 여기며 주어진 것을 받아들이며 그에 대해서 신에게 감사하는 심정을 유지한다(7, 355 이하).

반성적 혹은 형식적 신분으로 규정되는 상공업 신분(der Stand des Gewerbes)은 "자연 산물의 **가공 형성**"(die *Formulierung* des Naturprodukts)을 그 업으로 삼고 있으며, 생계 수단으로는 자신의 "노동과 반성 그리고 지성"에 의존하고 있다. 이 신분에 속한 사람들은 자신의 활동에 의거하여 욕구를

---

[72] 헤겔이 『법철학』에서 서술하는 신분이론의 핵심적인 내용은 이미 예나 시대의 『실재철학』에서 그 대강이 완성되었다(GW 8, 266쪽 이하 참조). 예나 시기의 헤겔의 신분이론에 대하여는 S. Avineri, 앞의 책, p. 105 이하 참조.

충족해야만 한다. 이 신분은 수공업 신분(Handwerkstand), 공업 신분(Fabrikenstand) 그리고 상업 신분(Handelstand)으로 세분된다(7, 357). 제2신분인 상공업 신분의 구성원들은 제1신분에 속하는 사람들과는 달리 자립심이 강하다. 그들은 생계를 스스로의 힘으로 유지해야만 하고, 그 과정에서 자신의 지적인 능력을 최대한 발휘해야만 하기 때문이다. 따라서 자연에 대한 의존성이 강한 농업 신분과 달리 상공업 신분은 "자유와 질서"에 대한 남다른 감수성과 의식을 지닌다. 헤겔에 의하면 농업 신분은 보수적인 심리를 갖고 있고 "보다 많은 예속의 경향을 지니는" 데 반해, 상공업 신분은 "더 많은 자유에 대한 경향"을 지닌다(7, 357).

마지막 신분은 "보편적 신분"이라고 불리는 것으로, 헤겔은 이 신분에 대해서 다음과 같이 설명한다. "사회 상태의 **보편적 이익**을 그 업무로 삼고 있다. 그러므로 이 신분은 사유재산에 의해서든 아니면 그의 활동을 요구하는 국가에 의해서 손해를 보지 않도록 보호되든지 간에 여러 욕구를 충족하기 위한 직접적인 노동에서 해방되어 있어야만 한다. 그리하여 사적 이익은 보편적인 것을 위해서 일하는 과정에서 만족을 느끼게 된다"(7, 357). 보편적 신분은 국가의 보편적인 이익을 위해서 일하는 공무원이나 군인과 같은 계층으로 구성되어 있기 때문에, 그들은 일정한 정도의 재산을 갖고 있거나 국가의 도움을 통해 생계의 어려움에서 벗어나 있어야 한다는 것이다. 그렇지 않으면 이들은 사적인 이익을 위해 그들이 담당하고 있는 공적인 일을 왜곡할 것이기 때문이다. 이런 문맥에서 헤겔은 국가 공무원을 "중간 신분"(Mittelstand)의 핵심을 구성하는 계층으로 보고 있다(7, 464).

앞에서 살펴본 것처럼 신분 체계를 통해 헤겔은 근대 사회에 필연적이고 고유한 현상인 분화된 사회 구조를 긍정하고 동시에 이 분화된 사회 구조를 정치적 공동체로 통합할 수 있는 가능성을 보았다. 시민사회에서 형성되는 다양한 신분은 각 영역에서 사회적 통합의 기능을 담당할 뿐 아니라, 정치적 통합의 토대로서 작용한다. 간단하게 말하면 각각의 신분은 시민사회와 국가를 매개하는 기능을 담당한다. 시민사회의 세 가지 신분 중에서 보편적 신분은 공무원으로서 통치권을 담당하고, 나머지 두 신분, 즉 농업 신분 및 상공업 신분은 의회에 참여하여 시민사회와 국가의 연결을 수행한다. 앞으로 우리는 통치권과 입법권에 대한 부분에서 각 신분이 어떻게 정치적 영역에 참여하게 되는가를 좀더 상세하게 다루게 될 것이다. 따라서 여기에서는 간단하게 헤겔의 신분이론의 의미와 그 한계를 언급하는 데 만족하고자 한다.

우선 헤겔의 신분이론은 근대적인 의미의 "사회 계급 이론"으로서 평가된다.[73] 더 나아가 헤겔은 그의 신분이론에서 특정한 신분들의 정치적·종교적 태도를 그들의 노동의 방식에서 해석하는 20세기에 이르러 보다 발전된 직업심리학의 여러 통찰들을 선취하고 있다.[74] 헤겔의 신분이론에만 국한된 평가는 아니지만, 코헨과 아라토는 헤겔을 "그의 시대의 독보적인 사회이론가"로 평가한다.[75] 그러나 헤겔의 신분이론은 한계를 안고 있다. 헤겔은 그의 신분이론에서 노동자를 별도의 계급으로 고찰하지 않기 때문이다. 헤겔은 신분에 대해 고찰하는 과정에서 이 노동 계급에 대해 아무런 언급도 하지 않는다. 근대 사회에 등장하는 노동 계급의 고통을 그 누구보다도 정확하게 인식하고 있었던 헤겔이 이들이 근대 사회에 어떤 방식으로 통합될 수 있는가를 고찰하지 않았다는 점에서 아쉬움을 느끼지 않을 수 없다.[76]

b. 통치권과 공무원 제도

통치권은 특수한 영역들과 개별적인 사안을 보편적인 것 아래로 포섭하는 권력이다. 통치권에는 사법권과 경찰 행정권이 포함된다(7, 457). 즉 통치권이 담당하는 일은 군주가 내린 결단을 집행하거나, 이미 현존하는 법률이나 제도들을 존속하거나 유지하는 활동들이다. 이 통치권이 담당하는 활동 영역은 다양하여 국가적 과제를 개별적으로 수행하기도 한다. 예를 들어 도로나 항만

---

73) S. Avineri, 같은 책, p. 155.
74) V. Hösle, 앞의 책, S. 545 이하 참조.
75) J. Cohen/A. Arato, 앞의 책, p. 115.
76) S. Avineri, 앞의 책, P. 108 이하 참조.

시설을 국가의 재정으로 관리하거나 보수하는 행위 역시 통치 행위의 일부에 해당된다. 이미 언급했듯이 헤겔은 통치권에 사법을 포함시키고 있다. 헤겔에 의하면 시민사회의 영역에서 활동하는 직업단체나 다른 결사체들을 관리하는 사람들은 이들 단체 구성원들의 신뢰에 입각한 "공동의 선거"와 국가의 시인이 병행되어야 한다(7, 458). 통치권에는 시민사회의 다양한 영역들을 보편적인 이익과 연결할 수 있는 여러 행정 관청의 활동이 포함된다. 여기에서 헤겔은 다시 직업단체와 자치단체와 같은 중간 집단이 국가에 대해서 지니는 의의를 강조한다.

헤겔에 의하면 각각의 특수한 공동체에서 활동하는 과정에서 형성되는 동료의식과 연대의식 그리고 타인에 대한 배려 등등은 사적인 이익과 공적인 이익을 조화시켜주는 토대가 된다. 달리 말해 개인의 선택으로 구성된 다양한 중간 단체에서의 활동은 타인과의 공동체 및 연대의식을 회복해줄 뿐 아니라, 보편적인 시야를 갖춘 능동적 공민의 정신, 즉 "국가의 정신"을 고양하는 매개체이다. "특수한 영역에 부여된 합법적 권한에 의해서 산출되는 직업단체의 정신은 자체 내에서 동시에 국가의 정신으로 변화된다. 그 정신은 국가에서 비로소 특수한 목적의 달성을 위한 수단을 발견하기 때문이다." 국가는 시민사회의 다양한 활동을 보호하고 그에 자치의 권한을 부여함으로써 오히려 자신을 강화하는 것이다. 다른 한편으로 시민사회의 구성원들은 자신들의 자발적인 단체 활동에서 향유하는 공동체 및 연대의식이 국가의 틀 내에서 비로소 가능하다는 것을 인식함으로써 국가에 대한 일체감을 형성하게 된다는 것이 헤겔의 입장이다. 즉 시민사회의 활성화는 그것이 적절하게 조정되는 경우 국가의 강인함의 원천이 된다는 것이다. 따라서 시민사회에서의 이 활동이야말로 바로 "시민들의 애국심의 비밀"이라고 헤겔은 말하는 것이다(7, 458).

직업단체의 정신과 국가 사이의 연관성을 언급한 다음 헤겔은 통치 업무에서의 분업을 강조한다. 시민사회에서 노동의 분업이 생산성과 효율성을 증진하는 데 기여하는 것처럼, 통치에서도 분업이 필수적임을 인정한다. 그러면서도 그는 다른 사항들에서처럼 분업화된 통치 업무들 사이의 조화가 이루어져야 한다고 말한다(7, 459). 통치 업무의 분담에 대해서 논한 후에 헤겔은 통치 업무를 실제로 담당하는 공무원 신분에 대해서 논한다. 앞에서도 언급된 것처럼 공무원의 선발에서 가장 중요한 것은 사람들의 능력과 자질이다. 그리고 공무원 신분은 원칙적으로 모든 시민들에게 열려 있다. 그래서 공무에 적합한 사람들을 적재적소에 배치하는 것은 대단히 중요한 일인데, 헤겔은 공직자를 임명할 권한은 군주에게 속한다고 본다(7, 460 이하). 공직자에 대해서 언급하는 과정에서 눈에 띄는 사항은 헤겔이 공직자들의 윤리의식을 강조한다는 사실이다. 국가의 보편적인 업무에 불편부당한 정신으로 성실하게 임할 수 있도록 공무원들은 재산과 특수한 욕구의 충족을 보장받아야 한다고 헤겔은 지적한다. 그런 전제조건들이 충족되면, 공무원들은 자의적이고 이기적인 목적 달성을 위해서 국가의 활동을 타락시키지 않을 것이라고 그는 생각한다(7, 461 이하). 헤겔은 예나 시기의 『실재철학』에서 공무원의 노동을 추상적인 것으로, 무미건조하게 오로지 보편적인 업무에만 몰두하는 것으로 묘사한다. 즉 공무원의 노동은 "기계 노동"과 같다(GW 8, 273).

　헤겔은 공무원의 교양과 행동거지의 올바름을 강조한다. 그에 의하면 공무원은 법률이나 정부의 결정 사항을 구체적으로 집행하면서 개별 시민들과 접촉하는 사람들이기도 하다. 그러므로 그들이 시민들을 어떻게 대하는가는 시민과 국가의 관계에서 지대한 의미를 지닌다. 공무원들이 공무를 수행하면서 시민들에게 거들먹거리는 태도를 취하는 것은 있을 수 없는 노릇이다. 그렇게 되면 국가와 시민 사이의 접촉은 원활하게 되지 못하고, 궁극적으로는 정부의 활동 자체가 커다란 어려움에 직면하여 좌초된다고 헤겔은 지적한다. 공무원들의 행실과 교양이야말로 "정부에 대한 시민의 만족과 신뢰"를 좌우하는 것이다. 바로 이런 점 때문에 헤겔은 정부가 행하는 내용의 옳음 못지않게 중요한 것은 그 내용을 수행하는 방식이라고 강조하는 것이다(7, 463). 시민들과 접촉하는 공무원들의 행동거지와 교양의 중요성 때문에 헤겔은 공무원들이 특유의 직업윤리를 도야하고 이를 내면화해야 한다고 역설한다. 즉 공무원들은 행동에서의 "냉정함, 정직함 그리고 온화함"의 미덕을 갖추어야 한다는 것이다(7, 464). 이런 헤겔의 지적은 오늘날에도 많은 것을 생각하게 만든다. 사실 현대 사회에서 국가를 위해서 일하는 공무원이 공동체의 보편적 이익을 위해서 공평무사하게 일해야 한다는 것은 판에 박힌 말처럼 들릴지도 모른다.[77] 그러나 아비네리가 지적하듯이 공무원의 직업윤리에 대한 헤겔의 강조는 당시에는 상당히 시대를 앞서가는 것이었다. 예를 들어 당시 영국에는 참다운 의미의 공무원(civil service)이 존재하지 않았고 관직은 돈으로 사고팔 수 있는 것이었다(7, 442 참조). 아비네리에 의하면 헤겔의 공무원 및 관료 조직에 대한 언급은 베버의 이념형과 거의 일치하는 관료제의 모델을 제공하고 있다.[78]

마지막으로 헤겔은 정부 구성원과 국가 공무원이 "중간 계층 주요 부분"을 이루어야 한다고 강조하면서, 중간 계층의 형성이 국가의 중요한 관심사임을 강조한다. 이와 연관해서 그는 중간 계층을 갖지 못한 나라는 결코 고차적인 단계의 국가를 구성하는 데 성공할 수 없다는 점을 지적하면서 러시아의 예를 든다. 러시아는 농노인 대중과 통치하는 집단이라는 두 부분으로 나뉘어 있다는 것이다(7, 464 이하). 러시아 이외에도 헤겔은 혁명 과정에서 기존의 모든 중간 집단들의 해체를 단행한 프랑스의 상황을 언급한다. 특수한 이익과 보편적 이익을 매개해줄 수 있는 직업단체와 자발적인 공동체 및 다수의 지방자치단체 등이 모두 다 해체된 결과 프랑스에서는 "국가의 본래적인 강력함"의 토대를 잃었다고 평가한다(7, 460). 헤겔은 관료제의 긍정성에 대단히 많은 관심을 기울이지만, 그것이 가져올 폐단도 소홀히 하지 않는다. 따라서 헤겔은 공권력의 남용에서 시민과 국가를 지켜내기 위한 방안으로 시민사회 내의 "직업단체들과 자발적인 조직체들"의 역할을 강조한다. 그는 이들 집단들이 공무원 계층의 위험성을 견제하는 역할을 해야 한다고 주장한다(7, 463).

---

77) 헤겔의 관료제 이론은 나폴레옹과 프로이센의 개혁주의자들의 영향을 받았다고 한다(J. Hyppolite, *Studies on Marx and Hegel*, p. 118 참조).
78) S. Avineri, 앞의 책, p. 159 이하 참조.

2) 대의제도
a. 직접 민주주의에 대한 헤겔의 비판

입헌군주제를 가장 이성적인 국가질서로 바라보고 권력분립과 여러 권력 사이의 내적인 연관을 이성적 국가의 핵심적 구성 요소로 간주하는 헤겔은 직접 민주주의를 비판하고 근대에 적합하지 않은 정치 형태로 규정한다. 그는 근대의 이성적인 국가는 대의 제도의 형태를 띠어야만 한다고 생각한다. 바로 뒤에서 헤겔의 대의 제도의 내용을 살펴볼 것이다. 그 전에 우선 왜 헤겔이 직접 민주주의를 비판하는지를 살펴보자. 그가 직접 민주주의를 비판하는 이유는 다양하지만 크게 규범적 혹은 원리적 비판과 기능주의적 비판으로 나누어 볼 수 있다.

우선 헤겔은 직접 민주주의를 규범적인 차원에서 비판한다. 근대의 원리인 주관성과 특수성의 원리를 인정하지 않는 모든 국가 형태는 불완전하다. 직접 민주주의 역시 주관성의 원리를 담아내지 못하는 한계가 있다. 이런 헤겔의 입장은 직접 민주주의는 오로지 고대 그리스의 폴리스에 적합한 정치 제도라는 생각을 전제한다. 헤겔에 의하면 "민주주의는 그리스를 위한 정치적 헌법의 규정이었다." 달리 말하면 민주주의는 고대 그리스의 특성에 어울리는 것으로 고대 폴리스에 "유일하게 가능한 것이자 필연적인 것"이었다.[79] 고대 그리스의 도시국가에서 꽃을 피운 직접 민주주의는 "주관적 자유의 원리"를 알지 못했다. 이 원리는 고대 그리스의 직접 민주주의 헌법에 "이질적인 원리"이다. 달리 말하자면 소크라테스로부터 본격적으로 시작되는 내면성과 양심의 원리, 사적 삶과 공적 삶의 뚜렷한 구분 등을 가능하게 하는 주관적 자유의 원리는 고대 그리스의 정치적 공동체의 원리에 낯선 것으로 다가왔고 그리하여 그것은 고대의 정치적 공동체의 삶의 형식을 "파괴하는 원리"가 되었다.[80]

고대 폴리스에서 실행된 민주주의는 개별자와 보편자 혹은 사적인 것과 공

---
79) G. W. F. Hegel, *Vorlesungen über die Philosophie der Weltgeschichte*, S. 602.
80) 같은 책, S. 600 참조.

적인 것의 구별을 모르고 이 둘의 직접적인 통일을 이루고 있기 때문에 개인과 사적 삶의 자율성이 전체에 전적으로 흡수되어버린다. "그리스인들이 지녔던 아름답고도 행복한 자유의 상태"는 "사람들이 매우 부러워해왔고 지금도 부러워하는 것이다."[81] 그러나 이 자유는 개별과 주체성의 원리가 결여된 상태로서 새로운 근대에서는 고대의 직접적이고 무반성적인 인륜적 삶의 복원은 불가능하다. 우리는 이미 앞에서 헤겔이 근대 입헌군주제를 고대 그리스의 인륜적 삶을 대신하는 보다 고차적인 정치적 구성 원리로 바라보고 있음을 살펴보았다. 대의 제도 역시 근대적인 자유의 실현에 필수적인 계기이다. 이것 역시 고대 그리스의 민주주의에는 알려져 있지 않은 것이다. 모든 자유롭고 평등한 시민들이 정치적 공공 사안들에 대해 직접 참여하여 집단적 구속력을 갖는 결정을 행하는 고대 그리스의 정치체제로서의 직접 민주주의와 근대 유럽의 정치체제의 차이점에 대한 생각은 이미 청년기 헤겔에게서도 발견된다. 그는 "대의정치 체계는 모든 근대 유럽 국가의 체계"라고 말한다(1, 533). 그 평가에서 헤겔과는 상반되지만 대의체제를 근대적인 현상으로 보는 것은 루소도 마찬가지다. 주지하듯이 루소에게 주권은 대표될 수 없으며, 대의 제도는 인간의 자유를 공허하게 만들고 노예로 만드는 제도에 지나지 않는 것이었다.[82]

헤겔은 고대 도시국가에는 직접 민주주의가 적합했다고 말하면서 이 민주적 헌정의 원칙으로부터 모든 시민들이 국가에 대한 심의와 결정에 참여해야 한다는 명제가 도출되는데, 이 명제는 옳다고 말한다. 그리하여 헤겔은 민주적 헌법을 "지금까지 존재했던 가장 아름다운 헌법, 가장 순수한 자유"의 헌법으로 규정하면서 많은 사람들에게 직접 민주주의가 "이성에게 가장 필연적인 헌법이자 개념에 가장 적합한 헌법"인 것처럼 여겨질 것이라고도 말한다.[83] 그러나 고대 그리스의 도시국가에 적합한 민주주의가 제대로 작동하기 위해서는 여러 가지 조건들이 필요하다고 헤겔은 덧붙인다. 그중에서도 가장 의미 있는

---

81) GW 8, 262.
82) J.-J. Rousseau, *Politische Schriften*, 제3권 15장 참조.
83) G. W. F. Hegel, 앞의 책, S. 610.

논증은 고대 민주주의와 노예 제도 사이의 연관성에 대한 서술이다.

헤겔은 단순히 고대 도시국가에 노예 제도가 있었다는 사실을 들어서 고대의 시대적 한계를 지적하지 않는다. 고대 그리스인들은 인간이 인간 자체로서 자유롭고 평등한 존재이며 존엄한 존재라는 것을 철저히 자각하지 못했다. 그런 점에서 노예 제도가 규범적으로 정당화될 수 없다는 것은 지극히 옳다. 노예 제도가 결코 인정될 수 없는 제도인데도 노예 제도의 사실 자체에 대한 단순한 지적으로 고대의 시대적 한계 및 정치적 질서의 불충분함을 논하는 것은 적절치 않다고 그는 생각한다. 그는 고대의 민주주의 자체가 필연적으로 노예 제도를 요구하고 있다고 비판한다. 아리스토텔레스 및 루소가 지적하는 것과 마찬가지로 헤겔 역시 민주주의에서 "평등이 본질적임"을 강조한다. 그런데 이때의 평등은 정치적 참정권의 평등이자 이를 가능하게 하는 상당한 정도의 경제적 조건의 평등, "재산"에서의 평등을 의미한다. 또 헤겔은 민주주의의 조건으로서 "교양"에서의 평등을 지적한다. 즉 교양에서 적어도 "엄청난 차이"가 존재하면 안 된다. 그리고 모든 시민이 공적인 정치적 사안들을 결정하는 것이 그들의 의무이자 고유한 권리이기 때문에 생계 활동들을 스스로 해결할 수는 없다. 그리하여 노예를 통한 노동과 그로 인한 경제적 활동의 부담에서의 해방이 전제되지 않고서는 고대 그리스에서 가장 이상적인 정치적 삶이자 이상적인 시민의 삶의 방식은 충족될 수 없다는 것이다.

현대에서 고전적인 공화주의 이념의 중요성을 그 누구보다도 인정하고 있는 사람인 벤저민 바버(Benjamin R. Barber) 역시 그리스 사회에서 노동 그 자체는 단지 동물적 생존을 위한 것이었고 여가는 자유와 정치 그리고 참다운 인간적 존재를 표현하기 위한 조건으로 간주되었다고 말한다. 남성 시민은 정치 및 문화적 행위와 같은 공적 업무에 종사하기 위해 "사적인 가정 경제"를 '일벌'에게 맡겨두고 사적 영역에서 해방을 향유하고 있었다는 것이다.[84] 물론 바버의 묘사에는 거의 비판의 뉘앙스가 없고 능동적으로 정치에 참여하

---

[84] 바버, 『강한 시민사회 강한 민주주의』, 이선향 옮김, 일신사, 2006, 202쪽.

는 시민의 활동의 중요성이 전면에 등장하고 있다는 점에서 헤겔과 관점이 다르다. 그러나 참여 민주주의의 장점과 그것이 지니는 현대 대의 민주주의의 문제점들에 대한 해독제 내지 보완의 기능을 인정한다고 해도 과연 사람이 항상 정치적 활동에 몰두하는 것이 바람직한 것인지는 의문이다. 바버와 마찬가지로 공동체주의적 정치이론가의 한 사람이자 미국의 진보적 좌파의 한 사람인 왈쩌는 루소와 바버와 같이 고대 그리스의 시민적 이상에 과도하게 끌리는 사람에게 항상 끝없이 지속되는 정치적 활동과 집회에 참여하는 데 열중하는 사람이 언제 개인적인 창조성을 계발하기 위한 시간이나 친한 친구들과의 만남을 위한 시간을 낼 수 있게 되는지 반문한다.[85]

사실 고대 그리스에서 현대의 자유주의적인 기본권 사상이나 소극적 자유에 대한 강조는 알려져 있지 않다. 자유주의적 정치관과 자유관이 불만족스럽다는 것은 분명하지만, 이 자유의 긍정이 없는 민주주의 사회는 대단히 위험한 것이다. 따라서 정치적 활동 자체가 아무리 고귀하다고 할지라도 그것은 강제될 수 없는 것이며 거기서 물러설 가능성이 없는 사회는 결코 바람직하지 않다는 것이 나의 생각이다. 중요한 정치적 집회가 있다 할지라도 우리는 때로 친구들과의 우정 어린 만남을 위해서나 조용한 명상을 위해서나 아니면 가족과의 단란한 만남을 위해서 그 집회에 참여하지 않아도 되는 것이다. 헤겔 역시 공적 삶과 사적 삶의 직접적인 일치를 이루던 고대 그리스의 삶의 방식의 고귀함과 위대성 그리고 그 아름다움을 한없이 칭찬하면서도 그는 다음과 같이 묘사한다. "노예 제도는 각 시민이 공공장소에서 국가 행정에 대한 연설을 하고 그것을 경청할 권리와 의무, 체육관에서 신체를 단련할 권리와 의무, 그리고 축제를 공동으로 거행할 권리와 의무가 있었던 아름다운 민주주의의 필연적 조건이었다." 간단하게 말해 "시민들의 평등이 노예들의 배제를 가져왔다."[86]

헤겔은 규범적인 차원에서 직접 민주주의를 비판할 뿐 아니라 기능적 차원

---

[85] Walter, Reese-Schäfer, *Grenzgötter der Moral*, Frankfurt, 1997, S. 368 참조.
[86] G. W. F. Hegel, 앞의 책, S. 610 이하.

에서도 그 한계를 지적한다. 우선 규모가 크고 복잡하게 분화된 근대 사회에서 고대 도시국가에서 실행되었던 것과 같은 직접 민주주의는 불가능하다고 헤겔은 생각한다. 이것은 헤겔이 젊은 시절부터 지녔던 생각이다. 청년 헤겔이 보기에 근대 국가는 너무 커서 모든 자유인이 공공의 업무에 다 참여해야 한다는 이상을 실현하기에는 불가능하다(1, 479 이하).[87] 『역사철학 강의』에서도 헤겔은 민주주의의 존립 조건의 하나로 국가가 작아야 한다는 사실을 강조한다. 이러한 생각은 헤겔에게만 고유한 것이 아니라 루소와 몽테스키외도 마찬가지였다.[88] 규모의 크기와 근대 사회에서의 복잡성과 분화의 등장은 직접 민주주의의 실현을 거의 불가능하게 만든다. 이 주장 이외에도 헤겔은 정치사회학적으로 흥미 있는 분석을 제공한다. 그에 의하면 나라가 커지고 인구수가 늘면 직접 민주주의에서의 투표의 의미가 점차 사라진다. 즉 개별 시민의 투표의 의미는 거의 무의미해지고, 그에 따라 근대와 같은 대중사회에서 직접 민주주의는 "전제정"(Despotismus)을 불러일으키기 쉽다고 헤겔은 염려한다. 그는 이 때문에 프랑스 혁명에서도 "민주주의로서의 공화주의적 헌법이 등장할 수 없었다"고 말한다. 오히려 전제정은 "자유와 평등의 가면을 쓰고" 시민의 신임을 얻게 된다는 것이다.[89]

---

87) 물론 우리는 직접 민주주의가 갖고 있는 한계를 인정한다고 하더라도, 그런 인정이 정치적 참정권이 지닌 적극적인 의미 그리고 대의제적인 형태를 갖고서 모든 시민들에게 정치적 참여의 기회를 보장하려는 시도를 거부하는 것으로 오해해서는 안 된다. 헤겔의 신분제 대의제도가 근대적 상황에 적합한 정치 제도에 대한 고찰에서 중요한 통찰들을 제시하기는 하지만, 대의제적 민주주의에 대한 인식에는 이르지 못했다는 한계가 있다. 이에 대해서는 뒤에서 다시 언급할 것이다. 또 하나 덧붙이고자 하는 것은 직접 민주주의의 이상에서 현재의 대의제적 민주 제도 자체를 대신할 수는 없다고 할지라도 그것이 안고 있는 문제점들을 해결하거나 보완할 수 있는 소중한 통찰들을 얻어낼 수 있다는 사실이다. 이 책의 곳곳에서 강조했듯이 적절하게 재구성되고 변형된다면 고대적 자유와 근대적 자유의 변증법적 통일을 시도하는 헤겔의 정치철학 역시 현재의 대의 민주주의의 한계를 성찰하고 새로운 대안을 모색하는 데 많은 기여를 할 것이다.
88) 민주정이 작은 영토에서만 가능하다는 몽테스키외의 주장에 대해서는 *Vom Geist der Gesetze 1*, 제2권 제2장 참조. 루소에 대해서는 *Politische Schriften*, S. 129 참조.
89) G. W. F. Hegel, 앞의 책, S. 609. 토크빌은 "노예 상태는 국민 주권의 이름 아래 성립할 것"이라고 염려한다(『미국의 민주주의 II』, 임효선·박지동 옮김, 한길사, 1997, 890쪽).

회슬레가 지적하듯이 통치자와 피치자의 동일성을 추구하는 의미에서의 직접 민주주의는 권력분립의 원리를 허용하지 않고 결국 전체주의로 흐를 가능성이 있기 때문에 모든 다른 형태의 독재 못지않게 위험하다. 이런 생각에는 헤겔 이외의 독일 관념론자들, 칸트와 피히테 역시 공감하고 있다.[90] 마찬가지로 민주주의는 직접 민주주의 형식이 아닌, 입헌적인 방식으로만 구현될 수 있다는 것은 현대에서도 자명한 공리로 받아들여지고 있다. 롤스 역시 "입헌 민주주의와 민주적 정체"라는 표현을 "상호 교호적으로 사용한다."[91] 독일의 유수한 헌법학자인 뵈켄푀르데에 의하면 민주제는 "동일성 · 직접적 민주제로 구체화될 수 없다." 즉 "민주제는 주로 대의제적 구조를 취하되 직접 민주제적 요소들은 견제적 요소로 가미될 수 있을 뿐"이라고 그는 주장한다.[92] 하여간 헤겔은 『법철학』에서도 큰 나라에서 직접 투표는 오히려 정치적 무관심을 불러일으키는 원인이 될 것이라고 말한다. "많은 개개인에 의해 이루어지는 선거와 관련하여 한마디 덧붙여둘 것은 특히 큰 나라의 경우에는 자기의 투표가 다수자 가운데서 별다른 영향을 미치지 못한다는 생각 때문에 필연적으로 투표에 **무관심해짐**으로써 유권자에게 아무리 그와 같은 권리 인정이 값진 것으로 평가되고 또 인정된다고 할지라도 결코 그들이 투표 현장에 나타나지 않는다는 것이다"(7, 481).

마지막으로 헤겔이 민주주의에 대해서 지적하는 반론은 민주주의의 문화적 결과에 관한 것이다. 헤겔은 민주주의는 인간들의 평범화와 평균화를 가져오는 경향이 있다고 지적한다. 민주주의의 원리인 평등의 관념은 "특수한 재능에 관련해서"도 등장하고 결국에는 "개별성과 인격의 모든 위대성"을 시기하고 "비방하게" 될 것이라고 한다.[93]

---

90) V. Hösle, 앞의 책, S. 577 참조. 칸트 및 피히테의 직접 민주주의에 대한 비판도 같은 쪽 참조.
91) 롤스, 앞의 책, 13쪽.
92) 뵈켄푀르데, 『헌법과 민주주의』, 김효전 · 정태호 옮김, 법문사, 2003, 209쪽.
93) G. W. F. Hegel, 앞의 책, S. 613 이하 참조. 헤겔, 토크빌, 니체와는 달리 아렌트는 고대 그리스의 도시국가에서 시민들이 참여하였던 공적인 영역에서의 활동은 "개성을 위해 준비된

b. 신분제적 대의 제도

헤겔은 대내적 헌법에서 입법권을 마지막에 설명하고 있다. 그는 입법권의 대상을 "더욱 상세한 규정이 필요한" 법률 그리고 "내용상 전적으로 보편적인 국내 문제"로 한정한다. 물론 입법권은 "헌법의 일부"이다. 그러나 헤겔은 헌법은 "입법권에 앞서 전제된" 것으로 간주하고, 따라서 헌법이 "입법권의 직접적인 규정 외부에 놓인" 것으로 간주한다(7, 465). 이런 입장은 설득력이 없다. 헤겔 스스로 주장하듯이 입법 역시 헌법의 핵심 영역의 하나이기 때문이다. 더구나 헌법을 이미 존재하는 것으로 설정해놓은 것은 타당성이 없다. 헌법의 정당성과 타당성은 국민들의 동의를 통해서 비로소 그 의미를 지닐 것이기 때문이다. 그리고 헌법재판소와 같은 현대의 민주제 국가에서 시행되고 있는 제도를 염두에 둘 때도 헌법의 원칙과 의미는 반복해서 해석하고 확인해야 하는 것이다. 그런 작용과 무관하게 독립적으로 존재하는 헌법이란 생각하기 어렵다.

헤겔은 국가에 의해서 개인이 받는 혜택과 관련된 법률들, 예컨대 사적 권리를 규율하는 법률, "지방자치단체 및 직업단체의 권리들"을 입법권이 다루는 대상으로 간주한다. 또 개인이 국가에 대해서 이행해야만 하는 의무 사항인 조세와 관련된 법률 역시 입법권의 대상이다(7, 466). 입법권의 대상을 설명한 후에 헤겔은 "총체성으로서의 입법권"의 구성 요소들을 언급한다. 국가 권력의 독자성과 함께 상호 유기적 결합을 강조하는 헤겔의 국가이론의 특성은 이미 앞의 군주권에 대한 부분에서 살펴보았다. 군주권에는 여러 다른 권력의 계기들이 들어 있듯이, 입법권에도 총체적으로 고찰하면 최고 결정을 담당한 군주의 계기, 심의하는 계기로서의 통치권의 계기 그리고 마지막으로 의회라는 계기가 포함되어 있다고 헤겔은 말한다(7, 468).

301절 이하에서 헤겔은 주로 의회의 역할과 의미, 그것의 구성 원리 등에 대해서 다룬다. 우선 그는 의회의 정치적 기능과 국법상의 기능을 다룬다. 국

곳"이라고 평가한다. 『인간의 조건』, 94쪽.

회와 정부의 관계를 본질적으로 적대적인 것으로 간주하는 것은 잘못이다. 이는 삼권분립에 대한 통속적인 견해를 비판하는 과정에서 언급되었다. 군주권의 부분에서 드러난 것처럼 헤겔은 군주권에 많은 기능과 역할을 부여한다. 입법권이 비록 "공공의 복지와 이성적 자유의 보증"이라는 목적을 다른 국가기관과 더불어 달성하도록 규정되어 있다고 하나, 입법권은 군주권에 비해서 그런 역할을 담당하는 중요성이 덜한 것으로 헤겔은 생각한다. 그리하여 헤겔은 의회의 본래적인 사명을 입법의 기능에서 구하기보다는 시민사회 구성원들의 다양한 견해를 반영하는 것이라고 생각한다. "의회의 본래적인 개념 규정은 보편적 자유의 주관적 계기, 시민사회라고 불리는 영역에서 등장하는 독자적인 통찰과 의지가 **국가에 관계하여** 의회에 **실존**하도록 하는 데" 있다(7, 470 이하). 즉 헤겔이 생각하는 국회의 본래적인 의미는 정부와 국민 혹은 군주와 국민 사이를 매개해준다는 데 있다.

헤겔에 의하면 의회는 한편으로 군주와 정부 사이를 연결해주는 고리이며, 다른 한편으로 군주와 국민 사이의 매개 역할을 담당한다. "매개 기관"으로서의 의회는 **국가와 정부의 감각과 심정**"을 지녀야 할 뿐 아니라, 다른 한편으로 시민사회의 분화를 반영하는 "**특수한 영역들과 개인들의 감각과 심정**"을 동시에 갖추어야 한다(7, 471). 이렇게 의회는 국가 기관으로서 보편적인 이익에 대한 예민한 감수성과 관심을 지녀야 하며 시민사회의 다양하게 분기된 생활 영역들의 특수성 및 각 개인들의 관심 사항이나 이해관계들에 대해서도 감수성과 이해의 폭을 갖추고 있어야 한다. 그렇지 않으면 시민사회와 국가의 매개 기능은 현실화될 수 없는 것이다. 의회는 시민사회와 국가를 매개하는 기능과 더불어 군주와 인민 사이의 연결을 가능하게 하는 역할을 갖는다. 의회는 "군주권이 **극단**으로 고립되어 단순한 지배 권력과 자의라는 모양으로 드러나지 않도록 하고, 또한 지방자치단체, 직업단체 그리고 개인들이 고립되지 않도록 한다. 더 중요하게는 개인들이 **무리**와 **군중**으로 자신을 나타내지 못하도록 하고, 그리하여 비유기적인 견해와 욕구를 분출하지 못하도록 하며 유기적인 국가에 대항하여 단순한 대중적인 폭력이 되지 못하도록 하는" 매개 작용을 담당한다(7, 471 이하).

　의회의 매개적 기능을 설명하면서 헤겔은 양극단적 현상, 즉 인민과 분리되고 그로부터 배제된 일방적인 군주권의 등장과 인민이 "산산이 흩어진 원자들"(zersplitterten Atomen)을 그저 단순하게 모아놓은 "무리 내지 대중"으로 전락해버리는 것은 이성적인 국가의 파괴를 가져온다고 주장한다(7, 460; 470). 이성적인 국가라는 것은 인간의 자유를 보증하고 유지하여 모든 개인들이 개성과 인격의 가능성을 최대한으로 발휘하게 하는 질서를 의미하기에, 이런 국가의 파멸은 궁극적으로 인간의 자유의 극단적인 배제 내지 상실로 이어진다는 것이다. 여기에서 우리는 헤겔이 근대와 현대에서 대중사회와 결부되어 등장하는 전제적 내지 과도한 중앙 집중적인 권력의 위험성을 얼마나 정확하게 파악하고 있는가를 알게 된다.

　헤겔은 통치권과 관련하여 공무원이 자신의 특수 이익을 추구하는 집단으로 전락하지 못하도록 밑으로부터의 감시, 즉 활성화된 시민사회의 견제가 중요함을 강조한 바 있다. 마찬가지로 헤겔은 통치권의 한 영역인 내각의 지나친 업무의 집중화와 권력의 독점 현상을 경고한다. 달리 말하면 프랑스 혁명 과정에서 나타나고 나폴레옹에 의해서 한층 더 발전된 중앙 집권적 체제는 문제를 해결하는 데 신속성과 효율성을 보일지라도 결국은 인간의 자유를 억압하고 소멸시킬 것이라고 헤겔은 우려한다(7, 460). 권력의 중앙 집권적인 현상은 한 국가 내에서의 참다운 자유를 가능하게 하고 그리하여 국가 자체를 강건하게 만들 뿐 아니라 국가 권력의 정당성의 참다운 원천의 하나라고 할 수 있는 다양한 자발적인 결사체들이나 지방자치단체들이나 직업단체들이 부재하거나 파괴되었을 때에 발생한다.

　이런 문맥에서 헤겔은 프랑스의 중앙 집중적 권력을 언급한 후에 "프랑스에는 직업단체들과 지방자치단체, 즉 특수 이익과 보편 이익이 만나는 영역들이 존재하지 않는다"고 말한다(7, 460). 헤겔이 프랑스 혁명의 이념을 적극적으로 수용하고 이 혁명에 세계사적 의미를 부여하면서도 혁명의 진행 과정에서 나타난 로베스피에르의 공포 · 테러정치를 비판하는 것도 국가와 개인이 직접 결합한 필연적인 결과라는 인식 때문이다.[94] 달리 표현하자면 각각의 인간이 가족 및 시민사회 안의 다양한 단체들에 속해서 인간적인 유대와 결속력 있는 삶을 영위하지 못하고 그저 뿔뿔이 흩어진 고립된 원자들처럼 존재하게 될 때, 이들을 정치적으로 동원하여 괴물과도 같은 거대한 권력이 등장한다는 것이고, 헤겔에 의하면 이것이 근대 사회가 안고 있는 위험성이다. 따라서 헤겔에 의하면 의회는 시민사회의 다양한 영역에서 분출되는 이해관계를 반영하고 이를 국가의 보편적인 이익으로 변형하여 통치권과 군주권이 시민사회로부터 고립되거나 배제되지 않도록 매개하는 역할을 담당해야만 한다. 이런 문맥에서 헌법은 "본질적으로 매개의 체계"라고 규정되는 것이다(7, 472).

근대에서 등장하는 전제정은 원자화된 사회의 다른 얼굴에 지나지 않는다는 헤겔의 진단은 여전히 중요한 의미를 지닌다. 그래서 그와 관련된 헤겔의 주장을 직접 인용하는 것이 필요하다고 본다. "헌법은 본질적으로 매개의 체계이다. 그런데 단지 군주와 인민이 존재하는 전제국가에서 인민이 어떤 작용을 한다면, 그것은 오직 조직에 대한 파괴적인 대중으로서 기능할 뿐이다. 그러나 조직적으로 등장한다면, 이 집단은 정당하고 질서 있게 자신의 이해를 관철한다. 이와는 달리 이런 매개 수단이 존재하지 않는다면, 대중의 자기주장은 항상 야만적일 것이다. 그러므로 전제국가에서 전제군주는 인민을 너그럽게 봐주는 척하면서 언제나 그의 분노를 단지 그의 측근에게만 향하게 한다"(7, 472 이하). 군주와 인민만이 존재하고 그 사이에 다양한 형태의 중간 집단들이 현존하지 않는 국가는 자유로운 국가가 아니라 전제국가에 지나지 않는다는 헤겔의 지적은 근대와 현대의 전제군주가 어떤 토양에서 형성되는가

---

94) 헤겔의 프랑스 혁명에 대한 분석은 그의 『역사철학 강의』, 12, 520 이하 참조. 헤겔의 프랑스 혁명에 대한 가장 압축적인 평가는 다음과 같다: "우리는 이제 프랑스 혁명을 **세계사적 사건**으로 고찰해야만 한다. 왜냐하면 이 사건은 **내용**에 따르면 세계사적이고 형식주의의 투쟁은 참으로 이와 구별되어야만 하기 때문이다"(같은 책, 535). 이 인용문이 보여주는 것과 같이 헤겔은 정치적 영역에서의 인간의 인격적 원리의 평등과 주관성의 관철이라는 내용적인 측면에서 프랑스 혁명에 찬탄과 연대의식을 보이고 있으면서도, 이 내용을 관철시키는 공포와 억압을 동반하는 방식을 비판한다.

를 분명하게 보여준다. 원자화된 무리와 이를 정치적으로 동원하여 등장하는 거대한 중앙 집중적 권력이 인간의 자유를 불가능하게 만들 것이라는 헤겔의 지적은 현재에 이르기까지 그 예리한 통찰력을 보여주고 있다. 그리고 이런 인식은 헤겔에게만 존재하는 것이 아니라 많은 사상가들이 염려하는 것이기도 하다.

예를 들어 토크빌은 1856년에 출판된 『구체제와 프랑스 혁명』에서 다음과 같이 쓰고 있다. "신분(castes), 계급, 동업조합, 가족 따위의 낡은 유대가 개인 사이의 결합을 유지하지 못하게 되면, 사람들은 자신의 특수 이익에만 전적으로 몰두하는 경향을 보이거나 으레 자기 자신만을 생각하게 된다. 사람들은 일체의 공적 미덕이 질식당한 협소한 개인주의 속으로 칩거해버리는 것이다. 전제주의는 이러한 경향을 거부하기는커녕, 일체의 공통된 열정과 욕구 및 일체의 상호 이해의 필요와 공동 행동의 기회를 시민들로부터 앗아감으로써 오히려 그것에 저항하는 것조차 불가능하게 만든다. 다시 말하자면 전제주의는 공적 미덕들을 사생활 속에 가두어버린다. 전제주의는 이미 산산이 흩어지고 냉각되어가는 공적 미덕들을 완전히 고립시키고 굳어지게 만드는 것이다."[95]

현대에 들어와 하버마스는 전체주의의 기원을 설명하면서 기본적으로 헤겔과 토크빌에서 유래하는 인식을 공유하고 있다. 그렇다고 하버마스가 헤겔의 직접적인 영향을 받아서 현대 전체주의 사회의 기원을 분석했다고 하는 의미는 아니다. 그는 아렌트의 분석을 원용한다. 그러나 여기에서 중요한 것은 사태의 본성에 대한 인식의 공통성일 뿐이다. 하버마스는 다음과 같이 말한다. "자율적 시민사회와 침해할 수 없는 사적 영역의 밀접한 관계는 전체주의적인 국가사회주의 사회와 대비해 보면 분명하게 드러난다. 이 사회에서는 일망감시 체제를 갖춘 국가가 관료제에 의해 질식 상태에 빠진 공론장을 직접 통제할 뿐 아니라, 이 공론장의 사적 기초까지 파괴한다. 행정적 개입과 상시적 감독으로 가족과 학교, 코뮌, 이웃에서 일어나는 일상적 만남의 의사소통적

---

95) 토크빌, 『구체제와 프랑스 혁명』, 이용재 옮김, 일월서각, 1989, 43쪽.

구조는 산산조각이 난다. 중층적 규제와 법적 보장의 부재로 특징지어지는 영역에서 연대적 생활 관계가 파괴되고, 시민적 발의와 독자적 활동이 불구화되는 과정과 나란히 사회적 집단들과 결사체, 네트워크가 붕괴하고, 사적 정체성의 주입과 와해가 일어나며, 자발적인 공적 의사소통은 질식 상태에 빠진다. 〔……〕 사적 생활 영역 속에서 의사소통 행동이 보여주는 사회 형성력이 불구화될수록, 그리고 의사소통적 자유의 불길이 꺼져버릴수록, 그런 식으로 서로 고립되고 소외된 행위자들은 압류된 공론장 속에서 한낱 덩어리에 불과한 대중으로 형성되고, 감시와 감독을 받으면서 국민 투표 방식으로 동원되기 쉬워진다."[96]

의회는 시민사회와 국가를 매개하는 역할을 담당하기에 시민사회에서 형성된 계층 내지 신분 편성을 기초로 한다. 시민사회를 구성하는 세 가지 중요한 계층, 즉 보편적 계층, 농민 그리고 상공업 계층 중에서 보편적 계층은 전적으로 국가의 업무를 담당할 신분으로 규정되기 때문에 의회와 연관해서 중요한 계층은 그 외의 두 계층이다. 그런데 이 두 계층은 보편적 계층과는 달리 "사인 계층"(Privatstand)으로 불리며, 이들 계층이 바로 의회에서 "정치적 의미와 활동"을 수행한다(7, 473). 앞에서 말했듯이 사람은 가족과 시민사회 내 다양한 단체에서 공동체적 생활을 통해 자신의 이기적인 특수 이익의 지평을 넘어서 보편적인 것에 관심을 갖는 존재가 된다. 이렇게 공적 영역과 사적 영역을 연결해주는 고리 역할을 담당하는 교회, 직업단체, 지방자치단체 및 자발적인 결사체들 속에서 싹트는 시민의식과 연대의식은 의회를 통해서 한층 더 "정치적인 것, 즉 **최고의 구체적인 보편성**의 관점"으로 상승된다(7, 474).

그런데 헤겔은 시민사회의 다양한 이해관계를 반영하여 국가적인 통일성을 유지하는 기능을 담당해야 하는 의회는 상원과 하원의 양원제가 바람직하다고 본다. 이 양원제는 두 가지 사적 신분인 농민 신분과 상공업 신분의 구별에 상응한다. 상원을 구성하는 계층은 농민 계층 내지 신분으로서 지주와 일반

---

96) 하버마스, 『사실성과 타당성』, 442쪽 이하.

농민으로 구별된다(7, 475). 실체적 계층인 농민 신분 중에서 특히 지주 계층에게 토지는 양도될 수 없고 오직 장자 상속에 의해서만 처분 가능한 것으로 간주되기 때문에, 이들 계층은 선거가 아니라 오직 "출생을 통해서" 의회에서 정치 활동을 할 권한을 부여받는다. 이 계층은 "왕권과 사회의 버팀목이다"(7, 476). 출생에 의해서 의회 활동이 보장되는 지주 계층의 정치적 권력은 정당성을 획득하기가 어렵다. 아비네리는 헤겔이 예나 시대까지는 긍정하지 않았던 지주의 역할을 1820년의 『법철학』에서 받아들인 것을 당시의 프로이센에서 불기 시작한 "복고 경향에의 굴복"이라고 말한다.[97] 정당한 국가 권력을 독점하여 이를 통제하고 이 권력을 규정된 절차와 규칙에 의거하여 행사하게 함으로써 국내의 평화 상태를 만들어낸다는 것은 인간이 국가 속에서 자유로운 삶을 영위하기 위해 필수적인 조건이다. 따라서 국가의 통일성을 확보하는 것 역시 평화를 창출하고 자유를 보장하기 위한 필요조건이다. 그렇다고 헤겔이 생각하듯이 국가의 통일체를 유지하기 위해 입법과 통치로부터 자유로운 군주 및 장자 상속으로 토지를 지속적으로 향유하는 지주 계층이 의회의 일부를 형성하는 것이 합당하다는 결론이 도출되지는 않는다.

헤겔에 의하면 의회의 또 다른 부분은 시민사회의 활동을 적극적으로 대변하는 계층인 상공업 신분으로 구성된다. 상공업 계층은 의회에 참여할 때 출생에 의해서가 아니라 이들 계층의 대의원들로 이루어진다. 대의원들은 "시민사회를 대표하는" 것이기에, 개별적인 원자와 같은 존재가 아니라, 직업단체나 동업조합이나 다양한 공동체와 같은 시민사회의 여러 단체에 기초하여 선출된 사람들이다. 이렇게 의회, 특히 하원에 참여하는 의원들은 시민사회 내부의 조직적 분화를 대표해야만 한다는 생각에 기초하여 헤겔은 모든 인민이 정치적 업무에 참여할 권리가 있다는 민주주의적 생각의 한계를 지적한다. 그에 의하면 "**모든** 개인은 국가의 성원이며 국가의 업무는 **만인**의 문제이고 그리하여 그들은 자신들의 지식과 의지를 갖고 국가의 업무에 참여할 **권리**가 있기 때문에,

---

97) S. Avineri, 앞의 책, p. 156.

모든 개인들이 국가의 보편적인 업무에 대한 심의와 결정에 참여해야 한다"는 민주주의적 생각은 국가의 유기적 조직 원리에 대한 인식, 헤겔의 표현을 빌리면 "모든 이성적 형식"이 없는 추상적이고 공허한 것에 지나지 않는다(7, 476). 따라서 헤겔은 신분제적 대의제에 참여할 대표들을 선출할 때 시민사회 구성원들에 의한 직접 선거 방식보다는 공공 업무에 적절한 재능이 있는 사람들을 그 구성원들이 신뢰를 기초로 해서 파견하는 방식을 더 선호한다.

구성원들의 신뢰를 바탕으로 선출된 대표들은 자신들이 속한 시민사회 내 특수한 영역에 관련된 다양한 이해관계에 대해서 철저하게 숙지하고 있는 사람이다. 그리고 시민사회에서 각종 분야는 대표를 선출하여 의회에 보낼 "동등한 권한"을 지닌다(7, 480). 이들 대표들은 단순히 고립된 개인 자격이 아니라 자신이 속한 "시민사회의 본질적인 **영역** 중의 하나의 **대표자**, 즉 이들 영역의 커다란 이익의 대변자"이다(7, 480). 물론 대의제도는 보편적인 업무를 심의하고 결정하는 기관이기 때문에, 시민사회의 특수한 영역에서 활동하는 동료들의 신뢰로 대의원으로 선출된 사람들은 반드시 그들이 속한 단체의 이익만을 대변하는 것이 아니라 보편적인 이익을 증진하기 위해 노력해야 한다(7, 478 이하).

그러나 민주주의적 원리에 대한 헤겔의 비판과 직접 선거의 문제점에 대한 그의 지적에서도 일정한 한계가 존재한다. 앞에서 고대 그리스의 직접 민주주의에 대한 헤겔의 입장을 살펴보았다. 그리고 직접 민주주의의 한계에 대한 헤겔의 문제 제기는 민주주의를 발전시키기를 원하는 모든 사람들이 깊이 성찰해야 할 타당한 지적임이 분명하다. 우리는 민주주의가 직접적인 방식으로 실현될 수 없으며 이성적인 국가는 대의제적인 방식으로 운영되어야 한다는 헤겔의 지적에 수긍한다. 하지만 그가 직접 민주주의에 대한 대안으로 제시한 입헌군주제 및 그 구체적 구성 요소의 하나인 양원 제도나 이 양원 제도를 운영하는 방식들이 모두 다 합당한 것은 아니다. 양원 제도를 긍정하면서도 우리는 지주 계층에 의해서 특권화된 상원의 구성 원리를 다르게 생각할 수 있다. 즉 국민들의 직접 투표에 의해서 상원을 구성하는 방식도 생각할 수 있다.

하원 역시 마찬가지이다.

회슬레가 지적하듯이 각 개인이 자의적으로 원자적인 방식으로 자신의 정치적 의사를 표현하거나 선거에 임해서는 안 된다는 헤겔의 지적은 일정 정도 타당하다. 그렇지만 "정치적 원자주의의 부정으로부터 신분제적 대의 제도를 갖춘 국가의 필연성"에 대한 통찰이 정당성을 획득한 것은 아니다. 우리는 "정치적 원자주의"를 극복할 수 있는 보다 합리적인 정치체제로 "정당 민주주의"를 생각할 수 있기 때문이다. 보비오 역시 헤겔의 신분제적 대의 제도에 대해 유사한 비판을 가한다. 보비오에 의하면 헤겔은 정당체제 내에서의 의회국가를 어느 정도 예견하고 있으나 한계가 있다는 것이다. 헤겔의 입헌체제는 "이익 대표에만 제한되고 정치적 대표는 배제"하고 있기 때문이다.[98] 게다가 정당 민주주의는 신분제적 대의 제도에 비해서 원칙적으로 장점을 갖고 있다. 즉 "계층들은 시민사회의 수준에, 즉 특수한 이익의 수준에 머물러 있는 데 반하여, 정당들은 적어도 그들이 보편적인 정치적 생각들을 발전시킬 **가능성**이 존재한다. 실제로 정당들은 단지 이익단체들의 **단순한** 대변자로 머물기가 힘들다. 그들은 거의 필연적으로 국민 정당이 되는 것을 지향한다."[99]

헤겔의 신분제적 대의 제도가 안고 있는 또 다른 문제점은 시민사회에서 형성된 다양한 단체나 집단에 기초하여 의회에 대표자들로 선출된 사람들이 특수 이익의 대변자로 전락할 가능성이다. 헤겔은 이런 가능성에 대해서 크게 주목하고 있지 않다. 그러나 계층의 대표자들이 항상 시민사회의 특수 이익과 국가의 공적 이익의 조화를 위해서 일하고 그런 국가의 조화로운 통일을 형성하는 데 긍정적으로 기여할 것이라는 보장은 존재하지 않는다.

c. 대의 제도의 공개성과 국민 교육의 기능

앞에서 살펴본 것처럼 헤겔은 의회가 양극(군주와 인민 그리고 국가와 시민사회)을 이어주는 다리 역할을 한다고 보고 이 의회를 시민사회 내에서 형성된

---

98) 보비오, 『자유주의와 민주주의』, 151쪽.
99) V. Hösle, 앞의 책, S. 578 이하.

각 계층에 상응하여 양원 제도로 분류했다. 의회를 양원으로 나누면 국정에 관련된 사항들을 여러 번에 걸쳐서 심의할 수 있다는 장점이 있다. 이렇게 심의 과정을 세분화함으로써 의회에서 내려지는 결정들이 좀더 합리적이 되고 다수결에 의해서 자의적으로 결정될 가능성이 줄어든다고 헤겔은 주장한다. 또한 그는 양원 제도가 의회와 정부 사이의 대립을 줄이는 데 기여할 것이라고 생각한다(7, 481). 의회는 이런 정치적 기능과 함께 군주와 국민 그리고 국가와 국민의 매개 역할을 담당하는 과정에서 교육적 기능이 있다고 헤겔은 강조한다. 의회의 정치 교육적 기능과 연관해서 의회의 활동에 대한 전반적인 공개와 토의의 문제가 핵심적인 과제로 등장한다. 의회에서 토론이 중요한 이유는 이를 통해 시민사회에서 등장하는 갖가지 견해들이 표현되고 검토됨으로써 시민사회 성원들의 주관적이고 형식적인 자유의 계기가 구체적으로 충족될 수 있다는 데 있다. 의회에서의 토의는 이 정치적 영역에 직접적으로 참여하지 못하는 사람들과의 연결을 가능하게 하는 것이기도 하다.

마찬가지로 의회에서 공공 업무에 대해서 토론하고 심의하는 과정이 공개됨으로써 일반 시민들은 정치적 사안들에 대한 보다 확장되고 심화된 인식을 획득할 기회를 얻게 된다고 헤겔은 강조한다(7, 482). 이 의회에서의 토론과 심의 과정의 공개성은 바로 인간의 주관적인 자유와 연관되어 있기 때문에, 여론의 반영과 형성과도 밀접하게 결부된 것이다. 헤겔은 공개적인 의회 토의가 갖고 있는 정치적 교양 수단으로서의 의미에 대해서 다음과 같이 말한다. "의회의 공개는 뛰어난 시민 교화의 커다란 무대이다. 그리고 국민은 무엇보다도 이로부터 그들의 이익의 참다운 본성을 배운다. 〔……〕 공개성은 국가 이익 전반을 위한 가장 커다란 교육 수단이다. 의회가 공개된 국민에게서는 의회가 결여되어 있거나 공개적이지 않은 국민에서보다 국가와 관련한 아주 다른 활력이 발견된다. 의회 진행의 매 단계가 공중에 널리 알려지면서 비로소 양원은 **여론**이라는 보다 광범위한 영역과 접촉하게 된다"(7, 482 이하).

지금까지 살펴본 것처럼 의회는 국가와 개인을 매개하는 역할을 담당하여 한편으로는 국가를 개인 및 시민사회와 연결해주고, 다른 한편으로 개인들이 원자화되고 고립된 개체로 전락하지 않도록 해주는 시민사회를 정치적 사회로 매개하는 기능을 담당한다. 물론 헤겔의 신분제적인 의회는 근대적인 의미의 대의제와는 구별된다. 의원들이 국민들의 직접 선거로 선출되는 것이 아니라, 계층의 대표들로서 선출되기 때문이다. 그리고 의회에 선출된 사람들은 정치적 대표자로서 존재하기보다는 시민사회의 특정한 신분 내지 계층의 대표자로 간주되기 때문이다. 그러나 헤겔의 신분 제도는 결코 봉건제적인 신분질서는 아니다. 그런 점에서 오토 푀겔러는 헤겔의 신분제 의회가 봉건제적인 질서에 자리 잡고 있는 신분제적인 대의 제도도 아니고 파시스트들이 이용한 근대적인 의미의 신분제적 대의 제도와도 구별된다고 말한다.[100]

그러나 헤겔의 입헌군주제 및 신분제적 대의 제도가 전근대적인 요소와 근대적인 요소 사이의 애매한 절충처럼 보이는 현상은 우연한 것이 아니다. 따라서 신분제적 의회에 대한 설명을 마무리하는 자리에서 헤겔의 입헌군주제 및 신분제적 대의 제도가 갖고 있는 문제점을 지적할 필요가 있다. 인민 주권과 군주 주권 사이의 결정이 애매한 상태로 존재한다는 것이다. 물론 군주권과 관련해서 지적했듯이 헤겔은 명시적으로 군주 주권을 주장하고 있는 것처럼 보인다. 그러나 그가 제시하는 근대의 이성적인 국가의 모습은 사실상 어느 정도 인민 주권의 요소들을 함유하고 있다. 군주 역시 헌법과 법률에 구속되어 있음을 강조할 뿐 아니라, 때로는 군주를 한갓 서명만 하는 형식적인 존재로 간주하기도 하며, 시민사회를 기초로 하여 밑에서 올라오는 정치적 의지 형성의 중요성을 반복해서 강조하기 때문이다. 이런 점에서 헤겔의 군주이론이나 신분제 이론에서 우리는 군주를 유기체적인 통일체로서 간주되는 국가의 한 기관으로 만들어서 군주에게서 주권자로서의 지위와 절대적 권력을 박탈하려는 경향을 쉽게 발견할 수 있다.

이런 현상은 19세기 독일의 부르주아적 입헌주의 운동 및 개혁의 흐름과

---

100) O. Pöggeler, "Hegels Begegnung mit Preußen," *Hegels Rechtsphilosophie im Zusammenhang der europäischen Verfassungsgeschichte*, herausgegeben von H.-Christian Lucas und O. Pöggeler, Stuttgart-Bad Cannstatt, 1986, S. 342.

상응하는 것이다. 19세기 독일의 입헌주의 운동은 "국가 권력의 유일한 담당자인 군주의 주권을 제한하는 것, 나아가 그것을 극복하는 것"을 목적으로 삼았다. 그러나 독일에서 입헌주의 운동의 결과 나타난 것은 군주 주권을 인민 주권이 대신한 것이 아니었다. 오히려 독일에서 등장한 것은 "국가라는 고차의 통일체 안에서 왕권과 국민의 자유를 유기적으로 결합"하려는 노력이었다.[101] 그러나 이런 노력은 "국가에서 최고의 권위 또는 권력에 대한 질문"에 대한 대답을 제시하지 못한다는 점에서 근본적으로 한계가 있다. 따라서 슈미트는 입헌군주제를 군주제와 인민 주권 사이의 어정쩡한 타협의 산물로 본다. 입헌군주정은 "주권의 물음"을 "미결정"의 상태로 방치했다.[102] 그런데 뵈켄푀르데가 지적하듯이 국가에서의 최고의 권위 또는 권력에 대한 물음은 19세기에 군주 주권이냐 인민 주권이냐 하는 양자택일의 문제로 수렴되었고 민주주의의 점진적인 관철 과정 속에서 국민이나 국민을 직접 대표하는 자가 최종적인 국가 권력의 담지자, 즉 주권자라는 견해가 지배적이 되었다.[103] 오늘날의 헌법에서 국민 주권의 원칙, 즉 국가 권력은 국민으로부터 나온다는 생각은 자명한 것으로 받아들여지고 있다.[104]

3) 여론

헤겔이 보기에 여론의 중요성은 근대 사회에서 필수적인 것이다. 헤겔은 이미 1800년대 초반에 여론의 중요성을 강조한다. 1807년 2월 20일 친구인 니트함머에게 보낸 편지에서 헤겔은 독일인이 프랑스의 장점을 제대로 평가하지

---

101) 뵈켄푀르데, 앞의 책, 31쪽.
102) C. Schmitt, 앞의 책, S. 288 이하.
103) 뵈켄푀르데, 앞의 책, 35쪽 참조.
104) 물론 현재 주권자가 누구인가에 대해서 많은 논쟁이 재개되고 있다. 특히 헌법 자체가 최종적인 주권자가 아닌가 하는 물음을 둘러싸고 논쟁이 치열하다. 회슬레는 헤겔의 이론은 현재 독일에서 "국가 기관들의 총체가 참다운 주권자이기에 이성적인 국가에서는 아무런 주권자도 존재하지 않는다"는 입장을 개진하고 있는 마르틴 크릴레(M. Kriele)의 관점을 선취하고 있다고 주장한다(V. Hösle, 앞의 책, S. 569) 헌법 자체가 최고의 주권자라는 크릴레의 입장에 대한 비판으로서는 뵈켄푀르데, 앞의 책, 32쪽 이하 참조.

않는다고 말한다. 이와 더불어 그는 프랑스에서 배워야 할 가장 중요한 것으로 "인민의 자유, 선거와 결정에서의 인민의 참여 혹은 적어도 정부의 법규를 인민의 여론 앞에 공개하는 것" 등을 열거한다. 이와 같이 그는 근대 사회에서의 여론의 중요성을 긍정한다.[105] 헤겔은 1820년의 『법철학』에서도 여론을 근대 국가의 기본적 구성 요소의 하나로 받아들인다. 앞에서 보았듯이 근대에 전면적으로 등장한 주관성의 권리를 인정하지 않는 국가는 이성적인 국가가 아니다. 그런데 여론은 바로 이 주관적 권리의 표현이기 때문에 이 권리의 인정은 근대 국가에서 반드시 필요한 것이다. "개인들 스스로가 보편적인 업무에 관한 그들 **자신**의 판단, 의견 및 충고를 지니고 이들을 표현한다는 형식적이고 주관적인 자유는 **여론**이라고 불리는 집합 속에서 나타나는 것이다"(7, 483).

헤겔은 여론이 근대의 원리인 주관적 자유의 표현으로서 공적 사항에 대한 시민들의 표현의 자유를 헌법으로 보장해야 마땅하다고 주장한다. 그러나 그는 공적인 업무에 대한 단순한 견해와 참다운 인식을 구별한다. 따라서 헤겔이 보기에는 여론 속에도 공적 업무에 대한 참다운 것과 그것과 구별되는 혹은 심지어 그것과 대립되는 견해들이 혼합되어 있다(7, 483). 이 여론의 양면성으로 인해 한편으로는 "인민의 소리는 신의 소리"라는 생각이 존재하고, 다른 한편으로 "무지한 인민은 모든 사람을 비난하고 제대로 이해하지도 못한 것을 알고 있는 것처럼 말한다"는 두 격언이 존재한다. 즉 "여론 속에 진리와 끝없는 오류"가 동시에 존재한다는 것이다(7, 484). "그러므로 여론은

---

105) 민주주의가 과도한 평등의 경향을 띠고 있기 때문에 새로운 형태의 전제주의를 발생시킬 가능성이 있다는 주장은 토크빌에게서도 발견된다(『미국의 민주주의 II』, 886쪽 이하 참조; 『구체제와 프랑스 혁명』, 248쪽 이하 참조). 그리고 니체 역시 민주주의가 인간을 평균적인 존재로 전락시켜 무리사회로 되고, 인간의 참다운 개성을 말살시킬 것이라고 비판한다(니체, 『선악의 저편・도덕의 계보』, 김정현 옮김, 책세상, 2002, 163쪽 이하 참조). 사실 "신은 죽었다"는 명제는 니체로 인해 유명해졌지만, 이미 근대의 시대정신이 신의 죽음과 결부되어 있다는 것을 처음으로 인식하고 표현한 사람은 바로 헤겔이다. 그는 근대의 종교가 "신 자신이 죽었다는 느낌"에 기반하고 있다고 말한다(2, 432).

자체 내에 정의의 영원한 실체적인 원리, 전체 헌법과 입법 그리고 보편적 상태 일반의 참다운 내용과 결과를 **건전한 인간의 상식**의 형태로서, 즉 선입견의 형태를 띠고 모든 사람에게 존재하는 인륜적 기초 및 현실의 참다운 욕구와 올바른 경향으로서 포함하고 있는 것이다. 동시에 〔……〕 전적으로 우연적인 견해, 이 견해가 지니는 무지와 왜곡, 잘못된 인식과 판단이 등장한다"(7, 483 이하).

여론이 양면성을 갖고 있기 때문에 헤겔은 여론에 대해서 다음과 같이 말한다. "그러므로 여론은 **존중**되어야 마땅한 동시에 경멸되어야 마땅하다"(7, 485). 헤겔은 정치적 현실에서뿐 아니라 학문에서도 "여론으로부터의 독립"이야말로 "어떤 위대하고 이성적인 것에 이를 수 있는 최초의 형식적인 조건"이라고 말한다(7, 485 이하). 학문의 목적이 객관적인 진리이기에, 학문에 대한 사람들의 이러저러한 견해가 곧바로 진리로 간주될 수는 없다는 사실은 자명하다. 그러나 정치적 영역에서 객관적 진리와 견해 사이의 뚜렷한 구별과 경계가 존재하는가 하는 문제는 상당히 논쟁적인 것이다. 그렇지만 헤겔에 의하면 정치적 현실에 대해서도 어떤 보편적이고 이성적인 원칙이 존재한다. 모든 인간이 자유롭고 평등한 인격체로서 존중되어야 한다는 것은 아마도 이성적인 국가의 보편적 원칙으로 받아들여야 하는 구체적 예가 될 것이다. 물론 인권의 보편성 역시 논쟁적인 주제이긴 하지만, 여기에서는 이 문제를 상세하게 다루지 않는다.

헤겔은 학문이 여론으로부터 독립을 확보해야 하는 것처럼 위대한 정치가 역시 여론으로부터 독립해서 여론에서 참다운 것과 그렇지 않은 것을 구별할 능력을 갖추고 있어야 한다고 강조한다. "여론 속에는 온갖 허위와 진실이 담겨 있다. 그렇지만 그곳에서 참다운 것을 발견하는 것은 위대한 인간의 일이다. 그 시대의 의지를 표현하고 그 시대의 의지가 무엇인가를 알려주고 이 의지를 완성하는 사람이야말로 시대의 위인이다"(7, 486). 어떤 사람은 이런 구절에서 영웅 숭배의식의 단초를 발견하고 거부감을 느낄지도 모른다. 그러나 정치가의 목적이 단순히 여론에 순응하는 데 있다고 생각할 사람은 별로 없을 것이다. 정치가는 민주사회에서 항상 시민들의 동의를 구해야만 하고 이런 동의를 통해서 자신의 정치적 행위의 정당성을 확보하고 그 행위의 집행력을 높일 수 있다는 것은 분명하다. 그렇지만 정치가 여론으로 환원되지 않는다는 것 역시 자명한 사실이다. 그렇지 않다면 정치는 여론 조사 활동으로 환원될 것이기 때문이다. 정치는 시민들의 견해를 존중하고 그들과 항상 의사소통을 할 자세가 되어 있어야 하고 국민들을 설득해야만 하지만, 합당하다고 믿는 사안들을 중심으로 시민들의 정치적 의지를 형성하는 기능 역시 갖고 있는 것이다.

헤겔은 여론의 이중성 그리고 위대한 인간은 여론으로부터 독립해서 여론 속에 존재하는 참다운 시대정신을 통찰하고 이를 실현할 능력과 자질을 갖추고 있어야 한다고 말한 다음에 의사 표현 및 언론의 자유에 대해 언급한다. 언론 및 출판의 자유는 의회의 공개성의 원칙 및 여론의 중요성에 대한 생각과 필연적으로 결부되어 있다. 언론 및 출판의 자유가 존재하지 않으면 여론이 자유롭게 형성되지도 못할 뿐 아니라 의회의 공개성의 원칙이 아무런 의미를 지니지 못하게 되기 때문이다. 그러나 헤겔은 언론 및 출판의 자유에 일정한 한계를 설정한다. 표현의 자유는 자신이 말하고자 하는 것을 마음대로 표현할 자유를 의미하는 것이긴 하지만, 이 자유가 무제한적으로 보장되어야 한다는 것은 아니다. 헤겔에 의하면 표현의 자유에 해당되지 않는 행위들이 존재한다는 것이다. 그런 것들로 그는 다음과 같은 사항들을 열거한다. "그러나 개인들의 명예 훼손 일반, 정부와 그 관청 및 관리, 특히 군주의 인격에 대한 비방이나 중상, 경멸 그리고 법률의 경시나 폭동의 선동 등등은 [······] 범행이라는 점은 실체적인 것이고 그러한 것으로 남는다"(7, 488). 언론의 자유에 대한 일정한 제한 설정은 헤겔의 이론이 위험하고 시대착오적이라는 인상을 불러일으킬지도 모른다. 특히 헤겔에 대한 편견, 즉 그는 권위주의적이거나 전체주의적인 사고방식의 정치이론가라는 선입관을 갖고 있는 사람에게 이런 인상은 더 크게 다가올 것이다. 그러나 다음과 같은 아비네리의 논평을 보면 이러한 편견이 전적으로 틀린 것임을 인식할 수 있을 것이다. 그가 적절하게 지적하고 있듯이 "모든 서구의 자유주의적 법체계는 오늘날에조차도 헤겔이 언론과 의사소통의 자유에 가한 제한에 아주 잘 들어맞는 조항들을 갖고 있다."[106]

의회의 공개성과 토론의 중요성 그리고 여론과의 상관성에 대한 헤겔의 말은 여전히 중요한 의미를 지닌다. 회슬레는 헤겔의 여론에 대한 설명이 "탁월한" 것이라고 말한다. 즉 "헤겔은 근대의 사회와 국가에 대해서 여론이 갖는 의미를 인식한 최초의 정치사상가이다."[107] 아비네리 역시 헤겔의 여론에 대한 견해는 "그의 동시대인들에게보다 오늘날의 우리들에게 훨씬 더 비범한 것이라는 인상을 준다"고 말한다. 헤겔의 여론에 대한 관점에 비교했을 때 "정통 자유주의 사상의 전통적 지혜 대부분이 진부하고 빈약하며 심지어 케케묵은 것처럼 보일 정도"라고 그는 말한다.[108] 근대 정치사상의 역사에서도 여론의 이중성에 대한 생각 그리고 의회의 본질적 특성을 토의와 공개성에서 구하는 관점은 매우 중요하다. 의회에서의 토론과 공개성을 중요시할 뿐 아니라, 이를 여론과의 연관 속에서 바라보는 헤겔의 입장이나 이런 사회·정치적 제도들의 정당성을 근대의 시대적 원리인 주체성에서 구하는 태도는 헤겔의 정치이론 자체가 근대적인, 특히 자유주의적인 법치국가의 특성을 띠고 있다는 사실을 분명하게 보여주는 것이기도 하다.

슈미트는 근대의 자유주의적 법치국가의 핵심은 "대표제"(Repräsentativsystem) 혹은 "대표제 헌법"(Repräsentativverfassung)의 이념을 구현하는 의회 정부의 형태를 띤다고 주장한다. 즉 국민을 대표하는 의회 제도의 존립은 근대의 자유주의적인 법치국가의 전형적인 모습이다. 이런 문맥에서 슈미트는 "부르주아적-법치국가적 사유의 전형적인 대변자"인 칸트의 다음과 같은 주장을 인용한다.[109] "그러나 모든 참다운 공화국은 인민의 이름으로, 즉 모든 공민(Staatsbürger)을 통해서 통일된 그들의 의원(대표)을 매개로 해서 그들의 권리

---

106) S. Avineri, 앞의 책, p. 173.
107) V. Hösle, 앞의 책, S. 575.
108) S. Avineri, 앞의 책, p. 172.
109) C. Schmitt, 앞의 책, S. 216 이하.

를 보호하기 위한 인민의 **대표제**(ein repräsentatives System)에 다름 아니고 또 인민의 대표 이외에 아무것도 될 수 없다"(AA VI, 341). 그는 이 공화제적 헌법을 "모든 종류의 시민적(부르주아적) 헌법에 근원적으로 기초가 되는" 것이라고 말하면서 이를 민주주의와 혼동하지 말라고 경고한다(AA VIII, 350 이하). 칸트가 공화국을 대표 제도로 이해하고 이를 민주주의와 구별하고 있다는 점에서 미국의 헌법을 입안한 사람들이 민주정과 공화정을 구별한 것을 이어받고 있다.[110] 『연방주의자 논설』의 10번에서 제임스 매디슨(James Madison)은 공화국을 "대표 제도가 행해지는 정부"로 규정하면서 이 개념을 민주주의, 즉 "직접 정부를 구성하고 운영하는 소수의 시민으로 구성된" 정치체제와 구별한다.[111]

근대의 자유주의적인 법치국가에 고유한 대표제에 의한 통치는 정치적 의사 형성 및 결정 과정에서 '토론과 공개성'이 규범적인 지위를 차지한다는 것을 의미한다. 달리 말해 토론에 대한 신뢰와 그 토론의 공개성이 없다면 대표제의 존립 근거 자체가 파괴되는 것이나 다름없다. 이런 점에서 슈미트는 '토론과 공개성'을 의회의 본질적인 원리로 본다.[112] 물론 대의제의 본질을 형성하는 토론이 제대로 기능을 다하려면 일정한 전제조건들이 요구된다. 이런 전제조건들로서 말할 수 있는 것은 우선 "설득당하는 데 기꺼이 응할 각오, 당파적 구속에서의 독립, 이기적인 이해에 구애되지 않는 것" 등이다.[113] 이런 전제조건들을 토론의 당사자들이 일정하게 공유하지 않는다면 의회의 정신적 기초는 무너지는 것이며 동시에 토론과 공개성의 원리는 무기력과 공허의 상태에 빠지게 된다. 다시 말해 다양한 사회 세력들을 대표하는 정당들이 사회

---

110) 칸트는 민주주의를 『영원한 평화를 위하여』라는 소책자에서 전제정으로 규정한다(AA VIII, 352).
111) 알렉산더 해밀턴 · 제임스 매디슨 · 존 제이, 『페더럴리스트 페이퍼』, 김동영 옮김, 한울아카데미, 1995, 65쪽. 공화정과 민주정의 개념을 구분하는 시도에 대한 비판으로는 로버트 달, 『민주주의』, 김왕식 외 옮김, 동명사, 1999, 33쪽 이하 참조.
112) 슈미트, 『현대 의회주의의 정신』, 박남규 옮김, 탐구당, 1987, 10쪽.
113) 같은 책, 17쪽 이하.

적·경제적 이해관계에 매몰되어 대화와 토론을 이해관계를 조정 내지 타협하는 수단으로 간주하게 되거나, 대중들이 신문이나 대중매체들의 선전과 조작의 대상으로 전락하거나, 대화 당사자들이 일정 정도 공평무사한 입장을 취하지 못하고 오로지 눈앞의 이익에만 급급한 상황에 빠진다면, 의회제의 본질을 구성하는 토론의 참다운 기초는 이미 붕괴되어버린 셈이다.

슈미트는 이미 20세기 초반에 새로이 등장하는 대중 민주주의의 현상을 목도하면서 의회 민주주의의 정신적 기초가 허물어지고 있다는 점을 인식하고 다음과 같이 말한다. "따라서 마땅히 전부 알고 있는 것으로 전제하여야 할 것은 오늘날에는 상대를 공정성이나 진리로써 설득하는 것이 문제가 아니고, 다수에 의한 지배를 위해, 다수를 획득하는 것이 문제가 되는 것이다. 〔……〕 오늘날 의회는 오히려 그 자신 눈에 보이지 않는 권력 보유자의 사무실, 또는 위원회에 들어가기 전의 커다란 대기실로밖에 보이지 않는다. 〔……〕 그러므로 버크, 벤담, 기조, 밀의 논거는 오늘날 시대에 뒤떨어진 것이다. 오늘날 앵글로색슨인이나 프랑스인의 저작에서는 볼 수 있어도 독일에서는 거의 알려지지 않은 의회주의에 대한 많은 정의, 즉 의회주의란 본질적으로 토론에 의한 정치(government by discussion)라는 정의도 상기한 점에서 '시대에 뒤떨어진 것'이라고 생각되는 바로 그런 것이다."[114]

현대 대중사회에서 거대한 자본이 독점한 거대 미디어를 통한 여론의 조작 가능성들을 염두에 둘 때 자유주의적 법치국가의 전통에서 규범적으로 중시된 토론과 공개성의 원칙 자체가 상당 부분 변질·왜곡되었다는 사실은 분명하다. 이런 역사적 경험을 토대로 할 때 칸트가 이상시한 "공개성의 원칙"이나 "이성의 공적 사용"의 강조는 여러 전제조건들이 구비되어 있지 않을 때 공허할 수밖에 없다. 사실 칸트는 근대 시민사회에서 형성된 여론 혹은 공론장(Öffentlichkeit)의 개념을 법철학과 역사철학적 저서들에서 "공개성의 원리"에 의해서 "이론적으로 성숙한 형태"로 발전시켰다.[115] 칸트는 이성의 공적 사용

---

114) 같은 책, 20쪽 이하.

을 인간의 계몽을 가져올 수 있는 방법으로 간주한다(AA VIII, 37). 칸트는 사람들 사이의 논의 및 토론을 통한 합의로써 인간의 계몽을 촉진할 수 있다고 생각하는 데 그치지 않는다. 그에 의하면 인민 주권의 원칙은 이성의 공적 사용을 전제할 때에만 비로소 실현될 수 있다.[116]

이와 같이 칸트는 여론 내지 공론장에 거는 기대가 참으로 크다. 그러나 칸트의 이론은 근대의 여론 혹은 공론장의 이념을 지나치게 이상적으로, 즉 규범적인 방식으로만 독해하는 한계가 있다. 물론 모든 시민들이 자유롭고 평등한 상태에서 논의 및 토론을 거쳐 도달된 합의 사항이 규범적인 차원에서 볼 때 바람직하고, 그 결과물이 토론 참여자들에게 보다 큰 타당성과 정당성을 갖춘 것으로 받아들여질 것이라고 기대해도 무방할 것이다. 그러나 우리는 이런 토론 및 공개성의 원칙이 구체적 현실 속에서 어떻게 작동하고 있는지 그리고 과연 의미 있는 토의를 가능하게 할 여러 전제조건들이 구비되어 있는지에 대해서도 관심을 가져야 한다. 그렇지 않으면 바람직한 생각은 공허할 것이기 때문이다.

여론에 관련해서 칸트와 대척점에 서 있는 사상가는 아마도 루소일 것이다. 루소는 일반 의지와 여론을 구별하고 일반 의지를 언제나 올바른 것으로 간주하는 데 반해, 토론을 분쟁이나 소란과 같이 국가를 파괴하는 것으로 치부하는 경향을 보이기 때문이다.[117] 루소는 토론 및 공개성을 통해서 정치적 질서의 정당성을 구하려 시도하기보다는 그리스 폴리스에서 드러나는 것과 같은 "지속적인 국민 투표의 이념"에 기울어져 있다. 따라서 루소에게 헌법의 토대로서 기능하는 것은 "광장"이지 "계몽된 공중의 공적 논의"가 아니다. 그래서 하버마스는 여론에 대한 루소의 태도를 "공적 토론 없는 민주주의를 원하는" 것으로 규정한다.[118]

---

115) 하버마스, 『공론장의 구조변동』, 197쪽.
116) 같은 책, 201쪽 이하 참조.
117) J.-J. Rousseau, 앞의 책, S. 169 이하 참조.
118) 하버마스, 앞의 책, 191쪽.

칸트와 루소는 여론에 대한 양극단적인 입장을 대변하는 것으로 보인다. 칸트는 여론을 지나치게 이상적으로 접근하는 데 반해, 루소는 여론을 정치적 정당성의 원천과는 별개의 것으로 보고 여론의 의미를 지나치게 평가절하하는 것처럼 보이기 때문이다. 헤겔의 여론에 대한 접근 방식은 한편으로 일반의지와 여론의 구별이라는 루소의 입장과 유사성을 보인다. 앞에서 살펴본 것처럼 헤겔 역시 이성적인 것과 견해를 명확하게 구별하고 있기 때문이다. 그러나 여론에 대한 헤겔의 이론은 칸트적 계기를 명확하게 포함하고 있다. 헤겔은 공개성과 토론의 중요성을 근대의 이성적인 국가가 반드시 갖추고 있어야 할 필연적 요소로 받아들이고 있기 때문이다. 그럼에도 헤겔은 칸트와는 달리 여론이 갖고 있는 양면성에 대한 통찰을 명확하게 발전시키고 있다. 그리하여 헤겔은 여론 속에 내재되어 있는 변질과 왜곡의 가능성에 대해서 염려하고 있다. 그는 토의와 논의의 과정이 진리나 객관적인 정당성에 이르는 자연스러운 통로라는 생각에 동의하지 않는다. 그 대신에 헤겔은 여론에서 그릇된 것과 참다운 것을 구별할 수 있는 능력을 강조한다. 한편으로 여론이 다양한 형태로 다양한 세력에 의해서 조작될 수 있는 영역이라고 생각하면서, 다른 한편으로 여론을 통한 정치적 의지의 형성 과정의 필연성을 인정하는 헤겔의 여론관은 현재의 우리에게도 여전히 의미 있는 통찰들을 제공하고 있다.

IV. 헤겔과 현대 시민사회 이론

앞에서 살펴보았듯이 헤겔은 시민사회의 첫 부분을 "욕구의 체계"라고 부른다. 이 영역은 시장 지향적 사회이다. 그리고 헤겔이 사용하는 시민사회라는 용어는 자본주의적 시장경제 체제를 넘어서 현재 국가의 활동의 일부로 인정되는 사법 체계뿐 아니라 직업단체 및 경찰 행정들을 포괄하는 것이다. 그런 점에서 헤겔의 시민사회 이론의 일부분인 '욕구의 체계'를 시민사회 일반으로 바꿔놓는 것은 커다란 오류이다. 그러나 이런 오류를 범하는 사람들은 국내 학자들에 국한되지 않는다.[119] 서구의 많은 사람들도 같은 오류를 범하고 있다. 존 에렌버그와 스티븐 에릭 브로너는 모두 헤겔의 시민사회 이론을 마르크스의 시민사회 이론과의 연관성 속에서 바라보고, 헤겔의 시민사회 이론을 고찰하면서 그것이 갖고 있는 몽테스키외의 이론과의 단절이나 토크빌이 전개한 시민사회 이론과의 차이점을 강조한다. 예를 들어 브로너는 다음과 같이 말한다. "자유주의자와 헤겔주의자 모두는 시민사회를 시장과 동일시했다. 즉 시민사회는 국가와 분리된 영역으로서 사적인 이해관계가 지배하는 장으로 이해되었다. 그러나 토크빌은 달리 생각했다."[120]

헤겔의 시민사회를 시장사회와 동일시하는 것은 커다란 오류이며, 헤겔의 시민사회 이론이 갖고 있는 다양한 측면과 이론적인 풍요로움을 망각한 단순 논법의 결과이다. 오히려 헤겔이 시민사회와 국가를 구별하고 그 연계성을 사유한 것은 새로운 시민사회 개념을 설정하는 데 유용한 출발점으로 간주되어야 마땅하다. 시민사회와 국가의 구별과 이 둘 사이의 변증법적 연결 이론은 시민사회 이론의 보다 풍부한 전개를 위해 수많은 통찰들을 우리에게 제공하고 있다. 자본주의적 시장사회를 자유를 보장하는 필수적인 질서로 설정하면서도 정치적 공동체의 시민으로서 자유의 실현을 중요시하는 헤겔의 사회·정치철학은 다양한 차원(직업단체, 소규모의 지방자치 공동체나 여론 등)에서 사회와 국가의 매개를 설정하여 사적 자유와 공적 자유의 결합과 그 실현을 보장하고자 한다. 이런 시도는 모든 개인들에게 자신의 이익을 추구할 자유를 일반적으로 부여하고 있는 근대 시장사회의 조건에서 쉽게 성취될 수 없다는 것은 분명하다. 왜냐하면 이런 사회에서 살아가는 사람들은 사회의 보편적인 관심 사항에 대한 의식을 형성할 기회를 갖기 힘들기 때문이다. 그렇기 때문에 루소는 영국 사회에서 영국인들이 갖고 있는 자유를 조롱했던 것이다. 이 지

---

119) 손혁재, 「한국 시민사회의 개념과 실재」, 『아시아의 시민사회: 개념과 역사』, 권혁태 외 지음, 아르케, 2003, 70쪽 이하 참조. 유팔무, 「그람시 시민사회론의 이해와 한국적 수용의 문제」, 『시민사회와 시민운동』, 63쪽 참조.
120) J. Ehrenberg, 앞의 책, pp. xiv, 121 이하 242 이하 참조. 브로너, 『현대 정치와 사상』, 유홍림 옮김, 인간사랑, 2005, 424쪽.

적은 근대 사회가 안고 있는 문제점을 잘 드러내고 있다. 만약에 근대 사회에서 사람들이 평소에 자유롭게 자신의 이익을 추구하는 삶에 몰입해 있다면, 4~5년마다 주기적으로 시행되는 선거에서 그들에게 공적인 시민으로서 공공선을 위한 적절한 판단을 요구한다는 것은 지나친 것이다. 왜냐하면 그들은 항상 사적인 관심에만 몰두해 있는 사람들로서 공적인 시민으로서의 역할을 할 수 있는 의식을 형성할 수 있는 기회나 경험을 거의 갖지 못한 상황에 있기 때문이다.

이런 상황에서 우리는 사적 자유의 원천인 사적 경제의 영역을 모두 부정하고 인간에게서 이기심을 완전히 박탈하려고 시도하는 유혹에 빠져서는 안 된다. 우리에게 남아 있는 것은 사적인 것과 공적인 것의 구별을 고수하면서도 사적인 영역에서 공적인 영역으로의 이행을 가능하게 할 다양한 조건들을 창출해내는 것이다. 이런 과정에서 사람들은 사적인 영역에 대한 관심과 지평에서 벗어나 보편적인 것에 대한 관점을 얻는 경험을 할 수 있을 것이기 때문이다. 그러나 루소는 사적인 이익을 추구하는 개인들로 구성된 근대의 부르주아적 사회에서 어떻게 공공의 이익과 사적인 이익이 결합될 수 있는가에 대해서 깊이 있는 관점을 제공하지 못했다. 그는 중간 조직의 의미를 철저히 인식하지 못했으며, 그 결과 자발적인 시민단체들과 지방자치 조직들이 자유롭고 민주적인 국가를 구성하는 데 담당하는 적극적인 역할을 분명히 인식하지 못했기 때문이다. 루소와는 달리 바로 이런 가능성을 실지로 풍부하게 발전시키는 데 성공한 사람이 헤겔이다.

마르크스와 엥겔스 역시 헤겔의 시민사회와 국가의 구별 그리고 시민사회의 개념을 이어받았다. 그럼에도 그들은 이 개념을 독자적인 방식으로 재해석했다. 그 과정에서 그들은 근대의 시민사회를 해부하고 이해하는 데 나름대로 기여했다고 말할 수 있겠지만, 그들로 인해 헤겔의 시민사회 이론은 일정 정도 왜곡되었다고 해도 과언이 아닐 것이다. 마르크스와 엥겔스는 헤겔의 시민사회를 기본적으로 부르주아 사회와 동일한 것으로 이해했기 때문이다. 그리고 그들의 이런 해석은 커다란 영향사를 갖고 있고 현재에도 많은 추종자들을 갖고 있다. 마르크스와 엥겔스는 시민사회를 모든 사람이 자신의 이기적인 이익만을 추구하는 장으로만 이해했기에, 시민사회를 인간적 본성의 실현이 차단당하고 소외당하는 영역으로 간주했다. 그래서 시민사회는 마르크스와 엥겔스에게서 거의 전적으로 부정적인 의미를 갖게 되었다.

예를 들어 엥겔스는 국가를 정치적 질서로, 시민사회는 경제적 관계의 영역으로 보고 전자를 부차적이고 종속적인 것으로 후자를 결정적인 것으로 파악한다.[121] 이렇게 시민사회를 전적으로 정치사회 내지 국가에 대립되는 영역으로 해석하는 것은 헤겔의 시민사회 이론에 대한 정확한 해석이 아니다. 우리가 이미 살펴본 것처럼 헤겔은 시민사회를 경제사회와 동일시하지 않는다. 보비오가 적절하게 지적하듯이 헤겔의 시민사회는 경제적 관계뿐 아니라, 사법적 체계나 경찰 행정이나 조합적 단체들의 활동 영역을 포함한다. 그런데 사법적 체계나 경찰 행정 등과 같은 것은 전통적인 의미에서 공법(public law)에 해당되는 것이다.[122]

시민사회를 부르주아적인 시장경제와 동일시하고 이 자본주의적 시장경제가 초래하는 계급의 적대적 갈등 구조에 관심을 기울이는 마르크스는 시민사회를 국가와 적대적인 것으로 간주하게 되었다. 국가는 경제적 이해관계의 반영에 지나지 않는다고 그는 생각하는 것이다. 그러나 시민사회와 국가의 관계를 적대적인 것으로만 설정하는 관점으로 인해 마르크스는 시민사회와 국가 사이의 긴장과 갈등이라는 근대 세계의 고유한 문제를 해결할 수 있는 적절한 대안을 제시하지 못했다. 근대에서의 시민사회와 국가의 분리를 정치적 소외의 근원으로 생각한 나머지 그는 이 시민사회와 국가의 분리를 폐지하려는 방향에서 근대의 문제를 해결하려고 시도했으나, 그런 분리의 철폐가 대단히 위험한 것임을 우리는 이미 잘 알고 있다. 결국 마르크스는 시민사회와 국가의

---

121) Z. A. Pelczynski, "Solidarity and 'The Rebirth of Civil Society,'" *Civil Society and the State. New European Perspectives*, edited by J. Keane, London and New York, 1988, p. 364 참조.

122) N. Bobbio, "Gramsci and the Concept of Civil Society," *ibid.*, edited by J. Keane, p. 81.

분리가 인간의 자유를 보존하는 데 필수적인 구성 요소라는 점을 소홀히 했다는 비판을 면할 수 없을 것이다.[123] 따라서 하버마스 역시 "마르크스주의적 사회혁명 개념의 바탕에 깔린 완전히 자율적으로 조직된 사회라는 열망을 포기해야 한다는 요구"에 동의한다. 그렇지 않다면 근대 사회에서 고도로 조직화된 화폐, 법 그리고 행정 권력과 같은 영역의 독자적인 작동 방식을 손상할 수밖에 없으며 그것은 바람직하지 않기 때문이다.[124]

20세기에서 시민사회 이론의 발전에 크게 기여한 사상가는 이탈리아의 가장 독창적인 마르크스주의자 안토니오 그람시다. 그런데 그의 기여는 사실상 헤겔의 시민사회론의 재구성이었다. 그람시는 "마르크스를 벗어나 시민사회를 단순히 경제적 관계로만 보지 않고 모든 종류의 사회적 상호관계로 파악한 헤겔로 되돌아갔다."[125] 그는 "헤겔 원문의 참조와 더불어 사회에 대한 분석을 위해 시민사회의 개념을 사용한 최초의 마르크스주의 저자이다."[126] 그는 마르크스주의적 전통과는 달리 시민사회를 하부 구조 내지 토대로 보지 않고 상부 구조적인 영역에 속하는 것으로 본다. 그런 점에서 그는 마르크스주의 전체 전통에서 "심오한 혁신"을 가져온다.[127] 그람시는 시민사회를 경제적인 영역으로 보지 않고 상부 구조의 영역에 속하는 것으로 보면서도 이를 정치사회나 국가와는 구별되는 것으로 파악한다. 시민사회와 정치사회 내지 국가는 상부 구조의 두 가지 구성 요소가 된다. 그래서 그람시는 시민사회 개념을 경제적 상호 관계와 구분하면서도 국가와 구별되는 고유한 영역과 연관되어 있는 것으로 이해한다. 그가 시민사회를 구성한다고 보는 중요한 것은 교회나 학교, 다양한 형태의 결사체, 노동조합과 같은 것들이다.

----

123) 이에 대한 보다 상세한 논의를 위해서는 코헨의 논문 「마르크스의 시민사회론과 자본주의 생산양식론 비판」, 『마르크스주의의 위기와 포스트마르크스주의 II』, 이병천·박형준 편저, 의암출판, 1992, 186쪽 이하 참조.
124) 하버마스, 『사실성과 타당성』, 446쪽.
125) 헬무트 안하이어 외, 『지구시민사회』, 조효제·진영종 옮김, 아르케, 2004, 22쪽
126) N. Bobbio, 앞의 글, 앞의 책, p. 78쪽.
127) 같은 책, p. 82.

그람시의 시민사회 이론은 현대 시민사회의 이론에서 가장 주목할 만한 이론적 관점을 선취하고 있다. 이 이론적 관점에 의하면 시민사회는 경제적 영역도 아니고 비국가적인 영역에 속하는 것이다. 사실상 그람시는 시민사회를 "사회적 상호 관계의 비국가적이자 비경제적 영역으로 상정"했던 것이다.[128] 그람시에 의하면 이 비국가적이고 비경제적인 영역으로서의 시민사회는 두 가지 성격을 지닌다. 한편으로 시민사회는 부르주아 계급이 노동 계급을 통제하기 위한 헤게모니를 관철하는 장이다. 다른 한편으로 시민사회는 국가와 시장 사이에 있는 해방 공간으로 부르주아 계급을 타도할 혁명적 잠재성이 존재하는 영역이기도 하다. 그렇기에 그람시의 시민사회에 대한 관점은 "이중적"이라고 표현되기도 한다.[129]

그람시를 제외하고라도 헤겔의 시민사회 이론은 현재 시민사회 이론을 둘러싼 지적 논쟁에서 핵심적 지위를 차지한다. 1990년대 서구에서 시민사회 이론에 대한 논쟁에서 큰 역할을 한 『시민사회와 정치이론』(Civil Society and Political Theory)의 저자인 코헨과 아라토가 헤겔의 시민사회 이론은 "시민사회에 대한 최초의 근대적인 이론"일 뿐 아니라, 시민사회에 대한 여러 이론적 경향들을 종합한 헤겔의 "이론적 영감"은 "아직 소진되지 않았다"고 강조하는 것은 우연이 아니다.[130] 그들은 헤겔의 시민사회 이론을 "대가적인 종합"(masterful synthesis)이라고 평가하면서,[131] "현대적인 조건에 적합한 시민사회 이론의 틀을 발전시키는" 작업에서 헤겔의 시민사회 이론의 중요성을 적극적으로 인정한다. 그들은 다음과 같이 말한다. "실로 시민사회의 가장 중요한 19세기의 선임자로서 그리고 20세기 시민사회의 분석에 대한 가장 중요한 영감으로서 헤겔의 견해에 어느 누구도 진지하게 이의를 제기할 수 없었다. 시민사회 개념의 범주적인 풍부함은 오로지 그 개념의 모든 이용 가능한 해석들을

---

128) 헬무트 안하이어 외, 앞의 책, 22쪽
129) 같은 책, 22쪽
130) J. L. Cohen/A. Arato, 앞의 책, p. 91.
131) 같은 책, xiii.

자체 내에 끌어안고 있는 헤겔의 틀의 분석을 통해서만 회복될 수 있다."[132]

그런데 헤겔의 시민사회 이론을 좀더 현대적인 방향으로 발전시키기 위해서뿐 아니라, 그 이론이 갖고 있는 풍부함을 좀더 명료화하기 위해서도 부르주아(bourgeois) 사회와 시민(civil)사회의 용어상의 혼동을 정리할 필요가 있다. 이 용어상의 혼동은 시민사회를 적절하게 이해하는 데 커다란 방해가 된다. 부르주아 사회를 사적인 시장경제 사회를 지칭하는 용어로 사용할 때, 우리는 사적 시장경제가 과연 민주적인 정치질서에 긍정적인 효과가 있는가 하는 문제에 직면한다. 시장이 민주주의와 어떤 친화성을 갖고 있는가에 관한 물음이 시장사회 및 시민사회 이론에서 커다란 논쟁점 중의 하나이고, 이 논쟁은 여전히 뜨겁게 진행되고 있다. 그러나 시민사회와 민주주의의 연관성을 풍부하고 의미 있는 방식으로 전개하기 위해서는 시장과 시민사회의 일치라는 생각을 벗어나서 좀더 세분화된 접근 방식이 필요하다. 그런 점에서 부르주아 사회로서의 시장경제와 적절하게 구별되는 시민사회의 개념만이 "시장경제가 이미 그 자신의 자율적인 논리를 발전시킨 혹은 발전시키고 있는 사회에서 비판적인 사회·정치철학의 중심이 될 수 있다"고 코헨과 아라토는 지적한다. 독재에서 민주주의로 성공적으로 이행한 사회에서 '사회 대 국가'라는 이항 대립적 구호 속에서 미분화된 시민사회 개념은 그 개념의 "비판적 잠재력"을 상실할 수밖에 없다는 것이 그들의 입장이다.[133]

이런 관점에서 코헨과 아라토는 시장–시민사회–국가라는 삼분 모델에 기초한 시민사회 이론을 전개하고자 한다. 이들에 의하면 시민사회는 공공 영역과 사적 영역과 구별되는 제3의 영역으로서 간주되어야 한다. 시민사회는 이제 가족이나 자발적인 결사체들, 다양한 형태의 사회운동 단체들 및 공적인 의사소통의 형태들로 구성되는 "경제와 국가 사이의 사회적 상호작용의 영역"으로 정의된다.[134] 이 비시장적 비국가적 제3영역을 표현하는 새 용어가

---

132) 같은 책, xiii 이하.
133) 같은 책, viii 이하.
134) 같은 책, ix.

바로 Zivilgesellschaft이다.

코헨과 아라토는 헤겔의 시민사회 이론을 하버마스와 아펠이 전개한 담론윤리(Diskursethik)를 통해서 현대적으로 변형하려고 노력한다. 이런 시도에서 그들은 자유주의와 민주주의의 대립을 설정하는 요즈음의 이론적 경향들을 극복하고자 한다. 코헨과 아라토는 국가와 시장경제의 영역과 구별되는 시민사회의 특징들을 다음과 같이 제시한다. "다원성: 가족, 비공식 집단, 자발적 결사체들. 이들의 다원성과 자율성은 삶의 형식의 다양성을 허용한다. 공공성: 문화와 의사소통적 제도들. 프라이버시: 개인의 자기발전과 도덕적 선택의 영역. 합법성: 다원성, 프라이버시, 공공성을 적어도 국가와 구별하고 경향적으로는 경제와 구별하는 데 필요한 일반적인 법률과 기본권의 구조. 이러한 구조들이 모여서 근대의 분화된 시민사회의 제도적 실존을 보장한다."[135]

오늘날의 상황에서 새로이 등장하는 시민사회 영역의 중요성에 대한 재발견을 주도하고 있는 사상가인 하버마스 역시 국가와 시장 그리고 시민사회의 삼분설을 주장한다.[136] 그는 다음과 같이 적고 있다. "물론 그동안 '시민사회'(Zivilgesellschaft)라는 표현은 자유주의 전통의 시민사회, 그러니까 헤겔에 의해 마침내 '욕구의 체계'로, 즉 사회적 노동과 상품 거래의 시장경제적 체계로 개념화된 그 '부르주아 사회'와는 다른 의미를 띤다. 오늘날 시민사회라고 불리는 것은 마르크스와 마르크스주의에서 생각하는, 사법적으로 구성되고 노동 시장과 자본 시장과 상품 시장에 의해 조정되는 경제를 포함하지 않는다. 그 제도적 핵심을 형성하는 것은 오히려 자유의지에 기초하는 비국가적이고 비경제적인 연결망과 자발적 결사체들이다."[137]

....

135) 같은 책, p. 346.
136) 하버마스의 시민사회론은 삼분 모델과 사분 모델 두 가지를 다 제공한다. 손혁재, 앞의 글, 앞의 책, 55쪽 참조.
137) 하버마스, 앞의 책, 440쪽. 이미 언급한 바대로 하버마스 역시 여타의 많은 좌파 이론가들처럼 헤겔의 시민사회를 편협하게 바라보고 있고, 헤겔 시민사회의 복합적 측면을 무시하고 그것을 욕구의 체계 내지 자본주의적 시장경제 체제와 동일시하는 오류를 범하고 있다.

이 시장-시민사회-국가의 삼분 모델은 권위주의적 권력에 대항하여 시민들의 자유를 보장하는 보루라는 의미에서 시민사회의 대립적 역할과 더불어 이미 자유민주주의적 질서가 형성된 사회가 안고 있는 문제점들을 민주적인 방식으로 해결하는 데 도움을 줄 수 있는 비판적 잠재력을 갖고 있다는 특징을 지닌다. 시장-시민사회-국가라는 삼분 모델에 기초하는 시민사회는 국가권력을 획득하여 통제하려고 하거나 경제적인 과정에 직접 개입하는 것이 아니라, 국가와 시민사회 그리고 시장과 시민사회를 매개하는 다차원적인 제도들을 통해 이들 영역에 합리적인 영향력을 행사하는 것을 선호한다.

이분 모델이 적실한가, 아니면 삼분 모델이 적실한가에 대한 논쟁은 아직도 계속되고 있다. 시장-시민사회-국가의 삼분 모델과 시민사회-국가의 이분 모델에서 문제가 되는 것은 시장의 역할과 기능을 시민사회에서 어떻게 평가하고 이해할 것인가이다. 간단하게 말하자면 이분 모델의 시민사회 이론에서 시민사회는 국가에 대해서 독립적인 활동 영역으로 이해되고, 이 비국가적 영역에서 경제와 시장의 논리가 차지하는 비중과 의미가 강조된다. 이분 모델에서 시민사회는 국가가 아니라는 "부정적 개념화"(negative conception)에 기초하는 것으로 국가를 뺀 모든 것으로 이해된다.[138] 나는 삼분 모델에 입각한 시민사회 이론이 시장과 경제의 논리가 강조되는 시민사회-국가의 이분 모델과 반드시 대립하는 것은 아니라고 본다. 시민사회를 비시장적이고 비국가적인 자발적 결사체들의 활동 영역으로 간주한다고 해도, 이런 태도가 반드시 시장경제 질서의 국가로부터의 독립과 그것의 발전이라는 현상을 배제하는 것은 아니기 때문이다. 다시 말해 국가의 간섭과 전면적인 조정으로부터 자립화한 시장경제 질서의 건강한 발전은 사실상 지속 가능한 민주화의 필요조건일 뿐 아니라, 삼분 모델에서 강조되는 비시장적이고 비국가적인 자발적 결사체의 물적 토대를 형성하는 것으로 간주되어야만 하기 때문이다. 내가 제대로 이해했다면 헤겔의 시민사회 이론 역시 그런 주장을 하고 있다.[139]

---

138) 손호철, 「국가-시민사회론: 한국 정치의 새 대안인가」, 『시민사회와 시민운동 2』, 유팔무·김정훈 엮음, 한울, 2001, 19쪽.

시민사회 속에 시장사회로서의 '욕구의 체계'를 독자적인 영역으로 포함하고 있으면서도, 이 시장사회로 환원될 수 없는 다양한 형태의 비국가적인 자발적 결사체들의 존재를 허용하고 이들에게 시민사회와 국가의 매개 기능을 부여하는 헤겔의 시민사회 개념을 토대로 할 때, 우리는 시민사회를 일단 국가와 개인 사이를 매개하는 자발적 시민들이 다양한 형태의 결사체로 활동하는 공간으로 규정할 수 있을 것이다. 달리 말하자면 시민사회는 전통적인 신분제 사회의 질곡에서 해방된 개인을 국가와 매개하는 자율적인 중간 조직의 총체로 규정할 수 있을 것이다. 이때 넓은 의미에서 시민사회는 시장사회를 포함하는 것이고, 좁은 의미에서 시민사회는 시장사회와 결합되어 있기는 하지만 이와 독립적인 비시장적이고 비국가적인 중간 조직의 총체를 지칭하는 것으로 볼 수 있을 것이다.

앞에서 서술한 내용으로부터 우리는 다음과 같은 논점을 정당화할 수 있다. 헤겔의 시민사회 이론의 중요성은 그것이 다양한 시민사회의 흐름을 종합하고 19세기 및 20세기의 시민사회 이론의 발전에 많은 지적인 자극을 주었다는 사실에 국한되지 않는다. 헤겔의 시민사회 이론은 과거의 이론가들이 시민사회를 어떻게 이해했는가 하는 역사적인 연구 대상의 의미만을 지니는 것은 아니다. 그의 이론은 보다 설득력 있고 현실에 적합하면서도 규범적인 새로운 시민사회 이론의 형성에서도 여전히 의미 있는 지적 통찰의 원천이다.

나가는 말

이제까지 나는 어떤 점에서 헤겔의 시민사회와 국가의 변증법적인 매개 이

---

139) 한국 학계에서 삼분 모델의 유의미성을 긍정하는 입장과 이분 모델의 현실성을 강조하는 입장이 논쟁 중이다. 예를 들어 이분 모델에 비해 삼분 모델의 설득력을 인정하는 손호철의 입장에 대한 김성국의 비판은 이분 모델의 적실성과 타당성을 입증하고자 하는 시도의 일환이다(김성국, 「한국의 시민사회와 신사회운동」, 같은 책, 50쪽 이하 참조).

론이 현재에도 여전히 의미 있는가를 분명히 하려고 시도하였다. 가장 추상적인 수준에서 표현하자면, 시민사회와 국가를 변증법적으로 매개하려는 헤겔의 시도는 분화 혹은 다양성 속에서의 통일의 회복 시도로 표현될 수 있다. 분화된 삶의 영역들을 허용하면서도 자율적인 시민들의 자발적인 결사체들과 직업단체들 그리고 공적 여론 및 의회 제도를 매개로 해서 인륜적인 공동체로서 이해되는 국가의 보편적 연대성을 형성하려고 노력했던 것이 헤겔 정치철학의 근본 과제였다. 헤겔의 사회·정치철학의 기초를 이루는 변증법적인 사유가 지금 우리에게도 여전히 의미 있게 다가오는 것은 바로 다양성과 통일의 주장이 결코 서로 양립 불가능한 것은 아니라는 그의 통찰 때문이다. 그리고 이러한 다양성과 통일성을 함께 사유하는 것은 바로 우리가 당면한 여러 가지 사회 문제들을 새롭게 바라보는 시각으로서 다시금 고려해볼 만한 가치가 있다는 것이 나의 견해이다.

유토피아적 열정과 이념의 종말이 널리 언급되고 있는 현시점에서 우리는 기존 현실의 틀을 초월하여 보다 나은 미래를 그려나가려는 치열한 지적 추구와 행위를 포기해서는 안 된다. 물론 이런 주장이 반드시 진보적인 사유에 호의적인 사람의 표현이라고 이해할 필요는 없을 것이다. 절제력이 없는 유토피아적 사유는 우리가 몸담고 있는 세계와 현실을 그저 아무런 의미가 없는 그리하여 자신의 행동을 통해 비로소 의미를 부여받아야만 하는 단순한 질료 덩어리로 바라보는 병적 자기의식의 과잉 표출로 전락할 위험이 있다. 그러나 유토피아적 열정이 부분적으로나마 실현되어 있는 이성을 포함하여 기존의 모든 것을 파괴하려는 맹목성과 병적인 열정이 되어서는 안 되는 것과 마찬가지로, 미래에 대한 모든 희망과 보다 나은 삶에 대한 최소한의 믿음과 열정과 그에 대한 추구가 봉쇄된 채로 살아가는 인간들로 이루어진 사회는 여러 세대를 거쳐 힘들게 형성된 역사적 업적들을 유지할 수 있는 능력마저 곧 상실하고 말 것이다. 그런 사회는 사실상 아무런 꿈과 희망도 없이 그저 일시적인 물질적 쾌락과 풍요로움에 몸을 내맡긴 채 살아가는 니체의 "최후의 인간들"로 이루어진 사회이거나 플라톤의 말로 표현하자면 "돼지들의 나라"에 지나지 않을 것이다. 좌우의 날개가 없는 새가 하늘을 날 수 없듯이, 현실 속에 실현된 이성만을 편협하게 고수하는 자세나 정치적 숙고와 건전한 판단력을 상실한 유토피아적 정치적 낭만주의는 모두 일면적이다. 전통과 혁명의 굳어진 대립의 반복으로 점철된 서구 근대의 역사가 보여주듯이, 이 두 가지 극단적 태도는 근대의 딜레마이자 질병이다. 혹은 서구 근대의 내적 취약성의 표현이라고 볼 수 있을 것이다.

현실 속에 있는 이성을 보존하려는 노력과 기존의 틀을 반성하고 보다 풍요로운 미래에 대한 열정과 희망을 꿈꾸는 진지한 노력은 때론 긴장과 대립을 일으킬지 모르나, 이 두 측면은 인간이 이 지구상에 존재하는 한 인간의 고유한 삶의 조건으로 남을 것이다. 사물의 대립과 분화의 필연성 속에서 이 대립물의 상호의존성과 통일에 대한 통찰을 강조하는 헤겔의 변증법적 사유와 이에 기초한 그의 사회·정치철학은 서구 근대 속에 내재되어 있는 딜레마와 질병에 대한 진단이자 이에 대한 합리적인 해결책을 모색하는 과정에서 우리가 회피할 수 없는 사유의 출발점이라고 말할 수 있을 것이다.

제10장

정치적 공동체와 자유: 헤겔 인륜성 철학의 의미

들어가는 말

1971년 롤스의 『정의론』 출간 이후에 전개된 칸트적인 보편주의적 윤리학과 근대 계약이론적인 전통의 복권은 현대 윤리학 및 정치철학에서 주목할 만한 현상이다.[1] 독일에서 하버마스와 아펠에 의해 대변되고 있는 담론윤리학[2] 역시 칸트적인 윤리학을 현대적인 문맥에 적합하게 재구성하려는 의미 있는

---

[1] 롤스가 칸트적인 사회계약 이론의 현대적 후예로서 간주된다고 해도 그것은 롤스의 이론이 헤겔의 이론과 대척점에 서 있다는 것까지 함축하지 않는다. 롤스와 헤겔의 유사성에 대한 논의로서는 Walter Reese-Schäfer, *Grenzgötter der Moral*, S. 635 이하 참조. 특히 로티는 롤스의 이론을 맥락주의적으로 해석하고 롤스 이론에서 소위 반칸트적이고 헤겔 친화적인 성격을 강조하려 시도한다("Drei Vorrang der Demokratie vor der Philosophie," *Solidarität oder Objektivität? Drei philosophische Essays*, übersetzt von J. Schulte, Stuttgart, 1988, S. 91 참조). 롤스와 헤겔의 유사성 그리고 로티의 롤스 해석에 대한 비판으로는 하버마스, 『사실성과 타당성』, 95쪽 이하 참조.

[2] 테일러는 아펠과 하버마스가 전개한 담론 윤리적인 철학적 윤리학의 정당화 작업을 칸트 이후 근대 윤리학의 전개 과정에서 "가장 흥미 있고 가장 신뢰할 만한 시도"라고 규정한다(Ch. Taylor, "Die Motive einer Verfahrensethik," *Moralität und Sittlichkeit. Das Problem Hegels und die Diskursethik*, hg. v. W. Kuhlmann, Frankfurt, 1986, S. 101).

시도이다. 이러한 칸트적인 윤리학의 재복권과 더불어 일련의 공동체주의자들(Kommunitaristen)과 해석학자들은 아리스토텔레스의 정치철학과 헤겔의 인륜성 철학에서 그들의 중요한 사상적 원군을 발견하고 있다. 그러므로 우리는 칸트적인 윤리학의 복권과 이를 둘러싼 논쟁을 도덕성과 인륜성이라는 개념으로 이해되는 칸트적인 보편주의적 윤리학의 전통과 실체적인 인륜성(substantielle Sittlichkeit)을 강조하는 헤겔 철학적 전통 사이의 논쟁의 지속으로 이해할 수 있다.

독일에서 진행되고 있는 담론윤리학을 둘러싼 논쟁에서, 리터의 제자들(특히 뤼베와 마르크바르트)과 해석학적인 헤겔주의자들(예를 들어 뤼디거 부브너)은 모든 종류의 원칙주의적이고 보편주의적인 윤리학[3]을 비판한다. 예를 들어 뤼베는 아펠과의 논쟁에서 도덕적인 규범들의 최후 정초 시도를 불필요한 것으로 간주한다. 도덕적인 규범들은 구체적인 상황에서 이런 상황을 공유하는 사람들의 공통 의지에 관련될 때만 비로소 근거가 해명될 수 있다고 생각하기 때문이다.[4] 일반화의 원리를 도덕적인 규범의 중요한 기준으로 설정하고 모든 인간에게 일반적으로 타당할 수 있는 보편적인 도덕 규범을 정초하려는 시도는, 그가 보기에 소위 더 고차적인 도덕이라는 미명하에 단지 전통 속에 뿌리내리고 있는 현존하는 공통 감각, 혹은 상식(common sense)의 정당성을 의심케 하고 그리하여 결국 이러한 도덕을 파괴하는 위험성을 지니고 있다. 그는 "양심은 오류를 범할 수 없다"(das Gewissen kann nicht irren)는 칸트의 경구와

---

3) 하버마스는 보편주의적 윤리학을 "도덕 원리가 특정한 문화나 특정한 시대의 직관들을 표현할 뿐 아니라, 일반적으로 타당하다고 주장하는 윤리"로 정의한다(*Erläuterungen zur Diskursethik*, Frankfurt, 1992, S. 12). 독일에서 보편주의적인 윤리학자들과 신헤겔주의자들 혹은 해석학적인 헤겔주의자들 사이의 논쟁과 미국에서 진행되는 자유주의자들과 공동체주의자들 사이의 논쟁의 유사성에 대하여는 다음의 논문을 참조. W. Kersting, "Liberalismus und Kommunitarismus," *Recht, Gerechtigkeit und demokratische Tugend*, Frankfurt, 1997, S. 397~435.
4) K.-O. Apel/Hermann Lübbe, "Ist eine philosophische Letztbegründung moralischer Normen nötig?" *Funk-Kolleg Praktische Philosophie/Ethik*, Bd. 2, hg. v. K.-O. Apel, D. Böhler, G. Kadelbach, Frankfurt, 1984, S. 60 이하.

로베스피에르가 덕의 이름으로 자행한 테러의 연관성을 강조한다. 그에 의하면 "도덕주의적인 자기 정당화의 강렬함의 정도는 그것의 공통 감각의 초월의 정도와 함께 증가한다."[5] 그러므로 그는 이미 항상 구체적으로 생생하게 관철되는 습속에 호소하여 추상적인 도덕 원리를 비판하고자 한다. 마르크바르트 역시 보편주의적인 윤리학에 대항하여 관례성의 불가피성(Unvermeidlichkeit von Üblichkeiten)을 옹호하고자 한다.[6]

이러한 해석학적인 헤겔주의자들의 문맥에서 볼 때, 헤겔의 인륜성 철학은 현존하는 특정한 사회에서 그 타당성을 인정받는 습속과 공통의 가치 체계를 위해서 보편적인 도덕 규범들의 정당성의 근거에 대한 물음과 해명의 시도를 단순히 자의적이고 위험한 개인적인 추론과 동일시하여 배제하는 이론으로 비쳐진다.[7] 다시 말해 개별적인 주체가 특정한 조건 아래에서 현실적인 인륜성의 체계에 비판적으로 관계할 수 있다는 생각은 헤겔 법철학에서는 가능하지 않다는 것이다. 그렇다면 헤겔 정치철학의 통찰력은 역사적으로 성장해온 구체적인 공동체의 인륜성이 이성적임에 의거해서, 반성적인 도덕의 근거 해명 시도를 비판하는 데 있는 것으로 이해된다.

이러한 문맥에서 마르크바르트는 헤겔의 칸트적 윤리학 비판의 핵심 내용을 "당위 사유가 지니는 부인 강박과 퇴화 효과"(Verleugnungszwang und Regressionseffekt des Sollensgedankens)에 대한 비판으로 이해한다. 다시 말해 인륜적 현실의 이성성에 대한 호소에 의거하는 칸트적인 도덕적인 당위와 현실의 분

---

5) H. Lübbe, *Politischer Moralismus. Der Triumph der Gesinnung über die Urteilskraft*, Berlin, 1987, S. 38.
6) O. Marquard, "Über die Unvermeidlichkeit von Üblichkeiten," *Normen und Geschichte*, hg. v. W. Oelmüller, Paderborn, 1979, S. 332~342. 또 같은 저자의 책, *Abschied vom Prinzipiellen*, Stuttgart, 1995, 특히 S. 16.
7) 이와 같이 독일에서 리터 학파로 대표되는 헤겔주의자들은 철학적인 윤리학의 중심 과제를 역사 속에서 실현된 이성을 해석하는 것으로 이해한다. 물론 이들은 헤겔의 역사철학적인 전제나 형이상학적인 전제를 포기하고 있기 때문에, 결국 "역사 속에서의 이성"을 "전통 속에서의 이성"으로 이해한다. 그러므로 슈네델바흐에 따르면 해석학적인 헤겔주의자들에게 전통주의는 "거의 불가피하다"("Was ist Neoaristotelismus?" *Moralität und Sittlichkeit*, S. 52).

리에 대한 헤겔의 비판은 이미 정치적인 현실 속에서 실현된 상태에 관한 모든 형태의 평가절하(jede Form von Unterbietung)에 대한 예민함의 표현이다. 그러므로 그가 칸트의 당위적인 도덕론에 대한 헤겔의 비판을 해석학으로 이해할 때, 그가 염두에 두고 있는 것은 바로 이미 도달된 것에 관한 감수성의 철학적인 도야(die philosophische Bildung des Sinns für das schon Erreichte)이다.[8] 이러한 문맥에서 그는 원칙을 추구하는 철학을 회의하고 비판한다. 그에 따르면 원칙을 추구하는 철학은 사실적인 현실성(die faktische Wirklichkeit)을 비자립적인 것, 우연적인 것, 정당화되지 않은 것으로 변화시킨다. 그러나 이렇게 현실을 정당화가 필요한 것으로 변화시키는 것은 현실의 재판정화(Tribunalisierung der Wirklichkeit)를 동반한다.[9] 우리는 마르크바르트의 보편적인 원칙에 대한 비판과 현실적인 것과 이성적인 것의 일치라는 사변적인 인식에 의거한 헤겔의 도덕적인 당위 비판 사이의 밀접한 연관을 어렵지 않게 알 수 있다.[10]

물론 우리는 이러한 입장이 지니는 일정한 합리성과 타당성을 의심하거나 그저 반계몽주의적인 시각이라고 비판할 필요는 없다. 예를 들어 에른스트 투겐타트는 구체적인 인륜성에 의거하여 칸트의 보편주의적인 도덕을 공허하고 추상적이라고 평가하는 헤겔의 입장을 현재에서 다시 전개하고 있는 리터 학파의 해석학적인 태도를 반계몽주의적인 태도라고 본다. 그래서 그는 리터 학파의 입장을 "계몽주의적인 도덕에 대해 보수적인 도덕을 대립시키는 것이 아니라, 선재된 것(das Vorgegebene)을 즉자 대자적으로 신성하게 하는 것"으로 비판한다.[11] 이런 비판은 사실 헤겔 철학이 보수적이고 기존의 현실을 이성에 의해서 신성시한다고 비판하는 입장을 리터 학파의 비판에 응용한

---

8) O. Marquard, "Hegel und das Sollen," *Schwierigkeiten mit der Geschichtsphilosophie*, Frankfurt, 1973, S. 49 이하.
9) O. Marquard, *Abschied vom Prinzipiellen*, S. 17.
10) 위에서 살펴본 바와 같이 윤리학을 구체적인 생활 세계적인 문맥의 해석학적인 재전유로 대체하려는 시도에서 슈네델바흐는 신아리스토텔레스주의자들과 신헤겔주의자들 사이의 긴밀한 공통성을 본다. 그는 특히 가다머와 리터적인 헤겔 해석을 '신아리스토텔레스주의'로 명명한다(앞의 글, 앞의 책, S. 52, 그리고 61 주석 30 참조).
11) E. Tugendhat, *Vorlesungen über Ethik*, Frankfurt, 1995, S. 207.

것에 지나지 않는다. 그러나 이러한 비판 역시 일면적이다. 리터와 그 제자들이 옹호하는 것은 근대 시민사회 원리가 기본적으로 이성적인 것이라는 입장이다. 사실상 이들의 이론은 근대 시민사회의 등장과 더불어 인류 역사가 완성(내지 종말)에 이르렀다는 입장을 은연중에 암시한다. 근대 시민사회가 안고 있는 문제점들이 존재하기 때문에 이런 입장에 대해 거부감을 갖거나 비판적인 태도를 취하는 것은 이해할 수 있는 일이다. 다만 리터 학파의 근대 사회에 대한 태도를 보수적이라고 칭하는 것은 온전하나, 반계몽주의적이라고 비판하는 것은 결국 보수주의에 대한 이데올로기적 혐오감의 표현에 불과한 것으로 보인다. 그런 점에서 회폐의 지적은 정당하다. 그에 따르면 마르크바르트의 관례성과 전통의 옹호는 "프랑크푸르트학파의 전통 망각에 대한 비판"이라는 점에서 정당하나, "보편주의적인 윤리학의 비판"으로서는 정당하지 않다.[12]

그러나 우리에게 중요한 문제는 해석학적인 헤겔 해석이 헤겔의 사회·정치철학의 깊이와 폭을 온전하게 드러내고 있는가 하는 것이다. 만약 해석학적인 헤겔주의자들의 이론이 헤겔 인륜성 철학의 요점을 그 깊이에 있어 참으로 잘 보여준다는 것이 사실이라면, 보편주의적인 윤리학의 시도를 위해서 헤겔 철학을 떠나 칸트적인 전통으로 복귀하는 것이 불가피해 보인다. 그리하여 우리는 이제 아펠이나 하버마스 그리고 롤스 등의 시도에서 나타나는 것처럼 칸트 윤리학으로 되돌아가 도덕 규범의 보편적 타당성의 물음에 대한 이론적인 대안을 모색할 필요가 있을 것이다.[13] 윤리적인 규범의 타당성에 대한 물음의 차원이 비록 내적인 위험성을 지니고 있다 하더라도, 이러한 위험성의 지적으로 규범에 대한 이론적인 타당성 해명과 연관된 문제들이 완전히 해결되고 있

---

12) O. Höffe, *Vernunft und Recht. Bausteine zu einem interkulturellen Rechtsdiskurs*, Frankfurt, 1996, S. 173.
13) 롤스의 사상이 헤겔과 일정 정도 친화성을 갖고 있다는 해석이 존재한다. 그래서 롤스를 헤겔과 대립적인 것으로 간주하는 것이 진정으로 타당한지는 별도의 연구가 필요하다. 물론 롤스는 『정치적 자유주의』에서는 헤겔을 명시적으로 다루고 있다. 로티는 이미 1980년대에 롤스와 헤겔 사이의 연관성을 지적하였다(Reese-Schäfer, 앞의 책, S. 598 이하 참조).

지 못하기 때문이다. 그리고 담론윤리학자들의 주장, 즉 윤리적인 규범들의 타당성의 근거는 결코 우연적인 관습이나 사실적으로 존재하는 제도들에 호소함으로써 해결될 성질의 것이 아니라는 주장은, 내가 보기에 결코 사실적인 습속의 이성성에 대한 호소나 유토피아적 사고의 잠재적인 테러의 위험성에 대한 지적으로 대체될 수 없다. 이러한 대체가 가능하다면 윤리적인 상대주의는 불가피한 것으로 보이기 때문이다. 그러므로 아펠은 해석학적으로 환원된 헤겔주의(der hermeneutisch reduzierte Hegelianismus)에서 도덕 규범들의 정당화의 근거 해명 문제의 축소를 지적하는데, 이는 아주 정당하다. 마찬가지로 헤겔 철학과 해석학적인 헤겔 해석의 동일화에 의거해서 슈네델바흐는 "보편주의적이고, 실제로 탈-관습적인 윤리학"(Eine universalistische, wirklich post-konventionelle Ethik)을 헤겔에게서 찾아볼 수 없다고 단정한다.[14]

아래에서 나는 왜 헤겔의 정치철학이 현존하는 정치 세계의 해석학적인 재전유로 환원되지 않는지를 제시하려고 한다. 그러므로 나는 헤겔의 정치철학이 어떠한 의미에서 보편주의적인 이념에 기초한 규범적인 정치이론으로 해석될 수 있는지를 살펴보기로 한다.

I. 근대 자연법 사상과 헤겔 법철학

헤겔은 홉스에서 루소, 칸트로 이어지는 근대 자연법 사상의 전통 속에서 발전된 의지의 자기규정 이념과, 자연과 자유의 구별을 자신의 객관정신 이론의 기초로 받아들인다. 법철학은 헤겔 철학의 전 체계에서 객관정신에 관한 이론에 해당된다. 헤겔 철학의 전 체계에서 문제가 되는 것은, 자기 자신을 생각하는 이념의 절대성을 분명하게 드러내주는 것이다. 헤겔 철학의 원리이자 궁극적인 목적은 자기 자신을 인식하는 이념의 실현, 즉 이성의 자기의식의

---

14) K.-O. Apel, *Diskurs und Verantwortung*, S. 70. H. Schnädelbach, *Hegels praktische Philosophie. Ein Kommentar der Texte in der Reihenfolge ihrer Entstehung*, S. 281.

실현이다. 반성적인 자기관계로서 특징지워지는 사유는 헤겔에 따르면 한갓 유한한 인간의 주관적인 사유의 원리가 아니다. 헤겔은 자기 자신을 인식하는 이념을 동시에 존재의 근본 원리로서 이해하고 있다. 이러한 모든 존재와 사유의 근본 원리로서의 절대적인 주관성[15]을 순수하고 가장 추상적인 규정 속에서 서술하는 것이 헤겔 철학 체계 제1부, 즉 『논리학』(Wissenschaft der Logik)의 과제를 형성한다. 논리학에 이어 등장하는 자연철학과 정신철학의 과제는 자연과 정신이 단지 순수한 논리적인 이념의 서로 다른 존재 방식으로서 파악될 수 있다는 것을 증명하는 것이다(6, 549 참조).

객관정신론은 주관정신론 및 절대정신론과 더불어 헤겔 철학 체계의 종결 부분을 형성하는 정신철학의 한 구성 요소이다. 헤겔에 따르면 정신철학은 이념의 자기 자신으로의 귀환이 이루어지는 장소이다. 즉 정신철학은 이념의 타자 존재에서 자기로 복귀하는 이념으로서의 정신을 다루는 학문이다(8, 64). 그러므로 정신의 개념은 자기 자신을 인식하는 현실적인 이념이다(10, 17). 헤겔은 자연을 이념의 타자태로서 규정한다(8, 63; 9, 24). 자연은 이념의 서술로서 이성적이긴 하지만, 외면성(Äußerlichkeit)은 자연의 본질 규정을 형성한다. 그러므로 이념의 타자태로서의 자연에서 어떤 내적인 관계도 발견되지 않는다. 이에 반하여 정신은 자연적인 외면성의 지양을 통해서 자연과 구별된다. 이러한 자연의 외면성의 지양을 헤겔은 정신의 이념성(Idealität)으로 명명한다(10, 21). 정신은 외적인 자연을 이념화 혹은 관념화함으로써 비로소 정신일 수 있다. 이러한 정신의 관념화는 자연이 단지 인간의 유한한 정신에 의해서 관념화된다는 것을 의미하지 않는다. 이때 관념화는 자연에 내재하는 영원한 이념의 대자화, 달리 말하자면 이 영원한 이념의 실현이다. 그러므로 자연에서 정신으로의 이행은 어떤 타자로의 이행이 아니라, 단지 자연 속에서 타자적으

---

15) 회슬레는 사유의 사유를 동시에 존재론적인 규정으로 이해하고 있는 헤겔 철학을 칸트와 피히테의 유한한 선험철학의 완성으로 이해한다. 객관적인 존재의 구성 원리로서 사유의 근본 특성을 절대적인 주관성으로 간주하는 한에서, 헤겔 철학은 주관성의 절대적 관념론으로 규정될 수 있다(V. Hösle, Hegels System, S. 8 이하).

로 존재하는 정신의 자기 자신에 이름일 따름이다(10, 25). 이러한 의미에서 정신은 자연의 진리이다(10, 17).

모든 외면적인 것을 추상하고 부정하는 정신의 이념화 능력과 함께 의지의 자유가 정신의 본질을 형성한다. 헤겔은 심지어 『철학사 강의』에서 자유를 사유의 뿌리로 규정한다(20, 312). 자유가 정신의 내적인 본질 규정에 속하기 때문에, 절대자를 개념적으로 파악하려는 철학의 고유한 과제는 개념과 자유를 자신의 대상이며 영혼으로 삼을 때, 비로소 참답게 그리고 내재적으로 해결될 수 있다(10, 29 이하). 이와 같이 헤겔은 개념과 자유를 절대자로서의 정신을 철학이 이해하기 위한 근본적인 규정들로 파악한다. 그러므로 헤겔에 의하면 법개념과 이것의 구체적인 실현을 다루는 객관정신 이론은 절대자의 자기실현 과정에서 필연적인 한 영역을 이룬다. 즉 정신의 실현은 역사적인 세계 속에서 이성적인 인륜적 공동체를 형성함이 없이는 불가능하다.[16]

이와 같이 우리는 헤겔 철학 체계 내부에서 법철학이 차지하는 위치를 통해서 법철학의 기초는 자연이 아니라 정신임을 알 수 있다. 근대 자연법적인 전통에서와 마찬가지로 헤겔은 자연과 권리의 상호 대립에 대해서, 그리고 권리 내지 법의 타당성의 근거는 결코 자연에서 얻을 수 없다는 점을 강조한다. 헤겔은 1822~23년의 겨울 학기 강의에서 다음과 같이 주장한다.

"자연에서 법칙 일반이 존재한다는 것이 최상의 증명이다; 권리의 법칙(Rechtsgesetz)에서 사태는 이 사태가 존재하기 때문에 타당한 것이 아니다. 〔……〕 우리는 이러한 두 종류의 법칙을 고찰하고 권리의 법칙이 귀속되는 토대가 무엇인지를 묻는다면, 그 권리는 오직 정신으로부터만 나온다는 것을 깨닫는다. 자연은 어떠한 권리도 가지지 못하기 때문이다."[17]

헤겔은 1817년의 『철학강요』에서 법의 궁극적인 규정의 토대를 자유로운 인격성과 자기규정에서 구하면서 자연법이라는 용어가 갖는 애매함을 다음과 같이 지적한다. "지금까지 흔히 철학적 법학을 의미하기 위해 사용된 자연법

---
16) Hegel, *Die Vernunft in der Geschichte*, Hamburg, 1994, S. 61.
17) Ilting III, S. 93 이하.

이라는 표현은 법이 요컨대 **직접적인 자연**에 의해서 주입된 것으로서 규정되어야 하는지 아니면 사태의 본성, 즉 **개념**에 의해서 규정된 것처럼 간주되어야 하는지 애매성을 포함한다." 그러나 실제로 법과 그 모든 규정들은 **자유로운 인격성**, 즉 **자기규정**에 근거하고 있고, 이 자유로운 인격성이나 자기규정은 오히려 **자연규정**의 정반대이다(Ilting I, 156 이하). 이와 같이 헤겔은 계몽주의적인 자연법 이론과 함께 법의 타당성의 근거는 전통에서가 아니라 오로지 이성에서 구할 수 있다고 생각한다. 여기에서 우리는 헤겔의 정치이론과 근대 자연법적인 사상을 서로 대립적으로 파악하는 것이 잘못이라는 것을 인식할 수 있다.

이러한 자연과 자유의 대립에 대한 강조에서 우리는 왜 헤겔이 자연법(Naturrecht)이라는 표현이 지니는 이중성을 비판하는지를 이해할 수 있다(10, 311 참조). 법의 영역은 자유를 그 본질로 하는 정신적인 세계와 연관되어 있기 때문에, 헤겔은 자연법이라는 표현을 부적절하다고 본다. 따라서 그는 자연법이라는 표현을 포기할 것을 주장하며, 이러한 표현을 철학적 법론(philosophische Rechtslehre) 혹은 객관정신론(Lehre vom objektiven Geist)이라는 표현으로 대체한다.[18] 홉스에서 헤겔에 이르는 근대 자연법의 역사에서 자연 개념의 이중성을 극복하려는 노력은 칸트와 피히테에게서도 나타난다. 칸트는 다음과 같이 말한다. "자연법 전체(das Ganze Recht der Natur)는 시민적 질서가 없이는 단순한 덕론(Tugendlehre)에 지나지 않고 법의 이름을 단지 외적으로 가능한 강제법에 관한 계획으로서만 지닐 뿐이다. 〔……〕 일찍이 '자연적으로 옳다'(natürlich recht)는 말은 그렇게 양의적으로 사용되었기 때문에, 우리는 이 양의성을 피하기 위해 세심해야만 한다. 우리는 자연법(Naturecht)을 자연적인 법(das natürliche Recht)과 구별한다"(AA 19, 245). 피히테 역시 자연법이라는 표현을 어색하게 생각한다. 피히테에 의하면 법은 "인격성이라는 개념의 단순한 분석"에서 등장하는 것이다(Fichte 3, 94). 피히테는 법이 인격과 자유 개념 속

---

18) G. W. F. Hegel, *Vorlesungen. Ausgewählte Nachschriften und Manuskripte*, S. 6.

에 뿌리를 두고 있다는 생각을 끝까지 밀고 나가 자연법이라는 개념 자체를 거부한다. 피히테는 자연법을 이성법으로 불러야만 함을 명백히 한다. "자연법 즉 이성법, 그리고 그것은 그렇게 불러야만 한다"(Fichte 10, 498). 이상의 서술에서 우리는 헤겔이 이성법적인 근대 자연법 이론의 근본 규정들을 확고히 옹호하고 있음을 살펴보았다.

헤겔이 근대의 자연법적인 전통을 계승하고 있다는 사실은 이제 학자들 사이에서 어느 정도 합의된 사항이라고 할 수 있다. 예를 들어 헨리히는 헤겔 법철학과 근대 자연법적 이론 사이의 연속성을 강조한다. 그에 따르면 헤겔은 이성의 자율에 관한 칸트의 이론에서 발견되는 "이상적인 윤리학의 원리"를 정치철학의 토대로 삼았던 최후의 사상가이다.[19] 보비오 역시 헤겔 정치철학을 근대 자연법 사상과 대립하는 것으로 파악하는 견해를 부정한다. 그에 의하면 근대 자연법 사상의 반립(Antithese)을 이루는 것은 헤겔 정치이론이 아니라, 사비니로 대표되는 역사법학파이다.[20] 우리는 이미 법의 실정성을 다루는 부분에서 역사법학파와 헤겔의 대결을 다루었다. 다시 강조하건대 헤겔은 법의 선험적 토대로서의 이성과 그것을 현실적으로 보장해주는 다양한 역사적 조건들을 종합적으로 사유하고자 했을 뿐, 결코 법 개념의 보편적 토대로서의 이성적 차원을 법의 역사적 차원과 혼동하지 않았다. 이미 한스 벨첼이라는 독일의 위대한 형법학자는 1951년에 출판한 저서에서 헤겔의 법철학을 자연법적인 전통을 이어받고 있는 중요한 학설로 평가

---

19) D. Henrich, "Ethik der Autonomie," *Selbstverhältnisse*, Stuttgart, 1993, S. 7. 근대 자유주의적인 전통과 헤겔 법철학의 공통점에 대해서는 일팅의 논문을 참조(K. -H. Ilting, "Die Struktur der Hegelschen Rechtsphilosophie," *Materialien zu Hegels Rechtsphilosophie*, S. 60). 물론 리터는 그의 영향력이 큰 책, 『헤겔과 프랑스 혁명』에서 헤겔은 그의 법철학에서 보편적인 자유라는 프랑스 혁명의 원리를 수용했고, 이러한 원리를 "모든 미래의 법적이고 정치적인 질서의 전제"로서 간주하고 있다고 강조한다. 이러한 전제 위에서 그는 다음과 같이 주장한다: "헤겔 철학만큼 그렇게 그리고 그 가장 내적인 추진력에 이르기까지 혁명의 철학인 어떤 제2의 철학도 없다"(*Hegel und die französische Revolution, Metaphysik und Politik. Studien zu Aristoteles und Hegel*, S. 192).
20) N. Bobbio, "Hegel und Naturrechtslehre," *Materialien zu Hegels Rechtsphilosophie*, S. 83.

했다.[21]

II. 고전적 정치철학과 근대 자연법 사상의 종합

헤겔은 루소와 칸트 및 피히테에 의해서 발전된 근대 법철학의 근본 이념인 의지의 자유를 자신의 법철학의 출발점으로 삼고 있다. 그러나 헤겔은 루소, 칸트, 그리고 피히테에 의해 발전된 이성의 자율 이념을 받아들였음에도 불구하고, 자신의 법철학에서 자연법과 국가 혹은 도덕과 정치의 분리를 극복하려고 시도한다. 다시 말해 실정법의 타당성의 근거를 이성법적으로 해명하려는 칸트나 피히테와는 다르게 헤겔은 객관적 관념론의 기초 위에서 자연과 자유의 이원론을 극복하려고 시도한다. 이러한 문맥에서 헤겔은 자신의 법철학의 대상을 "법의 이념, 즉 법의 개념과 그것의 실현"(7, 29)으로 정의한다.

이념은 헤겔에게서 단순히 주관적인 것을 의미하는 것은 아니다. 오히려 이념은 개념과 현실성의 통일을 의미한다. 그러므로 법의 개념의 실현은 법의 이념에 본질적으로 속해 있다. 즉 개념은 헤겔에 따르면 자신을 실현하려는 동력(Trieb)이고, 객관적인 세계에서 자기 자신을 통해 스스로에게 객관성을 부여하고 완성되는 목적이다(6, 541 이하).[22] 헤겔은 법의 체계를 실현된 자유의 왕국이며, 정신 자체로부터 산출된 제2의 자연으로서의 정신의 세계로 규정한다(7, 46). 헤겔은 법의 체계를 자유의 실현이라는 문맥에서 바라보기 때문에 법을 자유의지의 현존재(Dasein des freien Willens)으로 규정한다(7, 80). 헤겔 법철학에서 포괄적인 법 개념과 관련해서 브루노 리브루크스는 "**법은 여기에서 법, 도덕성 그리고 인륜성의 총괄로서 이해되어야만 한다**"고 지적한다.[23]

---

21) H. Welzel, *Naturrecht und materiale Gerechtigkeit*, S. 174 참조.
22) 헤겔은 다음과 같이 말한다. "정신이 그의 중심을 향해 노력한다면, 그렇게 그는 자신의 자유를 완성시키려고 애쓴다"(*Die Vernunft in der Geschichte*, S. 55).

우리는 헤겔 법철학에서 근대 이성의 자율에 관한 사상과 고대 그리스적 폴리스의 이상의 결합을 발견하게 된다. 헤겔은, 인간은 인간인 한에서 자유롭고 동등한 인격체로서 법적인 주체 혹은 권리의 주체라는 근대 자연법적인 사상의 근본적인 통찰을 인정한다. 그러므로 그의 법철학에서 정치나 국가의 근본 토대를 이루는 것은, 고대 그리스적인 정치적인 구성원으로서 시민의 권리가 아니라, 인간이 인간인 한에서 인간에게 귀속되는 고유하며 보편화된 법적 능력 혹은 권리능력(Rechtsfähigkeit)이다.[24] 그러나 다른 한편으로 근대 자연법 사상의 합법성과 도덕성의 분리를 비판하고 자유와 국가 사이의 긍정적인 관계를 강조한다는 점에서, 윤리와 정치의 통일이라는 고대 그리스의 정치철학적인 이상과 헤겔 법철학의 긴밀한 연관을 이해할 수 있다. 고대 그리스적인 정치철학에서처럼 헤겔에게도 국가는 도덕과 윤리학의 완성의 영역이다. 고전적인 정치철학과 헤겔 법철학의 내적인 연관을 우리는 헤겔 법철학의 이중적인 제목에서도 분명하게 파악할 수 있다. 헤겔의 법철학의 제목은 원래 『법철학 강요 혹은 자연법과 국가학 개요』(Grundlinien der Philosophie des Rechts oder Naturrecht und Staatswissenschaft)이다. 자연법과 국가학이라는 둘째 제목은 법철학은 원래 자연법과 국가학의 포괄로서 이해해야만 한다는 것을 보여준다.

법철학의 부제 이외에도 '추상법-도덕성-인륜성' 세 영역으로 이루어진 헤겔 『법철학』의 삼분법적인 구조에서도 우리는 고대 정치학과 근대 자연법 사상의 종합을 발견할 수 있을 것이다. 헤겔 『법철학』의 삼분법적인 구조는 『도덕 형이상학』에 등장하는 칸트적인 법론과 덕론의 구분과 윤리학, 경제학 그리고 정치학으로 구분하는 아리스토텔레스적인 실천철학의 구분을 종합하고자 하는 시도의 산물이다. 앞에서 살펴본 것처럼 헤겔은 자신의 법철학에서 경제학의 영역을 인륜성의 필수적인 한 계기로 설정한다. 물론 이때 경제

---

23) B. Liebrucks, "Recht, Moralität und Sittlichkeit bei Hegel," *Materialien zu Hegels Rechtsphilosophie*, S. 48.
24) M. Riedel, *Studien zu Hegels Rechtsphilosophie*, S. 106 참조.

학은 아리스토텔레스에게서의 경제학, 즉 글자 그대로의 가계학은 아니었다. 헤겔의 시민사회에서 다루어지는 경제 영역은 가정에서부터 해방된 독자적인 영역을 구성하는 것이었다. 이 경제적 영역의 독립은 근대의 산물이자 근대의 상징과도 같은 것이다. 헤겔은 근대의 자연법 사상에서 나타나는 도덕과 국가의 분리, 내면성과 외면성의 분리 그리고 도덕성과 합법성의 분리 등을 고대의 정치철학적 이념, 즉 국가를 인간의 본성이 실현되는 곳으로 사유하는 입장과 종합하고자 한 것이다. 이러한 의미에서 일팅은 헤겔 법철학의 변증법적인 구조를 헤겔의 고대와 근대의 정치철학과의 대결의 결과로 정의한다.[25]

고대와 근대의 종합이 지니는 의미를 좀더 자세히 살펴보자. 『법철학』의 마지막 부분에서 헤겔은 고대적인 인륜성의 개념, 즉 정치적 공동체 내에서의 윤리적인 생활이라는 모티프를 받아들인다. 아리스토텔레스는 정치철학을 윤리학의 연장이며 완성으로 파악한다. 즉 정치학은 선하고 정의로운 삶에 대한 이론을 의미하였다. 그는 이러한 의미에서 자신의 윤리학에서 선을 추구하고 실현하는 것이 개인과 국가의 목적이라고 강조한다. 그러나 선을 국가에서 실현하는 것이 더 크고 더 완전하다. 그러므로 아리스토텔레스에게 윤리학은 정치철학과 긴밀한 연관 속에 놓여 있을 뿐 아니라, 국가는 각 개인에게 최초의 것이자 최고의 것이다. "그러나 본성적으로도 국가는 가족과 우리들의 각 개인보다 앞서 있다."[26]

국가의 개인에 대한 본성적인 우월성이나 앞섬에 대한 견해는, 인간은 자기 자신의 내적인 본질의 실현을 위해 정치적인 공동체에 의존하고 있다는 관점과 깊이 관련되어 있다. 아리스토텔레스에 의하면 인간은 단지 활동적인 정치적인 삶 속에서 혹은 단지 정치적인 공동체의 일원으로서만 인간 실존의 고유한 규정들을 전개하고 발전시킬 수 있다. 인간이 자신의 고유한 본성을 실현

---

25) K.-H. Ilting, 앞의 글, 앞의 책, S. 61.
26) Aristoteles, *Politik*, Werke, Bd. 6, Politik Teil I: Text und Übersetzung, hg. v. F. Susemihl, Nachdruck der Ausgabe Leipzig, 1879, Aalen, 1978, 1253a19~20.

할 수 있는 곳이 바로 정치적 공동체이다. 그래서 시민들이 법정이나 민회에 참여하여 공적 관심 사항에 대해서 다른 누구보다도 더 훌륭한 능력을 보여야만 하는 것이다. 이런 사람은 바로 시민이 해야 할 기능 내지 역할(ergon)을 가장 잘 수행하는 사람이다. 그래서 그런 사람은 가장 탁월한 사람, 즉 덕(aretē)이 있는 사람으로 간주되는 것이다. 이와 같이 고대 그리스 시민들에게 공적인 관심사를 다루는 정치적 공동체 속에서의 활동이야말로 인간 본성의 가장 탁월한 표현 방식의 하나이다. 이러한 의미에서 고대 정치철학에서 인간은 자연적으로 정치적인 존재이다. 여기에서는 좋은(훌륭한) 시민이 바로 좋은 인간과 동일한 것인가 하는 문제는 다루지 않는다. 좋은 삶이 무엇이며 덕의 본질이 무엇인가 하는 물음을 던진 소크라테스의 삶은 인간다움의 본질을 오로지 정치적 시민의 역할과 기능에서만 바라보는 당대의 아테네 시민의 삶과 덕에 대한 관점을 반성하는 것이었다는 점만을 지적하는 것으로 족할 것이다.

여히튼 고전적인 정치이론의 문맥에서 볼 때, 각각의 개인들이 단지 정치적 공동체 속에서만 자신의 내적인 규정들을 완전히 전개할 수 있는 것과 마찬가지로 거꾸로 정치적인 공동체는 이러한 정치적 공동체의 구성원, 즉 시민들의 덕이나 올바른 행위들을 전제한다. 아리스토텔레스에게서 시민들의 덕은 정치적인 공동체가 법으로 규정한 행위 규범들을 자신의 확고한 습관으로 내면화하는 것을 의미한다. 이러한 점에서 아리스토텔레스의 정치철학에서 "행동의 인륜성과 법 내지 습속은 구별될 수 없었다." 그러므로 고대 정치철학에 따르면 정치는 도덕과 구별되어 고찰되는 것이 아니라, 오히려 시민들의 덕의 함양이라는 교육적인 것과 내적으로 연관되어 있다.[27]

헤겔은 이러한 고대 인륜성의 철학을 다시 새롭게 함으로써 근대적인 도덕적 주관성을 극복하고 윤리학과 국가철학의 분리를 다시 통일해보려고 시도한다. 헤겔 법철학은 의심할 여지 없이 "근대 정치철학의 가장 위대한 작품— 국가에 관한 고대적이고 근대적인 사유의 깊이와 폭에서 결코 능가할 수 없는

---

27) J. Habermas, "Die klassische Lehre von der Politik in ihrem Verhältnisse zur Sozialphilosophie," *Theorie und Praxis*, S. 48.

종합이다."[28]

그러나 우리는 헤겔 법철학과 아리스토텔레스 정치철학 사이의 중요한 차이점들을 망각해서는 안 된다. 첫째로 고전적인 정치철학은 자연질서 속에서 정당한 정치적 공동체의 원칙들을 인식할 수 있다고 생각하였다. 그러나 고전적인 정치철학에 고유한 이러한 자연과 법의 근본 관계는 홉스에 의해서 결정적으로 파괴된다. 우리는 이미 성숙한 헤겔 역시 아리스토텔레스적인 목적론적인 자연 개념을 포기하고, 법과 자유의 상관관계라는 근대 자연법적인 전통의 유산을 받아들였다는 것을 살펴보았다.

둘째로 아리스토텔레스는 실천철학의 대상을 개연적인 지식의 영역으로 생각하였다. 그에 의하면 수사학이나 정치학에서 수학과 같은 엄밀한 정확성을 요구하는 것은 어리석은 일이다.[29] 이에 반하여 헤겔은 실천철학의 영역에서 아리스토텔레스가 행한 에피스테메(epistēmē)와 프로네시스(phronēsis)의 구별을 불필요한 것으로 생각하였다는 점을 강조해야 한다. 헤겔의 객관정신 이론은 절대자의 자기인식의 실현 과정을 매개해주는 필연적인 한 부분이다. 그리고 헤겔에 따르면 철학적인 진리는 체계를 통해서만 자신의 참다운 형태를 획득한다. 그러므로 학문 체계의 필연적인 일부를 구성하는 객관정신에 대한 철학 역시 개념의 논리적인 전개에 상응하여 이루어진 참다운 인식이다.

마지막으로 이미 말했듯이 헤겔 법철학은 보편화된 법 개념과 개인의 동등한 자유의 주장이라는 근대적인 이념에 기초하고 있다. 헤겔이 추상법과 도덕성에서 다루는 내용들은 본질적으로 고대 정치철학에 알려지지 않은 것이다. 모든 인간이 동등하게 법적인 주체라는 전제는 아리스토텔레스적인 실천철학에 전적으로 낯선 것이다. 아리스토텔레스에 따르면 단지 자유인만이, 즉 생활에 필요한 것을 획득하려는 취득 활동에서 해방된 남자만이 시민일 수

---

[28] V. Hösle, *Moral und Politik*, S. 81. 테일러 역시 헤겔의 객관정신론을 근대의 도덕적인 자율사상과 고대 그리스의 폴리스에서 모범적으로 구현된 공동체 이념과의 결합의 시도로 이해한다(Ch. Taylor, *Hegel*, S. 477).

[29] Aristoteles, *Nikomachische Ethik*, S. 2 이하.

있었다.[30] 나아가 아리스토텔레스에게서 경제학은 가정경제학이었다. 그리고 이러한 영역은 정치적이고 인륜적인 삶과는 별개의 것이었다. 이러한 측면에서 아리스토텔레스에서 18세기에 이르기까지 국가와 시민사회는 동일한 것을 의미하였다. 이러한 전통 속에서 시민(Bürger)이라는 개념은 시민적 혹은 정치적인 신분(status civilis sive politicus)의 지위를 지닌 사람들에 국한되어 사용되었다.[31]

간단하게 말해 아리스토텔레스에 따르면 노예에게는 폴리스가 없다.[32] 그러나 가정과 유리되고 또 국가로부터 자립화된 경제적인 활동 영역이 그 타당성을 획득하게 된 것이 바로 근대 유럽 역사에서 나타난 혁명적인 변화의 하나이다. 그러므로 성숙한 헤겔에게 근대 국가의 장점은 바로 국가와 가족 사이에, 각 개인들의 사적인 이익 추구로서의 경제적인 영역이 그 주요한 부분을 차지하는 시민사회의 자율성을 보장한다는 데 있다. 이러한 주관적인 자유의 원리가 구현되는 장소가 바로 시민사회이기 때문이다(7, 233). 즉 근대와 고대의 차이는 바로 근대에서의 인간의 주관적인 자유의 보편성에 대한 인식이다. "스스로 충족된 상태를 발견하려는 주관의 **특수성**의 권리가, 혹은 동일한 것으로서 **주관적인 자유**의 권리가 **고대**와 **근대**를 구별하는 전환점이자 중심점을 이룬다"(7, 233).

헤겔에 따르면 근대 국가의 장점과 그것의 고대 그리스의 정치적 공동체에 대한 우월성은 바로 이러한 주관성의 원리를 국가의 근본 원리로 수용한 데 있다. "근대 국가의 원리는 주관성의 원리를 인격적인 특수성의 **자립적인 극단**에 이르기까지 완성하게 하는, 그리고 동시에 이 주관성의 원리를 **실체적인 통일**로 돌려보내면서 주관성의 원리 자체 내에서 이러한 실체성을 보존한다는 엄청난 힘과 깊이를 지닌다"(7, 407).

---

30) Aristoteles, *Politik*, 1277a21 이하.
31) M. Riedel, 앞의 책, S. 143.
32) Arisoteles, 앞의 책, 1280a32.

III. 인륜성 이념과 규범적인 정치이론

1) 인륜성의 기본 구조

헤겔은 인륜성을 "객관정신의 완성"(10, 317)으로 규정한다. 이 인륜성은 객관화된 주관성의 의미에서 추상법과 도덕성의 종합이다. 인륜성 속에서 법적인 인격의 추상성과 도덕적인 주체의 자의성이 극복된다. 그러므로 이 인륜성은 추상법과 도덕성의 영역으로 환원되지 않는 그 자체의 자기목적을 형성하고 있고, 나아가 인간의 자유가 본래적인 현실성을 발견하는 장소이다. 인륜성 속에서 보편적인 것은 개별적인 주체에 의해서 단지 당위로 요청되거나 의욕될 뿐 아니라, 외적인 세계 속에서 실현되어 있다. 그러므로 인간에게 "단적으로 본질적인 것"(7, 244)을 이루는 선은 인륜성 속에 구현되어 있다. 이러한 측면에서 헤겔은 인륜성을 "자유 개념의 **진리**"(die *Wahrheit* des Freiheitsbegriffes)로서 규정하면서(7, 287) 다음과 같이 설명한다.

"인륜성은 자기의식이 인륜적인 존재에서 자신의 즉자 대자적으로 존재하는 기초와 운동하는 목적(bewegenden Zweck)을 지니고 있는 것처럼, 자기의식 속에서 스스로의 지식과 의욕을 지니고 그리고 자기의식의 행위를 통해 현실성을 지니는 살아 있는 선으로서 **자유의 이념**(die *Idee der Freiheit*)이다. 즉 인륜성은 **자기의식의 현존하는 세계 그리고 자연으로 된 자유의 개념**이다"(7, 292).[33]

인륜성을 이처럼 살아 있는 선으로 규정하는 데서 우리는 재차 헤겔의 인륜적 이념이 고대 그리스 정치철학의 전통과의 연관을 분명하게 인식할 수 있다. 우선 그는 인륜성을 플라톤의 국가이론의 기초가 된 선의 이념과 연결하여 "살아 있는 선"으로 규정한다. 그리고 헤겔은 살아 있는 선으로서의 현실

---

[33] 헤겔 법철학과 플라톤적인 그리고 아리스토텔레스적인 정치철학과의 연관에 대해서는 다음의 논문을 참조. A. Peperzak, "Hegels Pflichten- und Tugendlehre. Eine Analyse und Interpretation der Grundlinien der Philosophie des Rechts," *G. W. F. Hegel. Grundlinien der Philosophie des Rechts*, S. 169. K.-H. Ilting, 앞의 글, 앞의 책, S. 64.

적인 인륜성을 동시에 아리스토텔레스적인 부동의 동자와 같은 "운동하는 목적"으로 이해한다. 일팅이 적절하게 지적하듯이 근대 국가이론의 제3부에서 다루어지는 헤겔의 인륜성의 이념은 "플라톤의 이론에서도 국가 이념의 기초인 선의 이념"과 다를 바 없다. 헤겔의 인륜성 이념은 "고대 정치철학에서 차용된 해석의 모델"이다.[34]

인륜성을 이렇게 궁극 목적이라고 일반적으로 규정한 후에 헤겔은 인륜성의 두 가지 측면, 즉 주관적이고 객관적인 측면을 나눈다(7, 293 이하). 인륜적인 전체에서 행동하는 개인은 그것의 주관적인 측면을 그리고 "법과 제도들"(Gesetze und Einrichtungen)은 객관적인 측면을 형성한다.

인륜성의 객관적인 측면으로서 "인륜적인 실체"(die sittliche Substanz)로 명명되는 인륜적인 것(das Sittliche)은 헤겔에 따르면 "자연의 존재보다 무한정하게 더 확고한 권위와 힘"(7, 295)이다. 이것은 인륜적인 여러 규정들이 개인적인 주체에 외적인 강제력을 행사하는 것으로 이해해서는 안 된다. 이것은 우선 구체적인 인륜적 질서들이 개인들로 환원 불가능한 독자적인 고유 영역을 형성한다는 것이다. 사회적인 제도들은 개개인들의 총합 이상의 것을 의미하기 때문이다. 공동체의 공동생활의 습속이나 제도라는 의미에서의 인륜적인 것들은 모든 개인들이 자신의 정체성을 형성하고 획득하는 것을 가능하게 해주는 지평 내지 필연적인 조건을 이룬다. 현대적인 용어로 말하자면, 특정한 언어·문화적인 공동체에 귀속함이 없이는 개인들은 독립적으로 행동할 수 있는 능력을 결코 발전시킬 수 없다는 것을 의미한다. 근대 자유주의적인 사상에서 최고 가치의 지위를 누리는 개인들의 자립성 역시 특정한 정치적 공동체와 독립적으로 형성될 수 없다. 헤겔은 인간은 국가 속에서만 이성적인 실존을 지닐 수 있다고 주장하면서, 인간의 자기실현의 가능조건으로서 정치적 공동체의 고유한 의미를 다음과 같이 설명한다. "인간적인 모든 것을 인간은 국가에 덕을 입고 있다; 인간은 단지 국가 속에서 자신의 본질(sein Wesen)을

---

34) K.-H. Ilting, 앞의 글, 앞의 책, S. 64.

지닌다. 인간이 지니는 모든 가치를, 모든 정신적인 현실성을 인간은 단지 국가를 통해서만 획득한다."[35]

이것이 바로 헤겔이 국가의 성원이 되는 것을 각 개인의 최고의 의무로 규정하게 되는 근거이다(7, 399). 이런 주장은 현대의 자유주의자들이 보기에 상당히 거북한 것, 심지어 대단히 위험한 사고방식일 수 있을 것이다. 그러나 헤겔의 사고방식이나 그의 국가이론은 전체주의와는 거리가 멀다. 국가의 구성원이 되는 것이 각 개인의 최고 의무라는 것은 정치적 공동체 속에서 비로소 자신들의 자유를 실현할 수 있고, 또 그런 한에서 정치적 질서에 대한 참여 내지 그것과의 동일시야말로 인간의 자유의 최고 형태라는 생각을 전제하는 것이다. 인간을 본성적으로 정치적 동물로 이해하는 고전적인 공화주의적 이념을 근대적인 문맥에서 재해석한 것으로 이해해야 한다. 그러므로 정치적 공동체에 귀속하는 것이 개인의 최고 의무라는 헤겔의 주장이 현재 공동체주의적 정치철학을 개진하는 테일러와 같은 이론가들에게 적극적으로 수용되는 것도 하등 이상한 일이 아니다. 테일러는 인간의 존엄성은 사회와 독립해서 혹은 사회 외부에서가 아니라, 오로지 상호 인정을 가능하게 해주는 사회적인 결합 속에서만 존재할 수 있다고 주장한다. 이로부터 그는 인간의 권리의 "사회적인 테제"를 주장한다. 그는 이러한 테제를 가지고 개인들은 특정한 권리를 지니며 개인들에 대한 사회의 요구나 주장에 비해 개인의 권리의 우월한 지위를 강조하는 자유주의적인 전통 속에 있는 권리와 의무의 비대칭적인 관점을 비판하고자 한다. 그에 의하면 인간의 권리는 무조건적으로 타당한 것이 아니라, 어떤 "공동체에 속할 의무"(the obligation to belong)를 전제하고 있다는 것이다.[36]

다른 한편으로 인륜적 실체는 그 주관적인 요소 없이 존립 불가능하다. 인륜적인 제도들은 그 구성원들이 이러한 제도들을 자기화함으로써 그리고 그

---

35) Hegel, 앞의 책, S. 111.
36) Ch. Taylor, "Atomism," *Philosophy and the Human Sciences. Philosophical Papers 2*, Cambridge, 1985, p. 198.

구성원들의 능동적인 활동을 통해 재생산된다. 이러한 의미에서 개별적인 주체들의 특수한 의지는 인륜적인 공동체를 "활동시키는 자, 실현시키는 자"(Betätigende, Verwirklichende)이다.[37] 그러므로 헤겔은 주관성을 인륜적인 보편자의 "절대적인 형식이고 실존하는 현실성"(7, 303)으로 규정한다. 정치적인 제도는 그 구성원들이 이 제도에 대한 내적인 동의를 주저하는 한 살아 있는 공동체로서 존립할 수 없다. 그러므로 인륜적인 실체는 항상 각 개인들의 활동과 내적인 심정이 존립의 전제조건이 된다. 이러한 주관적인 측면이 없이는 객관적인 인륜적 체계는 "단순한 추상물"에 지나지 않는다.[38] 달리 말해 국가의 각 구성원들이 근대 국가 원리의 표현인 "법률과 헌법"을 자신들이 내면적으로 원하는 것으로 받아들이는 "심정"(Gesinnung)은 활력 있는 국가를 위해서 아주 중요한 것이다. 궁극적으로 이런 심정은 이성적인 법률과 헌법에 복종하는 의무감이다. 헤겔은 이 심정을 『역사철학 강의』에서 이성적인 법률 그리고 이 법률을 구체적으로 실현하는 정부 내지 정치(Regierung)와 함께 국가를 구성하는 세 요소들 중의 하나로 간주한다(12, 531). 이런 문맥에서 헤겔은 인륜적인 공동체가 개인들의 "본질"이자 "궁극적인 목표"(10, 318)인 것과 마찬가지로, 인륜적인 것이 각 개개인의 내면성과 심정 속에서 관철되고 타당하게 되는 것을 "국가의 목적"으로 규정한다.[39]

앞에서 살펴본 것처럼 인륜적 이념의 최고 단계인 정치적 질서로서의 국가는 시민들의 주관적인 심정과 객관적인 제도라는 두 측면으로 구성되어 있다. 근대의 합리적인 국가에서는 이 두 측면이 통일되어 있는데, 이는 객관적인 제도들이 각 시민들에게 외적으로 강제된 질서가 아니라, 오히려 자신들의 의지가 객관화되어 존재하는 것이라는 인식과 믿음에 기인한다. 객관적인 제도에서 시민들은 낯선 타자로서 존재하는 것이 아니라 자신의 고유한 이성적인 의지가 발현되어 있는 것으로 인식하기에 이들 질서와 일체감을 느낀다는 것

---

37) Hegel, 앞의 책, S. 112.
38) Ilting III, 496.
39) Hegel, 앞의 책, S. 112.

이다. 이를 헤겔은 다음과 같이 표현한다. "그러나 다른 한편으로 이것들(객관적으로 존재하는 인륜적 여러 규정들)은 주관에게 **낯선 것**이 아니고, 주관은 **자신의 고유한 본질**로서 이들에 대한 **정신의 증거**를 부여한다. 그리고 이 본질 속에서 주관은 **자기 감정**을 지니고 있으며 또한 그 속에서 자신과 구별되지 않는 요소처럼 살아간다. 그것(객관적으로 존재하는 인륜적인 여러 규정들과 주관과의 관계)은 직접적이고 **믿음**과 **신뢰**보다 훨씬 더 동일한 관계이다."(7, 295)

2) 헤겔의 인륜성과 근대 자연법 사상의 비판적인 극복

헤겔이 이성과 자유를 국가의 합리적인 토대로 설정한다는 점에서 근대 자연법적인 전통과 맥을 같이하고 있음은 이미 앞에서 논의하였다. 그렇지만 헤겔은 근대 자연법의 사회계약론과 그것의 이론적 기초인 원자론적 개인주의에 대해서는 비판적이다. 헤겔이 근대 사회계약론에 가하는 비판은 대략 세 가지로 요약할 수 있다. 첫째로 헤겔은 법적인 이념의 구체적인 실현에 관심을 기울이면서 자연법적인 사상의 몰역사적인 인식을 비판한다. 헤겔이 보기에 근대 사회계약론은 법의 역사성에 대한 인식을 결여하고 있다. 이리하여 법에 대한 총체적인 인식을 결여하고 있다는 것이다. 법에 대한 인식에서 타당성에 대한 해명 작업과 함께 타당한 규범의 실현이라는 문제의식은 헤겔의 법이론이 갖고 있는 장점 중의 하나이다.

둘째로 헤겔은 근대 사회계약론의 원자론적 개인주의를 비판한다. 헤겔은 개인과 국가의 관계에 대한 사회계약론의 개인주의적 접근 방식의 한계를 지적한다. 헤겔이 보기에 근대 자연법과 사회계약론은 국가와 사회에 대한 잘못된 견해를 표현하고 있다. 그에 의하면 개인은 사회에 귀속되기 전에 사회에 앞서서 존재하는 합리적인 주체가 아니다. 개인들이 합리적이고 자율적인 개체로서 성장하는 것은 사회적 관계 속에서이다. 마찬가지로 사회와 국가는 자연 상태에서 누리는 것으로 간주되는 개인의 자유에 대해 상호성의 원리에 기초한 제한을 가하는 기구가 아니다. 그러므로 사회가 등장하기 이전의 자연 상태를 상정하고 각 개인이 천부적인 권리를 갖고 있다고 보면서 계약에 의해 국가 내지 사회가 형성되었다고 보는 관점은 허구에 지나지 않는다고 헤겔은 비판한다.

마지막으로 국가의 본질에 대한 것이다. 근대 자연법적 전통에서 국가 혹은 사회질서의 존재 이유는 사회 이전에 각 개인이 갖고 있던 권리나 자유를 보편적인 방식으로 보장해주는 데 있다. 그러나 이런 시각은 정치적 공동체에 대한 도구주의적인 견해로서 국가에 대한 적절한 인식을 제공하지 못한다는 것이 헤겔의 생각이다. 헤겔이 보기에 상호주관적인 공동체적 삶은 인간의 자유에 대한 제한이 아니라 그것의 실현의 가능조건이다. 그런 점에서 개인들은 공동체 속에서 비로소 인간다움, 즉 자유를 실현할 수 있다고 헤겔은 생각한다. 헤겔에 따르면 근대 자연법 사상의 한계는 자유와 국가 사이의 적극적이고 긍정적인 관계를 파악할 수 없다는 데 있다. 근대 자연법 이론에 의하면 법과 국가는 단지 국가 이전에 존립하는 것으로 가정된 고립된 개인들의 자유의 제한으로서만 그 의미를 지닌다(7, 80). 그러나 "한 인격체와 다른 인격체의 공동체는 개인의 참다운 자유의 제한으로서가 아니라, 자유의 확장으로서 간주되어야만 한다"(2, 82).

헤겔은 이런 통찰에 의거해서 루소, 칸트 및 피히테의 원자론적이고 개인주의적인 관점을 비판한다. 그는 이성과 자유를 국가의 기본 원리로 설정하는 근대 자연법 전통을 이어받음과 동시에 그 사상이 안고 있는 문제점들을 비판적으로 검토한다. 이런 점에서 헤겔은 단순히 근대 자연법 전통의 계승자로 머물지 않는다. 보비오는 자연법 전통에 대해서 헤겔의 『법철학』이 갖고 있는 성격을 자연법 전통의 **"해체이자 완성"**(*Auflösung und Vollendung*)이라고 표현한 바 있는데, 이는 적절하다 할 것이다. 간단하게 말해 헤겔의 정치철학은 근대 자연법적 사유의 변증법적인 지양이라고 할 수 있다.[40] 근대 자연법 사상 내지 사회계약론의 원자론적 개인주의와 국가에 대한 관점이 왜 비판되고 극복되어야 한다고 헤겔이 생각했는지를 좀더 자세히 살펴보기로 한다.

---

40) N. Bobbio, 앞의 글, 앞의 책, S. 81.

근대 자연법 사상은 서로 독립적으로 존재하는 개인에서 출발하여 국가를 연역하려고 시도하기 때문에, 국가를 "단지 외적인, 형식적인 것"으로서만 파악한다(2, 82). 헤겔은 이미 예나 시기에 고립된 개인들을 "최초의 것 그리고 최상의 것"(das Erste und Höchste)으로서 이해하고 있다는 점에서 근대 자연법의 근본 오류를 지적한다(2, 454). 『피히테와 셸링 철학 체계의 차이』에서 헤겔은 이러한 근대 자연법 철학을 "실천철학의 원자론의 체계"(ein System der Atomistik der praktischen Philosophie)로 규정한다(2, 87). 헤겔에 따르면 근대 자연법은 그 원자론적 토대로 인해 인간 상호 관계 내지 국가를 각 개인들의 이익 실현을 위한 임의적이고 자의적인 결단으로 환원할 수밖에 없다. 그러나 이러한 견해는 자기파괴적이다. 이 견해는, 우리는 다른 사람과의 관계 속에서만 비로소 자신의 정체성을 획득할 수 있다는 점을 간과하고 있기 때문이다. 근대 자연법 사상의 원자론적인 기초는 개인의 자율성이 이미 항상 타자와의 관계를 통해서 매개되어 있다는 사태를 망각하고 있다. 인간의 자율성과 자유로운 주체의 형성은 오로지 가족과 같은 인륜적인 공동체 속에서의 사회화 과정을 전제하지 않고는 상상할 수 없는 것이다. 그러므로 공동체에 속한 사람들에게 혹은 인간들에게, 공동체는 결코 단순한 도구나 유용한 것으로 대상화되거나 축소될 수 없다. 헤겔은 국가를 도구적인 관점에서 해명할 수 없음을 다음과 같이 강조한다.

"국가는 시민들을 위해서 존재하지 않는다; 국가는 목적이고 시민들은 그 도구라고 사람들은 말할 수 있을 것이다. 그럼에도 이 목적과 수단의 관계는 여기에서 적합하지 않다. 국가는 시민들에게 대립하는 추상적인 것이 아니기 때문이다; 오히려 시민들은 어떤 부분도 목적도 아니고, 어떤 수단도 아닌 유기체적인 생명에서처럼 계기들이다."[41]

이와 같이 공동체 속에서의 인륜적인 생활을 인간의 도덕성의 완성으로 이해하는 헤겔의 견해가 그의 정치이론을 반자유주의적인 것으로 곡해하게 하

---

41) G. W. F. Hegel, 앞의 책, S. 112.

는 중요한 요인임은 부인할 수 없다. 근대 자유주의 정치이론에서 문제가 되는 것은 국가 권력의 제한을 통해서 개인의 권리를 보호하는 것이기 때문이다. 그러나 우리는 이러한 비판에 대해 다시금 반론할 수 있다. 헤겔이 인륜적 공동체로서 국가의 이성적인 필연성을 강조하는 것은 어떤 특정한 정치적 공동체의 절대적인 정당화와는 거리가 멀기 때문이다. 여기에서 문제가 되는 것은 개인의 자유가 "우선 개인적인지 혹은 처음부터 상호주관적으로 매개되어 있는지" 하는 문제이다. 헤겔의 견해가 무엇인지는 자명하다. 헤겔이 근대 자유주의 정치이론의 비판을 통해서 극복하고자 하는 것은, 자유의 이념 그 자체가 아니라 근대 자연법 사상의 "전(前) 사회적인 자유 개념"이다.[42] 예를 들어 포퍼의 자유주의적인 헤겔 비판이 정당하려면 적어도 다음 두 가지가 선행되어야만 한다. 우선 이 비판은 자유주의적인 국가론이 모든 가능한 국가론 중에서 최상의 것이라는 점을 논증해야만 할 것이다. 그리고 이러한 전제가 성립된다면, 자유주의자들은 그러한 자유주의적인 국가관과 다른 헤겔의 국가에 대한 견해를 잘못된 것으로 비판할 수 있을 것이다. 둘째로 하임에서 포퍼에 이르기까지 계속되는 헤겔 비판, 즉 헤겔의 국가는 자유주의적인 국가가 아니라는 비판이 설득력을 얻기 위해서는, 헤겔의 정치철학이 자유주의적인 국가관을 그 근본 원리로 전제하는데도 그 상세한 서술에서 일관되지 못하게 이러한 원리를 부인하고 있다는 것을 제시해야만 할 것이다. 그러나 이미 제시된 바대로 헤겔의 『법철학』에서 문제가 되는 것은 바로 국가의 원리가 정말로 자유주의적인 원리에 의해서 남김없이 해명될 수 있는가 하는 것이었다. 일팅이 지적하고 있듯이 포퍼의 논쟁에 대해서 "헤겔은 근대 국가가 자유주의적일 수 있고 그 밖에 아무것도 아닌지가 바로 자신의 문제였다고 즉시 응답하였을 것이다."[43]

칸트와 피히테는 실천이성과 법의 내적인 공속성을 강조하고 있지만, 결국

---

42) M. Theunissen, "Die verdrängte Intersubjektivität in Hegels Philosophie des Rechts," *Hegels Philosophie des Rechts. Die Theorie der Rechtsformen und ihre Logik*, S. 319.
43) K.-H. Ilting, 앞의 글, 앞의 책, S. 73.

그들 역시 원자론적인 기초 때문에 국가의 기초를 합리적인 이기주의로 파악하는 견해를 넘어서지 못한다. 예를 들어 칸트는 국가 건설의 문제가 악마들의 종족에서도 풀릴 수 있는 문제라고 생각한다. 칸트는 『영원한 평화를 위하여』라는 중요한 소책자에서 다음과 같이 주장한다. "국가를 건설하는 문제는, 심하게 들릴지라도, 악마의 종족에서조차(그들이 지성만을 지니고 있다면) 해결 가능하며 이 해결책은 다음과 같다: 그들의 보존을 위해 다 함께 보편적인 법칙을 요구하지만, 각자 은밀히 그 법칙에서 예외가 되고자 하는 경향이 있는 이성적인 사람들의 집단은 다음과 같은 방식으로 질서를 정하고 헌법을 마련한다. 설령 개인들의 심정에서 서로 충돌한다고 할지라도, 공적인 태도에서 결과가 마치 사적인 심정을 지니고 있지 않은 것처럼 서로 처신하는 것이다. 이러한 문제는 해결될 수 있어야만 한다. 문제는 인간의 도덕적인 개선이 아니라, 단지 자연의 기계론이기 때문이다."[44]

이러한 가정은 정언명법을 통해 법치국가의 도덕적인 정당화를 시도하였던 칸트 자신의 시도와 모순을 일으키는 것처럼 보인다. 그럼에도 우리는 이러한 모순이 칸트 실천철학의 원자론적인 성격과 인간 행동의 내면성과 외면성의 분리로 인하여 인간관계에 내재하는 고유한 가치를 적절하게 해명하지 못하는 데에 기인하고 있다는 것을 파악해야 한다. 도덕성과 합법성의 강한 분리는 존재와 당위 혹은 자유와 자연의 이원론적인 칸트 철학 체계와 밀접한 관계가 있다. 이러한 이원론적인 체계상의 문제로 인해서 칸트는 자유와 현실의 매개 문제를 설득력 있게 해결하지 못하는 것이다. 물론 합법성과 도덕성의 구별이 만약에 법의 영역에서는 도덕의 영역과는 달리 의지의 규정 근거에 대한 고려 없이, 한 행위와 법칙 사이의 일치 여부가 중요하게 취급되어야 할 문제라는 것을 지적하는 것으로만 이해한다면 이러한 분리 그 자체를 비판할 필요는 없다. 그러나 칸트의 합법성과 도덕성의 분리는 인간이 일반적으로 의무에 적합하게, 그러나 의무로부터 행동하지 않는다 하여도 법치국가나 정치적

---

44) AA VIII, S. 366.

인 질서가 기능할 수 있으리라는 것을 함축하고 있다는 점에서 문제가 된다. 시민들의 내면에서 우러나는 동의와 그 질서와의 일체감에서 오는 내적인 수긍을 주장할 수 없는 법적·정치적인 질서는 장기적으로 존립 불가능하다는 것을 부인할 이성적인 사람은 없을 것이다. 칸트는 국가 건설의 문제가 이기주의적인 합리성으로 해결될 수 있다고 생각한다. 그러므로 아펠은 정당하게 법치국가의 발생과 기능의 경험적인 설명에 대한 물음에 "홉스와 칸트 사이에는 어떤 본질적인 차이도 없다"고 주장한다.[45]

피히테는 칸트의 합법성과 도덕성의 분리를 극단으로 밀고 간다. 그는 이성적인 존재자의 공동체 형성은 개별적인 이성적 존재자의 자의적이고 우연적인 결단에 의존한다고 반복하여 강조한다. 그는 1796년의 『지식론의 원칙에 따른 자연법의 기초』(Grundlage des Naturrechts nach Principien der Wissenschaftslehre)에서 이성적인 존재자 간의 관계를 규정하는 법적인 관계를 도덕법칙과는 다르게 가설적인(hypothetisch) 것으로 규정한다(Fichte 3, 9 이하; 86 이하 참조). 피히테에 의하면 공동체 속에서 이성적인 존재자가 살아야 한다는 무조건적인 당위는 없기 때문이다. 법적인 관계는 이성적인 존재자가 어떤 공동체 속에서 살기로 결정하는 한에서 그 타당성을 획득한다. 피히테는 다음과 같이 주장한다. "사회를 찾고 그리고 스스로 사회를 만드는 것은 우리에게 부과되어 있지 않다: 황무지에서 태어난 사람에게 거기에 머무는 것이 허용되어 있다"(Fichte 4, 235). 이러한 도덕과 법의 분리에 의거해서 피히테는 법적인 관계를 칸트와 마찬가지로 외적인 태도에 국한한다. 예를 들어 피히테는 내적인 심정을 오로지 도덕의 대상으로서만 고찰한다. 그러므로 그는 "사상의 자유, 양심의 자유에 대한 권리에 관하여" 이야기하는 것은 무의미하다고 생각한다. 이러한 내적인 행동들에 대해서는 "의무"만이 있을 뿐 "어떠한 권리도" 없다(Fichte 3, 55). 순수한 도덕적인 내면성과 인간 상호관계의 분리의 논리적인 귀결은 국가와 도덕적인 내면성의 강력한 분리이다. 따라서 피히테에게도 국가

---

[45] K.-O. Apel, 앞의 책, S. 495. 칸트의 도덕성과 합법성에 대한 호의적인 해석에 대해서는 김석수, 『칸트와 현대 사회철학』, 울력, 2005, 183쪽 이하 참조.

의 기초는 이성적인 존재자의 합리적인 이기주의이다. 그에 따르면 국가는 "보편적인 불신"에 근거를 두고 있다(Fichte 3, 244). 그러므로 정치적인 심정은 "의무를 위한 의무의 사랑"(Liebe der Pflicht um der Pflicht willen)으로서의 도덕적인 심정과는 다르게 자기 자신을 위해 자기 자신을 사랑하는 것이다. 다시 말해 국가의 원칙은 다음과 같다. "모든 것보다도 당신 자신을 사랑하라, 그리고 당신 자신을 위해서 당신의 동료 시민을 사랑하라"(Fichte 3, 273). 그러나 이와 같이 국가가 상호 불신과 보편주의적인 이기주의에 근거한다고 할 때, 홉스 이래로 사회계약론을 괴롭히는 문제가 발생한다. 계약의 모든 당사자들이 상호 불신에서 출발한다고 가정할 때, 이러한 전제 위에서는 결코 계약 이행의 가능성이 보장될 수 없다는 것이다.

이러한 문맥에서 볼 때, 왜 헤겔이 칸트와 피히테의 합법성과 도덕성의 강한 분리가 "보편적 자유와 개인적인 자유의 하나됨과 인륜성을 불가능하게" 만든다고 비판하는지를 이해할 수 있다(2, 471; 7, 88). 헤겔은 국가적인 질서가 개인들의 이해관계의 조정이라는 차원으로 해소될 수 없으며, 도리어 상호 이해관계의 실현이 이러한 이해관계를 넘어선 인륜적인 공동체를 전제하고 있다고 주장한다. 그러므로 헤겔은 정치적인 영역의 고유성을 근대 시민사회의 내재적인 모순을 통해서 주장한다. 근대 시민사회는 인간이 인간으로서, 즉 자립적인 인격체로서 서로 관계 맺는 영역이다(7, 360). 그러므로 헤겔은 근대 자연법 이론가들이 사회계약으로써 구성되는 것으로 생각한 국가를 시민사회라고 본다. 홉스, 루소 그리고 칸트와 같은 근대의 사회계약 이론가들이 국가의 참다운 의미를 인식하지 못한 이유는 그들이 국가를 시민사회와 혼동했기 때문이다.[46]

그러나 시민사회는 자체 내에서 극복할 수 없는 부와 빈곤의 사회적인 불평등을 산출한다. 여기에서 시민사회의 내적인 불완전성이 드러난다. 시민사회

---

46) 헤겔은 다음과 같이 말한다. "만약에 국가가 여러 인격체들의 통일체로서, 단지 공통성인 통일체로서 생각된다면, 그렇게 함으로써 단지 시민사회의 규정만이 생각되고 있을 뿐이다. 많은 근대 국법론자들은 국가에 관하여 어떤 다른 관점에 이를 수 없었다"(7, 339).

내부에서는 극복 불가능한 대립 속에서 시민사회는 방탕과 빈곤 그리고 양쪽의 공통적인 자연적·도덕적 부패의 광경을 연출한다(7, 341). 인간의 자유와 인격체로서의 존엄성이 본래적인 가치를 이룬다는 것은 부인할 수 없다. 그러나 이러한 시민사회의 내적 원리인 자유가 시민사회의 내부에서 발생하는 극도의 경제적인 불평등으로 인해 역설적으로 부인되는 혹은 위협받는 상태에 이르게 된다. 그러므로 헤겔은 시민사회를 "상실된 인륜성"의 체계로 이해한다(7, 340). 이러한 시민사회 내부에서의 대립은 헤겔에게 바로 인륜적인 공동체로서 국가의 이성적인 필연을 증명하는 것으로 여겨진다. 식민지화(7, 392)를 통해 시민사회의 문제를 외부로 전가하는 방식을 제외한다면, 시민사회에서 한도가 없는 빈곤으로 인해 발생하는 혼란 상태는 단지 이러한 상태를 극복하는 국가를 통해서만 조화에 이를 수 있다(7, 343).

3) 규범적인 정치이론으로서의 헤겔 법철학

우리는 위에서 인륜성, 특히 인륜성의 최고 형태로서 국가에서 자유의 완성을 비로소 가능하게 해주는 필연적인 제도가 문제가 되고 있음을 살펴보았다. 그러므로 헤겔은 인륜성이라는 개념을 원래 자유를 가능하게 하는 필연적인 조건들로 이해되는 제도의 총괄로 이해하고 있음을 살펴보았다. 이러한 문맥에서 우리는 헤겔의 인륜성을 어떤 특정한 그리고 제한된 공동체에서 관철되는 사실적인 습속과 동일시하는 것을 피할 수 있다. 다시 말해 헤겔의 인륜성을 특정한 사회의 사실적인 습속과 동일시하는 것은 헤겔 인륜성 개념의 축소로 비판할 수 있다. 이러한 점에서 호네트는 인륜성이 "특별한 생활 세계의 그 때마다 익숙해진 습속"(das jeweils eingelebte Ethos einer partikularen Lebenswelt)에 지나지 않는다는 견해를 "인륜성의 평가절하"(Abwertung der Sittlichkeit)로 규정한다.[47] 오히려 헤겔 인륜성 철학은 보편적인 규범적 정치철학으로 이해할 수 있다. 일부일처제로서의 가족과 형식적인 의미에서 법적인 동

---

47) 호네트, 『인정투쟁』, 278쪽. 이하에서 번역어를 약간 변형했음.

등성에 기초하고 있는 시장경제 그리고 입헌군주제로 이해되는 국가와 같은 여러 가지의 제도들은, 그것들이 인간의 자유를 가능하게 하고 보장하는 데 필수 불가결한 제도들인 한에서 규범적으로 구속력이 있는 것으로 볼 수 있기 때문이다. 이러한 의미에서 회슬레는 헤겔 법철학을 "규범적인 제도론"(normative Institutionenlehre)으로 규정한다.[48]

회슬레와 더불어 호네트 역시 헤겔의 인륜성 개념이 규범적인 정치철학을 함축한다는 것을 강조한다. 그는 『인정투쟁』에서 헤겔의 인정투쟁의 이념을 기초로 하여 인륜성의 새로운 기획을 발전시키려고 시도한다. 이때 그는 이러한 기획을 "인륜성의 형식적인 기획"(ein formales Konzept der Sittlichkeit)이라고 명명한다.[49] 이러한 헤겔의 인륜성의 새로운 해석을 통해서 그는 사회적인 발전 과정을 비판적으로 해석할 수 있는 틀로 이해되는 인정투쟁의 이념에 "규범적인 관점의 이론적인 정당화"를 부여하려 한다. 이러한 규범적인 관점은 그에 따르면, 사회적인 투쟁의 역사를 방향 지워진 과정으로서 서술할 수 있으며, "특수한 사건들의 배열과 평가를 위한 가설적으로나마 잠정적인 궁극 상태"(vorläufigen Endzustand)를 선취하게 한다.

호네트에 의하면 이러한 규범적인 관점은 칸트적 전통의 도덕의 관점에서는 얻을 수 없다. 그는 칸트적인 "도덕"을 "모든 주체에게 동등한 존경을 제공하는 것을 허용하는, 혹은 그들의 그때마다의 이익을 동일한, 공정한 방식으로 고려하는 것을 허용하는 관점"으로 이해한다. 그러나 이러한 칸트적인 도덕의 관점은 "왜곡되지 않은 그리고 한계 지워지지 않은 인정을 형성하는 모든 양상들을 참작하기에는 너무나 빈약하다." 그러므로 호네트는 칸트적인 도덕의 관점과는 다른 "행복한 삶의 형식적인 기획"으로서의 인륜성을 선택한

----

48) V. Hösle, "Eine unsittliche Sittlichkeit. Hegels Kritik an der Indischen Kultur," *Moralität und Sittlichkeit*, S. 142.
49) 호네트, 앞의 책, 278쪽 이하. 유사한 의미에서 회슬레 역시 두 가지 인륜성 개념, 즉 "전 반성적인 고대 문화의 인륜성과 자신을 인식하는, 자유로부터 스스로를 제도적으로 결합하는 상호주관성의 인륜성"을 구분한다(V. Hösle, *Hegels System*, S. 476).

다. 이러한 인륜성의 개념과 함께 호네트는 "인간의 도덕적인 자율뿐 아니라, 인간의 자기실현의 조건 전반"을 문제 삼는다. 여기에서 중요한 것은 행복한 삶의 실현이라는 보편적인 목적에 도움이 되는 "보호 장치들"(Schutzvorrichtungen)이다. 이러한 문맥에서 호네트는 형식적인 인륜성 개념을 특정한 공동체의 습속을 이루는 "실체적인 가치 체계의 표현"으로서가 아니라, "자기실현을 의사소통적 방식으로 가능하게 한다는 보편적인 관점에서 모든 특수한 삶의 형태들의 다양성과 규범적으로 대조를 이루는 인륜성의 구조적인 요소들"(die strukturellen Elemente von Sittlichkeit)로 이해한다. 결국 형식적인 인륜성의 개념은 인간 개개인의 자기실현의 필연적인 조건으로서 파악되는 "상호주관적인 조건들의 총체"(das Insgesamt an intersubjektiven Bedingungen)로 정의된다.

호네트는 이러한 형식적인 인륜성의 개념으로, 칸트적인 내용이 없는 형식주의적인 윤리학과 특정한 사회에서 관철되는 선에 대한 표상이나 가치 체계를 절대화하는 경향을 보이는 공동체주의적인 윤리학의 일면성을 극복할 수 있을 것으로 기대한다. 호네트는 인간의 자기실현을 가능하게 해주며, 행복한 삶을 영위하는 데 필수 불가결한 필연적인 구조 내지 전제들로서 사랑, 법 그리고 연대성의 세 가지 인정의 형태들을 구체적으로 열거한다. 이러한 세 가지 인정의 형태들은 결국 호네트에 따르면 "개인적인 삶의 목표들의 강제되지 않은 정식화와 실현의 과정이 의존하고 있는 상호주관적인 보호 장치들"이다. 위에서 살펴본 바와 같이 헤겔의 인륜성 철학은 그 근본적인 의도에서 규범적인 정치이론으로서 해석할 수 있다.[50]

---

50) 그러므로 나는 헤겔의 법철학은 법의 규범적인 이론이 아니라, 자유의식의 현상학으로서 이해해야 한다는 일팅의 주장은 일면적이라고 생각한다(K. -H. Ilting, "Rechtsphilosophie als Phänomenologie desBewußtseins der Freiheit," *Hegels Philosophie des Rechts. Die Theorie der Rechtsformen und ihre Logik*, S. 225 이하).

Ⅳ. 미네르바의 올빼미와 철학의 과제에 대한 비판적 고찰

나는 지금까지 가족, 시민사회 그리고 국가라는 구체적인 제도 속에서 자유의 실현을 핵심 주제로 삼는 헤겔 법철학에 포함된 여러 가지 실천철학적인 의미들을 살펴보았다. 그 과정에서 나는 특히 헤겔의 정치철학을 인륜성 개념을 중심으로 해서 근대의 자연법적인 정치이론을 극복한 일종의 규범적인 제도이론으로 해석하려고 시도하였다. 그러나 이런 해석은 일정한 문제가 있다. 헤겔은 미래 지향적인 규범이론보다는 현재 속에 실현된 이성에 더 많은 관심을 기울이는 것처럼 보이기 때문이다.

예를 들어 헤겔은 법철학의 구체적인 서술에서 규범적인 측면을 미래와의 연관 속에서 고찰하지 않고, 철저하게 과거와 현재에 국한하고 있다. 특히 헤겔은 『법철학』 서문(Vorrede)에서 국가를 통한 자유 이념의 실현이라는 주제를 오로지 이미 역사 속에서 구현된 근대적인 국가질서의 사변적인 파악(das spekulative Begreifen)이라는 맥락에서 고찰한다. 그러므로 헤겔은 『법철학』의 과제를 **"국가를 자체 내에서 이성적인 것으로 파악하고 서술하려는"** 시도로서 규정한다(7, 26). 이제 실천철학의 과제는 "나는 무엇을 해야만 하는가?"와 같은 칸트적인 물음에 종사하는 데 있는 것이 아니라, 현실의 이성적 성격을 인식하는 데 있다. 실천철학의 물음을 이렇게 현실 속에 있는 이성적인 것을 인식하는 과제로 변형한 것이 헤겔 정치철학의 특수성이다. 이러한 이론적인 관점은 결국 규범적으로 구속력 있는 것을 정당화하려는 과제와 이러한 구속력 있는 것으로 간주되는 규범적인 것의 실현이라는 주요한 실천철학적인 물음들을 배제하기 때문이다. 헤겔은 말한다. "세계가 어떻게 존재해야만 하는가에 대한 **가르침**에 한마디를 하기 위하여 철학은 어쨌든 항상 너무 늦게 온다"(7, 27 이하). 철학은 항상 너무나 늦게 오기에 이제 철학은 한 시대가 일정한 종말에 이르게 되었을 때, 시대가 이미 성숙한 단계에 이르렀을 때에야 비로소 그 시대의 기본적인 원리를 개념적으로 파악하여 이를 명료화하는 과제를 떠안게 된다는 것이다. 그래서 그는 『법철학』 서문의 끝부분에서 다음과 같이 말한다. "철학이 자신의 회색에 회색을 겹쳐 그릴 때, 이미 생의 모습은 늙어버리고 난 뒤이며, 회색을 회색으로 덧칠함으로써 생의 모습은 젊어지지 않으며, 오로지 인식될 수 있을 뿐이다. 미네르바의 올빼미는 황혼이 짙어지면 비로소 날기 시작한다"(7, 28).[51]

독일 관념론에서 우리는 무엇을 해야만 할 것인가 하는 물음, 그리고 현존하는 국가를 이성적이라고 평가할 규범적인 기준이 무엇인가에 대해서 천착하는 실천철학적인 물음이 헤겔에 이르러 현실에 실현된 이성에 대한 개념적 인식으로 전환되기에 이르고 있음을 본다. 이러한 실천철학의 사변적인 인식으로의 대체가 바로 헤겔 철학 전체에 대한 비판의 원인을 제공한 것은 의심할 여지가 없다. 이러한 현실의 사변적인 인식의 요구 뒤에는 근대의 현실 속에서 이미 존재와 당위가 원칙적으로 일치하고 있다는 헤겔의 입장이 놓여 있다. 이러한 현실과 이성의 일치라는 전제 위에서, 헤겔은 모든 당위에 대한 물음을, 주관적인 의식과 객관적인 현실 사이의 일치를 오해하고 이러한 현실에 등을 돌리는 것으로 그리고 이런 이성적 현실과의 대립에서 자신의 만족을 추구하려는 "추상의 속박"(die Fessel irgendeines Abstraktums)이라고 비판한다. 이제 헤겔은 근대 세계 속에 구현된 특별한 생활 형태들, 전통들에 대해서 비판적인 거리를 취하는 반성에서 단지 실현된 이성을 오해하는 주관성의 왜곡만을 바라본다. 그리하여 모든 당위에 대한 물음은 한갓 자의적인 "사념"(Meinen)으로 평가절하된다(7, 26 참조). 바로 여기에서 우리는 모든 계몽주의적인 반성의 자기파괴적인 성격만을 지나치게 강조하고 현실의 이성적인 측면을 부각하는 현대의 해석학적인 헤겔주의자들의 지적인 근원을 발견하게 된다.

이제 우리에게 제기되는 물음은 왜 헤겔이 현실에 대한 사변적인 인식을 선택하게 되었는가 하는 것이다. 이 물음은 현실과 이성의 통일에 대한 헤겔의

---

[51] 미네르바의 올빼미에 대한 헤겔의 주장은 역설적이지만 비판적 기능이 존재한다고 아비네리는 주장한다. 헤겔의 주장대로 철학이 미네르바의 올빼미라면, 철학은 곧 한 시대가 성숙해서 이미 종말에 이르렀다는 것을 말해주는 작업으로 이해할 수 있기 때문이다(S. Avineri, *Hegel's Theory of the Modern State*, p. 130 참조).

강조가 단지 그의 『법철학』이 출판되던 시대 상황의 어려움을 피해보기 위한 현실 순응적인 미봉책의 소산인가 아니면 헤겔 철학 체계의 내적인 결과인가 하는 물음과도 연결된다. 앞 장의 입헌군주제와 연관해서 언급한 적이 있듯이 일팅에 따르면 헤겔 법철학은 근본적으로 자유주의적이고 진보적이지만, 1820년 출판된 『법철학』에서 헤겔은 그때 당시의 어려운 정치적 상황에서 강화된 검열을 피하기 위해 이러한 근본적인 내용을 "숨기려고" 시도했다.[52] 그래서 '현실과 이성의 동일성' 주장도 이런 정치적 맥락에서 이해해야만 한다는 것이다. 그러나 이런 주장은 그리 설득력이 없다. 물론 어떤 한 사상을 구체적인 정치적 상황과의 연관 속에서 이해한다는 것 자체는 비판할 수 없다. 그리고 일팅의 노력으로 헤겔의 텍스트를 접근할 때 대단히 조심스러워야 하며 정치적 상황과 함께 상이한 강의록들을 비교하면서 깊이 있게 논의해야 할 필요성이 다시 부각되었다는 점도 분명하다. 그러나 헤겔 철학이 현실 속에서 이성의 전개 과정을 재구성하는 데에서 종결되고 미래적인 지평에 대한 물음을 차단하거나 소홀히 하는 문제를 단지 특정한 정치 상황에 대한 순응으로만 보는 것은 무리이다. 더구나 이성적인 것과 현실적인 것의 동일성 주장을 헤겔 정치철학의 보수 반동적 성격을 입증하는 것으로 해석하려는 태도 역시 지나치게 일면적일 뿐 아니라, 헤겔 정치철학의 진면모를 밝히는 데 전혀 기여하지 못한다.

이런 태도는 헤겔 정치철학을 지나치게 정치적인 차원에서만 이해하려고 한다는 점에서 근본적으로 한계가 있다. 여타의 철학적 텍스트들도 마찬가지지만 헤겔 정치철학의 성격을 정치적 당파성의 호불호 차원에서 접근한다는 것은 근본적으로 한계가 있다. 그럼에도 헤겔 정치철학을 정치적 입장에서 매도해버리는 사람들이 1820년의 정치적 상황의 어려움을 고려해서 헤겔이 자신의 저서의 일부 내용을 애매하게 표현했을 수도 있다는 사실조차도 인정하지 않으려는 것은 매우 역설적이다.

---

[52] Ilting I, 82 그리고 101 이하.

"이성적인 것은 현실적이고, 현실적인 것은 이성적이다"라는 헤겔의 명제는 1820년 『법철학』이 출판된 후부터 끝없이 논쟁이 되는 구절임은 틀림없다. 이미 이 책의 출판 직후에도 하인리히 파울루스(Heinrich Paulus)는 모든 역사적 현실성을 이성적인 것으로 정당화하고 있다고 비판한다(Ilting I, 373 이하). 포퍼에 의하면 헤겔의 이성과 현실의 동일성 철학은 "기존 질서를 정당화하는 데 기여"하는 것이며 "힘이 곧 정의"라는 이론의 천명에 다름 아니다.[53] 이성적인 것과 현실적인 것의 동일성 주장이 과연 현존하는 모든 것을 이성적인 것으로 합리화하는 것인가에 대해서는 그렇지 않다고 말할 수 있다. 헤겔의 다른 저서들을 제외하더라도, 이 동일성 주장이 등장하는 『법철학』 서문을 정확하게 읽는다면 헤겔이 이 주장으로 현존하는 모든 것을 이성적인 것으로 치부하고 있다는 비판은 그릇된 것임이 드러난다. 헤겔은 서문에서도 현실성(Wirklichkeit)이라는 개념을 현존재(Dasein)나 실존(Existenz) 개념과 구별하기 때문이다.

그는 이성과 현실의 관계를 형식과 내용의 관계로 다음과 같이 설명한다. "이것〔이성과 현실의 화해〕이 또한 앞에서, 더 추상적으로 **형식과 내용의 통일**로서 제시되었던 바의, 훨씬 더 구체적인 의미를 형성하는 것이다. **형식**이란 그 가장 구체적인 의미에서는 개념적으로 파악하는 인식으로서의 이성이며, **내용**이란 인륜적·자연적 현실의 실체적 본질이기 때문이다. 이 양자의 의식적인 동일성이 철학적 이념이다"(7, 27). 이 인용문에서 헤겔은 이성이 파악해야 할 내용이 이리저리 존재하다가 사라지는 현존재가 아니라 "실체적 본질"임을 명확히 한다. 따라서 이성적인 것은 바로 이 실체적인 본질을 뜻하는 것이다. 헤겔은 『법철학』 이전 1812~16년에 걸쳐서 출판한 『논리학』에서도 "참다운 현실성 **자체**는 〔……〕 실존(die Existenz)"이 아니라고 분명하게 말하고 있다(6, 208). 헤겔은 이성적인 것과 현실적인 것의 동일성 주장이 많은 오해를 불러일으키는 것을 잘 알고 있었기에 1827년 『철학강요』 제2판에서 다음과

---

53) 포퍼, 『열린 사회와 그 적들 II』, 74쪽.

같이 해명한다. "**이성적인 것은 현실적이고, 현실적인 것은 이성적이다.** 이 간단한 명제가 많은 사람들에게 이상하게 느껴졌고 또 반감까지 일으켰다. 이것은 심지어 철학과 종교를 지니는 것을 부인하고자 하지 않는 사람들에게조차 그러하였다. 그러나 나는 하나의 상세한 『논리학』에서 현실성(Wirklichkeit)이라는 용어를 다루었고, 또 이 현실성을 현존재(Dasein)도 여전히 가지고 있는 우연적인 것과 우선 구별하였을 뿐 아니라, 좀더 나중에 현존재, 실존 그리고 다른 여러 규정들과 정확히 구별해놓았으므로, 내가 현실성에 관하여 말할 때에는 어떠한 의미로 이 말을 사용하고 있는가를 스스로 생각해보아야만 한다" (8, 47 이하).

앞에서 살펴본 것처럼 헤겔의 저서들을 좀더 깊이 있게 전체적으로 파악하면, 이성적인 것과 현실적인 것의 동일성 주장을 비롯하여 몇 가지 내용들(예를 들면 군주제에 관한 헤겔의 입장)을 갖고서 헤겔 정치철학 전체가 보수적이니, 기존의 현실을 신성한 것으로 둔갑시키는 것이니 하는 비판은 가당치 않다는 것이 드러난다. 마찬가지로 헤겔의 텍스트가 내용이 서로 다르다고 할지라도 그것은 헤겔 정치철학의 본질을 해명하는 데 결정적인 기초가 될 수 없다. 따라서 일팅의 해석보다는 소위 헤겔 철학의 진보적인 성격을 긍정하면서도 헤겔은 이미 근대적인 세계에서 '역사의 종언'을 보았기 때문에 미래에 대한 관심이 적었다고 보는 견해가 오히려 우리들의 흥미를 자아낸다. 코제브가 주장하고 후쿠야마가 다시 대중화한 것처럼 과연 '역사의 종언'이라는 생각이 헤겔 철학의 근본적 성격을 드러내는 것인지는 진지하게 검토해야 할 주제이다. 이 주제를 상론하기에는 또 다른 연구가 필요하겠지만, 이 역사의 종언 테제는 적어도 일팅의 주장보다는 진전된 것처럼 보인다. 그 주장은 헤겔의 철학적 성격이 왜 회고적일 수밖에 없는가에 대한 일정한 해답을 보여주기 때문이다. 예를 들어 헤겔은 이미 1807년의 『정신현상학』에서 인류 역사에서 정신의 자기실현 과정이 이미 종결되었다는 식의 관점을 표현한다. 그는 정신은 이제 미래를 향해 나아가기보다는 지나간 과거의 정신의 생성사를 기억하면서 자신으로 복귀하여 정신의 자기 형성의 과정이 완성에 이른 것처럼 묘사한다.

이런 문맥에서 헤겔은 시간의 종말, 즉 역사의 종언을 언급한다. 그에 의하면 시간은 정신의 생성의 역사이기에 그는 시간을 "자체 내에서 완성되지 못한 정신의 운명이자 필연성"(das Schicksal und die Notwendigkeit des Geistes)으로 규정한다. 달리 말해 정신이 자신을 실현하는 과정에 있는 한, 시간의 존재는 의미가 있다. 그러나 정신의 완성과 더불어 정신은 "시간의 형식"(Zeitform)을 지양하는 것이자 "시간을 부정하는"(die Zeit tilgt) 것이기도 하다(3, 584).

만약에 '역사의 종언'이 원칙적인 차원에서 선언되고 근대의 이성적인 국가의 원리를 능가하는 새로운 원리가 인류 역사상 존재할 수 없다는 평가가 옳다고 한다면, 이성적인 것과 현실적인 것의 동일성에 대한 헤겔의 주장은 어느 정도 타당성을 획득할 수도 있을 것이다. 근대에서 실현된 것으로 간주되는 이념형으로서의 근대 국가의 기본적 원리가 역사의 궁극적인 목적이라면 그리고 현실 속에 이 원리가 기본적으로 관철되고 있다면, 사람들은 존재와 당위의 구별이나 이성과 현실의 구별을 비판하고 이성과 현실의 화해를 선언하는 헤겔의 입장을 어느 정도 이해할 수도 있을 것이다. 여기에서 우리는 헤겔 철학 자체에 대한 평가의 문제와 이성과 현실의 동일성 테제가 밀접하게 결부되어 있음을 알게 된다. 이성과 현실의 동일성 테제 및 헤겔 정치철학의 회고적 성격에 대한 해석에서 회슬레의 주장이 의미 있는 것은 바로 이런 문맥에서이다.

회슬레에 의하면 헤겔이 미래 지향적인 실천철학적인 물음들을 배제하고 현존하는 국가에서 이성의 실현 과정에 대한 철학적 인식을 채택하게 된 것은 헤겔 철학의 체계적인 문제와 결합되어 있다. 헤겔 철학 체계의 궁극적인 기초인 절대적 주관성은 세계의 궁극 목적을 정신의 자기인식으로 설정하고 그리하여 실재철학(Realphilosophie)의 종결은 이제 이념의 실현이 아니라, 실현된 이념의 사변적인 인식에서 끝나게 된다.[54] 즉 실재철학은 철학을 통한 절

---

[54] V. Hösle, 앞의 책, S. 415 이하; 442 참조. 헤겔의 『논리학』에서 등장하는 절대적 이념 혹은 절대적 주관성의 특성에 대해서는 여기서 더 다룰 수 없다. 이에 대해서는 윤병태, 『삶의 논리: 헤겔 『대논리학』의 객체성과 이념론 분석』, 용의 숲, 2005, 제10장 참조.

대적인 주관성의 자기 복귀에서 그 정점을 발견한다.

물론 헤겔의 절대자 내지 절대적 주체성이 단순히 인간적인 고립된 자기의식이 아니라는 점은 분명하다. 마찬가지로 헤겔은 그의 정신철학을 통해서 상호주관성에 대한 문제의식을 그 어떤 근대 철학자들보다 깊이 있게 천착했고 현대의 상호주관적 이론을 예시하고 있다는 점도 부인할 수 없다. 그는 근대의 가장 중요한 철학적 범주인 주관과 객관의 대립을 넘어서기 위해 절대적 주관성을 주관과 객관의 통일로 사유하고 있다는 점도 널리 알려져 있다. 따라서 헤겔 철학에서의 절대적 주체성과 상호주관성의 연관성에 대한 물음은 대단히 중요한 문제이다. 헤겔의 정치철학의 사변적 성격, 즉 기존의 현실에 실현된 이성만을 인식하는 것이 정치철학의 참다운 과제라는 그의 주장이 어떤 점에서 절대적 주관성의 원리와 연결되어 있는가를 밝히기 전에 절대적 주관성의 이론 속에 함축되어 있는 상호주관성의 차원을 설명하는 것이 필요하다. 물론 나는 이 책의 전반에 걸쳐서 헤겔이 인간을 근본적으로 사회적인 존재이자 상호주관적인 존재로 이해했음을 여러 정치철학적인 문제들과 관련해서 강조했다. 그중에 하나가 바로 인간을 타자와의 인정 관계 속에서 이해하려는 관점이다. 달리 말해 헤겔에 의하면 인간의 자기의식이나 자유의식 역시 타자와의 관계 속에서만 비로소 현실적일 수 있음을 나는 강조했다. 자기의식은 또 다른 자기의식을 통해서만 정신적 존재로서의 자신의 가치를 인정받고 확인할 수 있기 때문이다. 심지어 헤겔은 "절대정신"을 "상호 인정"이라고까지 말한다(ein gegenseitiges Anerkennen, welches der absolute Geist ist; 3, 493).

절대적 주관성의 상호주관적 차원은 그의 근대 계몽주의의 인식의 한계를 지적하는 데에서 분명하게 드러난다. 그는 근대의 계몽주의는 주관과 객관의 대립 속에 빠져서 사유를 단지 대상을 지배하는 억압적인 것이자 자연을 지배하는 계산과 조작의 능력으로 바라보고 있다고 비판한다. 그는 『정신현상학』에서 근대의 계몽주의가 사물들을 오로지 유용성의 차원에서 접근하고 있음을 다음과 같이 서술하고 있다. "사물은 자아이다(*Das Ding ist Ich*). 사실 이 무한 판단들 속에서 사물이 지양되어 있다. 사물은 그 자체로 아무것도 아니며,

그것은 단지 관계 속에서만, 즉 단지 **자아를 통해서만** 그리고 사물에 대한 **자아의 관계를 통해서만** 의미를 지닐 뿐이다. 이 계기는 순수한 통찰과 계몽주의 속에서 의식에게 출현했다. 사물은 단적으로 **유용하며** 단지 그 유용성에 따라서만 고찰되어야만 한다"(3, 577).

대상에 대한 공리주의적인 관점은 주관과 객관의 참다운 관계를 보여주지 못하는 것으로 헤겔은 이해한다. 그러므로 대상과 의식의 관계를 유용성의 관점에서 바라보는 것은 불충분하며, 주관의 참다운 실현을 방해하는 것일 뿐 아니라, 대상 자체의 존재 의미도 왜곡하는 것이다. 헤겔 철학에서 주관과 객관의 참다운 통일, 혹은 주관과 객관의 진정한 화해는 대상이 바로 주관인 주객동일성의 차원에서 완성된다. 달리 말해 주객동일성 철학에서 객관은 단순한 객관이 아니다. 주관과 객관의 변증법적 화해의 관점에서 볼 때 주관은 다른 주관과의 관계에서만 비로소 자신일 수 있기 때문이다. 헤겔 철학 체계 전체의 기초를 구성하는 절대적 주체성은 자연 세계나 유한한 인간의 주관적인 의식 상태 그리고 상호주관적인 인간의 사회적·역사적 세계로 환원되지 않는 논리적인 것(das Logische)의 독자성에 대한 긍정이다. 그리고 헤겔은 절대적인 이성 내지 절대적 주체성을 논리적인 것의 근본 원리로 간주한다. 그런데 이 절대적 주체성은 자연과 역사라는 모든 존재자의 궁극적인 원리이기도 하다. 이 절대적 주체성으로서의 절대자는 자체 내에 내적인 부정성(innere Negativität)을 자신의 본질적 특성으로 지닌다. 그러므로 절대적 이념은 자연과 인간의 주관적 의식 그리고 인간의 사회적·역사적 세계로 자신을 구체적으로 표현해야만 비로소 참다운 의미의, 혹은 헤겔적인 용어로 말한다면 즉자대자적인(an und für sich) 절대적 주체성으로 된다. 여기에서 헤겔 철학 체계의 원리인 절대적 주체성은 철저하게 구체적인 세계로 자신을 대상화하는 과정을 매개로 해서 비로소 참다운 주체성일 수 있다는 사실이 드러난다. 그래서 헤겔의 객관적 관념론은 주관과 객관의 동일성의 사상을 발전시킨다. 이 주객동일성에 의하면 객관은 주체에 외적으로 대립해 있는 단순한 객체가 아니라, 주체의 실현의 내적인 계기이다. 그런 점에서 객관은 목적과 수단이라는 범주로는 접근해서는 안 되는 차원의 것이다. 즉 헤겔 철학의 기본 원리인 주객동일성으로서의 절대적 주체성은 대상이나 객관을 아무런 내적 의미가 없는 질료로 바라보는 것이 아니다. 그러므로 주관과 객관이 동일하다는 헤겔의 이론에 의하면 객관은 단순한 객체가 아니라, 주체 자신과 동등한 지위와 의미를 지니는 것이다. "생동하는 실체는 이 실체가 오로지 자기 자신을 정립하는 운동이거나 자기 자신과 자신의 타자화의 매개(die Vermittlung des Sichanderswerdens mit sich selbst)인 한에서만 참으로 **주체**, 혹은 동일한 의미이지만 참으로 현실적인 존재이다"(3, 3).

이런 주객동일성의 철학적 지평에서 보면 타자는 도구처럼 어떤 목적을 위한 수단이 아니라, 자신의 자유 실현을 위한 필수 불가결한 매체라는 점에서 자기목적적인 존재이다. 그러므로 헤겔은 각 주체의 자기의식의 실현이나 개별적 주체의 정체성 형성이 타자와의 도구적 내지 전략적 관계의 차원을 넘어서 상호 이해를 지향하는 긍정적인 상호주관적 관계에 의존하고 있다고 강조하는 것이다. 이와 관련해서 호네트는 다음과 같이 설명한다. "상호 인격적 관계는 의사소통적 주체들로 하여금 자신의 의사소통 상대자를 스스로 하나의 인격체로 인정하듯이 자신 역시 의사소통 상대자 속에서 하나의 인격체로 경험할 수 있는 가능성을 열어놓는다."[55] 이처럼 헤겔의 절대정신의 철학은 상호주관성의 이론을 포함하는 것으로 재해석될 수 있다. 하버마스도 헤겔의 정신철학을 상호주관적인 의사소통 행위이론으로 재구성한다. 그는 헤겔의 정신을 "보편자의 매개 안에서 각 개별자들이 서로의 뜻을 트는 의사소통"으로 이해한다.[56] 하버마스에 의하면 헤겔의 정신은 "그 안에서 하나의 자아가 다른 자아와 의사소통하고 그로부터 절대적 매개로서 양자가 서로를 주체로 형성시키는 매개체(Medium)이다."[57]

물론 하버마스와 호네트는 1807년의 『정신현상학』 이전의 헤겔 정신철학

---

55) 호네트, 앞의 책, 81쪽.
56) 하버마스, 「노동과 상호 행동」, 『이론과 실천』, 홍윤기·이정원 옮김, 종로서적, 1982, 151쪽.
57) 같은 책, 150쪽.

에 포함되어 있는 상호주관적 성격을 강조한다. 그리고 헤겔의 성숙한 시기의 철학 체계 내에서는 상호주관적 이론이 더 이상 결정적인 의미를 지니지 못한다는 그들의 지적이 전적으로 부당한 것은 아니다. 그럼에도 불구하고 헤겔의 성숙한 철학 체계 내에서도 상호주관성의 이론적 단초들이 보존되어 있다는 점을 우리는 완전히 망각해서는 안 된다. 후기의 헤겔 철학에도 상호주관성의 이론이 뚜렷하게 담겨 있다는 사실은 그의 다음과 같은 주장에서도 분명하게 드러난다. "우리가 **사유하는** 것은 이름에서다"(Es ist in Namen, daß wir denken; 10, 278). 이 구절은 헤겔의 철학 체계가 집대성된 저서인 『철학강요』에 들어 있다. 헤겔은 인간의 사유가 본질적으로 언어에 의존해 있다는 사실을 다음과 같이 덧붙여 설명한다. "그렇게 언어(Worte)는 사유에 의해 생동적인 현존재로 된다. 이 현존재는 우리의 사유에 절대적으로 필수적이다"(10, 280). 헤겔은 『철학사 강의』에서 고대 그리스의 철학을 설명하면서 로고스(logos)라는 단어가 갖고 있는 언어와 사유라는 이중적인 의미에 주목한다. 그곳에서도 그는 "언어는 정신의 순수한 실존이다"(Sprache ist die reine Existenz des Geistes)라고 말한다(20, 106 이하). 이렇듯 후기의 헤겔에게도 "이성적인 것은 오로지 언어로서만 실존한다"(das Vernünftige existiert nur als Sprache; 18, 527)는 점은 분명한 것이었다.

청년 헤겔의 이론에서나 성숙된 헤겔의 이론에서 중요한 역할을 하는 상호주관성의 이념은 한계가 있다. 우선 그는 상호주관성이라는 범주 자체를 사용하고 있지 않다. 나아가 그의 성숙된 철학 체계에서 철학의 기초가 되는 것은 절대적 이념 혹은 절대적 주관성이다. 비록 이 절대적 주관성 속에 상호주관성의 이념이 예비되어 있다고 할지라도 절대적 주관성은 여전히 근대의 의식철학적 패러다임의 틀 안에 있다. 다시 말하면 절대적 주관성이 근대의 인간 중심적 의식철학의 지평을 고대의 형이상학적인 이론과 결합하여 정신을 존재 및 역사적 세계의 원리로 설정하지만, 그 이념은 근대의 의식철학의 영향으로 인해 여전히 정신의 실현의 궁극적 단계를 정신의 자기 복귀에서 구한다.

우리가 살펴본 바대로 헤겔은 절대자의 자기인식의 필연적인 계기로서 역사와 국가를 통한 이념의 실현을 인정하나, 절대적인 주관성이 체계상의 궁극 목적으로 설정되어 있다. 이렇게 주관성이 헤겔 철학 체계 내에서 차지하는 우월성으로 인해, 실재철학은 이념의 실현을 이미 완성된 것으로 파악해야 할 필요가 있다. 그래야만 철학의 체계적인 종결이 완수될 수 있기 때문이다. 철학이 현실 속에서 자기 자신을, 즉 이성적인 것을 파악하기 전에 이미 이성은 실현된 것으로 간주된다. 이런 문맥에서 하버마스 역시 다음과 같이 언급한다. "한편으로 이성을 역사 속에서 그리고 그 실현의 상태를 인식하는 철학자와 다른 한편으로 정치적으로 행동하는 주체들 사이에 의사소통은 절대적으로 불가능하다."[58]

여기에서 우리는 이성을 미래와 연관해서 실현할 것을 의도하는 비판적 실천 가능성의 차단이 바로 헤겔 철학의 체계와 밀접하게 연관되어 있음을 알게 된다. 이러한 점에서 회슬레는 헤겔의 "이론주의"(Theoretizismus)는 정치적인 현실에 대한 "순응의 결과가 아니라 원인이며 바로 이 이론주의야말로 헤겔 철학의 요점"이라고 주장한다.[59] 그리하여 회슬레는 헤겔 논리학과 실재철학 사이의 긴장과 괴리를 강조한다. 헤겔은 논리학에서 실재철학의 학문성의 토대를 구성한 범주들의 기본 구조를 제공하려고 시도하지만, 상호주관성이 논리학의 범주로 설정되지 못함으로써 실재철학에서 가장 중요한 사태인 상호주관성의 차원을 학문적으로 정초하는 데 실패한다는 것이다. 그리하여 헤겔은 그의 정치철학을 규범적인 정치철학으로 포착하면서도 이런 요구를 실현할 수 없게 된다. 달리 말해 헤겔은 국가를 항상 법적 개념의 내재적인 전개 및 그 구조에 의해서 해명하려 함으로써 그의 국가이론이 규범적인 이론임을 분명하게 드러낸다. 그럼에도 헤겔은 "이성적인 것과 규범적으로 구속력이 있는 것"을 개념적으로 만들고자 하는 시도를 유지하지 못하고 이런 규범적으로 구속력이 있는 것이 이미 현존하는 현실성의 수준을 넘어서지 못하도록 하는 데에만 관심을 둔다고 회슬레는 비판한다. 회슬레는 헤겔 법철학의 모순을 다

---

58) J. Habermas, "Hegels Kritik der Französischen Revolution," *Theorie und Praxis*, S. 144.
59) V. Hösle, 앞의 책, S. 423.

음과 같이 요약한다. "그러므로 헤겔의 법철학은 그 **방법**에 기초해서 볼 때 규범적인 이론이어야만 하지만, 그것은 **그 체계에서의 위치** 그리고 『법철학』의 서론에서의 **개념 규정들**에 기초해서 볼 때 규범적인 이론일 수 없고 그런 것이고자 하지도 않는다는 역설적인 결과가 도출된다."[60)]

이렇게 회슬레는 '철학이 너무나 늦게 올 수밖에 없다'는 헤겔의 주장, '미네르바의 올빼미'의 이야기를 헤겔 철학 전체와 연결하여 헤겔 정치철학의 근본적인 한계를 잘 보여준다. 그리하여 그는 우리에게 다음과 같은 문제를 제기한다. 보편타당한 구속력을 지닌 이념들의 미래 지향적인 실천에 연관된 물음들에 관계된 실천철학을 어떻게 하면 이성의 절대성이라는 헤겔의 형이상학적인 근본 주장을 포기함이 없이 계속해서 사유할 수 있는가? 그에 대한 회슬레의 대답은 '상호주관성의 객관적 관념론'이다. 이 프로그램으로 인해 그는 현대 철학에서 가장 중요한 범주로 간주되는 상호주관성을 철저하게 받아들이면서도 이를 형이상학의 근본 원리, 즉 자연 세계와 인간의 사회·역사적 세계 전체의 기본 구조의 원리로서 확장하려고 시도한다. 이런 이론적 토대로 인해서 회슬레의 실천철학은 헤겔 정치철학을 형이상학과 관계없이 현대화하려는 시도, 예를 들면 하버마스나 테일러 그리고 호네트의 그것과는 구별된다.

나가는 말

헤겔 사후에 헤겔학파는 좌파(die Rinke)와 우파(die Rechte) 그리고 중도파(das Zentrum)로 나뉘어 헤겔 철학의 합리적 핵심이 어디에 있는가를 둘러싸고 치열한 논쟁을 벌였다. 헤겔 우파는 헤겔 철학에서 종교와 국가의 우위성을 보존하고자 했으며, 헤겔 좌파는 헤겔 철학을 실현하여 이를 비판적으로 극복하려고 시도했으며, 마지막으로 중도파는 정치적으로는 대체로 자유주의적인

---

60) 같은 책, S. 422.

성향을 띠면서 헤겔의 정신을 살리되 그의 철학 체계의 문제점들을 개혁하는 방식으로 해결하려 했다. 뢰비트가 적절하게 지적하듯이 헤겔학파는 '이성적인 것은 현실적이고, 현실적인 것은 이성적이다'라는 명제를 어떻게 해석하는가에 따라서 나뉘었다. 정치와 종교 문제에 관련해서 헤겔 우파는 현실적인 것만이 이성적인 것이라는 점을, 좌파는 이성적인 것만이 현실적인 것이라는 점을 강조했다. 이 세 가지 흐름 중에서도 지적 영향사의 측면에서나 역사 형성에 끼친 영향력을 고려할 때 가장 중요한 것은 아마 '청년 헤겔학파'라고 불리는 헤겔 좌파들의 헤겔 비판일 것이다.

주지하듯이 19세기와 20세기의 세계사를 형성하는 데 지대한 영향력을 발휘한 마르크스의 이론은 그 자신 청년 헤겔주의자로 활동하면서 헤겔 철학과의 비판적 대결 과정에서 성숙되었다. 루게를 비롯하여 마르크스는 소위 헤겔 철학의 '보수성'을 그의 관념론 내지 형이상학에서 구하고 있다.[61] 이런 헤겔 철학의 문제점들을 극복하는 과정에서 마르크스는 헤겔의 시민사회와 국가 사이의 관계를 전도하여 시민사회가 국가를 지배하는 것으로 파악하였다. 그리하여 자본주의로서의 시민사회가 국가의 물질적 기초로 이해되었고, 이런 유물론적 방법을 통해 거꾸로 된 헤겔은 드디어 올바르게 되었다. 이제 시민사회 혹은 자본주의의 내적 논리가 현실을 이해하는 첩경이 되고, 이 자본주의의 내적인 모순을 혁명적인 방식으로 해결하는 것만이 헤겔이 그렇게도 철학적으로 파악하고자 했던 역사에서의 자유의 왕국을 실현할 수 있을 것이라고 단정했다.

그러나 마르크스주의가 현실에 적용되었을 때 드러난 지난 역사적 경험을 회고해볼 때 인간의 실천과 역사 발전의 합법칙성에 대한 이론으로 헤겔 철학을 발전시키려고 한 시도가 과연 성공적이었는가는 회의적일 수밖에 없다. 인간의 실천과 행동의 규범적 토대에 대한 물음은 물질적 토대에 대한 역사적 분석이나 현실에 대한 이데올로기적인 분석으로는 적절하게 해명될 수 없다

---

61) 헤겔학파의 분열과 청년 헤겔주의자들의 활동에 대해서는 K. Löwith, *Von Hegel zu Nietzsche*, S. 70 이하 참조.

는 것이 드러났다고 해도 무방하다. 따라서 '우리는 무엇을 해야만 하는가?' 에 대한 물음을 도외시하지 않으면서도 보편적으로 구속력 있는 것으로 해명된 것을 실현할 구체적인 역사적 조건 및 국가적 조직 원리에 대한 해명을 그 누구보다도 깊고 포괄적인 시야에서 사유한 헤겔의 철학은 오늘날에도 우리에게 커다란 중요성을 지닌다. 이성의 역사적 실현이라는 모티프를 진지하게 간직하고자 했던 헤겔 좌파의 시도는 중요하지만, 헤겔 철학 자체의 토대를 보수적이고 반동적이라고 치부하는 것은 설득력이 없다. 규범적 토대는 물질이나 역사 속에서가 아니라 이성 속에서만 구할 수 있기 때문이다. 그러므로 우리에게 제기되는 과제는 미래(실천) 연관적인 행위의 지평에 대한 관심을 헤겔의 철학적 기초인 이성과의 연관 속에서 다시 사유하는 것이다. 이런 문맥에서 나는 헤겔 정치철학의 내적인 한계를 그의 철학 체계와 관련해서 추구하는 것이 더 적절한 접근 방식이라고 생각한다.

이상의 간단한 서술에서 나는 헤겔의 정치철학이 안고 있는 문제점을 그의 정치적 태도나 특정한 정치적 국면에서 나타난 그의 판단에 기초해서가 아니라, 그의 철학 전반의 구조 속에서 포착하려고 시도한 이유가 해명되었을 것이라고 본다. 헤겔의 객관적 관념론은 현재 철학에서 볼 때 표면적으로는 거의 잊혀져 있다고 해도 무방할 것이다. 그럼에도 인간의 사회적·정치적 현실 또한 이 세계의 일부를 구성하는 것인 한, 정치철학이 제대로 되기 위해서라도 세계 전체의 원리에 대한 물음을 언제까지나 무시할 수는 없을 것이라고 믿는다. 철학에서 총체성의 추구는 철학의 존재 이유이기도 하다. 따라서 다음과 같은 슈페만의 주장은 전적으로 타당하다. "모든 철학은 실천적이고 이론적인 총체성을 요구한다. 이러한 요구를 제기하지 않는다는 것은 철학을 하지 않는다는 말이다."[62] '탈형이상학적 시대'가 운위되는 21세기 초두에 다시금 고색창연하게 들리는 형이상학에 대한 언급은 많은 사람들이 생각하듯이 시대착오적이라고 치부해서는 안 된다는 것이 나의 생각이다.

---

62) 하버마스, 『도덕의식과 소통적 행위』, 황태연 옮김, 나남출판, 1997, 37쪽에 재인용.

제11장

국민국가의 다수성, 전쟁 그리고 영구평화의 문제

들어가는 말

이른바 세계화의 시대에 국민(민족)국가의 장래와 더불어서 주권국가의 제한성을 어떻게 받아들여야만 하는지가 대단히 중요한 이론적·실천적 논쟁점으로 대두되었다. 인도주의적 개입과 연관해서 주권국가의 권한을 제한할 수 있는가 하는 문제 역시 그중의 한 주제이다. 극단적인 경우 군사력을 동반한 인도주의적 개입의 가능성을 둘러싼 논쟁은 전쟁의 본질 및 국제사회에서 영구평화의 이상을 어떻게 이해할 것인가 하는 문제를 제기한다. 영구평화의 이상에 대한 논쟁에서 반드시 검토해야 할 것은 헤겔이 칸트의 영구평화론에 대해 제기한 반론이다. 헤겔이 칸트의 영구평화를 비판함으로써 많은 사람들에게 영구평화론자로서의 칸트와 영구평화에 반대하는 헤겔이라는 대립상이 너무나 자연스럽게 각인되어 있다.

국가들 사이의 영원한 평화를 꿈꾸는 칸트와 달리 헤겔은 과연 전쟁을 찬성하고 심지어 추앙하는 호전적 사상가인가? 또 세계시민 상태를 지향하는 칸트와는 달리 헤겔은 개별적인 국민국가의 주권성만을 최고의 것으로 간주하는 특수주의자인가? 21세기의 현대는 과연 근대 국민국가의 다원성과 결별을 고하고 세계시민사회로 이행해 나아갈 수 있는 것인가? 아마도 이런 물음들이 '칸트 대 헤겔'이라는 구도 속에서 해명되어야 할 것이다.

이 글에서 나는 헤겔의 전쟁이론과 그의 영구평화론에 대한 비판을 검토하고자 한다. 이 과정에서 목적으로 삼는 것은 세 가지이다. 첫째로 많은 사람들에게 정형화되어버린 '헤겔 대 칸트'라는 도식이 과연 얼마나 타당한 것인가를 비판적으로 고찰해보는 것이다. 둘째로 이 글에서 헤겔의 전쟁이론과 국제관계론이 지니는 의미를 좀더 명확하게 드러내고자 한다. 사실 헤겔의 전쟁론과 그의 영구평화에 대한 비판은 그의 정치이론에서 가장 논쟁적인 부분이다. 그의 정치이론 중에서 가장 곡해할 여지가 많은 부분이기도 하다. 일부 해석가들은 헤겔의 전쟁이론은 20세기의 나치나 파시스트의 전쟁이론과 다를 바 없다고 비판한다.[1] 그러므로 헤겔의 전쟁이론이 흔히 생각하듯이 전쟁을 무조건 친양하는 비합리적 이론이 결코 아니라는 것을 밝혀보고자 한다. 마지막으로 내가 의도하는 것은 헤겔의 전쟁이론과 국제관계 이론이 안고 있는 몇 가지 문제점들을 비판적으로 검토하는 것이다. 이 비판은 헤겔의 전쟁관과 국제관계론이 현대 상황에서 새롭게 재구성되어야만 한다는 점을 드러내고자 하는 것이다. 그리하여 세계적 차원에서의 지속적 평화를 유지하는 데 헤겔의 통찰을 비판적으로 수용·계승하는 것이 가능한지가 보다 명확해질 것이다.

I. 근대 국가의 특성, 국가의 다수성과 전쟁의 필연성

헤겔은 『법철학』에서 국가이론을 세 가지 차원에서 다룬다. '국내법'(das innere Staatsrecht), '국제법'(das äußere Staatsrecht) 그리고 '세계사'(die Weltgeschichte)가 바로 그것이다. '국내법'은 다시 '그 자체를 위한 국내 헌법'

---

[1] 아마 이런 해석가들 중에서 가장 대중적인 인물은 포퍼일 것이다(『열린 사회와 그 적들 II』, 99쪽 이하).

(Innere Verfassung für sich)과 '대외 주권'(Die Souveränität gegen Außen)으로 나뉜다. 특히 국제법의 항목은 칸트의 '영구평화' 이념에 대한 비판과 연관해서 많은 주목을 받고 있다.

헤겔에 의하면 국가는 대내적으로는 "정치적 헌법체제"이자 다른 국가와의 관계 속에서 독자적인 개체로서 간주되어야 하는 "배타적인 일자"이다(7, 431). 이 대외적 관계 속에서 국가가 배타성을 띠고 그 자체의 독립성을 유지할 수 있는 것은 국가의 이념 속에 포함되어 있다고 헤겔은 이해한다. 국가는 타자, 즉 다른 국가와 자신을 구별된 존재로서 간주하여 독립적으로 존재하는 것인 한에서 배타적이라는 것이다. 간단히 말해 국가는 "배타적인 독립존재"(ausschließendes Für-sich-sein)로서 "개별성"이다(7, 490). 국가에 대한 이런 개념에 의거하여 헤겔은 개별 국가가 갖추어야 할 필연적 구성 요소의 하나로서 "군사력"(die Militärgewalt)을 거론한다(7, 431). 이 군사력의 필연성은 국가가 다른 국가와 맺는 관계에서 발생한다. 국제관계는 바로 이런 독립적인 국가들 사이의 관계이다. 국제관계에서 개별 국가들에게 가장 중요한 것은 바로 독립이며, 그런 한에서 자주독립 국가라는 것은 "국민"(Volk)의 "우선적인 자유이자 최고의 명예"로 간주된다고 헤겔은 강조한다(7, 490). 국가가 다른 국가에 대하여 지니는 "부정적인 자기 관계"로서 독자적으로 존립한다는 것은 "국가의 최고의 **고유한** 계기"이다(7, 491).

헤겔은 각 개별 국가가 다른 국가들과 맺는 부정적인 자기 관계, 즉 다른 국가와 구별되는 독립성을 유지해야만 하는 필연성 속에서 국가들 사이에 전쟁의 가능성이 존재한다고 본다(7, 491). 다수의 국가가 존재하는 국제관계에서 국가는 언제나 전쟁 가능성에 노출되어 있다. "그러나 국가는 개체이고 개체성 속에 부정이 본질적으로 내포되어 있다. 그러므로 비록 다수의 국가가 한 가족을 이룬다 하더라도, 이 결합체는 개체성으로서 대립을 조성하면서 적을 산출하지 않을 수 없다"(7, 494). 앞에서 살펴본 것처럼 국가의 다수성은 피할 수 없고, 국가 자체가 독립된 개체로서 다른 국가에 대해서 부정적인 관계를 그 본질적 특성으로 지닌다는 점에서 헤겔은 전쟁은 일어날 수밖에 없다고 주장한다(7, 495 이하).

국제관계는 개별 국가를 넘어선 상위의 심판관이 존재하지 않는다. 달리 말하자면 국제관계는 일종의 자연 상태로서 제도적으로 보장된 공통의 권위가 존재하지 않는다. 그런 상황에서 각 국가는 자연 상태에 있는 개인들이 평등한 것처럼 전쟁을 선택할 동등한 권한이 있는 것으로 간주된다. 그래서 국가들 사이의 분쟁의 해결 수단으로서 전쟁은 발생할 수밖에 없다(7, 500). 대외정책의 최종적 판단 근거는 국가의 "복지 일반"이다(7, 501). 상대방 국가와 맺은 조약의 효력도 궁극적으로는 각 개별 당사국들의 판단에 달려 있다. 국제관계에서 타 국가에 대한 태도를 결정하는 데 "최고의 법칙"은 국가의 복지이자 자립적 국가로서 인정을 받는 것이다(같은 쪽). 이와 같이 헤겔에 의하면 국제관계에서 개별 국가는 대외적인 주권자로서 인정받아야만 하고 자신의 독립을 유지하기 위해 유사시에 군사력을 사용할 수 있는 능력과 권한이 있다.

그런데 헤겔이 보기에 이 전쟁의 가능성을 내포하는 개별 국가의 독립은 개별 국가 속에 존재하는 국가의 "현실적인 무한성"을 드러내주는 측면이 있다. 국가가 다른 국가와 부정적으로 관계하는 것 속에 국가의 "실체"로서의 성격이 드러난다는 것이다. 즉 다른 국가와 구별되는 독립성의 유지 속에서 국가는 "실체"로서 "모든 개별적인 것과 특수한 것에 대하여, 생명, 재산 그리고 그 권리들과 더불어 국가 내부의 세세한 계층에 대하여 그것들의 무가치성을 드러내주고 의식하게 하는" 모습을 보여준다(7, 491).

국가들 사이의 관계 속에서 파생되는 전쟁의 경우에 국가 구성원 각자의 권리와 이해 관심은 국가의 독립 유지라는 대의보다 덜 중요한 것으로 간주되어야 한다는 것이다. 그래서 국가와 개인의 관계에서 그 구성원들은 "국가의 독립과 주권"을 유지하기 위해 개인의 생명이나 재산을 희생할 수 있어야 한다는 것이 그들의 의무이다(7, 491). 헤겔은 개인이 국가의 독립과 주권을 위해서 필요한 경우 재산이나 심지어 생명조차도 초개와 같이 버릴 각오가 되어 있어야 한다는 것, 그리고 그런 자세가 바로 국민의 인륜적 의무의 하나라는 것을 강조한다. 이런 문맥에서 그는 "전쟁의 인륜적 계기"에 대해서 논한다(7, 492).

전쟁의 인륜적 계기에 대해서는 다음 단락에서 좀더 자세히 언급할 것이다.

국가를 위하여 시민들이 자발적으로 희생할 의무를 강조한다고 해서 헤겔이 시민들에게 국가에 대한 무조건적인 희생과 복종만을 강요하고 그런 태도를 애국심의 근본으로 간주하는 것은 아니다. 국가의 보존을 위해서 그 구성원들이 생명을 걸어야 한다는 것은 대단히 극단적이고 긴급한 전쟁의 상황에서 필요한 시민들의 덕이다. 이런 희생의 덕이 애국심의 한 요소임은 분명하지만 그것만이 애국심의 전부는 아니다. 헤겔은 애국심에 대해 다음과 같이 설명한다. "애국심이란 말은 흔히 오직 **엄청난** 희생이나 행위를 기꺼이 하고자 하는 마음으로만 이해되곤 한다. 그러나 본질적으로 애국심이란 공동체를 일상적 상태나 생활 관계상의 실체적 기초 내지 목적으로서 이해하는 데 익숙해진 심적 태도이다. 〔……〕 그러나 인간은 자주 법을 준수하기보다는 오히려 대범하기를 좋아하는 것처럼, 이런 진실한 애국적 심정을 가지려고 하지 않거나 이 심정의 결여를 변명하기 위하여 저 엄청난 애국심을 지녀야만 하는 듯이 자신을 설득하기 쉽다"(7, 413).

위 인용문이 보여주듯이 헤겔은 우선 애국심이 일상생활에 뿌리박혀 있어야 한다는 것을 강조한다. 그가 보기에 진정한 애국심은 공동체가 추구하는 이념과 원칙들 그리고 이것들을 구현하는 정치적 공동체 속에서 살아가면서 이 공동체에 대해 느끼는 자부심이다. 그럴 경우에만 시민들은 평상시에도 다른 시민들에게 연대감을 느끼고 사회적 통합의 유지를 위해서 어려움에 처한 동료 시민들을 도와줄 것이기 때문이다. 또 헤겔은 애국심의 중요한 요소로 법의 준수를 언급한다. 법의 준수란 이미 그것을 준수하는 사람들이 그 합리성과 타당성을 인식하고 있는 경우에만 지속 가능한 것이다. 더구나 법은 신이나 자신과 무관한 외적 권위가 부여한 것이 아니라, 자신의 특수한 권리들의 표현이기 때문이다. 따라서 헤겔은 "정치적 심정"으로서 "애국심"은 단순한 주관적 확신이 아니라 "진리에 터전을 두고 있는 확신"이며 이 객관적이고 보편적인 확신을 자신의 것으로 내면화한 "습관이 된 의욕"이라고 규정하는 것이다. 애국심은 국가에 대한 "신뢰"인데, 그 신뢰는 이성적인 원리들을 구현하고 있는 "국가 속에 존립하는 제도들의 결과"라고 헤겔은 말한다(7, 413). 그래서 헤겔은 인간의 자유를 보장하고 가능하게 하는 입헌적 제도, 즉 헌법을 "국가 및 국가에 대한 개인의 신뢰와 심정의 확고한 기초"라고 강조한다(7, 412). 결론적으로 헤겔에 의하면 진정한 애국심은 국가의 존립이 없이는 자신의 자유롭고 개성적인 삶의 토대 자체가 붕괴된다는 믿음이다.

이런 점에서 헤겔은 국가가 보편적이고 자유로운 이념을 제도적으로 보장하는 측면으로만 구성되어 있지 않고, 이 제도를 자신의 것으로 내면화하고 그와 일체감을 갖고 살아가는 건강한 시민들을 전제하고 있다고 강조한다. "이미 앞에서 지적한 바와 같이 혼인의 신성함 그리고 시민사회가 그로 인해서 인륜적인 것으로서 나타나는 여러 제도들은 [국가] 전체의 견고성을 구성한다. 달리 말해 보편적인 것은 동시에 특수자로서의 개인의 문제이다. 중요한 것은 이성의 법칙과 특수한 자유의 법칙이 상호 침투된다는 것 그리고 나의 특수한 목적이 곧 보편적인 것과 동일하게 된다는 것이다. 그렇지 않을 경우에 국가는 공중누각에 지나지 않을 것이다. 개인의 자기감정이 국가의 현실성을 구성하고 국가의 견고성은 보편과 특수의 두 측면의 동일성이다. 흔히 사람들은 국가의 목적이 시민의 행복에 있다고 말해왔다. 실제로 이것은 맞는 말이다. 만약에 시민이 행복해하지 않고 그들의 주관적 목적도 충족되지 않는다면, 그리고 이 만족의 매개자가 바로 국가 그 자체라는 것을 시민들이 느끼지 못한다면, 국가란 실로 사상누각일 것이다"(7, 412).

헤겔은 국가가 일정한 물리력, 즉 군사력을 갖고 있어야만 한다는 점을 부인하지 않는다. 그럼에도 헤겔은 정치적 통일체로서의 국가를 인륜적 삶의 방식으로 이해하고 있기 때문에, 정치적 공동체에의 귀속과 국가와의 일체감과 같은 것을 국가의 존립을 위한 필수적인 요소로 파악한다. 물론 헤겔이 염두에 두는 국가는 근대적인 합리적 국가라는 점을 강조해야 한다. 이 국가는 기본적인 입헌적 장치를 통해서 국민들의 기본적 자유를 보장한다. 그러므로 헤겔은 헌법을 갖춘 국가를 "정치적 국가"로 부른다(7, 413). 그가 묘사하는 합리적 국가를 전체주의 내지 전제주의로 파악하는 관점은 너무나 그릇된 것이다.[2] 헤겔은 참다운 의미의 입헌군주제를 다음과 같이 설명한다. "그러므로 가령 똑같이 한 개인의 의지가 국가의 정점에 서 있기 때문에 동양적 전제주의가 봉건군주제와 마찬가지로 군주제라는 막연한 이름 아래 포괄되고, 봉건군주제에 심지어 입헌군주제라는 듣기 좋은 이름을 허용하는 것이 거부될 수 없을 것이다. 이들 형식과 진정한 군주제의 참된 구별은 국가 권력에서 자신의 현실성과 보증을 가지고 있는 **현행법 원리**의 내실에 기인한다. 이러한 법 원리는 이미 이전의 영역에서 발전된 원리, 즉 소유의 자유 원리, 더욱이 인격적 자유의 원리, 시민사회의 원리, 시민사회에서의 산업과 각종 단체들의 원리, 특수한 관청이 활동하는 원리이다. 그리고 특수한 관청의 활동은 규제되고 법률에 의존하는 활동이다"(10, 341).

위 인용문이 보여주는 것처럼 헤겔은 법치의 원리를 지지하고 있고 소위 근대적인 자유의 거의 모든 내용들을 국가의 법의 원리로 인정하고 있다. 아마도 이런 국가가 전체주의 국가라면 현대 사회의 모든 자유민주주의 국가는 다 전체주의 국가일 것이다. 국가의 구성원들은 국가에 대해서 자부심을 지녀야만 하고 자신이 속한 정치적 공동체가 위기에 처했을 때 조국을 지키기 위해 국방의 의무를 다하는 것은 시민의 의무이자 권리이다. 혹자는 애국심이 호전적인 대외 강경주의나 배타적 국가주의로 빠질 위험이 있다고 말한다. 이런 염려는 지극히 당연하다. 그렇지만 국가가 합리적이라는 점을 가정한다면 그런 국가의 정체성에 대한 자부심에 기인한 애국심은 그 자체로도 중요한 덕이다. 우리는 그런 덕의 소중함을 인정해야만 한다. 그들이 속해 있는 정치 공동체에 대한 열정과 자부심이 없이 살아가는 사람들의 삶이 온전한 의미에서 행복하다고 볼 수 없는 것처럼, 구성원들에게 아무런 열정과 희망과 자부심을 불러일으키지 못하는 공동체는 이미 죽은 것이나 다름없다. 애국심이 고귀한 감정이고 그런 감정은 그 자체로서 소중하다는 주장이 반드시 인간의 모든 덕이 애국심으로 환원될 수 있고 그래야만 한다는 주장을 내포하지는 않는다.

---

[2] 포퍼에 의하면 헤겔 철학은 현대 전체주의 철학의 결정적인 선구자이다(같은 책, 58쪽 이하 참조).

주권국가가 비상시에 그 시민들의 생명과 재산의 희생을 요구할 수 있고 또 시민들 역시 유사시에 국가의 자존과 독립을 위해 생명이나 재산을 바칠 의무가 존재한다는 관점은 헤겔의 국가관에 대한 이해와 밀접하게 결합되어 있다. 헤겔은 국가를 인륜적 공동체로 이해한다. 그는 다음과 같이 말한다. "사람들은 흔히 국가란 힘, 강제력에 의하여 뭉쳐 있다고 생각하지만, 국가를 유지하는 것은 오직 모든 사람이 지니는 질서라는 근본 감정인 것이다"(7, 414). 국가와의 일체감은 시민들에게 강요된 것이 아니다. 그 감정은 자유롭고 이성적인 정치적 공동체 속에서 살아가면서 자연스럽게 습득되어 내면화된 감정인 것이다. 자유로운 국가 속에서 살아가면서 느끼는 자부심과 그 국가질서와의 일체감이 없이는 사실상 그 아무리 훌륭한 국가라 할지라도 장기적인 존립을 보장할 수 없을 것이다. 그러므로 애국심은 국가 제도의 자기존립을 위해서도 중요한 의미가 있다.[3]

다른 한편으로 국가와의 일체감은 시민들의 삶에서 결정적인 의미를 지닌다. 공동체 속에서 살아가면서 일상생활에서는 법을 준수하고 시민들과의 동료의식을 몸소 보여주면서도, 전쟁이라는 비상시에는 공동체를 위해서 기꺼이 생명을 바치는 자세는 시민들의 의무이자 권리인 것이다. 국가의 일원이 되어서 정치적 공동체와의 유대감 속에서 살아가는 삶 역시 물질적인 이익이나 유용성을 추구하는 삶과는 다른 고유한 의미를 지니며 그 자체가 자유의 최고 형태라는 것이 헤겔의 입장이다(7, 399). 국가의 존재 이유는 개인들의 이익에 봉사하는 도구적 기능에만 국한되어 있지 않다. 헤겔은 홉스나 로크에서 비롯된 전통적인 자유주의 이론과는 달리 국가를 각 개인의 자유 및 소유를 보호하는 장치로 보지 않았다. 헤겔은 근대 시장과 시민사회의 원리를 긍정하면서도 내적으로 분화되고 다원화된 근대적 상황 속에서 고대적인 의미의 공

------

3) 현대에서 롤스는 "질서 정연한 사회에서 시민들이 일반적으로 효율적인 정의감을 소지하고 있다는 사실에 대한 공적 인지가 지극히 중요한 사회적 자산(social asset)임을 천명"하고 있다고 한다(황경식, 「전쟁과 평화 그리고 정의」, 『정의로운 전쟁은 가능한가』, 철학연구회 엮음, 철학과현실사, 2006, 22쪽 이하).

적 시민으로서의 공화적 덕성을 통합하려고 시도했다.

국가에 대한 이런 입장으로 인해 헤겔은 사회계약론적인 국가관을 비판할 수 있다고 믿는다. 이 비판이 겨냥하는 것은 사회계약론적 관점에서 국가의 존재 이유를 그 구성원들의 재산과 생명의 보존으로 보는 자유주의적 관점이다. 헤겔은 국가의 자립을 유지하기 위해 시민들이 지녀야만 하는 의무에 대한 필연성에 기초하여 국가와 시민사회를 혼동하는 것을 논박한다. 국가를 개인의 재산과 생명의 보호를 위한 제도적 장치로 이해하는 관점은 헤겔이 보기에 국가를 시민사회로 혼동한 것에 지나지 않는다. 국가에 대한 자유주의적 견해가 안고 있는 한계를 헤겔은 전쟁과 연관하여 다시 강조한다. 헤겔은 다음과 같이 말한다. "그런데 이러한 희생이 요구되는데 국가가 다만 시민사회로 간주되고 또 국가의 궁극 목적이 오직 개인의 **생명과 소유의 보장**만이라고 한다면, 이는 대단한 오해이다. 왜냐하면 이러한 보장[생명과 소유의]은 결코 **보장되어야**만 하는 것을[4] 희생함으로써 달성되지 않으며, 오히려 그 반대일 것이기 때문이다"(7, 492).

위 인용문처럼 만약에 사람들이 전쟁에 참여하는 이유가 자신의 가족이나 재산을 지키는 것이라고 본다면, 그것은 사태를 잘못 보는 것이다. 헤겔이 적절하게 지적하듯이 생명과 재산의 보장은 자신을 희생함으로써 이루어지는 것이 아니기 때문이다. 아비네리가 주장하듯이 진정으로 전쟁시에 생명을 극도의 위험에 처하게 하는 궁극적인 목적이 생명과 소유의 보장에 있다고 한다면, 우리는 전쟁에 참여하는 것을 극구 피하고 자신 및 자신의 가족과 재산을 안전한 곳으로 도피시키는 것이 가장 최상의 방법일 것이라고 생각해야 한다.

헤겔은 국가를 시민사회보다도 더 고차적인 질서로 보고 그 자체로서 자기 목적적인 활동 영역을 가지고 있다고 생각한다. 그래서 인륜적 공동체로서 국가를 바라보는 관점은 당연히 국가를 단순히 재산이나 생명의 보존을 위한 외적인 강제질서로 파악하는 당대의 국가이론을 비판하는 기초가 된다. 헤겔에

---

[4] S. Avineri, *Hegel's Theory of the Modern State*, p. 195 참조.

의하면 "강제력"은 "법의 근거"가 아닌 것과 마찬가지로, 강제력은 "국가의 **실체적 원리가 아니다**"(10, 223). 독일 관념론을 대표하는 철학자 피히테는 헤겔과 달리 인간들 사이의 법적 관계를 인간의 외적인 행위에만 관계하는 강제법으로 규정하고 있다. 피히테는 다음과 같이 말한다. "따라서 그것에 의해 모든 불법적인 행위에서 그 행위의 목적과는 반대되는 결과가 나온다는 **기계적 필연성으로 작용하는 기구가 달성될 수 있다면**, 이 같은 기구를 통해 의지는 부득이 오로지 합법적인 것만을 원하게 될 것이다. 신의와 믿음이 사라지고 난 후 이러한 기구를 통해 안전이 회복될 것이며, 타인의 물건을 탐하는 악한 의지는 바로 자기 자신의 불법적인 탐욕에 의해 동일한 목적으로 이끌리게 됨으로써 법의 외적 실현을 위해서 선의지는 필요 없게 될 것이다. 지금 기술한 것과 같은 기구가 바로 **강제법**(Zwangsrecht)이다."[5]

II. 헤겔의 전쟁론

1) 인륜적 계기로서의 전쟁

헤겔의 전쟁이론 중에서 가장 주목할 만한 부분은 전쟁과 인륜성의 관계이다. 헤겔은 전쟁이 다수의 주권국가들 사이에서 반드시 발생한다고 주장하는 데 그치지 않는다. 만약에 그가 그런 서술에 만족했다면, 그의 전쟁이론이 그렇게 많은 당혹스러움과 강한 반발을 초래하지는 않았을 것이다. 헤겔은 전쟁이 발생할 수밖에 없다는 주장과 함께 소위 전쟁의 인륜적 측면을 강조한다.

헤겔에 의하면 "전쟁은 결코 절대 악으로 간주되어서는 안 된다"(7, 492). 평화의 지속이 인간의 사회적 삶을 타락시킨다고 헤겔은 주장한다(7, 495 이하).

---

[5] Fichte 3, 142. 칸트 역시 법의 개념 속에 "강제권"(Zwangsbefugnis)이 필연적으로 속해 있다고 생각한다(AA VI, 231 참조). 피히테에게서 국가는 이런 강제법을 실현하고 보호하는 제도로 이해된다(같은 책, 150 이하 참조). 따라서 피히테 역시 홉스와 마찬가지로 국가의 존재 이유를 인간의 법적 권리의 안전성을 유지하는 기능에서 구한다. 이는 또 본질적으로 칸트도 마찬가지이다(O. Höffe, *Immanuel Kant*, S. 226 참조).

"평화시에 시민 생활은 더욱 확대되고 모든 영역은 저마다 자리를 잡음으로써 장기적으로 이것은 인간을 타락하게 만든다. 즉 이들 모두의 특이성은 더욱더 경직되고 화석화되기에 이른다. 그러나 건강을 위해서도 신체의 통일은 필요할 뿐 아니라, 만약 그 각 부분들이 제각기 경화되어버리면 여기엔 죽음이 있을 뿐이다"(7, 493).

헤겔은 이미 1802년과 1803년에 걸쳐 출판된 자연법에 관한 논문에서 전쟁의 필연성을 언급하면서 전쟁의 의미를 다음과 같이 말한 바 있다. "전쟁에는 단지 개별적인 규정들뿐 아니라 삶으로서의 이들의 완결성이 파괴되는, 그것도 절대적인 것 자체를 위해서 또는 민족을 위해서 파괴되는 자유로운 가능성이 존재한다. 그렇기 때문에 바람의 운동이 지속적인 고요가 일으킬 부패에서 호수를 보호하는 것처럼, 전쟁에서 영구적인 것은 말할 것도 없이 지속적인 평화가 민족들에게 초래할 부패로부터 민족들의 인륜적 건강함이 규정성들 및 그것들의 습관화와 고착화에 대한 무관심 속에 보존된다"(2, 482).[6]

전쟁의 인륜적 성격에 대한 헤겔의 강조를 어떻게 이해할 것인가 하는 문제는 그리 간단하지 않다. 위 인용문 역시 다양하게 해석될 소지가 있다. 한편으로 국가의 인륜적인 건강함을 유지하기 위해, 즉 헤겔의 비유적 표현을 사용한다면 부패하지 않기 위해 국가는 반복해서 전쟁을 수행해야만 한다는 주장을 펼치는 것으로 이해될 수 있다. 헤겔의 철학적 프로그램에 전적으로 동의하고 있고 헤겔의 객관적 관념론을 현대적 맥락에 맞게 재구성해보려고 시도하는 회슬레도 헤겔의 전쟁이론을 "헤겔이 기술한 것 중에서 가장 불쾌한 것"에 속한다고 평가한다. 그러므로 회슬레는 헤겔의 전쟁이론이 승리를 목적으로 하는 모든 전쟁을 정당화하는 내용을 지니고 있다고 비판하면서, 그 이론은 결국 19세기 후반 빌헬름 시대와 20세기 나치의 "권력국가 이데올로기 및 전쟁 이데올로기"에 영향을 주었다고 말한다. 회슬레에 의하면 헤겔에서 히틀

---

6) 헤겔의 전쟁에 대한 관점이 청년기부터 성숙기에 이르기까지 근본적으로 변화가 없다는 점에 대해서는 D. P. Verene, "Hegel's Account of War," *Hegel's Political Philosophy*, ed. Z. A. Pelczynski, Cambridge, 1971, p. 169 참조.

러로 이어지는 요소가 있다면, 그것은 바로 전쟁에서 패배한 민족정신들은 "권리가 없다"(rechtslos)고 주장하는 헤겔의 전쟁이론이다(7, 506).[7] 사실 헤겔의 전쟁이론에서 다수의 국가성으로 인한 전쟁의 필연성에 대한 주장, 그리고 전쟁의 인륜적 성격에 대한 언급은 전쟁을 정치의 본질에 속하는 것으로 찬미하는 슈미트의 전쟁이론과 유사한 것처럼 보인다. 헤겔과 슈미트의 근본적 차이점에 대해서는 뒤에서 언급할 기회가 있을 것이다.

다른 한편으로 헤겔의 주장은 전쟁을 통해 국가의 내적 통합력이 입증된다는 것을 강조하는 관점으로도 해석될 수 있을 것이다.[8] 전쟁은 국가의 내부 결속력이 얼마나 강한지 그리고 시민들이 특수한 자기 이익의 틀을 넘어서서 공동체를 위해서 얼마나 희생할 각오가 되어 있는지를 보여주는 계기이다. 그렇다면 헤겔의 진정한 의도는 전쟁을 국가의 인륜적 건강함을 시험하는 리트머스 시험지 같은 역할로 해석하려는 것으로 볼 수도 있을 것이다. 이런 문맥에서 헤겔은 이미 1800년 초기에 『독일 헌법론』에서 다음과 같이 말한다. "한 국가의 건강함은 일반적으로 평화의 고요함 속에서가 아니라 오히려 전쟁 속에서 드러난다. 평화의 고요함은 향유의 상태이고 고립 속에서의 활동의 상태이다. 정부는 단지 일상적인 것만을 시민들에게 요구하는 현명한 가장과 같다. 그러나 전쟁에서 모든 사람들이 전체와 맺는 연관이 나타난다. 즉 국가는 평소에 시민들에게 요구할 수 있는 것을 얼마나 준비했는지, 그리고 국가를 위해서 그들이 자신의 욕구와 심정에서 우러나서 하고자 하는 것이 얼마나 쓸모가 있는지가 나타난다"(1, 462).

헤겔의 전쟁이론에 대한 앞의 두 해석은 나름대로 일리가 있다. 전자의 해석은 헤겔의 전쟁에 대한 언급이 안고 있는 위험성과 그것의 불행한 영향사적 흔적에 대해서 비판한다는 장점이 있다. 다른 한편으로 후자의 해석은 헤겔의

---

7) V. Hösle, *Hegels System*, S. 581 이하.
8) 이런 입장을 대변하는 사람은 아마 아비네리일 것이다(S. Avineri, 앞의 책, 제10장 참조). 그러나 아비네리 역시 헤겔의 전쟁이론이 그의 이론과 파시스트적·전체주의적 이론 사이의 연관성을 지적하게끔 만들었다고 생각한다. 즉 헤겔의 전쟁이론은 "상당히 특이하고 때로 놀라운 것"임은 의심할 여지가 없다는 것이다(같은 책, p. 194).

전쟁이론을 그가 속해 있었던 당시의 역사적 문맥에서 이해하는 데 기여한다. 뒤에서 보겠지만 헤겔은 전형적으로 고전적인 국제법 이론의 전통 속에서 전쟁을 바라보고 있다. 그래서 헤겔은 전쟁은 불가피한 것이고, 이런 전쟁을 통해서 각 국가의 건강함이 드러난다고 이해했던 것이다. 역사적 문맥을 고려한다면 전쟁의 필연성과 전쟁의 인륜적 계기에 대한 헤겔의 언급을 다음과 같이 이해하는 것도 가능할 것이다. 헤겔은 개별 국가의 자립 및 독립을 결정적인 것으로 생각했고, 이 개별 국가의 자립은 때로는 물리적 수단, 즉 전쟁을 통해서라도 보장되어야만 한다는 것이다. 나아가 국가가 독립을 유지할 만한 군사력을 보유해야만 하는 것은 그로 인해 그 국가는 외부의 간섭을 배제하고 평화와 안정 그리고 자유를 실현할 수 있기 때문이라고 보았던 것이다. 그래서 개별 국가의 건강함을 위해서 전쟁이 있어야만 하는 것이 아니라, 불가피한 전쟁의 상황에서 개별 국가가 지니는 건강함이 입증된다는 것이다.[9]

설령 헤겔의 전쟁이론이 오해의 소지가 있다고 할지라도, 헤겔은 국가가 결코 군국주의적이어야만 한다는 것을 긍정하지도 않았을 뿐 아니라, 제국주의적 팽창에 전적으로 반대하는 입장이었다는 점을 상기해야 할 것이다. 헤겔은 한 국가가 무한한 힘의 팽창을 추구하여 다른 나라를 정복하는 전쟁을 바람직하다고 보지 않는다. 20세기 유럽에서 히틀러의 경우처럼 어느 한 국가가 유럽 전체를 지배하는 야망을 꿈꿀 수 있을 정도의 강력한 국가가 출현할 것이라는 생각 자체가 그 당시 사람들에게는 근본적으로 낯선 것이었다. 그것은 헤겔에게도 마찬가지였다. 물론 우리는 프랑스 혁명과 이에 따른 나폴레옹 전쟁에서 프랑스가 국민 개병제와 민족적 애국주의에 힘입어 유럽 전 지역을 정복하기 직전까지 간 사실을 기억해야 할 것이다. 홉스봄에 의하면 혁명의 와중에서 위기에 처한 프랑스 공화국은 "총력전을 발견 혹은 발명했다." 그렇지만 "징병, 배급과 엄격하게 통제된 전시 경제 및 국내외에서의 군인과 민간인 구별을 실질적으로 철폐하는 국가 자원의 총동원"으로서의

---

[9] 하디몬 역시 나와 유사한 입장을 갖고 있다(M. Hardimon, *Hegel's Social Philosophy: The Project of Reconciliation*, p. 235 참조).

"총력전"에 대한 발견이 얼마나 무서운 것이었는가가 비로소 분명해진 것은 20세기에 들어와서라고 그는 주장한다. 즉 프랑스 공화국의 위기와 연관해서 발생한 총력전은 "예외적인 에피소드"로 남아 있었기 때문에, 대부분의 19세기 관찰자들은 이런 사실을 인식할 수 없었다는 것이다.[10] 프랑스 혁명전쟁의 와중에서 그 맹아를 보이기 시작한 총력전의 양상은 헤겔에게도 일시적이고 예외적인 사건으로 이해되었다. 그리하여 헤겔은 나폴레옹의 정복전쟁이나 혁명전쟁을 유럽에서 지나간 과거의 일로 치부하고 있다(Ilting 3, 836 참조).

그뿐 아니라 대내적으로 헤겔이 생각하는 합리적 국가상과 슈미트의 국가상은 정반대라고 말할 수 있다. 헤겔의 국가는 대외적으로는 전쟁의 상황 속에 존립하지만, 대내적으로는 근대의 자유주의적 법치국가의 요소들을 그 핵심적 원리로 설정한다. 예를 들어 헤겔은 공적인 영역과 사적인 영역의 분리를 근대의 이성적 국가의 원칙으로 수용하고, 권력의 남용으로부터 개인의 자유를 보장하기 위한 입헌적 장치들(권력분립 및 대의 제도)의 필연성을 강조하며, 언론의 자유와 여론의 중요성 등을 강조한다. 나아가 헤겔은 독일 나치와는 달리 반유대적 성격이 없었을 뿐 아니라, 그들의 시민으로서의 권한을 긍정할 것을 주장하였다(7, 421). 이런 점들이 바로 헤겔을 슈미트와 결정적으로 갈라놓는 요인들이다. 그러나 헤겔과 슈미트의 관계에 대한 언급이 불러일으킬 불필요한 오해를 불식하기 위해 분명히 해두어야 할 것이 또 하나 있다. 그것은 소위 전쟁의 도덕적 측면에 대한 강조이다. 전쟁의 도덕적인 의미를 강조하는 것은 헤겔이나 슈미트에 국한된 현상이 아니다. 그것은 칸트와 같은 철학자에게서도 존재한다. 그렇다고 이런 사실로부터 칸트와 슈미트 사이의 사상적 친화성을 논할 필요는 없을 것이다. 회슬레 역시 헤겔의 국가는 그 내적인 구조의 측면에서 볼 때 철두철미 "법치국가"라고 강조한다. 마찬가지로 그에 의하면 헤겔의 국가는 결코 "민족국가"가 아니라는 점에서 "모든 파시스

---

10) 홉스봄, 『혁명의 시대』, 정도영·차명수 옮김, 한길사, 1998, 165쪽.

트적인 국가이론"과 구별된다.[11]

헤겔은 국가 구성원들이 국가에 대해서 지녀야 하는 인륜적 의무를 강조하기 때문에, 국가의 독립이 위태로운 상황에서는 모든 시민이 국가 방위의 의무를 져야만 한다고 주장한다(7, 494). 그는 모든 시민이 평등하게 병역의 의무를 지는 제도를 근대에 적합한 것으로 간주한다(7, 431 이하). 헤겔은 모든 시민들이 그들의 능력에 의거하여 군 장교나 공무원에 진출할 수 있는 권한을 긍정하고, 군 장교의 지위는 특권 계층에게만 허용되어야 한다는 봉건제적 제도를 명확하게 거부하였다. 사실 근대 국가에서 시민들의 권리의 보편적 인정과 병역 의무의 일반화 사이에는 밀접한 연관성이 존재한다.[12] 그러나 헤겔은 국민들이 유사시에 국방의 의무를 지는 것과 국가를 위해 희생해야만 하는 것을 "보편적 의무"로 규정하면서도, 국가의 독립을 위한 군사력을 담당할 독자적 계층으로서의 상비군의 필요성을 주장한다(7, 494).[13] 헤겔에 의하면 국가의 물리력으로서 상비군과 국가 방위를 위한 의무를 주로 담당하는 군인 계층이

---

11) 슈미트 역시 헤겔과 자신의 차이점을 알고 있다. 그는 '적과 동지'의 구별을 자신의 정치이론의 근본 규정으로 삼으면서 헤겔이 "적에 대한 정의"를 내리고 있다고 칭찬한다. 슈미트에 의하면 정치적인 것은 "적의 현실적 가능성"을 전제하고 있기 때문이다. 그럼에도 그는 헤겔 정치이론이 양면성을 갖고 있다고 말한다. 이 맥락에서 그는 헤겔이 마르크스주의에 의해서 지속적인 영향력을 행사하고 있음을 언급하고 있다. 슈미트, 『정치적인 것의 개념』, 김효전 옮김, 법문사, 1995, 74쪽 이하. 슈미트는 헤겔 철학이 "혁명적인 불꽃을 담고 있다"고 말하면서 "위험한 이데올로기적 무기를 제공했다"고 주장한다. 즉 그에 의하면 헤겔이 준비한 이론적 무기는 "마르크스와 프리드리히 엥겔스의 손으로 옮겨갔다." 나아가 슈미트는 헤겔 철학을 "자코뱅 치하 루소의 철학보다도 한층 위험한 것"이라고 말한다(『파르티잔 이론』, 정용화 옮김, 인간사랑, 1990, 53쪽). 슈미트의 근대 대의 민주주의와 자유주의에 대한 비판, 자유주의와 민주주의의 이질성에 대한 입장, 모든 인간이 평등하다는 이상에 대한 비판 그리고 '환호 내지 갈채'로서의 민주주의에 대한 이해를 위해서는 『현대 의회주의의 정신』 참조.
12) 기든스에 의하면 비스마르크는 독일을 통일한 후에 맞이한 군사적 위기에 대응하기 위해서 보통 선거를 실시하였다. 영국 역시 제1차 세계대전을 경험한 후 징병 제도를 실시하지 않을 수 없게 되자 보통 선거권을 인정하게 되었다고 한다(『민족국가와 폭력』, 진덕규 옮김, 삼지원, 1991, 274쪽 이하 참조).
13) 헤겔은 유사시에 모든 시민의 국방의 의무를 당연한 것으로 보면서도, 퀘이커교도들과 같이 전쟁에서 집총을 거부하는 사람들을 관용적으로 대할 것과 일종의 대체 복무와 같은 대안을 그들에게 줄 것을 강조하고 있다. 여기서도 헤겔의 정치이론의 합리성이 잘 드러난다고 하겠다(7, 421 참조).

주권국가에게 필요한 것은 근대 국가에 상공인 계층이나 관료 계층이 필요한 것과 마찬가지이다(7, 494 이하).

이처럼 헤겔은 군사체제를 이원적 체제로 나누고 있다. 헤겔은 보편적인 국방의 의무를 강조함과 동시에 일정한 수의 상비군의 필요성을 역설한다. 이 군사체제는 당대 프로이센의 군사체제와 동일한 것이다. 여기에서 혹자는 베를린 시기의 헤겔 정치철학이 프로이센의 현실, 그것도 소위 프랑스 혁명의 이념에 반하는 반동적이고 복고적인 당대의 현실을 정당화하려는 지적 시도에 지나지 않는다는 헤겔에 대한 널리 퍼져 있는 비난을 떠올릴 수도 있을 것이다. 그러나 어떤 사상가가 자신이 속한 현실의 긍정적인 측면을 자신의 이론의 일부로 삼는다고 해서, 그 사람의 이론이 그 당시의 현실을 정당화하는 것에 지나지 않는다고 비판할 수는 없는 노릇이다. 더구나 그 당시 프로이센의 현실이 어떠했는가가 해명되지 않았기 때문에, 헤겔이 프로이센에서 관철된 제도를 받아들인 것으로 쉽게 비판해서는 안 된다.

로젠츠바이크가 언급하듯이 1820년대 프로이센의 군사체제는 향토방위군(Landwehr)과 상비군(Linie)으로 구성되어 있었다. 로젠츠바이크에 의하면 보편적인 국방의 의무에 의거하여 당시 시민들은 향토방위군으로 편제되었고, 이는 국가가 대단히 위급한 경우에만 동원하도록 되어 있었다고 한다.[14] 1820년대 독일의 군사 제도는 상당히 근대적인 것이었다. 당대의 독일, 즉 프로이센의 군사 제도가 근대적인 체제로 개혁되었던 것은 프랑스 나폴레옹과의 전쟁과 1807년 전쟁에서의 굴욕적인 패배의 결과였다. 프랑스 혁명의 유산 상속자를 자처한 나폴레옹의 전쟁은 처음에는 프랑스 혁명 방위전쟁의 성격을 띠었으나, 점차 정복전쟁으로 변질되었다. 프로이센은 1807년 7월 틸지트에서 굴욕적으로 화의(和議)를 맺을 수밖에 없었고, 그 결과 프로이센은 다양한 형태의 개혁을 추진해야만 하는 상황에 처하게 되었다.[15] 슈타인과 하르덴베르

----

14) F. Rosenzweig, *Hegel und der Staat*, S. 161.
15) 틸지트 조약의 결과 프로이센은 많은 영토를 프랑스에게 빼앗겼을 뿐 아니라, 많은 양의 배상금을 지불해야 했으며 상당한 정도로 내정도 간섭받게 되었다. 오인석, 「프로이센의 개

크 등이 주축이 되어 프로이센의 개혁을 이끌었다. 1807년 9월 이후 약 1년 동안 프로이센의 재상으로 임명된 슈타인은 프로이센의 근대화 개혁 프로그램을 만들고 이를 강력하게 추진하였으며, 그가 미완성의 형태로 남긴 개혁은 그의 후임인 하르덴베르크에 의해서 지속적으로 추진되었다. 슈타인의 프로이센 근대화 개혁은 정치·농업·재정·군제 및 대학 개혁 등을 포괄하는 광범위한 것이었다. 프로이센의 군사 제도 개혁은 근대화 개혁의 하나였지만, 나폴레옹의 침입에서 벗어나기 위한 해방전쟁(Befreiungskrieg)의 일환으로 추진되었다. 나폴레옹의 억압과 내정 간섭을 벗어나기 위해서는 국민의 전반적 동원이 없이는 불가능했기 때문이다.

프로이센에서 군사 제도는 슈타인과 개혁정신을 공유하는 개혁인사 샤른호르스트, 아우구스트 폰 그나이제나우(August von Gneisenau) 등으로 구성된 군사개편위원회에 의해서 개혁되었다. 새로운 군제 개혁에서 가장 두드러진 사항은 국민군(Volksherr)을 창설하는 것이었다. 슈타인과 군 개혁인사들은 영주에 예속된 농민들에게 군사 의무를 강요한다는 것은 아무런 의미가 없다고 생각했다. 외국의 침략에 맞서 싸울 수 있는 군사력을 형성하기 위해서는 국민에게 정치적 권리를 부여하고 이런 토대 위에서 시민들에게 병역의 의무를 담당하도록 하는 것이 필요하다고 생각했던 것이다. 그래서 프로이센은 1814년 20세 이상의 무장 능력이 있는 모든 장정에 대한 일반 복무 의무를 법제화하는 개혁안을 통과시켰다. 이리하여 일반 시민들도 군 장교가 될 수 있었다. 그 외에도 프로이센에서 군 개혁은 군내 폭력 행위의 근절 등 병영 생활의 합리화에도 커다란 성공을 거두었다.[16] 이와 같이 당시 프로이센은 상당히 개혁적인 측면을 안고 있었다.

그러므로 헤겔이 당시 프로이센의 제도의 합리성을 긍정적으로 언급한다는

혁」, 『독일사의 제 국면』, 이민호 외 지음, 느티나무, 1991, 89쪽 이하.
16) 같은 책, 105쪽 이하 참조. 프로이센의 근대화로 인해 헤겔은 당대의 프로이센을 합리적 근대 국가로 바라보게 되었던 것이다. 헤겔은 예나 시대에, 즉 1800년 초반에 프로이센에 대해서 대단히 부정적인 입장을 갖고 있었다. 이에 대해서는 이 책 제1장 참조.

사실을 논거로 삼아서 그가 소위 복고적이며 반동적인 프로이센의 질서를 정당화한 사람이라고 비판하는 것은 타당하지 않다. 더구나 시민군의 존재를 중요하다고 보는 헤겔의 관점은 그가 베를린으로 가기 전에 이미 확고하게 형성되어 있었다. 예를 들어 그는 1810년의 강의 연설에서도 시민군의 도입을 적극적으로 찬성하는 입장을 보였다. 그는 예나 대학교가 프랑스와의 전쟁으로 문이 닫힌 후에 잠깐 동안 밤베르크에서 신문 편집일을 보다가 1808년 이후 뉘른베르크의 인문계 고등학교에서 교편 생활을 하고 있었다. 헤겔은 1810년 고등학생을 대상으로 한 연설에서 시민군을 정치적 질서와 시민들의 동일성을 확보하는 데 중요한 것으로 강조한다(4, 330 이하). 헤겔은 한 주권국가의 대외 관계에서 타국과 전쟁이나 평화 및 그 외의 조약을 체결할 최종적인 권한이나 군대를 통솔하는 최종적인 권한이 군주에 속한다고 생각한다(7, 497). 즉 헤겔은 전쟁이나 평화의 문제를 최종적으로 군주가 결정해야 한다고 본다. 그래서 그는 전쟁이나 평화의 문제를 결정할 권한을 의회에 속하는 것으로 보는 입장의 위험성을 강조한다. 헤겔 역시 근대의 입헌적 국가에서 전쟁과 평화의 문제를 누가 최종적으로 결정해야 하는가를 심각한 쟁점 사항의 하나로 간주한다. 이와 연관해서 헤겔은 군주나 내각이 전쟁과 평화에 대한 결정을 할 경우에 의회에서 그것을 결정하는 것보다 더 열정에 휘말릴 가능성이 높다는 반론을 부정한다. 의회가 전쟁과 평화를 결정하는 경우에 오히려 온 국민이 군주나 내각 못지않게 열광적이고 흥분한 상태에서 일을 처리할 가능성이 있다고 그는 반박한다(7, 497).[17]

---

[17] 전쟁과 평화에 관련된 사항에 대한 최종적 결정 권한은 의회가 아니라 군주가 지녀야 한다는 주장은 『철학강요』에서도 언급된다(10, 340). 그러나 전쟁과 평화에 관한 최종적 결정 권한을 군주에게 부여하는 것은 그리 설득력이 없다. 전쟁이 국가 구성원 전체의 안위에 관련된 사항이고, 전쟁시에는 모든 시민들이 보편적인 국방 의무를 지고 그 위험을 평등하게 부담해야만 한다. 그러므로 전쟁과 평화에 관한 최종적 권한은 군주가 아니라, 국민의 대표 기관인 의회가 지녀야 하는 것이 더 합당한 것으로 보인다. 물론 군은 민간인에 의해 통제되어야 마땅하다. 그렇지 않으면 군은 민주적 통제를 벗어나서 행동할 염려가 있다. 그리고 전쟁과 평화에 대한 최종적 권한이 의회에 부여되어야 한다고 해도, 전쟁을 수행하고 지휘하는 역할은 행정 수반에게 귀속되어야 마땅할 것이다. 프랑스 혁명 기간인 1790년 5월 18일 헌법제정회

지금까지 우리는 전쟁의 필연성과 근대의 주권국가 사이의 연관성에 주목하면서 헤겔이 이해하는 근대 국가의 모습을 주로 대외적 차원에서 서술하였다. 앞에서 서술한 근대 국가에 대한 헤겔의 관점과 대내적인 주권의 모습을 감안하여 그가 바람직한 것으로 바라보는 근대 국가 모델의 특성을 요약하면 다음과 같다. 우선 헤겔이 파악한 국가는 근대적인 의미의 주권국가이다. 그는 근대 국가의 모델로서 권력분립을 토대로 한 입헌군주제를 신봉한다(7, 435).[18] 주권국가는 특정한 영토와 지역 내에서 정치적 조직체로서 법을 제정하고 이를 효과적으로 집행할 수 있는 능력이 있다. 대내적으로 주권국가는 그 구성원들의 기본적인 시민적 자유와 생명을 보호하는 역할을 담당할 뿐 아니라, 그들에게 정치적으로 참여할 권한을 부여한다. 여기에서 내전을 방지하기 위해 폭력에 대한 국가의 독점적인 지배력이 필요하다. 또한 대내적으로 국가는 세금을 징수하고 관료 제도를 합리화하여 국가의 행정을 조정하고 국가 경제의 효율적인 기능을 관리하는 임무를 떠맡는다. 대외적으로 주권국가는 국제관계에서 다른 국가와 동등한 국제사회의 구성원으로서 인정받는다. 즉 한 국가는 다른 주권국가의 내적인 일에 대해서 간섭할 수 없고 그 주권을 인정해야만 한다.

2) 국제관계에서 전쟁의 필연성과 무차별적 전쟁 이론

헤겔은 정의로운 전쟁과 부정의한 전쟁을 구별하지 않는 것처럼 보인다. 그는 전쟁이 개별 주권국가의 권리에 속한다고 보면서 그것을 도덕적 판단의 대상으로 삼지 않기 때문이다. 전쟁의 개시를 주권국가의 판단 사항에 속하는

의에서 로베스피에르는 전쟁과 평화를 결정하는 것은 입법부뿐이라고 주장했다(슈미트, 『독재론』, 김효전 옮김, 법문사, 1996, 147쪽 참조). 미국 헌법의 기초자의 한 사람인 매디슨은 다음과 같이 주장하였다. "전쟁과 평화의 문제를 행정부가 아니라 입법부에 위임한 구절이 헌법에서 가장 지혜로운 내용을 담고 있다"(찰머스 존슨, 『제국의 슬픔: 군국주의, 비밀주의, 그리고 공화국의 종말』, 안병진 옮김, 삼우반, 2004, 389쪽에서 재인용).

18) 헤겔은 "국가 권력의 필연적 분리"를 "공적 자유의 보증"으로 간주되어야 할 중요한 것이라고 강조한다(7, 433).

것으로 간주하는 헤겔의 전쟁이론은 전쟁 개시의 정당성 유무를 파악할 수 있는 이론을 포함하고 있지 않다.

청년 헤겔은 다음과 같이 말한다. "그러나 국가들의 관계는 너무나 다면적이고 평화 조약에 규정된 모든 관계가 다시 너무나 많은 측면들을 갖고 있어서 그 측면들에 대한 보다 정확한 모든 규정들에도 불구하고 그 관계 속에는 여전히 무수히 많은 측면들이 남아 있다. 그리고 (국가들 사이에) 이것들에 대해 분쟁이 가능하다. 어떤 (국가) 권력도 계약으로 맺어진 권리를 직접적으로 그리고 곧바로 공격하지 않는다. 어떤 정해지지 않은 측면에서 차이가 발생하고 그 차이가 평화 자체를 뒤엎는다. 그리고 전쟁의 상태를 통해 이제 나머지 규정된 권리들의 확정 역시 동요된다. […] 침략전쟁이건 혹은 방어전쟁이건 간에, 이런 사항에 대해 당사자들은 결코 동의에 이르지 못한다. 전쟁들은 평화 조약이 오로지 **무조건적인** 상호 평화를 확정했을 경우에만 부정의한 것이라고 불릴 것이다. […] 그러나 적대감의 종류는 너무나 무한하여 이를 인간의 지성으로 완전하게 규정할 수는 없다. 그리고 규정들이 많으면 많을수록, 즉 권리들이 더 많이 확정되면 될수록, 그런 권리들 사이의 모순이 더욱더 쉽게 발생한다. […] 권리는 조약에 의해 확정되고 허용된 한 국가의 이익이다. 조약 속에서 국가들의 상이한 이해가 확정되기 때문에 그리고 또 권리로서 이런 이익들은 너무나 무한하게 다면적이어서, 이익들과 그러므로 권리들 역시 모순에 빠질 수밖에 없다. 위험에 처한 이익과 권리가 국가 권력이 지니는 전체적인 힘으로 방어되어야만 하는지는 단지 상황 혹은 권력의 조합(Kombinationen), 즉 정치의 **판단**에 달려 있다. 그런데 이에 대하여 다른 당사국 역시 권리의 이름을 들이댈 수 있다. 그 나라 역시 (다른 나라의 이익과) 충돌하는 이익을 갖고 있고 그러므로 또한 권리를 갖고 있기 때문이다. 전쟁이 […] 이제 양 당사국이 주장하는 권리 중 어느 것이 참다운 권리인가를 결정하지 않는다. 양 당사자가 참다운 권리를 갖고 있기 때문이다. 전쟁이 결정해야만 하는 것은 어느 권리가 다른 권리에 굴복하느냐 하는 것이다. 전쟁은 […] 서로 모순되는 권리들이 동등하게 참이기 때문에 이에 대해서 결정해야만 한다"(1, 539 이하).

위 인용문이 보여주듯이 헤겔은 전쟁 당사국들 사이에서 어느 쪽이 전쟁 개시의 정당한 사유를 갖고 있었는지 그렇지 않은지에 대한 물음 자체에 대해서 큰 관심을 기울이지 않는다. 그는 전쟁 개시에 관련하여 전쟁 당사국들 중 어느 쪽이 객관적으로 정당한지 결정을 내릴 수 있다는 태도에 회의적인 입장을 취한다. 전쟁 상황에 이르게 된 당사국들은 모두 자신들의 정의로움을 정당화할 충분한 이유와 명분을 갖고 있다. 그만큼 국가들 사이의 관계는 복잡하다는 것이다. 위 인용문이 보여주듯이 전쟁은 전쟁 당사국들 중 어느 한쪽이 정당한지를 해결하는 행위가 아니다. 전쟁은 서로 나름대로의 명분과 이유를 갖고 있는 나라들이 외교적 방식으로 갈등 관계를 해결할 수 없는 상황에서 이를 해결하는 수단이라는 것이다. 그러므로 어느 나라가 전쟁 개시를 선언할 때 그 선언이 정당한지 그렇지 않은지를 해명해줄 수 있는 보편적인 규범적 기준을 구하는 작업은 무의미하다고 헤겔은 생각한다. 전쟁 개시의 정당성의 근거를 해명하려는 것을 거부하는 헤겔의 자세는 지속적으로 유지된다. 헤겔은 1820년의 『법철학』에서도 다음과 같이 주장한다. "그러므로 국가들 사이의 분쟁은 특수한 의지들이 아무런 일치점을 찾지 못하는 한 오직 **전쟁**에 의해서 해결될 수밖에 없다. 그러나 실로 각 나라가 지닌 그 넓고 포괄적인 영역과 그 국민들에 의한 다방면적인 관계에서 손쉽게 그리고 수많은 침해가 발생하는 경우에 과연 어느 것이 명백한 조약의 파기이며 인정이나 명예의 훼손으로 간주되어야 하는가는 결코 **그 자체**로서는 결정될 수가 없다"(7, 500).

헤겔이 전쟁 개시의 정의로움의 여부에 대한 물음에 관심을 기울이지 않는다고 해서, 전쟁의 와중에서는 모든 것이 허용되어야 한다고 주장하는 것은 아니다. 그는 다음과 같이 말한다. "여러 국가가 서로를 국가로서 인정한다는 점에서 무법, 폭력 또는 우연의 상태와 같은 **전쟁에서조차도** 이들 국가가 즉자 대자적으로 존재하며 또 서로를 인정한다는 **유대**가 남아 있다. 그리하여 전쟁을 치르는 와중에서조차도 전쟁은 일시적인 것이어야만 하는 것으로서 규정된다. 따라서 전쟁은 곧 그 자체 내에 평화의 가능성을 담고 있음으로써,

예컨대 국가의 사절이 존대를 받으며 또한 전쟁이란 결코 국내의 여러 제도나 평화로운 가정생활 및 사생활에 대하여, 그리고 사적인 개인에 대해서 행해지는 것은 아니라고 하는 국제법상의 규정을 포함하고 있다"(7, 502).

위 인용문은 두 가지 점에서 중요하다. 첫째로 헤겔은 전쟁을 무조건적으로 찬양하는 전쟁광이 아니라는 것이다. 그는 분명히 전쟁이 일시적이어야만 한다는 점을 강조하고 있기 때문이다. 그에게서 전쟁을 위한 전쟁은 논리적으로 사유 가능한 것인지는 모르지만 전적으로 무의미한 것이었다. 둘째로 헤겔은 국가들 사이의 전쟁 과정에서 지켜야 하는 규범들을 강조한다. 이런 강조는 또한 그가 생각하는 전쟁이 문제 해결을 위한 수단적인 의미만을 갖고 있을 뿐 자기목적적인 차원의 것이 아님을 보여준다. 전쟁이 자기목적인 의미를 지닌다면, 우리는 왜 전쟁 수행 중에 특정한 규범들을 지켜야만 하는지 그리고 왜 전쟁이 일시적인 것이어야만 하는지를 적절하게 해명할 수 없다. 전쟁은 적절한 순간에 종식되어야만 하기 때문에, 헤겔은 전쟁 수행 중에 전쟁 당사국들은 전쟁의 종식을 어렵게 만들 지나친 비인도적 행위들을 범해서는 안 된다고 강조한다. 그런 점에서 전쟁에서 개인들의 증오심이나 적개심 같은 것들은 부차적인 의미를 지닌다고 헤겔은 주장한다. 그가 이렇게 주장하는 이유는 전쟁이 사적 개인의 복수심이나 증오심을 분출하는 장이 아니라 그 외의 다른 방법이 없다고 생각될 때 국가와 국가 사이의 갈등을 해결할 수 있는 최종적 수단이 되어야만 하기 때문이다. 이와 같이 헤겔은 전쟁 개시의 정당성 여부를 판단하는 문제를 다루지 않고, 오로지 전쟁 수행에서의 제한을 강조한다. 그러므로 우리는 헤겔의 전쟁이론을 고전적인 국제법, 즉 베스트팔렌 이후 제1차 세계대전 시기까지의 가장 유력한 국제법이 생각한 제한전쟁 이론으로 명명해도 무방하다. 헤겔의 전쟁이론은 고전적인 국제법에서 관철된 제한전쟁 이론의 본질적 특성을 그대로 갖고 있다.[19]

고전적인 국제법 이론은 유럽 공법(jus publicum Europaeum)이라고도 한다.

---

19) H. Ottmann, "Weltgeschichte," *G. W. F. Hegel, Grundlinien der Philosophie des Rechts*, S. 273 참조.

이 유럽 공법의 시기는 근대적인 주권국가들 사이의 국제법의 시대이다.[20] 그러므로 이 시기는 대략 16세기부터 현재까지를 포괄한다고 볼 수 있다. 이 유럽 공법의 시대에서 국제법상으로 통용되던 전쟁이론은 제한전쟁 이론이었다. 이 제한전쟁 이론은 중세기의 정의로운 전쟁 이론을 대신하여 등장한 것으로 정의로운 전쟁과 그렇지 않은 전쟁을 구별하지 않는다. 그리고 이 이론은 전쟁의 개시에 관련된 정당한 원인 혹은 '전쟁 개시의 정의'(jus ad bellum)에 대한 물음은 끌어들이지 않는다.[21] 제한전쟁 이론은 전쟁 개시에 관한 한 개별 주권국가에게 그 판단 권한을 부여한다. 즉 전쟁을 할 것인지 말 것인지에 대한 최종 권한은 개별 국가에 전적으로 속하고, 그러므로 국제법적으로 전쟁의 개시는 도덕적 판단의 대상이 되지 않는다. 전쟁 수행의 권한은 각 주권국가에게 동등하게 부여되어 있는 셈이다. 그러므로 이 제한전쟁 이론은 어떤 전쟁이 정의로운 것인가에 대한 확실하고 명확한 대답은 불가능하다는 입장을 전제하고 있다. 이 고전적인 국제법의 전통 속에서 보면 전쟁 당사자는 도둑이나 해적이나 범죄자가 아니라, 그저 전쟁 상대자로서 적으로 간주될 뿐이다. 슈미트의 말로 표현하면 전쟁 당사자는 "정당하고 대등한 적"(justi et aequales hostes)이다. 이렇게 제한전쟁 이론은 어떤 전쟁이 정의로운 것인지 아닌지를 구별하지 않는다는 점에서, 무차별 전쟁 이론이라고도 한다.[22]

----

20) 슈미트는 프란치스코 드 비토리아(Francisco de Vitoria), 알베리쿠스 젠틸리스(Abericus Gentilis), 후고 그로티우스, 토머스 홉스와 장 보댕(Jean Bodin)을 유럽 공법의 중요한 창시자로 열거한다. 특히 그는 홉스와 보댕 두 사람을 강조한다(『유럽 법학의 상태 : 구원은 옥중에서』, 김효전 옮김, 교육과학사, 1994, 141쪽 이하 참조).

21) 슈미트, 『대지의 노모스: 유럽 공법의 국제법』, 최재훈 옮김, 민음사, 1995, 124쪽 참조. 유럽의 국제법은 영토가 한정된 유럽 대륙의 주권국가와 해양의 자유를 배경으로 하는 영국이라는 해양국가 사이의 긴장 관계, 즉 육지와 바다의 대치를 기초로 한다고 슈미트는 생각한다. 물론 현대 세계는 주권국가의 원칙에 대해서 많은 논의가 존재하고 이 국가의 권한을 제한하려고 하기 때문에 근대의 국제법이 해체되는 시기라고 할 수도 있을 것이다. 슈미트에 의하면 이 유럽 공법은 1890년과 1918년 사이에 해체되기 시작한다(같은 책, 197쪽 이하; 269쪽 이하 참조).

22) 박정순은 무차별 전쟁관을 현실주의적 전쟁관으로 그리고 전통적 정의로운 전쟁론을 전쟁 개시 자체의 정당성을 판정할 수 있는 차별적 전쟁관으로 구분한다(「마이클 왈쩌의 정의전쟁

3) 제한전쟁 이론과 근대에서 전쟁의 합리화와 인도화

헤겔이 염두에 둔 전쟁은 제한전쟁임을 위에서 살펴보았다. 헤겔이 생각한 전쟁은 영토적으로 혹은 지리적으로 제한된 공간 속에서 수행된 20세기 이전의 전쟁이었다. 그리고 전쟁 수행에서도 일정한 제한이 설정된 전쟁이었다. 마지막으로 근대 주권국가들 사이의 전쟁과 헤겔이 생각한 전쟁이 제한전쟁으로 불리는 이유는 그 전쟁이 도덕적 내지 종교적인 당파성으로 인한 전쟁과는 무관하게 오로지 주권국가들 사이에서 벌어지는 전쟁이기 때문이다. 이런 조건에서만 우리는 왜 헤겔이 근대에서의 전쟁이 인간적인 측면을 지니고 있다고 강조하는지를 적절하게 이해할 수 있다. 이 제한전쟁은 1648년 베스트팔렌 조약 이래 오랫동안 국가들 사이에서 발생하는 갈등을 해결하는 정당한 수단으로 여겨져왔다.[23]

헤겔은 근대의 전쟁의 인간적인 면을 다음과 같이 강조한다. "근대의 전쟁은 따라서 인도적으로 수행되고, 개인 사이이 증오가 자리 잡고 있는 것은 아니다. 기껏해야 개인적인 적의(敵意)가 최전방에서 나타날 수는 있겠지만 역시 부대원의 집합체인 군대에서는 적대감이란 막연한 것이며, 이것은 각자가 타인을 존중하는 의무에 비하면 부차적인 것이다"(7, 502).

왜 헤겔은 근대의 전쟁을 과거의 전쟁에 비해서 덜 야만적이고 인도적인 것으로 간주하는 것일까? 이에 대한 헤겔의 직접적인 언급은 그리 많지 않고, 그것도 여러 강의안들에 흩어져 있다. 그렇지만 이런 자료들은 그가 왜 근대에서 전쟁의 합리화와 인간화가 진행되었다고 주장하는지를 명료하게 하는 데 충분하다. 근대의 전쟁이 그 이전의 전쟁 수행 방식과는 달리 인도적인 방식으로 수행되고 있다는 주장과 근대의 전쟁이 제한전쟁이라는 사실은 사실상 동전의 양면과 같다. 그러므로 슈미트는 유럽 공법의 시대에서 발생한 "전쟁의 합리화와 인도화"를 "전쟁의 제한에 성공한" 결과로 이해한다.[24]

론」, 『정의로운 전쟁은 가능한가』, 134쪽 이하 주석 35 참조).
23) 하버마스, 『이질성의 포용』, 199쪽.
24) 슈미트, 앞의 책, 124쪽.

근대에서 발생한 전쟁의 인도화와 합리화는 두 가지 차원에서 발생한 것으로 이해할 수 있다. 우선 근대의 주권국가들이 생겨남으로써 전쟁이 그 이전과 달리 무제한적으로 벌어지지 않게 되었다는 사실을 들 수 있다. 헤겔은 다음과 같이 주장한다. "단지 광신(Fanatismus)만이 섬멸전(Vertilgunskrieg)으로 이끈다. 최근 시대에 그런 전쟁은 정복과 한 국가의 헌법의 전복을 뜻한다. 그러나 이제 예전에 있었던 어떤 절멸전쟁(Ausrottungskrieg)도 수행될 수 없다."[25] 이 인용문은 두 가지 점을 함축한다. 하나는 중세에서 근대로 이행하는 시기에 있었던 종교적인 전쟁을 광신에 기초한 '섬멸전'으로 묘사하고 있다는 것이다. 다른 하나는 프랑스 혁명 이후 나폴레옹의 유럽 정복전쟁이 지닌 부정적 측면에 대한 언급이다. 인용문에서 드러나듯이 헤겔은 프랑스 혁명을 옹호한다는 명분으로 이루어진 나폴레옹의 혁명전쟁이 정복전쟁으로 그리고 전쟁 당사국의 모든 질서의 전복으로 확대되었다고 생각한다. 그러나 헤겔은 종교적인 믿음이나 혁명의 이상에 기초한 절멸전쟁은 유럽에서 더는 발생하지 않을 것이라고 주장하고 있다.

주지하는 것처럼 근대의 주권국가는 16세기와 17세기의 종교전쟁의 와중에서 발생했다. 주권국가의 등장과 더불어 전쟁은 대등한 국가끼리의 관계 문제로 변화했다. 주권국가의 등장과 함께 전쟁 당사자는 모두 정당한 적으로 간주되며 각 국가는 동등한 전쟁의 수행 권한을 지닌 것으로 인정된다. 이렇게 전쟁이 주권국가들 사이에서 일어나는 것으로 간주됨에 따라, 전쟁은 국가 상호의 국제법적인 문제가 되었다. 이런 변화로 인해 유럽 국가들은 유럽의 거의 전 지역을 초토화한 종교 분쟁과 극심한 내전에서 벗어날 수 있었던 것이다. 따라서 헤겔은 근대 주권국가들의 등장으로 인한 전쟁의 합리화와 제한의 긍정성을 말하는 것이다.

종교전쟁이나 당파전쟁에서 전쟁 당사자들은 상대방을 범죄자로 혹은 영원히 화해 불가능한 불구대천의 적으로 규정한다. 그래서 화해나 협정에 의한

---

[25] Ilting III, 836 이하.

전쟁의 종식은 상당히 어렵게 된다. 슈미트에 의하면 근대 유럽의 주권국가의 등장과 함께 전쟁이 주권국가들 사이에서 수행되는 것이 됨으로써 이제 유럽은 "16세기와 17세기의 교파들 사이의 전쟁에서 전쟁의 최악의 잔혹성과 타락의 동기를 내전에 제공하였던 신앙상의 독선을 극복"할 수 있었다.[26)]

근대의 주권국가가 종교전쟁의 비참함을 극복하는 데 성공했다는 측면 이외에도 헤겔은 전쟁 수행에 관련해서 근대에서 발생한 긍정적인 측면들을 언급한다. 즉 근대 국가들 사이의 체계에서 소위 '전쟁 수행에서의 정의'(jus in bello)가 보다 확고하게 확립되었다는 것이다. 예를 들어 전쟁 중에 사로잡힌 포로들의 대우가 개선되었다. 고대 그리스는 전쟁 중에 사로잡힌 사람들을 노예로 삼거나 마음대로 죽일 수 있었다고 헤겔은 강조한다. 그러나 이제 전쟁 수행 규범이 바뀌었다. 전쟁은 국가와 국가 사이에서 벌어지는 행위이기에 개인적인 적대감은 부차적인 것으로 변했고, 따라서 "더 공격하지 않는 사람들 혹은 자신을 방어하는 사람들은 보호된다"고 그는 말한다. 즉 근대에서 교전 당사국의 군인들은 함부로 취급되지 않는다. 이와 함께 전투원과 비전투원의 구별이 중요해졌다고 헤겔은 강조한다. 성직자들이나 의사들은 포로로 잡히지 않고 보호된다고 근대에서 발생한 전쟁 수행 과정에서 행동 규칙들의 변화상을 언급한다(Ilting III, 837 이하). 요약하면 근대에서 전쟁은 국가와 국가 사이에서 벌어지는 일로 정착되었기 때문에, 전쟁 수행 중에 벌어졌던 관행이 변화했고 이에 따라서 "학대를 막는 상호 존중의 관계가 등장한다"는 것이다 (Ilting IV, 743).

1819~20년의 강의에서 헤겔은 근대 전쟁 수행 과정에서의 인도화 내지 합리화 현상을 다음과 같이 묘사한다. "그리스의 공화국은 포로들을 죽이는 것이 관습이었다. 우리의 관습은 이것과 완전히 다르며, 무장 해제된 사람들은 항상 인간으로 인정된다. 곧 전쟁은 평화의 가능성이 여전히 허용되는 방식으로 이루어져야만 한다. 그러므로 사절들은 존중되고 마찬가지로 평화 조약의

---

26) 슈미트, 앞의 책, 152쪽 이하.

체결을 위해 파견된 대표자들도 존중된다. 그래서 사절을 살해하는 행위는 가장 극악한 국제법적 범죄의 하나로 간주되어 마땅하다. 곧 전쟁은 평화적인, 일반적인 제도들에 대해서 행해지지 않는다. 즉 사법(司法), 강의와 예배는 중단되어서는 안 된다."[27]

Ⅲ. 칸트의 영구평화론 비판

헤겔의 전쟁론 및 칸트의 영구평화론에 대한 비판으로 인해 헤겔은 '전쟁선동가' 칸트는 '평화주의자'라는 대비가 널리 성행하고 있다. 일례로 하버마스는 다음과 같이 쓰고 있다. "그러나 칸트의 기획에서 그를 이끌었던 도덕적 보편주의는 아무튼 척도가 되는 직관으로 남아 있다. 그럼에도 칸트의 인류도덕에 대한 헤겔의 비판 이래 성공적인 영향사를 갖고 오늘날까지 깊은 흔적을 남긴 한 논리가 근대의 이 도덕적·실천적 자명성에 대항하고 있다. 이 논리는 슈미트를 통해 가장 날카로운 정식화와 한편으로 예리하고 다른 한편으

---

[27] Henrich, 279. Ilting Ⅳ, 743 참조. 니콜라스 포션(Nicholas Potion)에 의하면 '전쟁 수행에서의 정의'는 크게 두 가지 원칙, 즉 '비례성'(propotionality)의 원칙과 '차별성'(discrimination)의 원칙이다. 전자에서 취급되는 것 중의 하나가 포로들을 학대하거나 심지어 죽이는 것의 부당성에 관한 문제이다. '차별성'의 원칙은 적의 일부만을 적법한 공격의 표적이 되도록 구별하려는 것과 결부되어 있다. 그래서 이 원칙에 따라서 전투원과 비전투원이 구별되어야 하고, 최소한 노인, 민간 여성 및 아동은 공격 대상이 되지 않아야 한다. 포션은 이 두 가지 일반적 원칙 이외에 전쟁 수행에서 지켜야 할 정의의 목록으로 다음과 같은 사항을 언급한다. "① 확인 사살(Double Trapping)은 허용되지 않는다. 이는 전장에서 기동할 때 상처 입은 적군이 나중에 등 뒤에서 충격을 가해올 것에 대비해 확인 사살하는 것을 말한다. ② 민간인의 집과 여타 재산을 약탈해서는 안 된다. ③ 포로의 개인 소유물을 약탈해서는 안 된다. ④ 민간인 또는 적군 여성을 강간해서는 안 된다. ⑤ 적의 의료 시설을 공격하는 것은 금지된다. ⑥ 종교 시설물을 공격해서는 안 된다. ⑦ 적군 포로를 고문하거나 세뇌하거나 음식, 의류, 치료 기회 및 숙소를 박탈해서는 안 된다. ⑧ 적군 포로를 군사적 목적으로 이용해서는 안 된다"(「전쟁에 대한 세 가지 접근법: 평화주의, 현실주의, 정의전쟁론」, 『국제정치에 윤리가 적용될 수 있는가』, 앤드루 볼즈 엮음, 김한식·박균열 옮김, 철학과현실사, 2004, 76쪽 이하).

로 착란된 논증을 경험했다."²⁸⁾

　하버마스는 칸트를 슈미트와 대조하면서 헤겔을 슈미트와 연결하고 있다. 그러나 이런 대비는 결코 설득력이 없을 뿐 아니라, 사태에 대한 심각한 단순화, 심지어 왜곡의 산물이다. 앞에서 헤겔 전쟁이론의 특성에 대해서 살펴보았기에 이하에서는 영구평화론에 대한 헤겔의 비판을 검토해볼 것이다. 나는 헤겔이 왜 칸트의 영구평화론을 비판하는가를 다루기 전에 칸트와 헤겔이라는 두 사상가가 우선 전쟁과 국제관계에 대해 얼마나 많은 근본적인 것을 공유하고 있는가를 언급할 것이다.

1) 칸트와 헤겔의 유사성

　칸트의 영구평화에 대한 헤겔의 비판을 읽는 사람들은 이 두 사상가 사이에 화해할 수 없는 거리감이 존재한다는 인상을 받기 쉽다. 그러나 그런 인상은 철저하게 표면적이다. 전쟁이론이나 근대 주권국가의 이론 및 국제법과 세계시민법과 밀접하게 결합된 역사철학적인 영역에서 칸트와 헤겔은 아주 중요한 사항들에서 일치를 보여준다. 우리는 이미 헤겔이 전쟁에서의 인륜적 계기를 강조했음을 살펴보았다. 이 점에서 칸트 역시 헤겔과 본질적 차이가 없다.²⁹⁾

------

28) 하버마스, 앞의 책, 221쪽.
29) 전쟁의 고귀함에 대한 강조가 독일에 독특한 현상이라고 이해해서는 안 된다. 전쟁의 고귀함에 대한 예찬은 일반적인 현상이라고 할 것이다. 일례로 오늘날 전쟁의 미덕에 대한 강조는 9·11 테러 이후 미국에서도 심심찮게 등장한다. 9·11 테러가 발생한 직후 부시 미 대통령 직속 생명윤리위원회 위원장인 레온 카스가 한 주장을 토대로 앤 노턴(Ann Norton)은 다음과 같이 설명하고 있다. "레온 카스는 9·11 이후 이렇게 썼다. '좀 미묘하고 다양한 방식으로 미국의 도덕적 진지함이 눈에 띄게 증가한 것을 느낄 수 있다.' 이러한 도덕적 진지함은 성찰의 문제가 아니다. '생각 없고 안이한 상대주의의 안개를 걷어내고 지각 있는 도덕적 판단이라는 신선한 바람이 우리로 하여금 악을 있는 그대로 볼 수 있게 만들었다.' 전쟁은 생각이 잠식했던 명징성을 회복시켰다. 전쟁은 미덕도 복원한다. 전쟁이 없으면 영웅주의나 용기, 용맹, 희생이 사라진다. 〔……〕 전쟁은 문명의 위기에서 인간을 구출한다. 전쟁은 인간으로 하여금 충성심과 헌신을 생각하게 하고 인간들의 생각을 깊게 만든다. 전쟁은 인간에게 평화가 가로막고 있던 결정을 강요한다. 전쟁은 인간을 결단력 있게 만든다. 전쟁은 남자들을 여자들과 분리하며 남자들에게 남자들이 다른 시대에는 지니고 있었던 미덕을 복원해준다. 전쟁은 보통의 남자들도 위대함을 가질 수 있게 한다"(박성래, 『레오 스트라우스: 부활하

칸트는 『판단력 비판』에서 인간의 용기를 칭찬하면서 소위 고도로 문화가 발달한 곳에서도 군인을 특별히 존경하는 현상이 있음을 주목한다. 칸트는 미감적 판단의 관점에서 볼 때 정치가보다는 군인이 더 큰 존경을 받아 마땅하다고 이야기한다. 그 후에 바로 칸트는 전쟁의 숭고함에 대해서 다음과 같이 언급한다. "전쟁조차도, 만일 그것이 질서 있게 그리고 시민법을 신성하게 존중하면서 수행된다면, 그 자체로 어떤 숭고함을 가지는 것이며, 또 동시에 그와 같이 전쟁을 수행하는 국민이 더 많이 위험에 처해 그러한 상황에서 용감하게 자신을 주장할 수 있는 만큼, 전쟁은 그 국민의 사유 방식을 더욱더 숭고하게 만든다. 반면에 오랜 평화는 한낱 상업정신 그리고 이와 더불어 천박한 이기심과 비겁함과 문약함을 퍼뜨리고 국민의 사유 방식을 저열하게 만들곤 한다."[30]

칸트는 지속적 평화가 인간의 미덕을 해체한다고 주장하면서 전쟁의 도덕적 의미와 숭고함을 언급하는 데 그치지 않는다. 그는 전쟁을 세계시민 상태의 창출을 포함한 온갖 인류의 문화에 이바지하는 모든 재능을 발휘하게 하는 동력으로 간주하기까지 한다. "전쟁은 인간의 무의도적인(억제할 수 없는 격정에 의하여 자극된) 기도(企圖)이면서도, 지고한 지혜의 깊이 숨은, 아마도 의도적인 기도, 즉 여러 국가들의 자유에 관한 합법칙성과, 그에 의하여 도덕적으로 정초된 체계의 통일을 확립하지 못하면 준비라도 하려는 기도이기도 하다. 또 전쟁이 인류에게 부과하는 가장 무서운 고통에도 불구하고 그리고 평화시에 전쟁을 위한 부단한 준비가 가하는 아마도 훨씬 더 커다란 고통에도 불구하고, 문화에 이바지하는 모든 재능을 최고도까지 발전시키는 […] 또 하나의 동기이다."[31]

──────────────

는 네오콘의 대부』, 김영사, 2005, 141쪽에서 재인용).
30) 칸트, 『판단력 비판』, 130쪽 이하(AA V, 263).
31) 같은 책, 341쪽(AA V, 433). 인간성을 고귀하게 만드는 전쟁의 위대성에 대한 언급은 『영원한 평화를 위하여』(Zum ewigen Frieden)에서도 발견된다(이한구 옮김, 서광사, 1992, 49쪽 참조. AA VIII, 365).

전쟁에 대한 칸트의 긍정적인 태도는 헤겔의 그것과 크게 다르지 않다. 그러므로 헤겔은 전쟁을 옹호하는 철학자이고 칸트는 평화 지향적인 철학자라는 이원적 대립은 문제를 지극히 단순화하는 것이다. 19세기 후반과 20세기의 여러 학자들이 전쟁을 무조건적으로 찬양하고 미화하는 방향으로 헤겔의 전쟁이론을 악용한 것처럼, 칸트의 전쟁이론 역시 그러하였다는 점을 망각해서는 안 된다. 헤겔의 전쟁이론을 악용한 사람들로서 대표적으로 아돌프 라송(Adolf Lasson)이나 율리우스 빈더(Julius Binder)를 들 수 있을 것이다.[32] 특히 비스마르크 시대에 라송과 뢰슬러(Rößler)는 칸트의 영구평화 이론에 반대하여 헤겔의 소위 '현실주의적' 국가이론을 옹호하고자 시도했다. 이들은 헤겔을 "민족적 권력국가의 정초자"이자 전쟁을 미화하는 사람으로 해석했다. 이런 해석 방향과 더불어 독일에서는 20세기 초에 카를 포아렌더(Karl Vorländer)나 파울 나토르프(Paul Natorp)와 같은 칸트주의자들이 영원한 평화를 갈망하는 칸트의 모습을 집중적으로 부각하였다.[33] 그리하여 평화주의자 칸트 대 전쟁주의자 헤겔이라는 잘못된 구별이 점점 자리 잡게 되었던 것이다.

오트만이 적절하게 지적하듯이 "헤겔 정치철학의 이런 영향사는 헤겔의 비판자들에 의해 헤겔 철학 자체와 종종 혼동되었다."[34] 그러나 헤겔의 전쟁 이론만이 악용된 것은 아니었다. 예를 들어 쿠노 피셔(Kuno Fischer)와 같은 칸트주의자는 전쟁에 대한 칸트의 긍정적인 태도를 기초로 하여 전쟁을 미화하였다.[35] 칸트의 전쟁이론을 전쟁의 미화로 해석하는 경향은 일회적이거나 드물게 나타나는 현상이 아니었다. 로수르도에 의하면 제1차 세계대전의 과정에

---

32) V. Hösle, 앞의 책, S. 581 이하 참조.
33) 이들 신칸트주의자들 역시 제1차 세계대전의 와중에서 칸트를 정치적으로 악용했다. 그들은 독일인들이 칸트가 말하는 도덕적 엄격성을 간직하고 있기 때문에 소위 감각적이고 향락적인 프랑스인들과 물질주의적이고 상업적인 영국인들을 정신적으로 지도해야 한다고 주장하면서 칸트 철학의 이름으로 독일의 승리를 정당화했다. 이에 대해서는 박찬국, 『하이데거와 나치즘』, 문예출판사, 2001, 349쪽 참조.
34) H. Ottmann, 앞의 글, 앞의 책, S. 269.
35) 김상봉, 「법을 넘어서: 칸트의 영구평화론에 대한 비판적 고찰」, 『정의로운 전쟁은 가능한가』, 80쪽 참조.

서 셸러는 『판단력 비판』의 칸트를 전쟁을 미화하기 위한 수단으로 적절하게 이용하기도 했다. 그러므로 로수르도는 다음과 같이 말하고 있다. "그러므로 전쟁철학은 칸트를 증거로 끌어대는 것을 주저하지 않았다. 일정한 측면에서 이 전쟁철학은 [……] 『법철학』의 저자보다는 『판단력 비판』의 저자에게 더 동질감을 느꼈다."[36]

둘째로 칸트는 헤겔과 마찬가지로 주권국가를 긍정할 뿐 아니라, 주권국가에 대한 내정 불간섭 원칙을 수용한다. 이런 측면에서 칸트 역시 고전적 국제법의 패러다임에서 사유하고 있다. 헤겔과 달리 칸트는 전쟁이 발생할 가능성이 상존하는 국제법의 자연 상태를 넘어서 전쟁을 폐지하고 국제관계에서의 영구평화를 정착시키기 위한 이념을 모색한다. 그렇지만 칸트는 세계시민적 상태로 이행하기 위한 조치로서 국가들에게 각각의 권리를 보장하는 "국제연맹"(Völkerbund)을 주창한다. 전쟁 수단을 최종적으로 포기하는 자유로운 국가들로 형성된 연맹은 회원 국가들의 주권을 침해할 수 있는 상위의 권한을 지니지 않는다. 그래서 그는 "국제국가"(Völkerstaat)를 모순 개념으로 여기면서 여러 독립국가들이 "서로 대항할 수 있는 권리를 갖는 것으로 간주해야만 한다"고 주장한다.[37] 칸트가 영원한 평화를 달성하기 위한 제도적 장치로서 "세계 공화국이라는 적극적인 이념 대신에 소극적 대안으로서 연맹을 구성"할 것을 제안하는 것도 바로 그가 개별 국가 주권을 포기할 수 없는 것으로 보기 때문이다.[38]

셋째로 칸트가 영구평화를 위해 제기한 국제연맹의 실질적 내용을 고려할 때, 헤겔이 전쟁 수행 중에 전쟁의 종식과 평화의 가능성을 보장하기 위해 국가들 사이에서 지켜야만 할 것으로 간주한 내용과 본질적인 차이가 없다. 칸트는 『영원한 평화를 위하여』에서 국가 사이의 영원한 평화를 위한 확정 조항

---

36) D. Losurdo, *Hegel und das deutsche Erbe*, S. 459. 물론 여기에서 헤겔과 칸트 중 누가 더 정치적으로 악용되었는가는 중요하지 않다. 여기서 중요한 것은 칸트와 헤겔의 대립 구도라는 것이 얼마나 근거가 없는 것인가를 드러내는 것이다.
37) 칸트, 『영원한 평화를 위하여』, 31쪽(AA VIII, 354).
38) 같은 책, 35쪽(AA VIII, 357).

으로 다음 세 가지를 언급한다. 1. "모든 국가의 시민적 정치체제는 공화체제여야 한다." 2. "국제법은 자유로운 국가들의 연방체제에 기초하지 않으면 안 된다." 3. "세계시민법은 보편적 우호의 조건들에 국한되어야 한다." 마지막 확정 조항이 분명하게 보여주듯이 칸트는 세계시민법을 "보편적 우호(allgemeinen Hospitalität)의 조건들에 국한"하고 있다.[39] 그가 이해하는 우호란 "한 이방인이 낯선 땅에 도착했을 때 적으로 간주되지 않을 권리"를 의미한다. 이 권리는 모든 사람들에게 허용되어 있는 것인데, 그것은 사실상 "방문의 권리"(Besuchsrechts)에 지나지 않는다. 그러므로 칸트에게 "세계시민법"의 실질적인 내용은 낯선 땅에 도착한 사람들이 일시적으로 체류하고 그곳에서 다른 사람들과 교제하는 권리인 것이다.[40]

지금까지 살펴본 것처럼 헤겔과 칸트는 전쟁과 국제관계에 대해서 서로 그렇게 대립적이지 않다. 다만 칸트와 헤겔의 결정적인 차이가 있다면, 헤겔은 국가연합을 요구하지 않으며 "영원한 평화"의 이념을 명시적으로 비판하고 있다는 점뿐이다.[41] 오트만의 이런 지적은 전적으로 타당하다. 그러나 오트만은 헤겔의 이론 속에 실마리로나마 존재하는 보편국가로의 이행 가능성을 소홀히 다룬다. 헤겔은 『세계사에 대한 강의』에서 다음과 같이 말하고 있다. "진보는 이제 자유로운 특수성의 형성이고, 이 자유로운 특수성은 상이한 국가들의 성격을 형성한다. 그러나 이 일은 그들이 통일, 즉 서로 관계를 이루는 방식으로 일어난다. 국가들은 독립을 추구한다. 그리고 이것은 그들의 명예이다. 국가들은 독립을 향한 완강한 태도를 그리스 국가들과 공유한다. 〔……〕 그러나 모든 상이성 속에서도 모든 게르만의 원칙들 속에는 동일성이 존재한다. 그렇기 때문에 독립 또한 단지 형식적인 원리로서 간주되어야만 한다. 국가들 사이에는 그리스와 페르시아 사이와 같이 절대적 차이가 지배하지 않는다. 한 국가가 다른 국가에 병합될 때마다 그 국가는 단지 형식적인 독립성을

---

39) 같은 책, 24쪽 이하(AA VIII, 349).
40) 같은 책, 36쪽 이하(AA VIII, 358).
41) H. Ottmann, 앞의 글, 앞의 책, S. 268 이하.

잃어버리게 된다. 그러나 그 종교, 법률, 그 삶의 구체적인 것은 사라지지 않는다. 그러므로 국가들의 방향은 마찬가지로 그 통일을 향해 간다."[42]

위 인용문이 보여주는 것처럼 헤겔은 유럽의 통일 가능성을 전적으로 배제하지 않는다. 그가 보기에 적어도 유럽 국가들 사이의 통일 가능성은 존재한다. 그 가능성을 높이는 결정적인 요인은 정치적 차원에서 보면 동일한 근대 국가적 원리들을 공유하고 있다는 점이다. 그뿐 아니라 헤겔은 유럽 국가들이 공유하는 여러 동질성을 통일의 유일한 조건으로 언급한다. 그래서 그는 유럽의 정치적·사회적·문화적 동질성을 전쟁과 같은 방식으로 이루어지는 통일과는 다른 유럽 국가들을 통일로 "이끄는 것"(das Hegemonische)으로 강조한다. 그것은 바로 유럽 국가들이 공유하는 "정신"(Geist)이다.[43] 헤겔이 보기에 유럽의 여러 국가들은 "그들의 입법의 보편적 원리들, 그들의 관습, 그들의 교양"의 측면에서 볼 때 "한가족을 형성하고" 있다. 그래서 유럽 국가들은 국제법상의 행동 방식에서도 변화를 보여준다는 것이다. 즉 서로 많은 공통성을 공유하고 있는 유럽 여러 나라들은 "서로 해악을 가하는 것이 지배적일 수 있는 상황에서도 국제법적 행동"을 변화시킨다(7, 502 이하). 심지어 헤겔은 『미학강의』에서 유럽 국가들 사이에는 전쟁의 가능성이 존재하지 않는다고까지 말한다(15, 353).

2) 칸트의 영구평화론에 대한 헤겔의 비판

칸트와 헤겔 사이에는 여러 가지 공통점에도 불구하고 국제관계를 바라보는 중요한 차이점이 하나 존재한다. 칸트는 세계시민법을 통해 국가들 사이의 영구평화라는 주제를 탐구하지만, 헤겔은 세계시민법에 대해서 전혀 언급하지 않는다는 것이다. 칸트는 법을 '국법, 국제법, 세계시민법'으로 구별한다. 그래서 법이론의 체계상 칸트의 이론은 영구평화에 대한 구상을 포함하고 있다. 칸트는 법의 체계를 시민법, 국제법, 세계시민법으로 분류하는 것을 "자

---

42) G. W. F. Hegel, *Vorlesungen über die Philosophie der Weltgeschichte*, S. 761.
43) 같은 책, 같은 쪽.

의적인 것이 아니라, 영원한 평화의 이념에 걸맞은 필연적인 것"이라고 강조한다. 달리 말해 "세계시민법의 이념은 […] 공적인 인간의 권리와 영원한 평화의 유지를 위해 필수 불가결한 것이다."[44] 그뿐 아니라 칸트는 모든 전쟁을 종식하고자 하는 계획을 "단순한 이성의 한계 내에서 법론의 한 부분"이 아니라 "전체적인 궁극 목적"으로 설정한다(AA VI, 355).

여기는 칸트의 영구평화론에 대해서 상세하게 언급할 자리가 아니다. 간단하게 말해 칸트는 국제관계에서 전쟁의 가능성을 영구적으로 철폐하려는 이상의 가능성을 공화주의적 정치질서가 창출할 것으로 기대되는 평화 지향성에서 찾는다. 그는 다음과 같이 천명한다. "인간의 자연적 권리들과 부합하는 헌법의 이념, 즉 법률에 복종하는 자들이 동시에 하나로 통합되어 입법적 기능을 가져야 한다는 사실은 모든 국가 형태의 기저에 놓여 있는 것이고, 이념에 따라 […] 플라톤적 이상을 뜻하는 예지적 공동체(respublica noumenon)는 공허한 몽상이 아니라 모든 시민적 헌법 일반의 영원한 규범이고, 모든 전쟁을 제거한다."[45] 칸트에 의하면 "어떤 전쟁도 있어서는 안 된다"는 명제는 "도덕적-실천적 이성"이 우리에게 부과하는 "거부 명령"(Veto)이다(AA VI, 354). 이렇게 전쟁을 종식하고 항구적인 평화를 추구하라는 것은 "최고의 도덕적 입법권의 영예를 지닌 이성"이 내리는 "직접적인 의무"이다(AA VIII, 356).

칸트가 국가들 사이의 전쟁 상태를 극복하고 보편적이고 영구적인 평화를 모색하고 있음에도, 그가 염두에 둔 전쟁은 사실상 헤겔의 경우에서처럼 유럽의 근대 주권국가들 사이에서 벌어진 제한전쟁이었다. 그러므로 칸트의 전쟁이론이 기본적으로 고전적인 국제법의 제한전쟁 이론의 특성을 띠는 것은 이상한 일이 아니다. 칸트는 『영원한 평화를 위하여』에서 6개의 "국가 사이의 영구평화를 위한 예비 조항"을 설정한다. 그중 여섯째 예비 조항은 다음과 같다. "어떠한 국가도 다른 나라와의 전쟁 동안에 장래의 평화 시기에 상호 신뢰를 불가능하게 할 것이 틀림없는 다음과 같은 적대 행위, 예컨대 암살자(percus-

---

44) 칸트, 앞의 책, 24쪽; 40쪽(AA VIII, 348; 360).
45) AA VII, 90 이하.

sores)나 독살자(venefici)의 고용, 항복 조약의 파기, 적국에서의 반역(perduellio) 선동 등을 해서는 안 된다." 이 항목에 대한 설명 부분에서 칸트는 다음과 같이 주장한다. "이와 같은 짓은 비열한 전략이다. 왜냐하면 전쟁 중이라 하더라도 적의 성품에 대한 어떤 신뢰가 남아 있지 않으면 안 되기 때문이다. 그렇지 않다면 어떤 평화도 체결할 수가 없게 되어, 적대 행위는 초토화 섬멸전이 될 것이기 때문이다. 전쟁은 각 국가가 폭력으로써 자신의 권리를 주장하는 자연 상태(이 경우 적법한 판결을 내릴 수 있는 법률 기관은 없다)에서의 비참한 호소 수단인 까닭에, 어느 쪽이 부당한가를 가려낼 방도가 없다. 〔……〕다만 그러한 결정 대신에 싸움의 **결과**만이 (소위 신의 판결에 의해 주어지듯이) 어느 쪽이 정당했던가를 가름해준다. 그러나 국가 사이에는 응징의 전쟁도 생각할 수 없다. (왜냐하면 국가 사이의 관계는 지배자와 피지배자의 관계일 수 없기 때문이다.) 이러한 사실에서 다음과 같은 사실이 귀결된다. 양측 모두를 파괴하고 일체의 정의마저 파괴할 수 있는 섬멸전(bellum internecinum)은 영원한 평화를 한낱 인류의 거대한 묘지 속에서나 가능하게 할 수 있을 것이다. 그러므로 그러한 전쟁과 그것으로 이끄는 모든 수단의 강구는 절대적으로 금지되어야만 한다."[46]

위 인용문은 사실상 칸트가 염두에 두고 있는 전쟁이 제한전쟁이자 무차별 전쟁임을 잘 보여준다. 헤겔과 마찬가지로 칸트 역시 전쟁 개시의 정당성 여부를 판단할 근거가 없다고 주장하며, 전쟁의 결과만이 어느 쪽이 정당한지를 보여줄 수 있을 뿐이라고 강조한다. 그뿐 아니라 칸트 역시 전쟁 수행 중에 지켜야만 하는 규칙들을 강조한다. 전쟁은 평화의 가능성, 즉 전쟁의 종식이 불가능할 정도로 무제한적으로 수행되어서는 안 된다는 것이다.[47]

---

46) 칸트, 앞의 책, 18쪽(AA VIII, 346 이하).
47) 칸트의 전쟁 개념이 18세기 주권국가들 사이의 전쟁이라는 점에 대해서는 Matthias Lutz-Bachmann, "Kants Friedensidee und das rechtsphilosophische Konzept einer Weltrepublik," *Frieden durch Recht. Kants Friedensidee und das Problem einer neuen Weltordnung*, hg. v. Matthias Lutz-Bachmann und James Bohman, Frankfurt, 1996, S. 28 참조.

모든 전쟁을 끝내고 이 지구상에 영원한 평화를 실현하기 위한 이상을 모색하는 과정에서 칸트는 자신의 주권국가의 원칙과는 모순되지만 중세의 정의로운 전쟁에 대한 관점을 다시 근대에 끌어들인다.[48] 이 정의로운 전쟁 이론은 근대의 고전적 국제법의 이론과는 본질적으로 다른 요소를 안고 있었다. 그리고 그가 국제법 분야에서 목표로 삼았던 이상은 20세기에 들어와서 본격적으로 커다란 영향을 행사하기 시작했다. 칸트의 이론이 지니는 이중성과 모순점을 도외시한다고 하더라도, 그는 영구평화를 고민하는 과정에서 "정당하지 않은 적"(einen ungerechten Feind)이라는 개념을 도입한다. 그는 "그의 공적으로 표현된 의지(말로든 행동으로든)를 보편 규칙으로 삼을 경우 여러 민족들 사이에 어떤 평화 상태도 불가능하게 만들 준칙을 보여주는" 국가를 "정당하지 않은 적"으로 규정한다.[49] 무제한적 주권국가들의 긍정과 고전적 국제법의 지평을 넘어서려는 모색 사이에서의 칸트의 방황은 "국제법을 전쟁을 일으킬 수 있는 권리"로 이해하는 관점을 "야만적 자유"로 이해하는 데에서도 나타난다. 달리 말하자면 "국제법이라는 개념을 전쟁을 할 수 있는 권리(eines Rechts zum Kriege)로 볼 경우에, 그것은 실제로 아무런 의미도 갖지 못할 것"이라고 칸트는 말한다. 그래서 그는 이런 관점을 국가들을 파멸로 이끌어버리는 것으로 비판하면서 국가들의 세계를 법적으로 규제할 가능성을 모색해야만 한다고 강조하고 있다(AA VIII, 356 이하).[50]

칸트와는 달리 헤겔은 '대내적 국법, 대외적 국법 그리고 세계사'로 나눈다. 헤겔은 국가들 사이의 영구평화의 문제를 미해결의 문제로 둔다. 영구평화의 이상을 추구하는 '세계시민법'의 영역이 헤겔의 이론에는 존재하지 않고 그 자리를 세계사가 차지한다. 왜 헤겔은 칸트의 영구평화론을 비판하는 것인가? 칸트의 영구평화론에 대한 헤겔의 비판을 세 가지로 나누어 고찰해

---

48) "전쟁의 불가피성과 유익함을 말하면서 전쟁의 종식을 꿈꾸는" 칸트와는 달리 "헤겔은 칸트보다 일관된 입장을 취했다"고 김상봉은 말한다(김상봉, 앞의 글, 앞의 책, 80쪽).
49) AA VI, 349.
50) 칸트, 앞의 책, 34쪽 이하.

본다.

첫째로 헤겔은 영구평화의 이념을 단순한 공상이나 추상적인 당위 차원에서 제시된 도덕적 교설 내지 희망 사항에 불과한 것으로 비판한다. 국가의 개체성 속에 타자, 즉 다른 국가에 대한 부정성이 본질적이라는 사실은 이미 살펴보았다. 그렇다면 다수의 주권국가들로 구성된 근대 세계에서 세계시민사회는 어떻게 가능한가? 헤겔이 보기에 그런 희망은 공허하다.

근대 세계에서 국제법의 행위 주체는 주권국가이다. 국제법은 국가들 사이에 형성된 약속이므로 그 자체 구속력을 지니는 것은 당연하다. 그러나 국가와 국가 사이의 계약 이행 여부는 철저하게 개별 국가의 주권자의 판단에 속하는 것이라고 헤겔은 주장한다. 그러므로 국가들 사이의 관계는 "단순한 당위"의 문제이다. "국제법은 여러 독립국가 사이의 **관계**를 토대로 한 것이다. 그리하여 국제법에서 즉자 대자적인 요소를 이루는 것은 **당위**의 형식을 취한다. 왜냐하면 국제법이 현실적으로 준수되는가의 여부는 오직 **상이한 주권적 의지**에 달린 문제이기 때문이다"(7, 497).

국가들 사이에 형성된 계약이나 조약의 이행을 강제할 권력이 존재하지 않는 국제사회에서 국제법적 기초는 대단히 취약하다. 이런 상황에서 영구평화에 대한 칸트의 구상은 실현 가능성이 전혀 없다는 것이 헤겔의 입장이다. 그는 다음과 같이 말한다. "국가 사이에는 대법관이란 있을 수 없으며 기껏해야 중재자나 조정자가 있을 뿐이지만 이들도 또한 한낱 우연적인 방법, 다시 말하면 특수적 의지에 따라서 존재할 뿐이다. 모든 분쟁을 조정하고 저마다 개별 국가에 의하여 인정된 힘으로서 일체의 갈등을 해결하며 이럼으로써 또 전쟁을 통한 결정을 불가능하게 한다고 하는 국제연맹에 의한 **영구평화**에 관한 **칸트적** 발상은 아예 모든 국가의 합의를 전제로 하는 것이다. 그런데 이러한 국가 사이의 합의란 그것이 도덕적·종교적, 아니면 또 그 밖에 어떤 근거나 고려에 바탕을 둔 것이건 간에 언제나 그것은 도대체가 특수한 주관적 의지에 바탕을 둔 것이므로 응당 우연성에 매여 있을 수밖에 없다"(7, 500).

위에서 인용한 헤겔의 칸트 비판은 전적으로 타당하다. 헤겔은 칸트의 영구평화론이 갖고 있는 논리적 비일관성을 분명하게 인식하고 있기 때문이다. 사실상 칸트의 국제연맹 구상이 안고 있는 모순점은 분명하다. 앞에서 살펴본 것처럼 그는 한편으로 주권국가의 무제한적 권리를 긍정한다. 그래서 그는 "국가 사이의 영구평화를 위한 예비 조항"을 설명하는 과정에서 다른 국가에 대한 내정 간섭을 그 "국가의 권리를 침해하는" 것이자 "공격"이며 "국가의 자율성을 위협하는 일"로 간주한다.[51] 다른 한편으로 칸트는 국가들 사이의 연맹 결성을 통해 항구적으로 전쟁을 종식시키려는 이상을 추구한다. 그러나 무제한적 주권국가들 사이에 형성된 국제연맹은 그 구성원들을 강제할 아무런 힘도 권한도 없다. 이 국제연맹이 그 구성원들 사이에 합의된 사항을 이행하도록 만들 아무런 법적·물리적 구속성이 없는 한, 국가들 사이에 합의된 내용의 실현은 오로지 각 국가들의 도덕적 자기 구속력에 달려 있다. 이런 점에서 볼 때 영구평화를 창출하기 위해 결성된 연맹 자체의 존립도 보장할 수 없다. 칸트 스스로 강조하고 있듯이 국제연맹은 "영구적 국제회의"(den permanenten Staatenkongreß)와 유사한 것으로 그 회의에 참여하는 국가들은 항상 참가 및 탈퇴 여부를 자유롭게 결정할 수 있다.[52] 간단하게 말해 칸트는 국가들 사이의 분쟁과 갈등을 해결하기 위해 설립된 국제연맹이 어떻게 영구성을 확보할 수 있는가에 대한 대안을 제시하지 못한다.

둘째로 헤겔이 칸트의 영구평화론을 비판하는 것은, 그가 보기에 영구평화론이 도덕과 정치의 대립에 대한 천박한 이해를 표현하고 있기 때문이다. 헤겔은 다음과 같이 말한다. "일찍이 도덕과 정치의 대립에 관하여, 그리고 다시 정치는 도덕에 합치돼야 한다는 요구에 관하여 자주 논의된 일이 있다. 〔……〕 결국 이렇듯 자의적으로 추정된(vermeintlichem) 정치와 도덕의 대립에서 항상 정치는 부당하다는 견해는 오히려 도덕에 대한, 국가의 본성 및 도덕적 관점과의 관계에 대한 생각의 천박성에 기인한다"(7, 501 이하).

칸트는 『영원한 평화를 위하여』에서 정치와 도덕의 갈등을 언급하는 과정

---

51) 칸트, 앞의 책, 18쪽 이하(AA VIII, 346 이하).
52) AA VI, 350 이하.

에서 정치는 철두철미 도덕에 복종해야만 한다고 말한다. 그는 다음과 같이 말한다. "그러므로 진정한 의미의 정치는 도덕성에 충실하지 않고서는 일보도 전진할 수 없다. 비록 정치 자체가 어려운 기술이라 해도, 정치와 도덕의 결합은 결코 기술이 아니다. 〔……〕 모든 정치는 도덕 앞에 무릎을 꿇지 않으면 안 된다. 그러나 그렇게 함으로서 정치는 비록 완만하기는 해도 영원히 빛나게 될 단계에 도달할 것을 희망할 수 있다."[53)]

헤겔은 칸트처럼 정치를 도덕적 원리에 절대적으로 복종시킴으로써 정치와 도덕의 갈등을 해결하려는 시도에 반대한다. 이 반론은 아마 칸트적인 도덕과 정치 사이의 관계 설정이 두 가지 측면에서 문제가 있음을 드러내고자 하는 것으로 보인다. 우선 헤겔은 국가를 인륜적 공동체로 보고 있기 때문에 도덕과 정치를 대립적인 것으로 설정하고, 후자를 중요하지 않은 것 내지 부당한 것으로 폄하하는 태도를 비판하고자 한다. 근대 국가는 자유의 원칙이라는 보편적 가치를 보장해주고 있는 질서라는 점을 전제할 때, 이 구체적 현실을 보다 더 이상적인 세계로 나가야 한다는 단순한 도덕적 주장과 대립시키는 행위는 국가 및 도덕에 대한 잘못된 생각에서 비롯된 것이라고 헤겔은 보고 있다. 헤겔의 논변을 근대 세계에서 특수한 정치 공동체 속에 실현된 원칙보다 상위에 있는 도덕적 권위는 존재하지 않는다는 주장으로 이해해도 좋을 것이다. 그래서 헤겔은 도덕적 당위 주장이 현실 속에서 실현된 이성의 가치를 소홀히 하고 이를 해체할 수도 있다고 항상 염려한다. 예를 들어 실현 가능성이 없는 세계시민적 상태에 대한 이상의 관점에서 현실 국가를 잘못된 것으로 비판하는 것은 타당하지 않을뿐더러, 그런 비판은 자의성에 빠지기 쉽다는 것이다. 이런 염려로 인해 헤겔은 소위 '인륜성'과 '도덕성'의 대립으로 유명한 구도를 설정하게 된다.

이로써 헤겔의 또 다른 반론이 자연스럽게 언급되었다. 정치와 도덕의 대립에 대한 잘못된 견해의 하나로 도덕의 성격에 대해서 언급하고 있는 것이다.

---

53) 칸트, 앞의 책, 76쪽(AA VIII, 380).

헤겔에 의하면 참다운 의미의 도덕은 구체적인 정치적 공동체 속에서 살아가는 삶의 방식을 전제로 하여 가능하다. 그가 '도덕성'이라고 명명하는 도덕에 대한 근대적인 태도는 구체적 삶의 맥락을 무시하고 추상적으로 도덕적 원칙을 설정하고 이 이름으로 현실을 비판한다. 그런데 이런 도덕은 역사적 삶의 구체성을 도외시하는 경향이 있고, 현실을 숭고한 도덕에 비추어 볼 때 너무나 비참하고 절망적인 것으로 치부하고 이런 현실을 근본적으로 변혁하려는 지나친 도덕적 열정과 극단적인 행동주의와 결부되기 쉽다는 것이다. 이런 문맥에서 헤겔은 프랑스 혁명의 이념에 동조하면서도 프랑스 혁명의 과정에서 나타나는 열광주의에 반대하였던 것이다. 현대적인 용어로 말한다면 헤겔은 추상적이고 보편적인 도덕적 담론의 정치적 위험성을 비판하는 것이다.

보편주의적 도덕이 과연 필연적으로 추상적이고 그리하여 구체성을 지닐 수 없는 것인지는 여기에서 다루지 않기로 한다. 나는 세계시민주의와 같은 칸트의 보편주의적 성향의 도덕이론이 일정한 문제점을 갖고 있다고 생각한다. 그렇지만 현대에서 이 이념이 그저 부정적인 것으로만 간주될 수는 없다. 다른 한편으로 특정한 역사적 국면에 등장한 국가의 합리성의 긍정이 반드시 대외적인 배타성과 공격성을 띠는 민족주의 내지 자민족 중심주의와 결합된다고는 생각하지 않는다. 우리는 친족이나 이웃 그리고 국가에 대한 충성의 이름으로 자행될 수 있는 여러 병리적 현상과 해악들에 대해서 맹목적이지 않으면서도 자기가 속한 공동체에 아무런 의무 의식도 없이 그저 말로만 혹은 가식적으로 보편주의적 도덕 원칙을 내세우는 태도 역시 경계해야 한다고 본다.

셋째로 헤겔은 영구평화론이 근대 세계에서 개입 정책의 수단으로 사용되고 있음을 정확하게 인식하고 있었다. 그는 영구평화론에 대하여 아무런 환상도 갖고 있지 않았다. 헤겔은 다음과 같이 말한다. "흔히 영구평화야말로 인류가 지향해야 할 이상으로 제시되어왔다. 그리하여 **칸트**는 국가 사이의 분쟁을 조정해야 할 군주동맹을 제창하였고, 신성동맹은 거의 이러한 제도이고자 하는 의도였다. 그러나 국가는 개체이고 바로 이 개체성 속에는 부정이 본질적으로 내포되어 있다. 그러므로 비록 다수의 국가가 하나의 가족을 이룬다 하더라도, 이 결합체는 개체성으로서 대립을 조성하면서 적대자를 산출하지 않을 수 없는 것이다"(7, 493 이하).

혹자는 칸트의 세계시민 상태에 대한 열망의 고귀함 때문에 칸트의 영구평화론을 1815년 체결된 '신성동맹'과 비교하는 것이 당혹스러울지도 모른다. 그러나 영구평화의 이념이 구체적인 현실 속에서 정치적 이익 추구를 위한 도구로 변질될 수 있다는 것은 분명한 역사적 사실이다. 에드워드 핼릿 카(Edward Hallet Carr)에 의하면 칸트의 영구평화 구상의 선구자인 아베 생피에르(Abbé Saint-Pierre)는 영구평화의 이상을 "프랑스 왕국에 유리한 현상을 영속화하려는 계획"과 연결했다.[54] 실제로 생피에르는 전쟁을 궁극적으로 없앨 것을 호소하는 글을 작성하면서, 그 저서가 터키와 같은 비기독교 국가의 위협에 더 잘 대처할 수 있도록 기독교적 공동체를 강화한다고 주장하였다고 한다. 그리고 나폴레옹 시기에 영구평화의 구호는 일종의 "보편적 군주정"(Universalisierungsmonarchie)의 "이데올로기적 정당화를 위한 수단"이 되었다.[55]

칸트의 영구평화론이 구체적인 정치적 이익 추구를 위해서 형성된 것은 아니다. 그렇지만 그의 이론 역시 정치적으로 악용되는 것을 벗어날 수 없었다. 그래서 로수르도는 영구평화에 대한 주장이 현실 속에서는 "평화의 도구로서가 아니라 오히려 전쟁의 도구"로 사용되었다고 주장한다. 프랑스 혁명과 나폴레옹의 시대가 종결되고 유럽에 복고적인 신성동맹 체제가 등장한 후에 신성동맹을 추진한 사람들은 영구평화의 이상을 정치적으로 이용했다. 신성동맹은 영원한 평화에 대한 표어를 정치적 수사로 사용하면서 유럽의 평화와 질서의 유지를 추구하는 정치를 정당화하려고 애썼다고 한다. 이런 역사적 맥락에서 헤겔이 개별 국가의 독립의 원칙을 견지하고 소위 영구평화의 이상을 비판한 것이라고 로수르도는 강조한다. 모든 국가에게 자립 원칙을 부여함으로써 헤겔은 "신성동맹의 간섭 정책을 은폐하고 정당화하는 데 기여했던 기독교적-정통주의적인 국제주의의 이데올로기를 반박"하고자 시도했다.[56]

---

54) 카, 『20년의 위기』, 김태현 옮김, 녹문당, 2003, 112쪽.
55) D. Losurdo, 앞의 책, S. 246 ; 459 참조.

국제사회에서 이상주의의 역사가 정치적 오용의 역사이기도 하다는 것은 대단히 역설적이다. 역사 속에서 국제주의적 이상주의가 특수한 이해관계를 은폐하는 가면에 지나지 않았던 경우는 비일비재하였다. 그래서 카는 국제 문제에서 이상주의가 왜 현실 속에서 실패했는가에 대해서 다음과 같이 요약하고 있다. "정의가 평화에 우선한다고 믿은 윌슨이나, 평화가 정의에 우선한다고 생각한 브리앙, 그리고 집단 안보에 대한 신념을 버리지 않은 이든은 결국 실패했다. 그들이 신념을 지키지 못했기 때문일 수도 있고, 자국민들을 동원하는 데 실패했기 때문일 수도 있고, 스스로 이들 원칙을 실천하지 않았을 수도 있지만, 중요한 것은 그것이 아니다. 중요한 것은 이들 원칙이 추상적이고 보편적인 원칙인 것처럼 보이지만 실제로는 특정 시점에 특정한 방식으로 이해한 국가 이익에 기초한 국가 정책을 무의식적으로 반영한 데 지나지 않는다는 사실이다."[57]

IV. 헤겔의 국제관계 및 전쟁론에 대한 비판적 고찰

헤겔의 전쟁론과 칸트의 영구평화론에 대한 그의 비판은 과연 얼마나 타당한 것인가? 나는 이에 대해서 네 가지 점에서 헤겔의 전쟁론을 비판하고자 한다. 그 과정에서 나는 헤겔의 칸트 비판이 시대 적합성을 상당 부분 상실했다는 점을 드러내고자 한다.

우선 우리는 헤겔의 전쟁론과 그의 철학 체계 및 정치철학의 기본적 원리의 상충을 지적할 수 있다. 헤겔은 『법철학』의 구조를 추상법-도덕성-인륜성으로 나누고 있으며 이런 구조는 자유로운 정신의 자기실현의 단계에 상응한다. 그래서 나중의 단계는 앞의 단계보다 더 구체적이고 현실적으로 자유의 이념을 실현하고 있다고 헤겔은 주장한다. 그러나 세계사의 항목에서 헤겔은 근대

---

56) 같은 책, S. 246 이하.
57) 카, 앞의 책, 114쪽 이하.

적 국민국가의 다수성의 현실을 인정하고 이들 사이를 마치 자연 상태, 즉 전쟁 상태인 것처럼 묘사하고 있다. 그런 상태가 과연 이성적인 상태인가를 되묻지 않을 수 없다. 더구나 헤겔은 항상 자연 상태를 극복해야 할 상태로 간주하였던 것을 기억한다면(10, 312), 국가 사이의 관계를 자연 상태로 두고 이를 세계사의 법정에 내맡긴다는 것은 역설적으로 보일 수밖에 없다.

둘째로 헤겔은 전쟁의 인륜적 계기를 강조하면서 전쟁의 참상에 대해서 소홀히 하고 있다. 물론 전쟁을 통해서 사람들이 평화시에는 보여주지 못하거나 경험하기 힘든 몇 가지 특수한 미덕을 발휘할 수 있다는 사실까지 굳이 부정할 필요는 없다. 전쟁 속에서 많은 사람들은 실제로 일상생활에서는 상상할 수도 없는 엄청난 희생과 영웅적 행위의 미덕을 보여주기 때문이다. 또 전쟁의 와중에서 어떤 사람들은 뜨거운 동지애를 느낄 수 있고 죽음에 대한 공포를 극복하면서 삶의 충만감 같은 감정을 경험할 수도 있을 것이다. 전쟁 속에서 사람들은 다른 사람을 위해서, 동료 병사와 시민들을 위해서 그리고 국가를 위해서 기꺼이 죽음을 택한다.

이런 사실에도 불구하고 전쟁이 얼마나 참혹한가에 대해 새삼스럽게 강조할 필요는 없을 것이다. 전쟁은 특수한 미덕을 발휘하는 곳이기도 하지만, 그 못지않게 인간을 최악의 야만적 상태로 몰고 가는 장본인이기도 하다. 전쟁의 참상은 동서고금을 막론하고 비슷하다. 기원전 5세기 아테네와 스파르타 사이에 벌어졌던 펠로폰네소스 전쟁 기간에 여러 그리스 도시국가들이 얼마나 심각하게 내적으로 분열되어 있었는지를, 또 그런 내적인 분파적 갈등이 얼마나 인간성을 타락시키는지를 투키디데스는 다음과 같이 묘사한다. "분별없는 만용이 충성스러운 용기처럼 간주되었고 비겁한 자는 심사숙고한다고 둘러댔으며, 중용은 사나이답지 않은 약자의 도피처였고, 모든 것을 안다는 자는 기실 아무것도 할 수 없는 자였다. 광포한 힘이 사내다움으로 여겨졌다. 〔……〕 폭력 예찬자가 언제나 신임을 받았고 〔……〕 파당적 결속이 동포적 결속보다 더 강하였으며 〔……〕 신의의 맹세는 신의 법을 지키기 위해서가 아니라 범죄의 공모를 위해서였다."[58]

투키디데스의 기록이 웅변하는 것처럼 전쟁은 해당 국가의 정치적·경제적 파산뿐 아니라 도덕적·정신적 파탄까지도 초래하는 것이다. 한국전쟁에서의 참상이나 전면전이 한반도에 일어나기 전에 사실상 내전 상태에 있었던 해방공간에서 좌파와 우파 사이에 일어났던 목불인견의 참상들은 전쟁이 결코 하나의 얼굴만을 지니고 있지 않다는 것을 잘 보여준다. 한국전쟁이 발발하기 전에 남쪽에서 일어났던 최악의 비극적 사태는 아마 '제주 4·3사건'일 것이다. 이제는 '제주 4·3항쟁'이라고 하는 이 사건은 아주 오랫동안 금기의 대상이었다. 1948년 4월 3일부터 제주도에서 벌어진 이루 말할 수 없는 비극은 사람들이 내전이나 전쟁과 같은 극단적 상황에서 얼마나 타락할 수 있는가를 잘 보여준다. 다음의 글은 김종민의 기록이다. "처음엔 '말태우기'와 '뺨때리기'가 유행했다. 토벌대는 주민들을 모이게 한 가운데 시아버지를 엎드리게 하고 며느리를 그 위에 태워 빙빙 돌게 했다. 또 할아버지와 손자를 마주 세워놓고 서로 뺨을 때리도록 했다. 머뭇거리다가 살살 때리면 곧 무자비한 구타가 가해졌다. 심지어는 총살에 앞서 총살자 가족들을 앞에 세워놓고 자기 부모 형제가 총에 맞아 쓰러질 때 만세를 부르고 박수를 치게 했다. 표선면 가시리 안공림씨(58)는 여덟 살 때 총살장에서 박수를 쳤던 끔찍한 기억을 갖고 있다. '너무도 끔찍해 눈을 뜰 수도 없었지만 벌벌 떨며 박수를 쳐야 했다. [······] 미친 짓거리는 점점 심해져갔다. 사람들을 학교 운동자에 모아놓고 남녀 모두 옷을 벗긴 후 강제로 성행위를 시키다 총살한 일도 있었다."[59] 제주도에서 벌어진 참상은 사실상 한국전쟁 중에 저질러진 "학살의 예비 연습"일 뿐이었고, 규모의 차이만 있었을 뿐 그 잔인성에서 다를 바 없었다고 강준만은 쓰고 있다.[60]

전쟁의 참상 이외에도 헤겔이 간과하고 있는 것은 전쟁이 개별 주권국가의

---

58) Thukydides, *Der Peloponnesische Krieg*, übersetzt und herausgegeben von Helmuth Vretska, Stuttgart, 1996, 제3권 S. 82, 232 이하.
59) 김종민, 「제주 4·3 항쟁: 대규모 민중학살의 진상」, 『역사비평』 제44호, 1998년 봄, 33쪽. 강준만, 『한국 현대사 산책. 1940년대편 2권』, 인물과사상사, 2004, 196쪽 이하에서 재인용.
60) 강준만, 같은 책, 311쪽.

내정에 미치는 부정적인 결과들이다. 전쟁의 와중에 타락하는 것은 사람들의 도덕적·정신적 태도만이 아니다. 아무리 정의롭고 합리적인 국가라 할지라도 전쟁을 하는 동안에는, 그리고 그 전쟁이 장기간 지속된다면, 그 국가는 점점 자신의 원리를 포기할 가능성이 있다. 자유와 평등의 원리에 입각한 합리적인 국가 역시 타락하여 그 원리들을 제한하거나 유명무실한 것으로 만들 가능성을 배제할 수 없다. 우리는 요즈음 미국에서 그 예를 목도하고 있다. 근대의 자유민주주의 체제를 대표하는 미국이 소위 대테러 전쟁이라는 미명하에 미국이 스스로 가장 소중히 여긴다고 공언해온 가치들을 심각하게 훼손하는 것을 우리는 보고 있는 것이다. 그중에서 몇 가지를 언급하자면 다음과 같다. 전쟁 개시의 권한이 의회에 있다는 명문화된 법을 어기고 미국 대통령이 의회의 동의 없이 전쟁을 선포하는 행위는 전통적 권력분립의 원칙을 심각하게 훼손하고 있다. 9·11 테러 직후 통과된 '애국법'(Patriot Act)은 수사 당국에 이메일과 전화를 도청·감청할 수 있는 권한을 부여했을 뿐 아니라, 의료 및 도서관 기록 검열 등 개인 정보에 대한 무제한적 접근과 비밀 영장 체포를 허용하고 있다. 그리하여 이 법은 숱한 인권 침해 논란과 민주주의에 대한 중대한 위협이라는 비판을 받고 있다.

찰머스 존슨(Chalmers Johnson)에 의하면 미국은 점진적인 제국주의화로 인해 이미 민주공화국의 가치와 원칙들이 심각하게 손상되고 있다. 그는 미국의 군사주의적 경향의 확대와 9·11 테러 이후 지속적인 전쟁 상태가 미국에 가져올 불행한 결과들을 다음과 같이 요약하고 있다. "로마 제국의 슬픔은 수백 년에 걸쳐서 쌓여왔다. 우리 제국의 슬픔은 페덱스 사의 배달 속도로 당도하는 듯하다. 현재의 추세가 계속된다면, 내가 보기에는 네 가지 슬픔이 미국에 찾아올 것이다. 그리고 그 누적되는 영향으로 미국은 헌법에서 규정한 국가와는 전혀 동떨어진 모습이 될 것이다. 먼저 항구적인 전쟁 상태가 지속될 것이다. 이로 인해 어디서든 대미 테러가 더욱 많이 발생할 것이고, 약소국들이 제국주의 거인에 맞서려고 하면서 대량 살상 무기 의존도가 더욱 높아질 것이다. 둘째로 대통령직이 의회를 완전히 무력하게 만들고, '행정부'(executive branch)

에서 일종의 '펜타곤화된 대통령'(Pentagonized presidency)으로 변모함에 따라, 민주주의의 후퇴와 함께 헌법으로 보장된 권리가 실종될 것이다. 셋째로 이미 갈가리 찢어졌지만 진실성이란 원칙 대신 점차 선전 체계와 허위 정보, 전쟁과 권력 및 대규모 군대 찬양이 들어설 것이다. 마지막으로 우리가 경제 자원을 점점 더 거대해져가는 군사 프로젝트에 쏟아 부으면서도 국민 교육과 보건, 안전은 무시함으로써 경제적으로 파산하게 될 것이다."[61]

헤겔이 긍정적으로 언급한 전쟁, 달리 말하자면 그가 주목한 전쟁은 20세기의 인류가 경험한 세계대전이 아니라, 개별 주권국가들 사이에서 벌어지는 전쟁이었다. 그리고 그 전쟁은 공간적으로도 한정되어 있었으며 현대전처럼 하늘과 바다와 육지에서 동시에 벌어지는 전쟁이 아니었다. 그러나 20세기 이후 근대 유럽의 국제관계의 특징이라고 여겨지는 제한전의 의미가 불투명해졌다. 고전적인 국제법은 시대 적합성을 상당 부분 상실했다. 과학 기술의 발전으로 군사적 무기의 파괴력은 상상할 수 없을 정도로 강력해졌다. 군사적 파괴 수단의 질적인 변화가 일어남으로써 기존의 제한적인 의미의 전쟁은 무의미해졌다. 현대전은 총력전(der totale Krieg)으로 변화했다. 총력전은 "최후의 예비 병력을 포함한 모든 병력의 최대한의 투입이라는 점"에서 총력적일 뿐 아니라, "섬멸적인 전쟁 수단을 무제한적으로 투입한다는 의미에서도 총력적"이다.[62] 이리하여 고전적인 국제법에서 상정했던 전투에 참가하는 사람과 비전투 민간인을 구별하는 것은 무의미해졌다.

....
61) 찰머스 존슨, 앞의 책, 379쪽 이하. 자유로운 공화국의 확고한 존속과 국제관계에서의 자연 상태를 법적 상태로 변화시키는 것은 서로 밀접하게 결합되어 있음을 칸트는 인식하고 있었다. 예를 들어 그는 다음과 같이 말하고 있다. "완전한 시민적 정치체제를 확립하는 문제는 합법적인 국제관계의 문제에 의존하며, 이 후자의 해결 없이는 해결될 수 없다." 이와 같이 국제관계에서 법적 상태의 확립과 개별 국가적 차원에서 법적 상태의 건설 사이의 상호연관성을 분명하게 인식하고 있다는 점에서 볼 때 칸트의 통찰이 헤겔의 그것에 비해 우월하다 (칸트, 「세계시민적 관점에서 본 보편사의 이념」, 『칸트의 역사철학』, 이한구 편역, 서광사, 1992, 33쪽; AA VIII, 24).
62) 슈미트, 「전면적인 적, 총력전, 전체국가」, 『입장과 개념들』, 김효전·박배근 옮김, 세종출판사, 2001, 338쪽.

전쟁의 의미가 변화했다는 사실 이외에도 현대 세계에서 국제관계가 새로운 차원에 접어들면서 전통적인 의미의 주권국가관이 전적으로 받아들여지기가 어렵게 되었다. 얀 아트 숄트(Jan Aart Scholte)가 지적하듯이, "현재의 세계화 상황에서는 지고하고 배타적인 영토국가 권위라는 관점에 입각한 거버넌스는 궁극적으로 실현 불가능하다. 그 어떤 제도 건설과 일방적 법제화도 국가로 하여금 자신의 영역을 전적으로 통제할 수 있도록 해주지는 못한다."[63]

이처럼 변화된 상황에서 이제 우리에게는 전쟁과 주권국가의 원칙에 대한 새로운 접근 방식이 필요하다. 하버마스가 지적하듯이, 두 차례 세계대전의 참혹함을 경험하면서 인류는 "전쟁 속에서의 범죄"뿐 아니라 "전쟁 자체를 범죄로 불법화했다." 이리하여 국제법의 국가 주체는 이제 무제한적인 권한을 행사할 수 없게 되었다.[64] 우리는 이제 고전적인 국제법의 질서를 대신할 세계시민적 질서를 창출하기 위해 노력해야 할 것이다. 헤겔에게서 전쟁의 필연성은 국가의 다수성과 개별 국가 주권의 절대성의 긍정에 기인한다. 그러나 변화된 상황으로 인해 이제 국제법의 기본 원칙인 주권 개념에 대한 새로운 반성과 그에 대한 합리적 제한 설정의 가능성이 모색되어야 한다. 만약에 우리가 개별 국가의 주권성의 원칙에 일정한 제한을 설정할 수 있는 가능성을 인정한다면 그리고 그런 것이 논리적인 가능성으로서뿐 아니라 현실적으로도 실현 가능한 것으로 간주된다면, 전쟁의 필연성에 대한 헤겔의 이론을 비판할 수 있을 것이다.

나가는 말

우리는 지금까지 헤겔의 전쟁이론의 특성, 칸트의 영구평화론에 대한 비판 그리고 그의 이론이 지니는 문제점들을 살펴보았다. 헤겔의 이론이 안고 있

---

63) 숄트, 「세계정치의 지구화」, 『세계정치론』, 존 베일리스 · 스티브 스미스 편저, 하영선 외 옮김, 을유문화사, 2004, 33쪽.
64) 하버마스, 앞의 책, 211쪽.

는 문제점들에도 불구하고 그의 이론은 여전히 그 현실성을 잃지 않고 있다. 그의 전쟁이론뿐 아니라 국가이론 전반은 근대적인 독립국가를 전제한다. 그런 의미에서 그는 개별 국가의 독립을 자유의 필수조건으로 이해한다. 근대 주권국가의 자립 원칙에 대한 강조는 아직도 중요하다. 하지만 근대의 주권국가가 변화된 상황에서도 계속해서 그 전처럼 배타적인 주권을 행사할 수 있을 것인가는 대단히 회의적이다. 국민(민족)국가(nation-state)의 주권을 제한하는 여러 상황들이 전개되고 있기 때문이다. 예를 들어 지구라는 혹성에서 인류의 생존 자체를 위협하는 환경 위기는 결코 개별 국가의 노력으로 극복될 수 없다. 국제적인 협력만이 그것을 가능하게 할 것이다. 또 세계화(globalization)라는 말처럼 현재 국가들 사이의 관계는 그 어느 때보다도 긴밀해지고 있어, 현존하는 국민국가의 차원을 넘어서는 다양한 형태의 국가 협력 기구가 등장하고 있다. 경제적인 세계화의 진전과 더불어 세계무역기구(WTO) 같은 새로운 형태의 진 지구적 기버넌스(governance) 체제가 등장한 것이 대표적 사례이다. 국가 주권에 대한 전통적인 관념을 수정해야만 하는 상황이 발생하고 있다.

근대의 주권적 국민(민족)국가의 미래가 어떤 방향으로 흘러갈지에 대해서 의견이 분분하지만, 우리는 국제정치에서 중요한 행위자는 여전히 주권적 국민(민족)국가임을 잊어서는 안 된다. 국가들(nations)의 연합이라는 UN의 이름이 오늘날의 국제정치를 구성하는 기본 단위가 바로 독립국가라는 것을 분명하게 보여주고 있다. UN은 국가 분쟁에서 무력을 행사할 것인가를 합법적으로 결정할 수 있는 유일한 기구이다. 오늘날 국가 분쟁을 해결할 도덕적 권위를 갖춘 유일한 국제기구이지만, UN은 미국이라는 초강대국의 일방주의에 의해 엄청난 위기에 봉착해 있다. 이런 상황에서 탈민족주의적 경향이나 세계국가의 출현에 대한 지나친 환상은 금물이다. 그러나 이런 비판적 지적은 폐쇄적인 민족국가가 가능할 것이라는 생각을 전제하지는 않는다. 우리가 피해야 할 단견은 바로 세계국가가 아니면 고립된 자주국가일 수밖에 없을 것이라고 단정하는 흑백 논리적 사고방식이다. 환경운동과 관련해서 자주 등장하는 표어로 표현하자면 "전 지구적으로 사유하고 지역적으로 행동"할 수 있는 통찰은 21세기 위기의 시대를 살아가는 사람들이 경청할 만한 것이다.

둘째로 이념과 현실 사이의 관계에 대한 철저한 인식은 여전히 중요하다. 지식이 현실 속에서 어떤 방식으로 작동하는가에 대한 인식은 보편주의적인 윤리학에서도 아주 귀중한 것이다. 지식이나 이성의 본질을 권력 관계의 함수나 경제적 이해관계의 단순한 반영으로 바라보는 시각이 일면적인 것처럼, 이념이 특정한 현실적 맥락 속에서 다양한 정치적·이데올로기적 장치로 쓰인다는 점을 망각하는 이론적 태도 역시 일면적이다. 그런 점에서 보편주의적인 이상의 정치적 악용 가능성에 대한 헤겔의 경계심은 여전히 그 비판적 예리함을 잃지 않았다. 제1차 세계대전 이후 형성된 국제연맹의 참담한 실패의 경험을 반추해보고 UN이 유일 초강대국인 미국의 일방주의에 의해서 그 존재 이유를 거의 잃어가고 있는 작금의 역사적 진행 상황을 보고 있노라면, 국제사회에서 항구적 평화는커녕 일시적 평화마저도 얼마나 달성하기가 어려운 과제인가를 깨닫게 된다.

21세기는 국민국가의 시대가 종언을 맞이하고 새로운 질서로 이행하는 시대임은 분명하다. 그러나 이 이행이 인류에게 보다 나은 상황으로 귀결될지 재앙적인 파국으로 종결될지는 그 누구도 모른다. 세계화를 주도하는 시장의 세계화가 가져오는 말할 수 없는 파괴적 성격과 더불어 세계 각 지역에서 등장하는 민족주의가 그 어느 때 못지않게 발흥하고 있음을 눈여겨보아야 한다. 패권적 민족주의와 약소 소수 민족들의 저항적 민족주의의 구분을 도외시하더라도 국민국가와 결부된 민족주의의 높은 물결은 한반도를 둘러싸고서도 벌어지고 있다. 일본에서 나타나는 지속적인 우경화(극우적인)의 흐름과 독도를 분쟁 지역으로 만들려는 지속적인 시도나 중국에서 소위 '동북공정'으로 알려진 고대사의 재정립 시도는 모두 국민국가와 민족주의가 얼마나 강력한 흡인력을 발휘하고 있는가를 잘 보여준다. 인간의 삶 자체가 그렇듯이 세계화의 얼굴이 다양하고 중첩적이고 복잡성을 띠고 진행되고 있음을 인식하지 못하고 세계화의 흐름에서 세계시민사회의 도래라는 인간의 마음을 설레게 하는 유토피아적 열망의 가능성만을 보거나, 민족주의나 국민국가의 틀을 단순히 폐쇄적이고 억압적인 것으로 보면서 세계주의적 시각만을 갖출 것을 노래하는 시야는 외눈박이 시야에 지나지 않을 것이다. 앞서도 언급했듯이 우리는 시야를 넓혀 세계시민적 관점으로, 미래 세대의 관점, 나아가 자연의 생명 전체를 아우르는 방향으로 나아가야 한다.[65] 탈민족주의 내지 세계시민주의는 진지하게 받아들여야 할 시대 적합성을 띤 현상이 분명하지만 그것들에 대한 일방적인 강조나 열광은 미국과 같은 초강대국이나 몇몇 강대국들의 패권적인 이익 추구의 이데올로기로 혹은 세계화의 복합적이고 다면적인 현실에 대한 잘못된 허상으로 전락할 수 있다. 간단히 말해 탈민족주의와 세계주의에 대한 과도한 환호는 아직도 분단과 전쟁의 가능성에서 벗어나 진정한 의미의 근대적 국민국가의 틀을 완성하지 못한 한반도에서 살아가는 사람들을 완전히 정신적으로 무장 해제하는 결과를 가져올 수 있다.

현재는 전 지구적 세계화의 진전에 조응하는 새로운 윤리와 새로운 사회·정치철학의 모색이 절실하게 요구되는 상황이다. 이런 상황에서 정의로운 전쟁 이론이나 변형된 형태의 영구평화론에 대한 담론들이 관심사로 등장하는 것은 우연한 일이 아니다. 이들이 새로운 시대로의 이행이라는 현실에 대한 진지한 지적 반응임은 분명하기 때문이다. 그러므로 우리는 정의로운 전쟁 이론과 이 지구상에 좀더 항구적인 평화질서를 가능하게 할 방향과 원칙에 대해

---

65) 나는 21세기 인류가 필요로 하는 철학은 서구 근대의 자율성의 이념과 생명 존중 사상을 종합한 것이어야 한다고 생각한다. 헤겔은 정신과 자연의 변증법적 관계를 생각했지만 종종(가령 소유이론에서 분명하게 드러나는 것처럼) 자연의 지배를 정신의 실현, 즉 자유의 실현으로 묘사하는 경우가 있다. 그러나 이런 생각은 지양되어야 한다. 요즈음 생물학의 진전으로 말미암아 인간 역시 자연적인 존재, 즉 생명체임이 다시 부각되고 있다. 우리는 이를 적극적으로 받아들여야 한다. 그렇다고 나는 도덕적 관점이 전적으로 자연주의적인 방식으로 설명 가능하다는 입장을 함께 받아들이고자 하지는 않는다. 이런 점에서 "생물학의 시대"에서 도덕과 자연의 만남의 가능성을 추구하는 크리스티안 일리에스의 철학적 인간학의 모색은 주목할 만하다(*Philosophische Anthropologie im biologischen Zeitalter*). 아울러 앞에서 언급된 회슬레의 최근의 글이 실린 책(『비토리오 회슬레, 21세기의 객관적 관념론』)에서도 사람들은 정신 및 도덕의 독자성을 포기함이 없이 어떻게 자연과 정신의 만남이 가능한지에 대한 중요한 철학적 사유들을 발견할 수 있을 것이다.

열린 자세로 탐구해야만 할 것이다. 그와 동시에 모든 이상적인 이론이 인류 역사에서 정치적으로 악용된 사례들이 적지 않음을 인식한다면, 소위 보편적이고 이성적인 것으로 여겨지는 것 배후에 은밀한 방식으로 관철되고 있는 현실적인 권력 관계에도 맹목적이어서는 안 된다. 우리는 도덕적 이상이 불러일으키는 열정에 지나치게 사로잡혀서는 안 된다. 그 대상이 아무리 선하고 합리적인 것이라 할지라도, 과도한 열정은 금물이다. 세계 속에서 그 어떤 위대한 것도 열정이 없이 실현될 수 없는 것처럼, 과도한 열정은 인간을 그것의 노예로 만들어 세계를 객관적으로 바라보는 지혜와 신중함의 미덕을 파괴할 수 있다. 강한 열정을 소유하면서도 이에 대해서 비판적 거리를 취할 수 있는 능력을 갖추는 것은 단순히 정치가만이 지녀야 할 미덕은 아니다. 도덕적 열정을 간직하면서도 결코 냉정함을 잃어서는 안 된다는 것은 현실에 참여하려는 지식인에게도 필요한 중요한 미덕의 하나일 것이다.

마지막으로 우리가 진지하게 고민해보아야 할 주제는 단일한 보편국가 형성의 가능성이다.[66] 냉전 이후에 자유민주주의가 전 세계적인 차원으로 확산된 결과 사실상 인류는 동일한 국가 이념을 표방하는 시대로 접어들고 있는 것처럼 보인다. 그래서 지구상에 다수의 국가가 존재하지만 어찌 보면 인류는 동질적인 국가에서 살아가고 있다고 볼 수 있다. 그럼에도 다수의 국가들이 단 하나의 세계국가를 형성하고 있지는 않다. 이들 국가가 과연 동질적이고 보편적인 국가를 형성할 수 있는지 그리고 그런 단일한 세계국가의 형성이 규범적으로 바람직한 것인지 하는 문제들을 이 자리에서 세심하게 고찰하기는 어렵다. 다만 세계국가가 그 구성원들이 도저히 통제할 수 없는 괴물 같은 관료주의 체제가 될 가능성이 농후하다는 지적을 합리적인 인간이라면 부인하기 힘들 것이다. 더구나 세계국가가 최악의 독재국가가 될지 현재로서는 아무도 예측할 수 없다. 단일한 세계국가가 도덕적으로 바람직한 목적이라고 할지라도, 현재의 상황은 그런 목적과는 거리가 너무나 멀다. 따라서

---

[66] "폭력을 독점한 보편국가"의 가능성과 그에 대한 합리적인 논거에 대해서는 V. Hösle, *Moral und Politik*, S. 934 이하 참조.

국민국가의 다수성이라는 현실을 인정하면서도 전 지구적 차원의 문제들을 해결할 수 있는, 효율적이면서도 민주적인 방식으로 작동하는 세계시민사회를 형성할 수 있는 토대들을 구축하는 것이 보다 더 시급한 과제이다. 이런 고민의 과정에서 보편주의의 추구와 다양성 혹은 차이의 긍정이 서로 양립 불가능하다고 생각할 필요는 없을 것이다. 모든 인간 존재들을 우리의 이웃이자 동료 시민으로 존중하는 세계시민주의적 정신은 아마도 다른 삶의 방식에 개방적이고 내적으로는 다원화된 특수한 생활 세계 속에서 자신의 정체성과 귀속감을 갖고 살아가는 사람들에 의해서 비로소 그 구체성을 획득할 수 있을 것이다.

결국 근대에서 형성된 가장 강력한 사회적·정치적 제도인 국민국가와 자본주의적 시장경제 체제와 이를 뒷받침해주는 주체성과 자율성의 이념은 현재의 상황에서 커다란 문제점을 보여준다. 오늘날, 국민국가와 자유 시장경제 질서를 정당화했던 근대적인 자율성의 이념과 과학기술적인 합리성의 유효성을 회의하고 그 한계에 대해서 성찰하는 것은 너무나 당연하다. 달리 말해 거침없이 그리고 엄청난 모순들을 안고 질주하는 자본주의 시장경제 질서와 국민국가는 인류 역사에서 최종적인 승리를 달성하는 것처럼 보이는 순간에 자체 내에서 형성된 수많은 문제점들 앞에서 어쩔 줄 몰라 하는 것처럼 보인다. 이런 사실은 세계화의 시대에서 전면적으로 등장하는 전 지구적인 문제들, 예컨대 국민국가의 한계와 자본주의적 시장경제의 확산으로 인한 불평등의 심화뿐 아니라 과학 기술과 자본주의의 결합의 산물인 생태계의 위기 및 대량 살상 무기의 세계적 확산 등에서 분명하게 인식될 수 있다. 그런 점에서 근대라는 시대를 철학적으로 사유하고 근대의 이념과 그 다양한 제도적 표현들을 철학적으로 사유하고자 한 헤겔의 사회·정치철학 또한 그 위대한 통찰력 속에서도 자신의 종말, 보다 더 정확하게 말하면 자신의 지양을 예고하고 있는 것처럼 보인다.

철학은 미네르바의 부엉이처럼 시대가 성숙하여 그 종말에서야 비로소 그 본연의 모습을 보여준다는 헤겔의 지적은 자신의 철학에서도 예외일 수 없을 것이다. 그리고 이런 사실을 헤겔은 슬픔으로가 아니라 자신의 철학적 사유의 깊이를 입증하는 것으로 받아들일 것이다. 진정으로 헤겔을 극복하고 근대를 극복하기 위해서 현재 상황이 보여주는 과도적인 국면을 슬기롭게 극복할 수 있어야 할 것이다. 다시 말하건대 현재의 상황은 근대적인 (자유민주주의적) 국민국가 및 자본주의 시장경제 체제가 전 지구적 차원에서 자신의 정당성을 관철해가는 것처럼 보이면서도 역설적으로 국민국가 내에서도 그리고 자본주의 질서 자체를 통해서도 극복할 수 없는 여러 문제점들이 전면적으로 등장하고 있다. 그러나 우리 시대를 더욱 불안하게 하는 것은 이런 문제점들을 극복하고 근대적 제도와 질서를 대신할 만한 것이 아직도 구체화되어 있지 않다는 사실이다. 국민국가와 자본주의 시장경제 질서를 대신할 만한 새로운 질서를 창출하는 작업은 세계에 대한 인식의 지평이 철저하게 변하지 않으면 성공할 수 없다. 그런데 새로운 원리를 추구할 과도기에서 우리는 기존 현실이 보여주는 극단적인 야만성에 너무나 분노한 나머지 분별력과 도덕적 절제력을 상실해서는 안 된다. 그러면서도 우리는 유연한 사고와 풍부한 상상력을 동원하여 근대성의 원리와 그 제도적 형태들의 문제점을 극복할 새로운 지평을 열기 위해 전력을 다해 사유해야 할 것이다. 이런 이중적 과제를 동시에 수행하려는 사람은 고통, 좌절, 야만으로 점철된 것처럼 보이는 현실 속에서 결코 꺼지지 않고 타오르는 인간성에 대한 깊은 믿음을 지녀야 한다. 자신을 죽음으로 몰고 갈지도 모르는 타자에 굴복하지 않고 타자와 의미 있는 공존의 가능성을 모색한 사람이 바로 우리가 지금까지 다룬 헤겔이었다. 우리가 처해 있는 역사적 상황이 아무리 야만적일지라도 그 역사적 제약성은 우리의 운명이라는 사실을 잊어서는 안 된다. 나아가 인간이 처한 역사적 상황 제약성, 간단히 말해 인간의 유한성을 자신의 본성의 소외로서만 이해할 것이 아니라 오히려 유한성 자체를 참다운 자신을 발견할 수 있는 전제이자 보다 더 나은 삶을 향한 피할 수 없는 출발점으로 받아들여야 한다는 사실을 헤겔은 누구보다도 잘 알고 있었다. 즉 유한성이 절대자에 대립해 있는 것이 아니라 유한성은 참다운 절대자가 잉태되는 곳이라는 사실을 헤겔은 반복해서 강조했다. 따라서 근대적 질서를 재편하고 궁극적으로는 이를 대신할 질서의 창출 과정에서 우리는 헤겔과 함께하면서 헤겔을 넘어설 것을 요구받고 있다.

■책을 끝내면서

　헤겔의 사회·정치철학은 서구 근대 계몽주의의 완성이자 극복이다. 헤겔은 그의 사회·정치철학에서 근대 계몽주의의 이론적 한계를 직시했을 뿐 아니라, 이를 철학적인 문제로 제기하여 성찰했기 때문이다. 그 과정에서 서구 근대인들 그리고 지금도 서구나 여타 지역에서 너무나 자명한 것으로 받아들이는 자유롭고 평등한 존재로서 인간의 인격적 존엄성에 대한 주장, 그리고 이의 정치·사회적인 구현체인 자본주의적 시장경제 질서와 법치국가의 제도들이 초역사적인 것이 아니라는 점을 그는 분명하게 드러내주었다. 헤겔은 최초로 그리고 지금까지 그 어떤 사상가보다도 더 깊이 있고 폭넓은 시야로 서구 근대와 그것이 배태한 여러 문제점들의 역사성을 철학적으로 성찰하였다.
　그렇다고 헤겔의 이론이 모두 다 옳다는 것은 아니다. 특히 21세기 첫머리에 살고 있는 인류는 그가 속한 시대의 문제들을 철학적으로 성찰하면서 이끌어낸 이론적 결론들을 모두 다 받아들일 수는 없다. 그 역시 역사의 자식, 시대의 자식이었으며, 그래서 불가피하게 여러 가지 측면에서 시대적 편견을 고스란히 보여주고 있다.
　우리는 이미 본문에서 헤겔이 어떻게 근대의 자유 이념을 확장하는 데 크게 기여했는지, 그리고 근대 시민사회 내에서 필연적으로 발생하는 빈부 격차와 같은 근대 세계의 파괴적 원리에 대한 예리한 통찰들을 비롯하여 다양한 차원에서 그의 사유가 갖고 있는 현실성을 탐구했다. 이제 책을 끝맺으면서 다시금 인간의 삶의 현실을 포함하여 세계 전반을 이해하는 데 헤겔의 변증법적 사유가 지닌 심오함과 풍요로움을 강조하고자 한다.

간단하게 말하자면 변증법적 사유는 변화와 동일성의 결합에 대한 사유이다. 현실 세계에 대한 적확한 인식은 변화의 측면과 아울러 동일성의 차원을 동시에 고려함으로써 획득된다는 것이 변증법적 사유의 핵심적 통찰이다. 따라서 변증법적 사유는 대립하는 것들의 상호 조화와 화해의 가능성을 모색하는 사유이기도 한 것이다. 헤겔은 세계를 이해할 때 다양성과 차이와 분화의 증가를 긍정적으로 바라보았다. 그렇지만 그는 온갖 형태의 다양성을 결코 긍정하지는 않았다. 그가 보기에 모든 차이의 긍정은 결국 가장 극단적인 획일성과 다름없다. 모든 차이의 긍정은 사실상 의미 있는 차이의 해소이기 때문이다. 예를 들어 인간 사회에서 개체성과 다양성의 추구는 존중해야 하지만, 모든 형태의 다양성은 주장되어서는 안 된다. 그렇게 되면 포스트모더니즘과 함께 유행하는 용어로 '차이'의 의미 있는 지평이 사라지기 때문이다. 만약에 차이와 분화에 어떤 일정한 경계선을 긋지 않는다면, 그로 인해 결국 차이와 차별의 구분은 없어지고 말 것이다. 차이와 차별을 구분하기 위해서 우리는 이 경계선이 자의적·상대적·주관적인 것이 아니라 객관적인 것임을 긍정해야만 한다. 그 객관성은 동일성이나 보편성의 다른 이름인 것이다. 마찬가지로 진정한 의미의 동일성이나 보편성은 다양성을 최고로 보장해주는 것이어야만 한다. 다양성과 분화와 차이가 없는 동일성은 죽은 동일성이거나 추상적인 동일성 내지 획일성에 지나지 않는 것이다. 동일성 내지 보편성은 획일성과는 구별되어야 한다. 그런 의미에서 헤겔이 보기에 참다운 의미의 보편성과 동일성은 서로 대립하는 것들의 조화 내지 통일인 것이다.

참다운 의미의 보편성을 헤겔이 '구체적인 보편'이라고 하는 이유도 여기에 있다. 조화와 통일성이 대립물의 통일인 한에서 헤겔은 대립물 사이의 투쟁과 갈등의 요소를 간과하지 않는다. 다양성의 증가는 역동성과 활력 있는 사회의 모습이기도 하지만 항상 위기를 동반한다는 통찰은 사실 아주 사소한 인식일지도 모른다. 그러나 참으로 우리가 추구해야 하는 것은 이 다양성의 증가가 대립과 갈등을 넘어서 상호 파괴적인 극단의 상황으로 나아가지 않도록 하는 것이다. 갈등을 넘어서 이를 통합하는 힘은 헤겔에 의하면 이성에서 나온다. 그리고 이성이 갈등을 극복할 수 있는 것은 바로 갈등과 대립을 일으키는 쌍방이 사실은 자신들의 존재를 근원적으로 서로에게 의존하고 있다는 통찰이다. 다시 말해서 자기 자신의 자립성과 주체성의 관철은 타자와의 긍정적인 만남과 관계 속에서만 가능한 것이기에, 타자는 바로 자기실현의 구성적인 존재라는 통찰이다. 이 통찰로 인해 사람들은 서로 극단적인 방식으로 대립하는 것은 자신의 본질의 참다운 실현을 방해하는 것 혹은 자기파괴적이라는 자각을 하게 된다. 그래서 사람들은 자신의 좁은 지평을 넘어서 타인과 공동체에 대한 진지한 관심과 배려로 나아가게 되는 것이다. 통합하는 힘으로서의 이성에 대한 믿음은 불충분하지만 현대에서 소통적 합리성 내지 대화적 이성의 이름으로 다시 등장하고 있다. 따라서 소위 포스트모더니즘의 시대에 '하나와 여럿'의 관계라는 오래된 형이상학적 주제를 다시 심각한 화두로 삼아야 하는 이유가 드러난다. 헤겔이 변증법적 사유로 문제 삼은 것은 바로 이 '하나와 여럿'의 상호공속성에 대한 통찰이었던 것이다.

우리는 그동안 수많은 난관들을 극복하면서 민주주의와 시장경제의 성공적인 발전을 어느 정도 달성했다. 그러나 우리는 지나간 과정에서 해결하지 못한 여러 문제들과 함께 새로운 상황 변화로 인해 발생한 여러 가지 심각한 문제들 속에 둘러싸여 있다. 우리나라를 포함하여 전 지구적인 차원에서 악화되어가는 환경 위기의 심각성을 언급하지 않더라도, 우리 사회는 신자유주의적 세계화의 흐름과 분단 상황의 지속, 그리고 양극화로 표상되는 사회 내부의 분열과 대립 등과 같은 심각한 도전들에 직면하고 있다. 우리 사회의 공동체적 요소가 얼마나 심각하게 파괴되어가고 있는가는 세계 최고 수준의 이혼율과 세계 최저 수준의 출산율 및 독거노인을 비롯한 노령 인구의 폭발적인 증가, 가족 동반자살의 형태를 포함한 자살 증가 등이 극적으로 증명하고 있다. 양극화와 사회적 불평등의 심화는 우리 사회 민주주의의 지속적 발전에 커다란 장애물이다. 이런 상황에서 연대와 평화적 공존의 원리를 철학적으로 성찰하고 실현 가능한 대안들을 모색할 필요성은 그 어느 때보다도 절박하다.

물론 우리 사회의 내적 분열의 이유는 신자유주의적 세계화의 진전과 이 흐름에 대한 맹목적인 추종 때문만은 아니다. 20세기 말에 세계적 차원의 냉전질서가 종식되었음에도 한반도는 여전히 냉전질서의 낡은 껍질을 완전히 벗어나지 못한 상황이다. 아무리 한반도의 냉전구조가 강하다 할지라도 한반도 또한 미소 냉전질서의 와해라는 세계사적 변화에서 완전히 벗어날 수는 없다. 외부 환경의 급격한 변화와 함께 우리 사회에서 분출되는 민주주의 및 평화 지향적인 움직임이 합쳐져서 한반도의 냉전구조가 과거와 같이 유지될 수 없다는 것은 점점 분명해지고 있다. 6·15 남북정상회담이 상징하듯이 한반도의 냉전질서 역시 커다란 균열을 보이고 있다. 그러나 이런 변화 속에서 우리 사회에서는 북한에 대해서뿐 아니라 통일의 방법과 통일 이후의 한반도의 모습에 대해 격렬한 논쟁과 분열이 나타나고 있다. 내적 분열과 격렬한 논쟁을 마냥 부정적으로 볼 것은 아니나, 이를 긍정정인 방향으로 흘러가도록 하는 것은 결국 우리 사회의 자정 능력에 달려 있다고 할 것이다.

모든 존재가 자체 내에서 반대와 대립 그리고 모순되는 것들의 통일로 이루어져 있듯이 한반도를 둘러싼 환경도 희망과 불안이 교차하는 복잡한 양상을 보여준다. 한편으로 21세기 초두에 동아시아는 세계 그 어느 곳보다도 활력이 넘치고 있으며 그 어느 때보다도 동아시아의 상호 협력과 이해를 증진할 수 있는 조건들이 등장하고 있다. 다른 한편으로 동아시아와 세계질서는 여전히 불확실성 속에 놓여 있다. 미국과 중국은 여러 차원에서 서로 협력하는 모습을 보이면서도 둘 사이의 긴장이 고조되는 징후들이 늘어나고 있다. 이런 징후들은 한반도와 동아시아를 포함한 세계질서의 불확실성을 높이는 요인으로 작용한다. 지속적이고도 고도의 경제 성장을 바탕으로 중국의 영향력이 국제정치 사회에서 증대되면서 한편으로는 '중국 위협론'이 등장하고 있으며, 다른 한편으로 미국은 일본과 동맹을 강화하고 있다. 이런 상황과 결합되어 우리 사회의 내적 분열은 증폭될 조짐을 보이고 있다. 이 분열의 흐름이 어디로 귀결될지는 아무도 모른다. 그러나 우리는 한국전쟁을 통해서 국제질서의 재편 과정과 맞물리면서 내부의 분열과 대립이 얼마나 참혹한 참상으로 귀결되었는지를 잘 알고 있다. 유례를 찾아볼 수 없는 민족적인 대비극의 궁극적인 원천은 자주적 힘으로 근대적인 국민국가를 형성·발전시키지 못한 우리 민족의 능력 부족이었음은 말할 필요도 없다. 여기에서 상론할 수는 없지만 헤겔의 변증법적 사유는 한반도에서의 분단 현실의 작동 방식을 이해하고 그것의 극복을 모색하는 데 기여할 것이다. 분단 문제가 한국 사회 민주주의의 발전에 상당한 장애가 된다는 사실은 분단 문제의 극복에 대한 치열한 고민과 우리 사회의 민주주의의 성숙을 위한 노력이 서로 깊숙이 연계되어 있음을 보여준다. 한국 현대사의 비극적인 경험들을 되풀이하지 않기 위해서 우리 사회가 안고 있는 대표적인 분열의 문제, 분단과 양극화의 문제를 이성적인 방법으로 해결할 수 있는 방안을 모색해야 한다.

21세기의 복잡한 상황에서 사람들은 대립을 합리적으로 조정하려는 움직임보다는 극단적인 주장에 더 큰 매혹을 느낄지도 모른다. 그런 경향에 대해 나는 상당한 불안을 느낀다. 극단적인 주장은 항상 인간의 삶의 복잡성을 단순하게 파악하는 데서 발생하지만, 단순하기 때문에 많은 사람들에게 참인 것처럼 보이기 쉽다. 세계에 대한 단순한 파악은 실상 세계에 대한 거칠고 폭력적인 파악에 지나지 않는 경우가 허다하다. 극단을 피하려는 정신을 기계적인 중립으로 오해해서는 안 된다. 덕을 중용에서 구한 아리스토텔레스조차 모든 행동에 중용이 있다고 생각하지 않았다는 사실은 우리에게 시사해주는 바가 크다. 우리는 언제 어디서나 항상 그 자체로서 나쁜 것들을 알고 있다. 아마도 살인과 잔인한 폭력 행위 그리고 고문 따위가 바로 그 예일 것이다. 그뿐 아니라 우리는 원하든 원치 않든 어느 하나의 원칙을 선택하고 고수할 수밖에 없는 극단적인 상황에 처할 수 있다. 고대 아테네의 위대한 개혁정치가인 솔론은 정치적 공동체가 내란이나 극렬한 정치투쟁에 휩싸일 때 아무 편도 들지 않는 시민들을 벌하는 법을 제정했던 것으로 알려져 있다. 가장 이상적인 것은 사태가 그처럼 비참한 상태로 흘러가지 않도록 방지하는 것이다. 전쟁이나 극심한 파벌투쟁이 지속되는 상황에서 그 누가 초연함과 신중함의 미덕은커녕 인간에 대한 가장 기본적인 존중을 지켜낼 수 있겠는가?

한편으로 극단적인 단순성의 가상에 현혹당하지 않고, 다른 한편으로는 분열과 대립을 그저 숙명으로 방치하지도 않으면서 당면한 문제들과 치열하게 대결하는 자세를 견지하는 사람들은 아마도 헤겔의 변증법적 사유에서 많은 사상적 자양분을 길어낼 수 있을 것이다.

근대를 초극하는 것이 화두로 등장한 현시대에 근대를 근대로서 사유한 최초의 위대한 사상가인 헤겔은 우리에게 여전히 중요한 지적 대화 상대자로 남아 있다. 이 책이 이런 헤겔에 대한 조그마한 관심이라도 불러일으킬 수 있기를 조심스럽게 희망한다.

■ 참고 문헌

1. 1차 문헌

1) 헤겔 문헌

G. W. F. Hegel Werke in zwanzig Bänden, hg. v. E. Moldenhauer und K. M. Michel, Frankfurt, 1969~71. 헤겔 저작들은 이 전집에 따라서 인용함. 이때 권수와 쪽수를 함께 씀(예를 들어 전집 제7권 20쪽은 7, 20으로 표기함).

Schriften und Entwürfe(1799~1808), G. W. F. Hegel, *Gesammelte Werke*, Band 5, hg. von M. Baum und K. Meist, Hamburg, 1998(=GW 5).

Jenaer Systementwürfe I, G. W. F. Hegel, *Gesammelte Werke*, Band 6, hg. von K. Düsing und H. Kimmerle, Hamburg, 1975(=GW 6).

Jenaer Systementwürfe III, G. W. F. Hegel, *Gesammelte Werke*, Band 8, unter mitarbeit von J. H. Trede, hg. von R. P. Horstmann, Hamburg, 1976(=GW 8).

Vorlesungen über Rechtsphilosophie 1818~31, Edition und Kommentar in sechs Bänden von K.-H. Ilting, Stuttgart-Bad Cannstatt, 1973~74.

Philosophie des Rechts, Die Vorlesung von 1819~20 in einer Nachschrift, hg. von

D. Henrich, Frankfurt, 1983.

Vorlesungen. Ausgewählte Nachschriften und Manuskripte, Band 1, hg. von C. Becker, W. Bonsiepen, A. Gehtmann-Siefert, F. Hogemann, W. Jaeschke, Ch. Jamme, H.-Ch, Lucas, K. R. Meist, H. Schneider, mit einer Einleitung von O. Pöggeler, Hamburg, 1983.

Die Vernunft in der Geschichte, Hamburg, 1994.

Vorlesungen über die Philosophie der Weltgeschichte, Band II~IV, Hamburg, 1988.

Hegel in Berichten seiner Zeitgenossen, hg. von G. Nicolin, Hamburg, 1970.

Briefe von und an Hegel, hg. von Johannes Hoffmeister, Hamburg, 1952.

Dokumente zu Hegels Entwicklung, hg. von J. Hoffmeister, Stuttgart, 1936.

『청년 헤겔의 신학론집』, 정대성 옮김, 인간사랑, 2005.

『정신현상학 1』, 임석진 옮김, 한길사, 2005.

『헤겔 예나 시기 정신철학』, 서정혁 옮김, 이제이북스, 2006.

헤겔에 관련된 모든 인용은 내가 직접 번역했다. 한국어 번역본이 있는 경우 번역할 때 참조했으나 번역에 대한 모든 책임은 나에게 있다. 또한 이 책에서 헤겔의 인용문 중에 강조한 부분은 그의 것임을 밝혀둔다.

2) 기타 문헌

기타 문헌에 기입된 것들은 모두 20세기 이전에 활동했던 사람들의 문헌들이다. 20세기에 활동했거나 현재 활동하고 있는 사람들의 문헌은 제2차 문헌으로 분류했다. 한국어 번역본을 맥락에 맞게, 알기 쉽게 표현을 수정한 경우에는 이에 대한 특별한 언급이 없다.

소포클레스 · 아이스퀼로스, 『오이디푸스 왕 · 안티고네 · 아가멤논 · 코에포로이』, 천병희 옮김, 문예출판사, 2001.

Aquinas, Th., 『신학대전 요약』, G. 달 사쏘/R. 꼬지 편판, 이재룡 · 이동익 · 조규만 옮김, 가톨릭대학교 출판부, 1993.

Aristoteles, *Nikomachische Ethik*, auf der Grundlage der Übersetzung von Eugen

Rolfes herausgegeben von G. Bien, Hamburg, 1972.

_____, *Politik*, Werke, Band 6, Politik Teil I: Text und Übersetzung, hg. von F. Susemihl, Nachdruck der Ausgabe Leipzig, 1879, Aalen, 1978(『정치학』, 천병희 옮김, 삼성출판사, 1981).

_____, *Rhetorik*, übersetzt von F. G. Sieveke, München, 1995.

Beccaria, C., 『범죄와 형벌』, 이수성 · 한인섭 옮김, 지산출판사, 1995.

Descartes, R., 『방법서설』, 이현복 옮김, 문예출판사, 2001.

Feuerbach, L., *Werke in sechs Bänden*, Band 3, hg. von E. Thiers, Frankfurt, 1975.

Fichte, J. G., *Zur Rechts- und Sittenlehre I*, Fichtes Werke, Band 3, hg. von I. H. Fichte, Berlin, 1834~46.

Hamilton, A./Madison, J./Jay, J., 『페더럴리스트 페이퍼』, 김동영 옮김, 한울아카데미, 1995.

Heine, H., *Zur Geschichte der Religion und Philosophie in Deutschland*, Werke in fünf Bänden, Band 3, Köln, 1961.

_____, 『낭만파』, 정용환 옮김, 한길사, 2004.

Hobbes, Th., *Leviathan, The Matter, Form, And Power of A Commonwealth Ecclesiastical and Civil*, The Collected Works of Thomas Hobbes, Collected and Edited by Sir W. Molesworth, vol. 3, London, 1992.

_____, *Vom Menschen. Vom Bürger. Elemente der Philosophie II/III*, eingeleitet und herausgegeben von G. Gawlick, Hamburg, 1994.

Hume, D., *A Treatise of Human Nature*, edited by L. A. Selbby-Bigge, Oxford, 1978.

Kant, I., *Kant's gesammelte Schriften*, hg. von der Preußischen Akademie der Wissenschaft, Berlin, 1902ff.

_____, *Kritik der reinen Vernunft*, hg. von J. Timmermann, Hamburg, 1998.

_____, 『실천이성 비판』, 백종현 옮김, 아카넷, 2002.

_____, 『윤리형이상학 정초』, 백종현 옮김, 아카넷, 2005.

_____, 『판단력 비판』, 이석윤 옮김, 박영사, 1996.

_____, 『칸트의 역사철학』, 이한구 편역, 서광사, 1992.

Kierkegaard, S., *The Concept of Irony with Continual Reference to Socrates*, together with notes of Schelling's Berlin Lectures, edited and translated with introduction and notes by Howard V. Hong and Edna H. Hong, Princeton, 1989.

Locke, J., 『통치론』, 강정인·문지영 옮김, 까치, 1996.

Marx, K., *Die Frühschriften*, hg. von S. Landshut, Stuttgart, 1953.

_____, *Das Kapital*, 3 Bde., Berlin, 1954.

Marx, K./Engels. F., 『독일 이데올로기』, 『칼 마르크스 프리드리히 엥겔스 저작 선집 1』, 김세균 감수, 박종철출판사, 1991.

Mill, J. S., *Utilitarianism, On Liberty, Considerations on Representative Government, Remarks on Bentham's Philosophy*, edited by G. Williams, Vermont, 1999.

Montesquieu, *Vom Geist der Gesetze 1/2*, übersetzt von Ernst Forsthoff, Tübingen, 1992.

Nietzsche, F., 『선악의 저편·도덕의 계보』, 김정현 옮김, 책세상, 2002.

Platon, 『소크라테스의 변론』, 『플라톤의 네 대화 편. 에우티프론, 소크라테스의 변론, 크리톤, 파이돈』, 박종현 역주, 서광사, 2003.

_____, 『국가』, 박종현 역주, 서광사, 1997.

_____, *The Collected Dialogues of Plato Including the Letters*, edited by E. Hamilton and H. Cairns, Princeton, New Jersey, 1982.

Rousseau, J.-J., 『인간 불평등 기원론』, 주경복·고봉만 옮김, 책세상, 2005.

_____, *Politische Schriften*, übersetzt von L. Schmidts, Paderborn/München/Wien/Zürich, 1995.

Tocqueville, A., 『구체제와 프랑스 혁명』, 이용재 옮김, 일월서각, 1989.

_____, 『미국의 민주주의 I/II』, 임효선·박지동 옮김, 한길사, 1997.

Thukydides, *Der Peloponnesische Krieg*, übersetzt und herausgegeben von Helmuth Vretska, Stuttgart, 1996.

Vico, G., *Prinzipien einer neuen Wissenschaft über die gemeinsame Natur der Völker*, 2 Bände, übersetzt von V. Hösle und Ch. Jermann, Hamburg, 1990.

Xenophon, *Memorabilia*, Loeb Classical Library. *Xenophon IV. Memorabilia · Oeconomicus · Symposium · Apology*, translated by E. C. Marchant and O. J. Todd, Cambridge, Massachusetts/London, 1997.

2. 2차 문헌

1) 한국 문헌

강순전, 「포스트구조주의의 헤겔 변증법 비판에 대한 응답」, 『헤겔연구』 제16호, 한국헤겔학회 엮음, 동과서, 2004.

강정인, 『서구중심주의를 넘어서』, 아카넷, 2004.

강준만, 『한국 현대사 산책. 1940년대편 2권』, 인물과사상사, 2004.

공병호, 『시장경제와 민주주의』, 자유기업센터, 1999.

권순홍, 『존재와 탈근거: 하이데거의 빛의 형이상학』, 울산대학교 출판부, 2000.

권용혁, 『철학과 현실. 실천철학 II』, 울산대학교 출판부, 2004.

김균, 「하이에크와 신자유주의」, 『세계화와 신자유주의』, 나남출판, 2000.

김균·박순성, 「자본주의 경제의 신자유주의적 재편과 사회민주적 대안」, 『미국식 자본주의와 사회민주적 대안』, 전창환·조영철 엮음, 당대, 2001.

김비환, 「현대 자유주의의 스펙트럼과 한국사회의 보수와 진보」, 『자유주의와 그 적들: 한국 자유주의 담론의 행방』, 철학연구회 엮음, 철학과현실사, 2006.

김상봉, 「법을 넘어서: 칸트의 영구평화론에 대한 비판적 고찰」, 『정의로운 전쟁은 가능한가』, 철학연구회 엮음, 철학과현실사, 2006.

김석수, 『칸트와 현대 사회철학』, 울력, 2005.

김성국, 「한국의 시민사회와 신사회운동」, 『시민사회와 시민운동 2』, 유팔무·김정훈 엮음, 한울, 2001.

김수배, 「칸트의 『도덕 형이상학』과 형식주의」, 칸트 연구 2, 『칸트와 윤리학』, 한국칸트학회 엮음, 민음사, 1996.

김영윤, 『'사회적 시장경제질서'의 구 동독 지역 적용에 관한 연구』, 통일연구원, 1999.

김일수·서보학, 『형법총론』, 박영사, 2006.

김정희, 「헤겔: 객관적 관념론과 성·사랑·가족」, 『가족철학』, 강선미 외 지음, 이화여자대학교 출판부, 1998.

김준수, 「근대 자연법론 비판과 절대적 인륜성의 체계」, 『자연법』, 김준수 옮김, 한길사, 2004.

김형배, 『민법학 강의』, 신조사, 2006.

나종석, 「칸트 『도덕 형이상학』에서의 실천이성, 법 그리고 국가의 상호연관성」, 『칸트연구』 제9집, 한국칸트학회 엮음, 철학과현실사, 2002.

_____, 「정의와 법의 연관성에 대한 고찰: 켈젠의 법실증주의적인 이론을 중심으로」, 『동서철학연구』 제29호, 한국동서철학회 엮음, 2003.

_____, *Praktische Vernunft und Geschichte bei Vico und Hegel*, Würzburg, 2002.

박구용, 『우리 안의 타자: 인권과 인정의 철학적 담론』, 철학과현실사, 2003.

박민자, 「가족의 의미」, 『가족과 한국사회』, 여성한국사회연구회 엮음, 경문사, 2001.

박성래, 『레오 스트라우스: 부활하는 네오콘의 대부』, 김영사, 2005.

박정순, 「마이클 왈쩌의 정의전쟁론」, 『정의로운 전쟁은 가능한가』, 철학연구회 엮음, 철학과현실사, 2006.

박찬국, 『하이데거와 나치즘』, 문예출판사, 2001.

손혁재, 「한국 시민사회의 개념과 실제」, 『아시아의 시민사회: 개념과 역사』, 권혁태 외 지음, 아르케, 2003.

손호철, 「국가-시민사회론: 한국 정치의 새 대안인가」, 『시민사회와 시민운동 2』, 유팔무 · 김정훈 엮음, 한울, 2001.

송명섭, 『긴급피난』, 고시계사, 2003.

안병직 · 황신준, 「발터 오이켄의 경제질서 정책: 자유주의 경제개혁 시대의 사상적 모색」, 발터 오이켄 지음, 『경제정책의 원리』, 안병직 · 황신준 옮김, 민음사, 1996.

오인석, 「프로이센의 개혁」, 『독일사의 제 국면』, 이민호 외 지음, 느티나무, 1991.

유팔무, 「그람시 시민사회론의 이해와 한국적 수용의 문제」, 『시민사회와 시민운동』, 유팔무 · 김호기 엮음, 한울, 1996.

유팔무 · 김호기 엮음, 『시민사회와 시민운동』, 한울, 1996.

유팔무 · 김정훈 엮음, 『시민사회와 시민운동 2』, 한울, 2001.

윤병태, 『삶의 논리: 헤겔 『대논리학』의 객체성과 이념론 분석』, 용의숲, 2005.

이광규, 「해설: 죄의 문화와 수치 문화」, 『국화와 칼』, 루스 베네딕트 지음, 김윤식 · 오인석 옮김, 을유문화사, 2005.

이광모, 『헤겔 철학과 학문의 본질』, 용의숲, 2006.

이근식, 「논평」, 『세계화와 신자유주의』, 안병영 · 임혁백 엮음, 나남출판, 2000.

_____, 『자유주의 사회경제사상』, 한길사, 1999.

이상인, 「에로스와 욕구: 플라톤이 묻는 한국의 사랑」, 『전통과 현대』 제13집, 2000년 가을호.

_____, 「연민과 비극의 도덕: 아리스토텔레스 『시학』 13장의 '비극적 죄'를 중심으로」, 『철학』 제64집, 2000년 가을호.

이정은, 「인륜적 공동체와 헤겔의 여성관」, 『한국여성철학』 제1집, 한국여성철학회, 2001.

이진우, 『이성은 죽었는가』, 문예출판사, 1998.

이충진, 「재산권」, 『이성과 권리: 칸트 법철학 연구』, 철학과현실사, 2000.

임석진, 『헤겔의 노동의 개념: 『정신현상학』 해설시론』, 지식산업사, 1990.

전창환, 「독일 자본주의의 제도적 기초와 동요」, 『미국식 자본주의와 사회민주적 대안』, 당대, 2001.

조영철 엮음, 『미국식 자본주의와 사회민주적 대안』, 당대, 2001.

조정문·장상희, 『가족사회학』, 아카넷, 2001.

황경식, 「전쟁과 평화 그리고 정의」, 『정의로운 전쟁은 가능한가』, 철학연구회 엮음, 철학과현실사, 2006.

황설중, 「보편적인 세계 해석으로서의 형이상학의 정당성: 포퍼의 변증법 비판에 대한 헤겔 사변철학의 응답을 중심으로」, 『철학연구』 제41집, 1997년 가을호.

허영, 『헌법이론과 헌법』, 박영사, 2000.

2) 외국 문헌

어네스트 바커 외 지음, 『로크의 이해』, 강정인 편역, 문학과지성사, 1995.

정인섭 편역, 『국제인권조약집』, 사람생각, 2000.

Anheier, H./Kaldor, M./Glasius(ed.), 『지구시민사회』, 조효제·진영종 옮김, 아르케, 2004.

Apel, K.-O., *Transformation der Philosophie*, Frankfurt, 1973.

_____, *Diskurs und Verantwortung*, Frankfurt, 1992.

Apel, K.-O., Hermann Lübbe, "Ist eine philosophische Letztbegründung moralischer Normen nötig?" *Funk-Kolleg Praktische Philosophie/Ethik*, Band 2, hg. von K.-O. Apel, D. Böhler, G. Kadelbach, Frankfurt, 1984.

Arendt, H., 『인간의 조건』, 이진우·태정호 옮김, 한길사, 2001.

_____, 『과거와 미래 사이: 정치사상에 관한 여덟 가지 철학연습』, 서유경 옮김, 푸른숲, 2005.

Arrington, R., 『서양 윤리학사』, 김성호 옮김, 서광사, 2003.

Avineri, S., *Hegel's Theory of the Modern State*, Cambridge, 1972.

_____, 『칼 맑스의 사회사상과 정치사상』, 이홍구 옮김, 까치, 1983.

Barber, B., 『강한 시민사회 강한 민주주의』, 이선향 옮김, 일신사, 2006.

Beck, U./Elisabeth, B.-G., 『사랑은 지독한, 그러나 너무나 정상적인 혼란』, 강수영

외 옮김, 새물결, 1999.

Bell, D., 『자본주의의 문화적 모순』, 김진욱 옮김, 문학세계사, 1990.

Bellah, R./Madsen, R./Sullivan, W. M./Swidler, A./Tippton, S. M., 『미국인의 사고와 관습: 개인주의와 책임감』, 김명숙 외 옮김, 나남출판, 2001.

Benhabib, S., 「헤겔, 여성과 역설」, 『페미니즘 정치사상』, 캐럴 페이트먼 · 메리 린든 셰인리 엮음, 이남석 · 이현애 옮김, 이후, 2004.

Berlin, I., 『낭만주의의 뿌리』, 강유원 · 나현영 옮김, 이제이북스, 2005.

Bernstein, R., *Praxis and Action*, Philadelphia, 1971.

Blasche, S., "Natürliche Sittlichkeit und bürgerliche Gesellschaft. Hegels Konstruktion der Familie als sittliche Intimität im entsittlichten Leben," *Materialien zu Hegels Rechtsphilosophie*, Band 2, hg. von M. Riedel, Frankfurt, 1975.

Bobbio, N., 『자유주의와 민주주의』, 황주홍 옮김, 문학과지성사, 1992.

_____, "Hegel und Naturrechtslehre," *Materialien zu Hegels Rechtsphilosophie*, Band 2, hg. von M. Riedel, Frankfurt, 1975.

_____, "Gramsci and the Concept of Civil Society," *Civil Society and the State. New European Perspectives*, edited by J. Keane, London and New York, 1988.

Bockelmann, P., *Hegels Notstandslehre*, Leipzig, 1935.

Böckenförde, E.-W., 『헌법과 민주주의』, 김효전 · 정태호 옮김, 법문사, 2003.

_____, "Die Bedeutung der Unterscheidung von Staat und Gesellschaft im demokratischen Sozialstaat der Gegenwart," *Recht, Staat, Freiheit*, Frankfurt, 1992.

Brandom, R., *Making It Explicit*, Cambridge, Massachusetts/London, England, 1994.

_____, *Tales of the Mighty Dead*, Cambridge, 2002.

Bronner, S. E., 『현대 정치와 사상』, 유홍림 옮김, 인간사랑, 2005.

Carr, E. H., 『20년의 위기』, 김태현 옮김, 녹문당, 2003.

Cassirer, E., 『국가의 신화』, 최명관 옮김, 서광사, 1988.

Cesa, C., "Hegel und die Kantische Moralität," *Das Rechts der Vernunft. Kant und Hegel über Denken, Erkennen und Handeln*, hg. von C. Fricke u. a., Stuttgart-Bad Cannstatt, 1995.

Cohen, J., 「마르크스의 시민사회론과 자본주의 생산양식론 비판」, 『마르크스주의의 위기와 포스트마르크스주의 II』, 이병천 · 박형준 편저, 의암출판, 1992.

Cohen, J./Arato, A., *Civil Society and Political Theory*, Cambridge, Massachusetts/London, England, 1992.

Colaiaco, J. A., 『소크라테스의 재판』, 김승옥 옮김, 작가정신, 2005.

Cooper, D. E., "Hegel's Theory of Punishment," *Hegel's Political Philosophy*, edited by Z. A. Pelczynski, Cambridge, 1971.

Dahl, R., 『민주주의』, 김왕식 외 옮김, 동명사, 1999.

Deleuze, G., 「어느 가혹한 비평가에게 보내는 편지」, 『대담』, 김종호 옮김, 솔, 1994.

Dodds, E. R., 『그리스인들과 비이성적인 것들』, 주은영 · 양호영 옮김, 까치, 2002.

Dreier, R., *Recht-Moral Ideologie*, Frankfurt, 1981.

_____, "Eigentum in rechtsphilosophischer Sicht," *Recht-Staat-Vernunft, Studien zur Rechtstheorie 2*, Frankfurt, 1991.

Eckermann, J. P., 『괴테와의 대화』, 박영구 옮김, 푸른숲, 2000.

Ehrenberg, J., *Civil Society. The Critical History of an Idea*, New York and London, 1999.

Findlay, J. N., *Hegel. A Re-Examination*, London, 1958.

Fromm, E., 『불복종에 관하여』, 문국주 옮김, 범우사, 1987.

Fukuyama, F., 『역사의 종말』, 이상훈 옮김, 한마음사, 1987.

Gadamer, H. G., *Wahrheit und Methode*, Hans-Georg Gadamer *Gesammelte Werke*, Band 1, Tübingen, 1986.

_____, "Hegel und die Heidelberger Romantik," Hans-Georg Gadamer *Gesammelte Werke*, Band 4, Tübingen, 1987.

Gans, E., "Vorwort zu seiner Ausgabe der Rechtsphilosophie Hegels," *G. W. F.*

Hegel, *Vorlesungen über Rechtsphilosophie 1818~31*, hg. von K. -H. Ilting, Band 1, Stuttgart Cannstatt, 1973.

Giddens, A., 『민족국가와 폭력』, 진덕규 옮김, 삼지사, 1991.

─── , 『좌파와 우파를 넘어서』, 김현옥 옮김, 한울, 1997.

─── , 『질주하는 세계』, 박찬욱 옮김, 생각의 나무, 2000.

─── , 『현대사회의 성·사랑·에로티시즘』, 배은경 외 옮김, 새물결, 2001.

─── , 『현대사회학』, 김미숙 외 옮김, 을유문화사, 2003.

─── , *Soziologie*, übersetzt von A. Kornberger, M. Nievoll und H. G. Zilian, Graz-Wien, 1995.

Green, T. H., "Lecture on 'Liberal Legislation and the Freedom of Contract,'" *Lectures on the Principles of Political Obligation and the Other Writings*, edited by Paul Harris and John Morrow, Cambridge, 1986.

Golding, M., 『법철학』, 장영민 옮김, 세창출판사, 2004.

Habermas, J., 「노동과 상호 행동」, 『이론과 실천』, 홍윤기·이정원 옮김, 종로서적, 1982.

─── , 「현대: 미완의 기획」, 『포스트모더니즘의 철학적 이해』, 이진우 엮음, 서광사, 1993.

─── , 『도덕의식과 소통적 행위』, 황태연 옮김, 나남출판, 1997.

─── , 『담론윤리의 해명』, 이진우 옮김, 문예출판사, 1997.

─── , 『사실성과 타당성』, 한상진·박영도 옮김, 나남출판, 2000.

─── , 『이질성의 포용』, 황태연 옮김, 나남출판, 2000.

─── , 『탈형이상학적 사유』, 이진우 옮김, 문예출판사, 2000.

─── , 『공론장의 구조변동: 부르주아 사회의 한 범주에 관한 연구』, 한승완 옮김, 나남출판, 2001.

─── , 『의사소통행위이론 2: 기능주의적 이성 비판을 위하여』, 장춘익 옮김, 나남출판, 2006.

─── , *Die Neue Unübersichtlichkeit*, Frankfurt, 1985.

_____, *Der philosophische Diskurs der Moderne*, Frankfurt, 1988.

_____, *Erläuterungen zur Diskursethik*, Frankfurt, 1992.

_____, "Hegels Kritik der Französischen Revolution," *Theorie und Praxis*, Frankfurt, 1993.

_____, "Die klassische Lehre von der Politik in ihrem Verhältnisse zur Sozialphilosophie," *Theorie und Praxis*, Frankfurt, 1993.

_____, *Wahrheit und Rechtfertigung*, Frankfurt, 1999.

Hardimon, M.-O., *Hegel's Social Philosophy. The Project of Reconciliation*, Cambridge, 1994.

Hart, H. L. A., 『법의 개념』, 오병선 옮김, 아카넷, 2001.

_____, "Prolegomenon to the Principles of Punishment," *Punishment and Responsibility*, Oxford, 1968.

Hayek, F. A., 『자유 헌정론 II』, 김균 옮김, 자유기업센터, 1997.

Haym, R., *Hegel und Seine Zeit*, Darmstadt, 1962.

Heidegger, M., "Die Zeit des Weltbildes," *Holzwege*, Frankfurt, 1980.

Henrich, D., "Vernunft in Verwirklichung," *Philosophie des Rechts, Die Vorlesung von 1819~20 in einer Nachschrift*, Frankfurt, 1983.

_____, "Ethik der Autonomie," *Selbstverhältnisse*, Stuttgart, 1993.

Hesse, K., 『통일독일헌법원론』, 계희열 옮김, 박영사, 2001.

_____, 『헌법의 기초이론』, 계희열 옮김, 박영사, 2001.

Hitler, A., 『나의 투쟁 하』, 서석연 옮김, 범우사, 1989.

Hobsbawm, E., 『극단의 시대: 20세기의 역사 하』, 이용우 옮김, 까치, 1997.

_____, 『혁명의 시대』, 정도영·차명수 옮김, 한길사, 1998.

Höffe, O., *Vernunft und Recht. Bausteine zu einem interkulturellen Rechtsdiskurs*, Frankfurt, 1996.

_____, *Immanuel Kant*, München, 1996.

Honneth, A., 『인정투쟁』, 문성훈·이현재 옮김, 동녘, 1996.

_____, *Das Andere der Gerechtigkeit*, Frankfurt, 2000.

Hook, S., "Hegel and His Apologists," *Hegel's Political Philosophy*, edited by Walter Kaufmann, New York, 1970.

_____, "Hegel Rehabilitated?" *Hegel's Political Philosophy*, edited by Walter Kaufmann, New York, 1970.

Hösle, V., "Eine unsittliche Sittlichkeit Hegels Kritik an der Indischen Kultur," *Moralität und Sittlichkeit*, hg. von W. Kuhlmann, Frankfurt, 1986.

_____, "Das abstrakte Recht," *Anspruch und Leistung von Hegels Rechtsphilosophie*, hg. von Ch. Jermann, Stuttgart-Bad Cannstatt, 1987.

_____, "Begründungsfragen des objektiven Idealismus," *Philosophie und Begründung*, hg. von Forum für Philosophie Bad Homburg, Frankfurt, 1987 (『객관적 관념론과 그 근거짓기』, 이신철 옮김, 에코리브르, 2005).

_____, *Die Krise der Gegenwart und die Verantwortung der Philosophie*, München, 1994.

_____, *Philosophie der ökologischen Krise*, München, 1994.

_____, *Praktische Philosophie in der modernen Welt*, München, 1995.

_____, *Moral und Politik*, München, 1997.

_____, 『비토리오 회슬레, 21세기의 객관적 관념론』, 나종석 옮김, 에코리브르, 2007.

Hyppolite, J., *Studies on Marx and Hegel*, translated, with an Introduction, Notes, and Bibliography, by J. O'Neill, New York, 1969.

Illies, Ch., *Philosophische Anthropologie im biologischen Zeitalter*, Frankfurt, 2006.

Ilting, K.-H., "Die Struktur der Hegelschen Rechtsphilosophie," *Materialien zu Hegels Rechtsphilosophie*, Band 2, hg. von M. Riedel, Frankfurt, 1975.

_____, "Einleitung," *G. W. F. Hegel, Vorlesungen über Rechtsphilosophie 1818~31*, Edition und Kommentar in sechs Bänden von K.-H. Ilting, Stuttgart-Bad Cannstatt, 1973~74.

_____, "Rechtsphilosophie als Phänomenologie des Bewußtseins der Freiheit,"

Hegels Philosophie des Rechts. Die Theorie der Rechtsformen und ihre Logik, hg. von D. Henrich und R. -P, Horstmann, Stuttgart, 1982.

Jauß, H. R., 『미적 현대와 그 이후: 루소에서 칼비노까지』, 김경식 옮김, 문학동네, 1999.

Jermann, Ch., "Die Familie, Die bürgerliche Gesellschaft," *Anspruch und Leistung von Hegels Rechtsphilosophie*, hg. von Ch. Jermann, Stuttgart-Bad Cannstatt, 1987.

Johnson, Ch., 『제국의 슬픔. 군국주의, 비밀주의, 그리고 공화국의 종말』, 안병진 옮김, 삼우반, 2004.

Kaufmann, W., "The Hegel Myth and Its Method," *Hegel's Political Philosophy*, edited by Walter Kaufmann, New York, 1970.

Kaulbach, F., 『비판철학의 형성 과정과 체계』, 백종현 옮김, 서광사, 1992.

_____, *Studien zur späten Rechtsphiosophie Kants und ihrer transzendentalen Methode*, Würzburg, 1982.

Kersting, W., *Wohlgeordnete Freiheit*, Frankfurt, 1993.

_____, "Liberalismus und Kommunitarismus," *Recht, Gerechtigkeit und demokratische Tugend*, Frankfurt, 1997.

Klug, U., "Abschied von Kant und Hegel," *Skeptische Rechtsphilosophie und humanes Strafrecht*, Berlin, 1981.

Kocka, J., 『독일의 통일과 위기』, 김학이 옮김, 아르케, 1997.

Köhler, M., *Die bewußte Fahrlässigkeit*, Heidelberg, 1982.

Kojève, A., *Introduction to the Reading of Hegel*, edited by A. Bloom, translated from the French by James H. Nichols, Jr., New York, 1969.

Koslowski, P., *Ethik des Kapitalismus*, Tübingen, 1984.

Kriele, M., 『법발견론』, 홍성방 옮김, 한림대학교 출판부, 1995.

Kroner, R., *Von Kant bis Hegel*, Tübingen, 1977.

Kühl, K., "Von der Art, etwas Äußeres zu erwerben, insbesondere vom Sachenrecht," *I. Kant. Metaphysische Anfangsgründe der Rechtslehre*, hg. von O. Höffe, Berlin, 1999.

Landau, P., "Hegels Begründung des Vertragsrechts," *Materialien zu Hegels Rechtsphilosophie*, Band 2, hg. von M. Riedel, Frankfurt, 1975.

Larenz, K., *Hegels Zurechnungslehre und der Begriff der objektiven Zurechnung*, Leipzig, 1927.

Liebrucks, B., "Recht, Moralität und Sittlichkeit bei Hegel," *Materialien zu Hegels Rechtsphilosophie*, Band 2, hg. von M. Riedel, Frankfurt, 1975.

Losurdo, D., *Hegel und das deutsche Erbe*, Köln, 1989.

_____, *Hegel and the Freedom of Moderns*, translated from the Italian by Marella and Jon Morris, Durham and London, 2004.

Löwith, K., *Von Hegel zu Nietzsche, Sämtliche Schriften*, Band 4, Stuttgart, 1988.

Lucas, H./Rameil, U., "Furcht vor der Zensur? Zur Entstehungs- und Drucksgeschichte von Hegels Grundlinien der Philosophie des Rechts," *Hegel-Studien*, Band 15, Bonn, 1980.

Lukács, G., *Der junge Hegel*, Erster Band, Frankfurt 1973.

_____, 『역사와 계급의식』, 박정호·조만영 옮김, 거름, 1986.

_____, 『청년 헤겔 1』, 김재기 옮김, 동녘, 1986.

_____, 『청년 헤겔 2』, 서유석·임춘길 옮김, 동녘, 1987.

_____, 『이성의 파괴 1』, 변상출 옮김, 백의, 1996.

Lübbe, H., 『독일의 정치철학』, 권혁면 옮김, 정음사, 1985.

_____, *Politischer Moralismus. Der Triumph der Gesinnung über die Urteilskraft*, Berlin, 1987.

Lukes, S., 『자유주의자와 식인종』, 홍윤기 외 옮김, 개마고원, 2006.

Lutz-Bachmann, M., "Kants Friedensidee und das rechtsphilosophische Konzept einer Weltrepublik," *Frieden durch Recht. Kants Friedensidee und das Problem einer neuen Weltordnung*, hg. von Matthias Lutz-Bachmann und

James Bohman, Frankfurt, 1996.

Lyotard, J.-F., 『포스트모던적 조건』, 이현복 옮김, 서광사, 1992.

Mackie, J., 『윤리학: 옳고 그름의 탐구』, 진교훈 옮김, 서광사, 1990.

Maihofer, W., 『법치국가와 인간의 존엄』, 심재우 옮김, 삼영사, 1996.

Maiwald, M., "Moderne Entwicklungen der Auffassung vom Zweck der Strafe," *Rechtswissenschaft und Rechtsentwicklung*, hg. von U. Immenga, Göttingen, 1980.

Marcuse, H., 『이성과 혁명』, 김현일·윤길순 옮김, 중원문화, 1984.

Marquard, O., *Schwierigkeiten mit der Geschichtsphilosophhie*, Frankfurt, 1973.

____, "Über die Unvermeidlichkeit von Üblichkeiten," *Normen und Geschichte*, hg. von W. Oelmüller, Paderborn, 1979.

____, *Abschied vom Prinzipiellen*, Stuttgart, 1995.

McDowell, J., *Mind and World*, Cambridge, Massachusetts/London, England, 1994.

MacIntyre, A., *Whose Justice? Which Rationality?* Notre Dame, 1988.

____, 『덕의 상실』, 이진우 옮김, 문예출판사, 1997.

Macpherson, C. B., 『소유적 개인주의의 정치이론』, 이유동 옮김, 인간사랑, 1991.

Mead, G. H., *Mind, Self and Society. From the Standpoint of a Social Behaviorism*, edited and with an Introduction by C. W. Morris, Chicago/London, 1934.

Menegoni, F., "Elemente zu einer Handlungstheorie," *G. W. F. Hegel. Grundlinien der Philosophie des Rechts*, hg. von L. Siep, Berlin 1997.

Michelet, C. L., *Naturrecht oder Rechts-Philosophie als die praktische Philosophie*, Band 2, Berlin, 1866.

Mohr, G., "Unrecht und Strafe," *G. W. F. Hegel. Grundlinien der Philosophie des Rechts*, hg. von L. Siep, Berlin, 1997.

Müller, M., 『실존철학과 형이상학의 위기』, 박찬국 옮김, 서광사, 1988.

Müller-Armack, A., *Genealogie der Sozialen Marktwirtschaft*, Bern-Staatgart, 1981.

____, 「사회적 시각에서 본 경제질서」, 호르스트 프리드리히 빈셰 책임편집, 『사회적

시장경제의 이해」, 한국경제정책연구회 옮김, 비봉출판사, 1996.

Nozick, R., 「아나키에서 유토피아로: 자유주의 국가의 철학적 기초」, 남경희 옮김, 문학과지성사, 1994.

Oakeshott, M., "Introduction," *Leviathan or The Matter, Form and Power of A Commonwealth Ecclesiastical and Civil by Thomas Hobbes*, Oxford, 1946.

O'neil, O., 「칸트의 윤리학」, 「규범윤리의 전통」, 피터 싱어 엮음, 김성한 외 옮김, 철학과현실사, 2005.

Ottmann, H., "Hegels Rechtsphilosophie und das Problem der Akkomodation. Zu Iltings Hegelkritik und seiner Edition der Hegelschen Vorlesungen über Rechtsphilosophie," *Zeitschrift für philosophische Forschung* 33, 1979.

_____, "Hegelsche Logik und Rechtsphilosophie," *Hegels Philosophie des Rechts*, hg. von D. Henrich und R.-P. Horstmann, 1982.

_____, "Die Weltgeschichte," *G. W. F. Hegel. Grundlinien der Philosophie des Rechts*, hg. von L. Siep, Berlin, 1997.

Paton, H. J., 「칸트의 도덕철학」, 김성호 옮김, 서광사, 1988.

Pazig, G., *Tatsachen, Normen, Sätze*, Stuttgart, 1988.

Pelczynski, Z. A., "Hegel Again," *Hegel's Political Philosophy*, edited by Walter Kaufmann, New York, 1970.

_____, "Solidarity and 'The Rebirth of Civil Society,'" *Civil Society and the State. New European Perspectives*, edited by J. Keane, London and New York, 1988.

Peperzak, A., "Hegels Pflichten- und Tugendlehre. Eine Analyse und Interpretation der Grundlinien der Philosophie des Rechts," *G. W. F. Hegel. Grundlinien der Philosophie des Rechts*, hg. von L. Siep, Berlin, 1997.

Pinkard, T., *Hegel. A Biography*, Cambridge, 2000.

Pöggeler, O., "Hegels Begegnung mit Preußen," *Hegels Rechtsphilosophie im Zusammenhang der europäischen Verfassungsgeschichte*, hg. von H.-Christian Lucas und O. Pöggeler, Stuttgart-Bad Cannstatt, 1986.

Popper, K., 『열린 사회와 그 적들 I/II』, 이명현 옮김, 민음사, 1995.

Potion, N., 「전쟁에 대한 세 가지 접근법: 평화주의, 현실주의, 정의전쟁론」, 『국제정치에 윤리가 적용될 수 있는가』, 앤드루 볼즈 엮음, 김한식 · 박균열 옮김, 철학과현실사, 2004.

Putnam, R., *Bowling Alone. The Collapse and Revival of American Community*, New York/London, 2000.

Quante, M., "Die Persönlichkeit des Willens," *G. W. F. Hegel. Grundlinien der Philosophie des Rechts*, hg. von L. Siep, Berlin, 1997.

Radbruch, G., 『법철학』, 최종고 옮김, 삼영사, 1997.

Ramonet, I., 『프리바토피아를 넘어서』, 최연구 옮김, 백의, 2001.

Rawls, J., 『사회정의론』, 황경식 옮김, 서광사, 1985.

_____, 『정치적 자유주의』, 장동진 옮김, 동명사, 1999.

_____, 『만민법』, 장동진 외 옮김, 이끌리오, 2000.

_____, *Lectures on the History of Moral Philosophy*, edited by Barbara Herman, Cambridge, Massachusetts, 2003.

Reese-Schäfer, W., *Grenzgötter der Moral*, Frankfurt, 1997.

_____, 『카를오토 아펠과 현대 철학』, 권용혁 옮김, 울산대학교 출판부, 1992.

Ricoeur, P., 『해석의 갈등』, 양명수 옮김, 아카넷, 2001.

Riedel, M., *Studien zu Hegels Rechtsphilosophie*, Frankfurt, 1969.

_____, "Einleitung," *Materialien zu Hegels Rechtsphilosophie*, Band 1, hg. von M. Riedel, Frankfurt, 1975.

Ritter, J., "Hegel und die französische Revolution," *Metaphysik und Politik. Studien zu Aristoteles und Hegel*, Frankfurt, 1969.

_____, "Person und Eigentum. Zu Hegels *Grundlinien der Philosophie des Rechts* (§§34~81)"(1961), *Metaphysik und Politik. Studien zu Aristoteles und Hegel*, Frankfurt, 1988.

Roche, M., *Tragedy and Comedy. A Systematic Study and a Critique of Hegel*, New York, 1998.

Röpke, W., 「윤리와 경제생활」, 호르스트 프리드리히 뷘세 책임편집, 『사회적 시장경제의 이해』, 한국경제정책연구회 옮김, 비봉출판사, 1996.

Rorty, R., 『실용주의의 결과』, 김동식 옮김, 민음사, 1996.

_____, 『우연성 아이러니 연대성』, 김동식 · 이유선 옮김, 민음사, 1996.

_____, *Philosophy and Social Hope*, New York, 1999.

_____, "Der Vorrang der Demokratie vor der Philosophie," *Solidarität oder Objektivität? Drei philosophische Essays*, übersetzt von J. Schulte, Stuttgart, 1988.

Rosenkranz, K., *Hegel als deutscher Nationalphilosoph*, unveränderter Nachdruck der Ausgabe Leipzig 1870, Darmstadt, 1973.

_____, *Hegels Leben*, mit einer Nachbemerkung zum Nachdruck 1977 von O. Pöggeler, Darmstadt, 1977.

Rosenberg, A., *Der Mythus des 20. Jahrhunderts*, München, 1933.

Rosenzweig, F., *Hegel und der Staat*, 2. Neudruck der Ausgabe München und Berlin 1920, Aalen, 1982.

Russell, B., *Unpopular Essays*, London, 1950.

Sabine, G. H./Thorson, T. L., 『정치사상사 2』, 성유보 · 차남희 옮김, 한길사, 1996.

Sartre, J.-P., 『실존주의는 휴머니즘이다』, 방곤 옮김, 문예출판사, 1999.

Scheler, M., 『윤리학에 있어서 형식주의와 실질적 가치 윤리학』, 이을상 · 금교영 옮김, 서광사, 1998.

Schild, W., "Hegels Lehre vom Notrecht," *Die Rechtsphilosophie des Deutschen Idealismus*, hg. von Hösle, Hamburg, 1989.

Schmitt, C., 『현대 의회주의의 정신』, 박남규 옮김, 탐구당, 1987.

_____, 『파르티잔 이론』, 정용화 옮김, 인간사랑, 1990.

_____, 『정치적인 것의 개념』, 김효전 옮김, 법문사, 1992.

_____, 『유럽 법학의 상태: 구원은 옥중에서』, 김효전 옮김, 교육과학사, 1994.

_____, 『대지의 노모스: 유럽 공법의 국제법』, 최재훈 옮김, 민음사, 1995.

_____, 『전면적인 적, 총력전, 전체국가』, 『입장과 개념들』, 김효전·박배근 옮김, 세종출판사, 2001.

_____, *Staat, Bewegung, Volk*, Hamburg, 1933.

_____, *Verfassungslehre*, achte Auflage, Berlin, 1993.

_____, *Political Romanticism*, translated by G. Oakes, Cambridge, 2001.

Schnädelbach, H., "Was ist Neoaristotelismus?" *Moralität und Sittlichkeit*, hg. von W. Kuhlmann, Frankfurt, 1986.

_____, *Hegel zur Einführung*, Hamburg, 1999.

_____, *Hegels praktische Philosophie. Ein Kommentar der Texte in der Reihenfolge ihrer Entstehung*, Frankfurt, 2000.

Scholte, A. A., 「세계정치의 지구화」, 『세계정치론』, 존 베일리스·스티브 스미스 편저, 하영선 외 옮김, 을유문화사, 2004.

Schultz, W., *Die Vollendung des Deutschen Idealismus in der Spätphilosophie Schellings*, Pfullingen, 1975.

Seelmann, K., *Anerkennungsverlust und Selbstsubsumtion*, Freiburg/München, 1995.

Sen, A., 『윤리학과 경제학』, 박순성·강신욱 옮김, 한울아카데미, 1999.

Siep, L., *Anerkennung als Prinzip der praktischen Philosophie*, Freiburg/München, 1979.

_____, "Intersubjektivität, Recht und Staat in Hegels *Grundlinien der Philosophie des Rechts*," in *Hegels Philosophie des Rechts. Die Theorie der Rechtsformen und ihre Logik*, hg. von D. Henrich und R. -P. Horstmann, Stuttgart, 1982.

_____, *Praktische Philosophie im Deutschen Idealismus*, Frankfurt, 1992.

_____, "Vernunftrecht und Rechtsgeschichte," *G. W. F. Hegel, Grundlinien der Philosophie des Rechts*, hg. von L. Siep, Berlin, 1997.

Singer, P., 『세계화의 윤리』, 김희정 옮김, 아카넷, 2003.

_____, 『삶과 죽음』, 장동익 옮김, 철학과현실사, 2003.

Smith, A., 『국부론』, 김수행 옮김, 비봉출판사, 2003.

Sontag, S., 『은유로서의 질병』, 이재원 옮김, 이후, 2002.

Spaemann, R., 『도덕과 윤리에 관한 철학적 사유』, 박찬구 · 유치한 옮김, 철학과현실사, 2001.

Steinberger, P. J., *Logic and Politics. Hegel's Philosophy of Right*, New Haven and London, 1988.

Strauss, L., *The Political Philosophy of Hobbes*, Chicago, 1963.

Taylor, Ch., 『헤겔 철학과 현대의 위기』, 박찬국 옮김, 서광사, 1988.

_____, "Die Motive einer Verfahrensethik," *Moralität und Sittlichkeit*, hg. von W. Kuhlmann, Frankfurt, 1986.

_____, Hegel, übersetzt von G. Fehn, Frankfurt, 1997.

_____, *Philosophical Arguments*, Cambridge, 1997.

Theunissen, M., *Die Verwirklichung der Vernunft. Zur Theorie-Praxis-Diskussion im Anschluß an Hegel*, hg. von H.-G. Gadamer und H. Kuhn, Tübingen, 1970.

_____, "Die verdrängte Intersubjektivität in Hegels Philosophie des Rechts," *Hegels Philosophie des Rechts. Die Theorie der Rechtsformen und ihre Logik*, hg. von D. Henrich und R.-P. Horstmann, Stuttgart, 1982.

Tugendhat, E., *Vorlesungen über Ethik*, Frankfurt, 1995.

Tunick, M., *Hegel's Political Philosophy. Interpreting the Practice of Legal Punishment*, Princeton, 1992.

_____, "Hegel's Justification of Hereditary Monarchy," *Hegel*, Vol. 1, edited by D. Lamb, Aldershot, 1998.

Ulrici, H., *Ueber Princip und Methode der Hegelschen Philosophie*, Halle, 1841.

Vannoy, R., 『사랑이 없는 성』, 황경식 옮김, 철학과현실사, 2003.

Verene, D. P., "Hegel's Account of War," *Hegel's Political Philosophy*, edited by Z. A. Pelczynski, Cambridge, 1971.

Walzer, M., "Liberalismus und die Kunst der Trennung," *Zivile Gesellschaft und amerikanische Demokratie*, herausgegben und mit einer Einleitung von O. Kallscheuer, Frankfurt, 1996.

Walzer, M., 박정순, 「특별 대담: 자유주의와 공동체주의적 보완과 다원적 평등사회의 실현을 위한 철학적 선도」, 『자유주의를 넘어서』, 마이클 왈쩌 지음, 김용환 외 옮김, 철학과현실사, 2001.

Weber, M., 『막스 베버 사상 선집 I. '탈주술화' 과정과 근대: 학문, 종교, 정치』, 전성우 옮김, 나남출판, 2002.

―――, "Politik als Beruf," *Gesammelte Politische Schriften*, Tübingen, 1988.

Weil, E., *Hegel and the State*, translated by Mark A. Cohen, Baltimore and London, 1998.

Weischedel, W., 『철학의 에스프레소』, 안인희 옮김, 아이콘 C, 2004.

Welsch, W., *Vernunft. Die zeitgenössische Vernunftkritik und das Konzept der transversalen Vernunft*, Frankfurt, 1998.

Welzel, H., *Naturrecht und materiale Gerechtigkeit*, Göttingen, 1962.

Wildt, A., *Autonomie und Anerkennung. Hegels Moralitätskritik im Lichte seiner Fichte-Rezeption*, Stuttgart, 1982.

Williams, R., *Hegel's Ethics of Recognition*, Berkeley/Los Angeles/London, 1997.

Windelband, W., *Lehrbuch der Geschichte der Philosophie*, Tübingen, 1980.

Winnicott, D. W., 『놀이와 현실』, 이재훈 옮김, 한국심리치료연구소, 1997.

Wood, A., *Hegel's Ethical Thought*, Cambridge, 1990.

―――, "Editor's Introduction," *G. W. F. Hegel. Elements of the Philosophy of Right*, edited by A. Wood and translated by H. Nisbet, Cambridge, 1991.

―――, "Hegel's Critique of Morality," *G. W. F. Hegel. Grundlinien der Philosophie des Rechts*, hg. von L. Siep, Berlin, 1997.

Zima, P., 『데리다와 예일학파』, 김혜진 옮김, 문학동네, 2001.

Zweig, S., 『톨스토이와 도스토예프스키』, 원당희·장연은 옮김, 자연사랑, 2001.

■ 찾아보기

ㄱ

가다머 241, 536
가르베 230
가언명법 220
가족 147, 290, 306, 310, 322, 398
가족 제도 285, 286, 306, 308, 313
가족의 해체 299, 304
가치 149
가치 다원주의 279
간스 41, 477
간접고의 198
감성계 243
개인주의 66, 290, 298, 370
객관적 관념론 40, 72, 76, 570, 576
객관정신 20, 241, 288, 290, 539, 547
결과주의적 윤리관 195
경제적 불평등 137
경제적 자유주의 371, 372
경찰 행정 325, 392~97, 401, 410

경찰국가 417, 418
계몽주의 66, 72, 315, 569
계약 69, 94, 109, 144, 150
계약에서 불법으로의 이행 145
계약의 자유 69, 148
고대 그리스의 민주주의 446, 497
고문 185, 388
고전적 자유주의 127
골드슈미트 205
골딩 168
공개성 383, 388, 389, 391, 511
공개성의 원칙 516, 519, 520
공공 영역 439, 453, 527
공교육 400
공동 소유 85, 112
공동체주의 8, 21, 551
공리주의 290
공무원 486, 491, 494, 495
공산주의 50, 51, 136, 411

공적 시민 456, 457
공통 감각 534
공포정치 79, 429, 457
공화주의 498
과실책임의 원칙 193, 194
과학철학 37
관료 계층 403, 417
관료제 495
관습법 379, 380, 382
괴테 7, 31, 36, 46, 247, 248, 252
교양 302, 303, 334
교환 계약 149
교환가치 150
구체적인 보편자 53
국가 8, 54, 112, 290, 308, 322, 459, 579, 580, 581
국가 사이의 영구평화를 위한 예비 조항 610, 614
국가경제학 327
국가사회주의 50, 54, 57, 451
국가와 시민사회의 분리 419
국가와 종교의 분리 418
국가주의 49
국민 주권의 원칙 513
국민경제학 329, 339
국민국가 50, 435, 446, 577, 578, 624, 625
국제관계 579, 580, 595, 608
국제국가 607
국제법 463, 598, 608, 613
군주권 469, 470, 476, 486, 503
권력국가 28
권력분립 465, 466, 467, 468, 501, 595
귀족정 469
그나이제나우 593
그람시 525, 526

그로티우스 95, 98, 100, 114, 149, 373
그린 412, 413
근대 세계 329, 352, 357
근대 자연법 사상 77, 538, 555
근대성 73, 185
근대의 주체성 원리 288
근본적 자유의 딜레마 259
금지착오 196
기도 189, 197
기독교 74, 92, 93
기든스 86, 193, 285, 295, 310, 312, 317, 423, 591
기르케 193
긴급피난권 202, 204, 205, 206, 210
김균 317, 424
김상봉 606, 612

ㄴ

『나의 투쟁』 55
나치즘 24, 51, 54
나토르프 606
나폴레옹 28, 29, 30, 31, 468, 504, 589, 617
낭만주의 31, 45, 258, 295
낭만주의적 아이러니 250, 252
너스봄 279
노동 336, 338, 343
노동 분업 323, 330, 347, 353
노동 소외 319, 339, 347, 348, 349, 350, 351, 352, 354
노동의 권리 399, 411
노동의 긍정적 성격 334
노동의 기계화 347, 348, 353
노동의 추상화 347
노발리스 245
노직 87, 422, 449

노턴 604
논리적인 것 68, 71, 72, 570
농민 신분 490, 507, 508
니체 22, 75, 316, 514
니트함머 29, 480, 513

ㄷ

달, 로버트 518
담론윤리학 533, 534
당위 220, 223
당위의 무기력 229, 260, 271
대의 민주주의 499
대의 제도 380, 460, 510
대중 민주주의 519
던 100
데리다 23, 75, 234, 316
데카르트 73, 102, 269, 294, 304, 343
도구적 합리성 370
도구주의적 사회관 270
도구주의적 인간관 270
『도덕 형이상학』 447
도덕과 정치의 분리 321
도덕법칙 218, 220, 223
도덕성 83, 88, 177, 179, 180, 182, 214, 267, 545, 547, 559
도덕성의 최고 원리 219, 239
도덕에 대한 냉소주의 266, 267
도덕적 관점 178, 179, 181, 182, 213, 214
도덕적 실증주의 38, 39, 40
도덕적 의무들 사이의 충돌 273, 274
도스토예프스키 275
도즈 300
독일 민족주의 42, 48, 49
독일 민주주의 31, 32
독일 학생동맹 483

독일 학생운동 254, 255, 483
『독일 헌법론』 48
동물 학대 129
동일성 39, 53
듀이 63, 231
드라이어 117, 416
들뢰즈 23

ㄹ

라드브루흐 374
라렌츠 192
라살레 412
라송 606
라슈타트 회의 31
라캉 316
란다우 133, 150
러셀 59
레싱 46
레이번 170
로마 공화정 446
로마법 91, 388
로베스피에르 244, 428, 504, 535, 595
로수르도 428, 606, 617
로젠베르크 54
로젠츠바이크 383, 479, 481, 592
로젠크란츠 28, 33, 327, 329
로크 87, 90, 97, 98, 114, 116, 117, 444, 445, 447, 449, 584
로티 75, 216, 234, 252, 533
롤스 61, 227, 279, 302, 312, 449, 501, 533, 537, 584
뢰비트 7, 575
뢰슬러 606
뢰프케 421
루게 22, 26

루소 85, 324, 361, 367, 374, 428, 456, 497, 500, 520, 523, 554
루카스 23
루카치 30, 31, 216, 348, 354
룩스 252, 281, 422
뤼베 216, 244, 534
리델 394, 448
리브루크스 543
리스트 165
리오타르 315
리카도 150
리쾨르 284, 304
리터 39, 102, 216, 334, 377, 534, 542

ㅁ

마라 428
마르쿠제 30, 42, 56, 57, 132, 133, 256, 382, 475
마르크바르트 216, 534, 535, 536
마르크스 7, 26, 35, 38, 54, 57, 75, 119, 136, 328, 338, 339, 349, 353, 354, 356, 362, 367, 406, 412, 429, 432, 523, 575
마르크스주의 19, 25, 50, 575
마리탱 59
마이발트 168
마이호퍼 165
마키아벨리 28, 432
매개 74, 395
매디슨 518, 595
매키 262
매킨타이어 223, 237
맥도웰 63
맥퍼슨 99
맨더빌 224, 328
맬서스 429

머독 286
메르켈 193
메테르니히 32, 255, 380
명예 408, 431
모건 291
목적론적 윤리론 227
몰라트 28
몽테뉴 224
몽테스키외 444, 445, 447, 457, 500
무과실 책임 194
무차별 전쟁 599, 611
문화적 보편자 286
물신성 354
물화 107
뮐러-아르마크 434
미네르바의 올빼미 563, 564, 574
미드 269, 270, 302, 433
미필적 고의 198
『미학강의』 252
미헬레트 129, 131, 411, 412
민족국가 42, 44, 45
민족정신 463
민족주의 38, 42, 43, 44, 49
민주정 469
민주주의 87, 185, 422, 485, 501, 518, 527
『믿음과 지식』 236
밀 230, 412

ㅂ

바버 498
바이셰델 60
바타유 316
반성적 구조 71
반유대주의 57, 60
배심원 제도 389, 390, 391

번스타인 63
벌린 258
범죄 94, 153, 154, 168, 385
법 76, 82, 83
법과 도덕의 연관성 142
법실증주의 377, 384
법의 실정성 376, 378, 542
법인(法人) 111
법치국가 28, 193, 517, 518, 557, 558, 590
법치주의 49
법칙에 대한 존경 226, 228
베르그송 231
베버 92, 185, 280, 356, 462, 495
베일 27, 32, 33, 38
베카리아 164, 170, 172, 476
벡 289
베테 254, 256, 482
벤하비브 296, 306
벨 422
벨첼 542
변증법 68, 70, 76, 251, 633
보댕 599
보비오 317, 417, 510, 524, 542, 554
보수주의 537
보켈만 207, 210
보편적 이기주의 291, 322, 330
보편주의적인 윤리학 218
보편화의 원리 234, 235, 237, 238
복지 199, 201, 202, 203
복지국가 87, 317, 410, 422, 423, 435
뵈켄푀르데 439, 450, 501, 513
부르주아 326, 327, 406
부브너 534
부와 빈곤의 대립 325, 359, 361, 371
부정의한 전쟁 595

부정적 자유 79
부캐넌 317
불문법 379, 380, 382
불법 69, 94, 144, 151, 152, 181
불완전한 의무 233
불평등 86, 87, 120, 411, 425
브랜덤 63
브렌타노 231
브로너 522
비생산적 노동 337
비스마르크 58
비코 285, 375
비판철학 215, 377
빈더 606
빈델반트 66

ㅅ

사기 153
사랑 288, 291, 293, 311, 322
사르트르 274, 280
사면권 475
사법(司法) 325
사법권 465
사비니 377, 379, 380, 542
사용가치 150
사유와 연장의 이원론 102
사적 소유 65, 84, 85, 86, 88, 95, 96, 111, 112, 117, 118, 125, 132, 136, 137, 333
사형 제도 169, 170, 171, 172, 174
사회·정치철학 20, 23, 48, 65, 122, 410
사회계약론 40, 66, 77, 297, 553
사회국가 122, 127, 415, 416, 422
사회민주주의 435
사회복지국가 122, 423, 424, 437, 439
사회적 양극화 357, 358, 362

사회정의 422, 436
사회주의 86, 317
상공업 신분 490, 507, 508
상대적 형벌이론 162
상비군 591
상호주관성 137, 271, 486, 571, 572, 574
생존의 권리 399, 428
생태 위기 10, 628
생피에르 617
샤른호르스트 482, 593
샤프츠버리 224
선험론 철학 216, 217
선험론적 자유 219, 242
설 223
성문법 379, 380, 381, 382
세계국가 624
세계사 19, 66, 430, 463, 469, 618
세계시민법 608, 609, 610
세계시민사회 578, 625, 628
세계시민주의 626
세계인권선언 126
세계화 13, 87, 279, 318, 367, 369, 435, 577, 624
세습군주제 473, 474, 475
세이빈 412
센 330, 416
셸러 231, 237, 607
셸링 66, 173, 326
소외 122, 357
소유 69, 82, 83, 93, 101, 108, 116, 123, 133, 144, 385
소유 개인주의 99
소유에서 계약으로의 이행 109
소유이론 118, 119
소크라테스 66, 141, 142, 186, 221, 250, 496, 546
소크라테스의 아이러니 250, 251
소포클레스 273
손태그 60
솔론 300, 635
쇼펜하우어 37, 56, 57, 59, 60, 61, 116, 216
숄트 623
슈네델바흐 324, 359 362, 385, 410, 535, 536, 538
슈미트 54, 55, 254, 513, 517, 518, 519, 588, 590, 591, 599, 600, 602
슈타인, 로렌츠 폰 411
슈타인, 카를 프라이헤르 폼 32, 33, 254, 592
슈타인베르거 479
슈티르너 22
슈페만 185, 216, 244, 246, 576
슐라이어마허 245, 377, 482
슐레겔 245, 252, 296
슐츠 66
스미스 150, 329, 330, 331, 336, 337, 365, 419
스튜어트 329
스트라우스 134
스펜서 412
시민사회 8, 53, 54, 93, 112, 162, 241, 290, 308, 320, 322, 324, 337, 346, 361, 376, 386, 392, 425, 441, 445, 526, 575
시민사회-국가의 이분 모델 529
시민사회와 국가의 구별 449, 450, 523
시장사회 53, 137, 323, 331, 333, 335, 339, 340, 351, 353, 372, 396, 399, 418, 522
시장-시민사회-국가의 삼분 모델 529
신념의 윤리학 245, 248, 257, 382
신분 487, 489, 490
신분제적 대의 제도 512
신자유주의 87, 317, 421, 424, 438

신헤겔주의 215
실러 46, 263
실정법 373, 374, 376, 378, 383, 384, 385, 386, 543
실존주의 275
실천법칙 232
실천이성 78, 239, 260
『실천이성 비판』 224
실천철학 20, 65
심정의 윤리학 244
심정주의적 윤리관 195
싱어 221

ㅇ

아라토 487, 492, 526, 527, 528
아렌트 221, 268, 336, 501, 506
아리스토텔레스 35, 38, 66, 85, 91, 95, 150, 189, 229, 252, 274, 294, 300, 323, 343, 446, 449, 457, 498, 545, 635
아벤트로트 451
아비네리 28, 31, 43, 48, 120, 255, 291, 362, 365, 368, 410, 459, 479, 481, 495, 508, 516, 517, 564, 585, 588
아스베루스 482
아우구스티누스 184
아이히만 257
아퀴나스 184
아테네 91, 619
아펠 158, 217, 218, 223, 234, 316, 528, 533, 537, 538, 558
알키비아데스 141, 142
알텐슈타인 33
애국심 45, 458, 463, 464, 581
애링턴 61, 229
야스퍼스 35, 36

야우스 361
얀 482
양심 107, 245, 246
엄격주의 278
에렌버그 522
『에우티프론』 274
에피스테메 547
에피쿠로스 224
엥겔스 38, 523
여론 460, 513, 514, 516, 520, 521
역사법학파 378, 379, 381, 542
역사의 종언 442, 567, 568
역사주의 37
역사철학 20
『역사철학 강의』 463, 552
연대성 272, 436, 443
『열린 사회와 그 적들』 35, 36
영구평화 577, 607, 609
영구평화론 577, 578, 603, 604, 614
예어만 196, 411, 435
예지계 243, 259, 261
오닐 279
오이켄 317, 435
오이코노미아 327
오크숏 23
오트만 49, 58, 470, 484, 606, 608
오펜하임 412
왈쩌 418, 420, 499
욕구의 사회적 성격 341, 345
욕구의 체계 117, 325, 327, 329, 330, 453
우드 34, 62, 91, 186, 192, 230, 240, 241, 393, 394
울리치 131
원자론적 개인주의 40, 77, 553, 554
위니캇 304

찾아보기 665

위험책임 192, 193, 194
윌리엄스, 로버트 433
윌리엄스, 버나드 279
유럽 공법 598, 600
『은유로서의 질병』 60
의무론적 윤리이론 227
의지의 자율 224
의지의 타율 224
의회 503, 504, 507, 508, 511
이근식 317, 318
이상인 191, 292
이성 중심주의 23
이성과 자유의지의 공속성 78
『이성과 혁명』 42
이성과 현실의 동일성 21
이성법 375, 542
『이성의 한계 내에서의 종교』 224
이성적인 근대국가 33~34
이폴리트 355, 356, 428
인간의 존엄성 300, 310
인격 83, 90, 92, 101, 103, 135, 144
인격과 물건의 이원론 118, 125
인륜성 88, 177, 179, 180, 214, 246, 267, 272, 289, 290, 302, 308, 322, 392, 417, 534, 549, 550, 560
인륜적 공동체 393, 555, 584, 585
인륜적인 삶 370, 582
인식론 37
인정의 정치 21
인정투쟁 8, 91, 93, 110, 134, 319, 336, 342, 344, 352, 356, 432, 433, 561
인종주의 24, 57
인지주의적 윤리학 222
일리에스 263, 626
일반예방 이론 162, 168, 173

일부일처제 306, 308, 310, 313, 560
일팅 98, 110, 113, 132, 133, 144, 192, 255, 456, 460, 482, 483, 545, 550, 556, 562, 565, 567
입법권 465, 466, 469, 502, 503
입헌군주제 465, 469, 477, 480, 481, 496, 512, 561, 583

ㅈ
자기의식적 자아 269
자문화 중심주의 236
자본주의적 시장경제 12, 137, 317, 370
자살 107, 237, 238
자연 상태 97, 332, 580, 619
자연과 인간의 이원론 73
자연법 373, 374, 376, 378, 540, 542, 543, 545, 553, 554
자유 41, 49, 66, 69, 77, 91, 272, 355
자유 지상주의 371
자유민주주의 12, 49, 55, 433, 442, 583
자유방임국가 370, 372
자유방임주의 413, 417, 420
자유의지 8, 65, 78, 80, 82, 83, 89, 114, 145
자유주의 8, 19, 61, 86, 87, 370, 422
자율 219, 223, 303, 320, 544
잔트 253, 380, 480
장 파울 46
장자 상속 제도 118, 119
재산권 84
재판 386, 387, 389
저항권 427, 428, 429
전쟁 580, 585, 599, 602, 605
전쟁의 인륜적 계기 580, 587, 619
전쟁의 합리화와 인도화 600, 601
전제정 469, 505

전체주의 24, 50, 51, 52, 53, 57, 501, 506, 551
전통 40, 41, 537
절대자 53, 67
절대적 이념 70, 71
절대적 이성 40, 73~74
절대적 주관성 569, 572, 569
절대적 형벌이론 160, 173, 174, 175
절대정신 20, 105~06, 288, 569
점유 94, 108, 113, 114, 116
점유이론 95, 97
정당방위 204
정신철학 539
『정신현상학』271
정언명법 161, 220, 221, 231, 242, 271, 557
정의로운 전쟁 595, 612
정체성 268, 270, 272, 296, 303, 356, 555
정치적 공동체 581, 583
정치적 통일체로서의 국가 582
정치적·시민적 권리 126
정치철학 23, 561
제임스 63
제한전쟁 598, 599, 600, 611
젠틸레 57
젤만 141, 156, 157, 159, 166
조합 392, 401, 410
존슨 621
존재와 당위의 이원론 103, 242, 263, 267
종교전쟁 601, 602
종족주의 50, 51
주관성 186
주관적 자유 184, 185
주관정신 20, 110
주권 470, 471, 472, 497
주권국가 577, 584, 595, 601
주인과 노예의 변증법 336

주체성 73, 287
주체와 객체의 이원론 74
지마 23
지프 90, 109, 110, 113, 114, 128, 133, 291, 367, 377, 381, 462, 465, 467, 469
직업단체 325, 401, 402, 403, 405, 406, 407, 408, 409, 460, 493
직접 민주주의 496, 497, 499, 501, 509
질서 자유주의 434

ㅊ

차이의 정치 8
책임 188, 191
천민 359, 360, 425, 427, 430
청년 헤겔학파 22, 575
체자 180
총력전 589, 622
총체성 576
최소국가 87, 122, 371
추론주의 63
추상법 88, 89, 93, 103, 110, 117, 119, 120, 121, 122, 135, 141, 144, 152, 182, 427, 547

ㅋ

카 617, 618
카로베 482
카르네아데스 204, 206
카를스바트 회의 255, 380
카스 604
카시러 54, 75
카우프만 34, 59
카울바흐 224, 241, 267
칸트 66, 75, 83, 102, 106, 108, 130, 131, 140, 160, 166, 173, 177, 184, 204, 206, 218, 220, 242, 300, 321, 374, 413, 447,

449, 501, 517, 541, 554, 556, 577, 590, 610, 622
칸트 윤리학 178, 186, 199, 214, 217, 236, 267
칸트의 전쟁이론 606
커스팅 98, 116, 415
케인스 365
켈젠 154, 384
코제브 252, 433, 567
코젤렉 381
코체부 253, 380
코카 44
코헨 487, 492, 525, 526, 527, 528
콩도르세 428
콩스탕 276, 400
쿠퍼 166
퀸틸리아누스 250
퀄 415
크로너 215
크리스피누스 209
크리톤 142
크릴레 513
크반테 144
크세노폰 142
클롭슈토크 47
클루크 139, 140
키르케고르 7, 251, 252~53
키케로 204, 250, 447

ㅌ

타덴 470
타율 303
타자 40, 270, 272
탈리온 원칙 172
테러리즘 230, 244
테일러 21, 47, 75, 259, 265, 294, 321, 447,

533, 551, 574
토의 511, 520
토이니센 26
토크빌 448, 500, 506, 514, 522
톨스토이 86, 280
통치권 486, 492, 504
투겐타트 536
투닉 141, 429, 474
투키디데스 619
트리시마코스 183
특별예방 이론 162, 173, 174
특수한 애타주의 291
티바우트 379

ㅍ

파시즘 42, 50, 51, 57, 382
파울루스 566
파치히 234
『판단력 비판』 605, 607
퍼스 62
퍼트넘 443
페리클레스 141, 142
페이턴 222, 237, 238, 261, 264
펠진스키 48
펠로폰네소스 전쟁 619
포르스토프 450
포션 603
포스트모더니즘 632
포아렌더 606
포이어바흐, 루트비히 22, 26, 133
포이어바흐, 파울 요한 안젤름 163, 164
포퍼 24, 34, 42, 44, 46, 50, 56, 58, 61, 256, 556, 566
폴렌 254
폴리스 336, 544, 548

폴리테이아 393
푀겔러 512
푸코 316
푸펜도르프 96, 98, 114, 149, 164, 165, 167
프랑스 인권선언 333
프랑스 혁명 27, 31, 34, 49, 66, 79, 92, 93, 375, 428, 429, 448, 450, 466, 601
프랑케나 272
프래그머티즘 62
프로네시스 547
『프로이센 일반법전』 394
프로이트 304
프리모라츠 170
프리스 56, 57, 245, 248, 249, 250, 253, 254, 256, 257, 382, 482
플라톤 23, 35, 66, 75, 85, 91, 112, 142, 158, 164, 183, 184, 252, 274, 292, 326, 457, 462, 481, 549
플레이트하임 170
피히테 27, 48, 66, 98, 107, 116, 123, 124, 129, 162, 172, 177, 204, 208, 245, 252, 268, 297, 300, 307, 321, 366, 367, 374, 418, 429, 464, 467, 501, 541, 554, 556, 558, 586
『피히테와 셸링 철학 체계의 차이』 319
핀들레이 179
핀커드 34, 59
필머 99

ㅎ

하디몬 399, 402, 410, 437, 455, 461, 589
하르덴베르크 32, 33, 254, 380, 592
하르트만 231
하버마스 11, 217, 218, 222, 229, 235, 258, 262, 269, 271, 287, 315, 334, 422, 451, 484, 506, 520, 525, 528, 533, 537, 571, 573, 574, 603, 623
하이네 45, 66, 244
하이데거 35, 36, 72, 75, 316, 317
하이에크 317, 421
하임 25, 43, 256, 478, 556
하트 154, 384
할러 41, 377, 383, 387
합법성 177, 545, 559
합법성과 도덕성의 구별 557
해체이론 23
핵가족 293, 305, 313
행위 187, 189, 191, 226
허치슨 224
헌법 460, 461, 463, 468
『헤겔 국가철학 비판』 119
헤겔 논리학과 실재철학 사이의 긴장 573
헤겔 우파 574
헤겔 좌파 21, 574, 576
헤겔 철학과 프랑스 혁명의 상응 66
『헤겔과 그의 시대』 43
헤겔의 소유이론 109, 101, 108, 118, 120
헤겔의 여성관 307
헤겔의 인륜성 개념의 근원적 통찰 273
헤겔의 전쟁이론 578, 586, 588, 589, 598
헤겔의 형벌이론 140, 157
헤닝 482
헤라클레이토스 35, 38
헤르더 46
헤세 450
헤어 221
헤켈 50
헨리히 427, 485, 542
현상계 243, 259, 261
현실성 566, 567

현존재 145, 566, 567
형벌 69, 139, 154, 155, 160, 174, 196, 385, 387
형성 작용 114, 115
형식적 양심 179, 247
형식주의 231, 246
형식주의적 윤리학 225
형이상학 20, 22, 67, 75, 574
호네트 269, 311, 324, 356 362, 409, 432, 485, 560, 562, 571, 574
호메로스 47
혼인 292, 294, 296, 297
홉스 23, 97, 98, 102, 134, 165, 324, 332, 373, 432, 445, 449, 558, 559, 584, 599
홉스봄 310, 589
화용론적 모순 234
환경 위기 88, 128, 131
회슬레 15, 63, 111, 112, 135, 141, 143, 157, 158, 168, 172, 179, 220, 240, 282, 422, 436, 464, 467, 474, 485, 501, 510, 513, 517, 539, 561, 568, 573, 587, 590
회페 106, 221, 264, 277, 279, 415, 537
횔덜린 271
후고 377
후쿠야마 433, 442, 567
후크 43, 48
훔볼트 33
흄 222, 223, 224
히틀러 54, 589

● 지은이 **나종석(羅鍾奭)**은 1964년 충남 서천에서 태어나 연세대 철학과를 졸업하였다. 한국외국어대 대학원에서 헤겔 철학으로 석사 학위를 받았으며, 그 후 독일로 유학하여 헤겔과 비코에 대한 논문으로 철학박사 학위를 받았다. 귀국 후에 정치 및 사회철학에 관련된 여러 논문들을 발표하였다.

울산대 연구교수를 지냈으며, 현재 연세대와 홍익대에 출강하고 있다. 주로 관심을 갖고 탐구하는 주제는 서양의 정치철학이다. 특히 고대 그리스 정치사상, 독일 관념론 그리고 현대 정치철학에 대해 연구하고 있다. **저서로**『삶으로서의 철학-소크라테스의 변론』(아이세움, 2007)이 있으며, **역서로**는 『비토리오 회슬레, 21세기의 객관적 관념론』(에코리브로, 2007)이 있다.